古玉痕迹学鉴定

◎白海波　编著

中原出版传媒集团
中原传媒股份公司
大象出版社
·郑州·

图书在版编目(CIP)数据

古玉痕迹学鉴定 / 白海波编著. — 郑州 : 大象出版社, 2022. 7
ISBN 978-7-5711-1499-2

Ⅰ. ①古… Ⅱ. ①白… Ⅲ. ①古玉器-鉴定-中国
Ⅳ. ①K876. 84

中国版本图书馆 CIP 数据核字(2022)第 110895 号

古玉痕迹学鉴定
GUYU HENJIXUE JIANDING
白海波 编著

出 版 人 汪林中
责任编辑 郑强胜
责任校对 安德华
装帧设计 张玉红 王 敏

出版发行 大象出版社(郑州市郑东新区祥盛街 27 号 邮政编码 450016)
发行科 0371-63863551 总编室 0371-65597936
网 址 www. daxiang. cn
印 刷 河南瑞之光印刷股份有限公司
经 销 各地新华书店经销
开 本 787 mm×1092 mm 1/16
印 张 25
字 数 543 千字
版 次 2022 年 7 月第 1 版 2022 年 7 月第 1 次印刷
定 价 680. 00 元
若发现印、装质量问题,影响阅读,请与承印厂联系调换。
印厂地址 武陟县产业集聚区东区(詹店镇)泰安路与昌平路交叉口
邮政编码 454950 电话 0371-63956290

白海波

1978年生于黑龙江省肇东市，2000年毕业于哈尔滨工业大学，从事古玉收藏、鉴定、教学多年。系多家主流收藏类媒体专家团队成员，多家鉴定、拍卖平台特聘专家，现任河南省收藏家协会古玉委员会主任委员。

《古玉痕迹学鉴定》编辑出版委员会

序 言

我从一个古玉收藏爱好者，成长为人们心目中的古玉鉴定专家，这一路走来经历了非常多的酸甜苦辣，同时也得到了很多同行、专家学者们的指导，以及很多仿古玉从业者的帮助。

走进这一行这么多年，最大的感受就是书不可以乱看，人不可以乱交，老师不可以乱叫。选择很重要，尤其是对那些初级藏友来说，求知若渴的心情我感同身受，但越是这样越应该懂得选择。选择好的老师，选择高质量的朋友，选择有真知的书籍，选择优秀的开门藏品，这些真的太重要了。正确的选择能让我们避免走很多弯路，给我们打开一扇真知灼见的门。我经常说，鉴定东西很简单，但鉴定人却很难，这一点在收藏领域体现得淋漓尽致。

我认为鉴定是一门技术，我真的希望有一天鉴定能成为一门学科，但很难。如果每个从事鉴定的专家学者都能为此而努力的话，我相信总有一天这个愿望会实现。鉴定既然是一门技术，就应该有一个标准。学术界古玉鉴定方法有很多，但是经过实践检验，痕迹学鉴定方法和技术有希望成为确立标准的唯一途径。所以我在这个方向上做了很多的尝试和研究。时至今日基本可以把这套理论体系构建起来。

知识可以以很低的成本进行复制，出版专业的书籍在我的脑海中长期存在，因为将心比心，推己及人，我想给像我当年初入行时的藏友一个指引，而且更希望我的这本书能够起到抛砖引玉的作用，带动更多的人去深入地研究古玉鉴定的方法，这种方法一定是可以被识别，可以被理解和接受的。

理工科出身的我更注重用科学的方法求证玉器真伪。从科学的逻辑思维方式到古今治玉的工艺区别，从痕迹学的应用到现代科技和工具的使用，从博物馆的数据分析到仿古市场的真假对比，找出真伪古玉的确凿证据，用图片展示鉴定结果，为古玉辨伪提供有力的证据支撑。

这套方法因有理论支撑和鉴定实证从而更容易被理解和掌握，因此也得到业内人士和广大藏友的认同，也正是他们的认可与支持，我更加坚定要推广“实证科学鉴定古玉”的信心。

2013年我在北京东方大学传统文化学院教授古玉鉴定；2015年创办“河南工业大学格古文物鉴定培训”微学历项目，为河南文博类微学历教育发展开创了先河；2017年与河南卫视《华豫之门》栏目“华豫学院”联办“古玉痕迹学鉴定”线上、线下教学。通过多年的教学实践，我总结出了一套科学系统的教学模式，那就是理论＋实践＋实战，并建立真假痕迹数据库。室内教学奠定理论基础，仿古市场直击造假前沿，观摩馆藏精品对比标准器，拜访行家里手切磋技艺，地摊练手实操检验，参加拍卖把握市场走势。

我们因古玉相识，因古玉相知，我们希望与古玉相伴！希望这本书能够给热爱中国传统文化的人，给喜爱古玉的人们一点助益。

最后，感谢为本书提供标本的朋友的鼎力支持。

白海波

目　录

第一章

传统鉴定古玉的方法和局限性

一、料

通俗地讲，我们提到的古玉制作的料子，基本上是指和田玉籽料（图 1、图 2），因为它是我们中国人心目中的“国玉”。古时候玉器用的料子基本上都是籽料，因为那个时候古人受制于自然环境和勘探技术，无法进入海拔 4000 米以上的高山，也就是到和田玉的矿脉去开采山料和田玉。所以古人只能就地取材，在哪就地取材呢？就是在玉龙喀什河的河床边上，在雨季汛期过后，在河床的边上可以捡到一些美丽的石子。所以东汉许慎《说文解字》上解释“玉”时认为：“石之美者”，把美丽的石头统称为“玉”。

图 1 和田玉籽料（新玉）

图 2 和田玉籽料（商代）

图 3 昆仑山主山脉

曾有老师告诉我，想要学会古玉鉴定，首先要搞清楚不同历史时期和区域使用的玉料的区别。对此我花了十年时间还是没搞明白。祖先心目中美丽的石头到底有多少？名称所指是否就是我们认知中的某种地方的玉料呢？每个时期的特点如何区别？学界尚未有人做出非常严谨科学的论述。通过殷墟妇好墓出土的玉器，我们可以清楚地了解到那时的人们已经能够完全把和田玉和其他似玉的美石区分开来。本书阐述的古玉鉴定的材质就是指和田玉。

也就是说，在古代用的和田玉基本上都是和田籽料。一直到清朝征服准噶尔噶尔丹，控制整个新疆之后，在人力、物力、财力都达到了一定的高度，经济和科技允许的情况下，人们才进入昆仑山的主山脉（图 3），也才有了和田山料的出现，但是那个时候的山料指的是和田地区的山料（图 4）。而宋应星的《天工开物》记载：朝鲜西北太尉山千年璞中藏有羊脂玉，与葱岭产的美玉无殊异。所以明清古玉有多少用的是和田山料或者韩料已经无法得知。由此可见，从用料进行古玉辨伪已经不合时宜，既不科学也不准确。

图 4　山料

我们现在说的“和田玉”，又称“广义和田玉”，范围较广，已经没有产地属性了，它是以透闪石为主体含有少量阳起石的矿物集合体，统称为“和田玉”。所以现在的仿古玉市场出现了诸多的广义和田玉仿品。比方说，运用最多的就是青海料，也叫昆仑料、昆仑玉，实际上检测证书上写的还是和田玉。当然还有好一些的，用的是和田山料和俄料。

也就是说仅仅通过判定是不是和田籽料就断真伪是不够的。笔者探访过身边的一些制作仿古玉的高手，他们专用和田籽料的边角料或含有杂色不太好的籽料制作仿古玉。这个时候如果你仅仅通过料子就说这个是和田籽料，这肯定是有失偏颇的。不过用和田籽料来仿古玉毕竟是少数，多数仿古玉使用的材料还是俄料、韩料、青海料，也有和田地区的山料。这些料子里面有一些顶级的料子，油性、脂份、密度、颜色以及天然杂色，跟真品古玉料非常接近，所以仅仅通过料子来判断真伪，难度是相当大的。

上述提到的这几种料子，都属于广义和田玉，尤其在级别较高的料子中它们之间的差别，微乎其微。如果一件玉器是用广义和田玉制作而成，只要确定是这种料子，应该就是新仿。因为这种料子大多都是 20 世纪 90 年代以后才发现并应用推广的。但这个结论本身是有问题的，不能作为鉴定的重要依据，通过论据来确认被鉴定玉料的产地属性实在是主观性过强，不能被不同层次的藏友所理解和掌握，自然也不能让人十分信服。在没有特别明显的籽料特征的情况下，和田山料、青海料、俄料中油性、脂份、密度如和田籽料般的优质材料很多，也就是说上好的和田山料、青海料和俄料各方面特性一点都不比籽料差。如何准确并让人信服地进行区分？对于采用手工揉光技术的部分高仿古玉，凭玉料判定根本无法实现。只有那些如青海料玻璃光泽特征特别明显的低档仿品，似乎还有一定的价值。而问题在于我们每个人的主观感官、感受体验不一样，所以说容易产生分歧、争议。你说这是俄料，我说这是青海料，他说这是和田籽料。因为没有科学技术能够证明产地，因为他们所有的检测都和和田玉是一样的，所以说从料上来鉴定真伪，已经没有确证的指导意义了。而过去区分料子的重要意义是在区分真玉还是假玉，现在稍微好一点的仿品用的都是真玉料。

二、形　纹

形纹就是造型和纹饰，是一块古玉的外形和它表面雕琢的纹饰，以此来鉴定古玉，这在中

图 5　西汉 · 透雕龙凤纹重环玉佩（南越王博物馆藏）

图 6　仿品

国古代是可以的，因为那时的信息交流非常缓慢而且困难，对古代器物的模仿对象非常少，只能靠画样等方式进行有限传播，因此臆造的少，作假的也少。而现在信息获取的渠道太多而且容易，传播速度也很快，仿品的形制和纹饰完全有条件做到和真品基本一致或者有意稍微变化。依靠形制和纹饰判断真伪可以鉴定低档的臆造品，但对高仿品鉴定却有很大的局限性，原因很简单，仿制参考真品 1∶1 复制（图 5、图 6），纹饰、形制和博物馆的一模一样。

有藏友曾找到我，说自己十分困惑，因为他的一件藏品在很多鉴宝平台和鉴宝栏目上都鉴定过，专家的鉴定结论是这件藏品跟故宫里面的一模一样，所以这件藏品不可能是真的，因为如果是真的，那说明故宫失窃了，而这个理由又无法使他完全信服。

我对他说，这件藏品通过我的判断，很遗憾它确实是一件仿品！但我非常理解他的心情，他希望自己的收藏可以得到更多人的理解和认可，同时更希望在出现不同意见时知道藏品究竟为什么不对？跟馆藏一模一样就不对？可是跟馆藏不一样专家也说不对！没见过的器形和纹饰都是臆造的吗？尽管有些鉴定结果是正确的，但鉴定依据和证据却难以让人信服，不足以支撑鉴定结论。因此从形纹的角度辨伪，局限性很大，不能作为鉴定依据。

三、工

工，又称功。一指玉器制作的工艺特征（图 7、图 8），特指判断老工和新工，即分辨是古代制玉的砣工还是现代电动工具制玉。查找工痕需要借助放大镜，并结合一定的物理常识找出依据。很多资深藏友所提及的工，一般是指通过目视和经验去判断是新工还是老工。二指工的力度和自然状态、工艺的精细程度，比如工非常硬朗、线条非常流畅、干净利索、工特别细，等等。这种概念比较抽象，对于新手和缺乏美学知识的人很难让其理解。三指整个纹饰。什么样的工

图7 春秋晚期·兽面纹玉牌饰(河南博物院藏)

图8 仿品

是老的？什么样的工是新的？什么样的工会给人流畅的感觉，什么样的工又会给人硬朗的感觉等，背后的原因不是模糊不清，而是可以被准确识别的。比如阴刻线边缘不整齐、阴刻线边缘陡峭、细阴刻线里面出现双线等特征是什么原因造成的，说明了什么道理。我们会把证据找出来，并通过图片对比进行展示，无法具象展示出的明显证据，不应作为鉴定玉器的标准。

不过话又说回来，通过工痕去判定真伪相对于其他五项，还算是最能让人信服的了，但这还不够。极端的情况是完全按照古代手工治玉方法，不惜花费时间制作仿古玉，那么从工痕的角度去辨伪就会有局限性了。这种制作仿古玉的方法现实中并没有人去做，因为仿古玉制作者的终极追求是“像”，是节省成本追求最大的经济效益。

四、沁 色

图9 商周·四节玉琮（金沙遗址博物馆藏）

沁色（图9）是指古玉在墓葬埋藏过程中玉质内部与外部环境中的显色离子发生一系列的化学反应，玉器内部形成新的显色“杂质”，是属于古玉次生变化的一种。沁色深受广大藏友关注，尤其一些“资深藏友”，他们对沁色辨伪的重视程度要比前面提到的料、形、工都要高。

现代很多低档仿古玉依靠制作假的沁色，也就是人工烧色（图10）来仿古。然而有很多藏友跟我讲：老师你看，我这玉器里面的沁色多自然，难道这个沁色是假的吗？没有问题，沁色可以是真

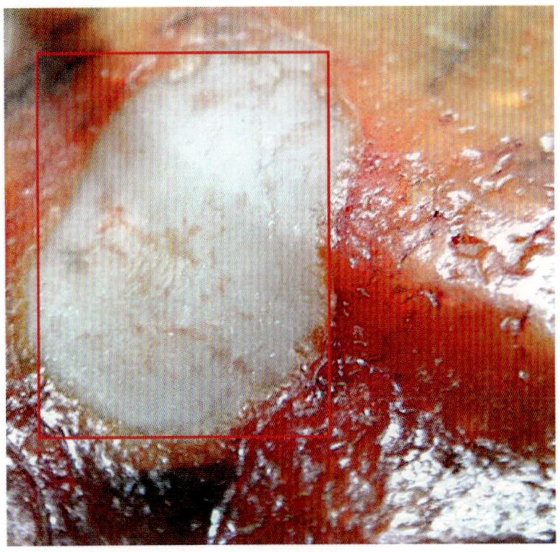

图 10　人工烧色　蜡遮挡后烧色

图 11　杂色

的。但是在这里我要强调一点，我们的鉴定工作一定要与时俱进，我们要跟得上科学技术发展的水平。因为现在很多仿古玉的制作者，尤其是仿古玉高手，他们在制作某一时期玉器的时候，在选料的过程中，已经掌握了非常高的水平，他们选择的料子一定是让你一眼就认出这是真沁，因为他们选的原料本身就带有沁色。

实际上新的和田玉鉴赏把这种颜色叫杂色（图 11、图 12）。

图 12　杂色

玉石本身的杂色，我们称为“原生沁”（图 13、图 14）。原生沁是在玉石成矿之后，随着地壳不断运动，玉料进入一个缓慢上升的过程，直到接近地表，逐步被人们探测发现，甚至说裸露到地表，之后又随着地质运动脱落滚落，从山上不断地往下滚，就成了我们中国人心目当中最贵重的一种玉料——和田籽料。我们知道古玉的埋藏基本上都是在地下几米到十几米，而玉料在向上升起的过程中，一定也会上升到与墓葬相似的环境层，我们俗称地表层，并且停留相当长的时间，甚至比古玉埋藏在墓葬中的时间还要久远。在这个过程中，同样的地质环境，同样的埋藏深度，一定也会形成各种各样的“沁色”，我们称这种沁色叫“原生沁”。它和古玉在制作完成后埋藏在墓葬中形成的“次生沁色”的机理是一样的。所以说如果拿一件非常适合做仿古玉的原生沁的玉料来制作仿古玉的话，虽然沁色没有问题，但它仍是一件仿品。

图 13　原生沁料

图 14　原生沁料

还有很多人拿着有明显传世特征的清代、民国时期的真品古玉，却口口声声介绍沁色如何开门、如何漂亮。他却不知传世古玉根本不具备玉料质变的环境，何来沁色呢？其实传世玉器上面的“沁色”就是玉料中的原生沁，即料子本身带有的杂色。所以说通过沁色来判断真伪古玉依然有很大的局限性。

五、包　浆

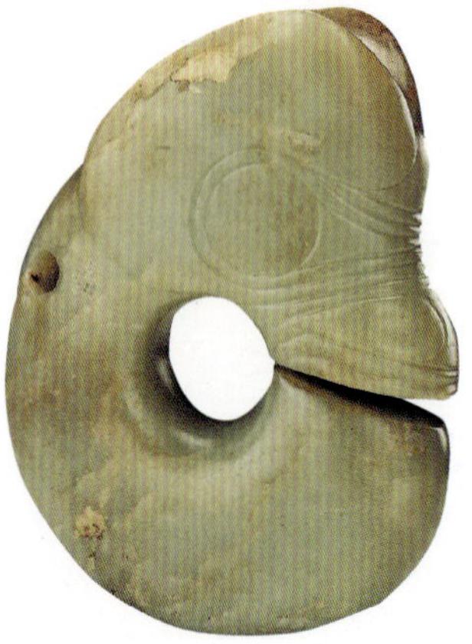

图 15　红山文化 · 黄玉猪龙（天津博物馆藏）

“包浆”（图 15）几乎是所有古玩爱好者都知道的名词。它在文物鉴定领域的应用极其广泛，几乎涵盖所有门类，重点应用于传世藏品中。包浆其实就是器物表面通过岁月的氧化作用后形成的一层致密的氧化膜，这层氧化膜对光线的反射和漫射比例恰到好处时，会散发出一种非常莹润柔和的光泽，这种光反射到我们眼睛时非常柔和、莹润、自然，好似由内而外散发出来，并有一定的厚度。这个厚度的成因是因为古玉在被打磨抛光时相对粗糙，随着后来的次生变化形成了若干参差不齐的层次感，这种层次感造成了它对光线从各个角度的折射和漫射，我们称为包浆。玉器和其他文物类项有所不同，它的分子结构非常稳定，不易被氧化，需要漫长的时间和过程才可以形成包浆。而包浆是一种化学现象的物理呈现，是一种体验式感觉，没有阶梯性标准。同一件器物，有的人觉得包浆很厚，有的人反而觉得没有包浆，并且包浆的厚重程度无法量化和被公认，属于比较抽象的概念，加上现在仿制包浆技术的突飞猛进，现代手工揉光加化学试剂综合应用抛光出来的仿古玉，仿出来的包浆（光泽）（图 16）还是很逼真的。

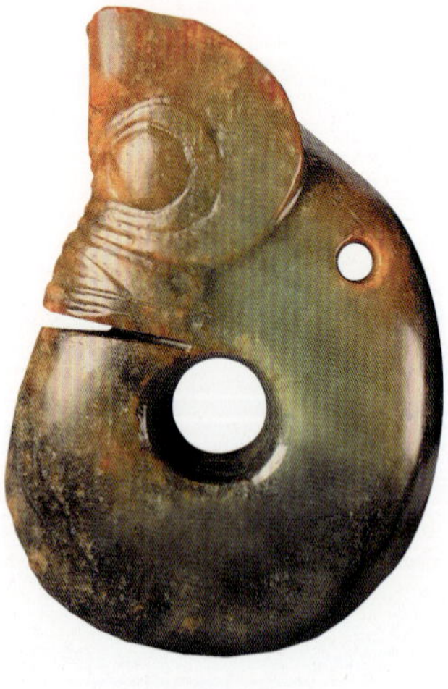

图 16　仿品

例如，两件清代纹饰玉器，一件包浆特别厚，那它就是清早期的；另一件包浆比较弱，那它应该就是清晚期的。能这样对比衡量吗？答案是肯定的。所以包浆还是有一定参考价值的，尤其是在看古玉的时候，包浆非常关键，但是包浆绝对不是鉴定古玉的唯一条件，因为有的馆藏玉器并没有包浆，干涩无光。所以靠包浆判断玉器新旧，还是有一定的局限性。

六、神　韵

“神韵”一词在古玉界使用频率很高，这也是很多资深藏家擅长的一种鉴定方法，被视为古玉鉴定的核心和灵魂。当我们在鉴定藏品时，如果最后得出“有味道”（图 17）或“缺一口气”（图 18）之类的结论，那么这里所谓的“气”与“味道”，指的就是“神韵”。我们认为如果要肯定或者否定一件古玉，没有比“神韵”二字更有说服力的了。

图 17　唐代 · 玉飞天（上海博物馆藏）

那么“神韵”究竟是什么？顾名思义，“神”者，神态、神采也，属于表象的视觉感受；“韵”者，气韵、韵味也，属于内在的心理感受。是不是可以这样理解，在我们的审美过程中，如果通过观察器物的表面特征，从而能够体味出器物本身由内而外自然散发出来的一种精神或气质，那么我们是不是就等于抓住了它的神韵？因此，神韵只是一种传神而又含蓄的审美风格韵味。只有称得上形神兼备的古玉，才算具备神韵的特质。

图 18　仿品

“神韵”在古玉的辨别和断代上，有时确实能够起到举足轻重的作用。但由于经验、学识和涵养，立场、观点和方法，视角和感悟等的差异，人们在对古玉神韵的理解上，存在着极大的分歧或异议。面对一件玉器，仁者见仁，智者见智，最后常常是众说纷纭。这也是古玉收藏界一个非常现实而又严峻的问题，即如何以审美的视觉，透过不同时代古玉所承载的历史文化内涵，并以此为切入点，来正确理解并把握“神韵”的真谛。

当然想要达到这个境界，需要经历漫长的时间积累和大量的实践经验。但不可否认的是存世古玉中也有很多真品依然是不够美的，甚至可以说是粗制的，谈不上任何神韵。而很多仿古玉却制作得极其逼真并极具美感，随着电脑排版、机器雕刻技术的提高，仿古玉从艺术表现上并不比手工制作的差，反而更加美观。这类玉器如果用整体神韵去判断就会有失偏颇。

上述鉴定古玉常用的方法是我们前辈通过数代人的努力总结出来的，包含了属于他们那个时代所有人的心血，虽然不能单一衡量真伪，但是综合起来对古玉鉴定仍有一定的指导价值。同时我们也不得不承认时代的车轮在快速前行，现代科技发展日新月异，鉴定方法也需不断更新前行。我们站在先辈们的肩膀上，把现代科技运用到古玉鉴定中，玉器辨伪技术将会继续完善。尽管仿古水平在不断突破，很多理论已被攻破，但仿古玉始终无法攻破的两条要素是速度和时间。俗话说，魔高一尺道高一丈，不论仿品如何变化终究还是仿品。

除了上述六种鉴定方法，我们还有哪些方法可以鉴别真伪呢?

曾有位学员对我的课加以总结：白老师，你给我们讲课好比是西医看病，讲究证据，教我们如何使用 X 光机拍片子，什么片子代表什么病，好理解易掌握，比较实用；而别的老师讲课属于中医看病，理解起来和掌握起来比较困难。他的总结和我研究推广痕迹学鉴定理论体系的初衷是一致的。我在刚入行时走了很多弯路，原因在于我盲目按照传统鉴定古玉方法从事收藏，就是上述提到的料、形纹、工、沁色、包浆和神韵，这六个方面类似于中医，讲究望、闻、问、切，需要通过大量的实践、感知和摸索。说好听点鉴定靠感觉，不好听点就是鉴定全靠“蒙”。而本书介绍的鉴定方法是引入痕迹学鉴定，它的价值就是引入实证科学，应用现代科技水平给我们带来的便利条件，尽量运用实证科学鉴定古玉。这是一套更容易让大家接受和掌握的鉴定方法，结合上述传统的鉴定方法，我相信这才是一个完整的鉴定体系。

古玉鉴定应该采用大概率，做好数据分类，归纳现象特征，分析成因，推断结果，这个过程需要借助专业工具——放大镜。它可以克服人类的生理极限，也就是我们的视力极限。放大镜可以轻松帮助我们观察更微妙之处，不仅使用方法简单，更可以大大提高鉴定的准确性，我们要灵活运用现代科学技术。

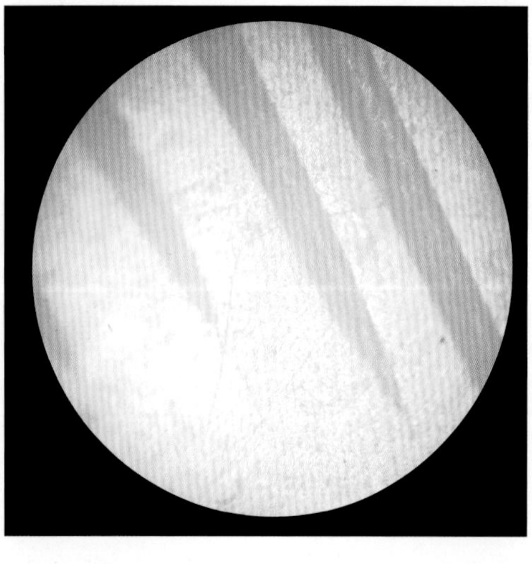

图 19　垂直拍摄

我在研究痕迹学的过程中，总会被莫名地质疑和轻视，后来我看到很多同行也在研究微痕，其中最典型的是一位著名学者出版的一本介绍微痕的书，展示的是馆藏玉器的微观图片，但图片却是白茫茫一片，很难分离出痕迹特征。原因是拍摄时光源与玉器表面是垂直拍摄，且光源过亮，玉器表面把所有强光全部反射回去了，所以图片就是白茫茫的一片（图 19）。很多同行正如这位学者用模糊的图片和理论论证自己的观点，反过来却遭到更多人的质疑和轻视。其实痕迹学鉴定和微痕鉴定还是不太一样，虽然都是微观，但是痕迹学的范畴要比微痕大很多。

本书采用的微观图片均找到了适合的拍摄角度和具有典型特征的位置，图片清晰，足以证明我们的论点。我们始终相信鉴定是一门技术，是一门科学，要有可识别、可被理解的具象的依据，正所谓有图有真相，有理论有依据，这才是鉴定。

第二章 中国古代治玉工艺解析

一、古代玉器琢艺技法及演进

从古到今，从国外到国内，从不同的时间和空间来看，人类任何时期的治玉都是采用了相同的方法。这个基本的方法就是减法，就是我国古人所说的“如切如磋，如琢如磨，他山之石，可以攻玉”，即通过“切”“磋”“琢”“磨”的工艺使玉料减少进而成为作者思想中的艺术形象。在治玉工艺层面，从来没有改变过，稍有改变的是治玉工具的变化，进而产生治玉效能的变化，提高了生产效率。这是我认为玉器鉴定并不难的一个原因，也给我们玉器鉴定提供了基本的方向，提供了充分的理论基础和证据支撑，通过查证古代手工治玉的工艺痕迹特征来进行辨伪。

从第一件玉器制作开始到电动工具的出现，一直都是利用砣具和解玉砂相互作用于被加工的玉料上，一点点去除玉料的多余部分，进而成为作者想象中的艺术作品形态，这就是过去玉器的加工办法。从新石器晚期开始，我们发现最早的玉石器加工工艺是凿击成型，这样做出来的玉石器表面不够平整，不利于使用，于是我们的先民把凿击出来的玉石器进行了磨制，所以打磨是人类最早出现的玉器加工工艺。

那么鉴定新石器时期的玉石器，只能从查证打磨加工工艺的角度鉴定光素、无纹的玉石器进行辨伪。其实古代先民在打磨玉石器的时候使用的方法非常简单，就是使用一些竹、木、牙还有其他的石头，蘸上一定的解玉砂，用来磨玉石。这和过去的磨刀、磨剪子的原理是一样的。至于说从玉料的哪个部位开始磨制，从哪里先打磨到哪里结束，从哪个方向开始，从哪个基本面开始，打磨多少次，打磨到什么程度，每次打磨的行程幅度是多少，表面的光细程度等问题，我们认为大可不必过于拘泥，求真较真，非要考证古人治玉的每个细节，这对我们辨伪并没有现实意义，反而容易让我们钻入牛角尖而不能自拔。

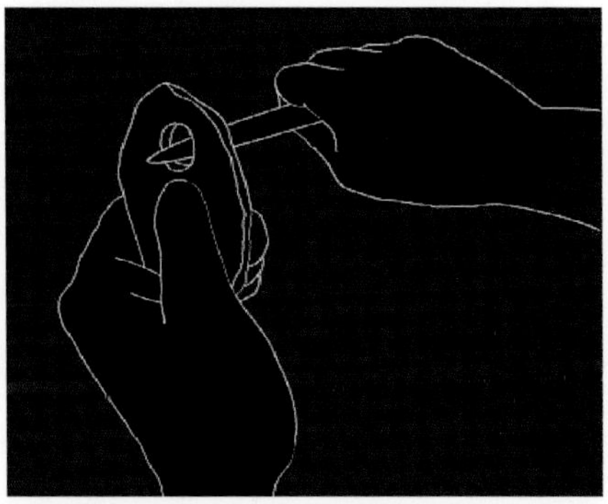

图 1　用磨棒修整孔道边缘

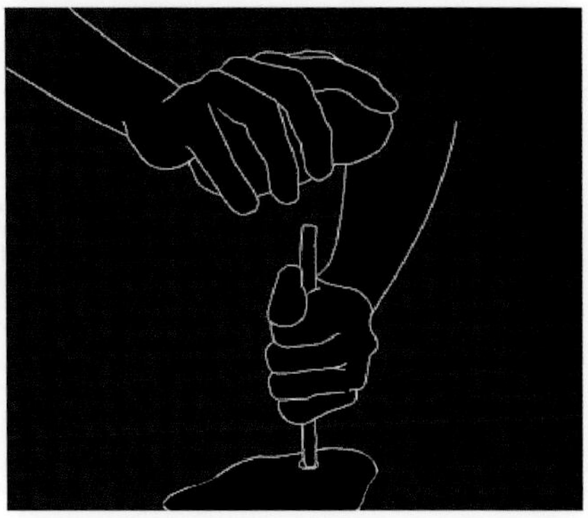

图 2　用凿子敲击小圆孔

再举一个例子，就是新石器时期的玉器上经常出现的打孔工艺。应该说砣具的出现，催生了玉器制作工艺效率的提高，而打孔就是用俗称“桯钻”或者“管钻”的钻头蘸解玉砂进行琢磨孔道。关于钻孔，最开始同样是凿击，然后用木棒或者石棒蘸解玉砂进行扩磨，用以消除凿击成型的孔道的尖刺和不平整。（图 1、图 2）后来出现了桯钻和管钻，结合绳索制作出类似掬锅、掬弓这样的工具来实现打孔。

曾经有一篇文章讨论古代先民在钻孔的时候，什么时期采用单面钻孔，什么时期采用双面钻孔问题。这个问题其实对我们鉴定玉器辨伪同样没有实际指导意义，设想历代治玉工匠，他们每个人都有自己的工作习惯，当他们钻孔的时候，会因为工具的磨损程度、个人的工艺水平、业务的熟练程度以及客户的不同需求等因素，来进行钻孔方向的不断调整和工序节点的调整。就拿钻孔之前的定位来说，一位成熟的技师在加工的玉器上几乎找不到比较凌乱的定位痕，但是在学徒期间，做出的玉器经常能查证到一些孔道边缘有旋擦的定位痕（图 3），这是正常的逻辑，根本不能因此而断定哪件东西年代更长久，甚至说具体是哪个年代制作的。

而古代的钻孔工艺与我们今天的电动工具钻孔工艺相比，工具是正反旋转（图 4）和速度的不同，介质是砂铊分离还是砂铊一体的不同，仅此而已。想仿造出古人的多次调整钻头，或者调整钻孔方向，采用对打孔或者单面打孔，形成各种台痕等各种形状，包括玛瑙水晶水亮的孔道（图 5）等特征，这种仿制技术在现在的仿古玉作坊当中是极易实现的。

其实不同时期的制玉工艺，并没有本质区别，我们要查证的是现代仿古玉和真品古玉之间的本质区别，这才是我们探讨中国古代玉器加工工艺和现代仿古玉加工工艺之间的核心要素。说到古代治玉，必须提到一个字，就是“砣”字。大家知道砣具治玉最早出现在什么时候吗？其实这个问题很多学者和民间藏友曾发表过很多文章，皆因缺乏考古发掘出土的砣具物证，因

图 3　定位痕

图 4　水凳

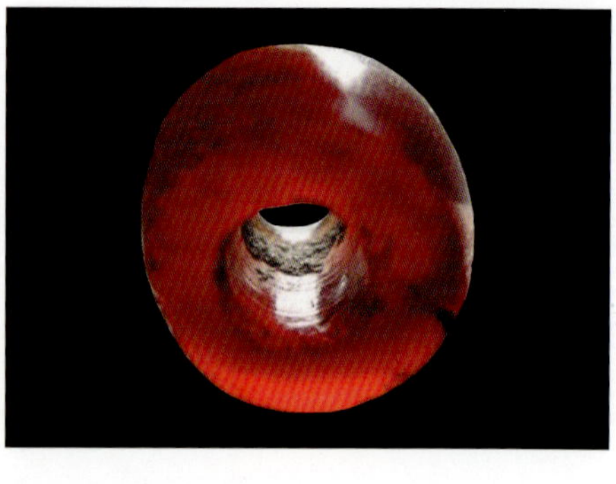

图 5　孔道

此一直无法下定论。但不可否认的是中国很早就已经出现砣具治玉了，因为中国目前已知最早的成系统的文字是距今3600年左右的商代甲骨文，而在此之前更早的各个文化期遗址出土的玉器表面均有明显的加工工艺痕迹，证明了当时已经开始使用砣具治玉。如果没有砣具，那些新石器晚期表面有丰富精美纹饰的玉器（图6）根本无法得以实现。

图6　良渚文化出土的玉牌饰（浙江省博物馆藏）

之所以至今都没有确凿的出土砣具，也许是因为古代的砣具并不像我们想象的样子。在《说文解字》中，“砣”字的解释就是碾制玉器的石头，后来在明代《天工开物》中，“砣”指的是铁质圆盘。“砣”是“石”字旁，当金属出现之后，“砣”字出现了“金”字旁的“铊”。它在甲骨文中像一个眼镜蛇的蛇头。从造字的角度看，最早的砣具应该是石头制作的，也可能是竹木牙角等坚硬、坚韧的物质。到了金属出现之后，夏、商、周三代出现了铜砣（铊），春秋时期才出现了铁砣（铊），这是目前学术界比较公认的说法。

前文提到砣出现的时间应该是比较早的，应该是伴随着玉石的专业加工技能的出现，或者说是随着正式加工玉器的小型手工作坊的出现而出现的。只是那个时候并不叫砣，而具体称谓已不得而知。因为当时的专门治玉的工匠，在他一生当中大部分工作，只做一件事情，就是治玉。古人不仅有思想，而且有充足的时间来浸淫一件事情，工欲善其事，必先利其器，一定会思考如何能够通过工具的变化或者工具的改良来提高治玉的水平和治玉的生产效率。在绝大多数我国新石器文化晚期遗址中都出现了一种器物，我们称之为石核（图7、图8），主要是二氧化硅

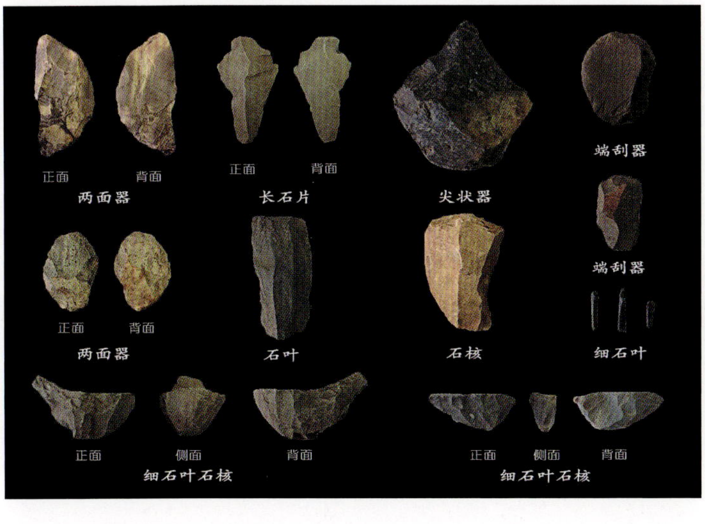

图7　石制品

图8　红山文化时期的玛瑙箭头

材质的砾石，通过凿击、压制来制作的一种实用器物，好多都是玛瑙材质。因为玛瑙是我们先民比较早并广泛使用的一种似玉的美石，孔子称为“珉”，后世也有称为“琼”。这种玛瑙石核在今天的古玩地摊上还经常能够看到，价格也不贵，大概也就一两百元钱一个，好一点的也就几百元钱，形状各异，周边均为刃状，异常锋利。石核的主要用途有切割、剥削，还可以当作箭头用以狩猎。早期人类社会没有养殖，也没有种植，而是靠田猎为生，人们生存的饮食来源主要是靠打猎捕鱼，采摘自然界中生长的果实和籽粒。这个时期出现了大量的石核，也充分证明了当时人类的一种生产和生活状态。

由于我们没有充分的考古挖掘的实物来证明当时的砣具是什么样的，现在我们只能通过分析，猜测我们的先民在几千年前使用什么样的工具来加工玉器。还有一种方法就是倒推法，即通过大量有代表性的古代玉器上的工艺痕迹特征来推测古人治玉的工艺和工具，这种倒推法也可以成为玉器鉴定的首选方法。我们推测石核很有可能就是用来加工玉器的工具，因为在很多新石器晚期的考古挖掘报告中，或者是一些馆藏玉器表面，我们能够找到今天称之为硬质刻画的工艺特征（图 9），这些阴刻线看似潦草，明显有坚硬工具刻画的痕迹特征。这类玉石的材质不是和田玉，而是一些比和田玉硬度稍低的地方玉。其实古人最开始选择玉料的时候，他们追求的只是石头的色泽漂亮、赏心悦目、通透性，那个时候的人们并不会讲究玉质的好坏。古人在地方玉上雕刻纹饰的时候，采用的阴刻工艺就是硬质刻画工艺，从新石器晚期的一些文化遗址当中出土的玉器标本上我们可以查证到。这种工艺一直持续到汉代，比方说我们看到的一些秦汉玉俑（图 10），上面的人物刻画非常潦草，是典型的硬质刻画工艺。汉代出现了一种葬玉，我们称之为三区夔龙璧（图 11、图 12），上面也有一些打草稿的痕迹残留，这个草稿也是采用硬质刻画工艺，然后再上砣进行二次修整。到了东汉，非常著名的辟邪圣物刚卯严卯上面的殳文（图 13），都是采用硬质刻画工艺来雕刻文字。而殳文是先秦出现在竹片、木片和铜器上的一种刻画文字，玉石的硬质刻画工艺应该来源于此。采用这种刻画工艺雕刻阴刻线在比较软的玉料上容易实现，在比较硬的和田玉料上就稍显困难，这就催生了借助解玉砂治玉工艺。与之相似的工艺还有直片切割，通过一个扁方形的木片、竹片或者骨片的尖刃带动解玉砂来切割玉料，这种工艺在新石器晚期经常出现，在一些玉器上面可以非常明显地看到对向切

图 9　良渚文化出土的雕纹玉管

图 10　秦汉玉俑

图 11 汉代的三区夔龙璧（徐州博物馆藏）

图 12 汉代的三区夔龙璧局部（徐州博物馆藏）

割痕，中间最后再轻轻敲断或者掰断，留下了一个明显的台痕（图 14），直片切割痕基本是一条直线。

在这里我们要重申一点，从古人治玉一直到现在治玉都是采用“他山之石可以攻玉”。比如之前提到的石核，如果是玛瑙材质它的摩氏硬度是 7，用它去刻画 7 度以下的玉器是可以实现的，但是在相对比较硬的玉料上刻画应该使用解玉砂，这样不仅可以提高效率，而且还能使刻画工艺得到更好的效果。比如良渚文化玉器当中出现了非常细的阴刻线，而良渚文化出现的玉器玉料大部分都是地方杂玉，硬度普遍偏软，摩氏硬度一般在五六度甚至更低。在这样的玉器当中，使用石核作为加工工具是完全可能的。我们曾经做过实验，不使用解玉砂在一些软质的玉料上刻画，也是完全可以实现的。但是用这种石核来加工和田玉玉料会更容易实现。

例如之前提到的汉代三区螭龙纹璧，玉璧上已经可以明显看到打草稿时留下的硬质刻画痕（图 15），同时伴随着一些解玉砂的飞砂痕。还有汉代刚卯上面硬质刻画痕也有飞砂痕和尾丝，这种尾丝和飞砂痕应该是硬质石核带动解玉砂实现的。

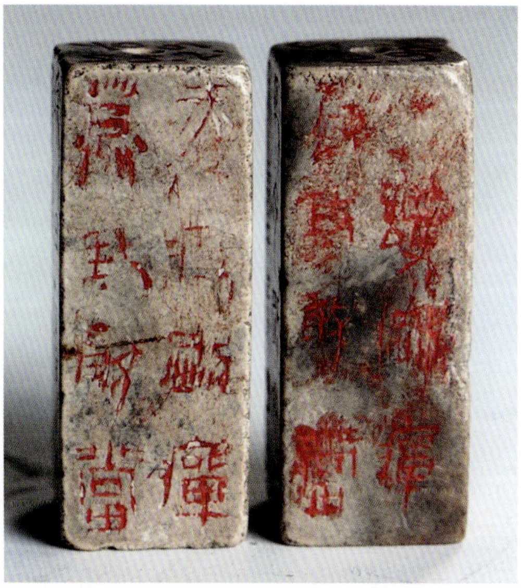

图 13 汉代的白玉刚卯严卯（天津博物馆藏）

图 14 台痕

根据考古发掘报告，并没有发现硬度更高的工具出现，比如金刚石或者蓝宝石之类的硬质刻画工具，我们能够想到的也仅是现在能够见到的石核了。

硬质刻画工具治玉的局限性，伴随着人们认知水平的提高而逐步被放大。刻画出来的玉器纹饰潦草，不够整洁美观，治玉效率比较低，无法实现更复杂的工艺。这个时候圆形片状旋转类砣具就应该出现了。前文提到，很多人认为最迟到商代出现了圆形刃状旋转类的砣具和砣机，这种说法相对比较严谨，但是笔者认为圆形刃状旋转类砣具和砣机的出现要比商代早得多。这是因为在新石器晚期的一些等级比较高的玉器上面，出现了大量制作精美和细直整洁的阴刻线，有别于最原始的手工减地打磨工艺制作出来的比较宽的阴刻线（图16、图17）。这些玉器表面的加工是大开大合的，可能不需要砣具，属于手工减地推磨工艺。而有些则不然（图18、图19）。这些案例充分表明了出土玉器表面阴刻线的加工一定是使用了圆盘形刃状旋转类的砣具。苦于我们没有正式的出土发掘实物可以佐证砣具的出现，所以这种说法也是笔者的一种理性的推测。

为何有此推测？首先我们分析钻孔工艺。钻孔应该是最早的旋转类砣具的雏形，采用正反旋转的 钻来进行钻孔，它来源于古代先民钻木取火的灵感。我们现在能够认知的钻孔都是纵向的，也就是竖向的，

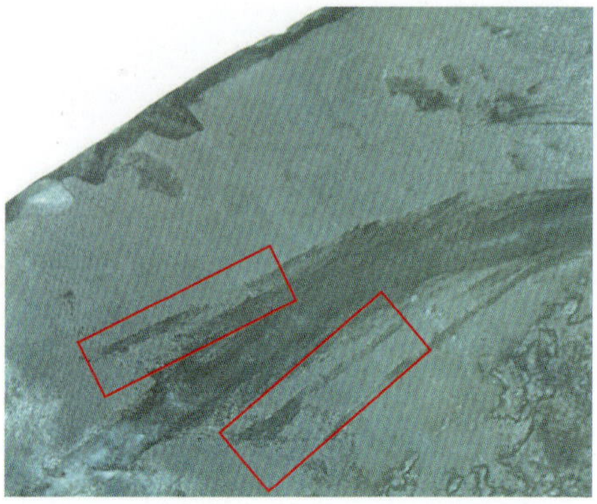

图15 刻画痕

图16 阴刻线

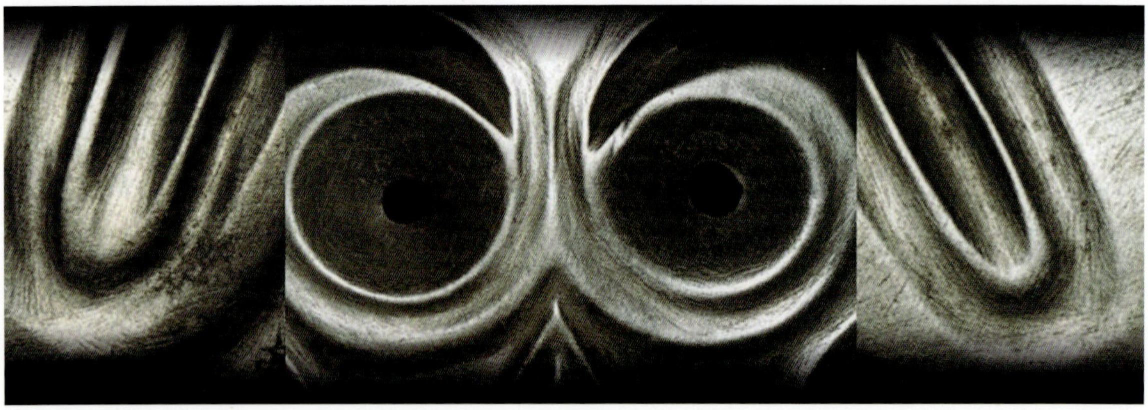

图17 凹槽的回绕弯转处，一道一道牛毛般的细密推磨痕

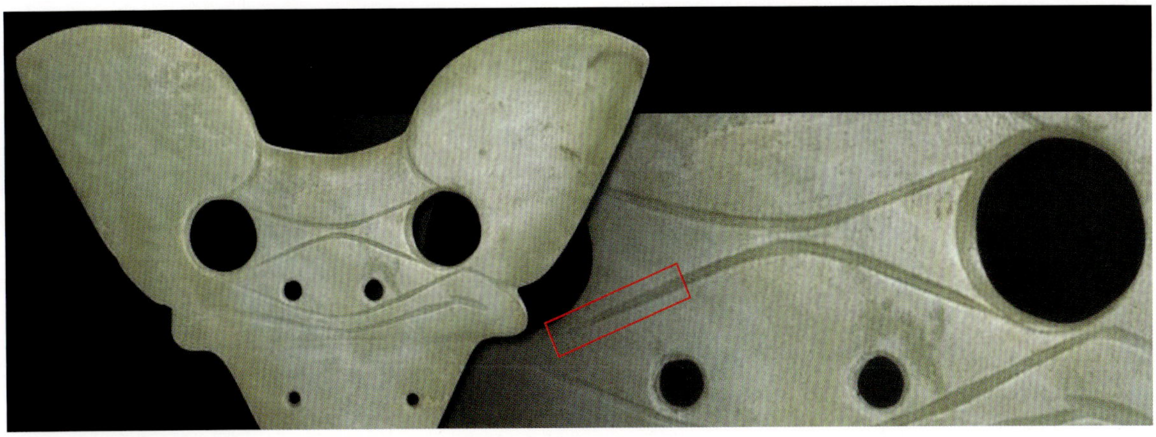

图 18 牛河梁遗址出土的兽面牌饰

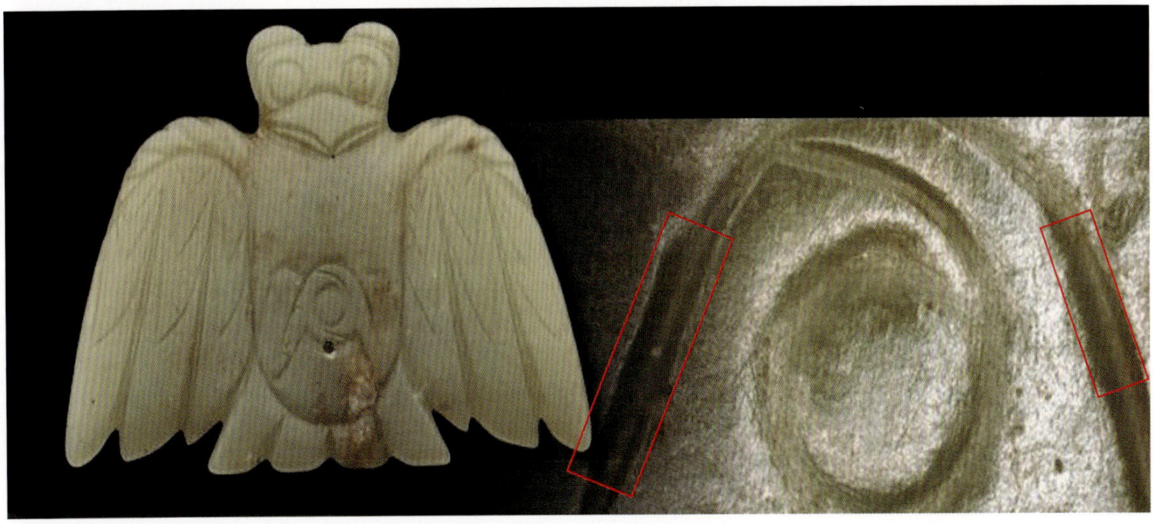

图 19 红山文化出土的玉鸟

程钻笔直竖立，旁边有绳索缠绕，然后利用绳索的来回往复运动带动桯钻，即通过实心转头旋转，借助解玉砂用来钻孔。由于桯钻没有向下的作用力，所以上方还要有一重物，或者另外一人协助操作向下压。既然有纵向的钻孔方式，那会不会有横向钻孔？类似于我们今天用车床来进行钻孔的工艺，将桯钻横向固定在支架上，钻杆缠绕绳索，前后拉伸绳索带动桯钻旋转，旁边使一横向的推力，借助解玉砂，一样可以钻孔。（图 20）可能由这种钻孔方式的实验，进而演化出圆形刃状的砣具用来加工表面的纹饰，或者剔除玉器表面多余的部分，以实现治玉者想要雕刻的纹饰内容。任何事物的发展都会

图 20 钻孔实验

图 21　福泉山出土的玉璧上有细密规整的砣切割痕

经过初始、演变到成熟的一个过程，那么横竖工艺的转化过程笔者认为可能性很大，一个简单的砣机及砣具因此而生。

而圆形刃状砣具的出现，也应该由石核演化而来。由于早期出现的石核形状极不规则，并不适合旋转，只适合人们用手持做直线往复运动，而不能像圆盘一样做旋转往复运动，无法固定也使得操作不稳定。如何对石核加工玉器的工艺进行提升？如何提高玉器纹饰加工工艺精度？治玉匠人们通过长期实践和思考，完全有可能先制作出圆形刃状的砣片，而最开始可能并不是纯粹用于加工阴刻线以及打磨，而是用于切割。例如新石器晚期大量的出土玉器的标本上面很多都残留了圆片切割的工艺痕迹特征（图 21），这种圆盘片切割的工艺简陋，工具也非常简单，类似玉璧形状的器物，砣片中间的孔套上竹竿或者木杆固定夹在两头木头架子上，然后在杆上缠绕绳索来带动横杆的转动，进而带动中间砣片的转动，用来切割玉料，这也应该是早期砣具和砣机的雏形。通过分析，由早期钻孔和片切割的工艺，进而演化成现代人理解的砣机和砣具，应该有一定客观依据，也符合我们正常思维逻辑所能推测出的结果。

在新石器晚期金属工具还没有出现，人们使用的砣具应该是采自自然的骨、贝、竹、硬木等材质。这些材质使用磨损程度很大，加之在漫长的地质岁月和埋藏过程当中极容易腐烂与炭化，所以我们今天确实很难通过正式的考古挖掘来证明砣具的出现。夏商时期，由于铜的出现，铜质砣具进而出现，而铜制铊具出现之前一定出现了其他材质的砣具。也就是说铜质圆形刃状砣具不会凭空出现，这一点也符合我们人类社会的进化和演进历程。

清光绪十七年，李澄渊绘《玉作图》，共 12 幅，画风写实，描绘了制玉的主要步骤，是目前保存比较清晰的古代治玉图解，也是古人治玉的重要资料，它对我们研究古玉鉴定有非常重要的指导意义。《玉作图》上清晰绘制了皮砣、木砣，也就是说在相当长的时间内人们对砣具的认知并不只是圆盘形刃状工具，还包括桯钻、管钻、线锯、砣片等工具，它具体是什么时候开始出现的？我们推测最迟从东汉就出现了，因为《说文解字》记载了“砣”字，说明那个时候人们起码认知了砣具，也说明我们今天所说的砣具不仅仅指的是圆盘形刃状，而是指所有治玉工具。

了解砣具以及砣具的工作原理和使用方法，对我们进行古玉鉴定是非常有必要的。有了砣具，一定要有配合砣具使用的设备，这种设备就是砣机。《天工开物》记载：“凡玉初剖时治铁为圆盘，以盆水盛沙，足踏圆盘使转，添沙剖玉，逐忽划断。”这足踏的剖玉转盘动力支架，即为砣机（图 22）。

水凳，是古人发明用来制作玉器的简单设备，是作坊里加工玉器的第一道工具。因为是坐

图 22　砣机

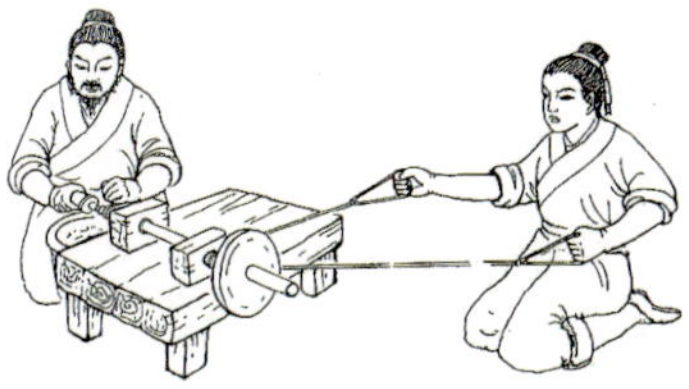

图 23　跽坐几式砣机示意图

立式，在凳子和高腿桌子用圆转钢刀安上轮子，以绳牵引，脚蹬使之旋转，来开玉石。开玉石必须用砂土加水，所以称水凳。在水凳出现前的较长时间内使用的是另外一种工具，叫跪坐式砣机（图 23）。早期古人是席地而坐，配合比较矮的“几”使用，类似现代客厅的茶几，然后矮凳出现了，再逐步演进为高凳配合桌子使用，砣机也随之演变。跪坐式砣机出现的时间下限为隋唐，因为隋唐之前古人是席地跪坐而不是后来习惯坐于椅或凳子上。殷墟妇好墓出土多件跪坐玉人（图 24），证明先秦时期古人皆为这般坐姿，同时代的砣机也多半是跪坐式砣机。

学术界公认水凳的出现时间是隋朝，因为南北朝时期胡人文化对中原文化产生了重大影响，比如引进了胡床、胡凳，也就是凳子和高腿桌子，人可以坐在凳子上工作和学习，到隋朝统一后的中原地区已经比较普及。

最晚从三代开始，即正式出现简单砣机开始，一直到水凳出现这段时间，使用的都是这种半跪式砣机。治玉者或跪或跪坐，双脚不能如后世那样踏动砣机旋转，只可一手拉动弓弦转动，另一手托玉琢磨。或有一两人来回拉动横轴旋转以带动砣轮转动，整部砣机大致由几、支架、轴、砣、绳带或拉弓等组成，砣轮可由石材打制而成，或用青铜铸造。跪坐式砣机跟水凳式砣机最本质的区别，并不在于高度和坐姿的改变，而在于治玉工作效率的提高。跪坐式砣机需要两人配合使用，水凳一人就可以操作，并且脚踏式水凳的砣具旋转速度比跪坐式砣机的旋转速度快，不仅降低了人力成本，提高了工作效率，同时还提高了成品质量。两个人操作需要更默契地配合，否则容易出现误差，而这种误差会对治玉造成限制，不容易表现出更精美的纹饰。

图 24　殷墟妇好墓出土的跪坐玉人（中国社会科学院考古研究所藏）

那么水凳式砣机和现代电动砣机的本质区别又是什么呢？通过比较和分析我们发现：一是速度不同。很显然现代电动砣机转速更快，古代治玉砣机转速较慢；二是砣具旋转方式不同。水凳或者古代治玉的砣具都是正反向交互旋转，而现代电动砣具是单向旋转。这给我们鉴定玉器提供

图 25　打水用的车辘轳

了非常重要的理论基础，在后文我们会根据每一种工序和相应配合使用的砣具对照说明。

在这里我们先引出一个话题，那就是早期跪坐式砣机的砣具有没有可能是单向旋转？管成学教授是中国科技史方面的权威专家，从他的学术专著里我们了解到，战国中晚期简单齿轮传动的机械传动装置就已经出现，而跪坐式砣机上有没有可能也应用了机械传动装置呢？假设出现了齿轮的传动装置，那么砣具的旋转方向也完全有可能是单向旋转。这种齿轮应为木质，容易腐烂，但没有出土实物佐证，也只能是一种推测。还有一种可能就是利用类似水井打水用的车辘轳（图 25），也能实现砣具的单向旋转。古代砣具在我们很多人的认知中都是往复旋转运动，起码是在绝大多数时间和空间范围内都是这样的运动方式，但是有没有一种可能，砣具并不只是单纯的往复式运动？因为从现代工具的传动装置和旋转方式来看，往复运动功效远不如单向运动。虽然这些目前还只是推测，我们希望可以由此引发大家更多思考和相关研究。

砣机改进之后，人们需要改进的就是砣具。前文提到的早期砣具材质应该有石质、木质、贝壳和骨质，然后出现的应该是铜质，再后来就是铁质以及铁合金，硬度在逐渐提高。总之砣具的变化方向是从软向硬发展。越硬越不容易磨损，越不容易变形，使用起来更稳定、更耐用。

除了砣具，再者就是解玉砂的变化。因为解玉砂始终伴随着治玉的整个过程，从古到今，都没有离开过解玉砂作为介质治玉的工艺。古代的解玉砂主要是硬度在八左右的金刚石和石榴石等砾石凿击出来的砂状物质，只有这些介质的存在琢磨玉器才可以实现。解玉砂的存在伴随着整个玉器发展史。现在不管是砂纸还是砣具、砣钉、钻头等工具，这些金属钻磨工具表面吸附的都是金刚砂，古代俗称解玉砂。现在的金刚砂纯度更高，筛选粗细更加均匀，材质基本都是金刚石。近代美国发明了一种比金刚石更廉价高效的物质——碳化硅，这种新型磨料逐渐取代了金刚石。现在的金刚石粉，我们也可以称为现代解玉砂，那么现代解玉砂和古代解玉砂有什么区别？从解玉砂的使用情况来看，硬度越来越高，淘洗精度越来越高，砂粒也越来越细，解玉砂材质的筛选也由纷杂向均匀单一发展。

还有一个重要的区别就是砂铊分离还是砂铊一体。在古代存在砂铊分离的现象，这种现象的工艺痕迹特征概括起来就是工痕不规整，杂乱无序；而现代电动砣具是砂铊一体，它的工艺痕迹特征是过于规整，细密平行同组的痕迹特征明显，从工痕角度看主要区别就在此，而原理和证据支撑则是解玉砂是否游离，这一点非常重要。

从新石器时代晚期到商周各类文化遗址常见的玉戈，例如湖北盘龙城遗址出土的大玉戈（图 26），系商代前期玉质仪仗器，质地为蛇纹石，摩氏硬度为 3.5，长 94 厘米、宽 14 厘米、厚 1 厘米，是目前出土的玉戈中最长的，堪称“玉戈之王”。这些玉兵器在切割技术上十分高超，要将近

图 26　商代·大玉戈
（湖北省博物馆藏）

1 米的玉片磨平，磨出薄刃、脊线、锋线、血槽，并要使其平直，而整件玉戈又要具备一定弯度和弧度，其难度可谓超乎常人想象。在切割琢磨的过程中，不仅要选用适当的工具包括粒度适宜的解玉砂，还要十分小心地掌握力度，时刻防止在刃边碰出缺口。

了解了解玉砂的发展规律后，我们就可以通过解玉砂的变化来倒推高古玉、中古玉及明清玉器这三大时期古玉加工工艺痕迹究竟有什么不同，这部分内容在后文将进行逐条解析。现实应用中这一点非常重要。我们知道治玉原理是一样的，在掌握解玉砂的特征和砣机效率的不同后，从工具、工艺、解玉砂的精度去论证高古玉、中古玉、明清玉之间的区别是很容易的，这样有助于我们扩大收藏范围和提高鉴定能力。

接下来我们说一说工艺次序的问题，因为工艺次序的不同，会导致我们在查证一些痕迹特征的时候，出现查找不到或者查证的特征不够明显的情况。工艺次序的不同决定了每一道工序的工艺痕迹特征与相邻工序工艺痕迹特征的叠压关系的不同。

一般来讲，玉器加工的初始工序是开璞，也叫开料，是对一块璞玉（原料）进行切割。古代切割主要有直片切割、圆形片切割、截具（圆规）切割，最常用的是线切割。这些切割工艺一般都会留下切割痕迹，但在一些比较精细或者切割痕比较浅、比较整齐的玉器上，切割痕很容易被打磨掉，或者在二次加工的时候把切割痕迹全部遮掩了，这种情况很正常也很常见。最后一道工序是抛光。在一件古玉器表面最容易查证到的工艺痕迹就是抛光痕。有直接打磨后不抛光的，有抛光痕被次生变化腐蚀殆尽的情况，这一点很正常。这里我们讨论的是工艺次序，而有一些玉器是先进行抛光，最后进行加工阴刻线或进行钻孔拉丝工艺，这些现象都可能存在。因为这跟治玉的需求、跟治玉者的习惯、跟治玉者的分工，甚至跟每道工序人员的在岗时间都可能有关系。我们试想一下，有一件玉器该打孔了，但是打孔师傅有事出去了，那只能接着往下道工序进行，预留好孔道位置就可以了，等到打孔的人回来之后补打孔就行了。再比如，该对拉丝工痕进行抛光了，但拉带子的人不在，这个时候先不抛了，继续往下进行，等回来再补抛，其他都做完后也可能就忘了，就出现了不对拉丝面进行抛光的情况。这些现象都有可能出现，我们不要过分拘泥于基本的工序标准，虽然古人相对循规蹈矩，有一些法度要求，但是也不会完全地一成不变，不懂变通，古人也会因时因地因材料和工具的限制，因为自己的一些习惯或者一些突发事件而改变传统工序的先后次序。我们需要研究的是这件玉器表面现今能够呈现的每一道工序痕迹特征，符不符合古代手工治玉痕迹特征就可以了，而不是考虑哪个先哪个后，因为这对我们鉴定古玉并没有任何实际指导意义。例如很多玉器的镂空一般都是采用拉丝工艺，但是也有不少的玉器镂空采用的是多次钻孔的工艺。

这里我们可以肯定的是人类加工史的发展方向是向着提高工作效率、改进工艺水平、符合社会意识形态的审美需求而演进的，也就是说一定是从落后时效向快速时效改进和发展的。纵观世界制作玉石的历史，狭义讲早期人类历史上有三个比较著名的治玉文明，它们的制作数量比较多，工艺比较先进，使用的材料是我们今天通俗讲的玉而非宝石或半宝石。它们分别是新西兰的毛利人，他们就地取材使用一种青绿色或灰绿色的玉料来加工玉器；墨西哥的玛雅人，在6000年前出现了比较成熟的治玉工艺；再有就是中国，学术界认为只有中国的玉器制作上升到了一种文化层面，称为中国玉文化。因为中国玉器制作的形制和纹饰上升到了礼仪、仪范和人文情怀，而且没有中断过，一直延续至今，成为中国历史上的一种文化现象，而毛利人玉器和玛雅人玉器早已衰落消失了。

除此之外，在距今四五千年前的新石器晚期，全世界范围内实际出现的玉器加工范畴远不止这三个比较有名的地区。比方说两河流域地区、中东地区以及东南亚地区都出现了早期人类制作并成熟使用玉器的文化现象，并且两河流域和西亚地区的治玉工艺水准在相当长的一段时间内领先于世界其他地区。这里指的治玉范畴是指广义的玉料，不仅包括像和田玉、岫岩玉等多晶体的矿物集合体玉料，还包括玛瑙、燧石以及各种宝石、半宝石等，这些都属于玉器的加工范畴。

在今天市场上经常能见到一些西亚的玛瑙珠子，我们会发现西亚早期磨盘珠的孔道都是凿击出来的，然后通过实心棒以一种类似于搅拌的形式在里面借以解玉砂打磨孔道，而且这种工艺持续了相当长的一段时间。我国商代的玛瑙珠子上也存在这种特征，说明古代治玉工艺的普遍性。直到铁器出现，西亚的治玉尤其是打孔工艺出现了突飞猛进的改进，我们可以通过一些实物标本，看到西亚的一些非常小的管状珠，它的孔道打得非常直，而且非常细，甚至像针尖儿一样细。这个水平在当时是领先于世界的。

在中国不同区域内的治玉工艺又有哪些区别？需要特别强调的是前文我们提到的“他山之石，可以攻玉”“如切如磋，如琢如磨”，这种工艺的基础是没有变化的。首先我们先看切割，切割工艺主要以线切割为主，夹杂片切割，这种工艺并没有明显的地域特征，也就是说我们无法通过切割工艺来断定玉器的制作区域。其次看钻孔，钻孔不管是单面打孔还是双面打孔，也没有任何区域特色和时空特色，完全是根据工人的治玉习惯、治玉水平以及玉料的软硬程度，来决定打孔方向的改变，没有墨守成规、约定成俗的治玉工艺习惯。

我们拿珠子来做例子，珠玉在古代分得没有像我们现在这么细，统称为玉石。中国玉文化出现了有别于世界其他地区的特征，就是挖脏去绺工艺。在加工珠子的最后工序为了使珠子表面美观，会采用砣具打磨的方式去除有瑕疵、有绺裂的部位，这为后世的治玉剔除玉料多余的部分提供了指导方向，也就是说玉质当中不好的玉料，还有一些天然的绺裂，或者由于加工过程中造成的磕碰磕裂，会采用挖脏去绺的工艺使整体表现得更加美观，类似今天的因料施艺，先审视料子，熟悉它的优缺点，再根据料子情况设计草稿，有缺陷的部位会在治玉的过程中一步步剔除。

这种在珠子上挖脏去绺的工艺比较明显地出现在中原地区的西玛珠子上。我们知道西玛珠子的特点是孔道比较大，由于孔道比较大，单向钻孔的时候钻到最后会出现冲击，造成对向的崩裂、脱落穿透的现象，这种崩裂不但影响美观，而且在佩戴的过程中对串系绳子的磨损也是非常严重，所以无论从美观角度还是从使用角度，西玛珠子的背面，往往有比较明显脱落的痕迹，用砣具打磨一下与钻孔方向相反的这个面（图 27）。一直到辽金时期，我们看到一些珠子的表面，有一些故意打磨下去的凹坑（图 28），这种凹坑非常容易识别出来是由砣具故意砣磨出来的，而不是误操作形成的。这也是由单面钻孔的工艺瑕疵进而演变为一种新的处理方式。

除了打孔，我们在古玉上还经常看到另一种工艺——拉丝。拉丝要先根据加工玉料需要剔除的形状来打若干定位孔，再由定位孔内穿系线锯借助解玉砂把多余的玉料通过线锯切割的方式去除掉。手工制作玉器的拉丝面不整齐、不美观，不严谨、不规范，所以古人会对一些具有明显瑕疵的，或者有特定的高级别需要的玉器进行二次加工，对拉丝面进行二次打磨或者抛光。早期抛光主要采用的也是线锯，通过线锯横扫带动解玉砂的形式去打磨（图 29），所以我们观察一部分古玉器镂空部位，能够看到玉器表面的打磨痕出现在拉丝面上。还有一种工艺痕迹特征是纵向的，演变到水凳治玉后俗称拉带子。早期它是用皮质或者麻绳纵向借助解玉砂来打磨拉丝面（图 30），这样的拉丝痕是垂直于玉器表面的。这两种方式在古玉上面都能够查到，也就是在不同的时期，这两种方式同时存在，也没有

图 27　打磨凹坑

图 28　孔道修磨

图 29　线锯打磨

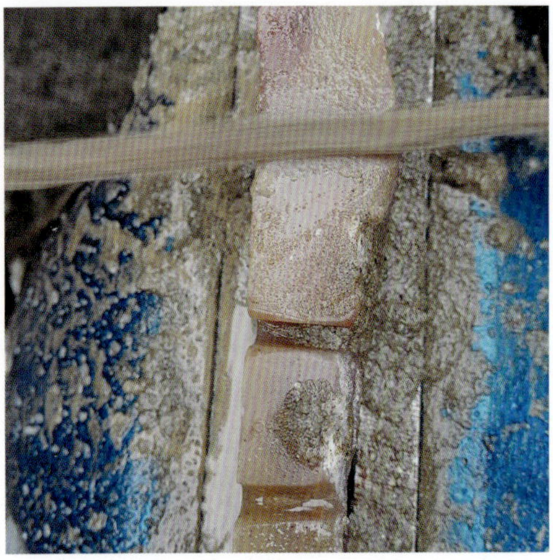

图 30 当代线切割痕迹

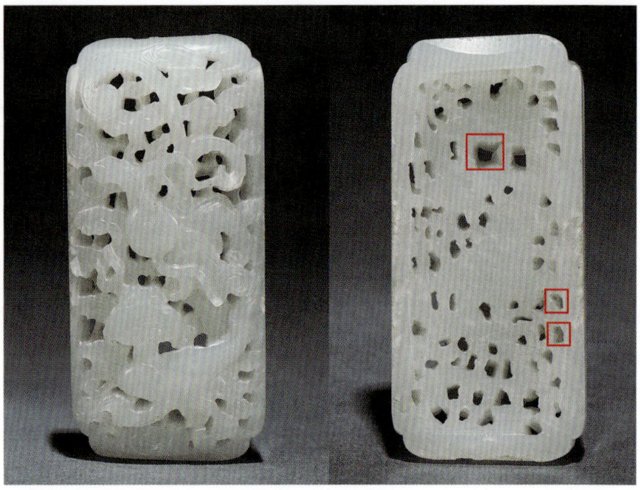

图 31 螭龙纹镂空带板

图 32 商代·玉龙

图 33 商代·玉虎

图 34 南越王墓出土的玉剑璏

任何的时代特征和区域特征。但是到了宋元时期，由于圆雕作品大量出现，在圆雕作品或者比较厚的片状玉器作品上，由于整个玉器过于偏厚，线锯切割镂空不太好实现，镂空采用了多次钻孔的工艺（图 31）。实际上这种通过若干个钻孔去除玉料的工艺，出现得比较早，最晚出现在商代，因为在商代的玉龙、玉虎的嘴部镂空效果（图 32、图 33）就是采用多次钻孔剔除，汉代也出土了四个圆形的钻头钻去余料形成的一个类似基本方形的镂空方孔，但是应用的并不多。

汉代一些高浮雕玉器上也采用了管钻剔除多余玉料的工艺，例如在南越王墓出土的玉剑璏（图 34）上就残留了大量的管钻痕迹特征，我们认为辽金时期采用的钻孔镂空工艺也是由

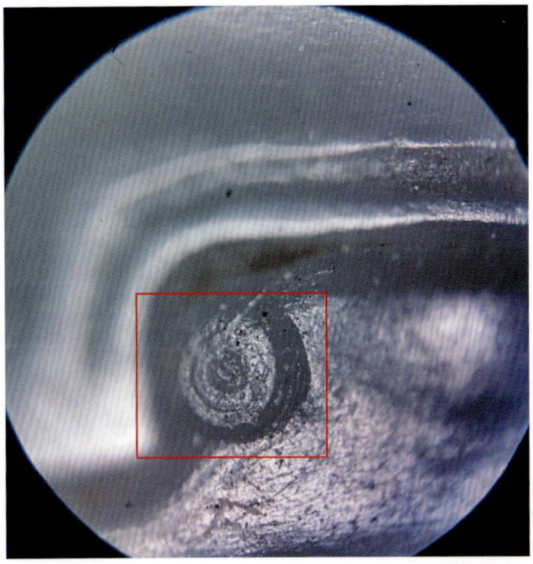

图 35　西亚直筒珠

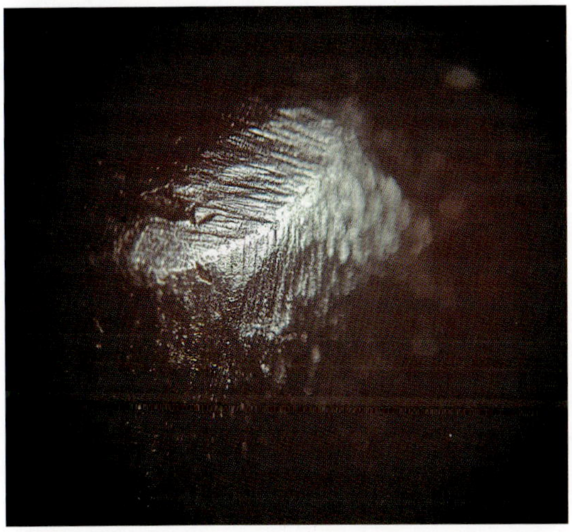

图 36　顶撞工艺

图 37　打磨平面

这种管钻减地高浮雕工艺演化而来。如果把高浮雕比喻成半镂空，全镂空则是采用多次钻孔工艺来实现。到了后期浮雕技法，尤其是浅浮雕则采取了实心钻头琢磨减地的方法，俗称顶撞工艺（图 35）。

再来说说珠子的成型工艺。中国最早采用切角倒棱工艺制作正圆珠子出现在良渚文化时期，那个时候人们已经掌握了切角倒棱技术，这种技术一直延续至今。在西周王朝统治的区域内出现的西玛珠子，绝大部分外圆的成型工艺都采用了这种切角倒棱工艺，管珠表面可以看到多次、多方向打磨形成的若干小的打磨平面（图 36），使外形近似于圆。而西亚的直筒形珠子外圆的成型工艺（图 37），基本上都是管钻套出来的，所以珠子非常圆整周正。而在战国以前北方草原文化出土的直筒形珠子大多都是采用纵向打磨的工艺，而非西亚的管钻成型，所采用的是北方地区一种叫金伯利岩的硬质石头，这种石头含有金刚石成分，硬度比较高，直接在这种石头上纵向磨制，石头上慢慢形成沟槽后更加有利于磨制（图 38）。这种草原文

图 38　金伯利岩

化的成型工艺效率明显优于中原地区的成型工艺。由于文化的交融，这种纵向打磨工艺到了战国晚期传入中原地区，中原地区的直筒形珠子自此出现了纵向打磨工艺。

文化不是孤立的，一定有原创。文化传承和演变从古到今从来没有中断过，我们在辨伪的时候要充分考虑到这一点，切不可孤立判断任何一种工艺或者艺术形式是突发而来的。

二、中国古代治玉工艺解析

清代李澄渊所绘的《玉作图》（图39）记载了古人制玉的主要步骤，是除明代宋应星《天工开物》内仅存的两张图画史料，目前保存最清晰的古代治玉图解，因此对我们研究古代玉器加工技术以及古玉鉴定具有非常重要的价值。

这本《玉作图》现藏于东京国立博物馆，书高 24 厘米，全叶框 28.3 厘米 ×17.2 厘米，该书序（图 40）载："光绪十七年岁次辛卯新秋上浣，燕都居士石泉李澄渊画并序。"画册共含十二幅彩绘图，记录描绘传统制玉的主要步骤（图 41）：捣沙、研浆、开玉、扎砣、冲砣、磨砣、掏堂、上花、打钻、透花、打眼、木砣、皮砣。每图带有文字说明，书末附《回疆采玉地图》。此为清光绪十七年钞绘本。

图 39 《玉作图》

李澄渊与晚清时在中国活动的英国著名医生、东方学家卜士礼（Bushell）来往甚密，《玉作图》是应卜士礼的请求所画。画面朴素，画风写实，表述详尽，画册不仅描绘了玉工劳动操作的场面，而且还将重要工具名称一一注明。书中记载治玉共分十三道工序，其中"捣沙图说"和"研浆图说"合为一幅，三至十三的十一道工序各为一幅，共十二幅。

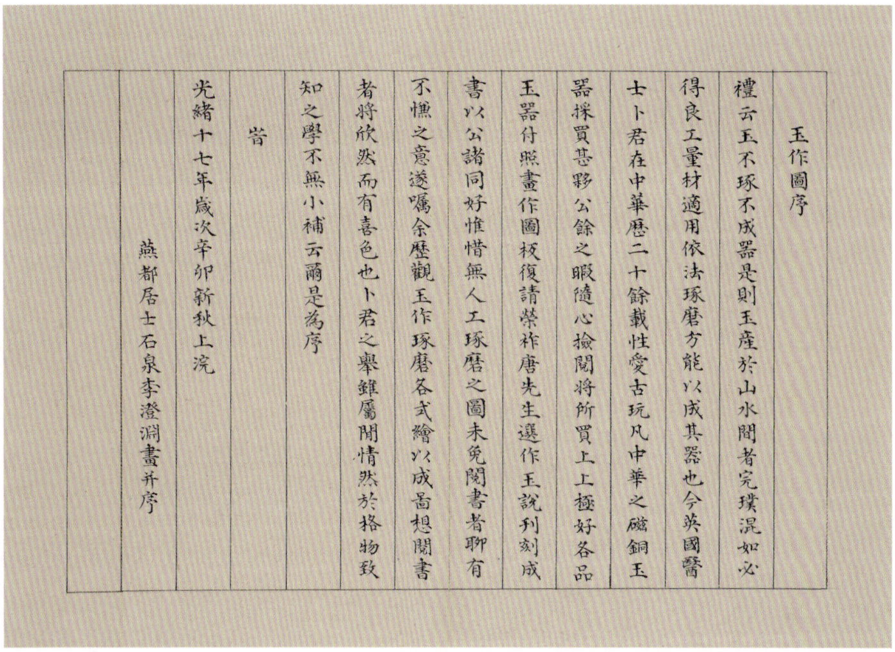

玉作圖序

禮云玉不琢不成器是則玉產於山水閒者完璞混如必得良工量材適用依法琢磨方能以成其器也今英國醫士卜君在中華歷二十餘載性愛古玩凡中華之磁銅玉器採買甚夥公餘之暇隨心撿閱將所買上上極好各品玉器付照畫作圖板復請棨祚唐先生選作玉說刊刻成書以公諸同好惟惜無人工琢磨之圖未免閱書者聊有不慊之意遂囑余歷觀玉作琢磨各式繪以成圖想閱書者將欣然而有喜色也卜君之舉雖屬閒情然於格物致知之學不無小補云爾是為序

旹

光緒十七年歲次辛卯新秋上浣

燕都居士石泉李澄淵畫并序

图 40　《玉作图·序》

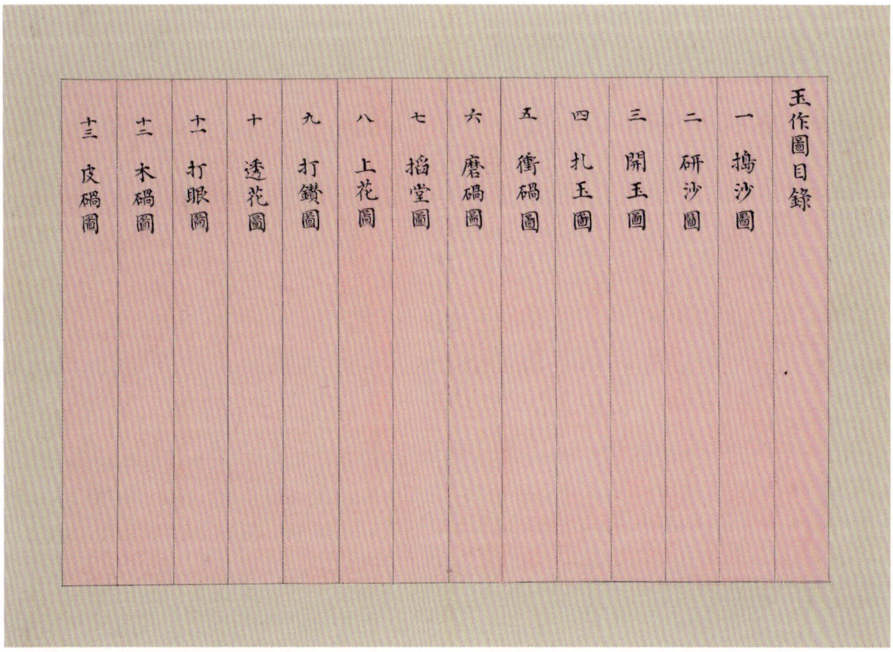

玉作圖目錄

一　搗沙圖
二　研沙圖
三　開玉圖
四　扎玉圖
五　衝碢圖
六　磨碢圖
七　掐堂圖
八　上花圖
九　打鑽圖
十　透花圖
十一　打眼圖
十二　木碢圖
十三　皮碢圖

图 41　《玉作图·目录》

图 42　捣沙图

1. 捣沙

捣沙图说（图 42）：

攻玉器具虽多，大都不能施其器本性之能力，不过助石沙之能力耳。传云：黑、红、黄等石沙产于直隶获鹿县，云南等处亦有之。形似甚碎砟子，必须用杵臼捣碎如米糁，再以极细筛子筛之，然后量其沙之粗细漂去其浆，将净沙浸水以适用。

2. 研浆

研浆图说：

磨光，宜研极细腻黄沙，去浆，浸水以适用。

【工具说明】沙浆，黑石沙性甚坚；红石沙，此红沙性微软；黄石沙，性比红沙又软；宝料，为上光用，性软坚似沙土。

图片解析：

图中小院内站立的玉工双手拿着石杵正向圆形大石臼内凿击，用石杵一下一下地锤击解玉砂，为的是把石臼里的石沙敲得更细碎。另一位玉工坐在凳子上，面前放一个圆形的大筛子，筛子的底有细洞，可以让细小的石沙漏下去，粗沙就留在筛子中。通过不同粗细的筛子，这样就可以把石沙按照颗粒大小分成几类。院子里还有木桶、木盆和毛刷，将筛好的沙用水泡着，多次搅拌沉淀后，解玉砂沉底，水中的泥巴之类的杂质随着换水倒掉即可。如此反复几次，解玉砂就淘洗干净了。通过手工搅拌震荡，让不同粗细的解玉砂分层沉淀，有经验的师傅通过手捞也可以将不同粗细的解玉砂分成几类。经过捣沙和研浆，就可以得到分类颗粒相对均匀的石沙。

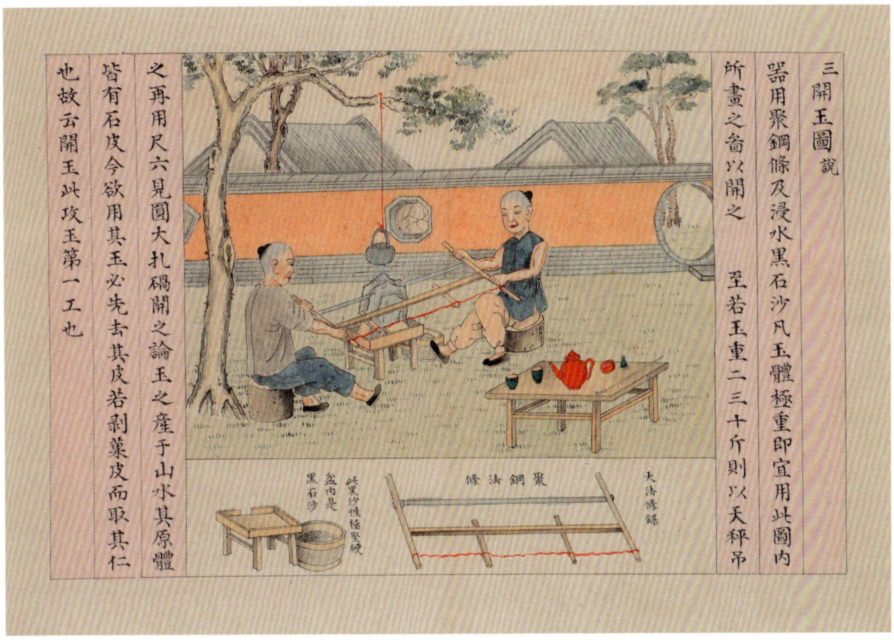

图 43　开玉图说

这些沙是用来解剖玉璞、琢磨玉器的，所以叫作“解玉砂”或“磨玉沙”。

按图中所示，解玉砂可以分成四类：黑石沙、红石沙、黄石沙、宝料（沙），对应的工序大致为切料、粗打磨、细打磨、抛光。如开料和钻孔，要用颗粒、大棱角多的粗沙；研磨和抛光时，就要用接近粉状的微小颗粒细沙。《天工开物》说解玉砂“精粹如面，藉以攻玉，永无耗折”。在研磨切削玉器的过程中，大颗粒的解玉砂会碎裂为更小的砂砾，将这些细小的解玉砂收集后再利用，就是所谓的“永无耗折”。这里需要注意的是，通过这种原始古朴的解玉砂的淘洗筛选，每一类粗细的解玉砂的精度即颗粒大小的均匀程度，不会像今天机器震荡筛选的金刚石粉末那么均匀一致。

3. 开料（开玉）

开玉图说（图 43）：

器用聚钢条及浸水黑石沙，凡玉体极重即宜用此图内所画之式以开之。至若玉重二三十斤，则以天秤吊之，再用尺六见圆大扎砣开之。论玉之产于山水，其原体皆有石皮，今欲用其玉，必先去其皮，若剥果皮取而其仁也，故云开玉。此攻玉第一工也。

【工具说明】大法条锯，聚钢法条。此黑沙性极坚硬，盆内是黑石沙。

图片解析：

章鸿钊《石雅》有云：“古人辨玉，首德而次符。”这里的德指的是玉的质量，符则是颜色的意思，也就是说古人对于玉的评定，首先看重质量而后关注颜色。制作玉器的原料可以开矿挖掘，也可以在河谷内采集。而无论“山料”还是“籽料”，在未加工之前，往往包裹着与普通石头外表相似的外皮，古人将未曾剖琢的玉料称为“璞”，能透过外皮而了解玉材内部的玉质，是为“识玉”。传说历史上最善于识玉者莫过于卞和，《韩非子》载：“楚人和氏得玉璞楚山中，奉而献之厉王，厉王使玉人相之。玉人曰：‘石也。’王以和为诳，而刖其左足……”最后卞和以断两只脚和哭出血的代价换得玉人理其璞而得“和氏之璧”，可见识玉之难。

玉璞外表常常包裹一些粗松的石皮、杂裂及僵皮。而磨削玉料表面的这层石皮得到内部美质玉料的工序，叫作“开璞”，也叫“开玉”。开璞可以用石器敲琢，也可以使用麻绳、皮筋、金属丝等柔性工具，加水和解玉砂来进行切割。

图中的两名玉工坐在大树下的凳子上，两人之间用木架架起了一个大玉璞。他们各拿着多股皮绳（金属绳）扭合成的大法条锯的一端，来回往复拉着这个条锯。

条锯的钢丝是切不动玉的，原始社会的条锯皮绳更加不可能，所以在树枝上挂着一个茶壶，壶底有洞，壶里装的是黑石沙和水，类似沙漏。混着水和黑石沙的解玉砂浆，慢慢地滴到玉璞上，利用条锯的往复运动带动解玉砂磨玉。这样来回摩擦和切割，才能把玉皮子切掉或者把玉料切割开来。

一件玉器的制作，从选料到成型，需要多道工序。第一步是审料和剥料，去除石皮之后再进一步观察玉料的质地、形态、颜色、透明度、大小及内部绺裂等。第二步根据每块玉料的特点来确定这块玉料适合做什么样的器物。这种“因料施艺”为治玉的初步设计，经典的因料施艺则被誉为“俏色”（俏雕），也就是充分利用玉料本身的自然形体和天然颜色或局部杂色皮色与作者的设计构思巧妙地结合，使玉料成为形神兼备的一件艺术作品。

4. 扎砣

扎砣图说（图 44）：

砣用木作轴，用钢作圆盘，边甚薄，似刀，名之曰扎砣。用浸水红沙将去净石皮，原玉截成方块或方条，再料其材以为器，用冲砣磨之以成其器之胎形。若大玉料体重则以天秤吊之，如小而轻则以手托之，不用天秤。

【工具说明】登板、木轴、扎砣、小铁砧、小铁锤。铁砧、铁锤皆为收拾扎砣不平整处用。

图片解析：

图中旋车结构复杂，木质框架结构，支架上架着长短合适的木轴，木轴的一端装有圆形的钢盘，这个钢盘就是“扎砣”。扎砣上方的 U 型木板可以防止解玉砂飞溅，玉工后面的桌子上和墙上有大小不同的扎砣和 U 型板，是根据玉璞大小配合使用。旋车上的木轴缠绕着一根绳子，绳子的两端各系一片木板，这两片木板叫作登板。双脚轮流踏登板，可以靠麻绳牵动木轴旋转进而带动钢盘旋转。图中玉工右手控制玉料，抵住正在旋转的钢盘的刃边，桌子的一端放着一个盛了水和红石沙的盆子，玉工左手舀沙，浇在玉料上。坚硬的解玉砂配上旋转而锋利的扎砣边刃，就可以把玉料切割。

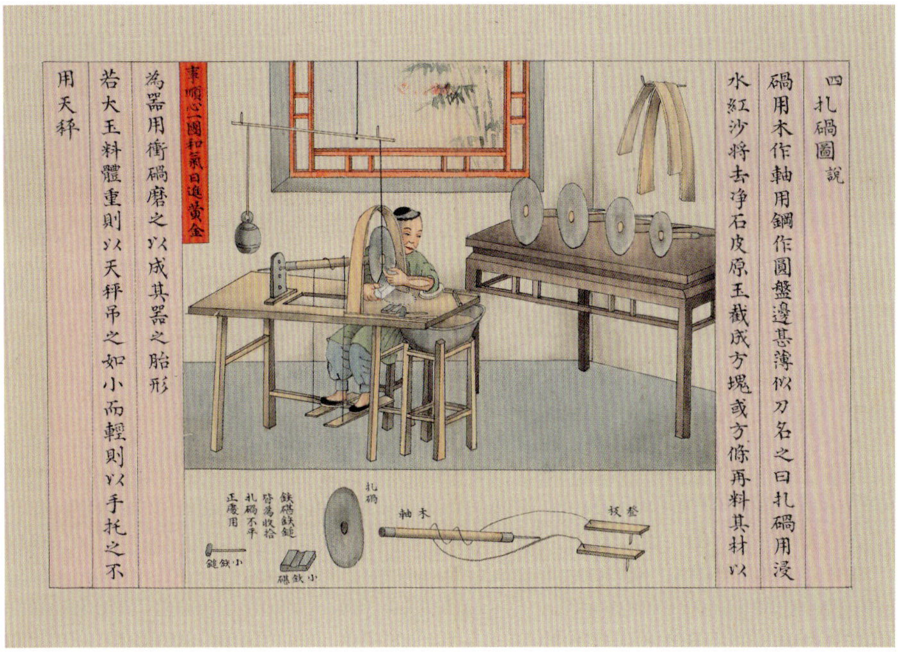

图 44 扎砣图说

5. 冲砣

冲砣图说（图 45）：

砣用四五分或二三分厚钢圈，圈内横以厚竹板，再以紫胶接在木轴头上，用浸水净红沙以冲削其方条玉之棱角，故名冲砣。玉之棱角既去，器形既成。玉体肤上尚有小坳沙痕，则宜磨砣以磨之。木砣、胶砣、皮砣以光亮之。

【工具说明】冲砣、尾丁、登板。

图片解析：

除了扎砣和冲砣的区别，图中其他工具及使用方法和上一步骤十分相似。扎砣薄而利，为实心圆钢盘；冲砣壁厚，为圆环状钢圈，中间横以厚竹板。中空的目的是降低砣具的刚性，减少砣具在使用过程中变形，与扎砣一样后面桌子上也摆放着不同型号的冲砣，配合水和红石沙，慢慢冲磨掉玉料的方角，这时雕琢作品也大致成型。

6. 磨砣

磨砣图说（图 46）：

磨砣用二三分厚钢盘，木轴。砣形大小不同，约有六七等，既冲之后则宜磨之，使玉体细腻。磨工既毕，宜上花、宜打钻、宜掏堂、宜打眼，再各施其工。

【工具说明】登板、转绳、尾丁、木轴，紫胶接轴处，钢磨砣。

图片解析：

利用磨砣来磨细玉器表面，所用工具及使用方法和上一步骤十分相似。磨砣直径较冲砣小，

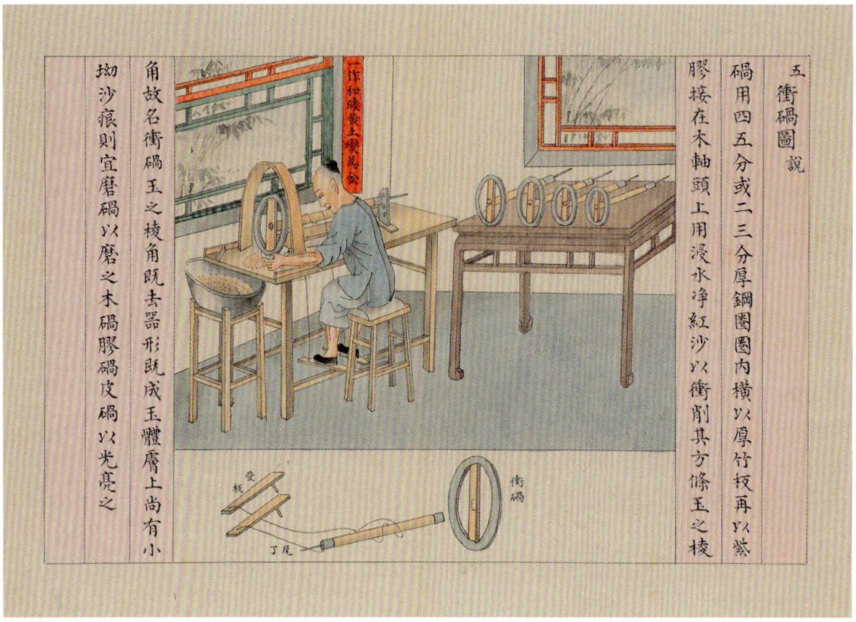

图 45 冲砣图说

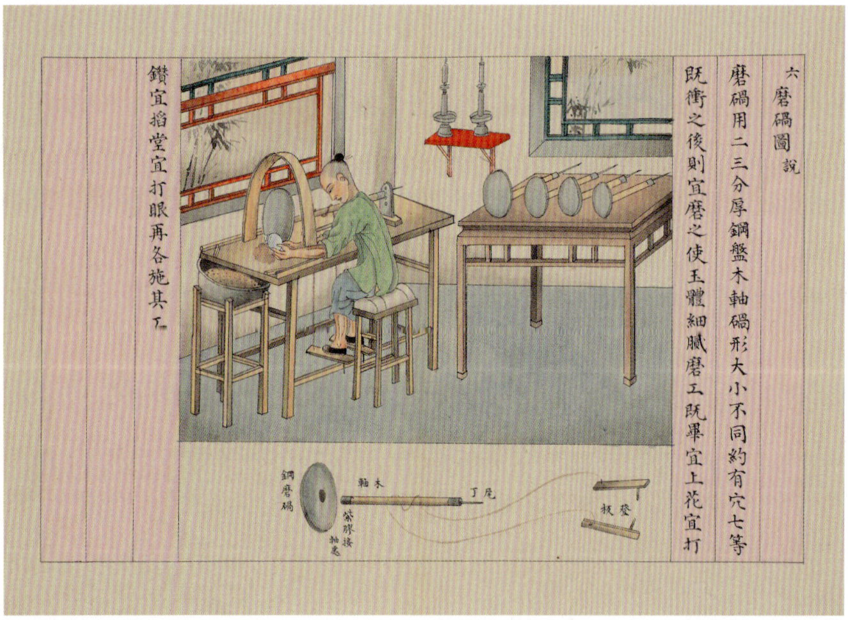

图 46 磨砣图说

同样配有大小不同型号，适合更精细的打磨。磨砣其实就是细打磨，配合水和黄石沙，可以把玉的表面磨得细腻，发出温润的光泽。此时一件玉器的形制已经处于制作完成阶段。

各种砣具侧面图（图 47）

不同的工序所用的砣不同，大砣用于切割；宽砣、斜砣、细砣用于雕琢纹饰；平砣用于打磨。金属砣小巧灵活，对大小玉料可多角度琢磨。好的砣具砣面必须平整，旋转时切面可以保持在一个平面上。边沿有弹性，使用过程中若有变形可以轻掰复位。

7. 掏堂

掏堂图说（图 48）：

掏堂者，去其中而空之之谓也。凡玉器之宜有空堂者，应先钢卷筒以掏其堂；工完，玉之中心必留玉梃一根，则遂用小锤击钢錾以振截之，此玉作内头等最巧之技也。至若玉器口小而堂宜大者，则再用扁锥头有弯者，就水、细石沙以掏其堂。

【工具说明】弯子、铁轴、革条、铁轴。钢卷筒有透沟二三，为存细沙。

图片解析：

掏堂，即挖空容器的内部。开口比较小的玉器先用钢卷筒（管钻）旋进玉器的中央，经过此道工序，玉器的中央会出现一根圆柱，称作“玉梃”。此时由经验丰富的师傅振锤砸断玉梃，如果力道不对，不是取不出玉梃，便是整件玉器碎裂。接着再以弯形的扁状弯子慢慢琢磨，掏空玉器的内膛。

开口比较大的玉器，如商代妇好墓出土的两件玉簋（图 49、图 50），一青一白，器形规矩，刻纹精细，膛壁厚薄均匀，整个工序极为费时费工，古人治玉技术在玉簋上得以全面体现，

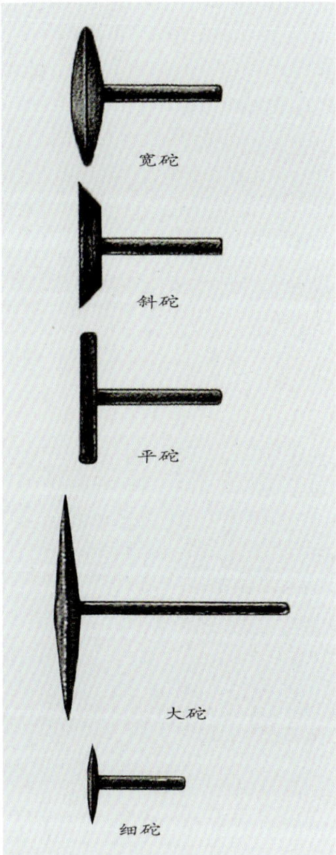

图 47　砣具示意图

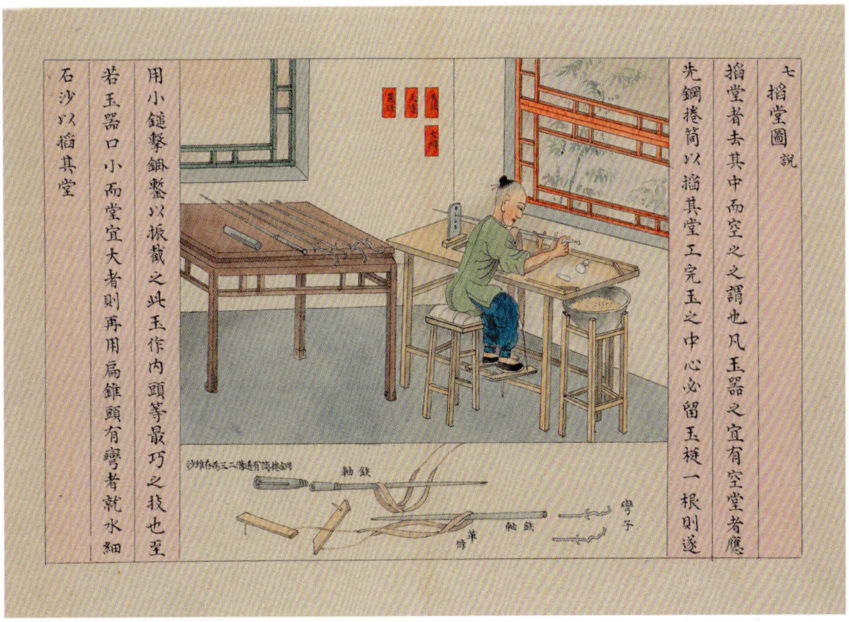

图 48　掏堂图

图 49　商代 · 白玉簋（妇好墓出土）

图 50　商代 · 青玉簋（妇好墓出土）

至今保存完好，极为难得。这种器物首先在选料上要求玉料完整，无绺裂，少杂质，切割成型之后即开始掏膛去料，可以先用管钻，再用砂石修磨膛口；也可以用圆片砣将需要掏堂的部位多次切割成若干薄片，再将这些薄片一一敲断，以砂石打磨修整内堂成圆弧形。工艺和工具比较简单，但是费时费料，不过在早期治玉阶段，堂口较大不容易制作管钻的情况下则是很有效的一种方法。

8. 上花（琢磨阴刻线）

上花图说（图 51）：

按玉作上花，具皆用小圆钢盘，盘边甚薄，似刀，名之曰丁子。全形似圆帽丁子，故名之。或用小钢砣，名为轧砣。此等具可以随意改作，大小以方便适用为度。凡玉器无论大小方圆，外面应有花样者，皆用此等具磨冲以上花。

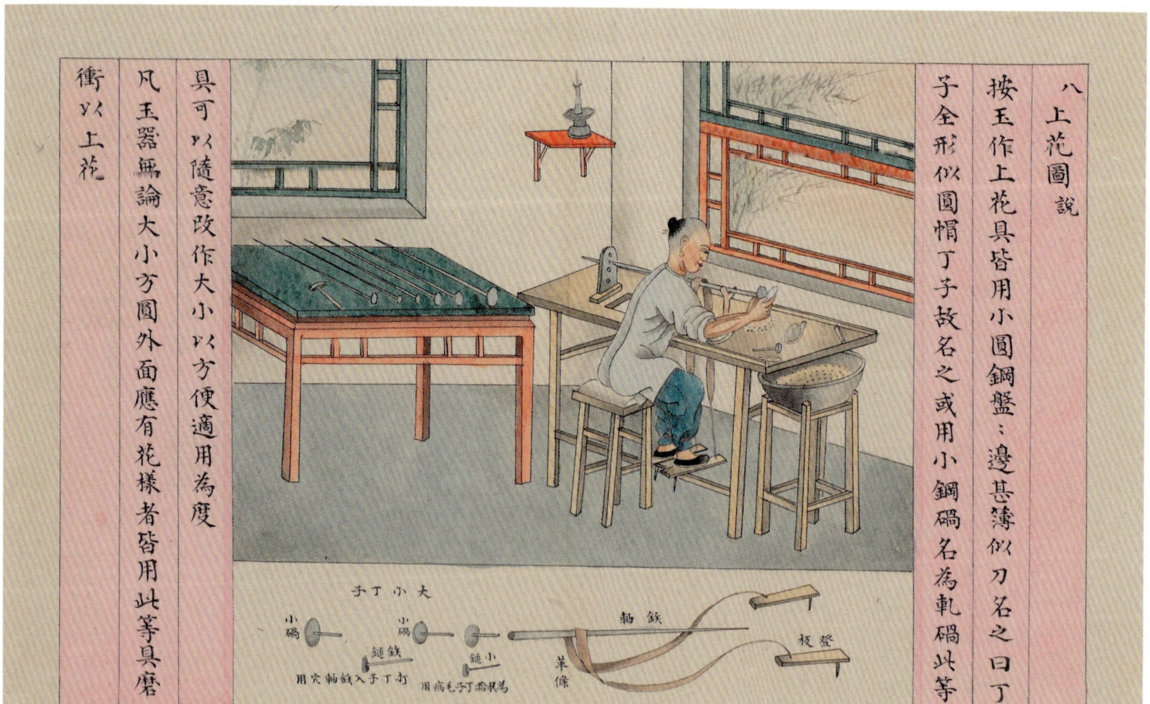

图 51　上花图说

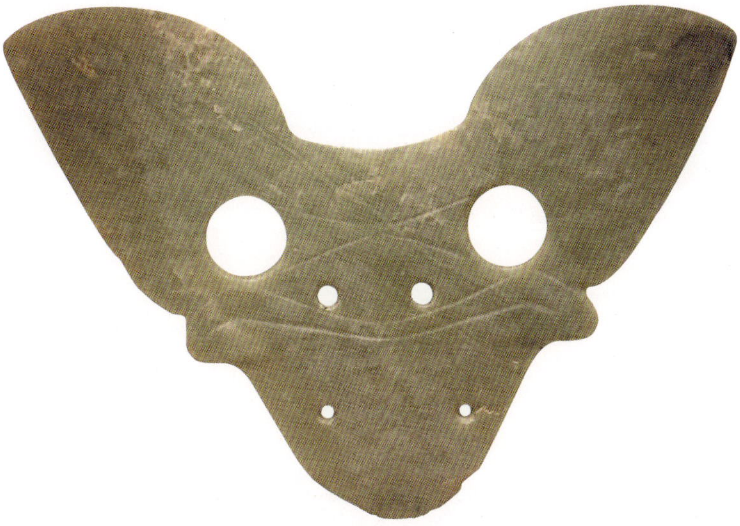

图 52　红山文化 · 玉兽首（辽宁牛河梁出土）

【工具说明】登板、铁轴、革条、大小丁子、小锤；为正丁子毛病用；打丁子入铁轴穴用，小砣。

图片解析：

上花，又称丁子，也就是以小型的轧砣在玉器的表面磨琢花纹，一般是指玉器表面的阴刻线或修磨浮雕作品。工具的操作方法和扎砣一样，不同的小轧砣会留下不同的线条。例如，中厚缘锐的砣具所琢碾出的线条，往往两端较窄浅，中段较宽深。新石器时代红山文化出土玉器的线条就有这种纹饰（图 52），到了商周时期则更加普遍。因此推测，距今五六千年前的红山文化已经开始使用砣具琢碾玉器。无论是石英、燧石还是砣具治玉，工具与玉器都有初始接触的下刀点和收刀点，下刀时工具与玉料接触的瞬间，为防止器与料滑开，往往用力大，所以此处呈现深陡的状态。而收刀时也是收力时，刀口较为缓浅，假如来回往复琢磨的，则边缘平直、中间宽深而两端尖浅。细细观察这些痕迹，也是辨玉的一种方法。

古代砣机不像今天电动机械砂轮那样可以随心所欲，古代琢玉需要玉工有丰富的经验。原始砣机琢玉是极艰难的，制作周期很长。在很多时候玉工根本看不见玉料所要琢磨的位置，此时全凭经验和手感。玉料碰不上砣具则碾不到，用力稍大则可能损坏砣轮使其停转，或者在玉器上出现各种不可逆转的误操作。另外在砣具旋转时，手持玉料的姿势须长时间维持稳定，没有长期历练是很难掌握的。所以“纯粹用古代治玉的方法来做仿古玉”这个观点，被一些喜欢抨击查证工痕辨伪的人予以否认。看似无懈可击的理由，其实手工治玉的难度之大和成本之高绝非我们现代人所能理解，现代仿古玉者不会做，也不愿意这么做。

现代玉器上花雕刻用的是电动牙机，也叫蛇皮钻，类似牙医使用的钻针。马达配合活动软管，移动十分灵活，砣具和玉料都是活动的，这点和古代手工有本质区别，给我们的辨伪又提供了一条证据支撑。

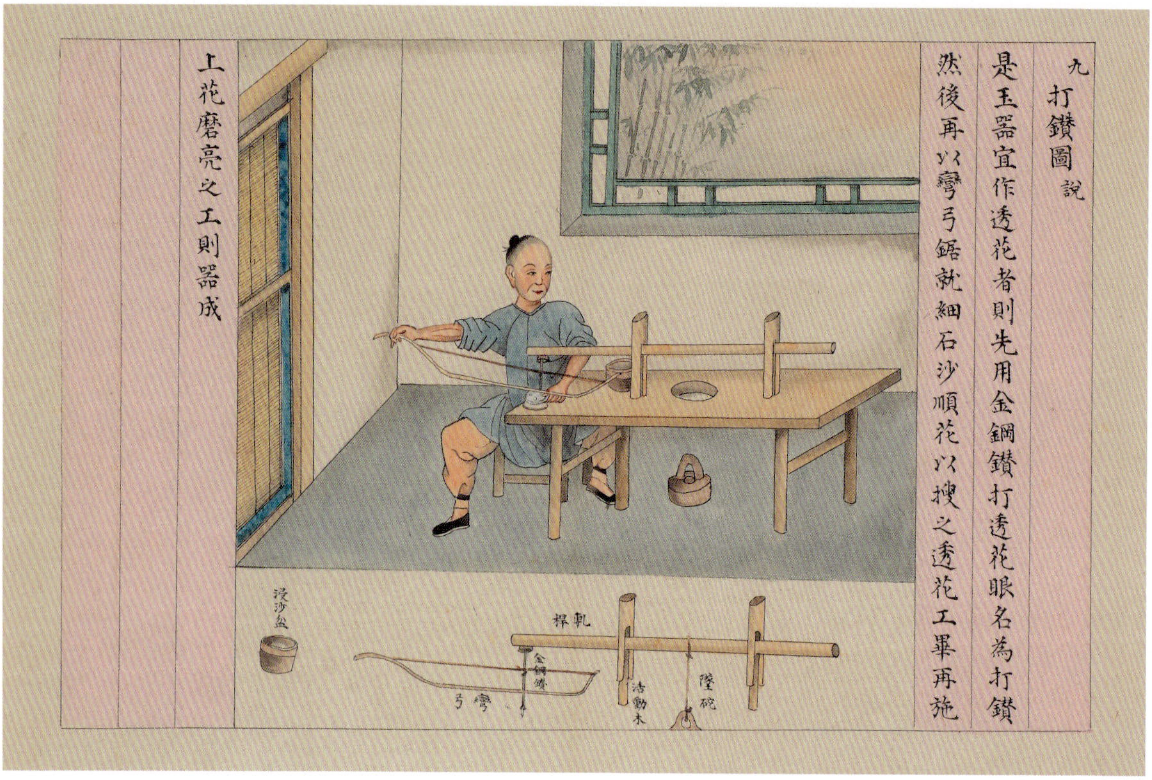

图 53　打钻图说

图 54　玛瑙珠子

图 55　清·珊瑚烟嘴（台北故宫博物院藏）

9. 打钻（打孔）

打钻图说（图 53～图 58）：

是玉器宜作透花者，则先用金钢钻打透花眼，名为打钻；然后再以弯弓锯，就细石沙顺花以搜之；透花工毕，再施上花磨亮之工，则器成。

【工具说明】坠硊、活动木、轧杆、金钢钻、弯弓、浸沙盆。

图片解析：

这道工序主要是打一些小而简单（薄片）的孔，也是雕琢镂空花纹的重要步骤，即钻定位孔。此工序与钻孔一样同属于较早出现的钻孔方式。打钻的工具主要是弯弓和轧杆，轧杆底端镶有钻头，轧杆顶端则有横杆相连，横杆一端固定中间，加增重的石秤砣，对横杆施以向下的压力。玉工坐在桌子一端，用左手固定玉器，抵在轧杆下端钻头的下面；右手来回拉动线弓，线弓会带动轧杆一来一往地旋转，杆尖所嵌的

图 56 清·水晶鼻烟壶

图 57 新石器时期·良渚文化中期琮式管(台北故宫博物院藏)

图 58 清代·和田白玉籽料浮雕螭龙纹扳指

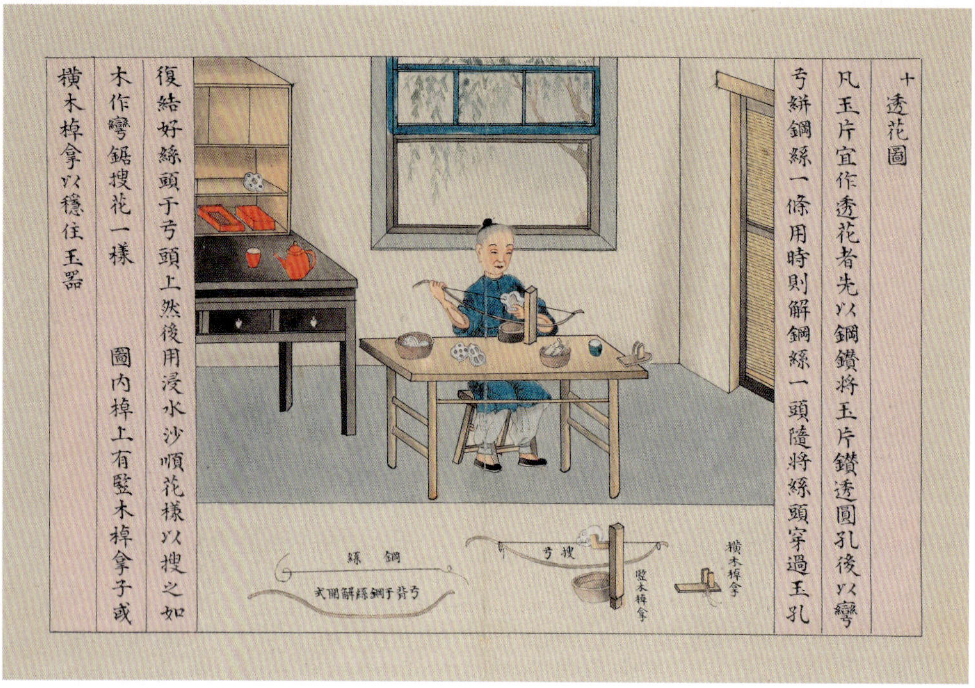

图 59　透花图

钻头蘸解玉砂就可以把玉钻出一个圆孔。人类较早时期便擅于利用钻定位孔的技法，营造出线条回旋转折处流利饱满的效果。

10. 透花（拉丝）

透花图（图 59～图 61）：

凡玉片宜作透花者，先以钢钻将玉片钻透圆孔后，以弯弓絣钢丝一条，用时则解钢丝一头，随将丝头穿过玉孔，复结好丝头于弓头上，然后用浸水沙顺花样以搜之，如木作弯锯搜花一样。图内桌上有竖木桌拿子或横木桌拿以稳住玉器。

【工具说明】横木桌拿、竖木桌拿、搜弓、钢丝、弓背于钢丝解开式。

图片解析：

透花，即镂空花纹，以搜弓为主要工具。操作时先把搜弓上的金属丝解开一端，穿过钻有细圆孔的方棍，坚硬的木方棍可以防止手拉弓弦波动过大，起稳定的作用；再穿透玉器定位孔，绑好。玉工的右手握着搜弓，一来一回拉动着，钢丝上加浸了水的解玉砂，就能按照玉片上画的线条切割出需要镂空的部位。因为墨汁会被水冲洗掉，所以用石榴皮的汁来勾画草稿，这样和了水的解玉砂配合钢丝在玉片上来回割锯时，图案就不会被水洗掉。良渚文化（图 60）已出现拉丝透花的玉器，此工艺从未中断，发展至明清，镂雕玉器薄而细，达到技法的巅峰。

镂空是在线锯切割与钻孔相结合的基础上发展出来的治玉工艺，最早见于良渚文化镂空的玉冠状饰上。器物上孔洞镂琢的多寡往往并不能说明技术的高低，镂空剖面平滑度则是衡量治

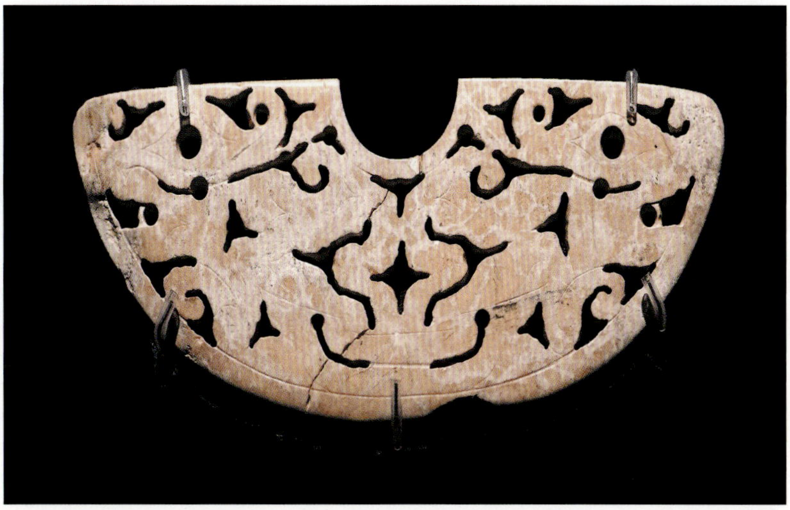

图 60 良渚文化·透雕玉璜（浙江省博物馆藏）

图 61 商代妇好墓出土的玉凤（国家博物馆藏）

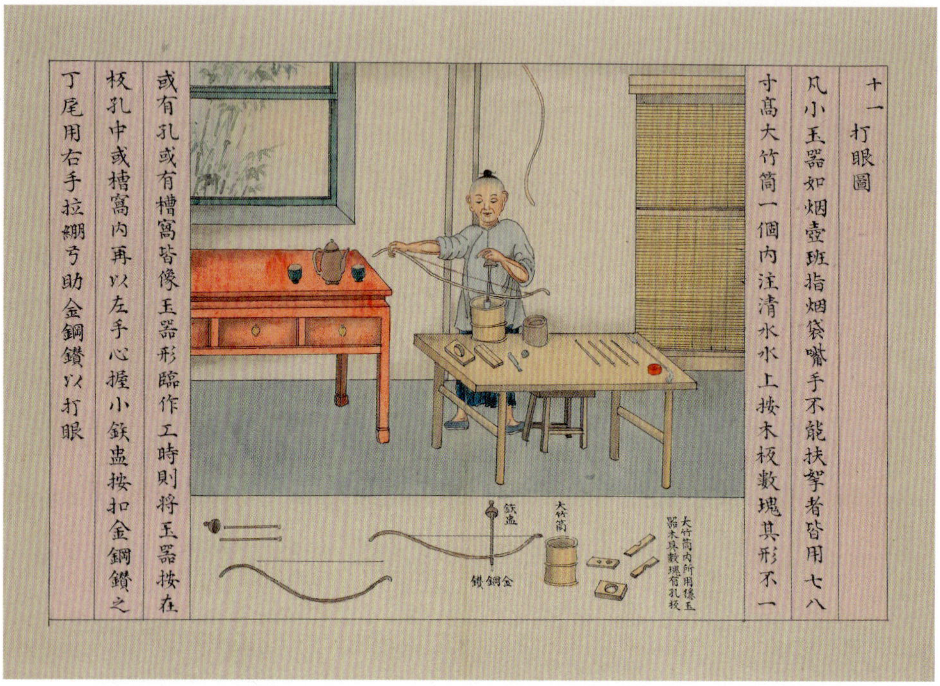

图 62　打眼图

玉水平的标准。因为手工治玉的不稳定性，使得拉丝面的平整度出现特别明显的偏差，这为我们查证拉丝痕迹辨伪提供了理论依据。有少部分高级的玉器则拉丝痕迹不明显，系经过二次修正的缘故。从妇好墓出土的镂空玉凤（图 61）可以看出，当时的镂空技术已非常娴熟。

11. 打眼（打孔）

打眼图（图 62）：

凡小玉器如烟壶、班指、烟袋嘴手不能扶拿者，皆用七八寸高大竹筒一个，内注清水，水上按木板数块，其形不一，或有孔，或有槽窝，皆像玉器形。临作工时，则将玉器按在板孔中或槽窝内，再以左手心握小铁盅，按扣金钢钻之丁尾，用右手拉绷弓，助金钢钻以打眼。

【工具说明】大竹筒内所用稳玉器木具数块有孔板，大竹筒、铁盅、金钢钻。

图片解析：

这道工序也属于打孔，只是到了明清时期，打孔的区分更加细致了。这道工序和第九道工序区别是打小而长的孔。像鼻烟壶、珠子、管子、班指、烟袋嘴之类的小件长孔道而又有固定形状的玉器，因为这类玉器太小了，不方便用手拿着打钻，所以就在大竹筒中装了水，上面安装木板，木板中央挖了洞，洞的形状就和要钻孔眼的小玉器形状相同，把玉器用夹具夹在水当中。不同形状的小玉器，要配上挖了不同形状孔洞的木板。玉工左手握住铁盅向下施力，右手拉着线弓，一来一回地带动钻杆反复旋转，钻杆下端所嵌的钻头蘸解玉砂，就能在玉器上钻出孔了。

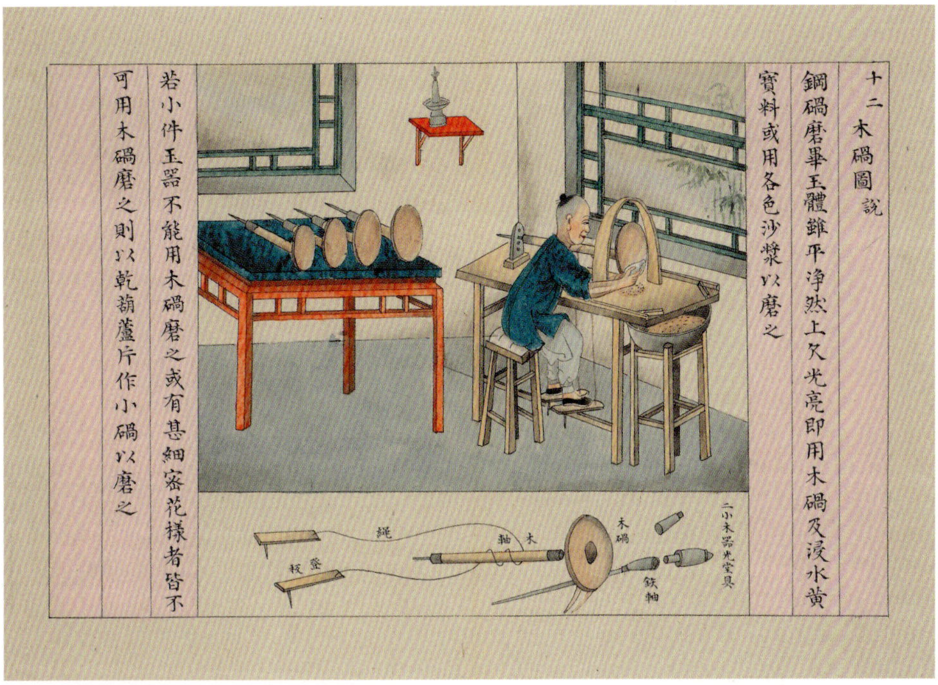

图 63　木砣图说

12. 木砣（抛光）

木砣图说（图 63）：

钢砣磨毕，玉体虽平净，然上欠光亮，即用木砣及浸水黄宝料，或用各色砂浆以磨之。若小件玉器不能用木砣磨之，或有甚细密花样者，皆不可用木砣磨之，则以干葫芦片作小砣以磨之。

【工具说明】木砣、铁轴、木轴、转绳、登板。

图片解析：

木砣是用来抛光的砣具，配套器具和操作方法和冲砣一致。原始社会抛光的工具一般是硬木或者竹片、竹根和兽皮。砣机出现后一般用葫芦皮，用于把已雕琢好的玉器外表仔细磨光。这时使用的工具结构是登板连系着木轴，带动一个圆形的转盘，而这一步骤用的圆盘，是厚厚的木砣，配用的解玉砂硬度相对稍低，粒度小，磨削力小，古称浸水黄宝料，来细细磨光。此道工序是琢玉的最后一道工序，故此工艺痕迹最易查证。

13. 皮砣

皮砣图说（图 64）：

此系皮砣磨亮上光之图也，砣系牛皮为之，包于木砣之上，纳以麻绳；大者尺余见围，小则二三寸不等，皆用沁水宝料磨之。皮砣上光后，则玉体光亮温润，使鉴家爱之无穷。至此则琢磨工事毕矣。

【工具说明】登板、绳、木轴、皮砣。

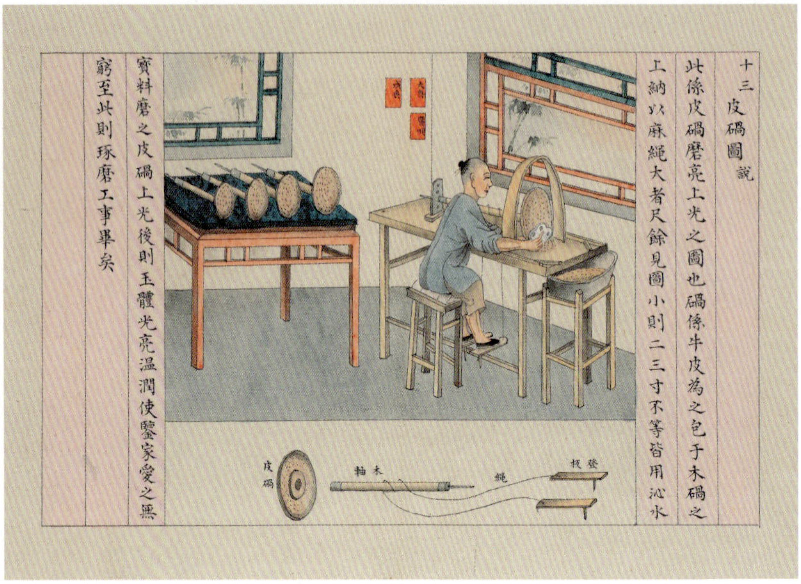

图 64 皮砣图说

图片解析：

皮砣是用牛皮制成的，配套器具和操作方法和木砣一样。不同的是皮砣侧面是兽皮包裹，也可以用于上亮。明清时期上亮前一般将玉器先沁泡石蜡油，是玉器抛光上亮的最后工序。

一般来说，第 1~3 道工序是学徒工做的；第 4~11 道工序才是玉匠的本分；第 12、13 道工序则另由专业工人去做。当然，造型简易的玉器，则毋须经历上述全部工序。

附：回疆采玉地图（图 65）

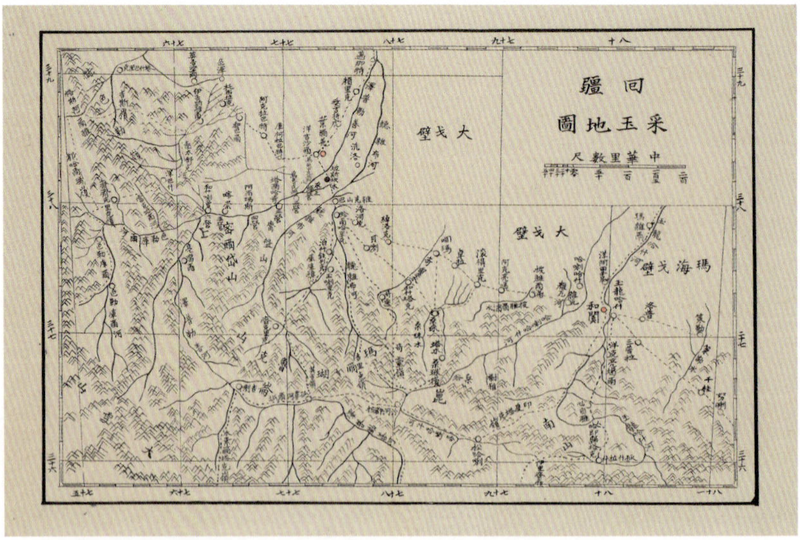

图 65 回疆采玉地图

三、抛光工艺

在这里重点讲一下抛光工艺。一些藏家认为抛光是无痕的，将真品表面丰富的乱线痕迹认作存世磨损痕迹而非抛光痕，也有的把抛光和上亮等同认识。这是不正确的认知！

古玉抛光是将玉件表面的切割痕、打磨痕等前道工序粗磨痕迹降低到肉眼看不见的程度（肉眼看不到不等于没有或者说是无痕），使光照射在其表面有尽可能多的规律性反射，少一些杂乱无序的漫射，玉器因此产生温润光洁的视觉效应，所有我们眼睛看到的光泽现象都是光学原理的作用。

也有少数人认为抛光时由于局部温度高，高速摩擦抛光产生的热量在被抛光玉器表面微米级的范围内产生热塑变形和流动，有可能出现热软化以致熔融，从而产生一种非结晶面层，该层就像一层清漆涂在玉器表面上一样，使表面变得光滑，这种流动层非常薄。故抛光是一种瞬时熔化及超微表面突发性流动所造成的。这只是运用现代科学对抛光的一种解释，笔者无法确定。

笔者认为这仅仅是停留在现代理论范围的说法，从矿物学原理中的热熔所需要的超高温度来看，这应该是不太可能的。古人对抛光的认识是在不断摸索中得来的，对不同质地的器物采用不同工具和不同的抛光方式。我们逐一详细解析。

首先抛光和罩亮是两码事，其实抛光的原理也来自打磨，就是极细致的精磨。一般玉器抛光前要进行细打磨，又叫“去糙”，是抛光前的准备工作。因为玉器表面的打磨程度直接影响抛光的效果。如果玉器表面已打磨得非常精细和平滑，没有明显的坑点，则抛光就易如反掌，否则抛光将十分困难，甚至可能还要重新再打磨，因为抛光时的磨削力度是很低的。

抛光主要是将玉雕半成品的表面做得更细腻平整，早期人类使用的工具是就地取材制作成各种形状的硬木、竹根、兽皮等，但一定要加很细的解玉砂配合使用。圆片形用于抛光表面，而很多粗细的杆状则是磨去镂空处，部分浮雕的侧壁及犄角旮旯处圆形砣片却磨不到。例如汉八刀工艺在肉眼几乎看不到阴刻线内的解玉砂留下的痕迹特征，好像用刀削出来的一样，这也难怪古人以讹传讹，杜撰了穆天子在昆仑山找到昆吾刀，削玉如泥。原因是古人没有足够倍数的放大镜，而我们今天可以在四十倍放大镜下观察到汉八刀比较宽的阴刻线内显然经过了精细的二次精磨抛光，所以显得刀痕尽化。再比如战汉时期有名的玻璃光玉器，其表面肉眼可见类似于镜面的视觉效果，即便如此，我们用四十倍放大镜观察依然可以查证到其表面的各种丰富的抛光痕及氧化腐蚀形成的不平整特征。上述案例足以说明抛光是有痕迹的，而不是无痕的。皮具的使用则是从古到今都没有停顿的抛光材料。三代之前的诸多玉器表面的抛光痕迹，有相当一部分肉眼都可以清晰看到比较长的磨痕，在砣具治玉不甚成熟的时期，应是采取手持皮具蘸解玉砂慢慢抛光的。因为皮具的韧性好，更容易附着和带动解玉砂的移动进而磨削玉器，所以比较长的细打磨和抛光痕迹就比较容易实现了。明清时期则是把比较厚的兽皮熟完之后晒干，将两个圆形兽皮中间用胶黏合，再用紫草胶固定在转轴杆上，按照磨砣的方式配合解玉砂抛光。

明清时期，工具材料的使用更加丰富实用。这时玉工们可以用紫草茸和松香粉熔融，加入淘洗非常精细的解玉砂（宝砂料），采用旋转规整热成型的方法，制作出各种大小薄厚的小胶砣作为工具用于抛光。胶砣本身有一定的弹性，方便使用，胶砣里面含有一定量的精细解玉砂，这些砂使得胶砣本身具有一定的磨削力，但是即便如此还是不够的，还要辅助极细的解玉砂浆配合使用进行抛光。这是一种创新，笔者有幸在一位热衷仿古的玉器工作室见到了这种胶砣实物，不同的是他使用的主体还是联动在电动牙机上。除此之外，比较大的厚的葫芦皮制作成的圆盘形磨砣也大量应用于抛光。镂孔处无法使用轮磨工具抛光，可用较厚的马皮条或者白布带子（布条），穿入玉器孔眼中，两端固定，人手拿着玉器，蘸着解玉砂浆来回拉动，从而对器物中不容易抛到的地方，去糙勒亮。小件产品一人拉就行。连带子也进不去的地方可用细线去糙上亮。此外南方也有就地取材，用竹根做抛光轮的。柳木棍也可做精抛光的工具，用于抛光玉器的孔眼处。

这些使用的工具材料出现的具体时间已经不可考了，但无一例外要借助解玉砂作为介质，正如我们前文所提到的抛光既然是解玉砂磨出来的，就一定会留下磨的痕迹，只不过这种特别细的磨痕需要在一定倍数的放大镜下才可以观察到。而这些抛光痕迹是我们使用放大镜观察表面痕迹最容易捕捉到的，除了没有经过抛光的古玉或者整体腐蚀特别严重已经腐蚀掉所有原始加工工艺的部分古玉外，无一例外都可以找到细碎杂乱的抛光痕。这一点从理论和一些案例中均能得以证明（结构疏松呈颗粒状材料例外）。

抛光只能去除表面的不平整，不能伤害器物的造型和纹饰，尤其造型和纹饰细部，不能因磨细而变得模糊。

罩亮则是用软皮和粗布直接擦磨玉器表面，在擦磨前使用加上热虫腊浸泡玉器或者刷匀玉器表面，也能起到遮绺的作用，使磨细以后的玉器表面更为光亮照人，也是抛光程序中的一个重要部分。

现代用特制的抛光粉、抛光膏进行抛光，工具为电动高速旋转设备，磨具为软毛刷、硬泡沫等材料。比较好的手工柔光技术则是使用一定数目的磨石棒，由粗到细手持一点点地蹭磨，这种方式一般用于比较高级的仿古玉制作中。

四、砣机的演变

治玉技术的进步取决于工具的改进和完善，以及工匠掌握和操作工具的熟练程度。联系琢玉工艺和玉器艺术的发展和变化，砣机也经历了五代的演变，这五代砣机碾琢的玉器，在器型、纹饰及韵味上各有不同。

第一代砣机

砣具出现于红山文化遗址、凌家滩遗址、良渚文化遗址中，南北同时或略有先后出现了原始砣机，标志玉工艺的形成。砣具以石、木、骨、陶等自然材料即非金属材料制造而成。砣具可能是借鉴制陶的“轱辘”（图 66）快慢轮车，纺线的石纺轮（图 67）、陶纺轮（图 68）、玉纺轮（图 69、图 70）以及磨制石器的经验而创造的。原始砣机为坐式或半地下式，横轴立砣旋转，多人分工合用，共同操作。

图 66　带轱辘木槽的陶井

图 67　良渚文化出土的石纺轮

图 68　良渚文化出土的陶纺轮

图 69　瑶山 M6 出土的玉纺轮

图 70　瑶山 M11 出土的成套纺轮

图 71　金属砣具

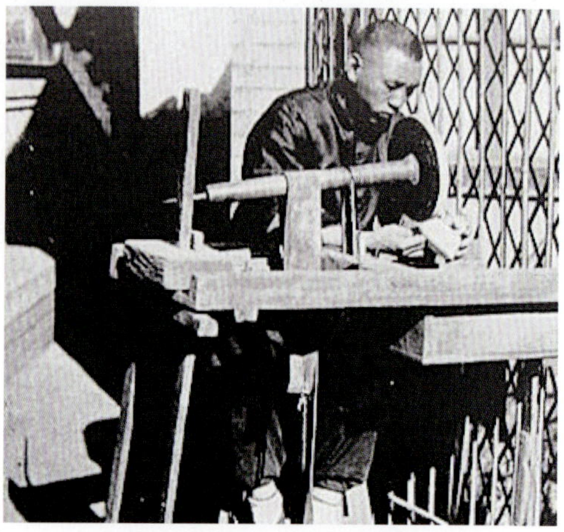

图 72　水凳

第二代砣机（图 71）

夏、商、周三代改用青铜砣头，仍为几式砣机，操作上渐趋熟练，性能逐步提高。

第三代砣机

秦汉—南北朝时期改用铁砣头，仍是几式砣机，性能继续提高。

第四代砣机

隋唐—20 世纪 50 年代。明清时期的水凳，一人操纵，使用铁砣头，以绳牵引，脚蹬使之旋转。因开玉石必须用砂土加水，所以称水凳，高桌式砣机。水凳（图 72、图 73）的结构是一个长方形的木架子，上面有一根水平纵向安装的卧杆。卧杆下安有接水槽，旁边可插一木杆，上挂水桶，用于磨玉时冷却。卧杆前端有圆孔，可用热塑性的紫胶将砣子粘在上面。卧杆的后部有粗细变化，其上有皮革条缠绕二三周，皮革条两端接踏板。工作时，人用双腿蹬动踏板，扯动皮条转动就会带动卧杆转动，同时也带动砣子转动。玉工用双手握玉料，在砣子的下端进行研磨。移动皮条在卧杆后部的位置，可利用卧杆后部粗细不同来改变传速比，但转速的调整范围是有限的。

图 73　水凳

图 74　第五代砣机

第五代砣机（图 74）

即现代砣机。自 20 世纪 60 年代迄今，砣机由木制改为铁制，由足踏转动改为电动，解放了玉工的双脚。砣头改为人工金刚砂胶的胶砣（图 75），用自流水冷却和琢磨，玉工不再用手蘸水沙。这种改进了的铁砣机是现代各玉器厂制玉的主要工具。还有人引进牙医所用的蛇皮钻（图 76），轻便自如，适于做细部的纹饰或小件玉器。

五、古代砣具治玉的常理性分析

学习古玉鉴定，首先要了解一些机械制造和手工制造的常识。如轴的正反旋转、转速、同轴度跳动、偏摆、砣具形状、砣具运行轨迹、砣具的磨损、砣具的更换和调整间断、解玉砂的精度、解玉砂的游离现象、砂的自解现象、手持玉璞的不稳定现象、电动砣机具的特点、各类痕迹的叠压关系和仿制玉器的经济合理性等基本常识。其次，还要掌握仿古玉的制作方法和逻辑常理。这些常识是玉器原始加工痕迹鉴定的核心基础。

（1）砣具同轴度误差。指砣盘中心和转轴中心的误差。轴是手工制成，必定会存在微小的不圆整。砣具也是手工制作，同样会出现不平整的现象，这就需要有经验的师傅手工校正。依

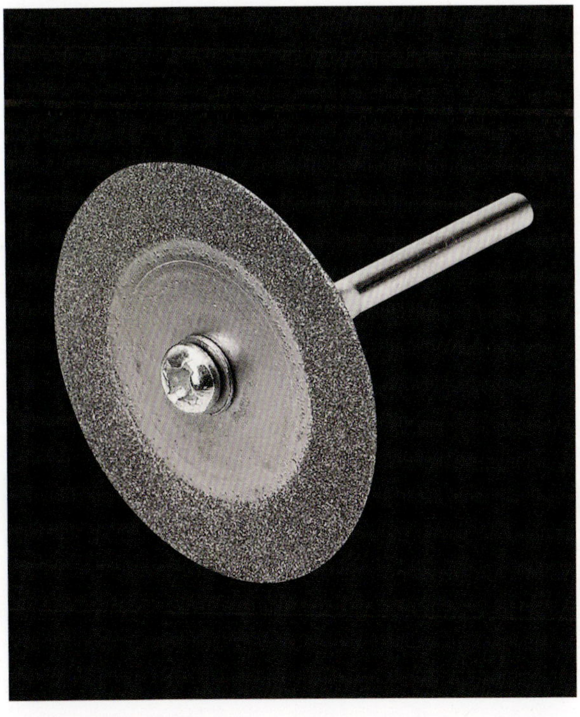

图 75　金刚砂切割片

图 76　蛇皮钻

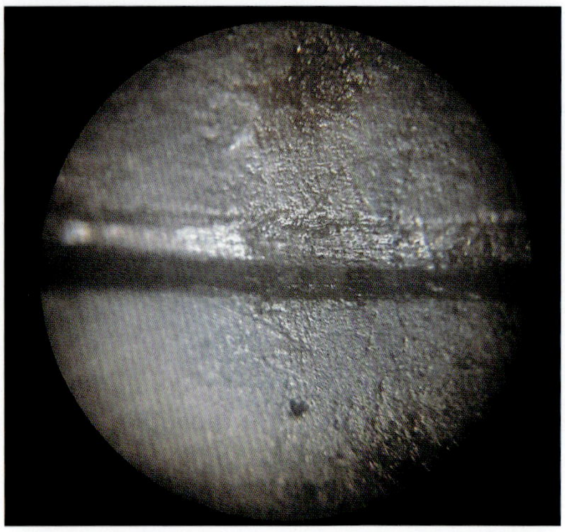

图 77 战国地方料 S 龙阴刻线

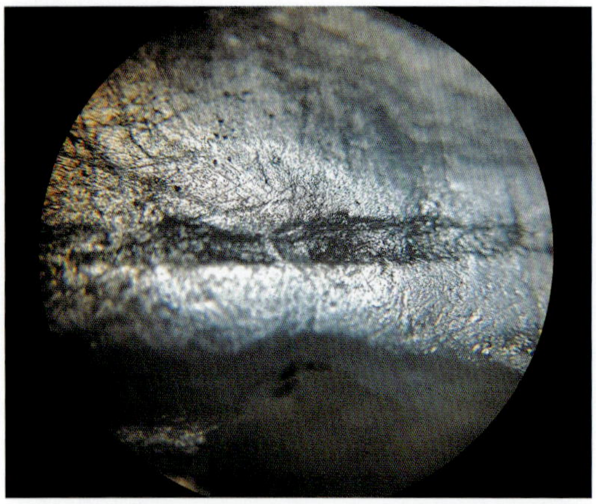

图 78 宋代玉磬

据其治玉水平不同而出现校正效果的不同，如砣碾阴刻线会出现粗细不同的痕迹现象。另外在砣具使用的过程当中也会出现程度不等的偏差，此时不及时校正的话，会出现磨制痕迹的变化。（图77、图 78）

（2）砣具的跳动。指砣具制作时圆周度不完整，半径不一致，或者在使用过程中某一点砣具和玉料之间的紧压力过大导致砣具出现轻微的变形，砣具圆盘旋转一周后，上下轨痕水平位置出现位移，较明显的特征是一条直阴线深浅不一，甚至出现跳刀痕（图 79）。

（3）砣具的偏摆。类似汽车轮胎的旋转摆动。即砣具侧面偏离其理论平面，致使玉器阴刻线的线槽表面宽度出现较明显变化（图 80）。

（4）砣具的磨损。钻、切、磨、冲、扎、搜弓等工具在使用的过程中都会发生磨损，随着砣具的磨损，治玉痕迹就会出现明显的有规律的变化，而且越是早期越明显，例如早期孔道的喇叭口特征等（图 81）。想象一下小的时候使用铅笔的特征，刚开始削好的铅笔尖儿非常细，写出来的字也非常纤细，而用着用着随着铅笔尖的磨损，写出的字笔画就越来越粗。直到我们认为需

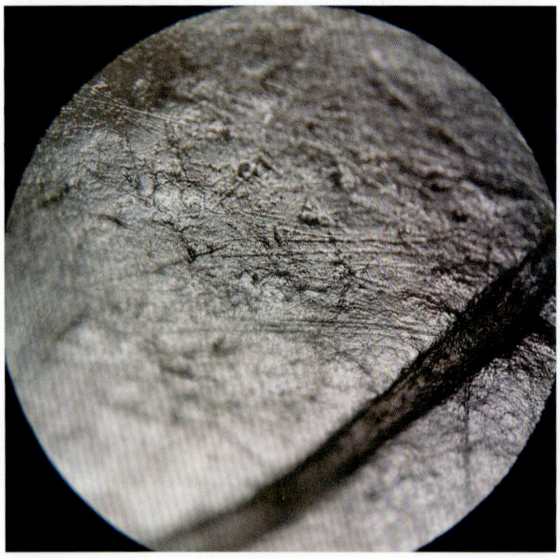

图 79 跳刀痕

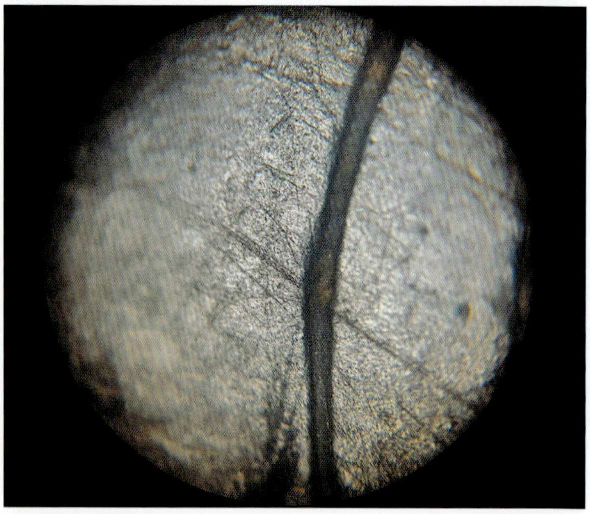

图 80 汉代和田白玉谷纹玉剑首

图 81 战国水晶珠孔道形状的变化

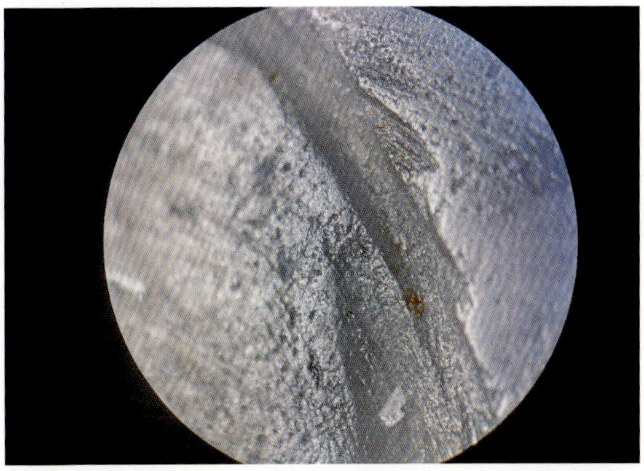

图 82 明清阴刻线砣具调整留下的顿挫痕迹

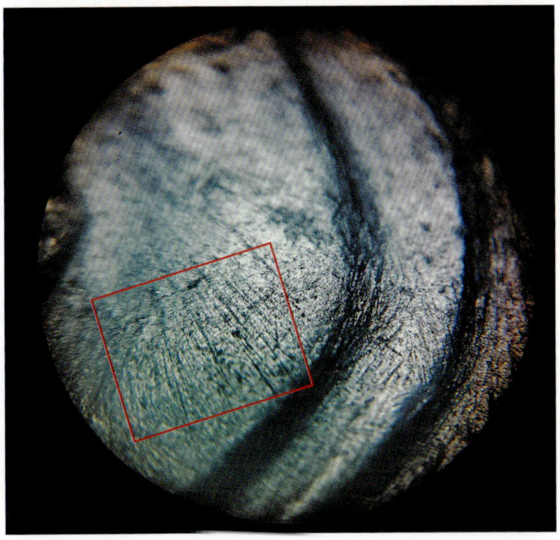

图 83 西周人龙佩

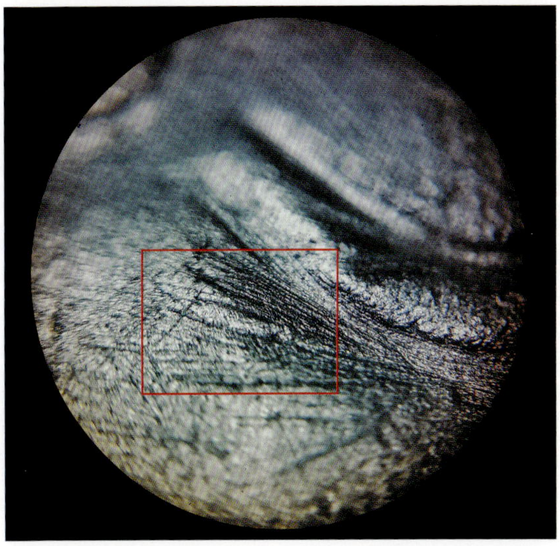

图 84 明代八卦纹玉璧

要再次削铅笔尖儿。古代治玉工具磨损而出现的痕迹变化特征不得不察，并牢记于心。

（5）砣具的更换和调整间断。砣具磨损到一定程度，琢玉师傅会重新更换砣具，这就使得痕迹中有明显的顿挫感；另外一种情况是发现磨制痕迹出现较明显的偏差，也要及时调整砣具运行的方向，也会使痕迹中有明显的顿挫感（图 82）。

（6）解玉砂的精度。开始工序粗，越往后工序越精细。原始社会工序比较粗，越往后越细。同一工序开始阶段粗，工序收尾阶段细。总体而言，古代解玉砂的淘洗筛选精度都远不如现代金刚砂，这也是查证原始加工痕迹的核心理论之一。

（7）解玉砂的游离。古代任何时期都存在砂砣分离的特性，这是和现代电动砣具制作仿古玉的核心区别，即砂砣分离。所以古代任何时期手工磨制玉器的表面磨痕都是杂乱无序无规律的。在治玉过程中也会出现因为较易游离的大颗粒砂的明显飞出出现的飞砂痕，而非碾压所致的摩擦痕。（图 83 ~ 图 86）

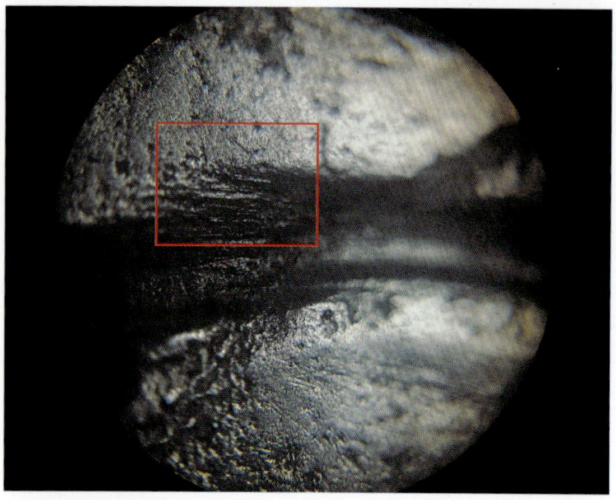

图 85　宋代玉蝉

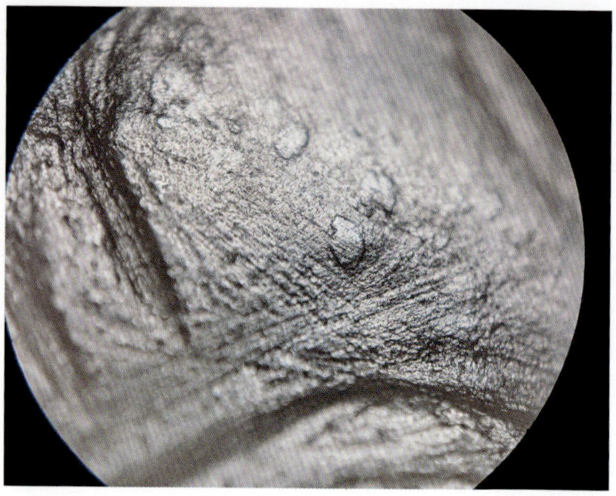

图 86　春秋和田白玉牛首双龙佩

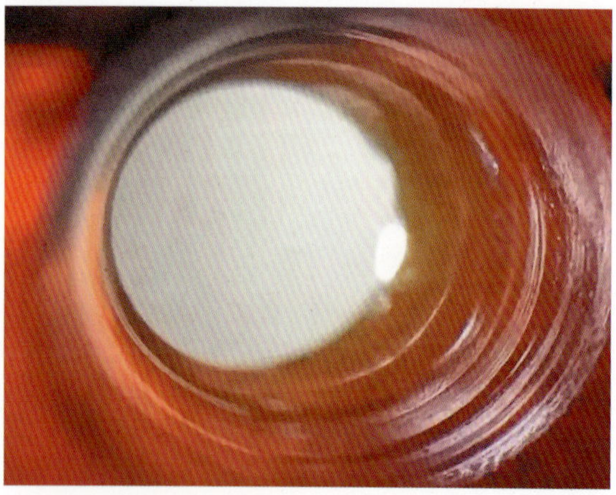

图 87　西周玛瑙孔道

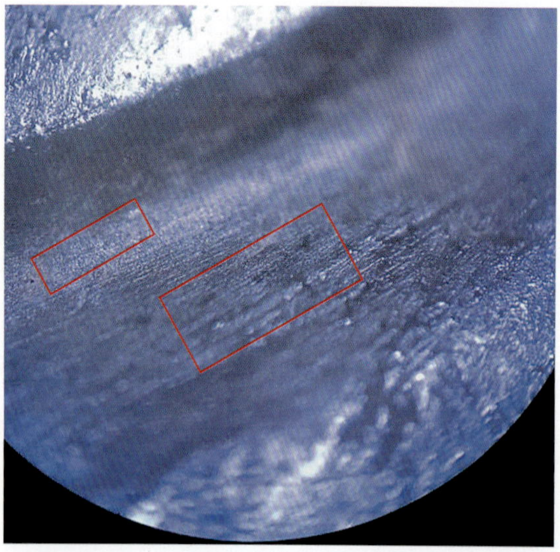

图 88　汉八刀阴刻线

(8) 解玉砂的自解。在琢玉的过程中，较大颗粒的砂在砣与玉之间紧压力的作用下，因为自身脆性会崩解为更小的砂粒。而极细小的解玉砂颗粒慢慢形成类似抛光所用砂砾的大小，从而对部分粗加工工序的表面形成抛光。例如古代水晶玛瑙制品孔道出现水亮(图87）的原因就是材质比较硬，分子排列结构相对于软玉比较规整，钻孔时间比较长，解玉砂分解后的粉末对孔道形成了抛光的效果所致。而细沙更容易沉积，粉末状细小的解玉砂和着水更容易残留在阴刻线里，这就造成很多阴刻线线底的光亮与细滑程度比线槽边缘更强（图 88），即线状阴刻线沟槽边缘的线痕更粗一些，阴刻线底部线痕更细一些。

(9) 手工的不稳定因素。因古代是完全手持治玉，而砣具基本是固定的，不像现今可以将玉器固定，砣具可以灵活移动。古代匠人无法用眼睛看到小件玉器的隐蔽部位，完全靠工匠的感觉制作并要藏拙，这就造成古玉的细部会出现不规整的现象，显得有点粗糙（图 89）。而电动工具所制作的玉器，即便刻意用变化来显拙，也有异常规则平整的现象。古代治玉是藏拙（隐藏手工治玉的笨拙）（图 90），现代仿古玉是

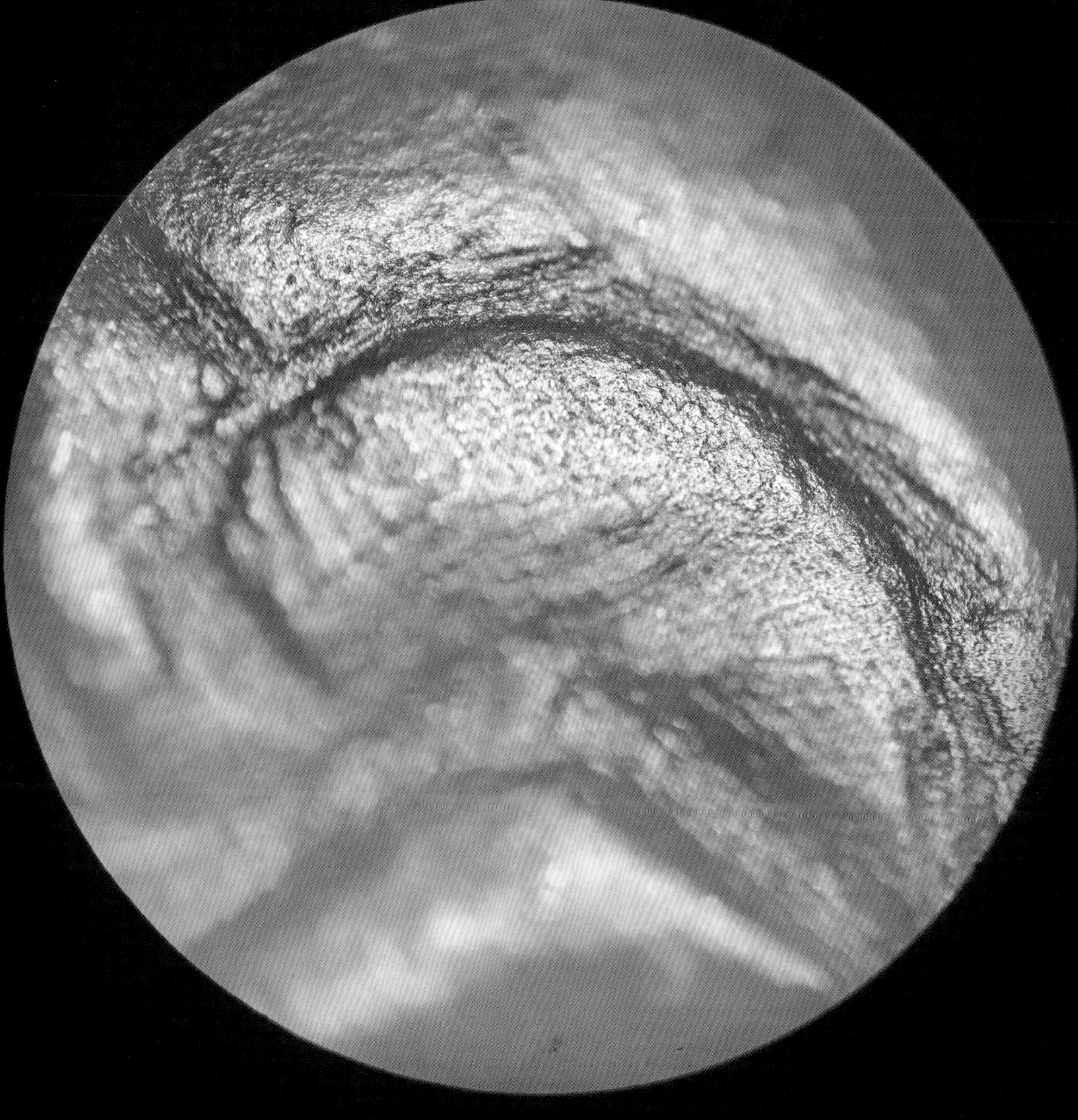

图 89　春秋和田白玉牛首双龙佩局部

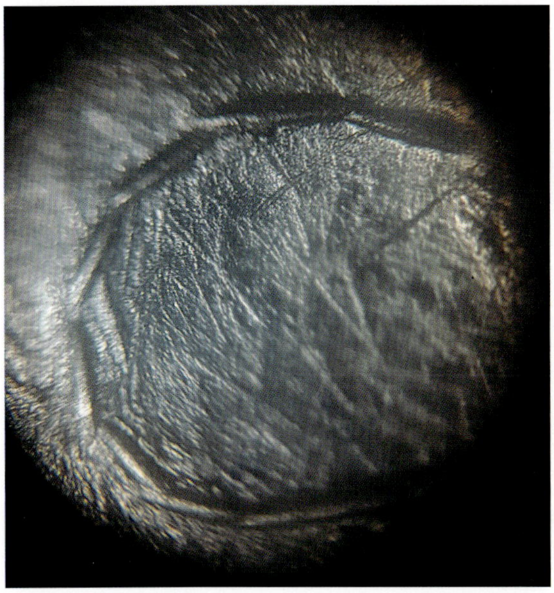

图 91　仿品阴刻线故意做出火柴棍拼接特征

图 92　元代玉刀挡镂空处采用片切割而非拉丝镂空

图 93　中古玛瑙玉穿带穿孔采用多次钻孔而非拉丝镂空方式

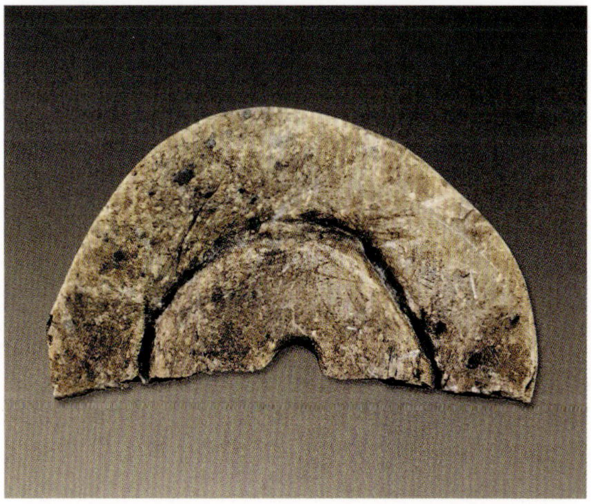

图 94　高古玉璧标本上的硬质刻画切割痕

要显拙（显出手工治玉的笨拙）（图 91）。

（10）治玉工艺的合理性。因为玉工分工不同，或同一玉工的实际操作水平不同而擅长某一工序，或者因为变换工序需要更换砣具，有时较麻烦，有经验的玉工可能不需要更换，而便用非常规的方法治玉。（图 92）所以就出现了较小不规则孔洞采用钻具多次钻成而非拉丝的现象（图 93），阴线非砣改画的越制现象（图 94），不可一概而论。

（11）砂与砣的自嵌原理。古代无论什么材质的砣具，其硬度均小于解玉砂，在琢碾紧压力作用下，较大且尖锐不规则砂粒很容易嵌入砣具表面而不易脱落，或者短暂固定在砣具上，而在砣具表面出现细小凸起的不规则现象，再继续砣制玉器时，偶尔会有突兀的、交代不清比

较长而深粗的解玉砂磨痕出现，此应重点细察。（图 95～图 96）

（12）电动砣具的加工特点。精度高、速度快、硬度大、进给力大、切削力强，因此常显阴刻线刀痕粗深、边缘陡峭（图 97）、痕内线条细密平行光滑异常的特性（图 98）。阴刻线边缘出现崩茬（图 99），切面尖锐，这是由于电动牙机转速高而产生震动、抖动，本身手持牙机稳定性就差，再加之震动，稳定性更差，这就对正在加工的阴刻线边缘的棱角部位（比较薄弱）造成磕碰导致碎裂，形成很多崩口。钻孔常见平行细密旋丝痕。（图 100）

（13）痕迹的叠压关系。古玉的叠压关系就是将痕迹与痕迹之间的类别进行划分，将其成因与先后次序归类，这种关系必然要符合古玉痕迹生成的客观先后次序。如氧化腐蚀一定是在制成玉器后发生的，所以称之为次生变化。那么腐蚀的痕迹就应该叠压在比如打磨抛光之上，

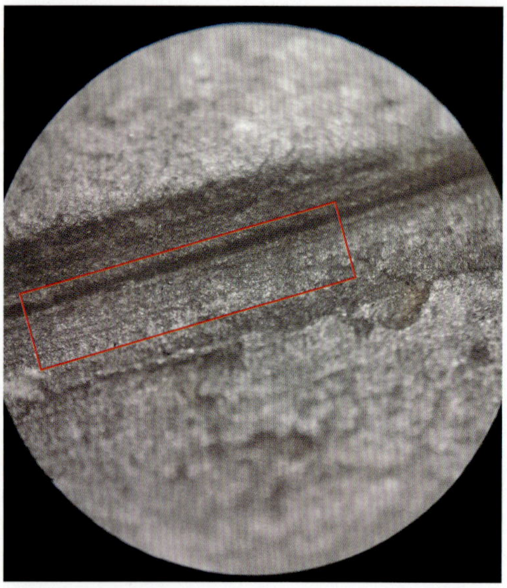

图 95 春秋地方料玉璧

图 96 清代玉佩

图 97 阴刻线刀痕

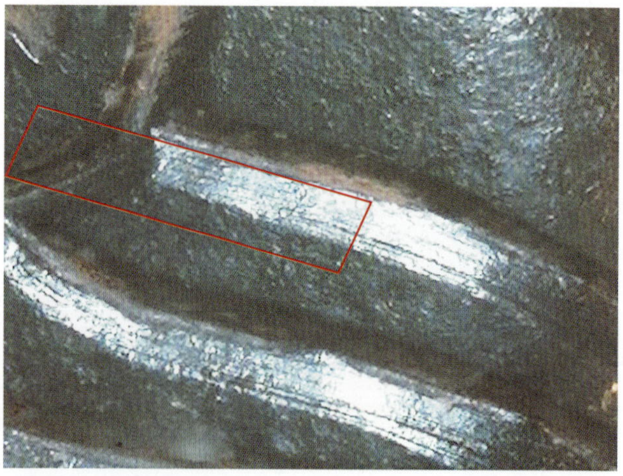

图 98 阴刻线刀痕

腐蚀脱落形成的坑会对部分打磨抛光痕迹的完整性造成破坏。（图 101）而先做旧、做腐蚀后再做打磨抛光的仿古玉，抛光痕迹附在腐蚀之上（图 102），采用砂砣分离原理来制作高仿古玉的打磨抛光痕迹在阴刻线或者腐蚀脱落坑的两侧出现不明的中断（图 103），抛光对腐蚀和原始加工痕迹均造成新的叠压，违反逻辑次序。

(14) 仿制的逻辑性。低档仿品较多，批量生产，成本低，价格低；高仿数量少，单件生产，成本较高，价格也较高。仿古玉的终极追求是“像”而不是“是”，因为无论如何也不可能做成真品古玉。所以仿古玉的制作一定是在保证“像”的前提下追求工作效率，既然是追求效率，在速度上就一定会留下快速的破绽。高仿古玉都是先用电动工具制作，然后再采用手工修磨的方法来仿制古玉的原始加工工艺痕迹特征，而这部分高仿玉器为了仿制得比较像，在仿制原始加工

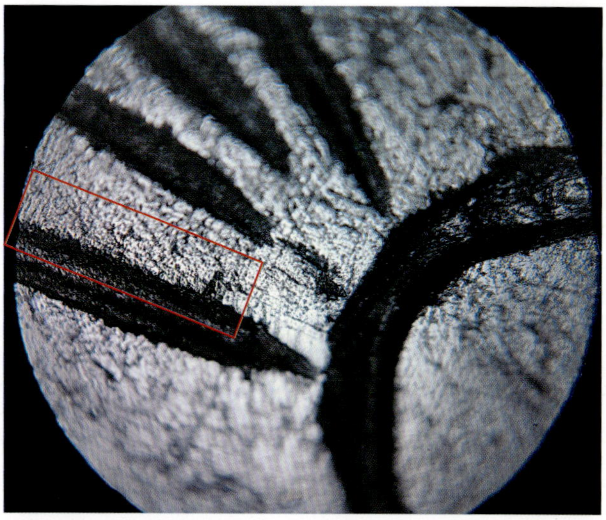

图 99　阴刻线崩茬

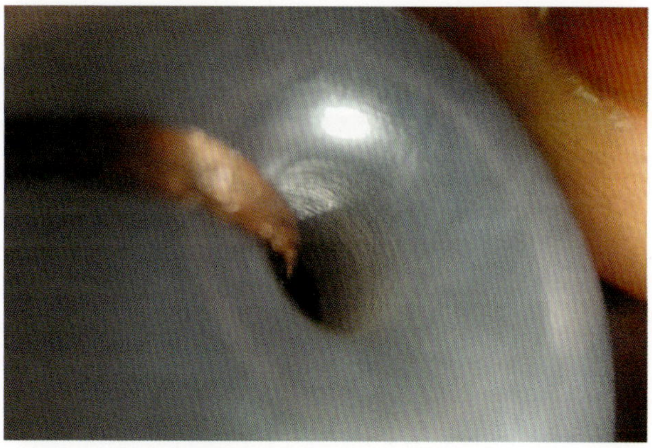

图 100　平行细密旋丝痕

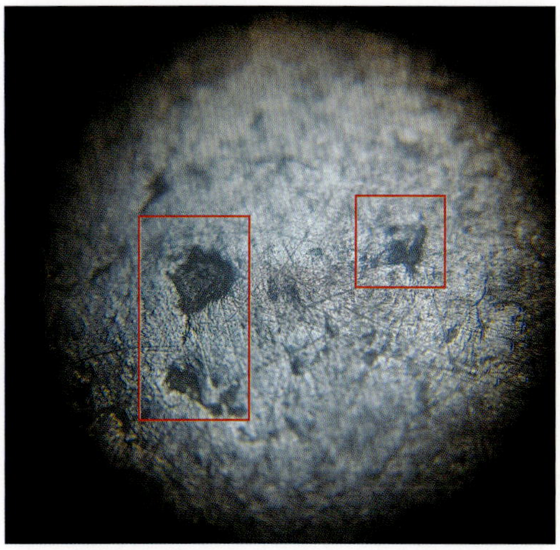

图 101　蚀坑

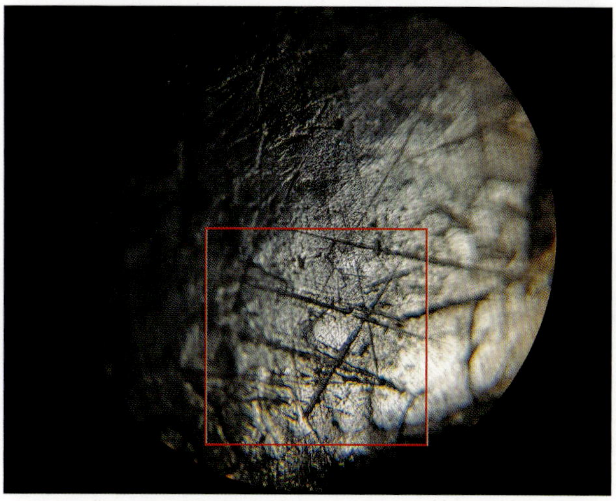

图 102　划痕在腐蚀之上

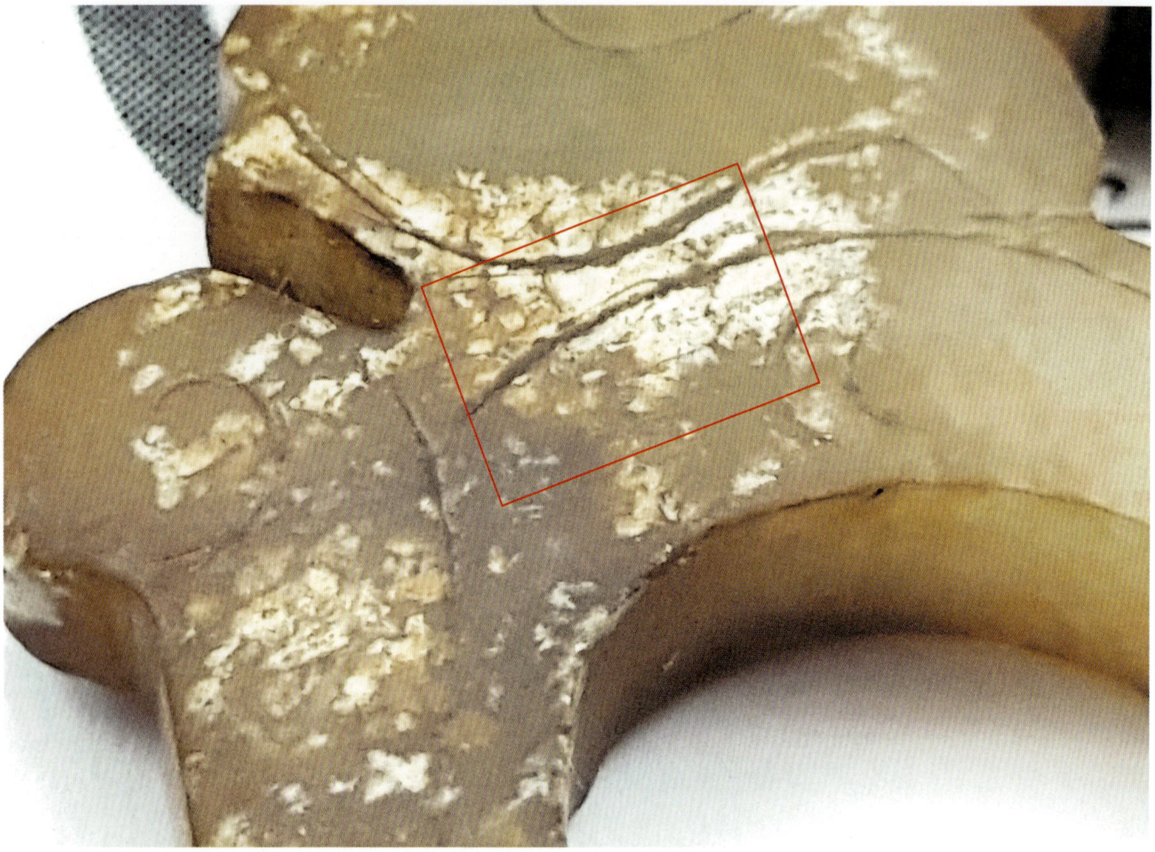

图 103 阴刻线冲断腐蚀

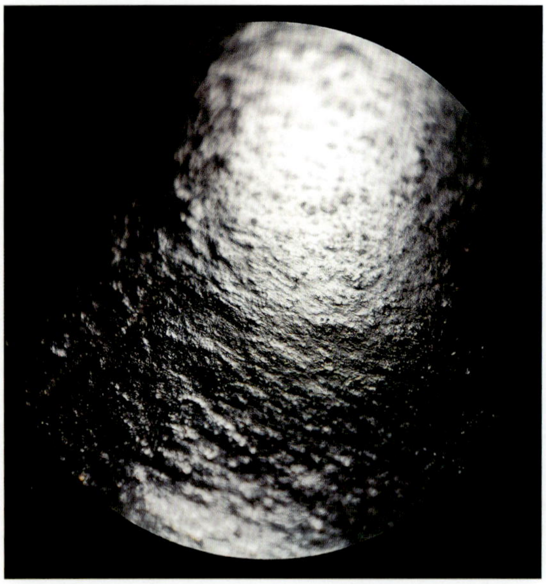

图 104 整体氧化腐蚀状态过于均匀

工艺痕迹过程中需要付出较长的时间，较多的努力。所以在制作次生变化痕迹的过程中，往往以不去破坏原始加工工艺痕迹残留的标准为前提，所以整体的氧化腐蚀状态特别轻且均匀（图 104），或者根本不做旧即不做次生变化痕迹特征。而不像真品古玉那样氧化腐蚀特征比较明显，且分布自然。（图 105）纯手工按照古代治玉的全部工序完成的仿古玉并不存在，因为制作时间太长，成本太高，风险太大，不是一种好的仿制形式。注意这里说的是仿古玉，而不是某些学者为了学习研究古代治玉工艺制作的那些简单标本。而先做旧再仿制工艺痕迹，则是现在市场上比

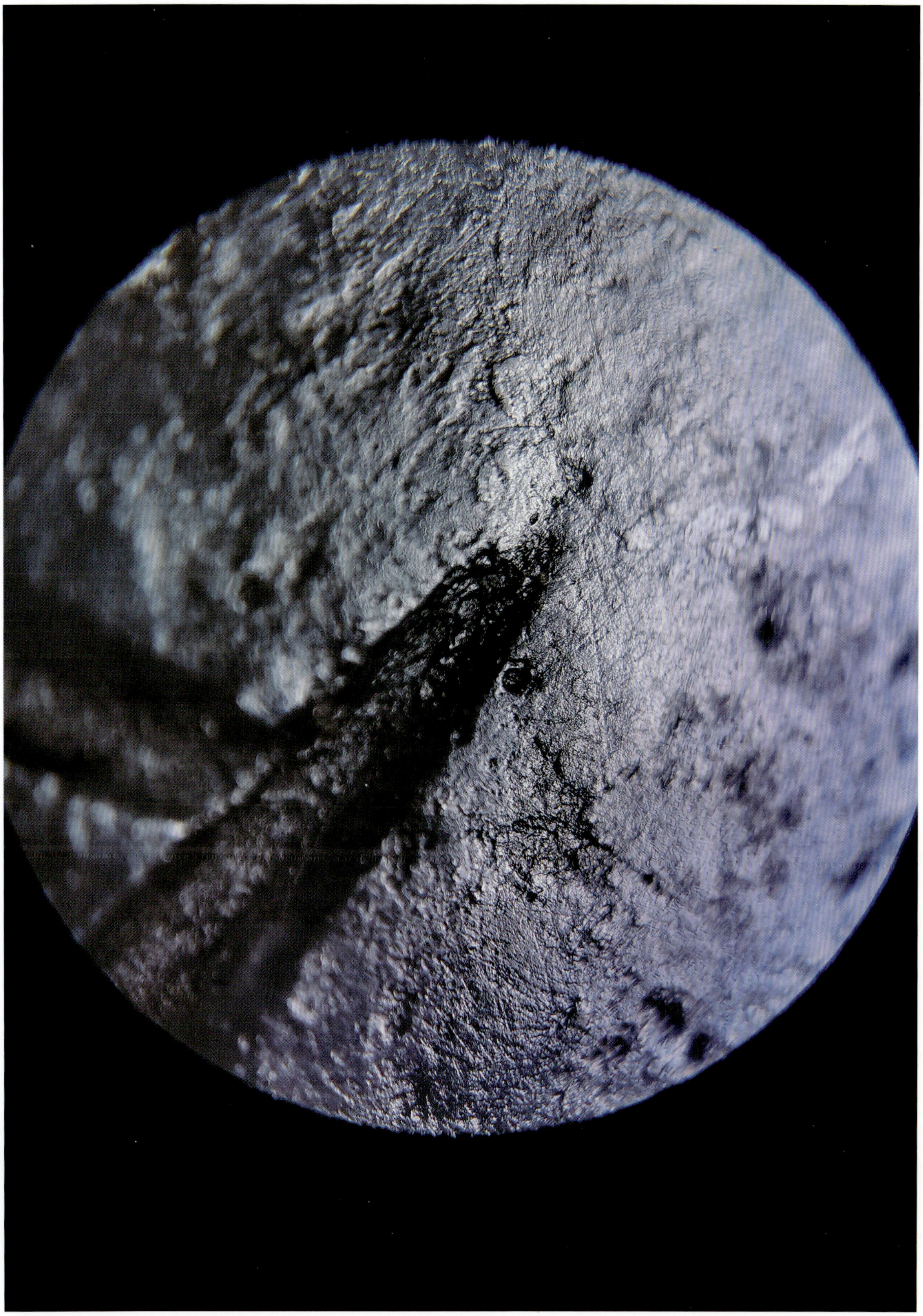

图 105　氧化腐蚀分布自然

图 106　原始加工痕迹叠压在腐蚀之上

较流行的一种方法，这类玉器的仿制水平并不高，较明显的特征是表面丰富的“原始加工痕迹”叠压在快速腐蚀形成的痕迹之上（图 106），比较容易查证出来。这样做的目的也是欺骗那些喜欢查证微痕的收藏者，也就是认为古玉痕迹学鉴定仅仅是查证微痕的人。

（15）不存在仿到位的，只有鉴定研究不到位的。

真的假不了，假的真不了。真品的各种痕迹都是真的，一真俱真；仿品的各种痕迹都是假的，一假俱假。我们在研究时切不可拘于一点，不可用点状思维辨识真伪。

第三章

痕迹学鉴定的意义

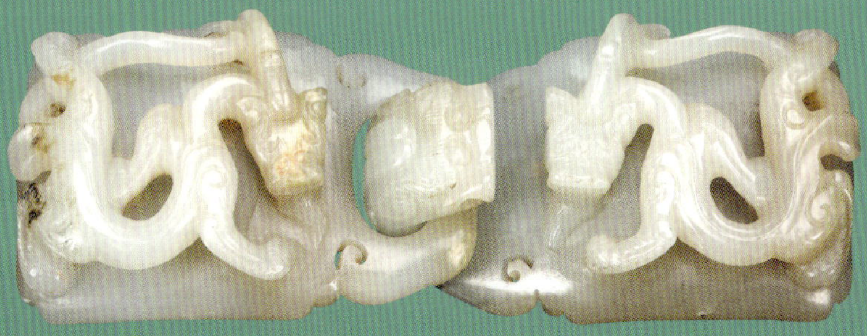

一、痕迹学

痕迹学是指运用自然科学相关原理和方法，研究利用和检验痕迹的理论、方法的学科。痕迹学研究的对象是物体相互作用后外部结构变化的印迹。其主要内容为研究发现、提取、保全痕迹的理论和方法以及技术设备的制造；各类痕迹形成的规律特点，与有关事实的相互关系；利用痕迹进行认定的理论和方法等。

二、痕迹学鉴定

痕迹学是对时间的反向指证，同“与时间有关的所有信息”有关。痕迹学是研究过程系统中各子系统相互联系、相互作用而发生信息传递、交换的规律和特点，以及研究接收和破译这些信息，从而寻找到相对应的子系统的一个庞大的边缘科学技术群。从古代痕迹检验经验到近代传统痕迹学和现代痕迹学，都是刑事、民事、考古以及行政执法的一个主要技术支柱。运用痕迹学的原理和技术，可对有关人体、物体形成的痕迹的同一性及分离痕迹与整体相关性等问题进行鉴定。

三、古玉痕迹学鉴定

古玉痕迹学鉴定是指运用痕迹学的原理和技术，结合古今治玉工艺的核心区别以及物理学、化学等自然科学的相关科学理论知识，对加工时玉器表面形成的残留痕迹，制作完成后使用佩戴的磨损痕迹，以及千百年来岁月带给玉器表面的次生变化痕迹，进行放大镜下综合查证，分离分类各项可以观察捕捉到的痕迹特征，科学建立系统的真、假古玉标本数据库，并通过取证、论证以及真假对比来判定古玉真伪。

图 1　原始加工痕迹

图 2　次生变化痕迹

图 3　存世磨损痕迹

四、古玉表面痕迹分类

（一）原始加工痕迹

玉器在加工的过程中由于治玉工具、介质的移动，使玉料表面的玉材减少、形态发生改变而残留至今的部分痕迹。主要是手工治玉的各种砣具带动解玉砂留下的痕迹，称为原始加工痕迹。

大多数古玉的各种原始加工痕迹特征，都有规律可循并可以确立标准，有严格的原则性范围。它们的共同特点是人力和砣具，砣具正反旋转，转动速度慢，靠游离状态的解玉砂磨玉，玉料与设备同时磨损，手工定位操控，精度差、几何误差大，在平行度、基准面、图形对称等方面会有出入，介质粗细不匀，磨削量小，加工力度轻，周期长等。这些特点会导致加工痕迹的形式和形态出现各种不同的现象，而每道工序及工具的不同所反映出的痕迹特征也不一样。统计汇总确立各种真品古玉的各类原始加工痕迹特征，作为比照鉴定的标准来进行鉴定，对古玉的鉴定是非常重要的，也是目前更接近于科学的方法。

古玉加工的原始痕迹是辨别真伪及鉴别年代的重要依据之一。

加工的原始痕迹有两大类：

（1）古人在加工玉器时使用打制工具打制出来的粗制玉器的表面痕迹。有部分打制玉器还要经历粗磨而形成的粗磨的痕迹。（图 1 ~ 图 10）

（2）古玉琢磨过程中因治玉工具的运动带动解玉砂遗留下的磨制痕迹。

古代纯手工治玉和现代仿古玉半手工或纯电动工具治玉有本质的区别。二者之间的不同，源于

图 4～图 5　红山文化青龙半成品（左侧面　右正面）

图 6～图 8　商代玛瑙凿击孔（左）　西亚玛瑙正面凿击痕（中）　西亚玛瑙侧面凿击痕（右）

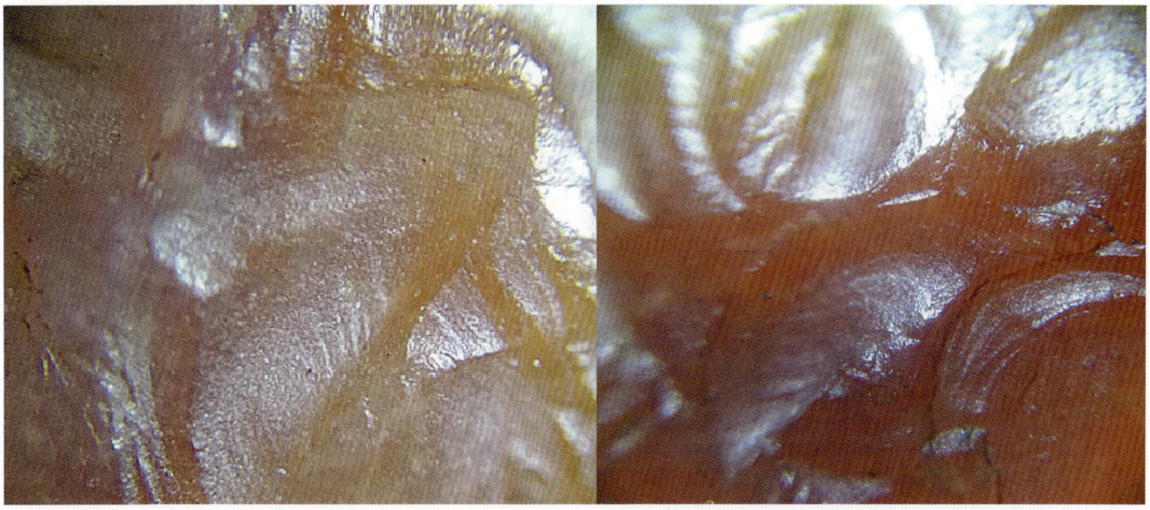

图 9～图 10　放大镜下的凿击痕迹

所用工具、磨具的不同，以及这些工具的转速、效能、精确程度所产生的不同痕迹，而速度是查证原始加工痕迹特征的核心要素。（图 11～图 15）

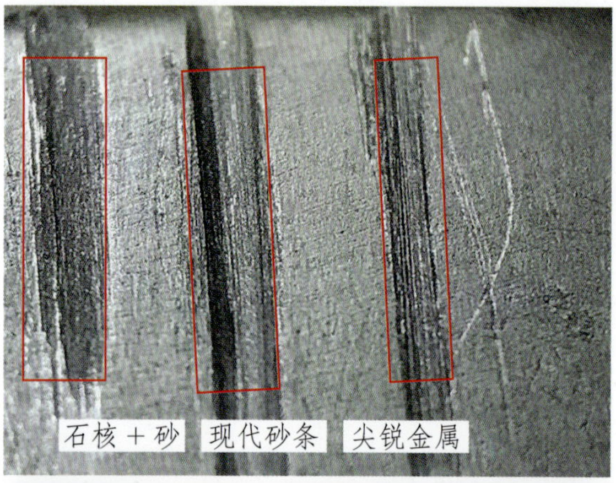

图 11 对比图（从左到右）
图 12 纯电动
图 13 半手工
图 14 纯电动
图 15 半手工

图 16 金缕玉衣出土情形 上 正面 下 背面

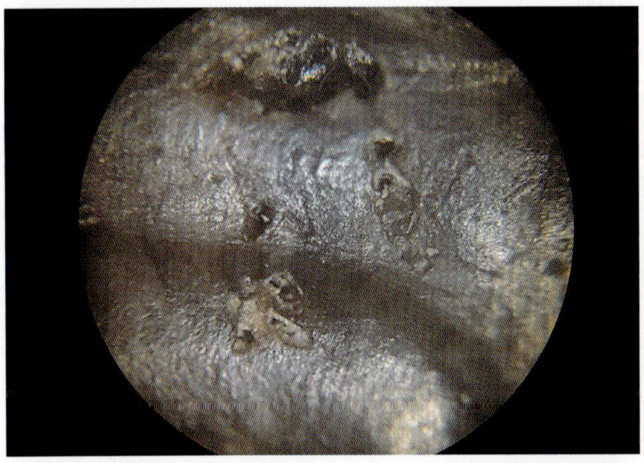

图 17 次生变化痕迹

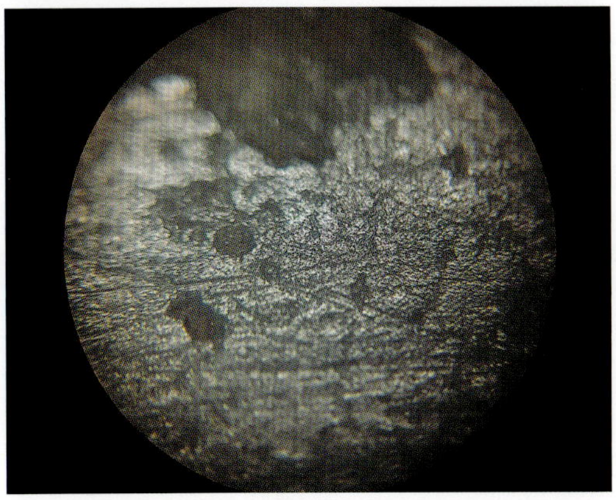

图 18 次生变化痕迹

（二）次生变化痕迹

古玉在埋藏过程中（图 16），或多或少都会被周围的环境侵染、氧化，并缓慢发生一系列化学反应而产生质变，此种变化被称作玉器的“次生变化”。它所呈现的痕迹特征被称为玉器的次生变化痕迹（图 17～图 19）。

查证次生变化痕迹是古玉鉴别真伪最常见的一种方法。古玉最为常见的微观痕迹特征为氧化腐蚀痕迹，是指玉器在埋藏地下的过程中受到酸、碱或其他化学元素的影响，对其表面的原始界面造成的破坏，或是玉材在被腐蚀后发生的质变呈现出的痕迹。从氧化腐蚀开始到我们借用放大镜观察，这种次生变化一直在进行，而且随着环境的变化，腐蚀的速度也会发生变化，但是这种次生变化非常缓慢。即便是没有入过土的传世玉器，这种氧化腐蚀也一样以微弱而缓慢的速度进行，从未停歇。这种缓慢的氧化腐蚀脱落是岁月留在玉器上的特征，是真品古玉和仿品古玉无法逾越

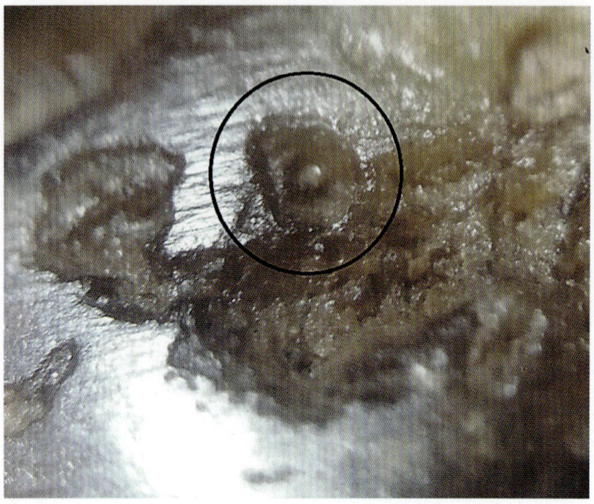

图 19　次生变化痕迹

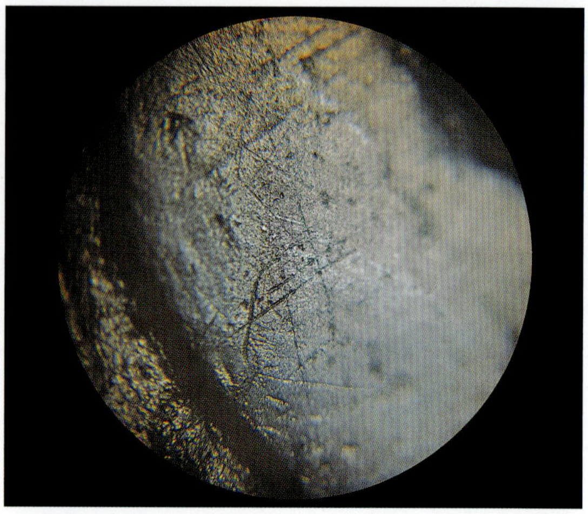

图 20　传世磨损痕迹

的一条鸿沟。这种岁月留下的痕迹是极其缓慢的，有别于仿古玉快速生成的各种仿制次生变化痕迹。通过对次生变化的特点和成因进行分析，我们可以判断次生变化的种类，认定先后关系，还可以大致判断玉器埋藏的环境、时间以及玉质的优劣、腐蚀的快慢，为古玉鉴赏和断代提供佐证。

（三）使用磨损痕迹

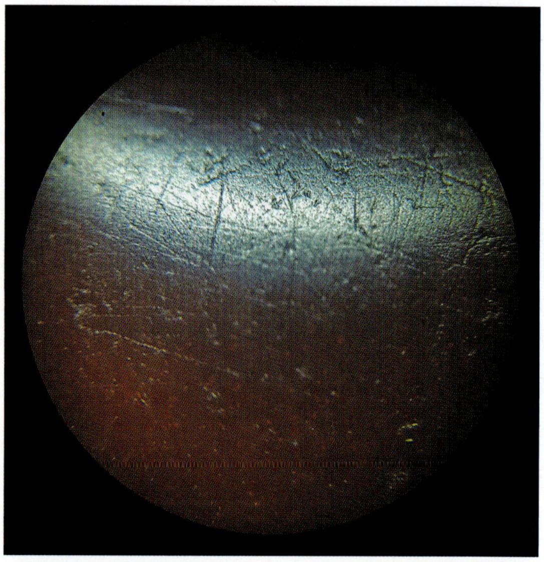

图 21　传世磨损痕迹

玉器在长期佩戴把玩过程中会残留一些磕碰磨损，形成又一种有别于打磨抛光的痕迹特征，称为使用磨损痕迹（图 20～图 21）。使用磨损痕迹是古玉鉴定最常见的一种痕迹特征。

其广泛适用于绝大多数传世艺术品门类，当然也包括古玉，尤其是传世古玉。玉器在佩戴的过程中会出现不同程度的磕碰磨损，这几乎是必然发生的情况。而存世磨损痕迹的丰富程度也可以对断代有帮助，也就是存世磨损痕迹越丰富，其年代久远的概率越大，这在同类型题材古玉对比年代时尤其明显、重要。

在绝大多数情况下几乎没有物质可以磨损到玉器表面，而玉器表面的使用磨损痕迹出现的根源在于外力，也就是一定要有磕碰，这就给我们查证使用磨损痕迹提供了依据。一端深粗、一端尖浅是存世磨损痕迹的核心特点，而观察使用磨损痕迹内的包浆也可以辅助断代和判断不同的存世磨损发生的先后次序。

第四章

痕迹学鉴定的方法

一、古玉加工痕迹分类与特征

观察古玉残留痕迹，依据治玉工序和存留现象依次分类为：

切割痕——钻痕——阴线痕——拉丝痕——打磨痕——抛光痕——氧化腐蚀痕——存世磨损痕

古玉痕迹按照形成原理分为两大类型：

1. 原始加工痕迹：切割痕迹、钻痕、阴刻线痕迹、拉丝镂空痕迹、打磨痕迹、抛光痕迹。

2. 次生变化痕迹：氧化腐蚀痕迹、存世磨损痕迹。

（一）切割痕迹（图 1）

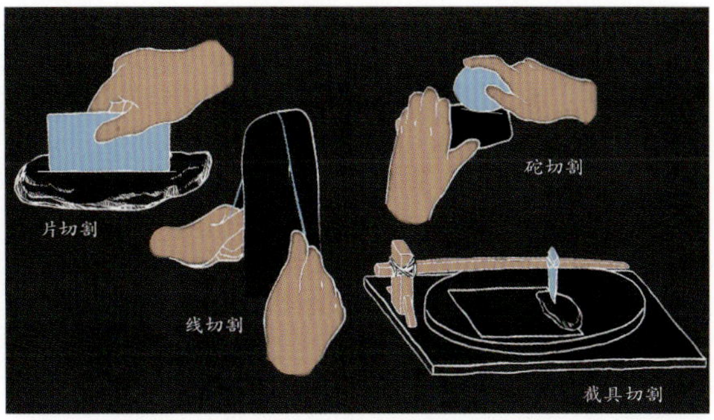

图 1　四种切割方式演示

1. 线锯切割痕迹特征

线切割（图 2），双手分别握住一条麻绳或皮革条的两端，向下方交替来回地拉动，在拉动的同时浇上解玉砂浆，通过绳子带动解玉砂切剖玉料（图 3）。

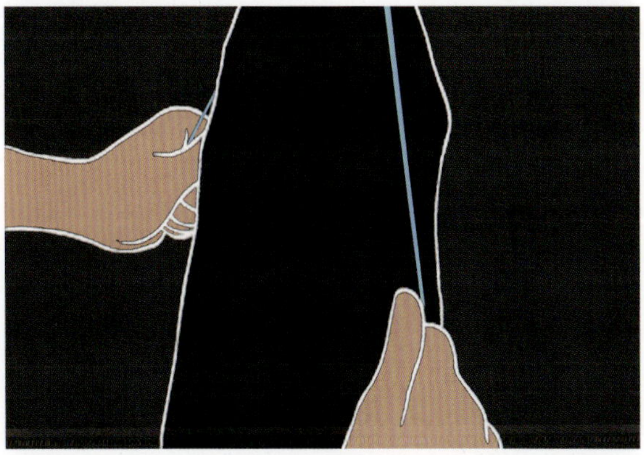

图 2　线切割

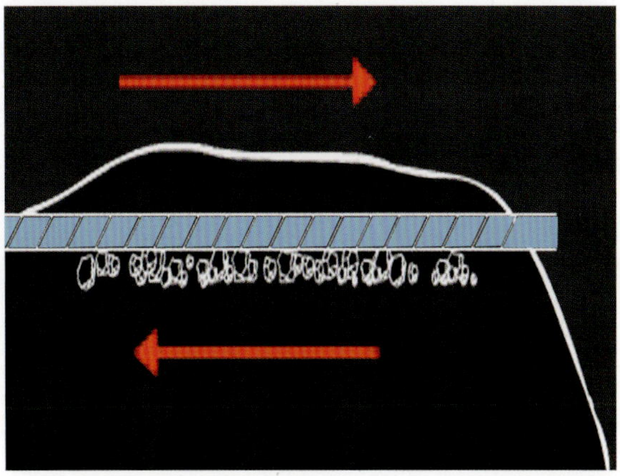

图 3　线切割带动解玉砂演示

线锯切割痕特点：

（1）绝大多数线锯切割痕形成的线不平直，断面上往往留下较深且明显的不同程度的弧形线痕（图 4～图 7）。

（2）切割痕一般较粗，线与线的间距变化较大且无序无规律可循，绝无同组性线痕（图 8～图 9）。

（3）切割完成后的平面有深浅不等的现象，严重的线锯平面凸凹不平（图 10～图 11）。

（4）线锯无法确保沿直线切割，无规

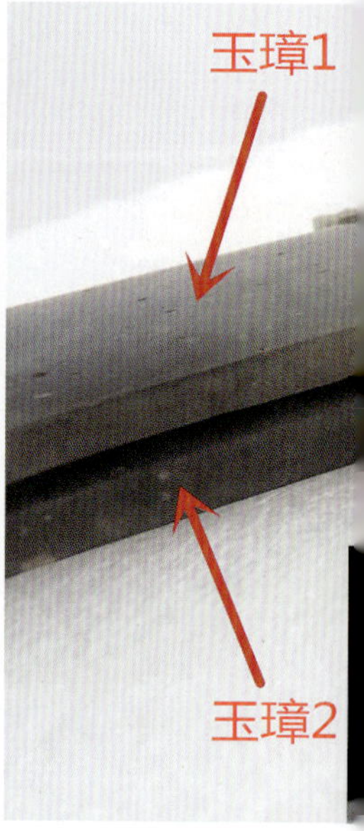

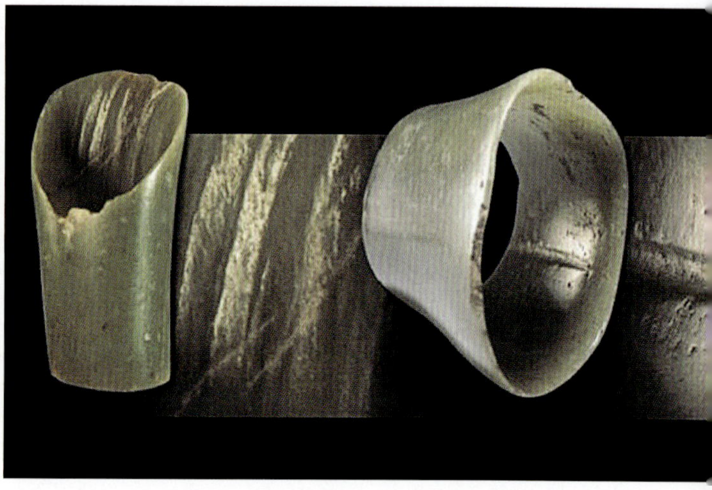

4	5	6	7
8	9	10	11

图 4　弧形线痕

图 5　波浪起伏曲线

图 6　玉璋线切割一分为二

图 7　X 光曲线切割痕

图 8　线痕间距变化较大

图 9　红山文化·马蹄形玉器（辽宁省博物馆藏）

图 10　切割扭曲不直

图 11　切割造成缺肉现象

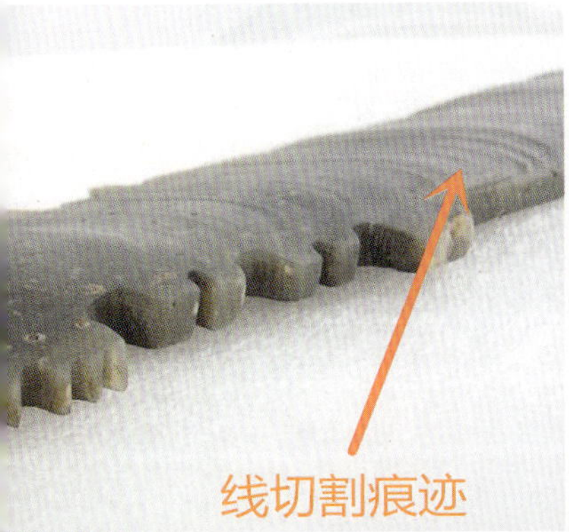
线切割痕迹

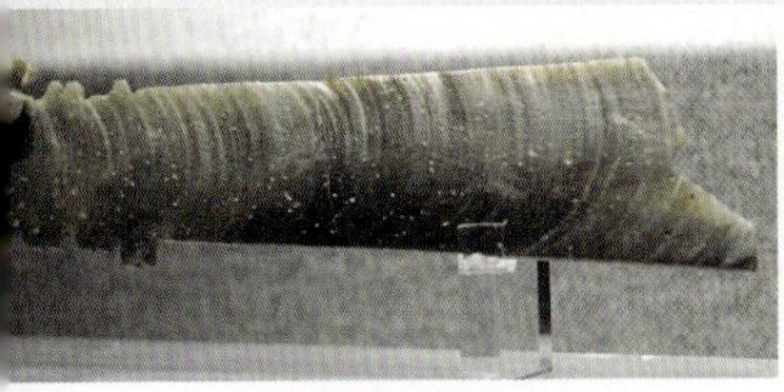

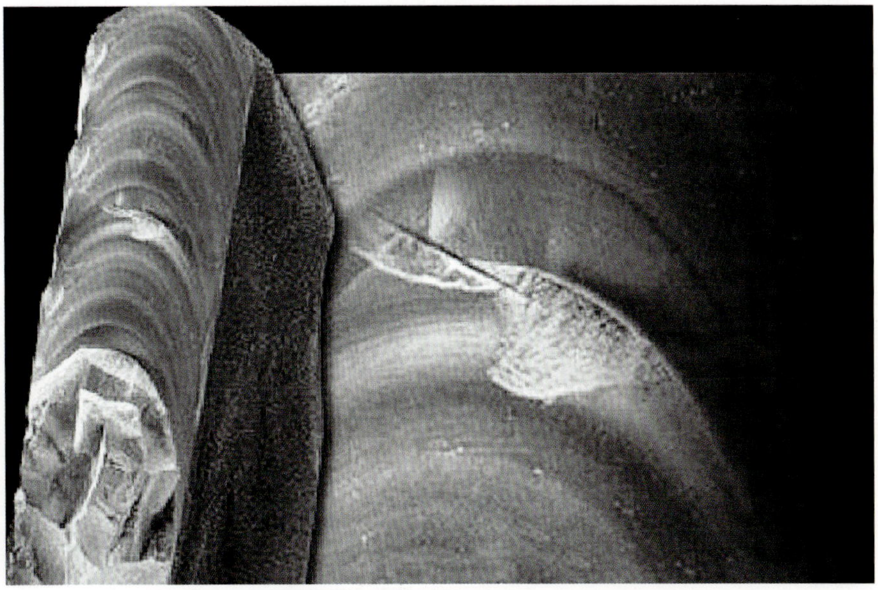

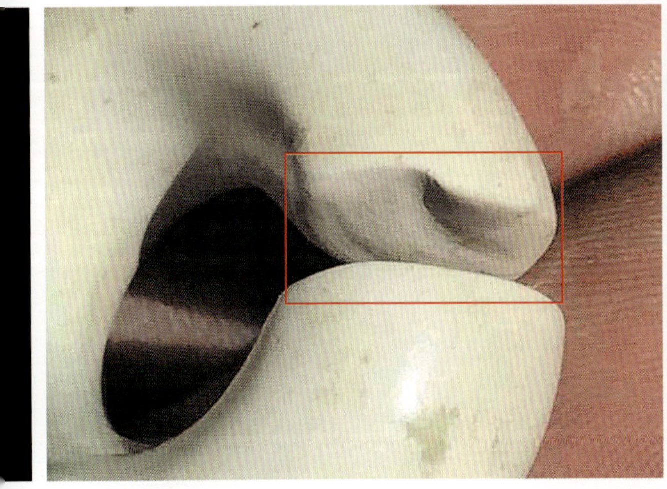

律而言（图 12）。

（5）大型器物如部分高古玉璧的边缘有停止切割、采用掰开所致的凹陷痕迹，一边凹陷，虽经历打磨但依然可以看到较明显的残缺现象；另一端应为凸起，因为二次打磨修正可将此部分缺陷全部打磨掉，故此部分基本观察不到（图 13）。

（6）线锯痕呈抛物线状弧形痕迹，由于向下施力，刀痕是向上弧凸的弧线，且这些连续出现的弧形痕迹不平行（图 14 ~ 图 16）。

（7）由于线锯的弹性原因，手持往复运动中对切割玉料的两端的切割力最大最容易，这就致使每条切割痕迹曲线的中间部分弧度大，两端的弧度较为平直，有的近乎平直线，按照依次向下的顺序，弧线的弧度变化由宽渐窄（图 17、图 18、图 19）。

（8）有时切割一个柱状工器采用转圈切割，这样的方法会在玉质的中间部位留下一个小的连接点。（图 20）

2. 片状砣具切割痕迹特征

片切割是用刃部平直的工具，如石刀、竹刀等，加上解玉砂浆来切剖玉料。这是新石器时代最常见的方法。

片状砣具切割痕特点：

（1）片切割分为圆盘形片切割和直板形片切割（图 21 ~ 图 23）。

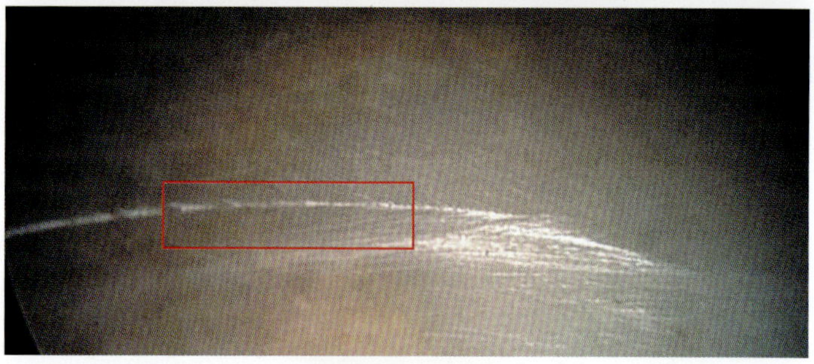

12
13
14

图 12　平面尽量做到平整，但波浪起伏还是状态明显

图 13　对向切割台痕

图 14　由内孔向外施力的线切割横截面

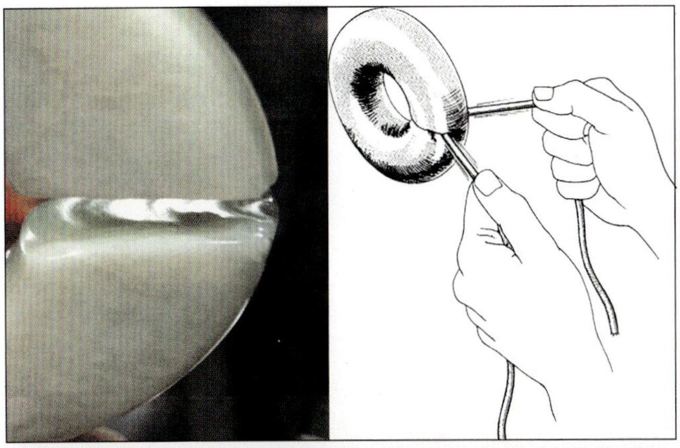

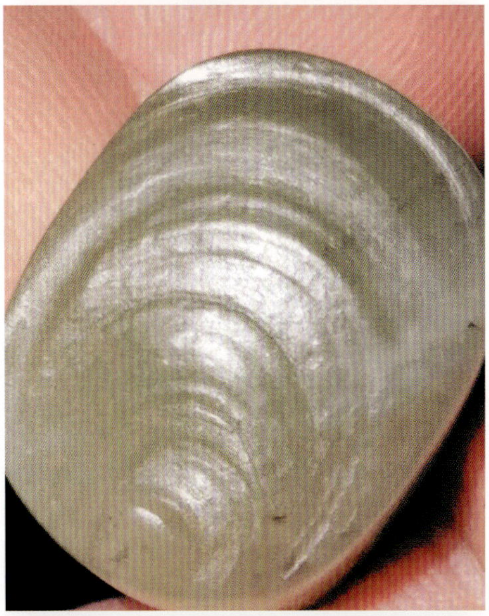

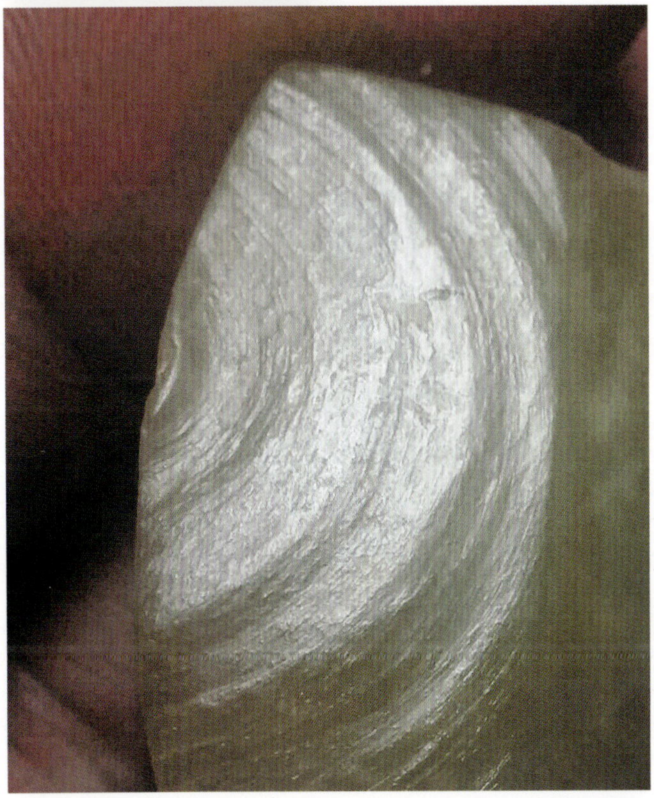

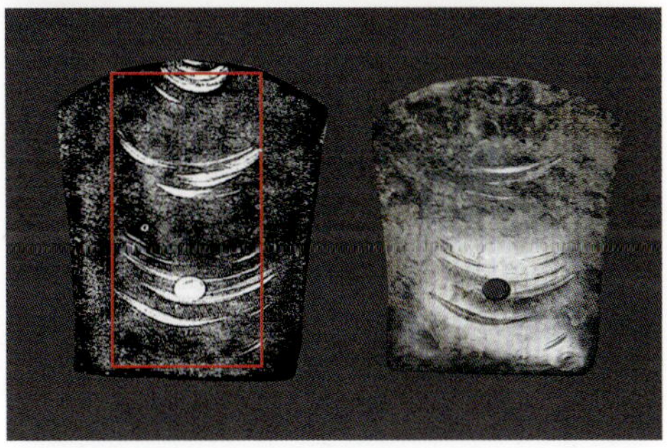

15	17
16	18
	19

图 15　红山文化玉玦　线锯工艺和痕迹

图 16　弧凸明显

图 17　初始阶段与后续收尾阶段的弧度变化

图 18　顶部大弧、侧边平直

图 19　弧度逐渐变大

图 20　浙江河姆渡文化出土的玦状坠饰，以线切割开口，未完全切开玦口，由玦饰转化为坠饰的一种变化

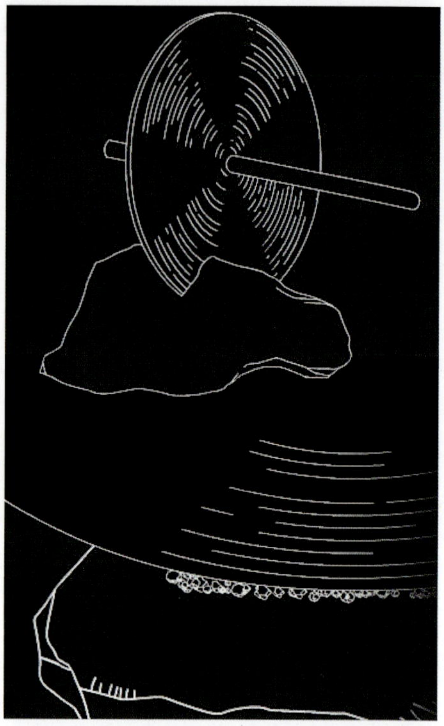

图 21　圆片切割演示

图 22　手持圆片切割（推磨）工艺

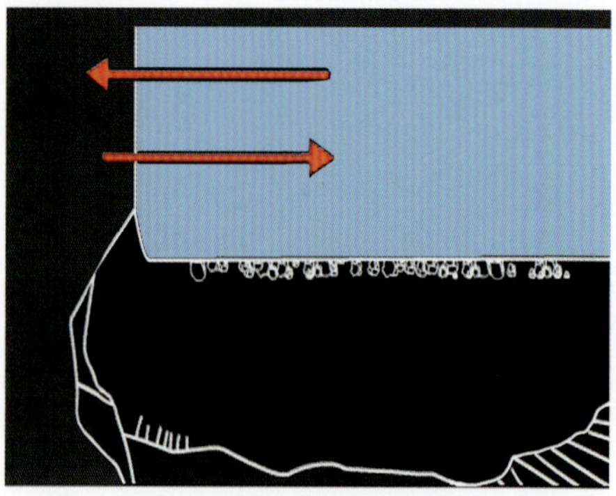

图 23　直片带动解玉砂往复运动

（2）适用于较小玉器（图 24～图 27）。

（3）片切割平面较平整规则，有些弧线是圆盘形片状砣具切割，有些则是直线切割，尤其在剖薄片玉器时一般会采用直片切割，痕迹接近直线（图 28）。

（4）较小玉器上有时可见明显的一层层同心圆旋纹以及中间较宽深、两端稍细浅的误操作痕迹（图 29）。

（5）难以一次切割成型，多采用两面对切，故两次以上的切割方向调整形成切割面不在同一平面，甚至导致较明显的错台现象（图 30～图 33）。

（6）在较多的单面工的玉器的背部会保留部分没有被打磨掉的切割痕，放大镜下，粗大解玉砂撕裂的特征较明显，而无法观察到切割的线状痕，此处整体的氧化腐蚀现象较明显（图 34～图 38）。

3. 截距旋转切割痕迹特征

截距旋转切割（图 39）痕迹，是指利用类似圆规形状的工具对玉石片进行切割的痕迹，主要是对薄片状玉器进行外援切割，痕迹类似管钻痕迹（图 40）。这种痕迹的出现应该是由

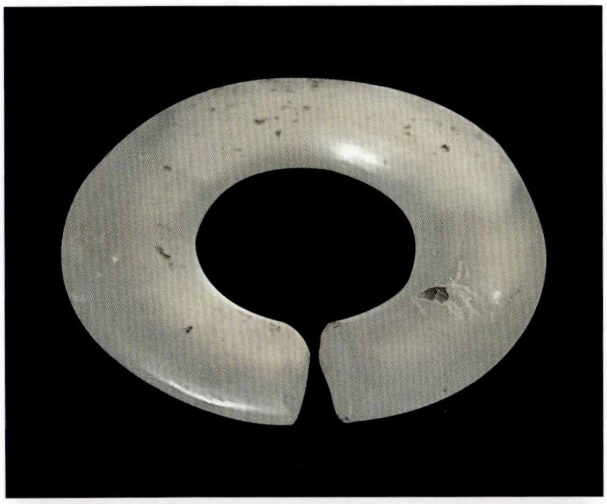

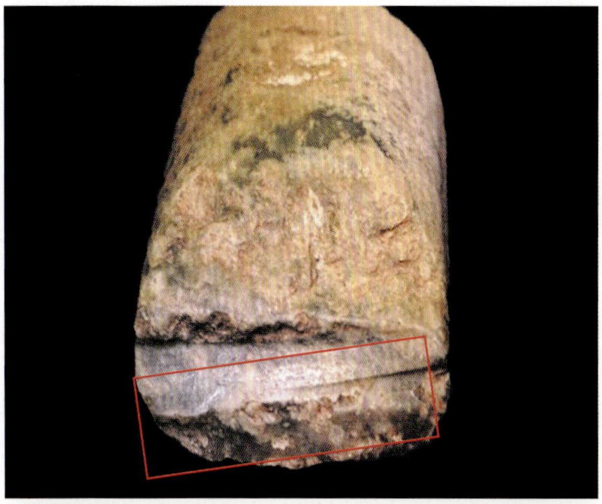

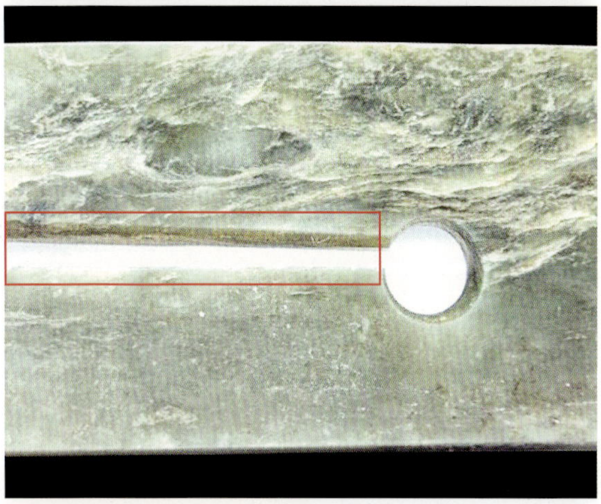

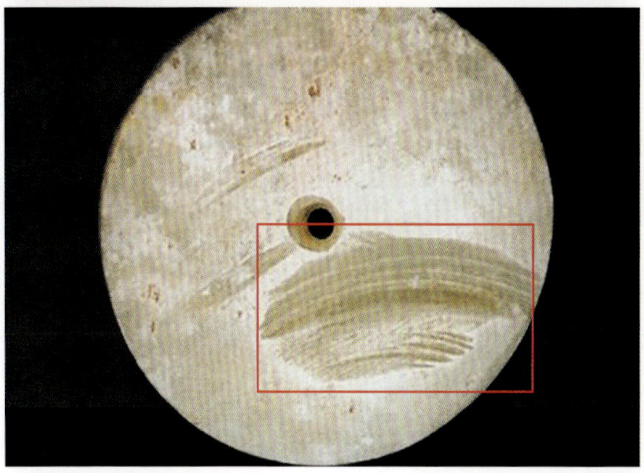

24	26
25	27
	28
	29

图 24　夏家店文化直片切割案例

图 25　良渚文化片切割半成品

图 26　良渚文化片切割半成品细节

图 27　卑南文化时期玉器片切割开槽

图 28　直片切割痕迹接近直线

图 29　圆形片切割同心圆状切割痕残留

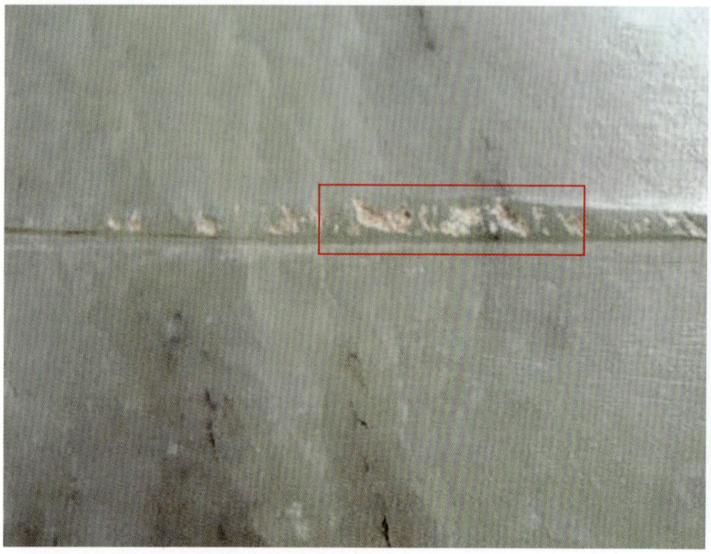

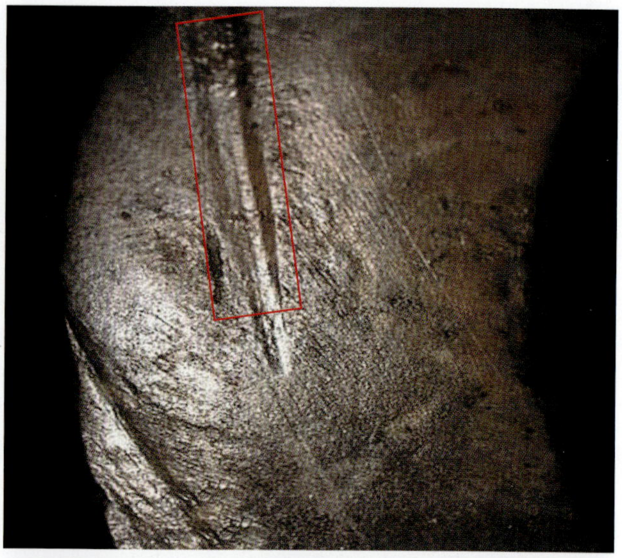

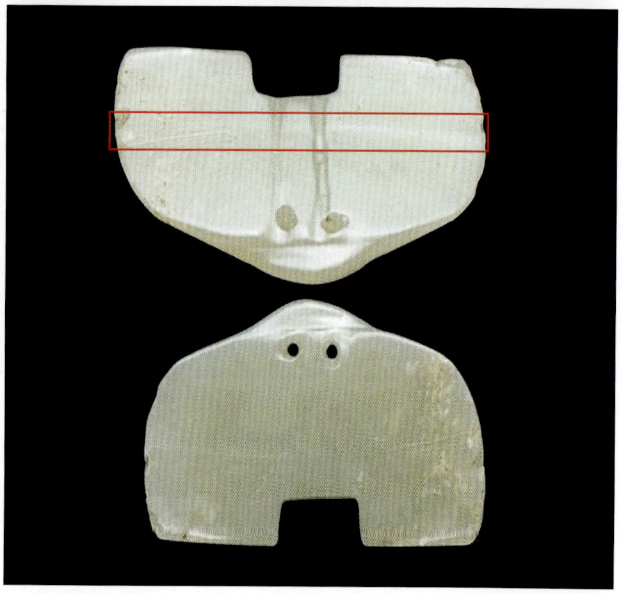

30 | 31
32 | 33

图 30　直片切割对向错位台痕
图 31　直片切割痕迹残留
图 32　对向片切割掰断痕迹
图 33　切割错位台痕

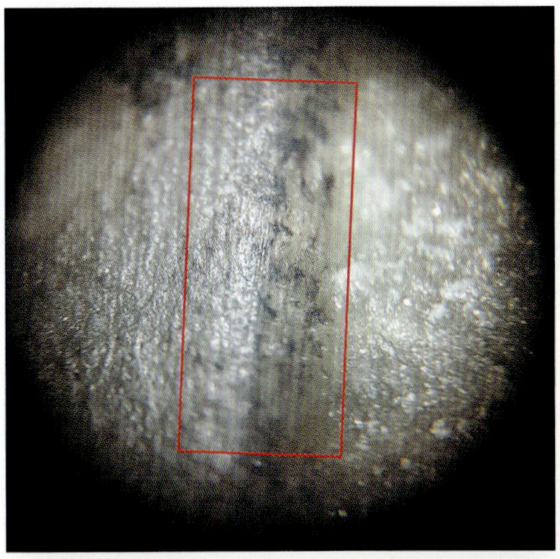

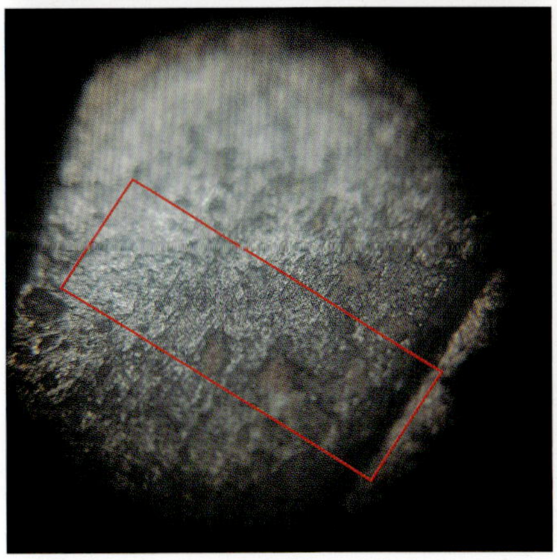

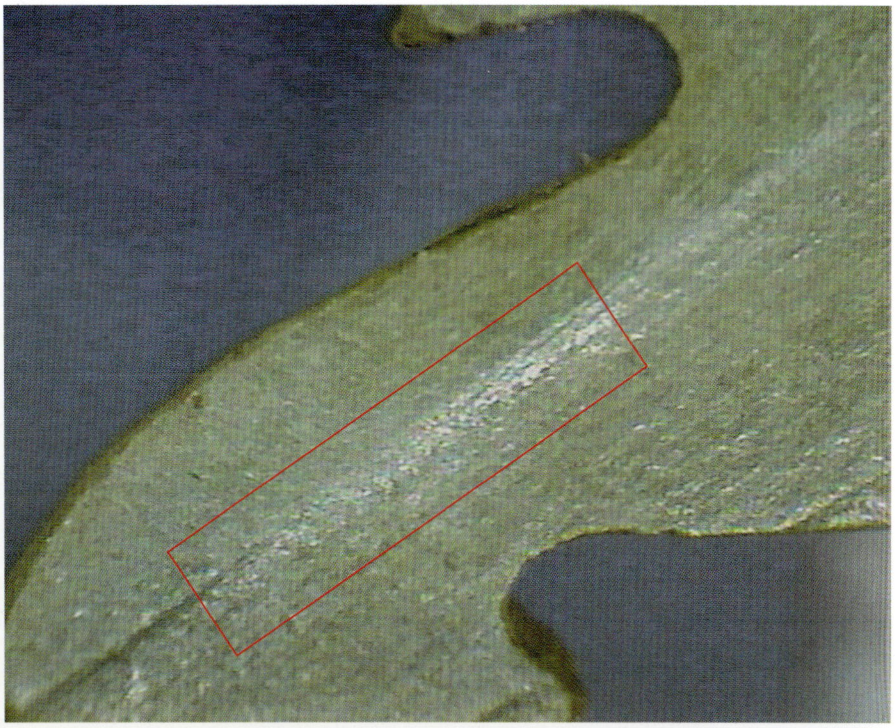

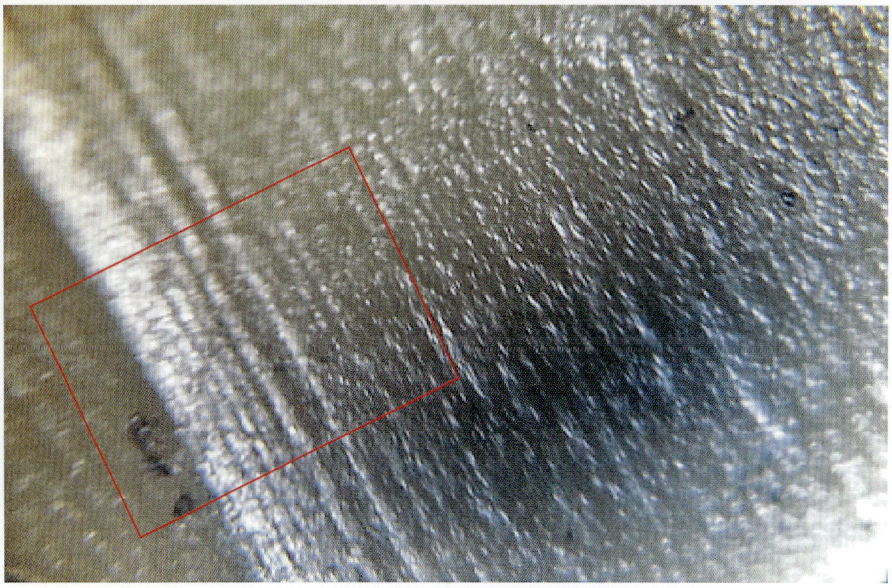

34	37
35	38
36	

图 34　红山文化玉器切割部位痕迹和氧化腐蚀状态

图 35　腐蚀脱落明显

图 36　切割由于粗砂的撕裂造成腐蚀更严重的特征

图 37　切割错位台痕肉眼可见

图 38　放大 40 倍切割痕粗细变化

于在远古时期不容易找到更大口径的适合作为管钻使用的材料，即便在金属出现初期，由于金属片卷成管钻直径越大强度越小，不利于绳子缠绕旋转。选用比较厚的物质来增加强度的同时也增加了摩擦面积，大大增加了加工难度。

4. 现代切割痕迹特征

现代数控玉石线切割机（图 41、图 42），以金刚石线切割，切缝小，切口平整，损耗度低，原料利用率高，被切割的玉石表面平整光滑。

现代切割痕特点（图 43 ~ 图 47）。

（1）可以一次单向切割成型，对向切割形成的两个交界面几乎在同一平面，平整光滑；

（2）圆盘片状切割痕迹弧度高度一致，弧线平行细密有序排列；

（3）直片切割线痕迹都是像光线一样笔直，具有高度的平行细密同组特征；

（4）仿古玉中极少见到切割工艺作伪的案例。

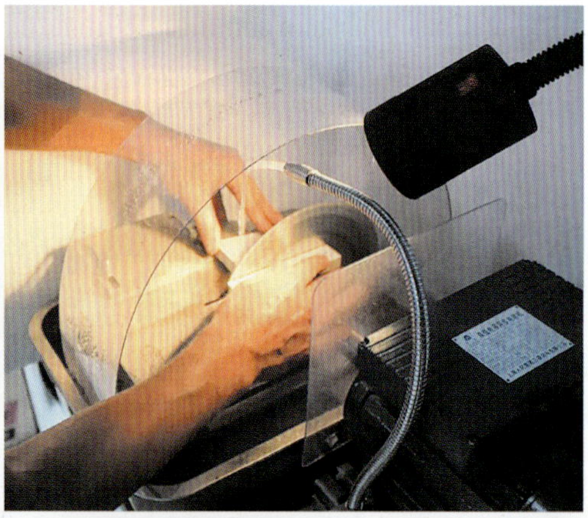

39	41
40	42

图 39　截距旋转切割

图 40　阜南遗址出土的玉器痕迹

图 41　现代水切机

图 42　现代线切割机

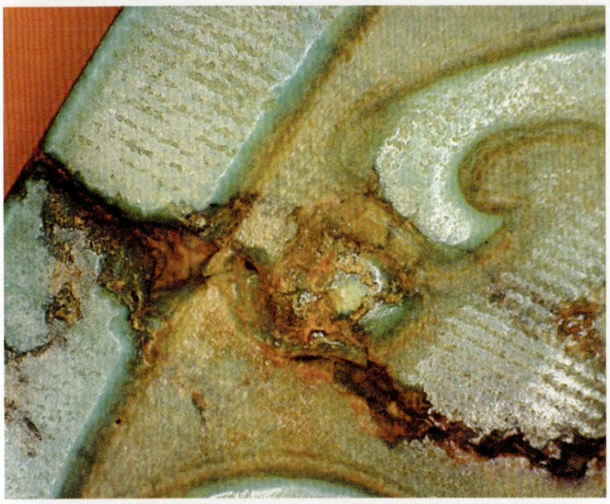

图 43～图 47　现代电动切割痕迹，高度平行，同心圆过于规整的特征

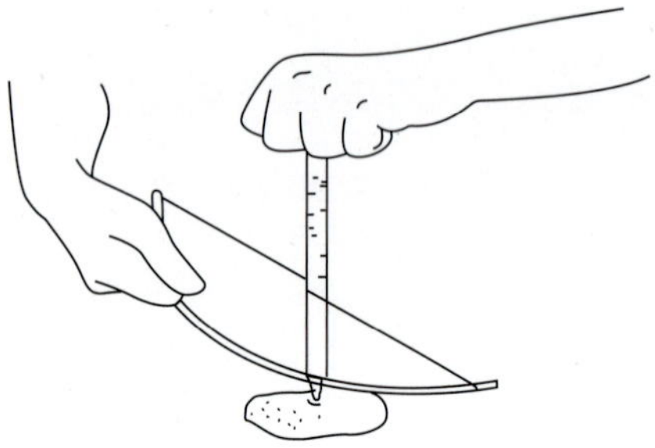

图 48　用弓弦套住钻孔的圆棒，再用手来回拉弓，带动圆棒旋转钻孔

图 49　良渚文化旋擦痕变化多端的特征

图 50　红山文化孔道旋擦痕粗细不均

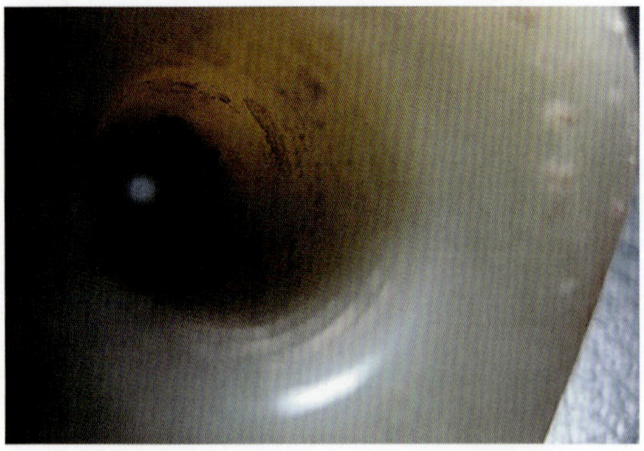

图 51　商周玉管旋擦痕

（二）钻痕（图 48）

1. 实心钻痕迹特征

（1）放大观察孔壁呈磨砂状，肉眼可见绝大多数孔壁均留下因粗砂砾而有不同程度旋擦痕。且旋痕不大规律，不会连续细密平行（图 49、图 50、图 51）。

（2）有时因解玉砂排泄不畅会使孔径粗细不匀，甚至底部不透时形成孔较大的现象，也是解玉砂沉积所致（图 52、图 53）。

（3）春秋以前因工具较软及加工时磨损程度较重，往往是进口大、腹底小的锅底状孔，且时代越早锅底状孔越明显，双向对钻孔留有错位台痕（图 54～图 56）。战国以后的孔道相对直且陡峭，与铁质砣具的应用有关（图 57、图 58）。

（4）不是每一块古玉的孔壁上都会有明显的旋纹痕，有些大孔（如璧、瑗、环）经过二次打磨，仅有不明显的少数残留旋痕隐约可见。还有长期条带穿系佩戴形成的磨损，或因沁蚀严重也会使旋痕变得模糊不清（图 59～图 64）。

（5）因为解玉砂的游离状态，旋痕很少有连续不断超过一圈的，长的有大半圈左右，短的只有一小段，大部分只有一小段圆弧（图 65）。

（6）旋痕一般较粗，粗细不一，因钻头来回往复运动不可能产生具有同向近乎平行细密弧线特点的痕迹，旋痕更多的是相互犬牙交错状（图 66）。

（7）孔道顶部旋擦弧线痕迹较多且清晰，底部相对较少或不明显（图 67）。

（8）因解玉砂的自解现象致使硬度较

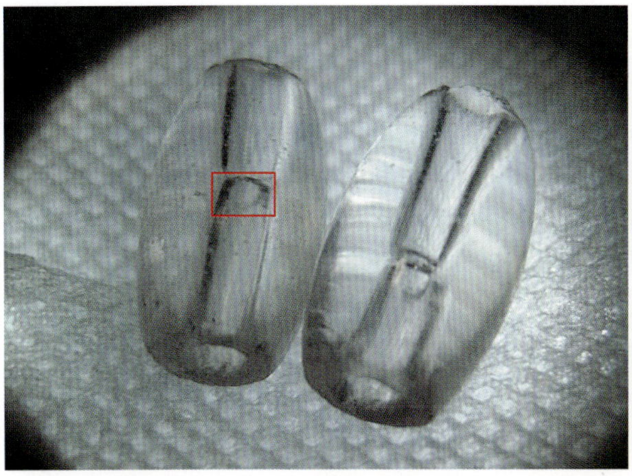

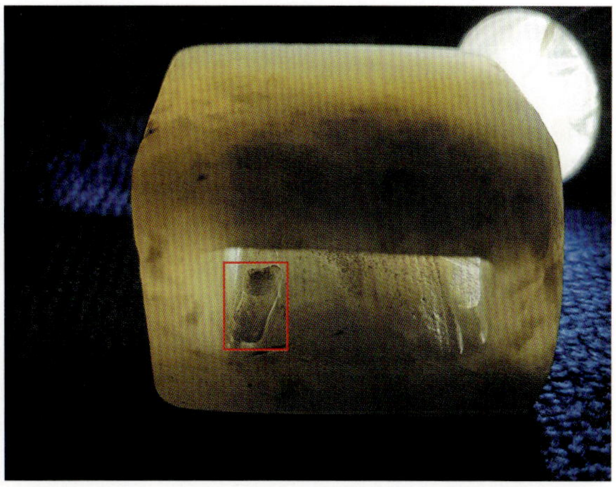

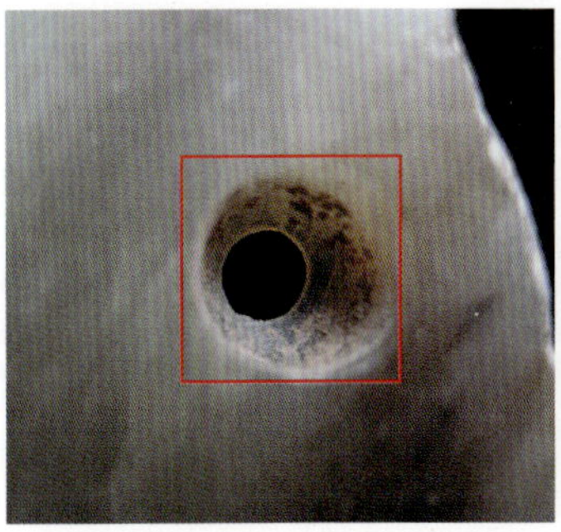

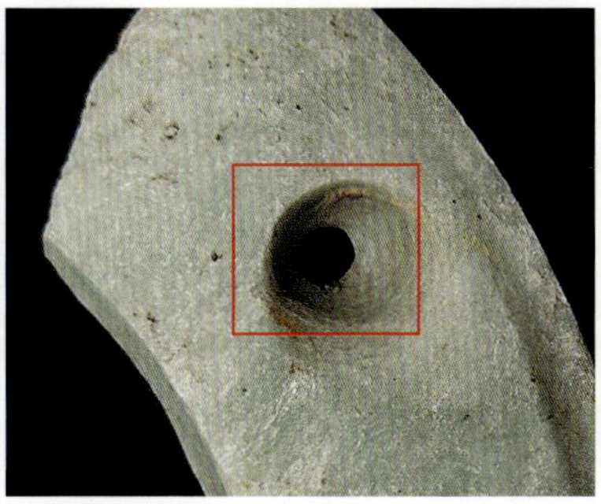

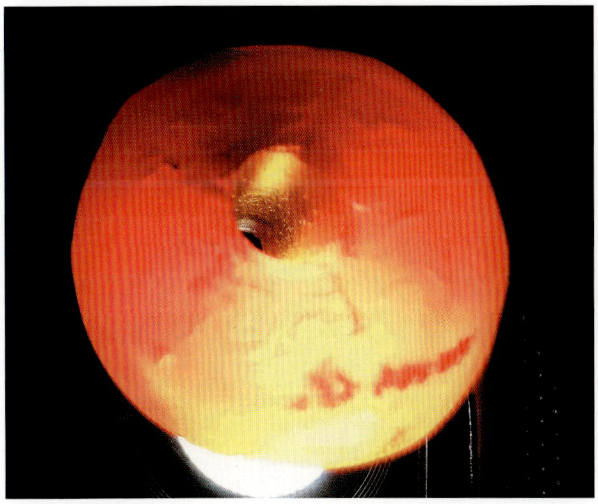

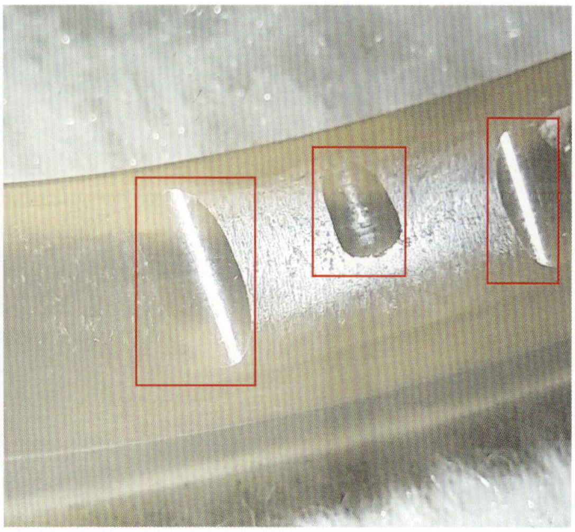

52	53	
54	55	56
57	58	

图 52　战国水晶珠孔道变大

图 53　辽金镂空定位孔底部明显变粗大

图 54～图 56　三代以前钻具较软形成的锅底状孔

图 57　战国玛瑙珠孔道相对较直

图 58　战国玛瑙珠环内孔道凿击前所打的定位孔直切规整

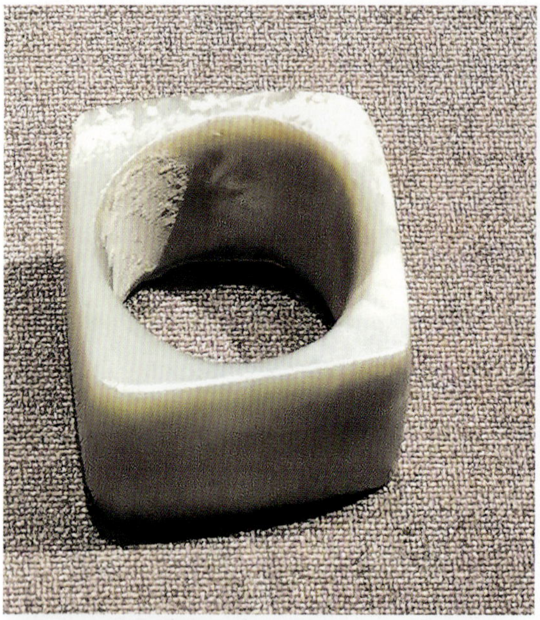

59	62
60	63
61	64

图 59　商代玉珠大孔道内明显经过修磨规整

图 60　明显修磨平整的孔道

图 61　唐代石磬孔道勒痕

图 62　红山文化孔道长期使用磨损致使孔道周边圆滑特征

图 63　长期使用磨损过的红山孔道

图 64　齐家文化特有的波浪起伏状孔道

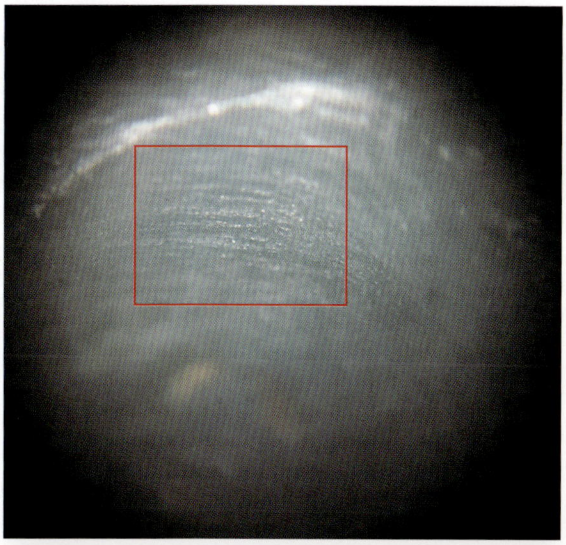

65 | 66
67

图 65 一段段旋痕

图 66 红山文化玉珠孔道断断续续的粗痕

图 67 顶部旋擦痕明显

高的材料如水晶、玛瑙的孔道水亮，系紧压力使解玉砂分解形成粉末，相当于在对孔道钻磨的同时也进行了抛光所致（图 68、图 69）。

(9) 多数孔道内均可见多次更换钻头或者调整钻头方向形成的杂乱无序的丰富小台痕特征（图 70、图 71）。

(10) 有的在口沿或顶擅玉器表面部位有手动定位不稳定所致的不规则旋擦痕（图 72 ~ 图 76）。

2. 管钻痕迹特征

加工阴线：用管钻（图 77）加工动物眼睛较早出现在良渚文化出土的玉器上，这种工艺技法一直延续到现在。手工慢速制作由于垂度与力度难以掌握，会出现一边深一边浅、一边粗一边细的现象，甚至在不平整和弧面上钻磨阴刻线会出现局部中断的现象（图 78 ~ 图 80）。

钻孔：

（1）钻孔会留下不规则旋痕，但相对于实心桯钻并不明显。而更多时候管钻留下的痕迹则呈现明显的波浪起伏、凹凸有致的痕迹特征。这是由于钻磨的主要作用面是管钻的平端，而不是管钻的外壁，但是管钻底端外壁依然会有残留的少量解玉砂，随着管钻旋转进行磨削，这就

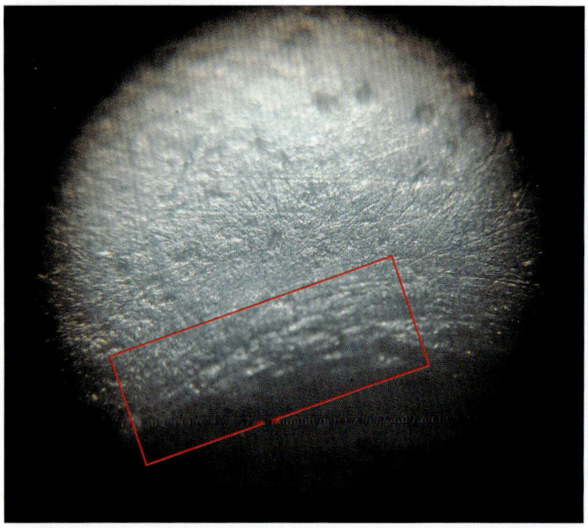

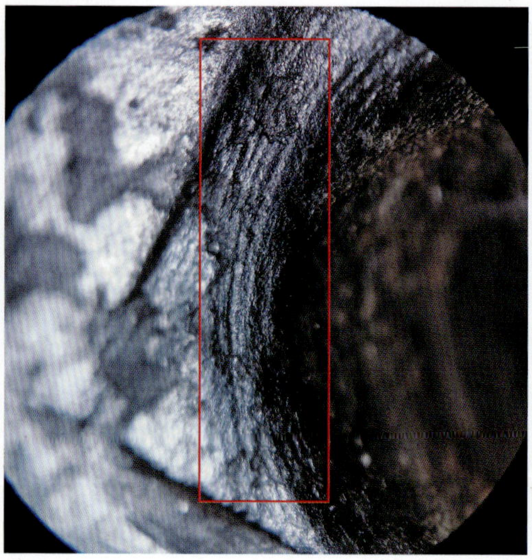

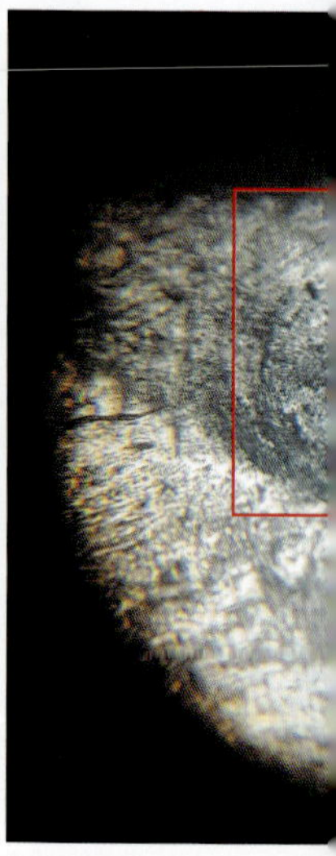

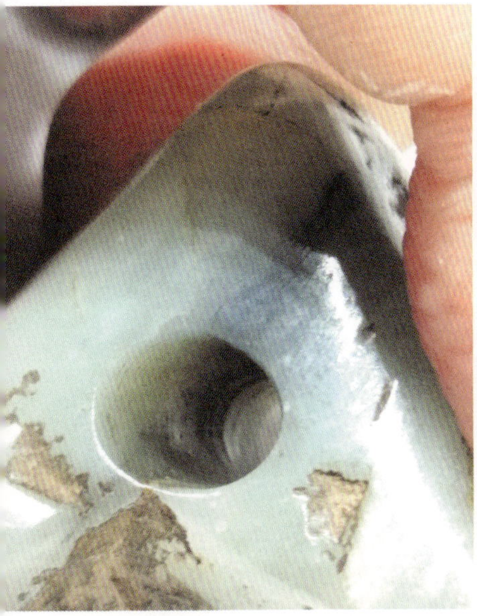

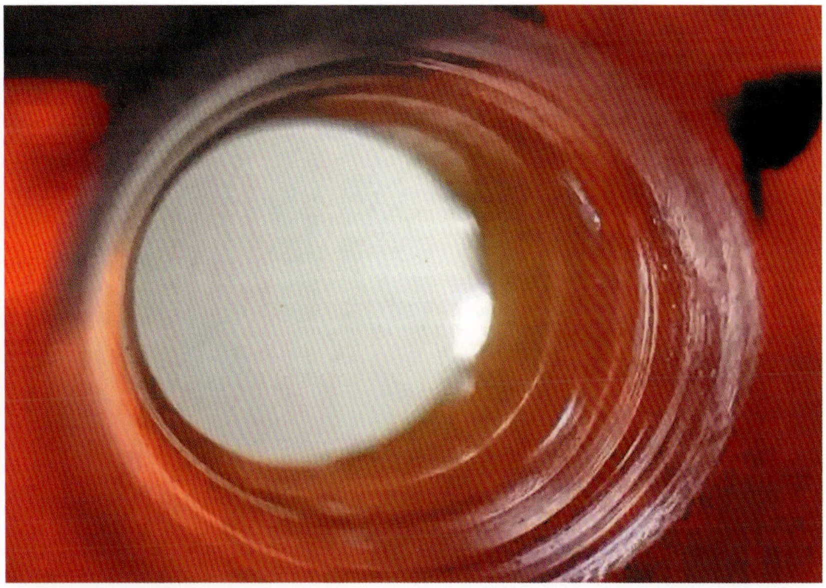

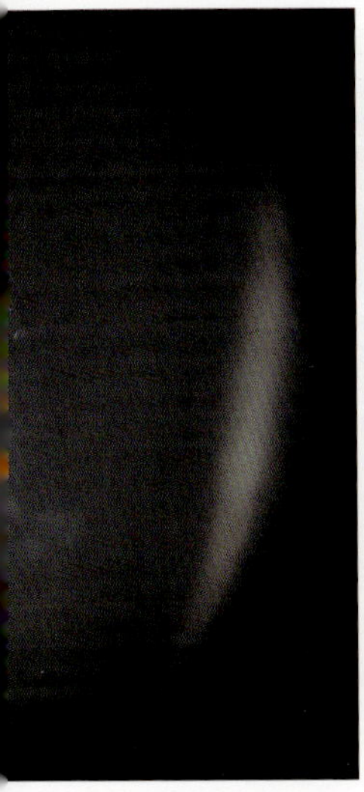

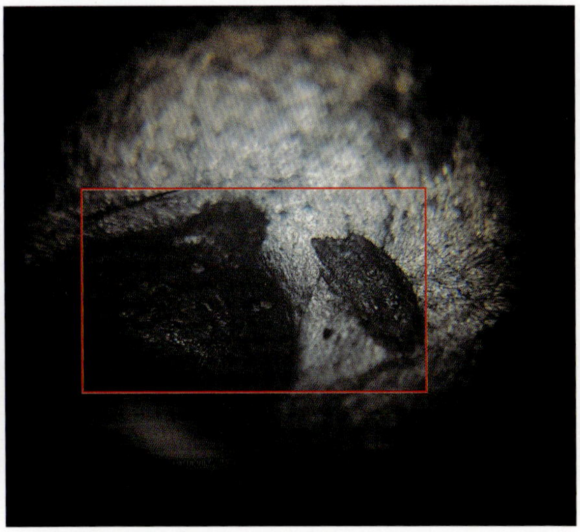

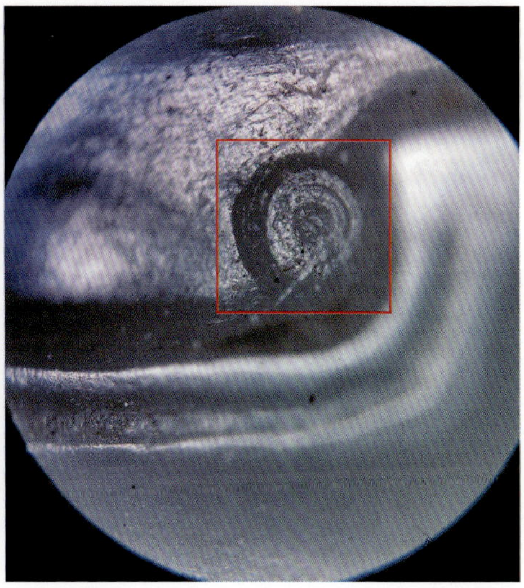

68	69	70	71	
72	73	74	75	76

图 68　西周玛瑙水亮的孔道和冲击脱落的痕迹

图 69　战国水晶水亮孔道

图 70　错位台痕

图 71　西周玛瑙大孔道及错位台痕

图 72　定位旋擦痕

图 73　定位旋擦痕

图 74　实心钻具顶撞工艺旋擦痕

图 75　实心钻具顶撞工艺旋擦痕

图 76　实心钻具顶撞工艺旋擦痕

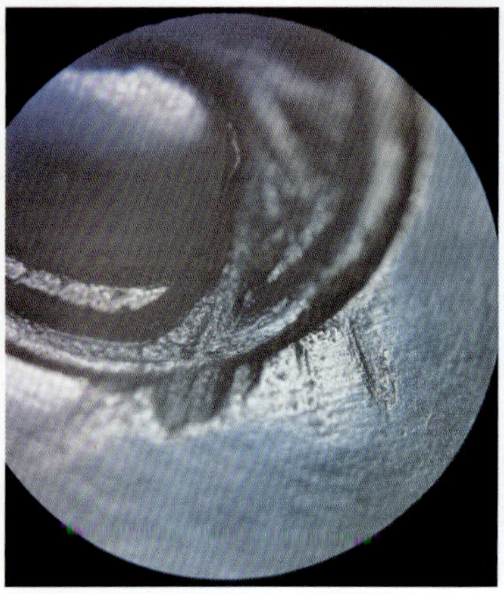

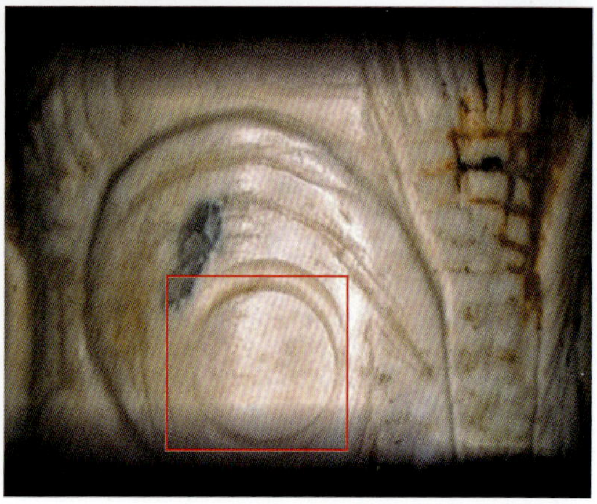

77

78 | 79 | 80

图 77 现代竹管管钻实验图

图 78 良渚文化弧形面采用管钻做阴刻线，由于基面不平整形成的宽窄变化

图 79 明代乳钉纹外轮廓用管钻定位和装饰

图 80 汉代兽面纹眼睛部位用管钻表现

使得孔壁好似经过了一定的细磨，原来的旋痕也就不那么明显了。料性越软，管钻速度越快，加工完成时间越短，旋痕也就相对越明显（图 81 ~ 图 88）。

（2）单面钻孔时在底部较小的一端，常会因为压力而把即将钻透的表面冲破，造成孔边缘有崩边现象。还有切割分成两片，则不出现崩边（图 89 ~ 图 91）。

（3）管钻适合比较大的孔道加工，而有些较大的孔道便于二次修磨，已被打磨不明显甚至看不到管钻痕（图 92、图 93）。

（4）管钻相对于实心钻，孔壁更平直规整，原因是管钻必须要有用于排沙而预先制作的缺口，即排沙槽，类似冷兵器上的血槽。排沙效果好，这样才能保证管钻可以快速容易地旋转（图 94 ~ 图 97）。

（5）早期钻孔由于使用的管钻壁比较厚，钻头比较软，容易磨损，所以孔型也会出现微喇叭状（图 98 ~ 图 100）。

（6）对向打孔会出现明显的错位台痕。管钻单向打孔也会出现错台痕，系调整钻头所致，或二次钻孔即钻到一半时为了提高钻磨效率需要先把上部分芯敲掉所致。（图 101 ~ 图 102）

3. 现代打孔痕迹特征（图 103）

平直细密，会出现台痕，也会出现喇叭孔。喇叭孔用专用定型钻具钻磨，会出现崩口，也会故意调整转速、抖动、绕圈等方法，但都会留下电动细密痕，有的进行腐蚀，有些有毛刺，有时有焦黄色粉末。孔道形状的仿制和水亮的孔道，通过抛光仿制已经到了用肉眼观察无法分辨的程度（图 104 ~ 图 111）。

图 81　定位不稳定调整管钻留下的痕迹

图 82　钻孔初始阶段钻孔不稳定留下的痕迹

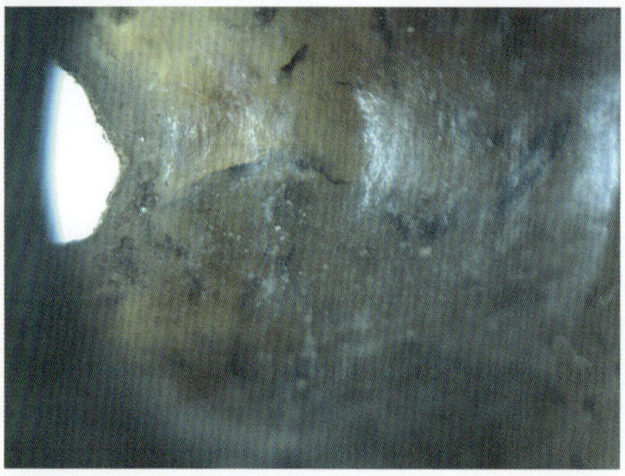
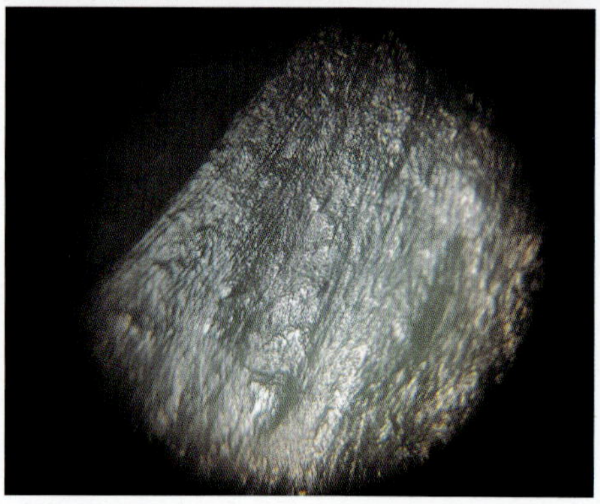

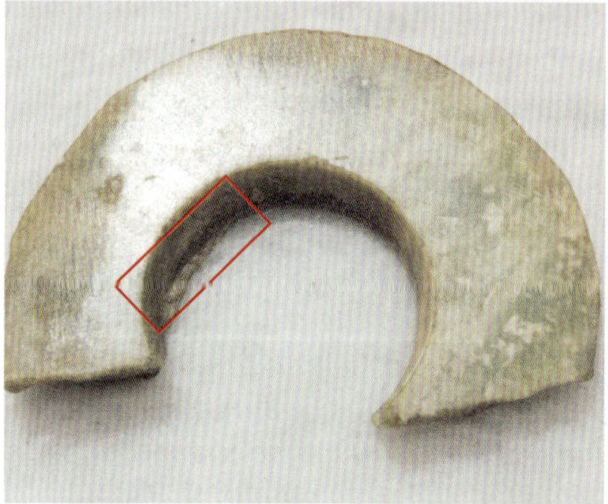

83	84	85
86	87	88
89	90	91

图 83　迷你管钻心的地方玉璋（三门峡虢国博物馆）

图 84　管钻痕不明显的玉璧半成品

图 85　管钻钻位留下的痕迹

图 86　文化期较大颗粒，解玉砂撕裂玉料形成的波浪状孔壁

图 87　西周玉器管钻少见的波浪状孔道特征

图 88　齐家文化特有的波浪状孔道特征，自然起伏，光泽莹润

图 89　冲击脱离崩边

图 90　齐家文化冲击崩边

图 91　冲击崩边

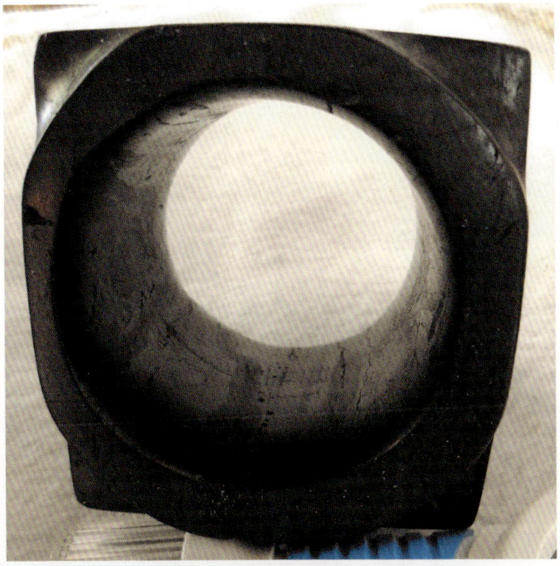
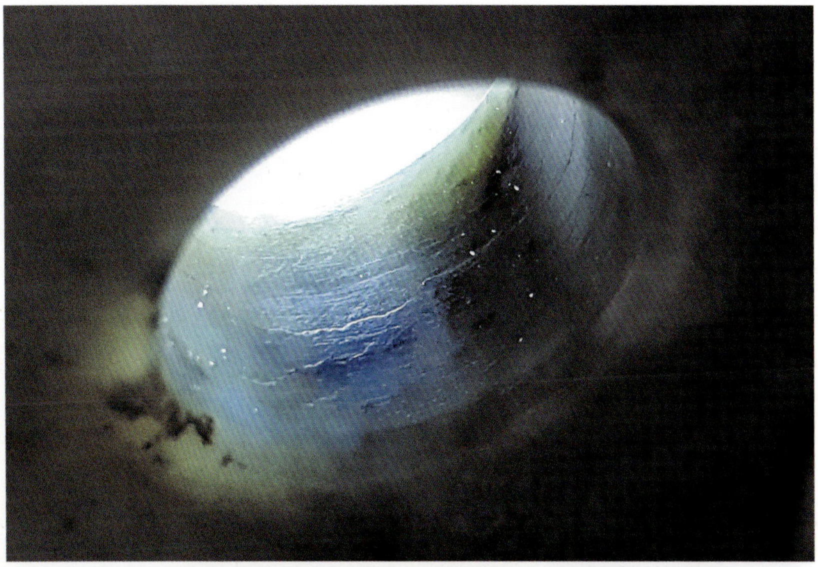
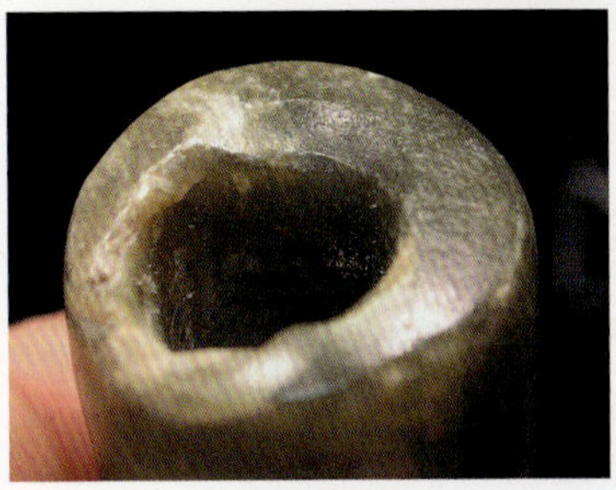

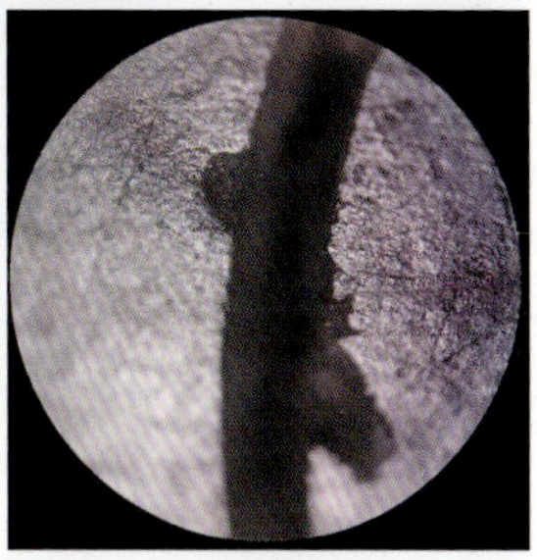

92	93		
94	95	96	97
98	99	100	

图 92　商代煤精琮大孔道条管道＋修磨

图 93　商代玉璧大孔道修磨后平整的孔道特征

图 94　良渚玉管内孔较直

图 95　良渚管钻心表明管钻孔道相比实心钻头直

图 96　明清骨制别子管钻孔

图 97　汉代玉剑道背部管钻较直的特征

图 98　良渚文化半成品微喇叭状

图 99　玉琮心微喇叭外轮廓

图 100　红山玉猪龙大孔内的喇叭形特征

101
102 | 103

图 101　良渚文化对向管钻打孔错位台痕

图 102　西周玛瑙管单向打孔芯料

图 103　现代打孔

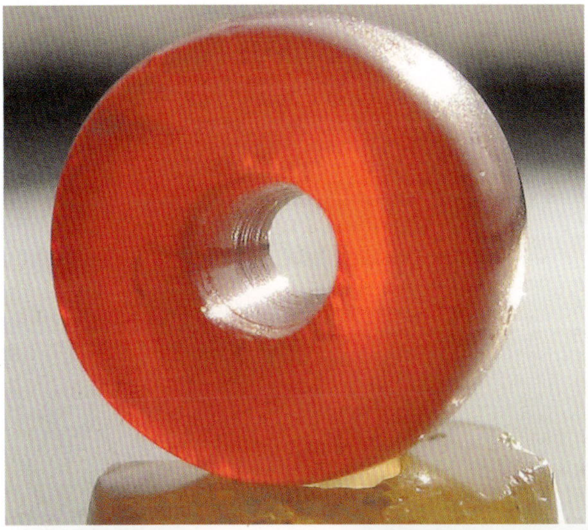
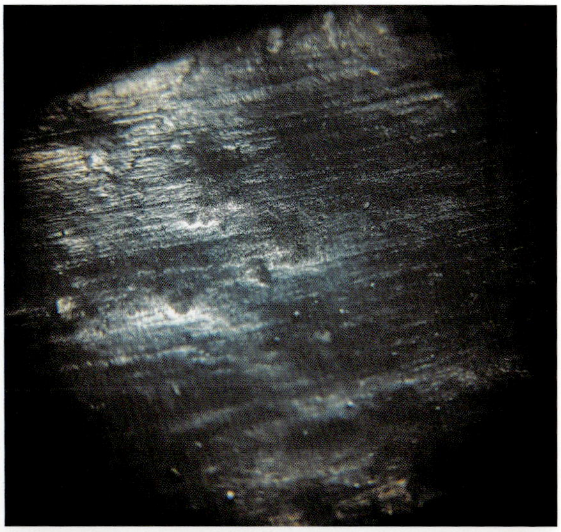
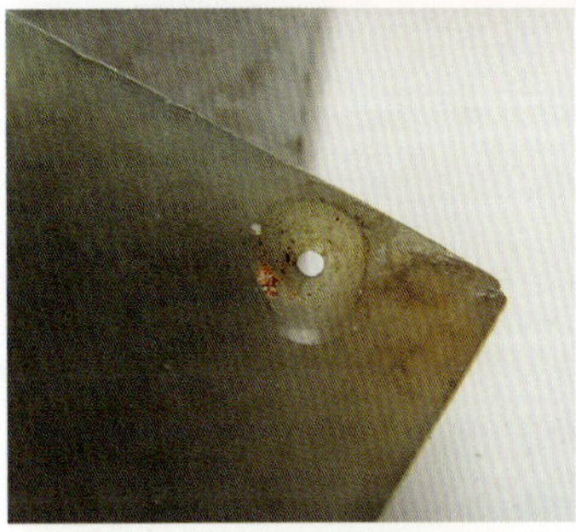
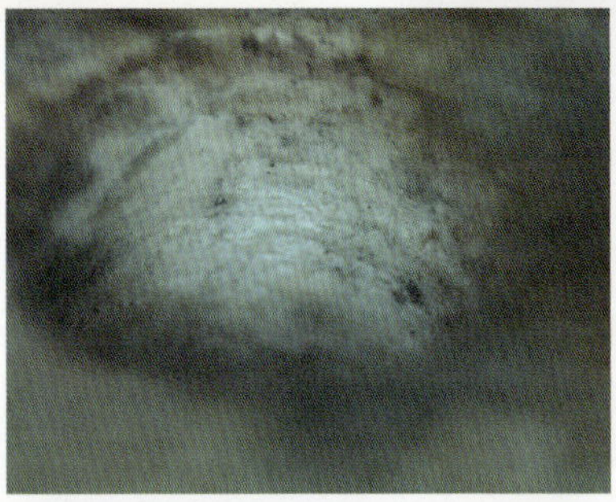
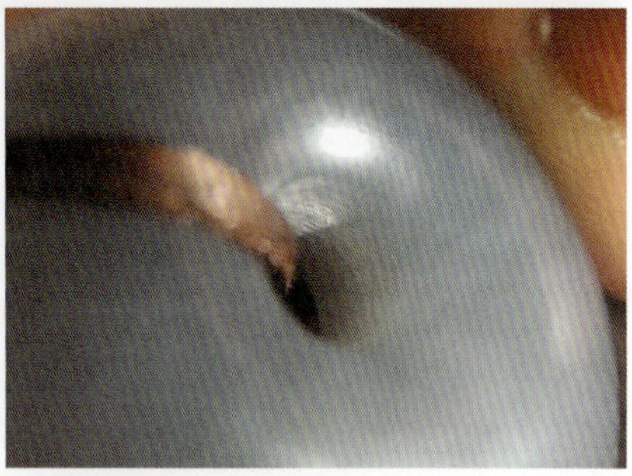
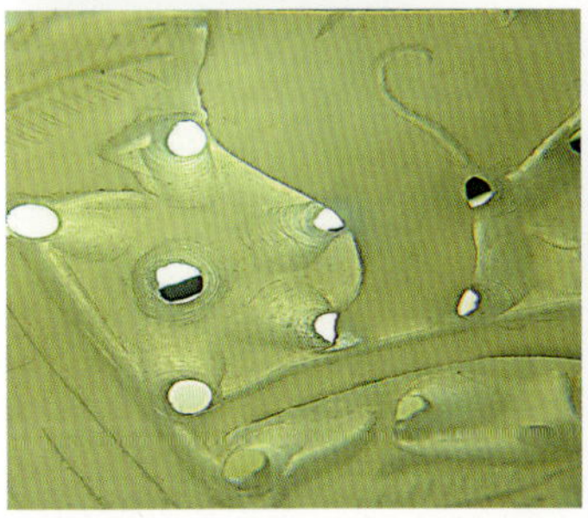

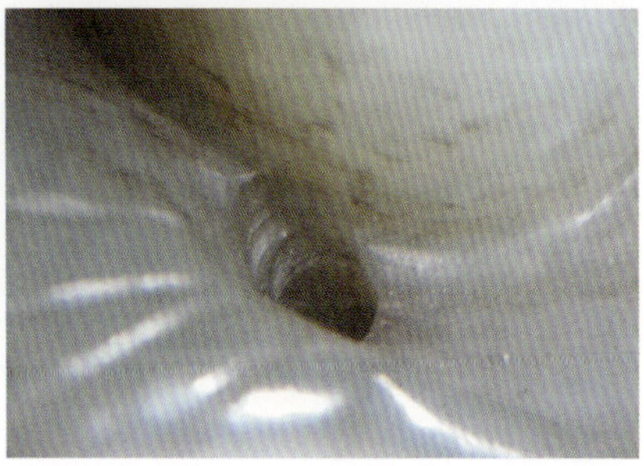

104	105	
106	107	108
109	110	111

图 104　仿西玛孔道

图 105　仿齐家孔道微观图

图 106　抖动电钻头形成的不规则喇叭孔

图 107　电动拉毛加做旧特征

图 108　电动拉毛茬现象

图 109　电动多次钻扫孔特征

图 110　孔道微喇叭连续细密不断旋痕

图 111　较好的仿品故意留下错位台痕

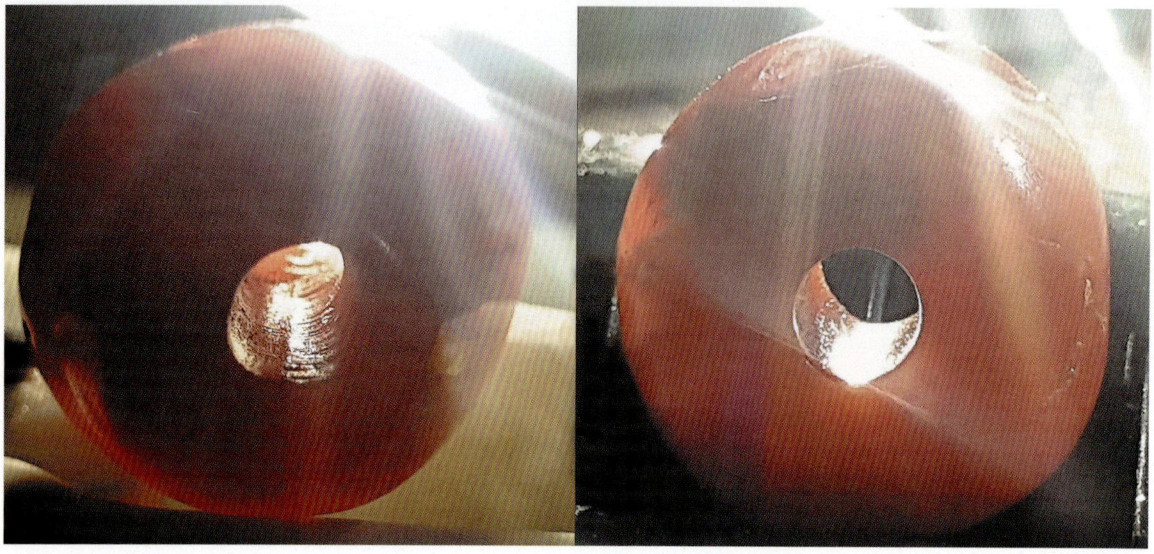

图 112　仿老南红珠子孔道（左）　真品老南红佩戴磨损光滑的孔道特征（右）

综述：

孔道内的微观观察较难实现，在少量较大直径的孔道内还可以用放大镜观察到。再加上有部分玉器老玉新工，孔道也是老的，所以基于孔道进行整体辨伪有局限性和一定难度。孔道边缘的佩戴磨损状态也是鉴定孔道的重要依据之一，这需要利用逻辑思维仔细分析孔道磨损的成因，结合磨损的状态去判定（图 112）。还有大部分珠子的孔道水亮是因为长期绳索佩戴形成的。少量珠子的孔道系一次单向钻成，中亚西亚出产的珠子中就偶尔会出现，好似仿品一样，这一点也不可不察。有些比较脆性的材料如青金石和天河石等，西亚先民可以把孔道做得极细（图 113），这显然是现代电动工具所无法实现的，因为现代电动工具钻速太高，钻磨下来的粉末不能及时排泄出来会形成一定的张力，加上部分玉料材质脆，就会造成涨裂，制作活动无法成行。

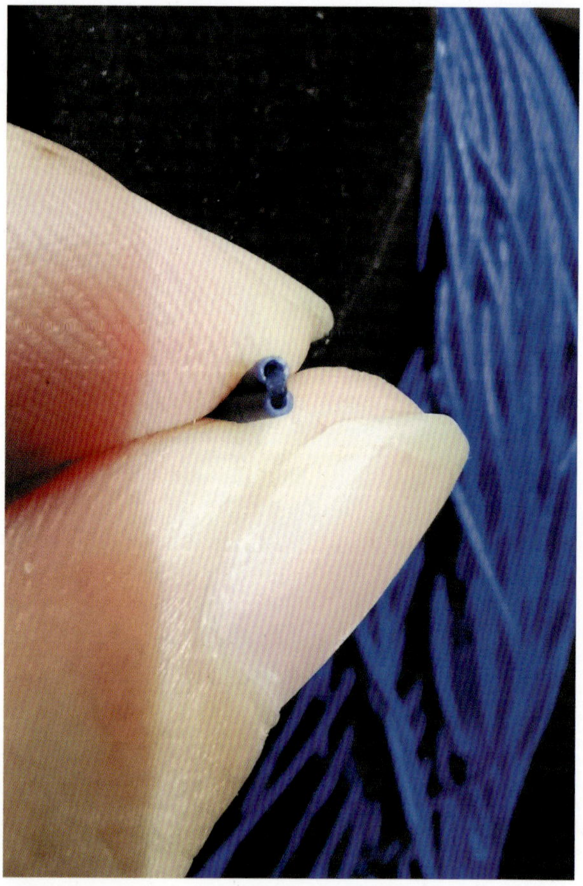

图 113　西亚老青金石细管珠孔特别小

图 114 良渚文化雕纹玉管

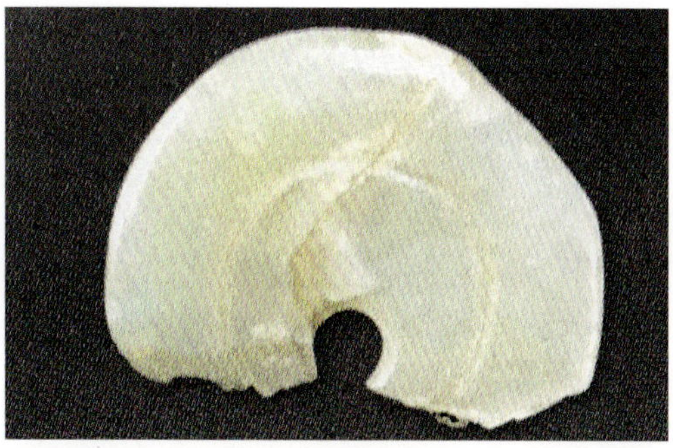

图 115 哈民文化时期玉璧残器，玉璧取芯采用最笨拙的不断刻画的方式

图 116 良渚文化时期玉璧残器，玉璧取芯采用最笨拙的不断刻画的方式

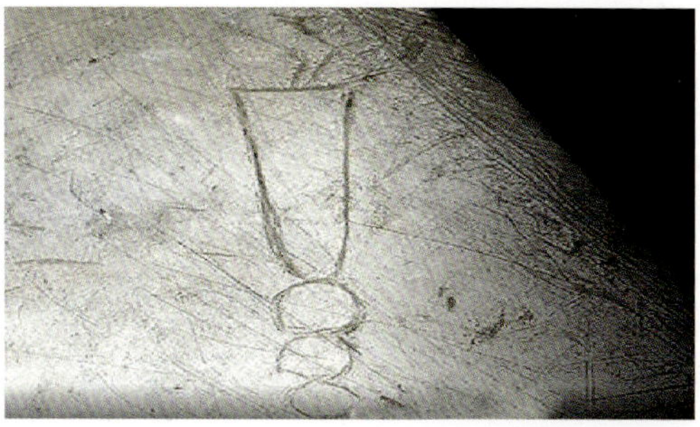

图 117 良渚文化玉璧上的硬质刻画作为阴刻线

（三）阴刻线痕迹（图 114）

在古玉辨伪证据链中，仔细查证阴刻线真伪是非常重要的证据之一，因为在非素面玉器，也就是我们行业所说的带“工”字的玉器中，查证阴刻线真伪是必不可少的要素。很多藏友都知道“阴刻线”这个词，但是大部分人是通过书本或者网络所获悉，知识获取不全，有的甚至是错误的认识，这是目前古玉收藏行业的初级藏友常见的现象，所以掌握真伪阴刻线特征的重要性不言而喻。

古玉阴刻线按照工艺工具的区别，分为硬质坚物加砂刻画阴刻线痕迹和砣碾阴刻线痕迹。

1. 硬质刻画痕迹特征

（1）良渚文化期出现，汉代以后基本不见（图 115～图 117）。

（2）早期一般使用硬度较高物质的棱刃部位，手持刻画，玉质一般为硬度较小的地方料，战国秦汉时期出现在和田玉质表面的刻画则需要借助解玉砂共同作用才能完成（图 118～图 120）。

（3）轻浅，痕迹较长且连续特征明显，凌乱无章，边缘毛糙。因手力无法准确控制，深浅不一，常见歧出现象（图 121）。

（4）冲击力大的情况下单条阴刻线可偶见冲击所致的崩茬（图 122～图 124）。

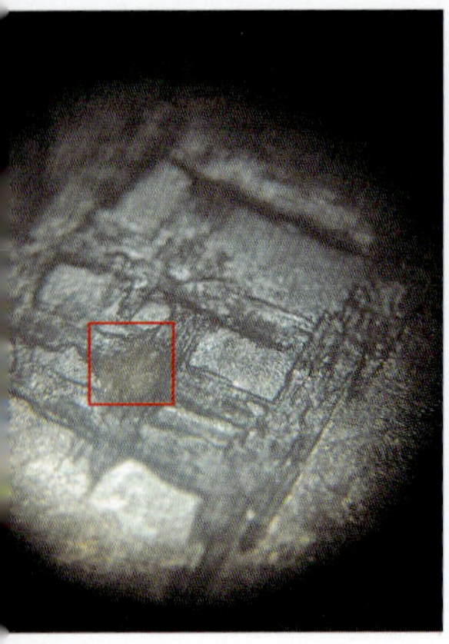

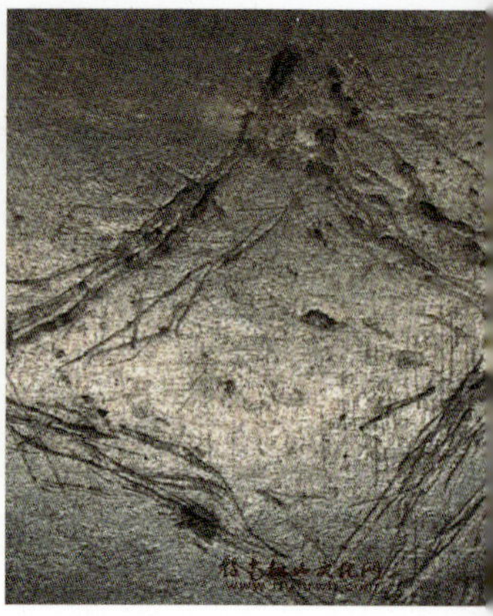
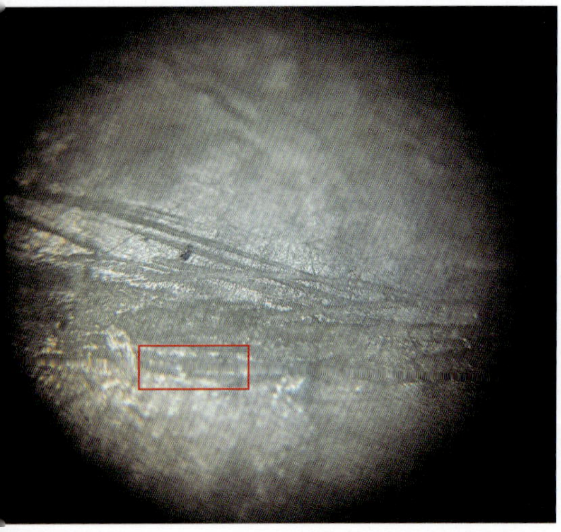
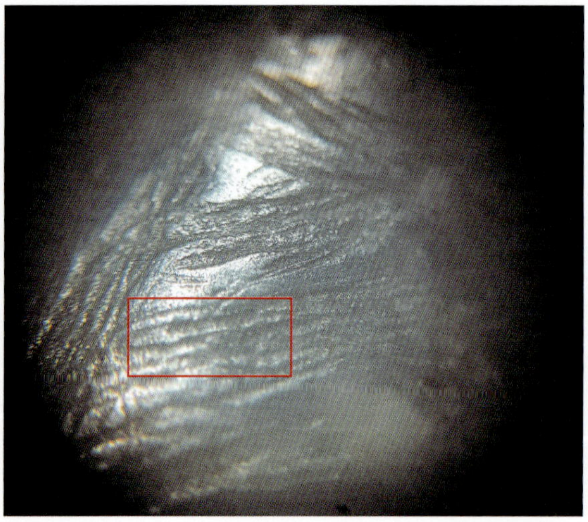
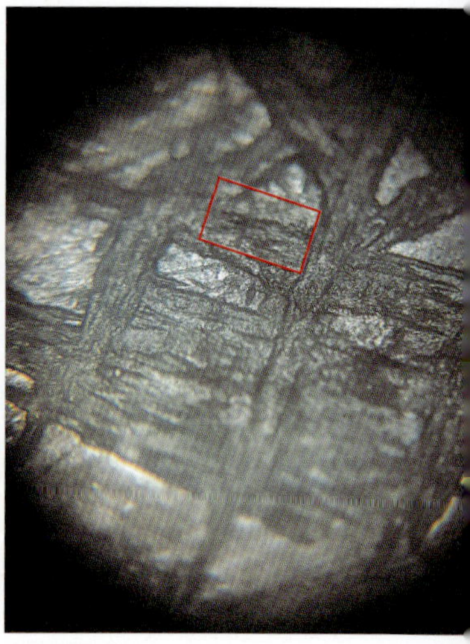

118	119	120	121
122	123	124	

图 118　汉代硬质加砂刻画痕伴随次生腐蚀坑

图 119　汉代刚卯硬质加砂刻画痕

图 120　汉代祭坑玉器刻画痕

图 121　良渚文化硬质刻画阴刻线

图 122　硬质刻画冲击崩茬

图 123　崩茬

图 124　崩茬

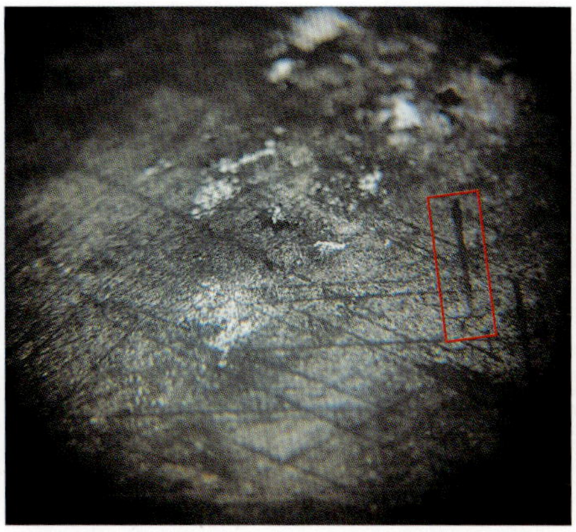
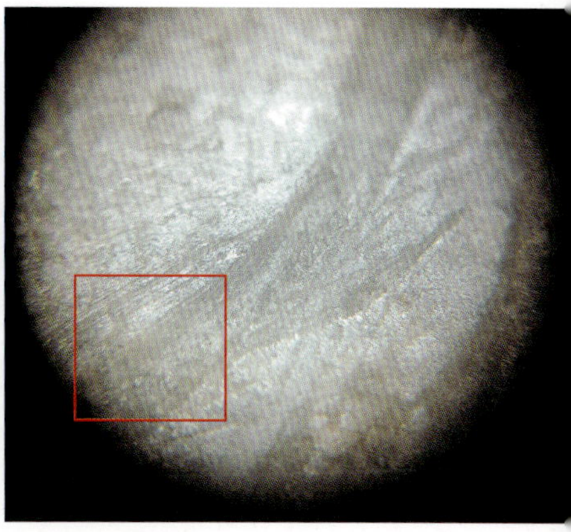

125 | 126 | 127

图 125　良渚文化时期刻画阴刻线扭曲

图 126　汉代玉器刻画阴刻线起止与尾丝

图 127　汉代玉器刻画阴刻线起止与尾丝

（5）放大镜下可见刻画线痕有起止停顿、尾丝单线痕迹特征，它和解玉砂砣碾出来的线痕的区别是有扭曲延续的特征，不似砣碾出来的轻、浅、直（图 125～图 127）。

（6）春秋至战国秦汉时期的玉器表面的阴刻线残留有硬质刻画出来的草稿线，没有被二次砣碾出来的阴刻线完全遮挡住。代表器物有汉代祭坑三区夔龙纹玉璧等（图 128、图 129）。

2. 砣碾阴刻线痕迹特征

大部分早期阴刻线的底部特征是线状，即有很多条近平行线组成的阴刻线底面。唐以后阴刻线的线底部磨砂质地特征比较明显，具备磨砂状底特征的阴刻线出现的概率大大增多。这种区别应该源于砣机的变化，即水凳的出现，实现了单人治玉，以水凳出现为时间节点，前后古玉的阴刻线大部分均出现了比较明显的差异，即早期是线状底，而晚期则是磨砂状底。

现将这两类阴刻线的特征分别举例解析。这里要排除一点，即在一些地方玉料材质的各时期古玉，大部分均呈磨砂状底特征，原因是地方料的分子结构比较疏松，解玉砂在砣具碾压过程中移动，对玉质表面造成的撕裂特征过于明显，无法形成比较明显的线状特征，相当于解玉砂每一次砣碾过程均对其表面即将形成的线状的单线痕的边缘形成了冲击性的撕裂。

早期线状底特征（图 130～图 132）

晚期磨砂状底特征（图 133～图 138）

地方料磨砂状底特征（图 139～图 141）

早期阴刻线特征（隋唐以前）：

（1）三代之前玉器中有比较宽的大弧度阴刻线，采用的是手工减地打磨工艺制作，即使用比较宽的板状工具蘸解玉砂慢慢磨出，非传统认知中的砣具治玉（图 142、图 143）。

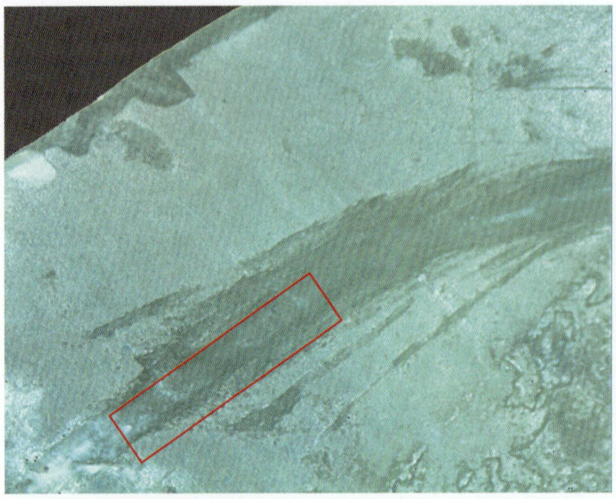

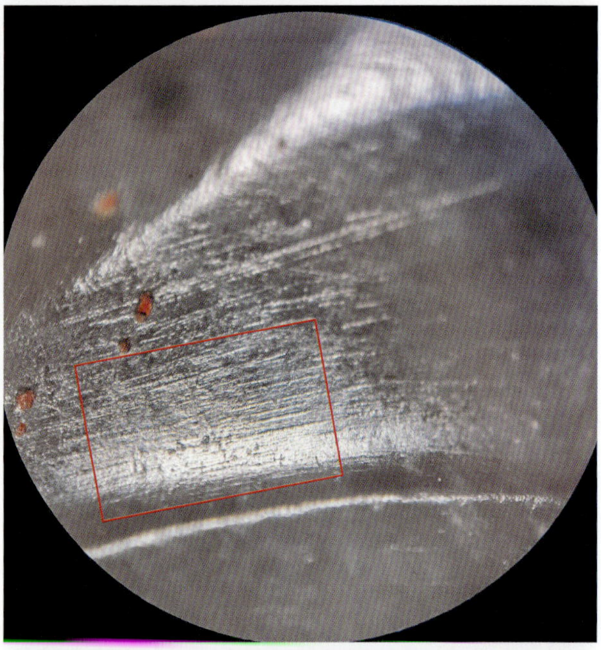

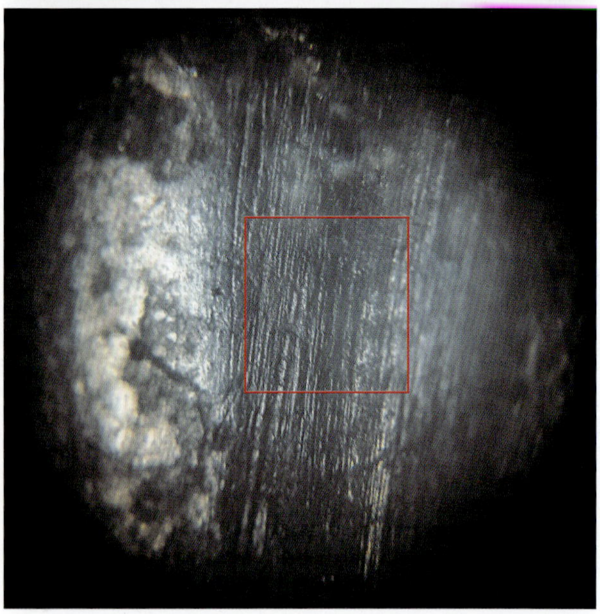

128	130
129	131
	132

图 128　先刻画再上砣碾痕

图 129　战国玉龙阴刻线刻画起稿再上砣碾特征

图 130　红山文化阴刻线线状底

图 131　汉八刀蝉线状底

图 132　红山文化推磨线性阴刻线底

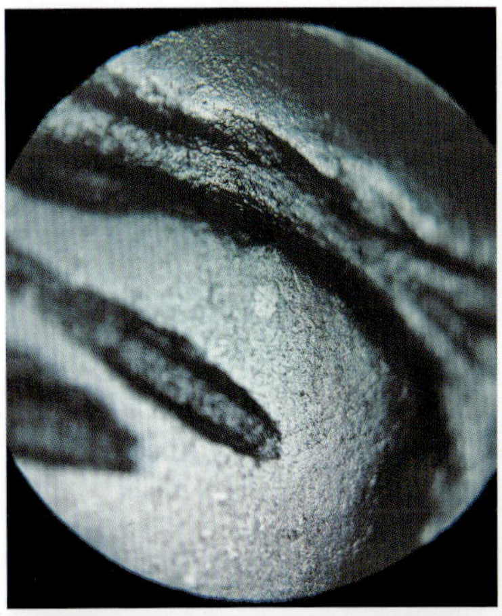
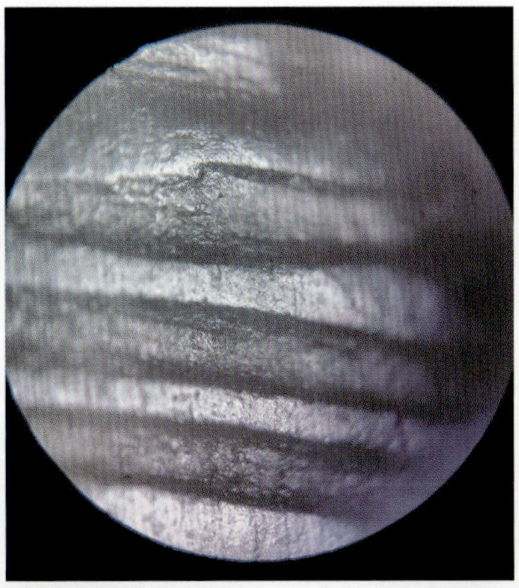
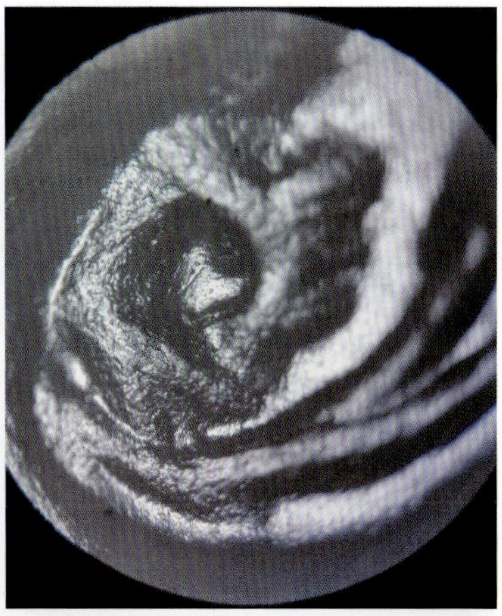
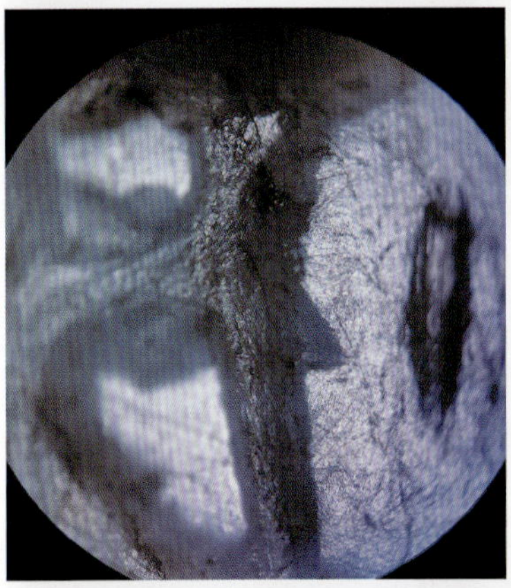
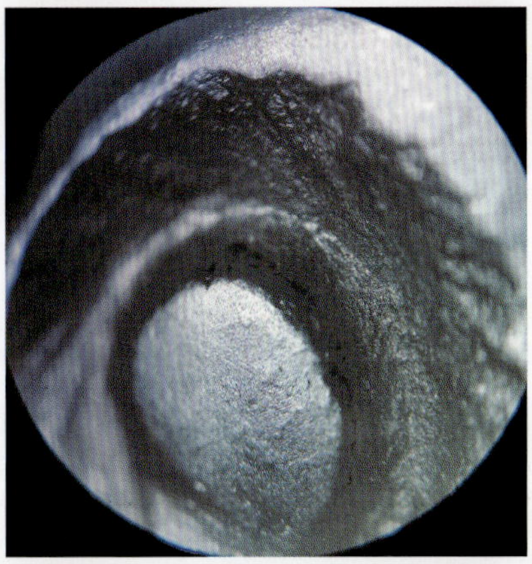

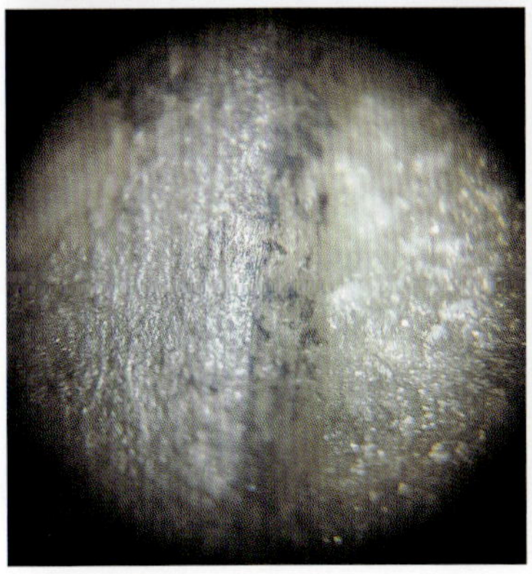
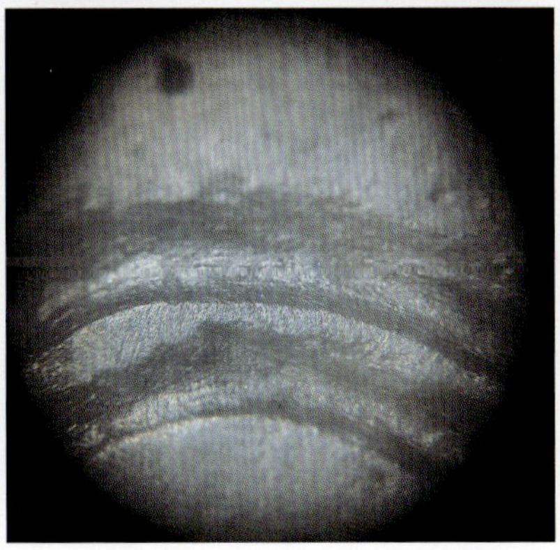

133	134	135
136	137	138
139	140	141

图 133～图 138　明清玉器大部分细阴线没经过二次修磨留下来的磨砂状底特征

图 139　红山文化地方料磨砂状特征

图 140　战国地方料玉龙阴刻线细磨砂状底

图 141　春秋地方料玉龙粗磨砂状底，粗细与玉料结构疏松程度有关

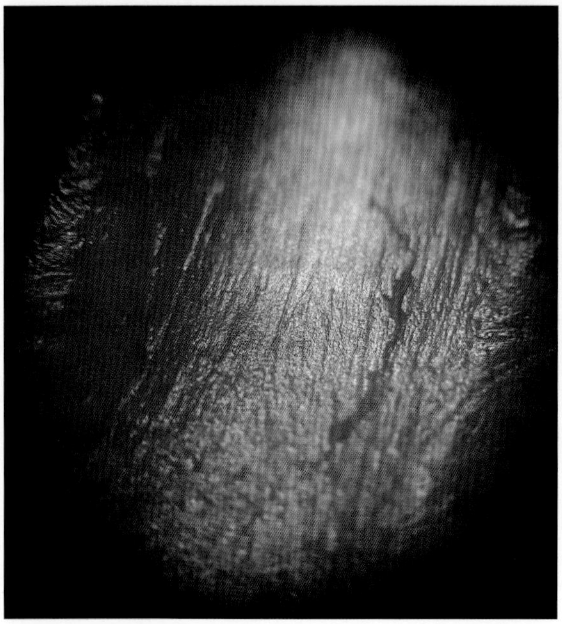

图 142　红山推磨瓦沟状阴线底

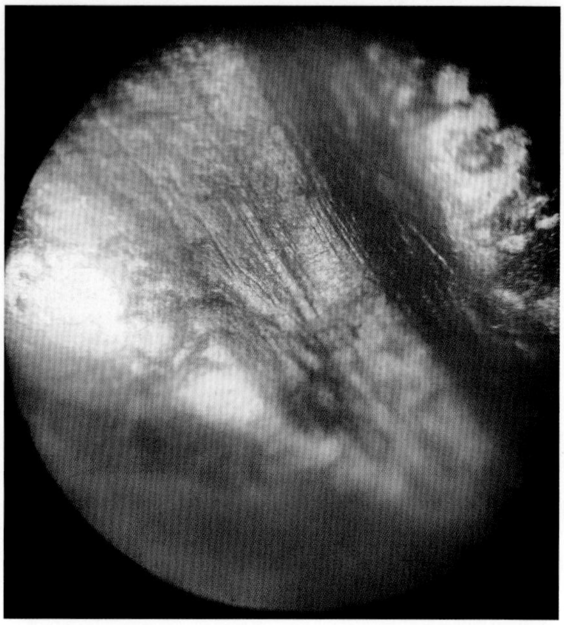

图 143　红山勾云形器阴线底

（2）两端尖浅，中段粗深，线槽底部有深浅的变化，还有部分被后世藏家称为跳刀痕的砣具，没有碾压上残留的断续痕（图 144 ~ 图 149）。

（3）较长阴刻线因为砣具接续的原因造成线槽边缘的宽窄出现明显的变化。少数较长直的阴刻线采用片切割的工艺进行加工（图 150 ~ 图 155）。

（4）三代阴刻线纹线大部分较浅，截面呈瓦沟状（浅 U 型）；阴刻线的槽沿棱角不明显，大部分圆滑过度（图 156 ~ 图 158）。

（5）战国秦汉及以后阴刻线相对较深，截面大体呈浅 V 型、浅梯形；阴刻线的槽沿棱角较明显，大部分截面呈直角陡坡状（图 159 ~ 图 161）。

（6）线状底特征明显，尤其宽阴线槽内留有多次往复磋磨的不规则线痕，线痕大致方向一致，但绝不细密平行同组（图 162 ~ 图 165）。

（7）转折处有深浅断续明显的砣具转折的顿挫状，有解玉砂摩擦玉器表面和飞砂现象形成的不同方向的杂乱直线痕交错的特征。绝无弯曲线痕和线痕随着阴刻线的整体方向连续转弯的现象（图 166 ~ 图 170 真品、图 171 ~ 图 174 仿品）。

（8）边缘处绝少出现崩茬而呈现整齐的现象。地方玉料的玉器阴刻线的边缘则会出现不同程度的崩茬。还有少数玉器在使用过程中阴刻线边缘相当于局部的棱角比较薄弱，因为轻微磕碰造成阴刻线边缘崩脱，需综合查证其他证据进一步判断，但这种特例较少见（图 175 ~ 图 177）。

（9）线槽底部线痕较线槽顶部侧壁的线痕平滑细致，砣痕线杂乱交错，绝无平直一条线现象（图 178、图 179）。

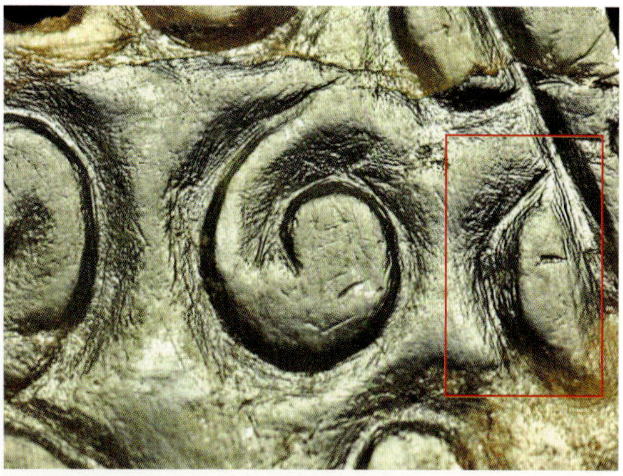

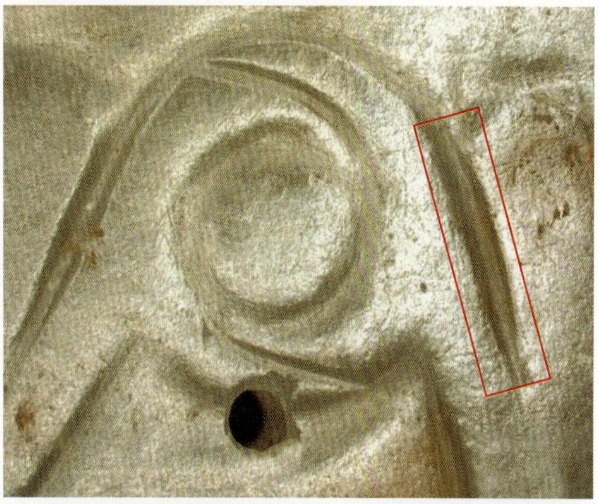

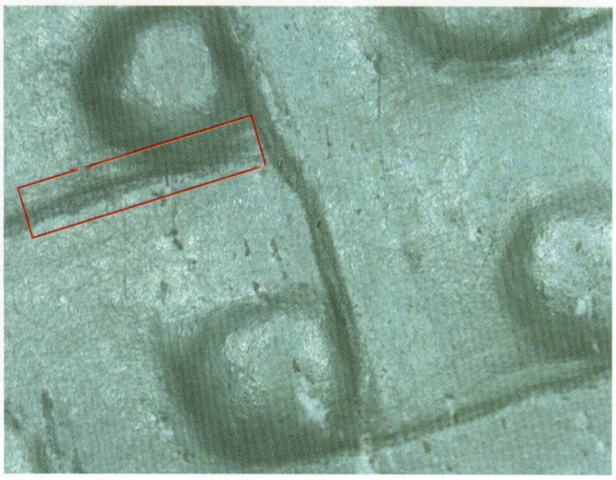

144	145
146	147
148	149

图 144　战国谷纹璧标准砣痕

图 145　春秋阴线底部深浅变化无常

图 146　标准砣痕

图 147　两头尖浅，中间宽深

图 148　汉代三区璧砣痕宽窄的变化

图 149　战国青玉璧阴刻线宽窄深浅的变化

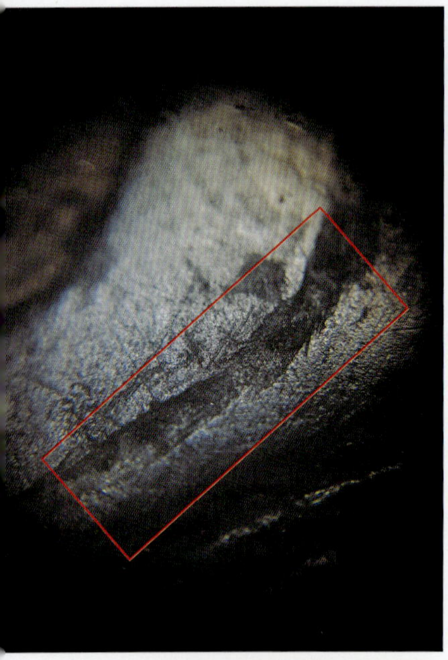
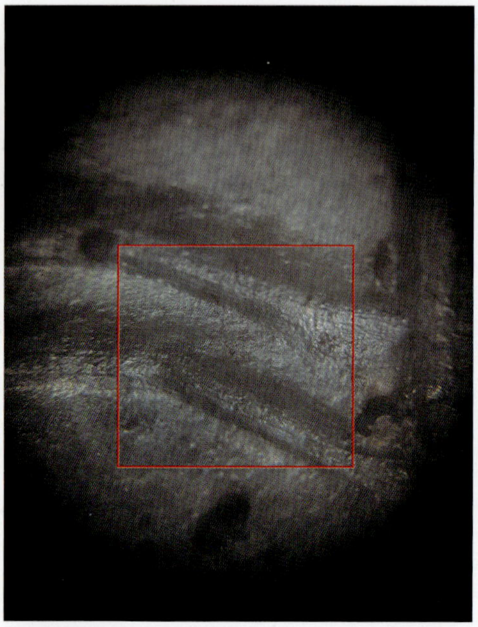
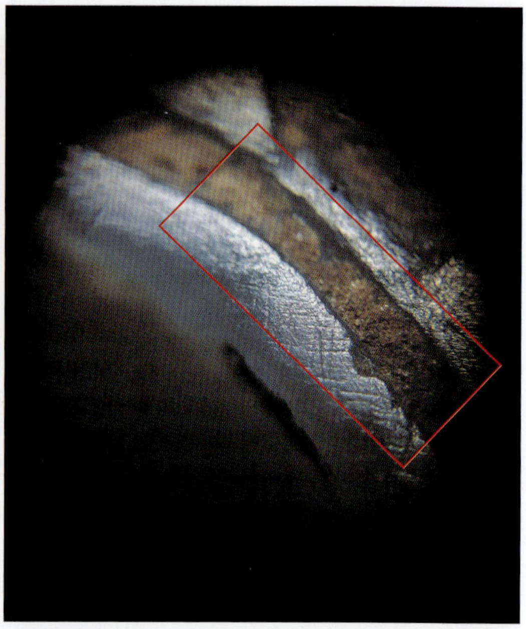

150	151	152
153	154	155

图 150　汉代玉璧阴刻线宽窄变化明显

图 151　春秋玉龙阴刻线宽窄变化

图 152　汉代白玉璧宽窄变化

图 153　直片切割表现阴刻线痕

图 154　战国玉器转折处阴线变化

图 155　西周因施力不均造成的阴刻线宽窄不一

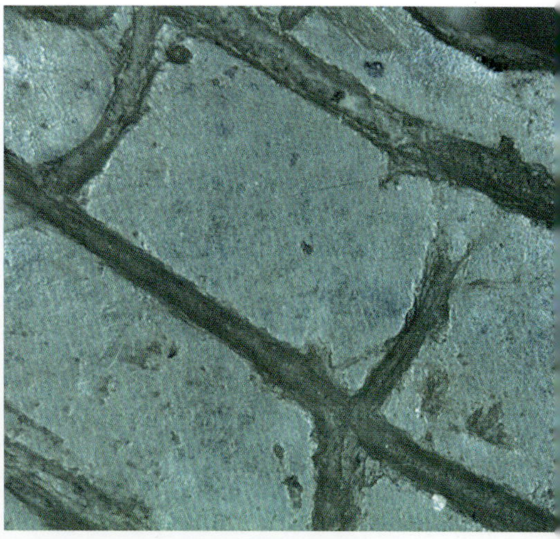

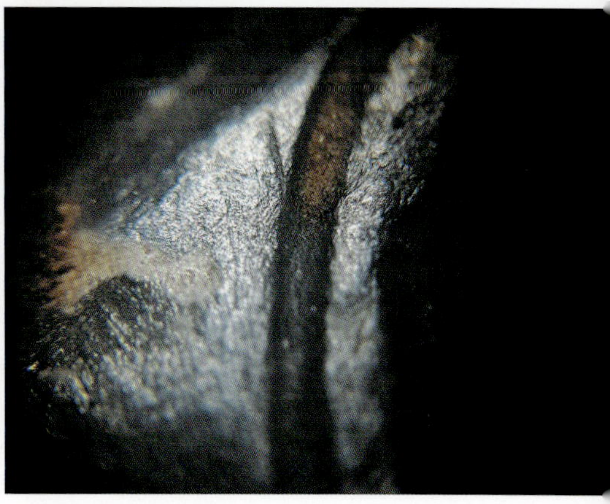

156	157	
	158	
159	160	161

图 156～图 158 瓦沟状或浅 U 形

图 159～图 160 战国秦汉玉器呈浅梯形，槽沿棱角分明

图 161 汉代玉器浅 U 形

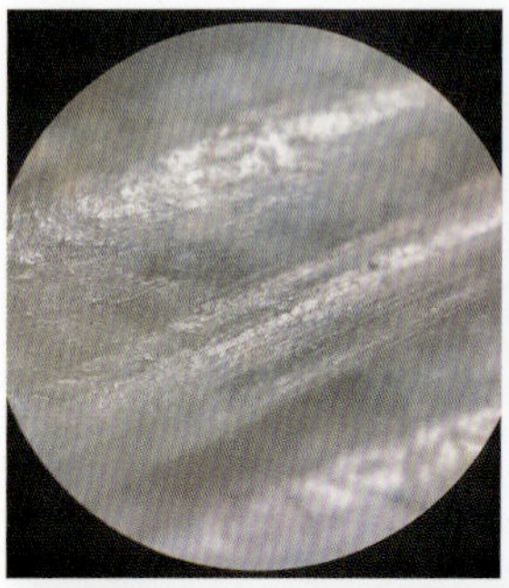
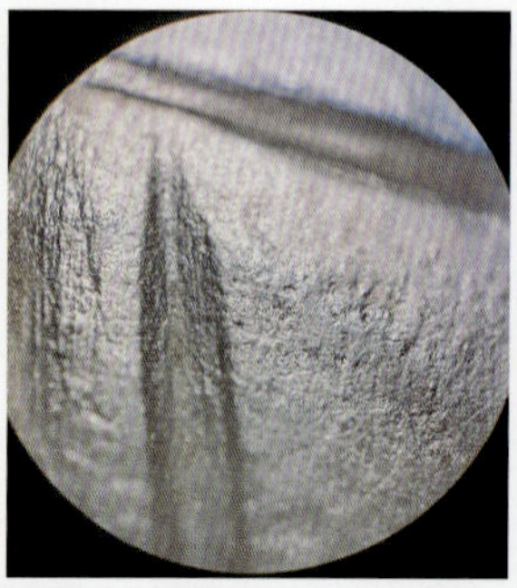
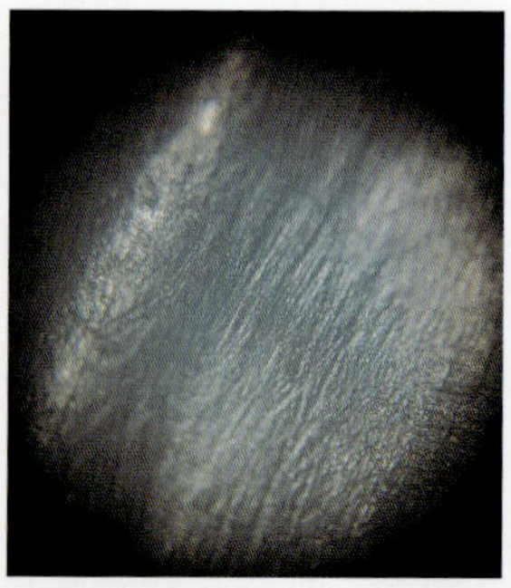
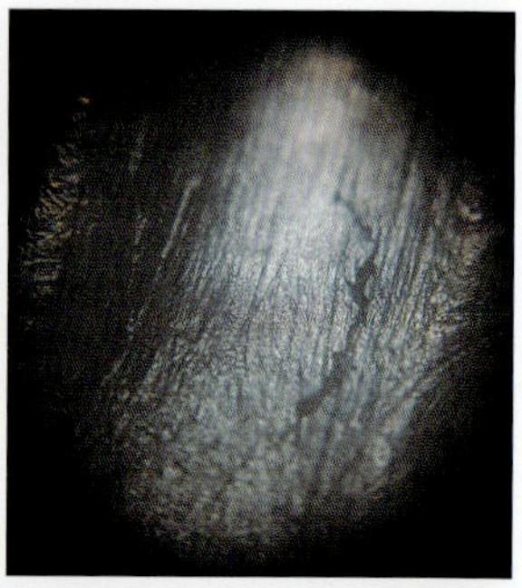
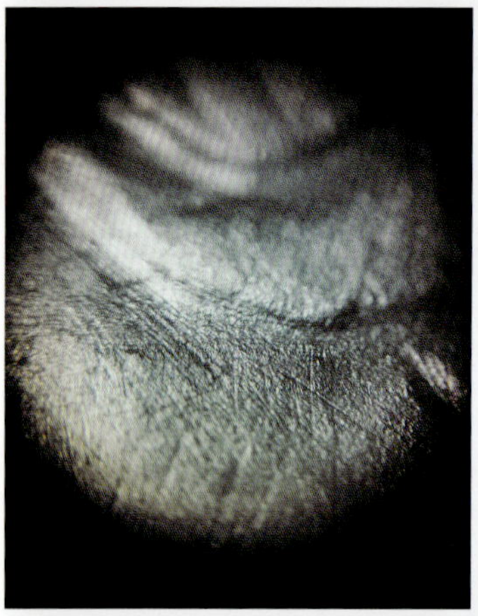
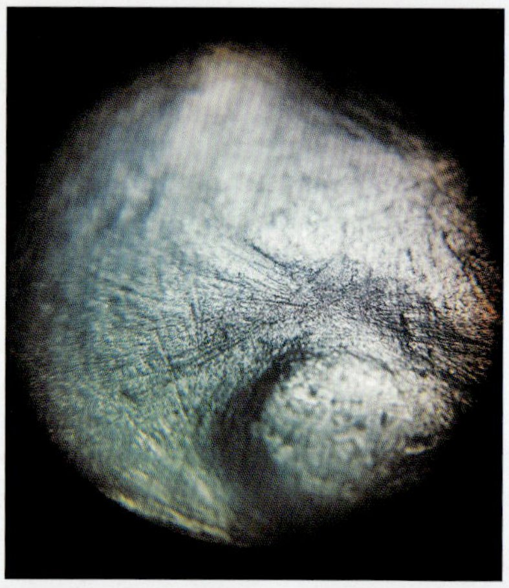

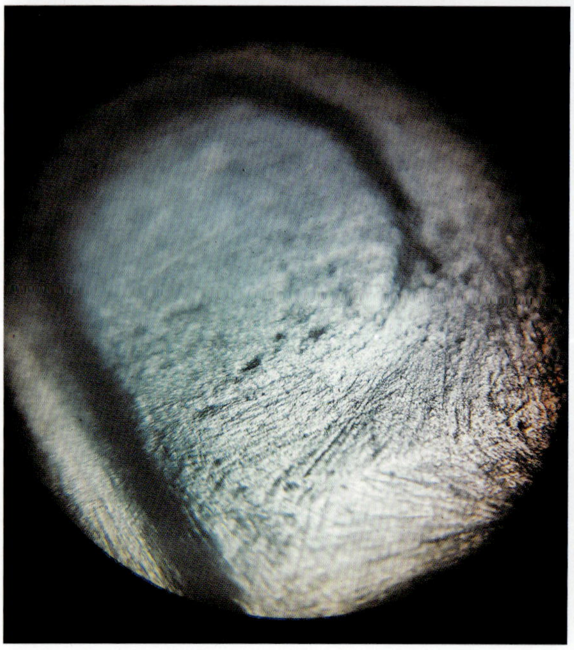
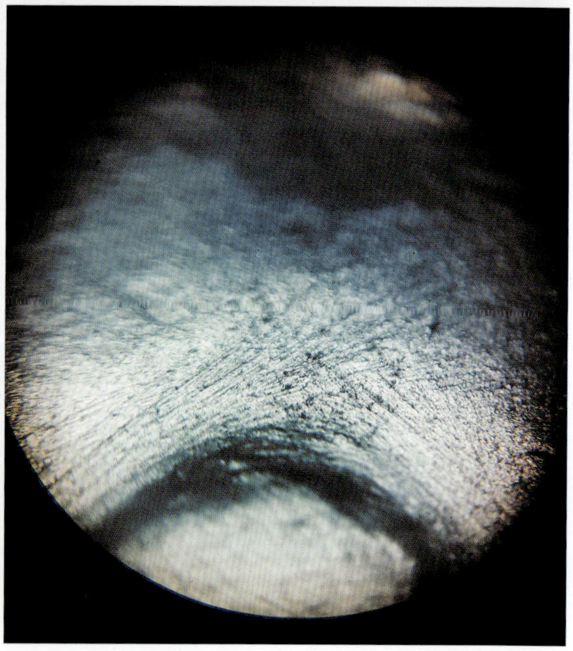

162 | 163 | 164 | 165
166 | 167 | 168
169 | 170

图 162～图 165　宽阴线底方向基本一致的线痕，但绝不高度平行

图 166～图 170　西周时期转折处阴刻线的接续痕和飞砂痕　真品

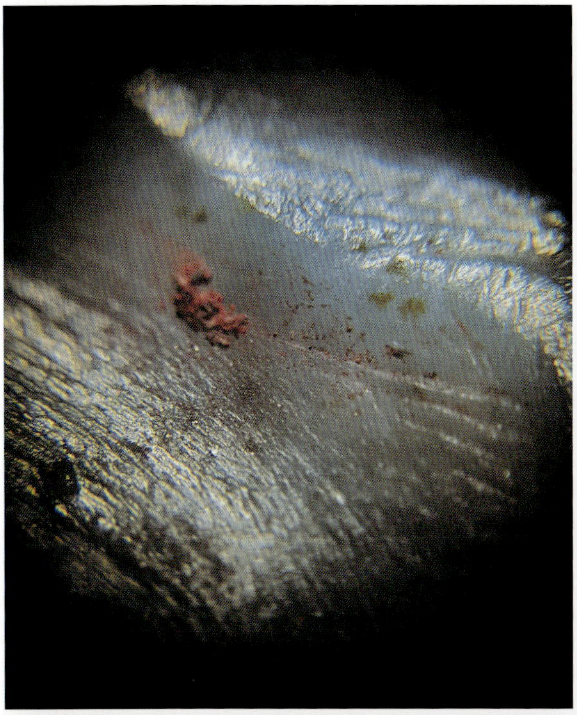

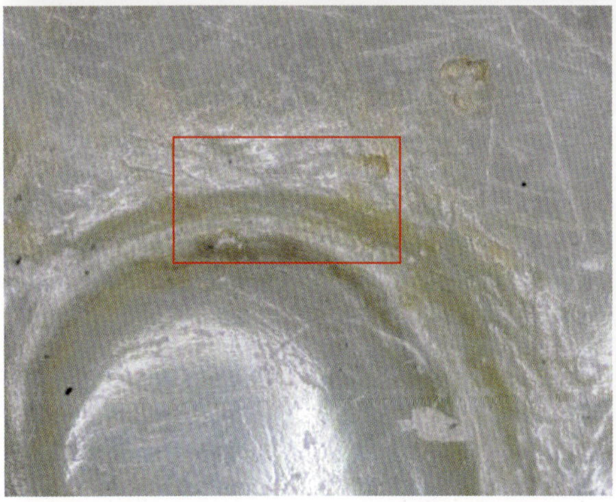

171 | 172
173 | 174

图 171　仿西周柄形器转变处一次成型

图 172　仿西周人龙佩一次成型转变

图 173　仿战国阴刻线底部线痕随阴刻线方向变化而变化

图 174　低档仿品水滴状砣斜扫痕迹

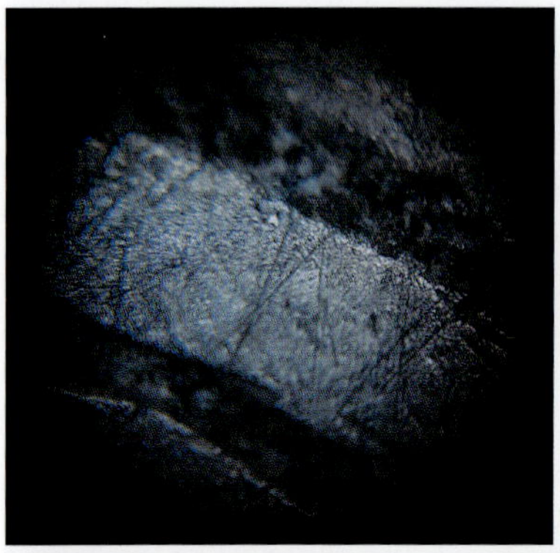

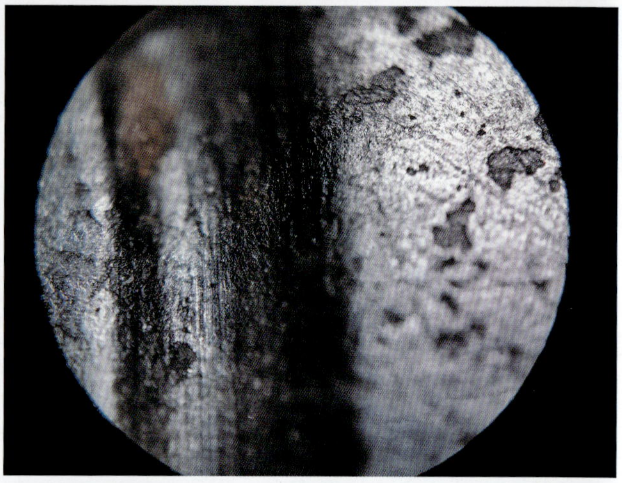

图 175　汉代地方料玉器的崩茬

图 176　汉代玉器底部线痕相对侧壁较细

图 177　春秋时期玉器底部线痕更细一些

图 178　春秋时期地方料玉器的崩茬

图 179　现代地方料玉器的崩茬

图 180　春秋时期玉璧半成品

图 181　边缘毛糙的起稿刻画痕

图 182　汉代三区夔龙纹玉璧的起稿刻画痕

175 | 176 | 177

178 | 179

180 | 181 | 182

图 183　阴刻线和平面部位视觉光亮程度的差别

（10）有部分玉器因先行设计而留下画样刻线，通常残留在成品表面，突出表现在纹饰首尾处、线条边缘处、线条交接处、砣线交接处（图 180 ~ 图 182）。

（11）肉眼观察，阴刻线底部有包浆光泽，但与表面平面部位的光泽有细微的区别，原因一是由于底部光线漫射的多，反射的少，所以我们肉眼观察相对较暗；二是阴刻线内没有抛光，所以接触面积更大，更容易形成氧化腐蚀脱落，会对光线照射产生更多的漫射（图 183）。

（12）在部分砣具、玉器位置和方向没有变化形成的砣碾出来的阴刻线的两侧，应高度对称。此现象通用于整个砣具治玉的过程（图 184 ~ 图 189）。

晚期阴刻线特征（隋唐以后）：

（1）宋、辽、金时期比较特殊，因多民族杂居，手工艺交融而又相对独立。这一时期的线状底和砂状底没有特别明显的数量上的差别，两种特征都比较多（图 190 ~ 图 195）。

（2）装饰性线条多以小型圆砣，砣出短直、细密、整齐的阴线（图 196 ~ 图 199）。

（3）阴刻线底部多数呈磨砂特征且明显，用放大镜观察呈凸凹不平的橘皮状即磨砂玻璃状。少数有线状底，越到晚期线状底越少见。另外少数较宽一点的阴刻线也有被二次细打磨的情况，则会出现线状底特征（图 200 ~ 图 203）。

（4）阴刻线首尾尖利，中间呈弧状，下凹而宽深，阴线纹多呈浅 U 或 V 字型截面。阴刻线的槽沿棱角分明，边棱锋利，干净利索，大部分截面呈直角缓坡状（图 204 ~ 图 209）。

（5）阴刻线边缘整齐划一，很少出现明显的多处崩茬现象。线槽边缘的宽窄出现变化的情况较之早期不明显（图 210 ~ 图 217）。

图 184～图 189　单砣阴刻线高度对称

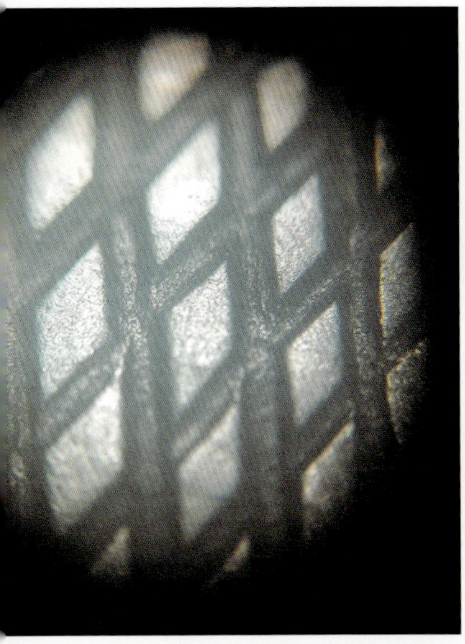
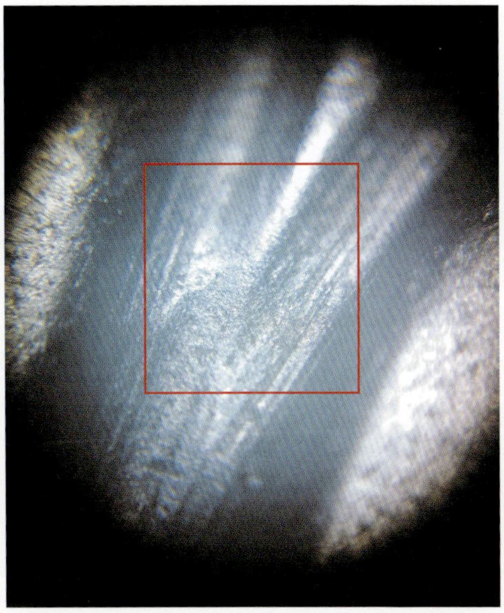
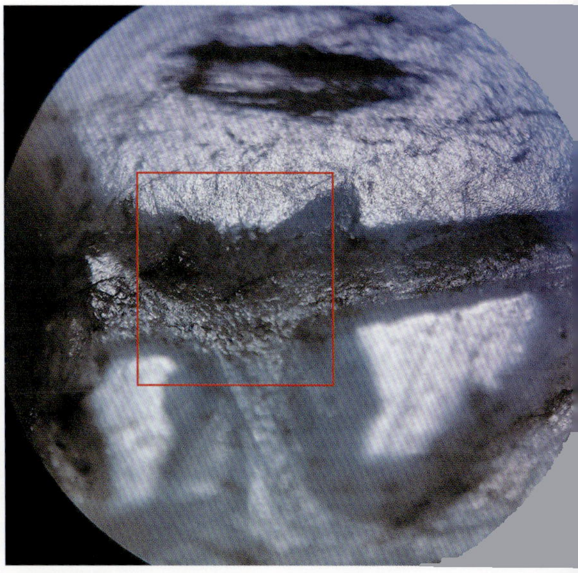
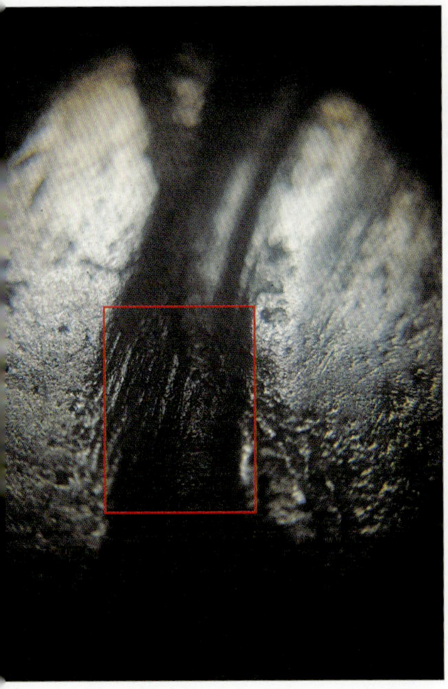
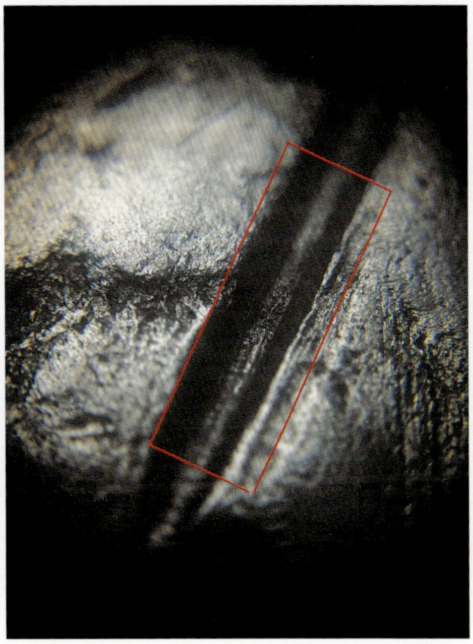
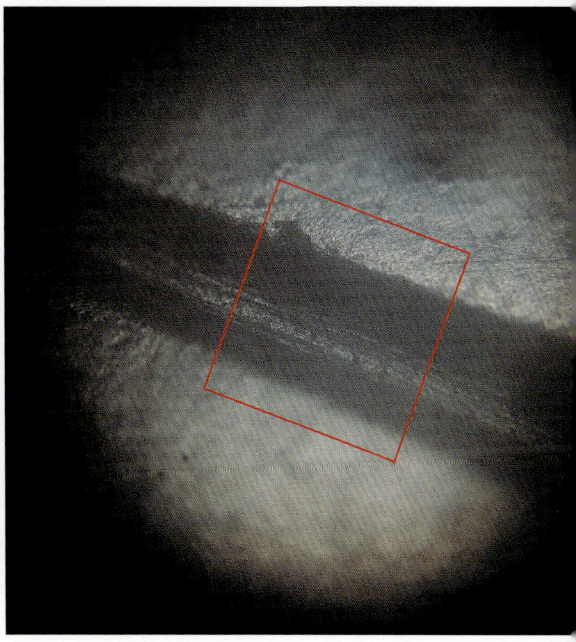

190	191	192
193	194	195

图 190　辽金磨砂状底
图 191　宋代线状底
图 192　金元磨砂状底
图 193　宋代线状底
图 194　唐代线状底
图 195　辽金线状底

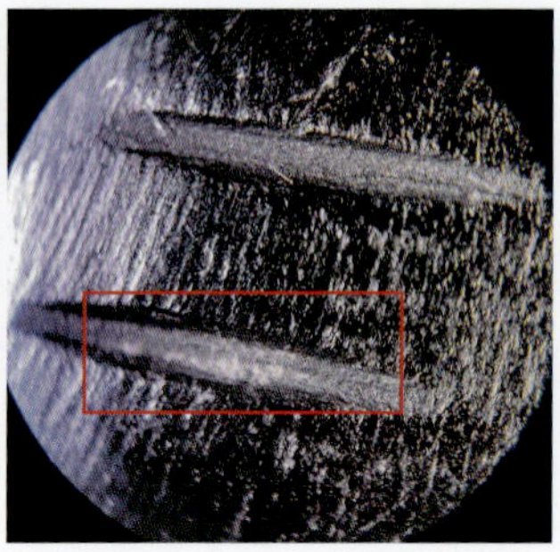
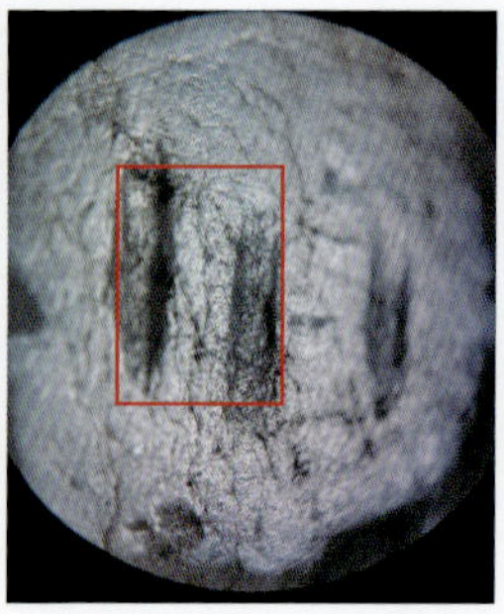

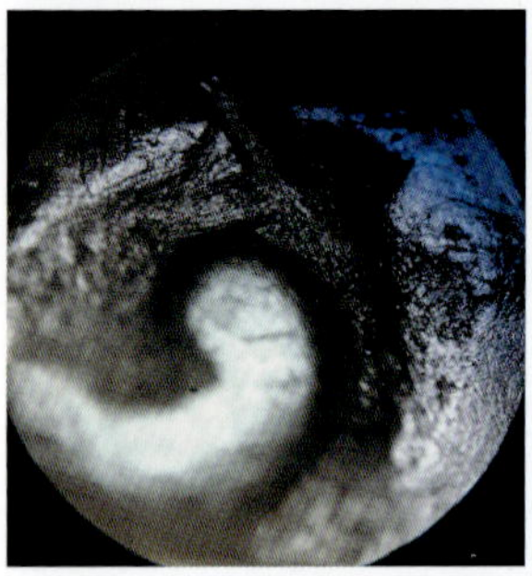
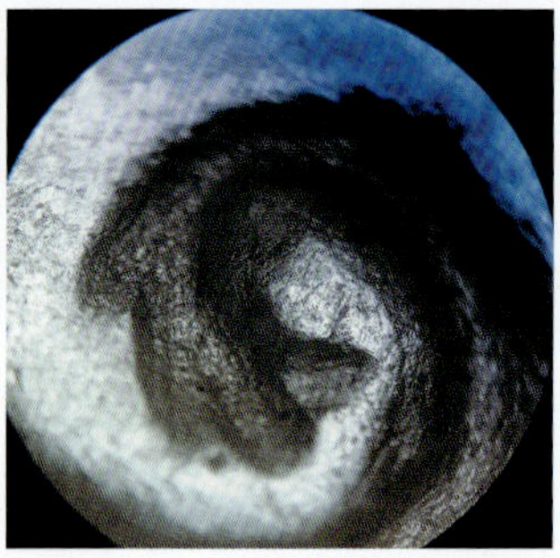

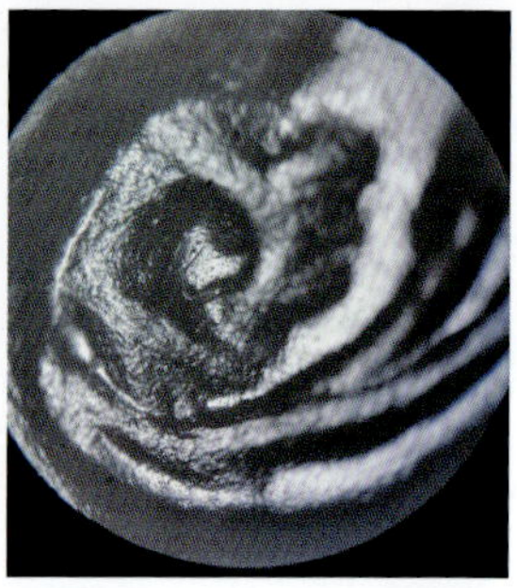
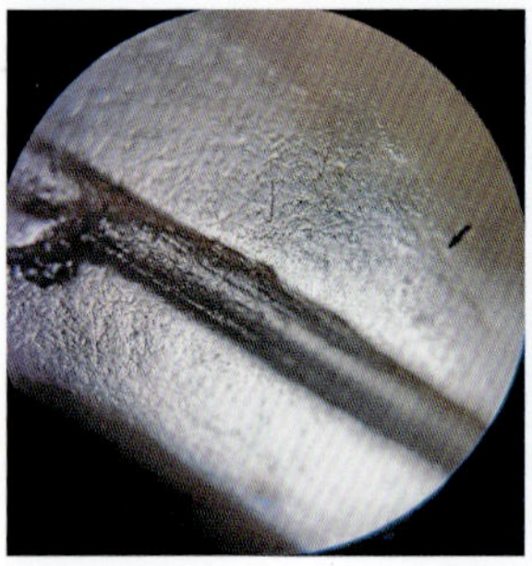
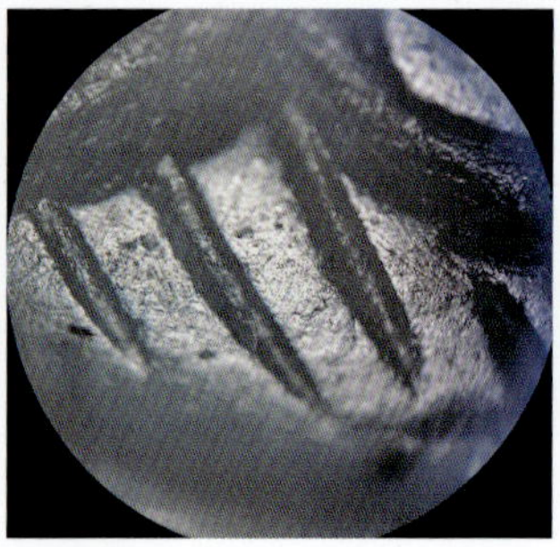
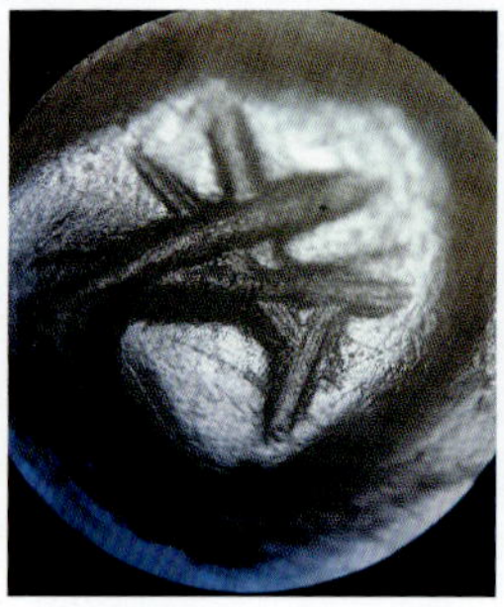
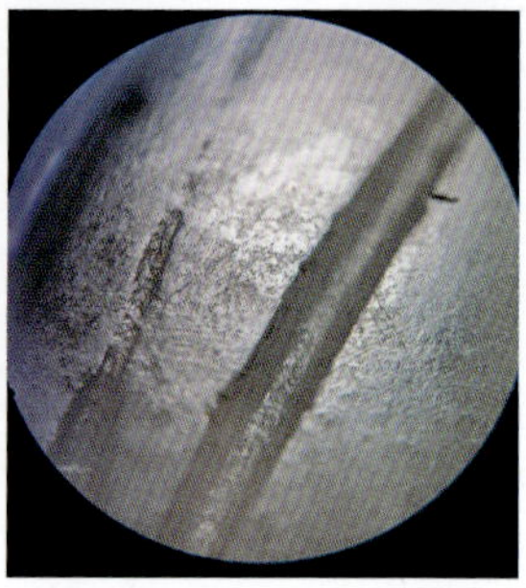

196	197	198	199
200	201	202	203
204	205	206	207

图 196　宋代“米”字纹阴线

图 197　辽代水晶

图 198　元代玉器短直阴线

图 199　整齐的线条

图 200～图 203　磨砂玻璃特征明显

图 204　边缘干净直角缓坡状

图 205　直角缓坡状

图 206　浅 V 型

图 207　浅 V 型

图 208 水晶浅U型

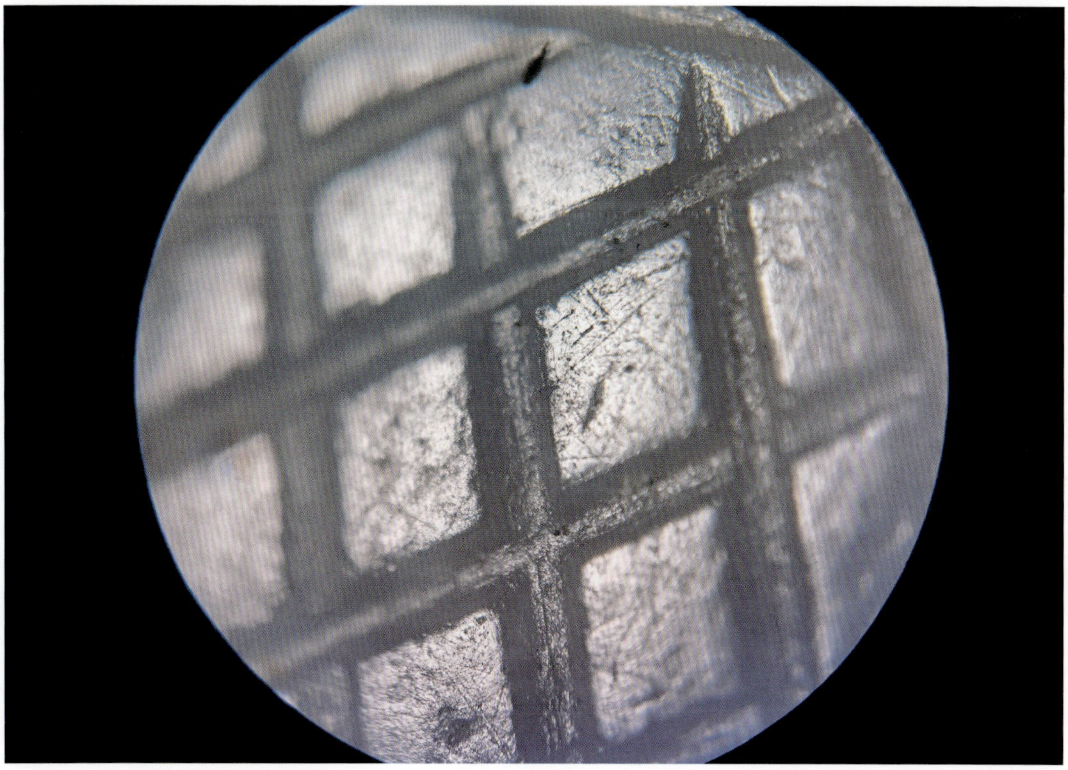

图 209 边缘干净直角缓坡状

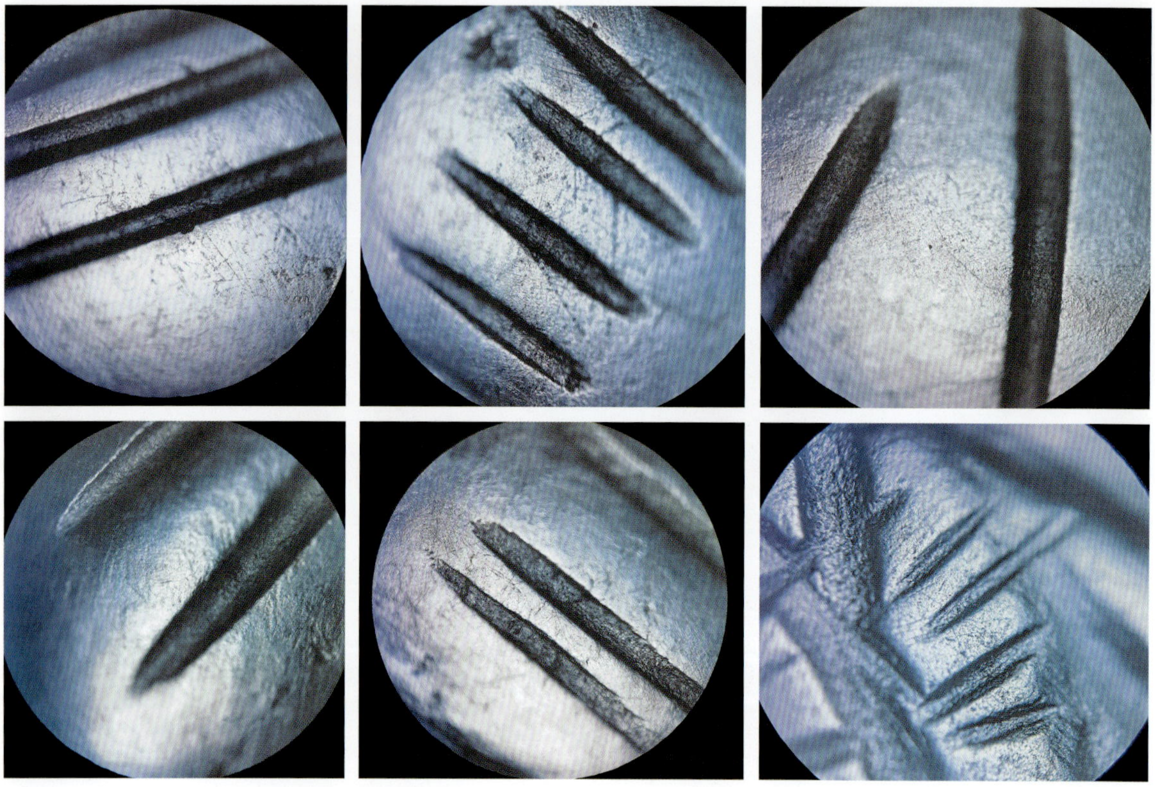

图 210～图 215　宽窄变化不明显

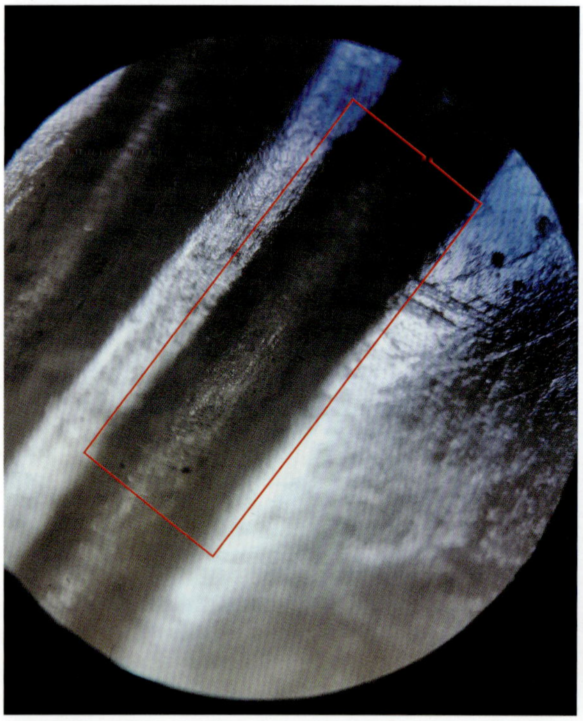

图 216　轻微的宽窄变化长阴线

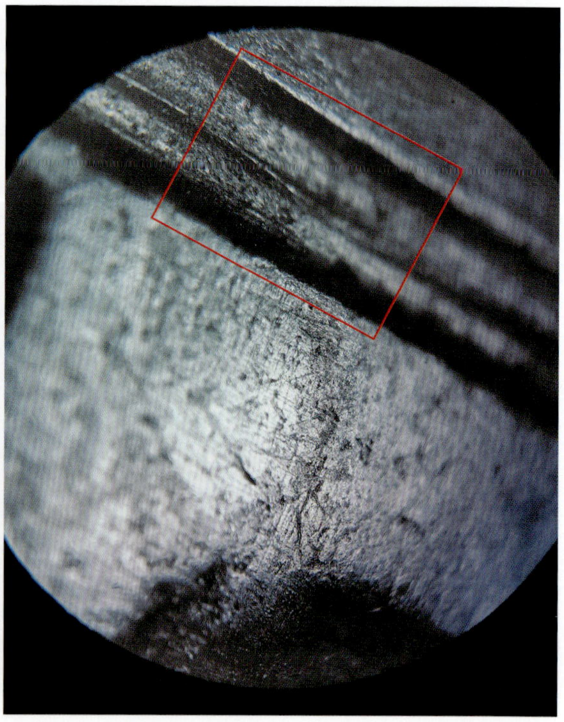

图 217　两条阴刻线叠加

（6）阴刻线绝无扭曲不对称的现象，一砣子制作的阴刻线出现得比较多，具有高度对称性（图 218～图 221）。

（7）转折处相对流利顺畅，顿挫感和接续跳刀特征不如早期明显，放大镜下观察有转折的接刀痕、跳刀痕和飞砂形成的尾丝（图 222～图 228）。

（8）肉眼观察，阴刻线底部光泽较暗，与表面平面部位的光泽有明显的区别。一是由于磨砂状底的原因，光线漫射的更多，反射的更少，所以我们肉眼观察和放大镜下观察均呈现出较暗的光泽；二是阴刻线磨砂形成的实际裸露面积更大，更容易形成氧化腐蚀脱落的现象，进一步对光线的照射产生更多的漫射（图 229～图 231）。

（9）耳部与眼部装饰线条采用磨砣打洼的工艺，较少使用管钻作为装饰性阴刻线；浅浮雕采用实心钻搓掉的方法（顶撞工艺），往往留下洼坑旋痕，痕迹特征明显；侧立面偶有旋痕，痕迹同实芯钻孔痕迹一致（图 232～图 238）。

早期线性底阴刻线与晚期砂底阴刻线的成因分析：

（1）早期砣具相对较软，解玉砂随着砣具旋转，砣具对解玉砂的吸附性较好，加之在紧压力的作用下解玉砂较容易短暂轻微嵌入砣具表面，随着砣具旋转而连续运动。晚期砣具逐渐变得更加坚硬，吸附性和短暂微嵌入大大降低。

（2）因脱机改良，工作效率提高，进而砣具转速提高，使得解玉砂变得更加游离。解玉砂刚刚开始摩擦玉料表面就被快速带走，也就是还未等形成一条短的划痕就已经飞离玉器表面了。

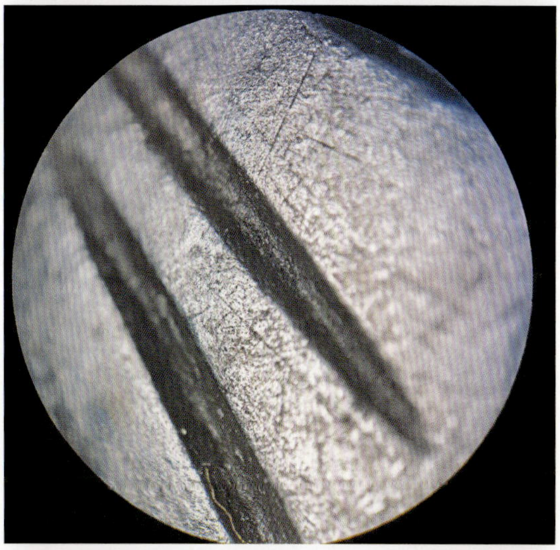

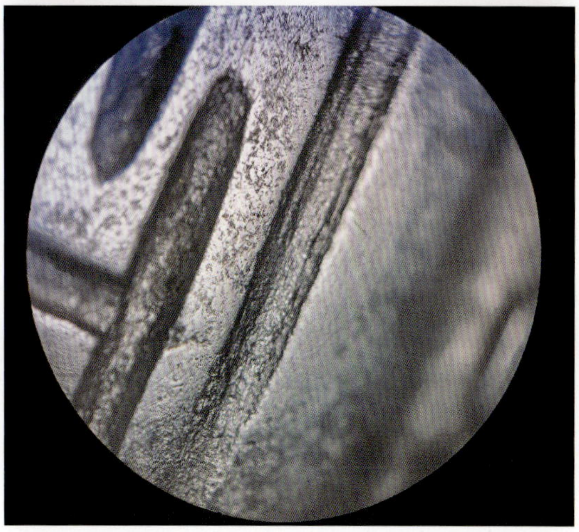

图 218～图 220　高度对称

图 221　高度对称

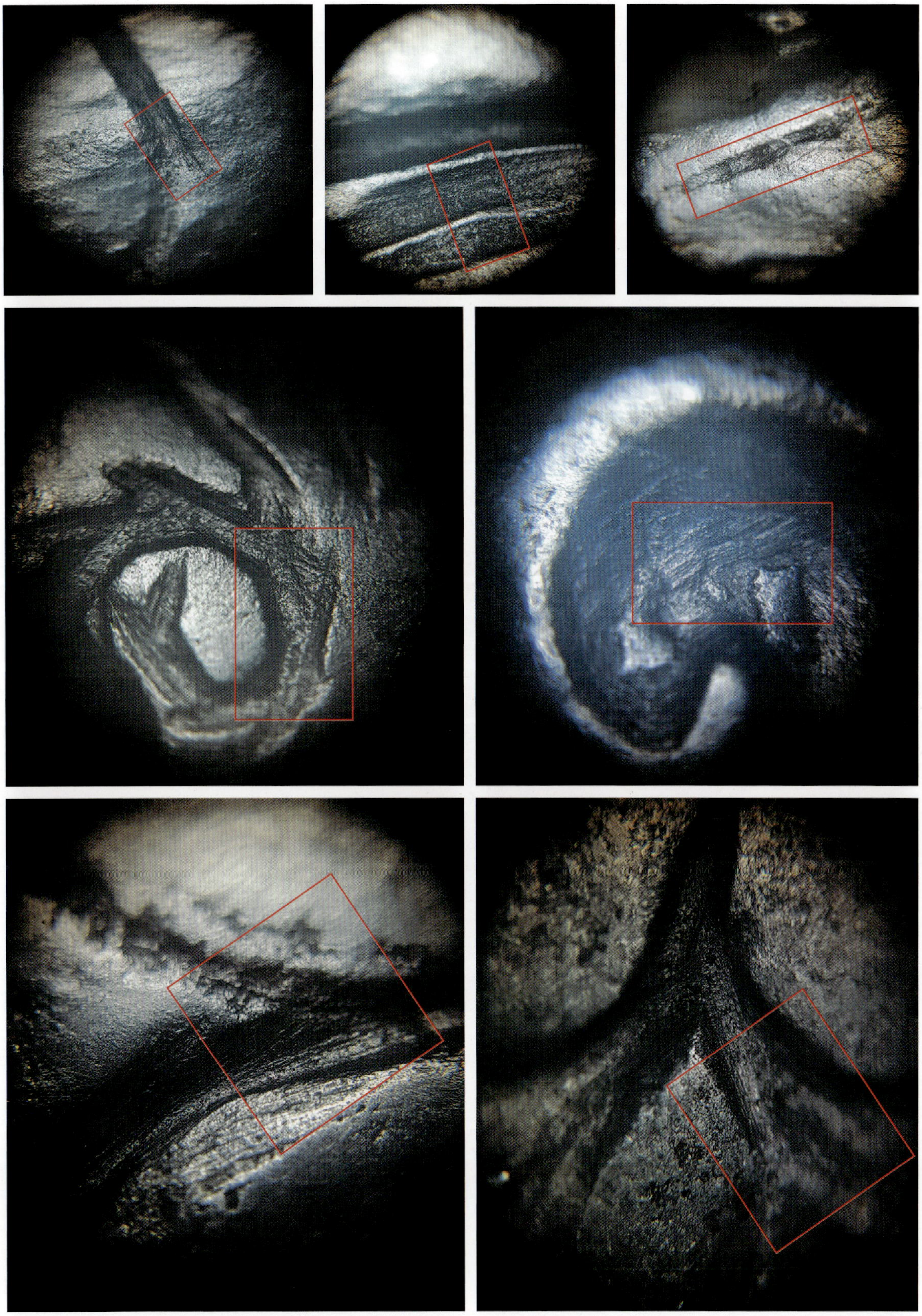

图 222～图 228　接砣和尾丝飞砂痕

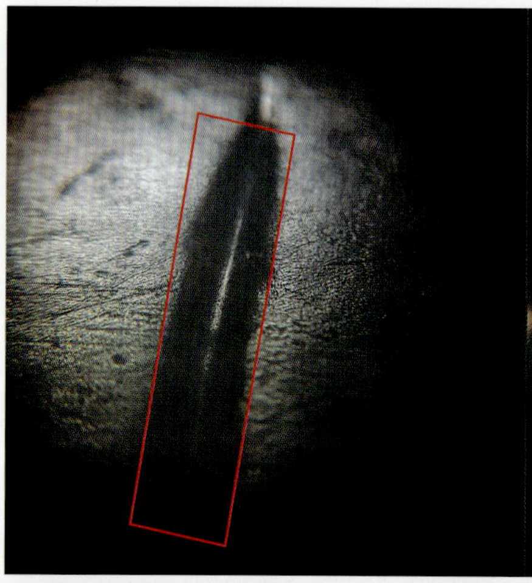
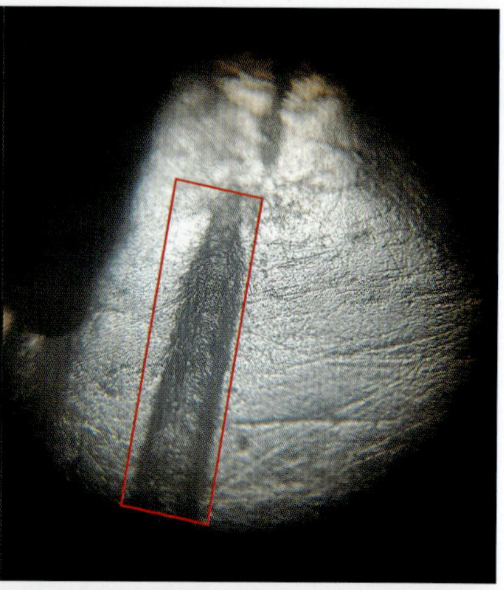
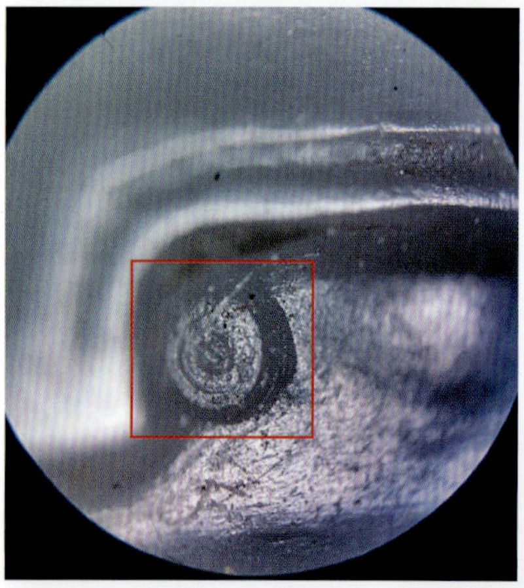
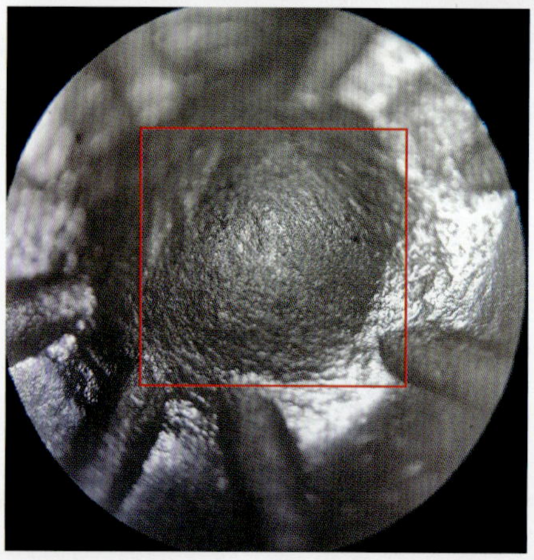
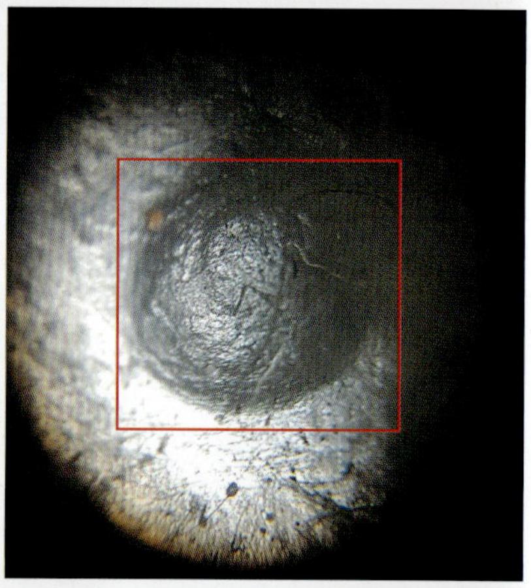
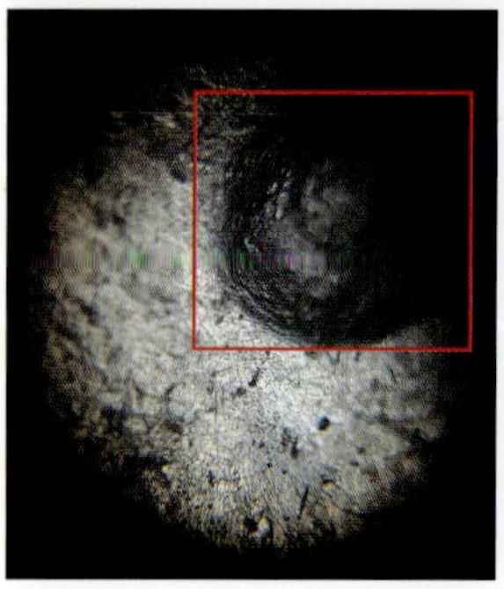
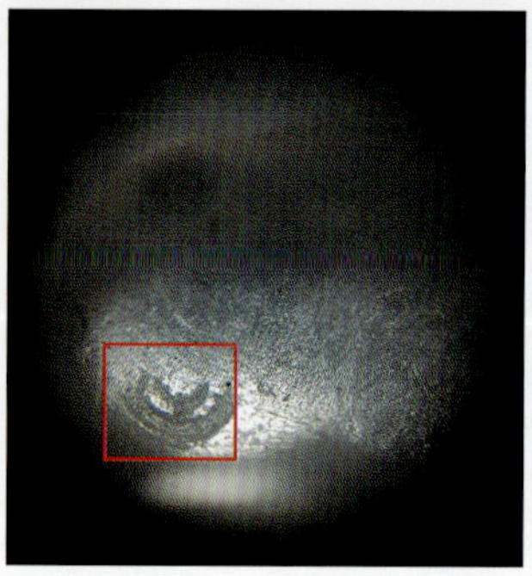
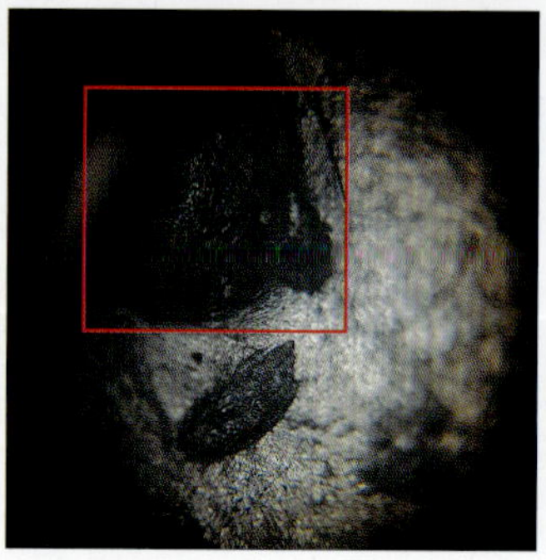
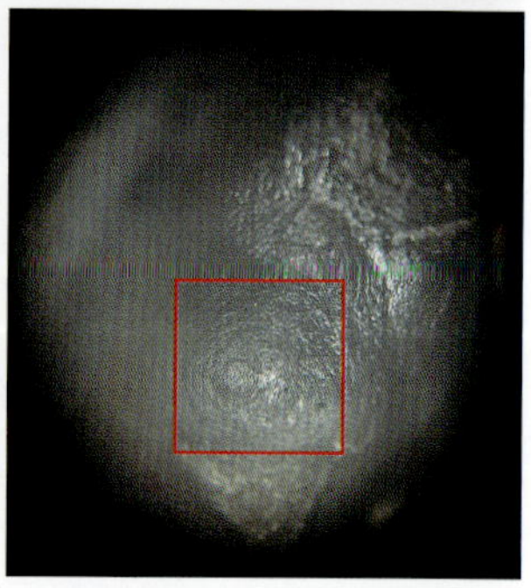

229	230	231	
232	233	234	
235	236	237	238

图 229　阴线底部光泽暗

图 230　阴刻线底过亮，系现代软质抛光所致

图 231　阴刻线光泽较平面暗

图 232～图 238　浮雕顶撞工艺旋擦痕残留

（3）到了晚期，解玉砂的淘、洗、刷、选精度提高，颗粒大小即“目数”更均匀，没有较大较尖锐的解玉砂，也就很难有明显的线痕出现了。

3. 仿品阴刻线痕迹特征

（1）阴刻线内出现明显的连续不断细密平行的电动螺旋纹（图 239～图 245）。

（2）阴刻线内出现明显的双线，尤其是一条细阴线内有明显的一条连续不断的凸楞，且凸楞会随着阴刻线的转弯而动。这是由于电动钉子砣使用过程中中间凸起部位因磨损造成解玉砂崩落，继续使用砣具，削磨金属形成微凹槽，此时不及时更换磨具就会在阴刻线内形成凸楞，好似一条阴刻线从中间分成两部分，也就是像两条平行的更细的阴刻线一样（图 246～图 251）。

（3）阴刻线内线底过亮，与表面光泽一致。系典型软质抛光工具高速抛光所致（图 252～图 258）。

（4）阴刻线边缘出现明显的崩茬。典型电动砣具转速高有震动，加之手持电动牙机不稳定，在加工阴刻线的过程中对阴刻线边缘棱角部位也就是最容易磕碰的部位、最脆弱的部位造成磕损形成的（图 259～图 266）。

（5）阴刻线扭曲不对称。系手持电动牙机不稳定造成的，好似用笔在纸上画一条直线是很难实现的（图 267～图 274）。

（6）阴刻线两头圆头或圆尾，无尾丝。系电动砣具加工时不经意停止所致（图 275～图 282）。

（7）阴刻线底部若干条平行连续的线状特征特别明显，并且有明显的随着阴刻线

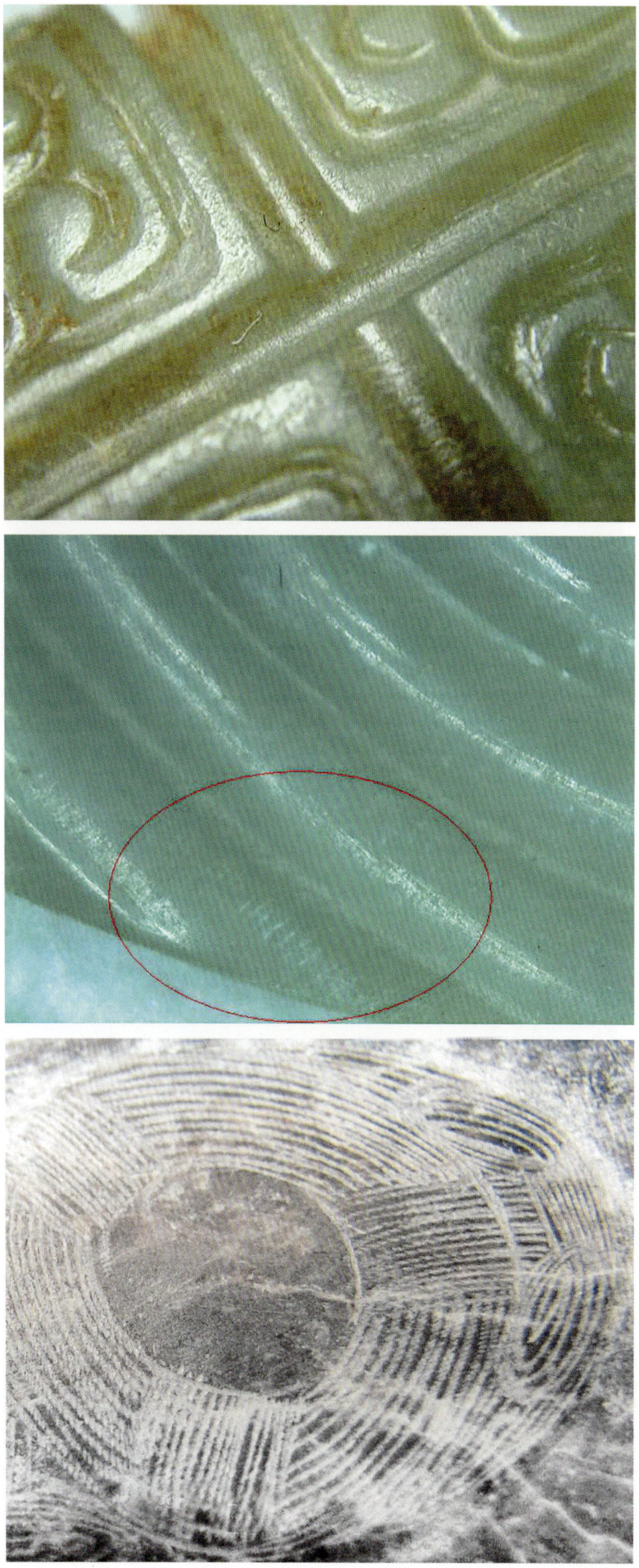

图 239～图 241 电动螺旋纹

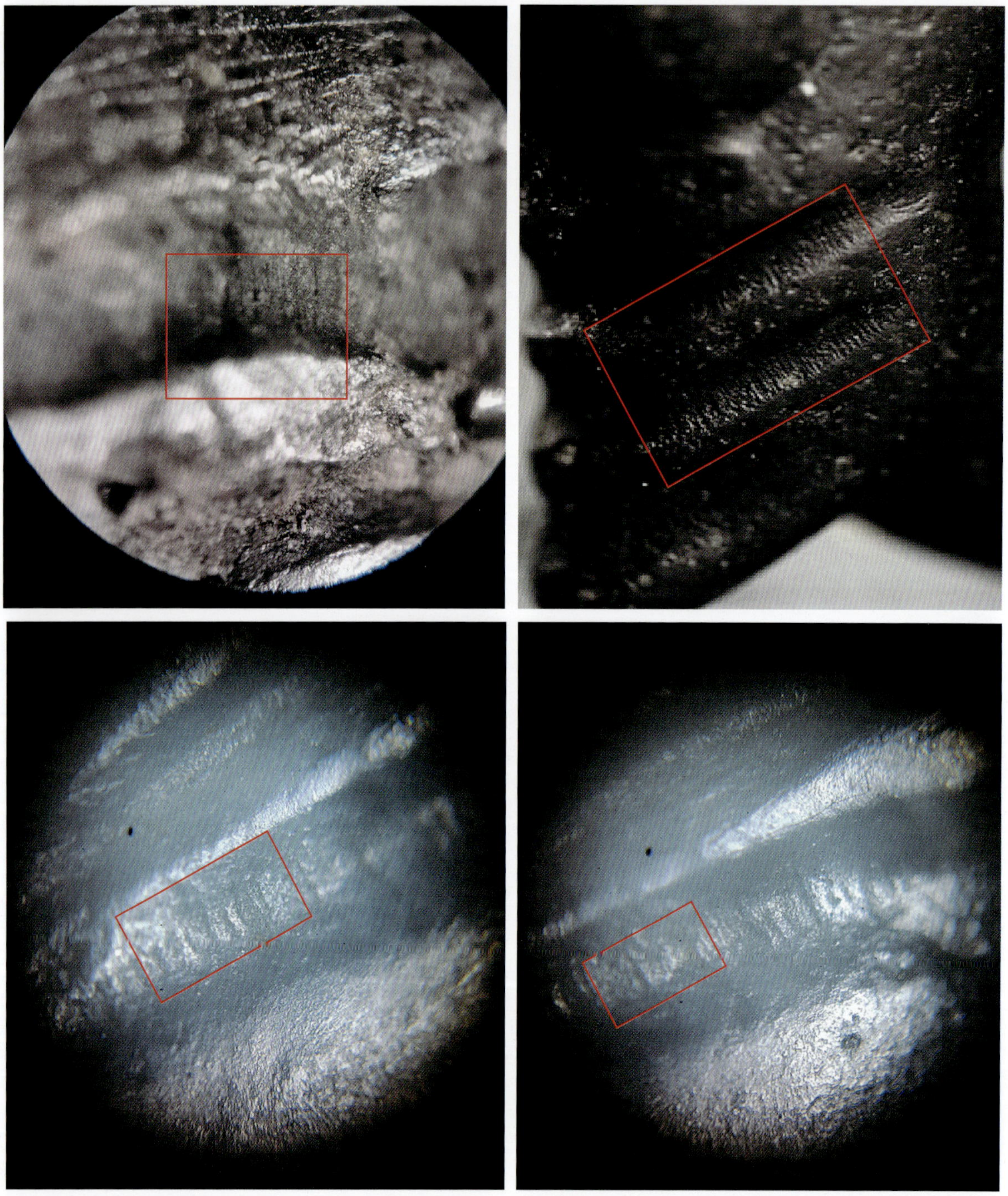

图 242～图 245 电动螺旋纹

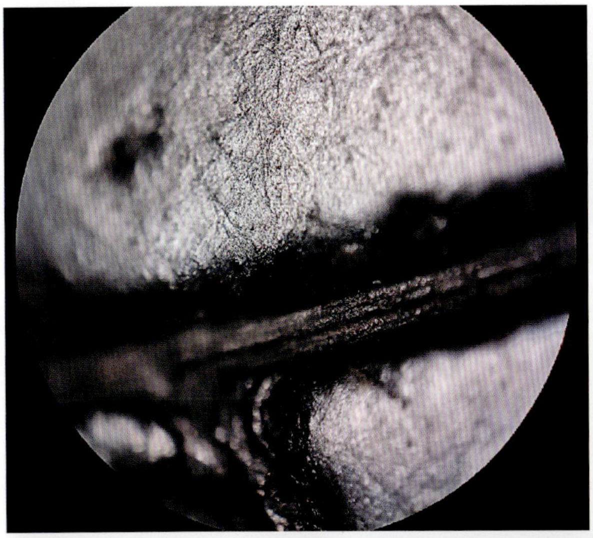

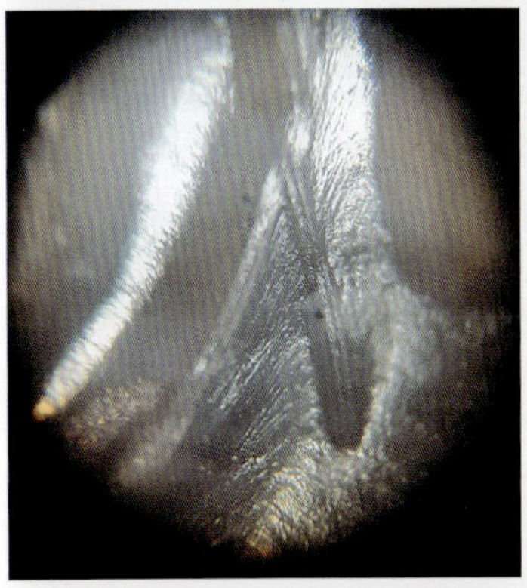

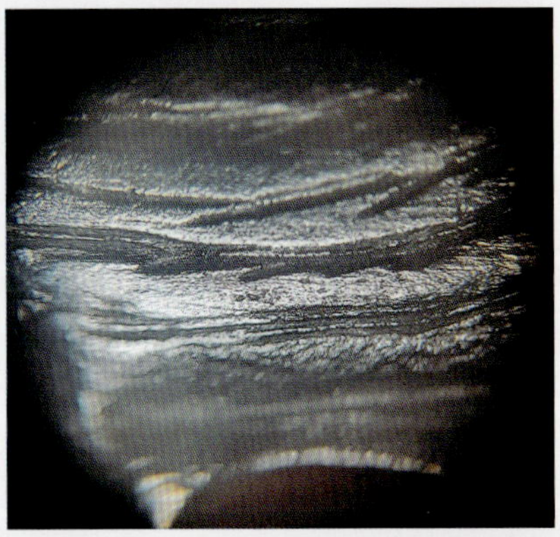

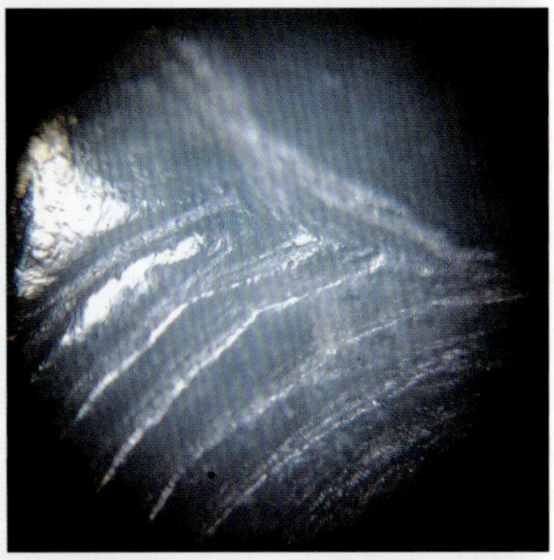

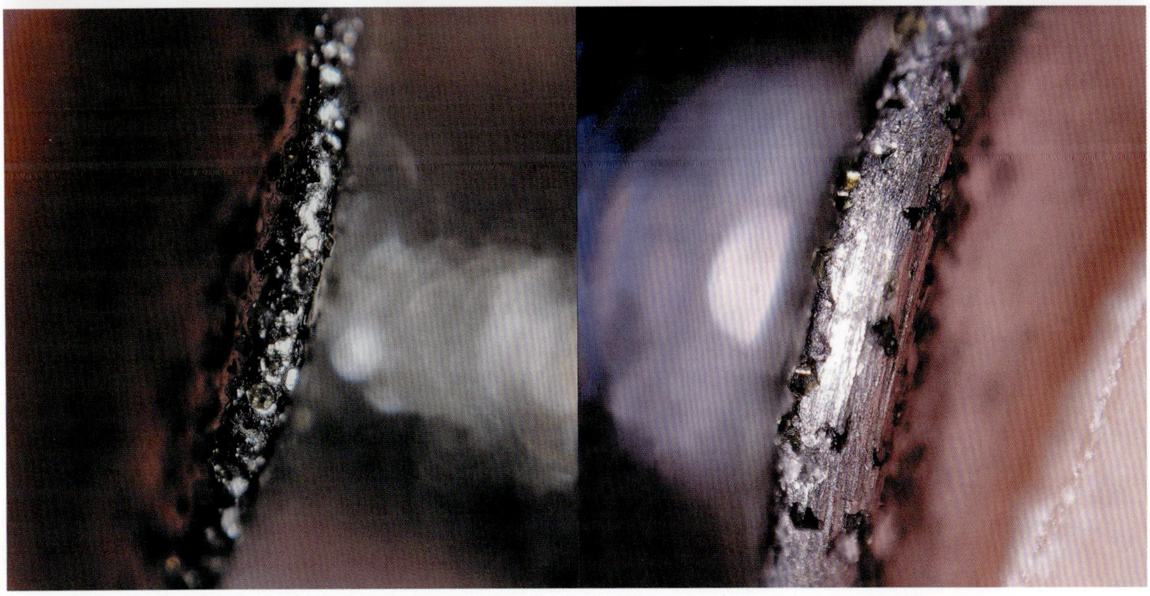

246 247
248 249 250
251

图 246～图 250 阴刻线底部凸楞仿品特征

图 251 使用前（左） 使用后（右）

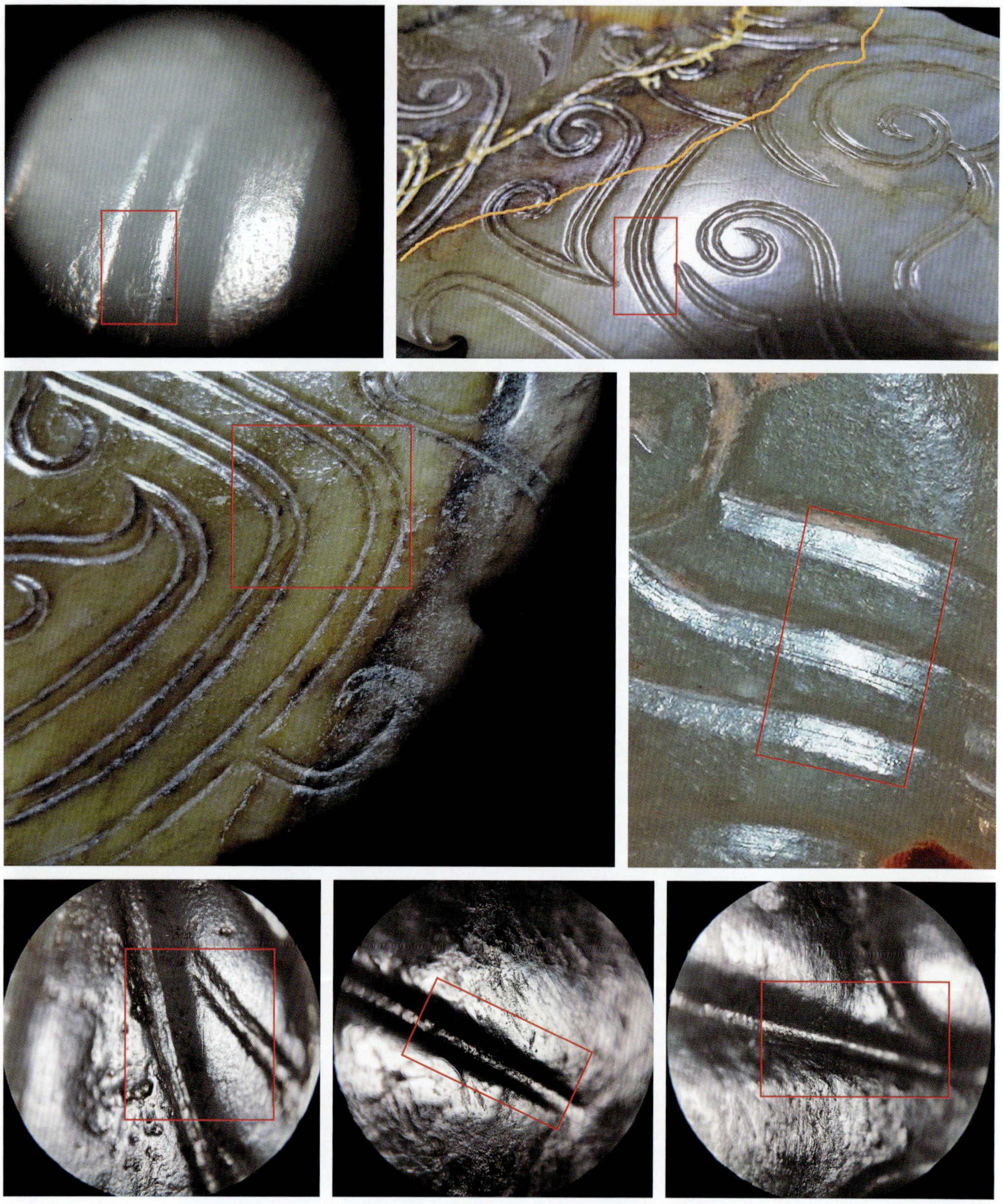

252	253	
254	255	
256	257	258

图 252～图 258　线底过亮

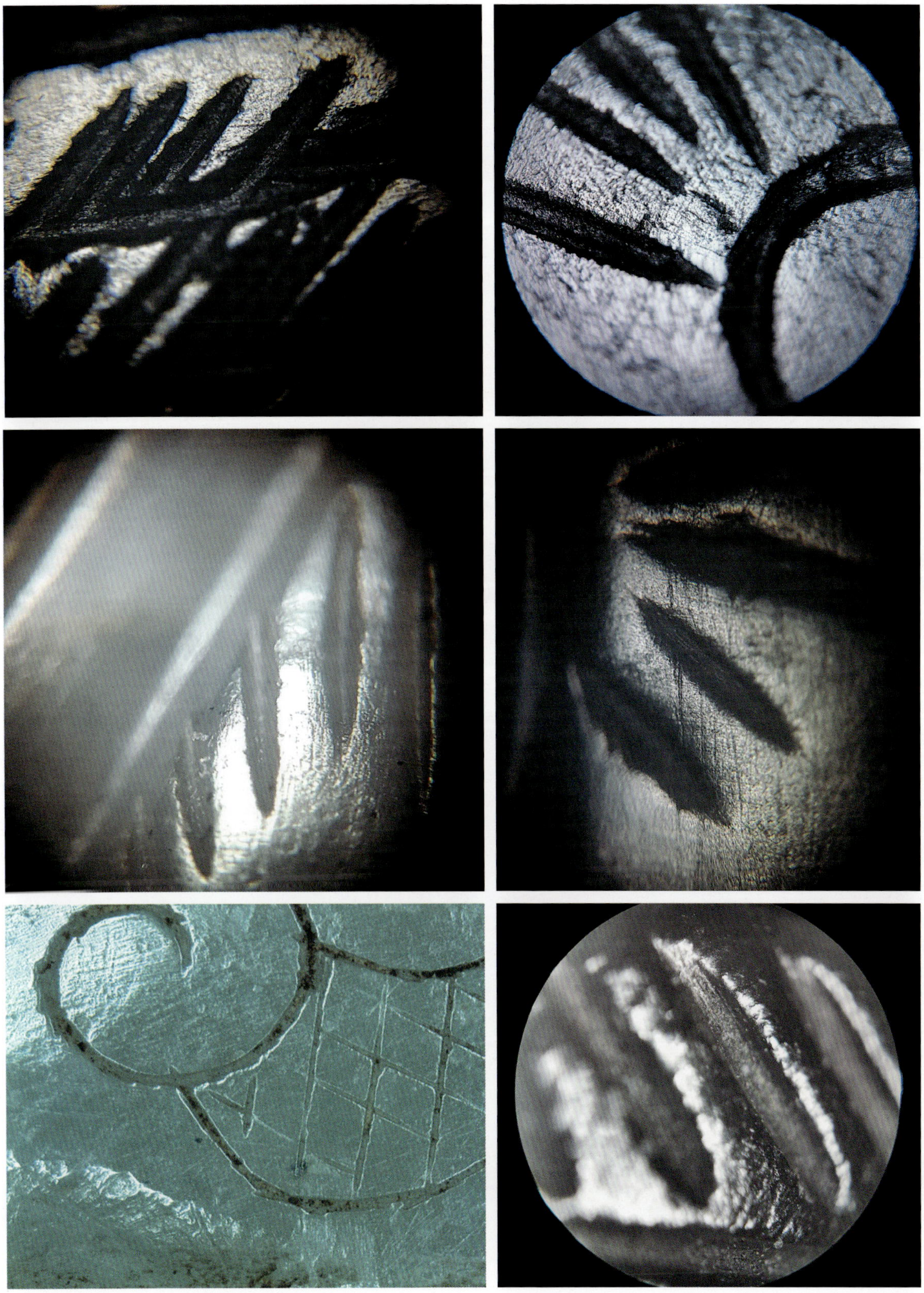

图 259～图 264　仿品阴刻线边缘都是崩茬

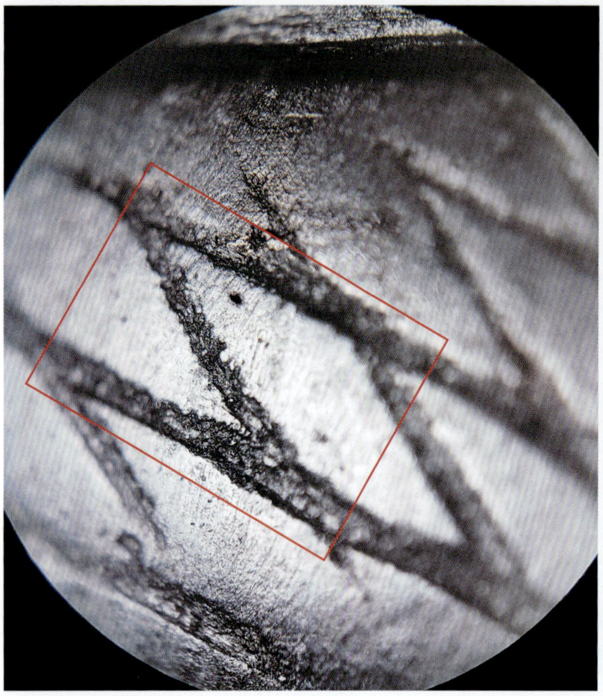

图 265　快速切削形成的崩茬

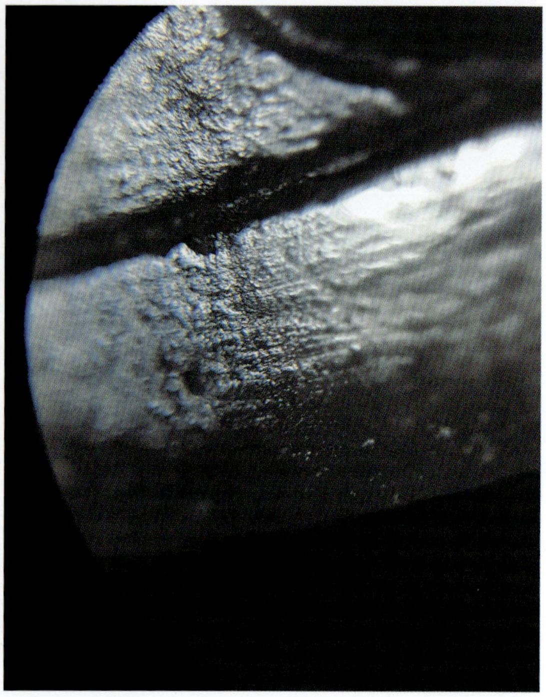

图 266　快速切削形成的崩茬

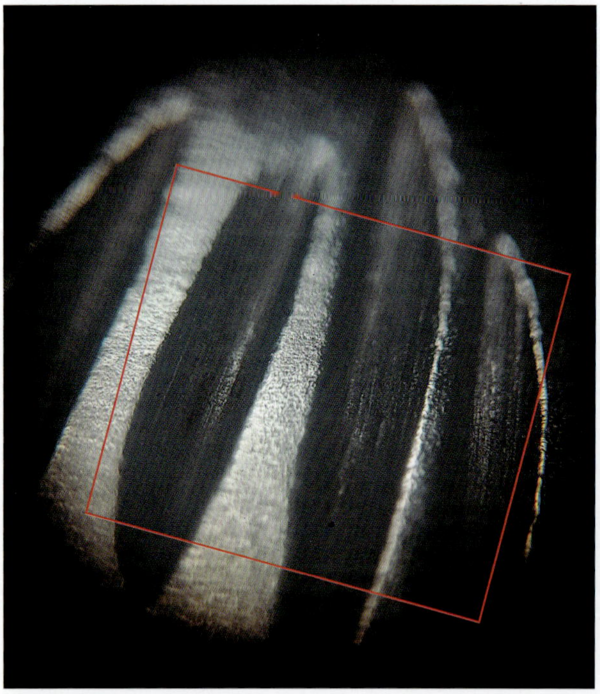

图 267　阴刻线扭曲

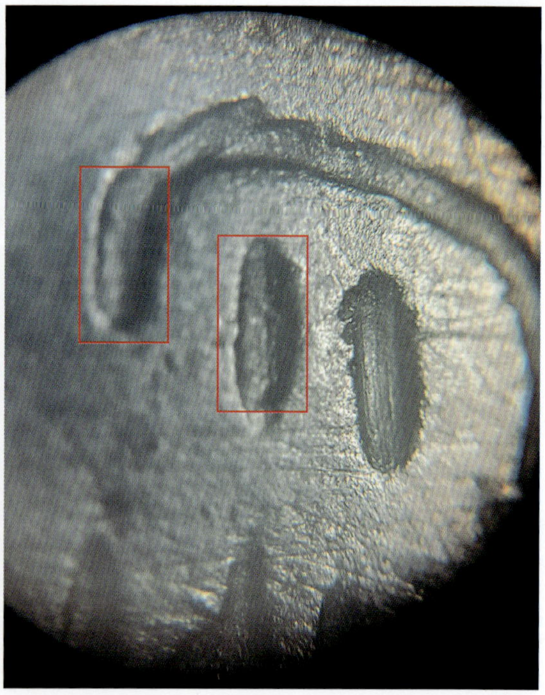

图 268　扭曲收尾处圆顿

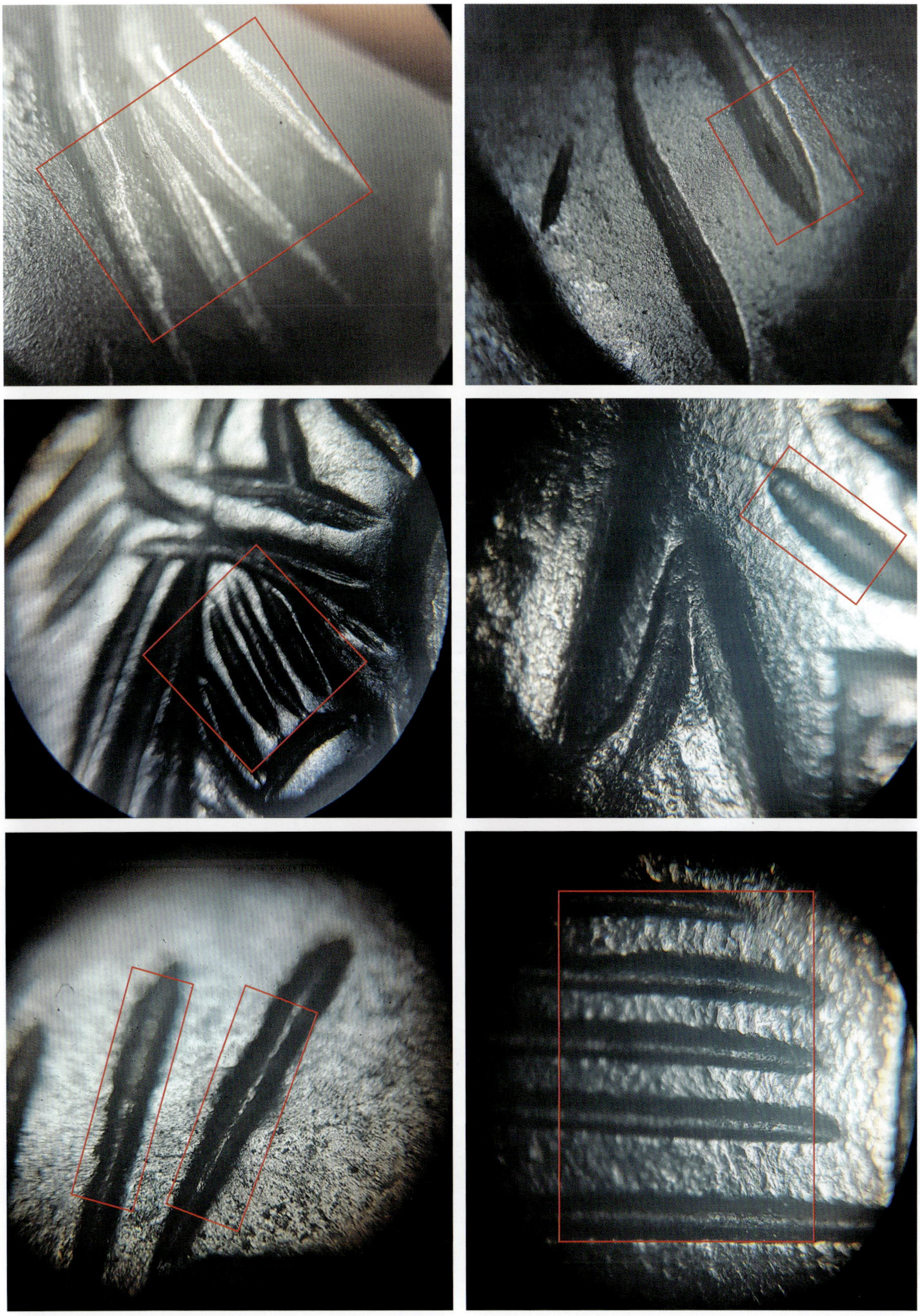

图 269～图 274　扭曲不对称

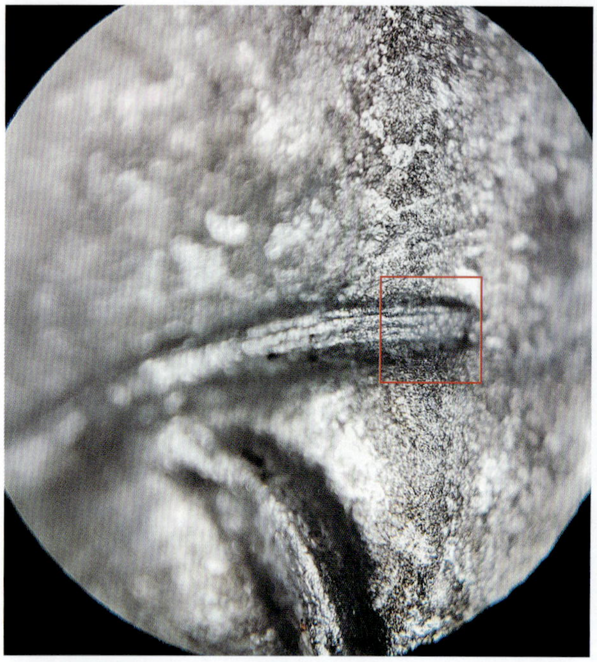

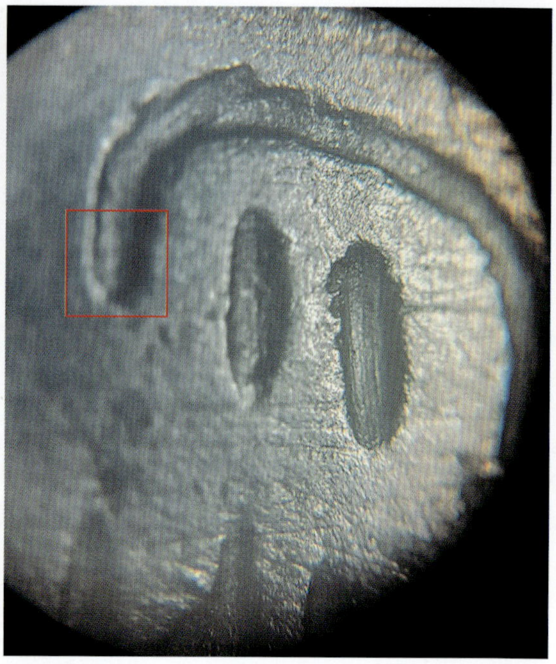

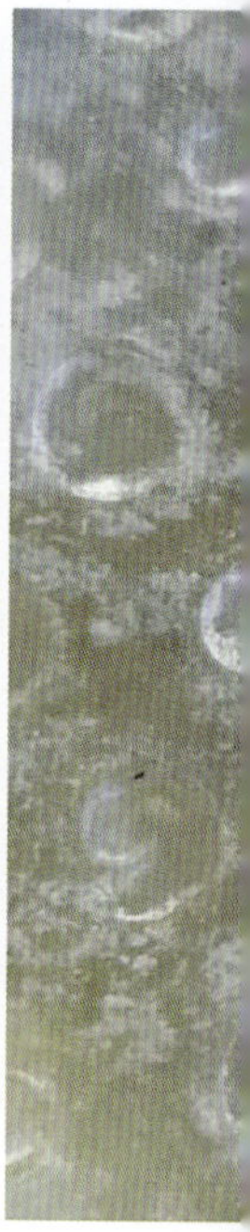

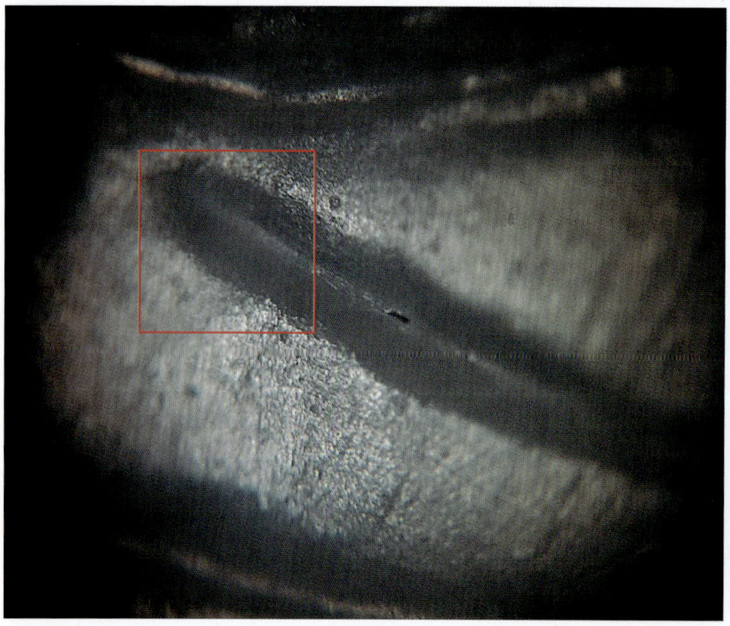

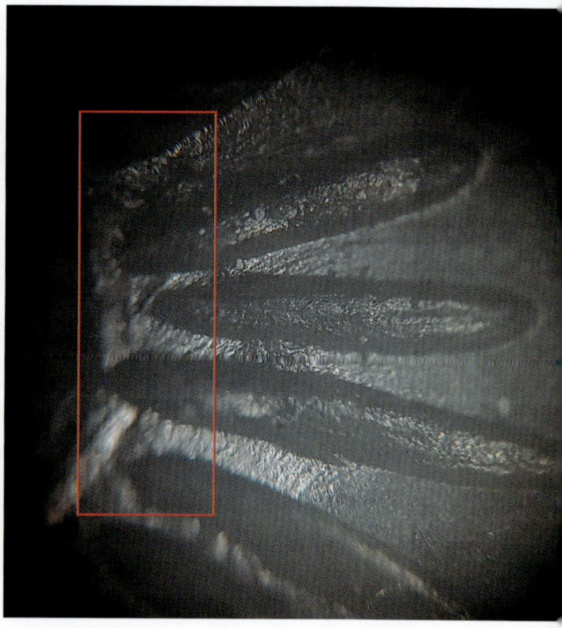

275	276	277	278
279	280	281	282

图 275～图 278　仿品收尾处圆顿特征

图 279～图 280　仿品收尾处圆顿特征

图 281　收尾处圆顿，为表现收尾尖状快速抬升补砣痕

图 282　快速停顿

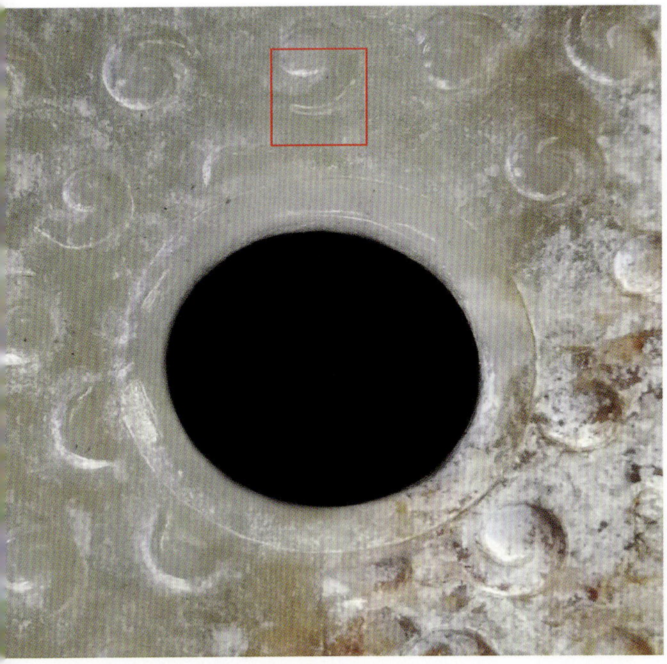
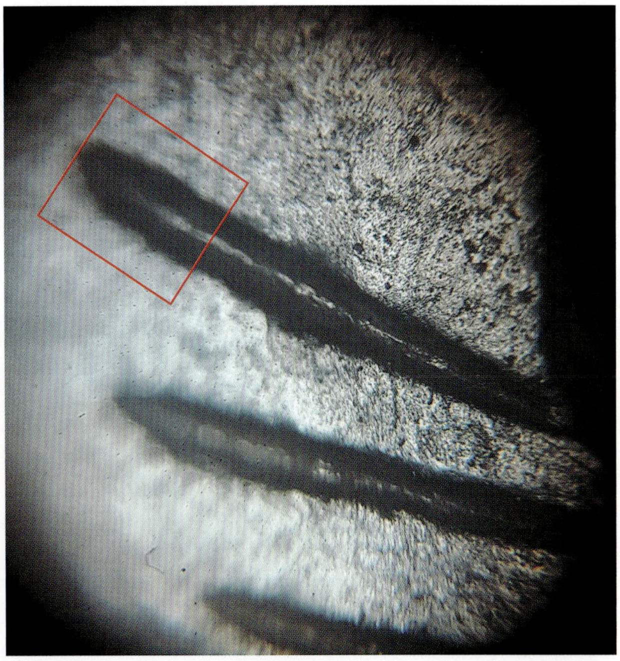
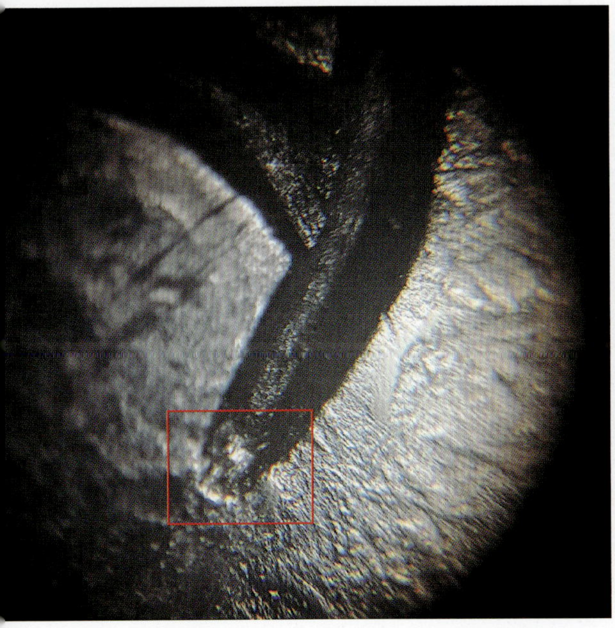
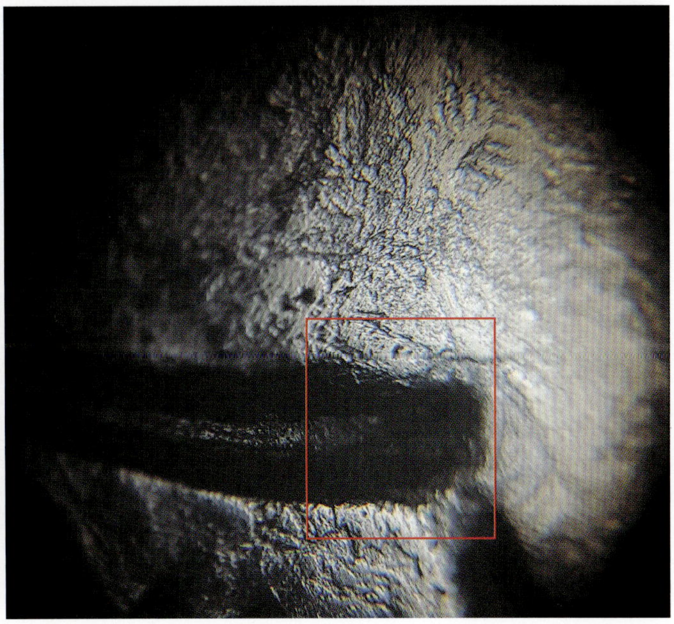

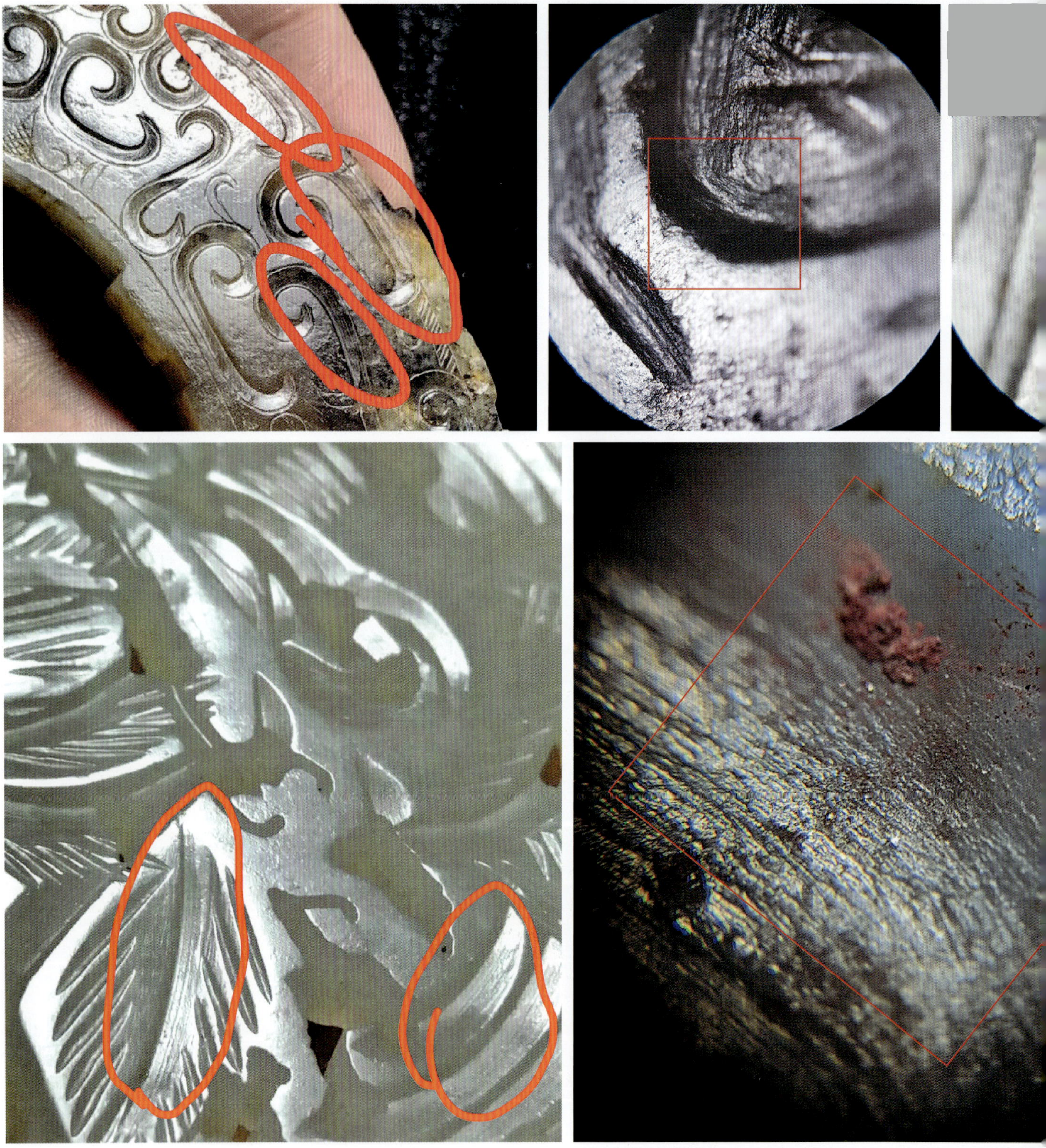

283	284	285	286	287
288	289	290		

图 283～图 290　电动水滴状砣斜向扫痕

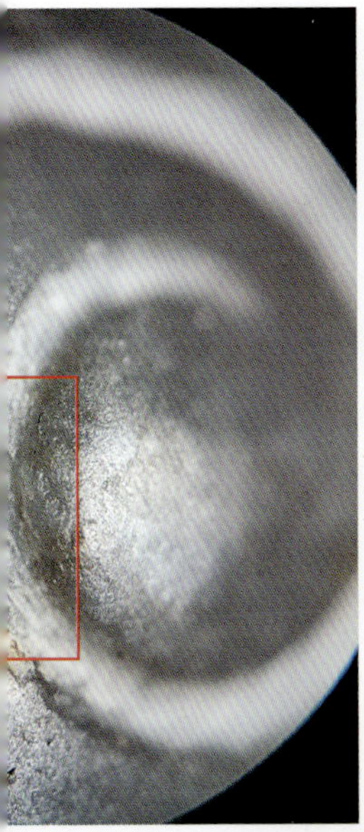

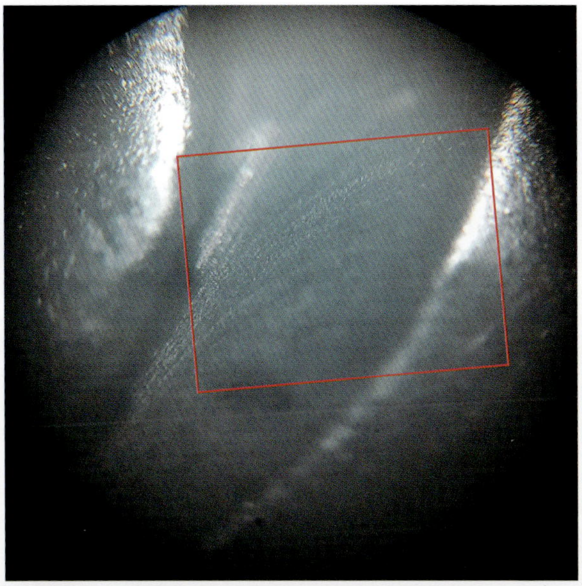

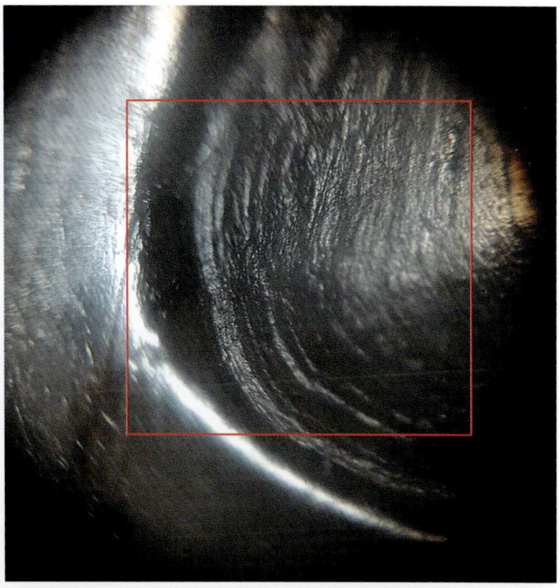

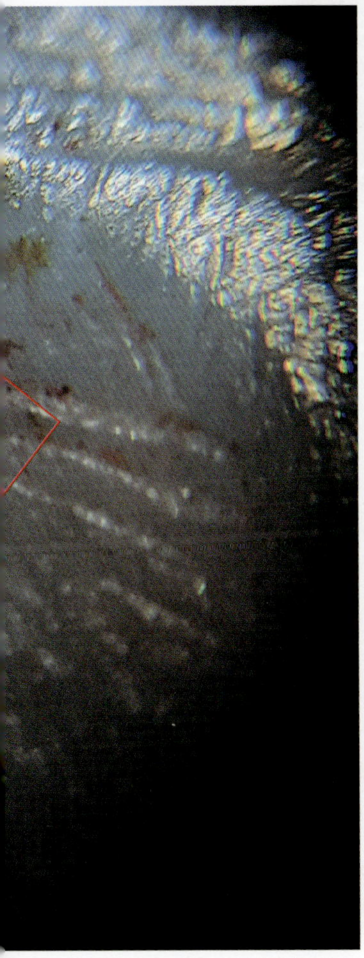

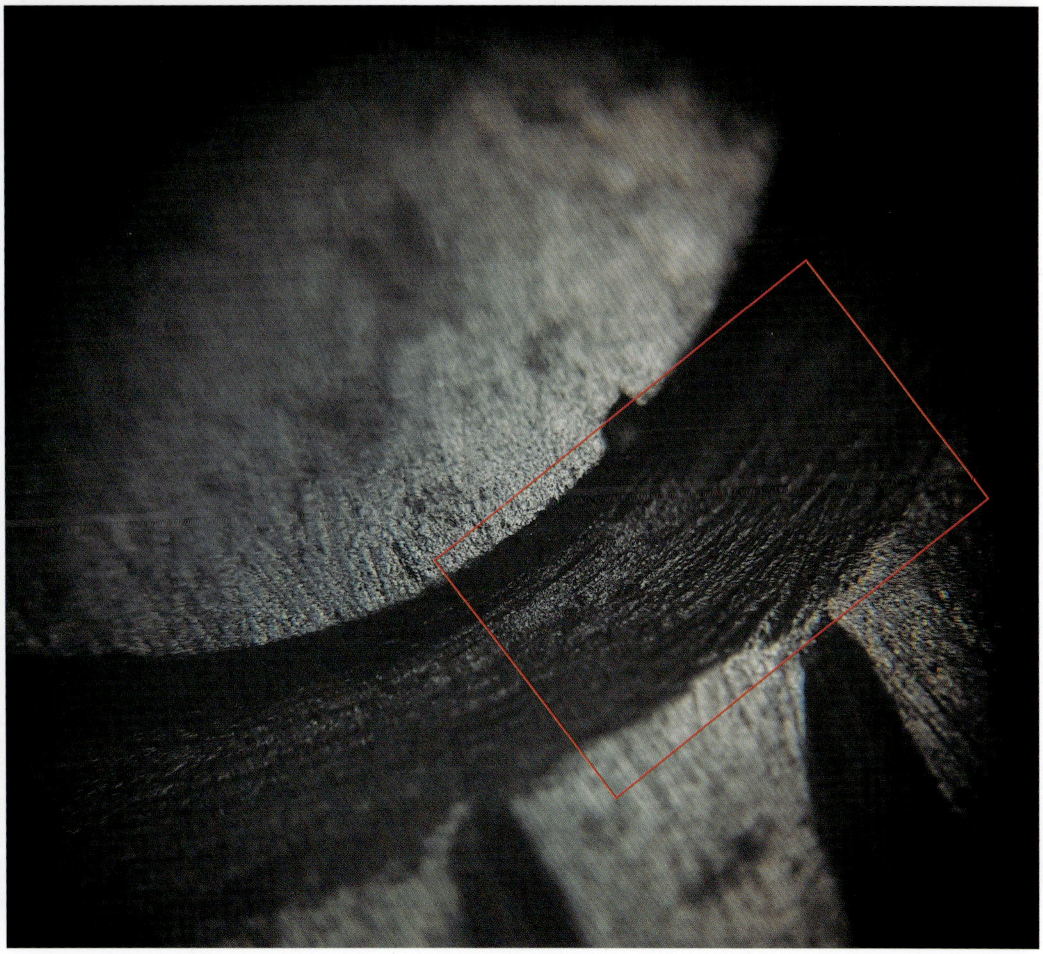

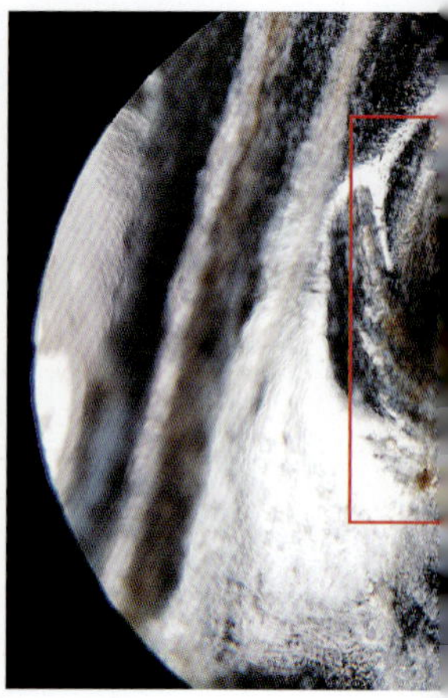

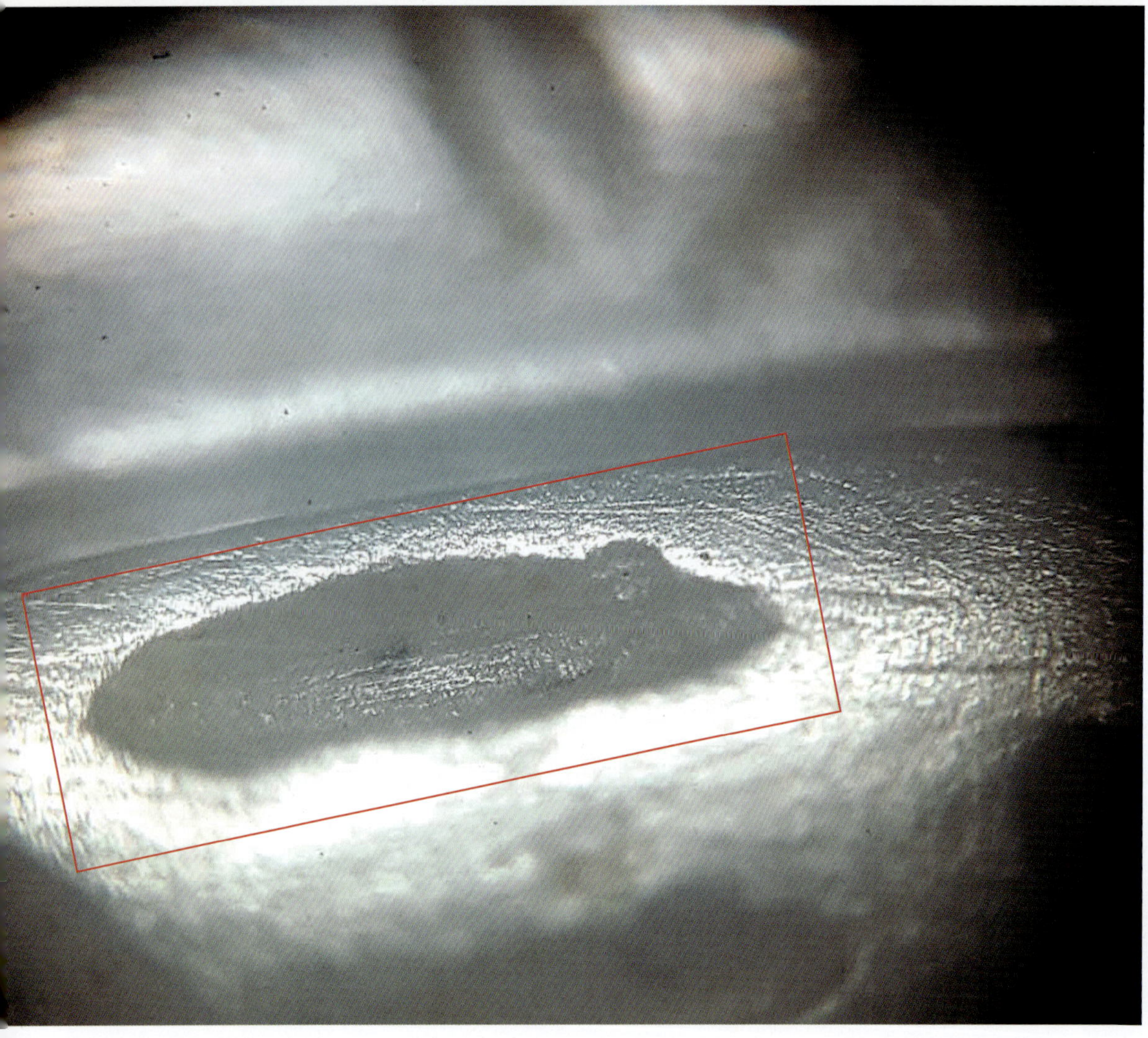

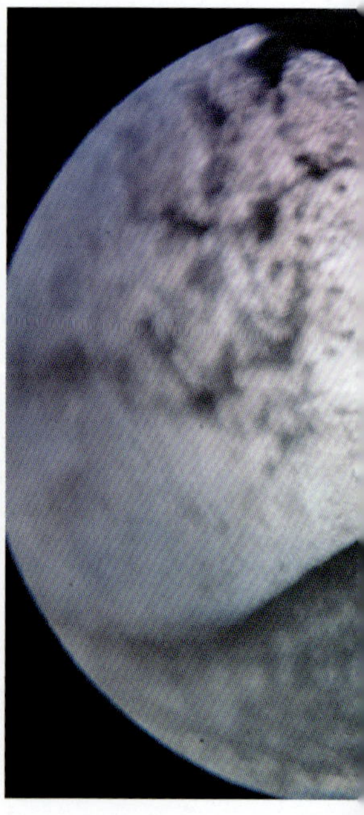

291	292	294	295
293			296
		297	298

图 291～图 293　电动工具切削力大形成的深而边缘陡峭特征

图 294～图 298　人为故意拼接痕迹特征

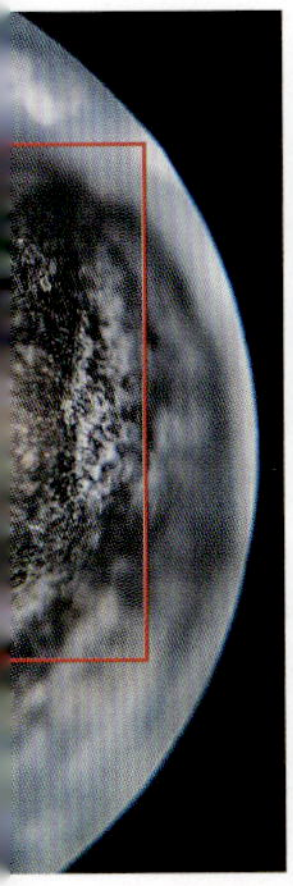
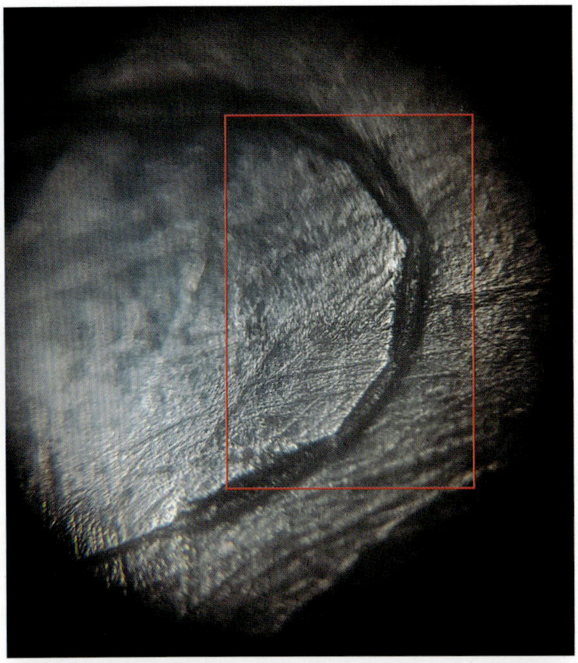
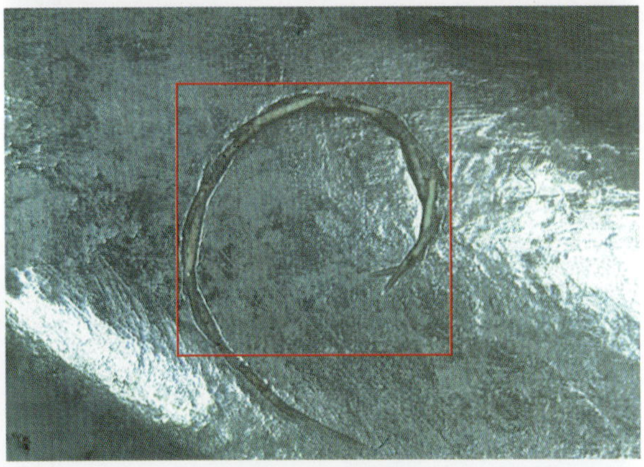
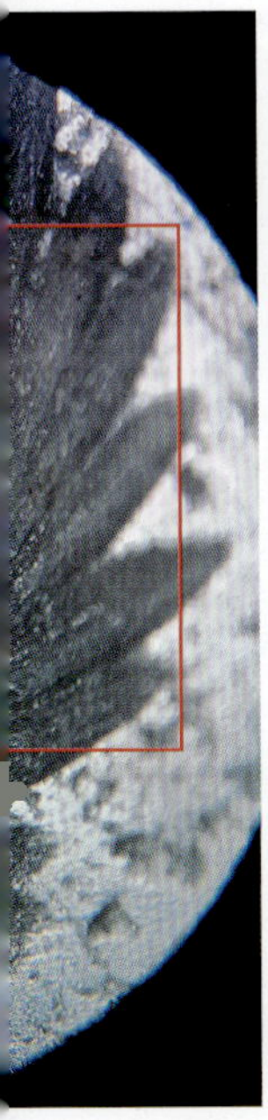
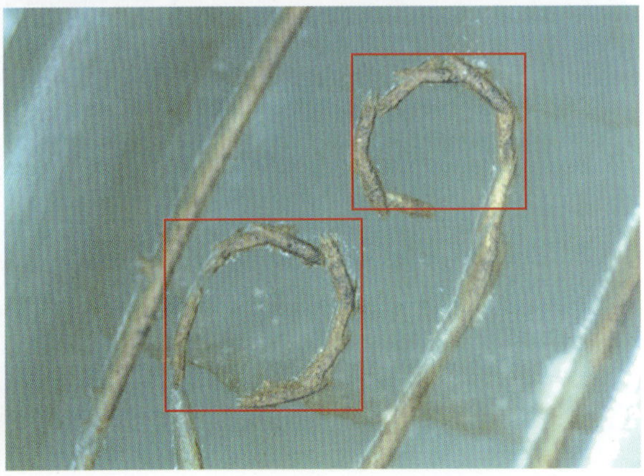

行进的曲线弯曲随动现象。这是典型水滴形电动砣具的特征，在一面坡仿制中常见（图283～图290）。

（8）阴刻线比较深，边缘非常陡峭，直上直下，像刀切一样。这是由于电动砣具转速太高，切削力太大，快速切削所致（图291～图293）。

（9）转弯处的阴刻线有火柴棍拼接的特征，有明显的故意停顿转折的做作特征（图294～图298）。

（10）单条阴刻线明显一次成型，尤其是弯曲的阴刻线（图299～图301）。

（四）拉丝镂空痕迹（图302）

1. 真品拉丝镂空特征

（1）由于需要从线锯垂直玉器表面穿过，必先用桯钻在设计好的需要镂空处打一个或数个圆孔，所以很多镂雕玉器均能找到钻孔残留的痕迹。直线镂空的首末两端和造型转角处呈U型，即明显的圆形的部分残留，U型孔壁有深浅不一、间隔不等的不规则旋纹（图303～图306）。

（2）部分等级较高、工艺精湛的镂雕玉器，拉丝后均对拉丝切割面进行二次精细打磨抛光，几乎看不到明显拉丝痕，但细察还是可以在拉丝面的两端处发现没有被完全打磨平整的拉丝痕迹，而且即便不易观察到也可以看出整个拉丝面不甚平整、平面不规整的现象。而在拉丝面不磨光的大部分镂雕玉器中，拉丝痕明显，侧光肉眼基本可见（图307～图310）。

（3）有明显趋于垂直玉器表面所在平面的纵向线痕，工痕截面呈不规则M、V

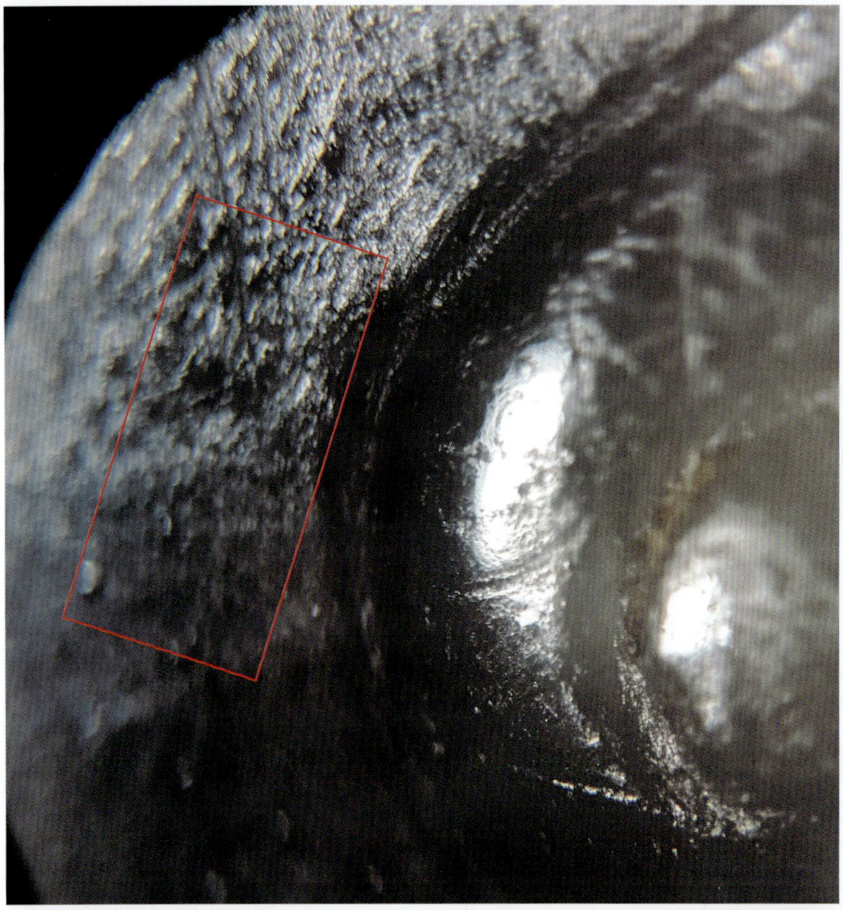

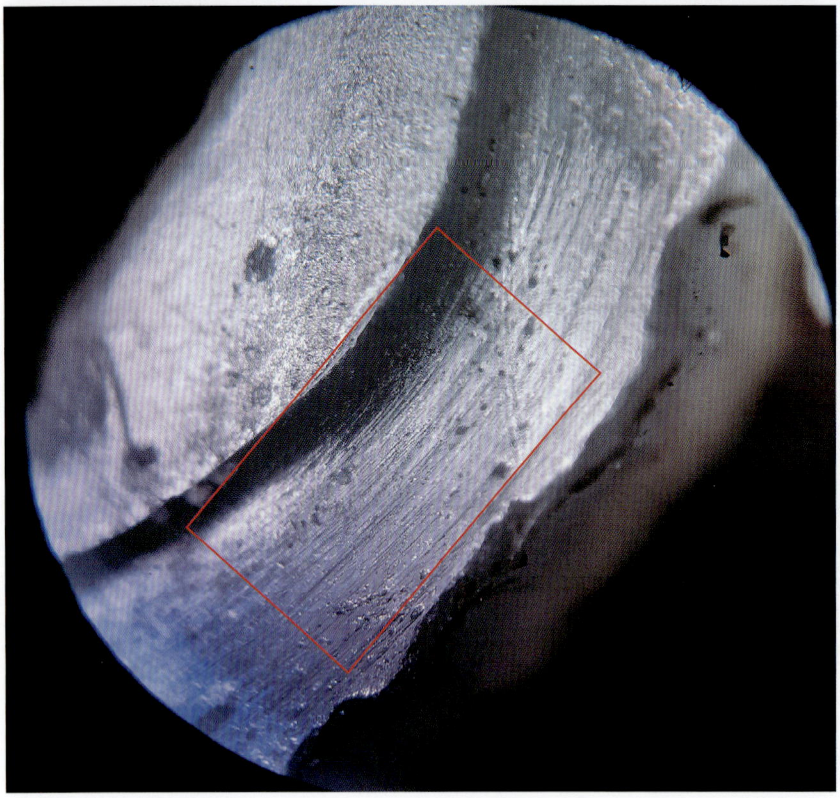

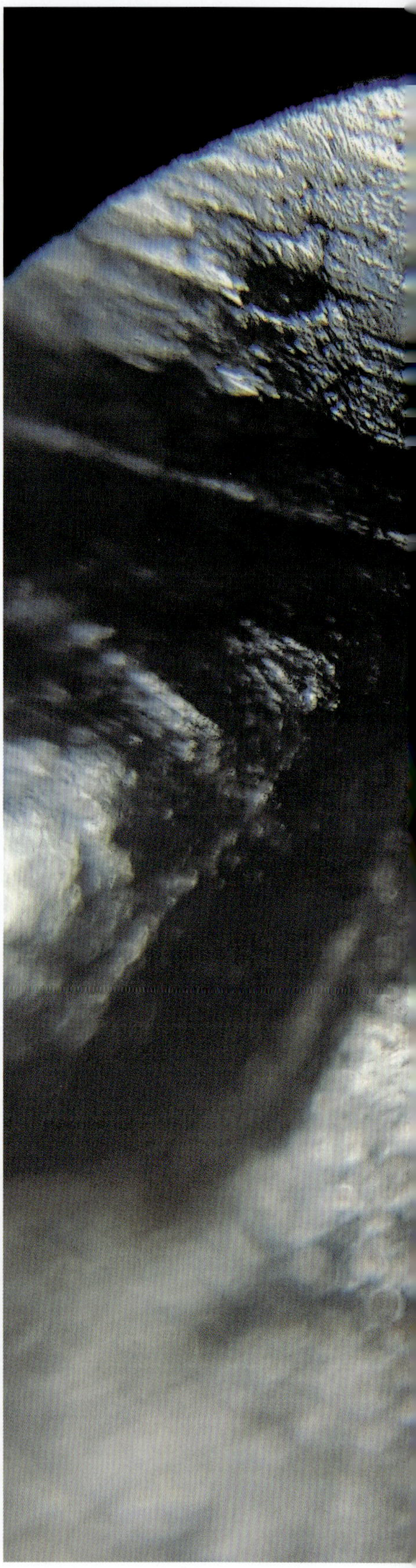

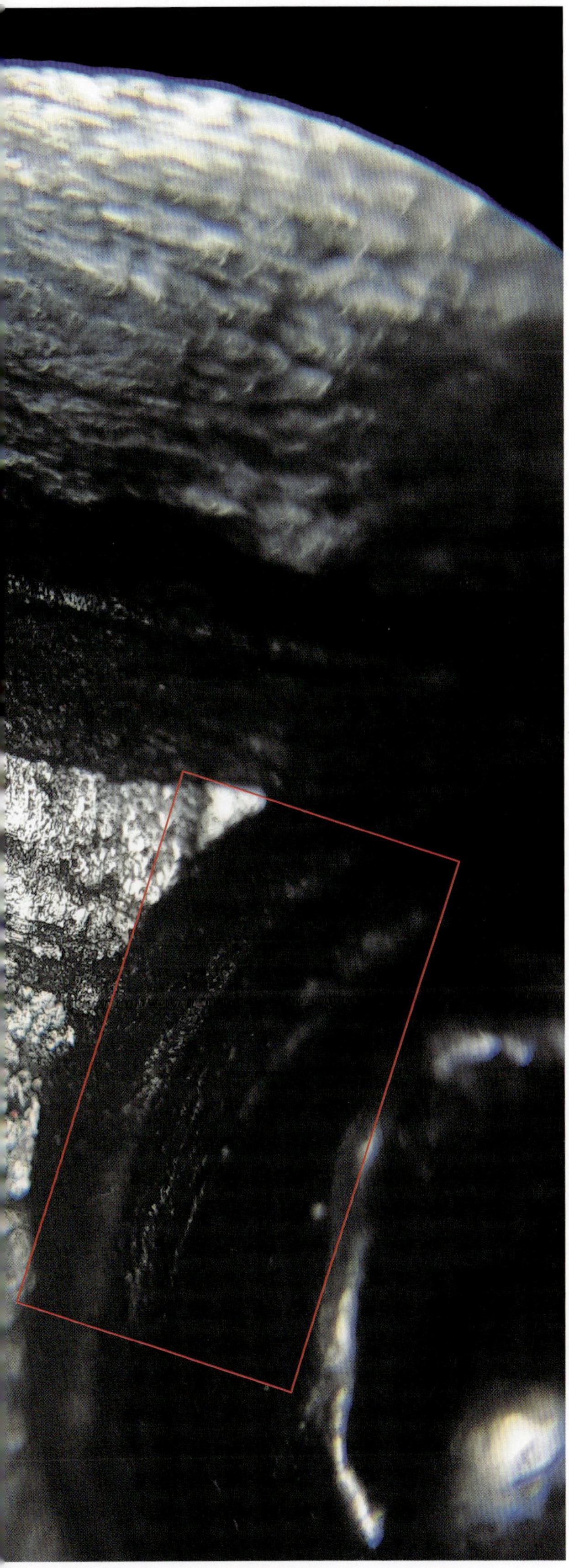

299 | 301
300 |

图 299～图 301　仿品一次成型转弯方式

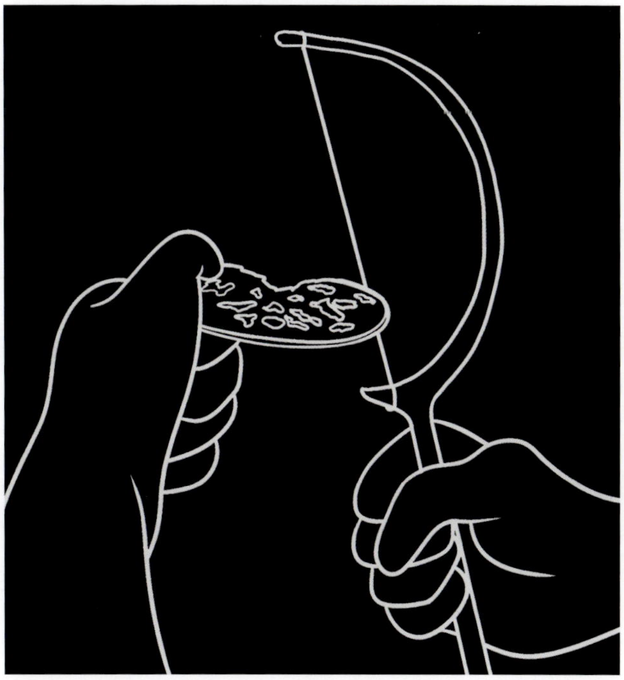

图 302　线描演示

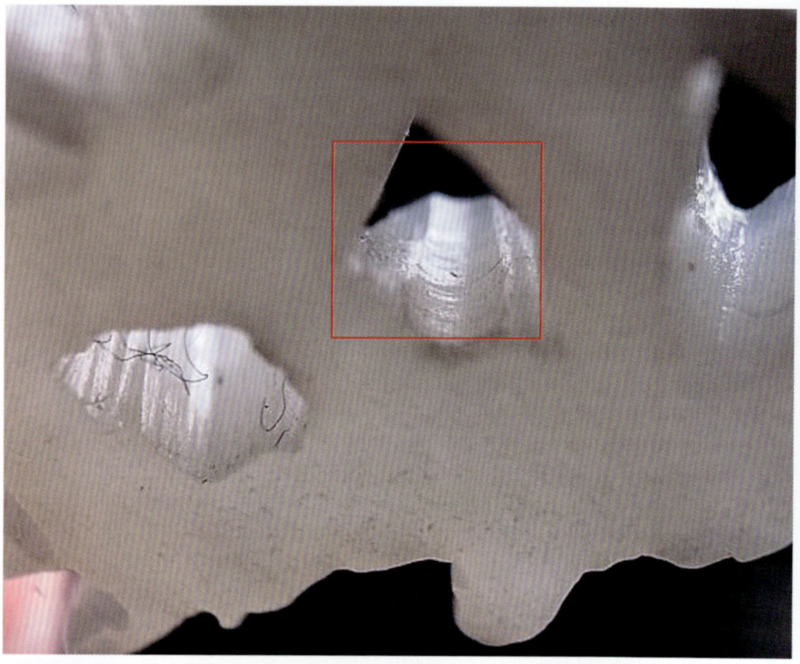

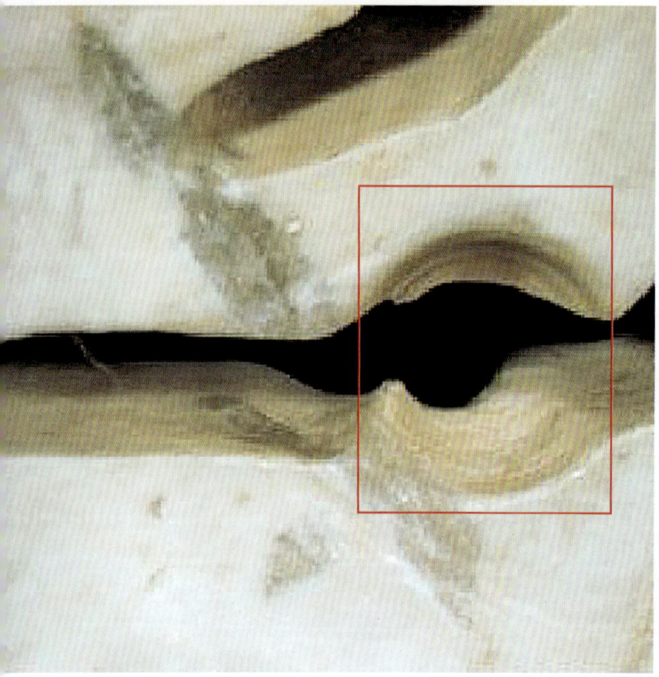

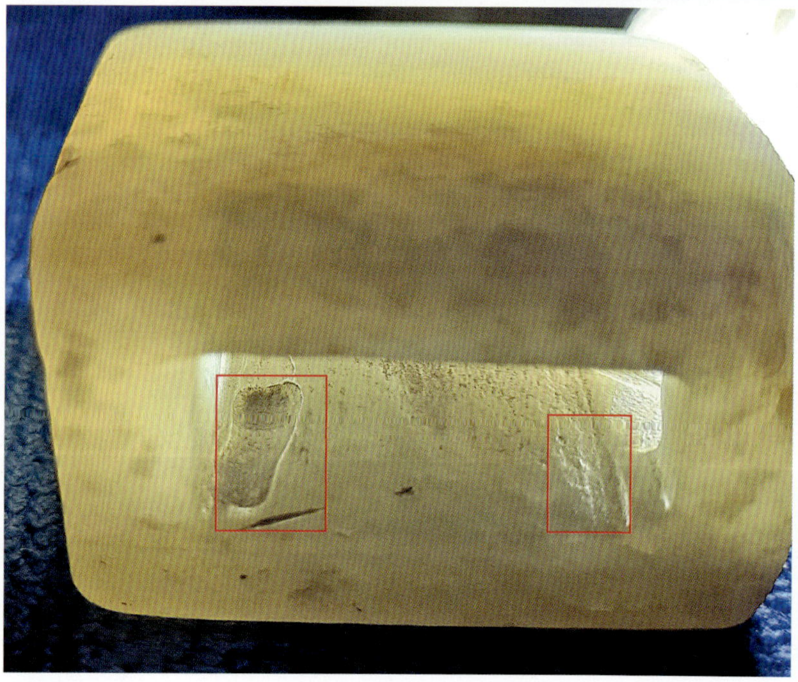

303 | 304
305 | 306

图 303 玛瑙多次钻孔镂空留下的钻痕

图 304 定位孔痕迹残留

图 305 定位孔痕迹残留

图 306 定位孔痕迹残留

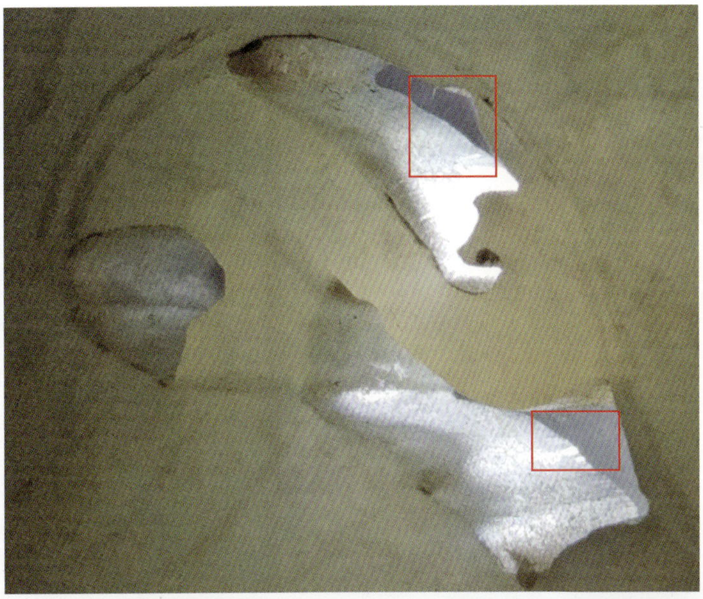

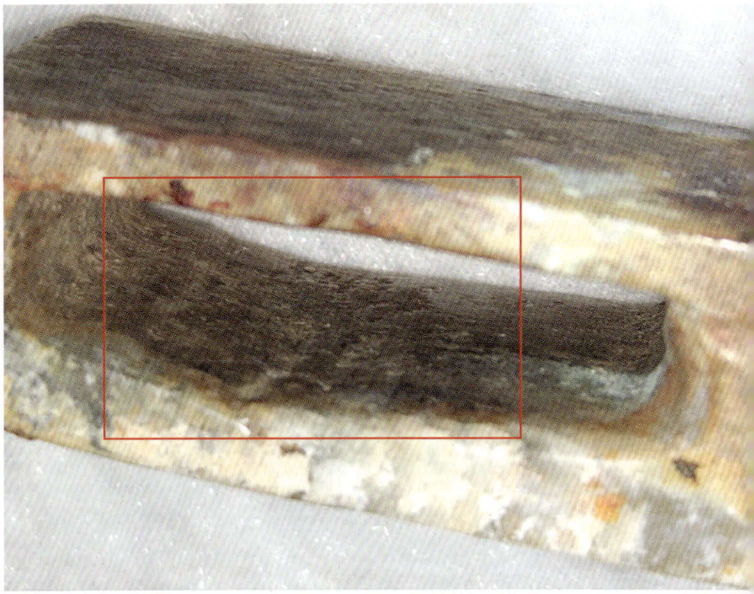

307	308
309	310

图 307 明代玉器拉丝面抛光后平整，但局部仍残留拉丝痕

图 308 汉代玉器拉丝痕被修磨的痕迹

图 309 拉丝面均被精细修磨过

图 310 拉丝面均被精细修磨过

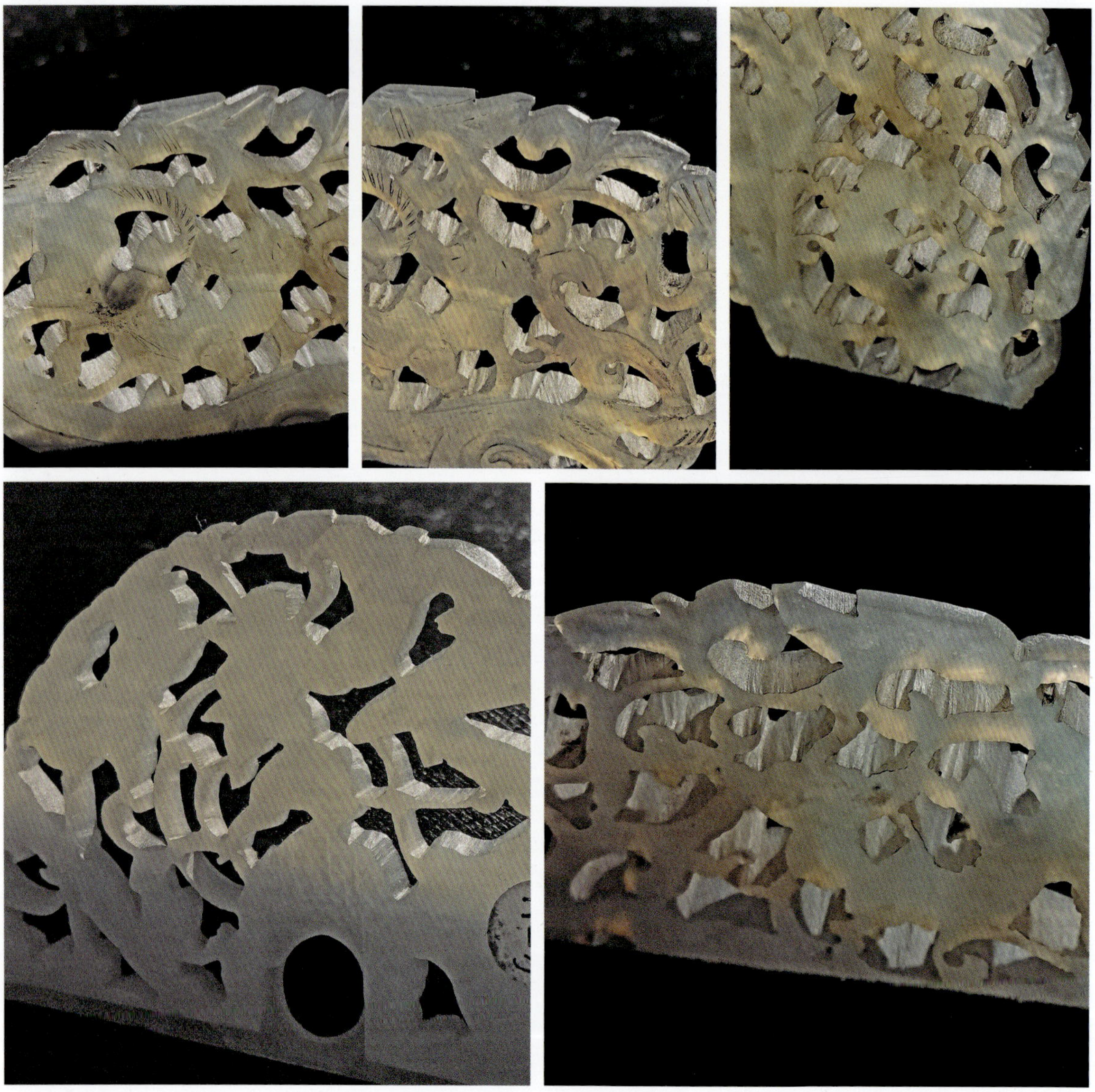

图 311～图 315　拉丝面在不修磨的情况下，M、V 形相互交错

图 316　拉丝面在不修磨的情况下，M、V 形相互交错

图 317　清代晚期玉器拉丝工整的花片

形交错状。由于工具弹性以及用力不均，拉丝痕常有错位叠加现象，每道拉切痕迹所处平面均不同，拉丝痕方向大致同向但绝不平行，甚至有一条拉丝痕由两三条短直线交替组成。包浆自然莹润，表面呈磨砂状，线底干净，无细末残茬（图 311 ~ 图 317）。

2. 仿品电动拉丝特征

拉丝痕纯手工仿制基本不可见，原因是过于难操作，费时费力，所以真假拉丝痕区别明显，比较容易掌握和查证。

（1）拉切痕迹几乎完全垂直于器表平面，痕迹很规则，间隔几乎等距，之间过度锐利不自然，镂空截面多呈锯齿状，痕迹较手工粗深，几乎不见起始点转角处 U 形定位孔残留点（图 318 ~ 图 320）。

（2）部分拉丝痕迹内有电动升温导致的焦黄色粉末或残留的白色粉末（图 321）。

（3）镂空面有平行于玉器表面的同组性线痕（图 322）。

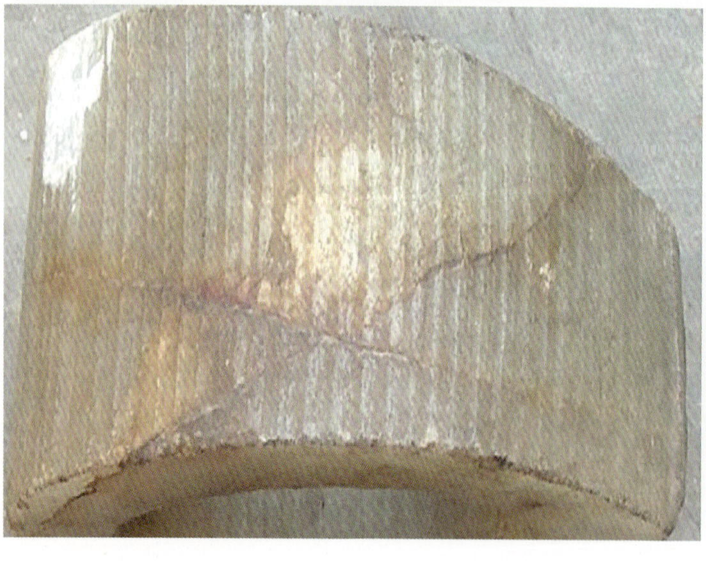

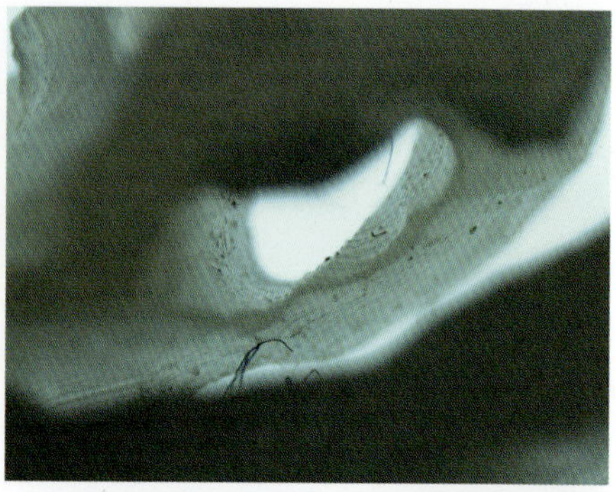

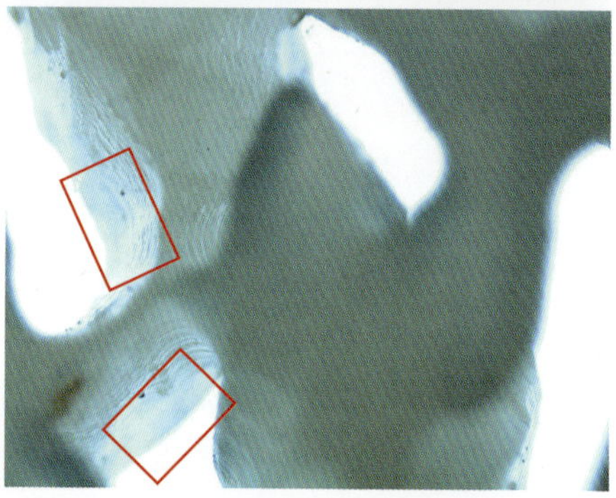

318	321
319	322
320	323
	324

图 318～图 320　电动拉丝痕均匀一致

图 321　残留白色粉末

图 322　电钻式镂空仿品

图 323　平行扫痕

图 324　高仿拉丝痕

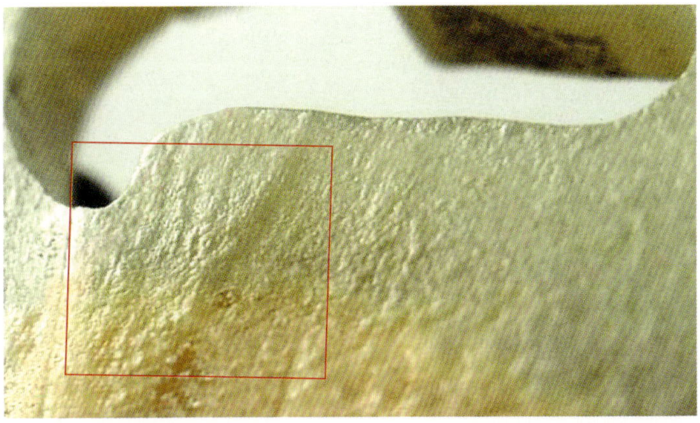

图 325 粗打磨痕

（4）多次电钻钻成而无拉丝痕，参照钻孔工艺痕迹比照（图 323）。

（5）部分仿拉丝面精细抛光者，表面过于平整（图 324）。

（五）打磨痕迹（图 325）

1. 真品打磨痕迹特征

玉璞在切割完成后要经过粗制的形体打磨和后续细打磨两道工序，大部分粗打磨被细打磨所覆盖，大部分玉器的表面会残留部分的粗制打磨和细制打磨痕迹。

（1）有较粗的线形痕迹，线条边缘毛糙，底部模糊，粗糙不平，手感略微涩手；地方料肉眼可见线痕或线痕不明显，系因其材质疏松所致（图 326～图 329）。

（2）因打磨工艺所使用的砣具往复旋转，加之砂的粗细不均，导致打磨痕出现深浅不一、粗细不一的现象，但每一次打磨形成的平面内，线痕的方向性相对有规律，但绝不是高度平行（图 330～图 335）。

（3）因为解玉砂颗粒粗大，棱角锋利，在打磨的时候会对玉器表面造成比较明显的撕裂，导致整个打磨面出现粗糙模糊、大小不一、不规整的凹陷（图 336～图 341）。

（4）打磨痕在手工抛光不易抛到处更明显（图 342、图 343）。

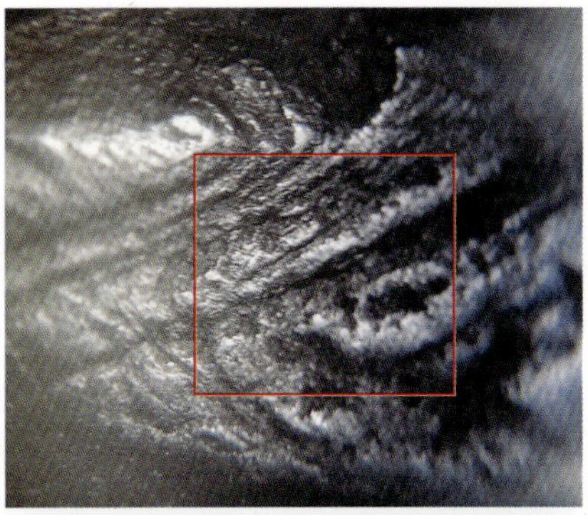

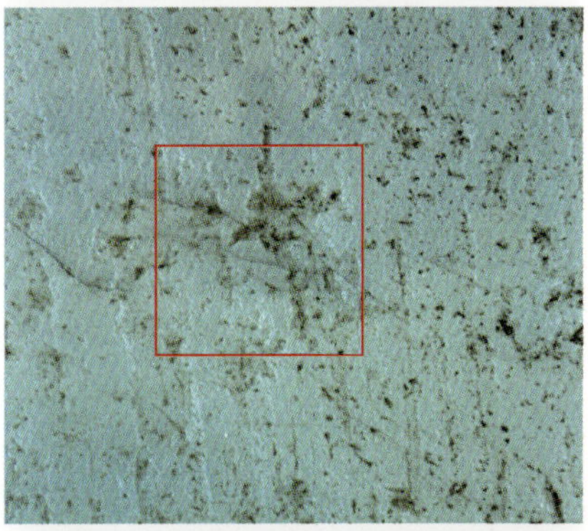

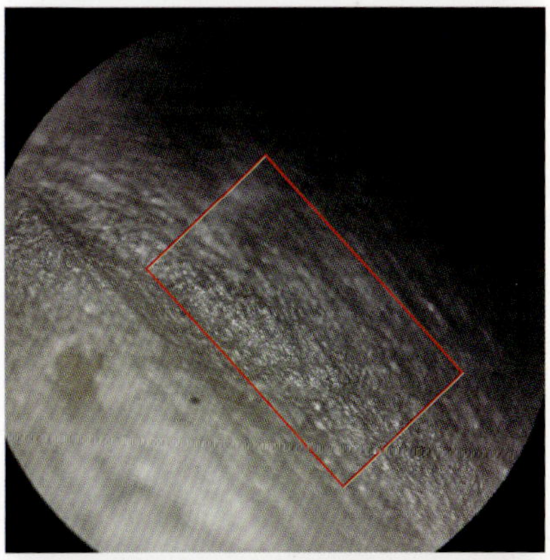

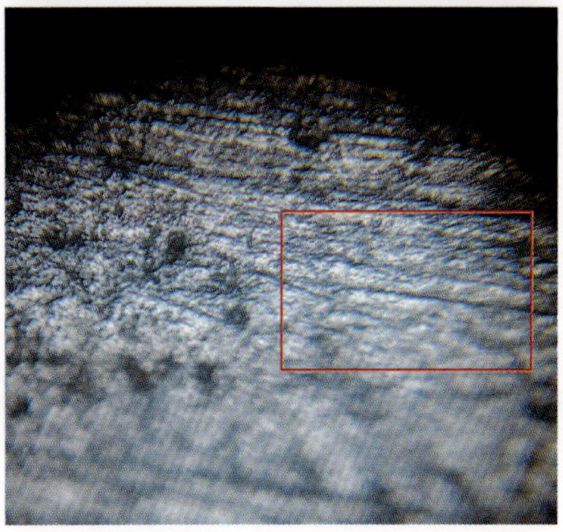

图 326～图 329 治玉初始阶段残留的粗打磨痕

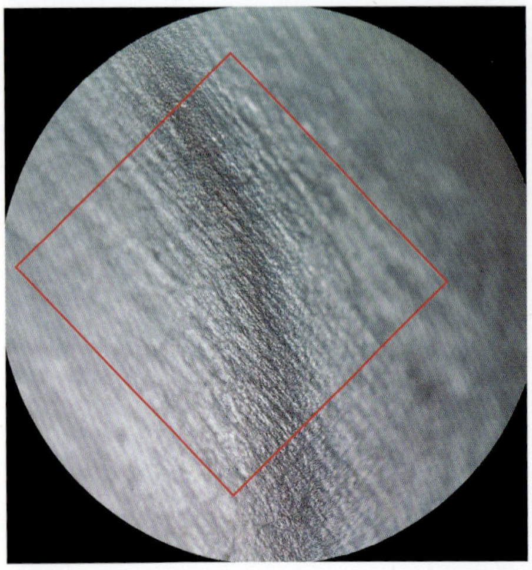
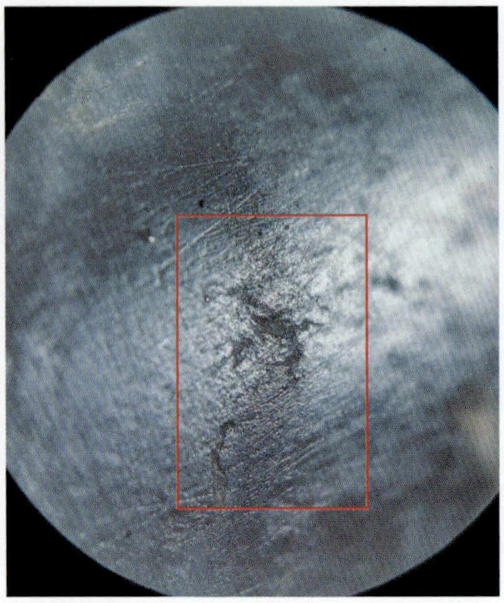
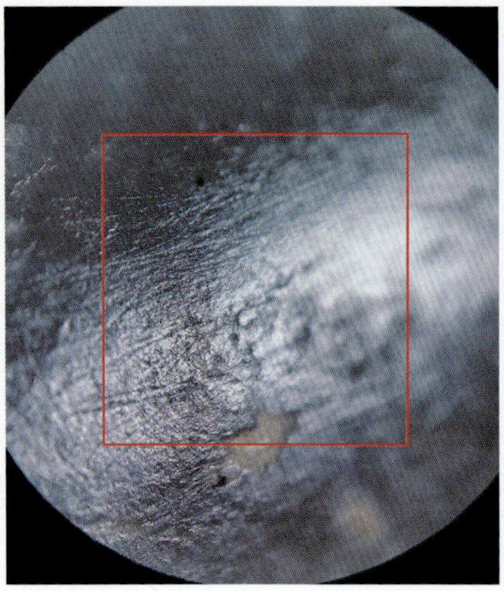
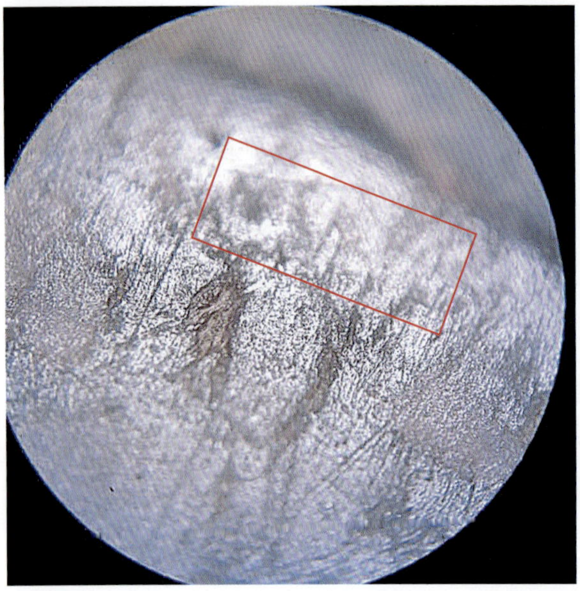
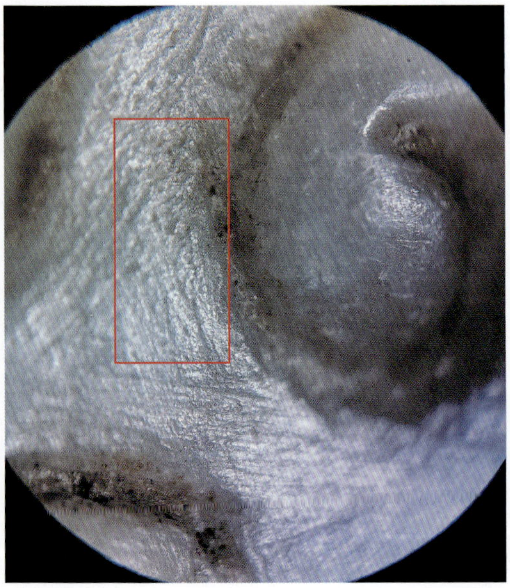
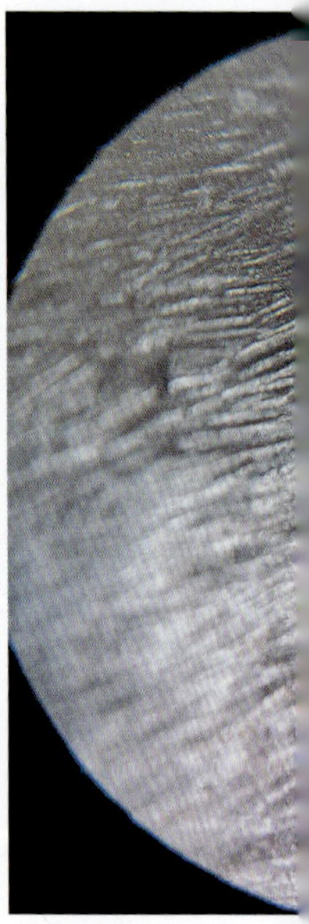

330	331	332	333	334	335
336	337	338	339	340	

图 330～图 335 方向绝不高度平行，深浅变化

图 336～图 340 打磨面模糊

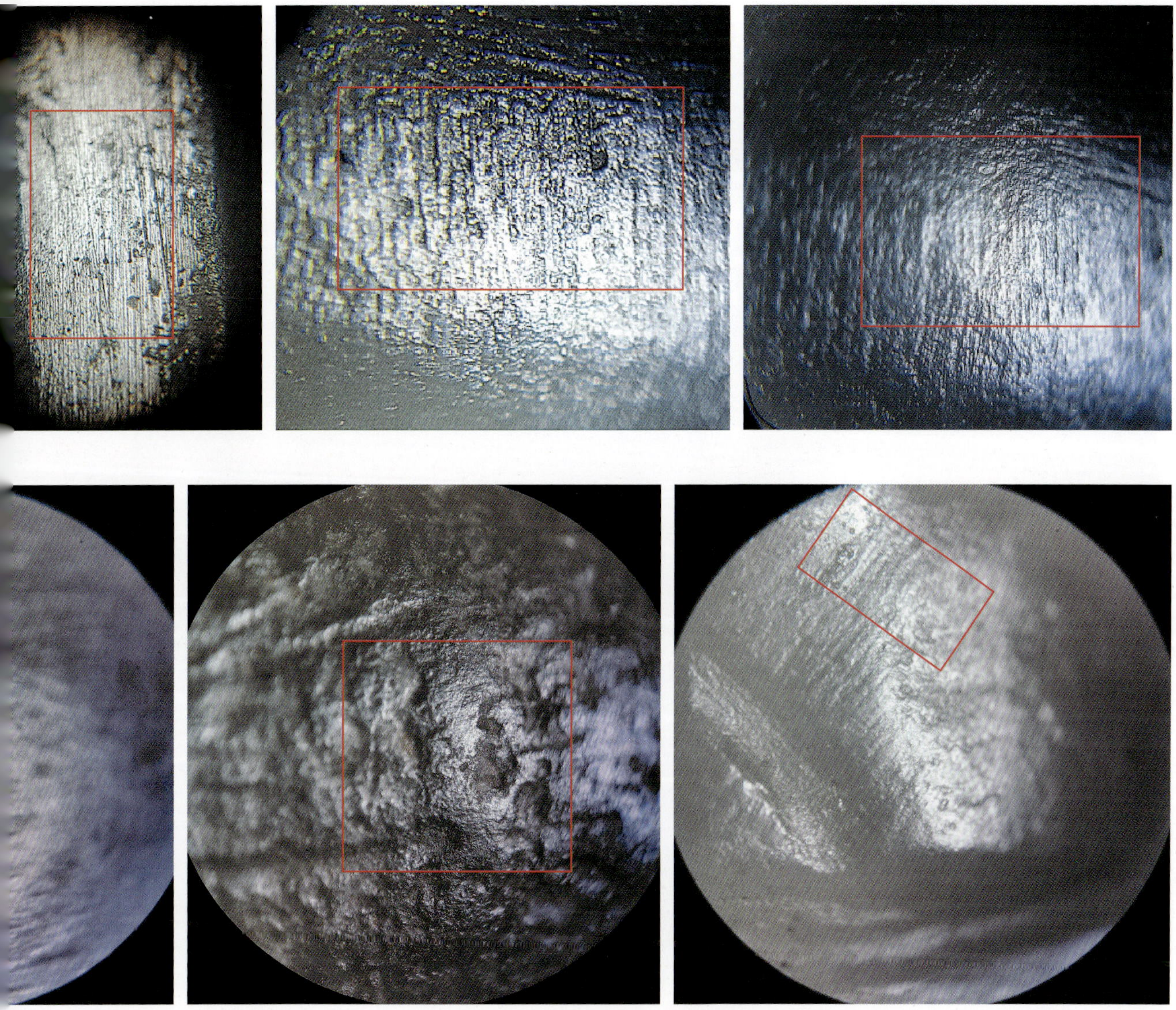

图 341　打磨面模糊

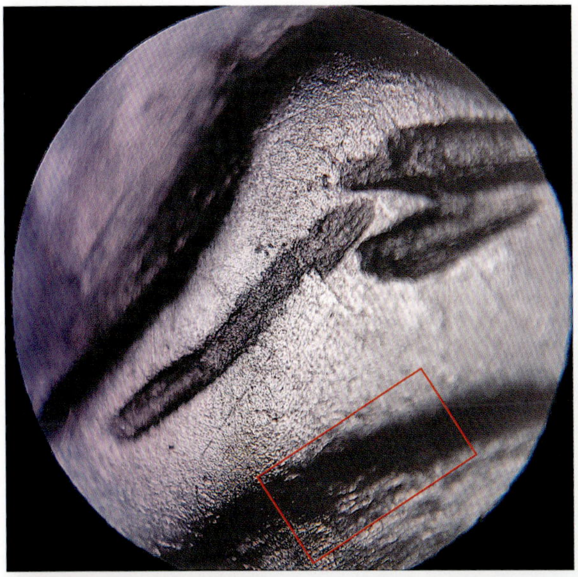

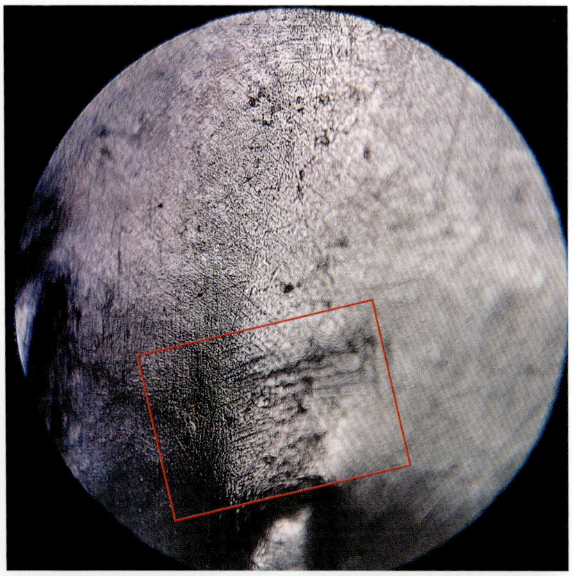

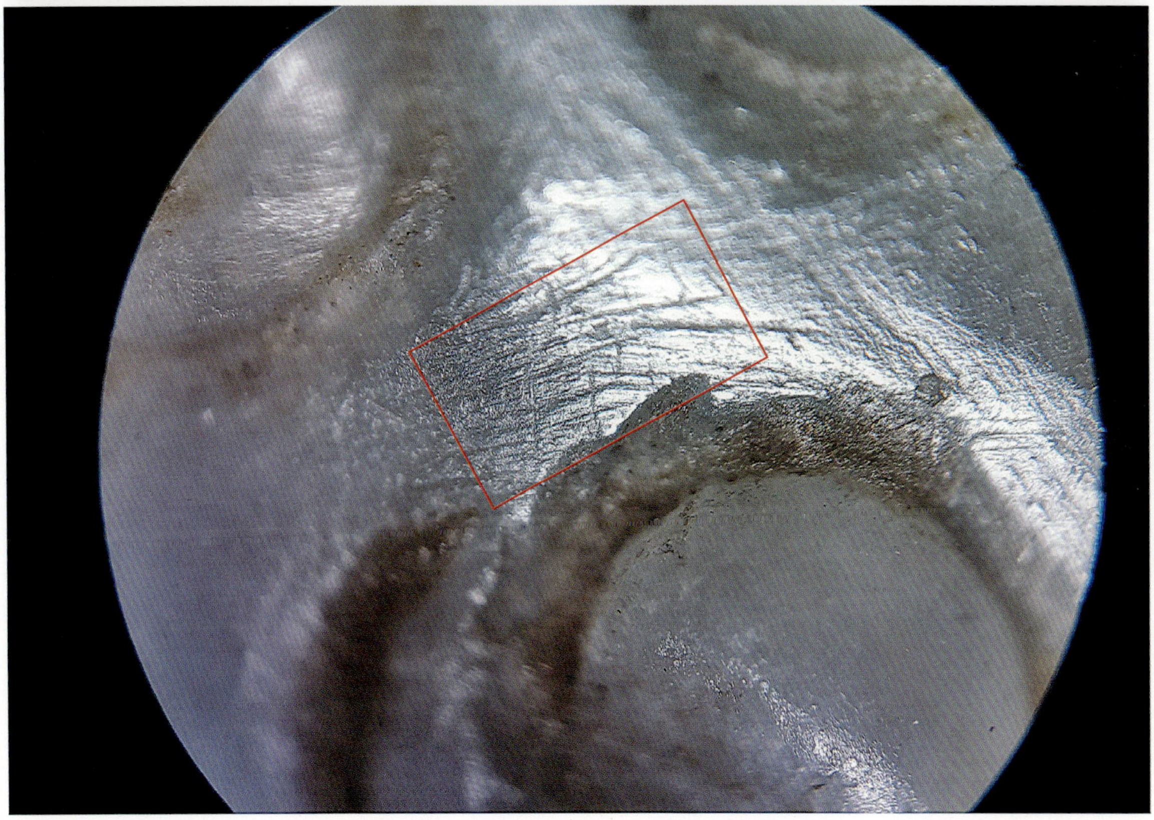

342 | 343
344

图 342　不易细打磨，抛光处粗打磨痕残留
图 343　不易细打磨，抛光处粗打磨痕残留
图 344　战国时期的谷纹璜打磨痕

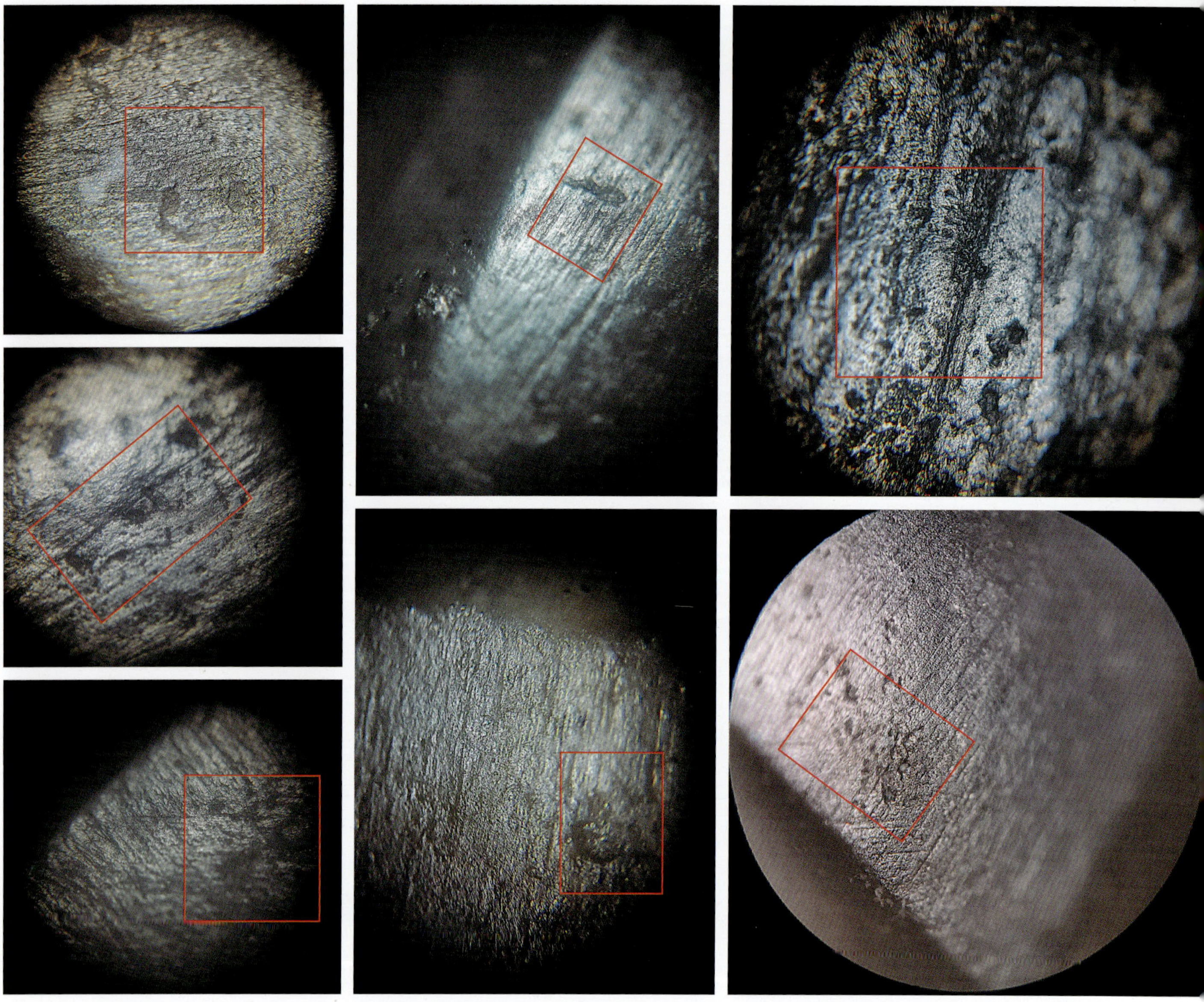

图 345～图 351　粗打磨更易捕捉到腐蚀脱落的痕迹

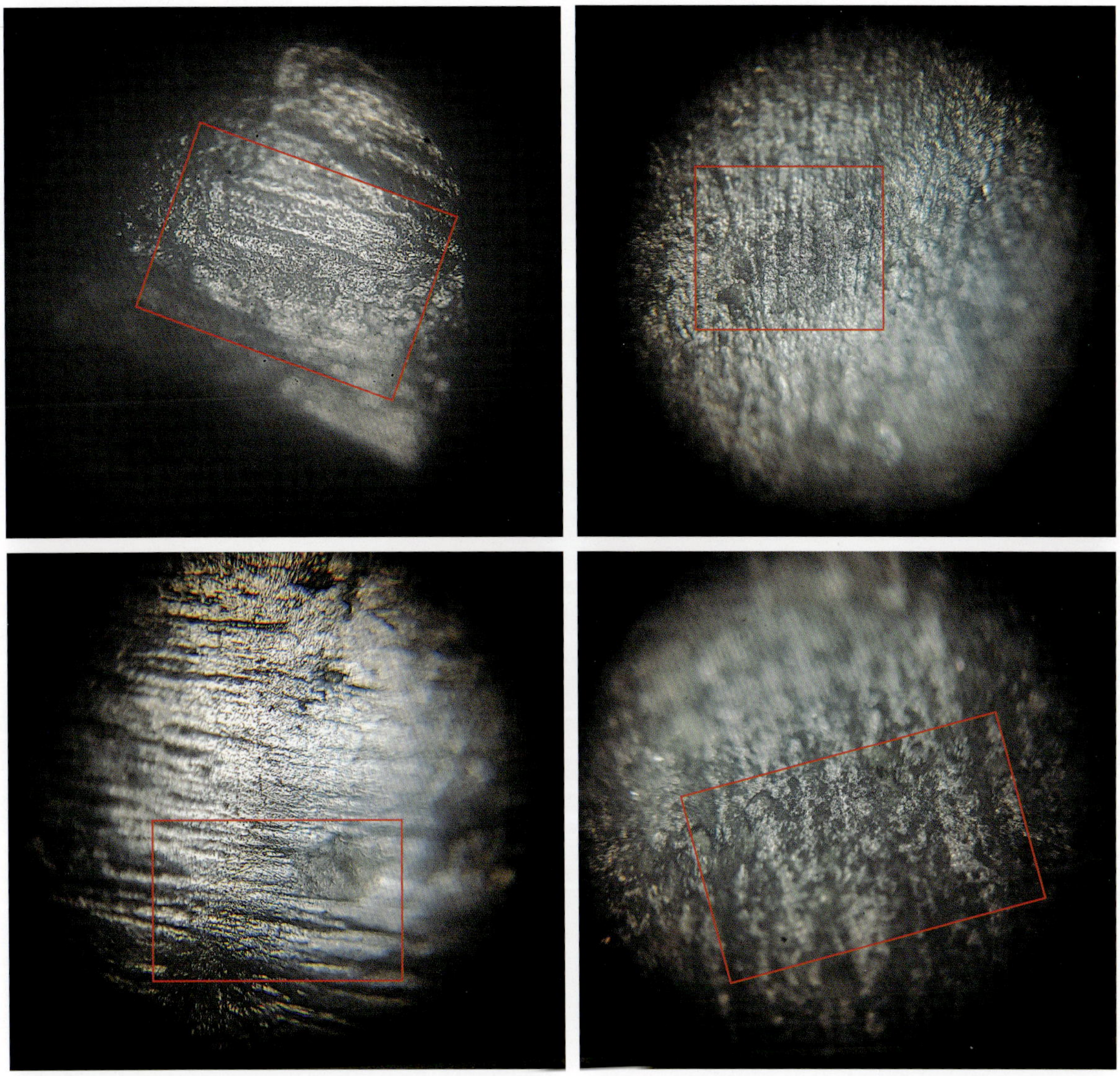

图 352～图 355　粗打磨更易捕捉到腐蚀脱落的痕迹

（5）打磨线痕在软玉类器物上均为直线，不会出现弯曲现象，而在如叶腊石等软质韧性好的石材上可见弯曲打磨痕迹现象。（因材质过软，在打磨过程中解玉砂形成挤压残留，随下一打磨方向辗转而动，延续上一痕迹而造成痕迹）（图 344）

（6）打磨更容易被腐蚀，系因打磨面粗糙造成与外界腐蚀性环境的接触面积增大，加之打磨对玉器表面造成的损伤性细小开裂，更容易吸附腐蚀性物质和杂色；氧化程度偏重，但是从包浆的视角来看，包浆似乎不如抛光面厚重，其原因一是视觉上的效果，二是氧化的同时也受到腐蚀形成微脱落。刚刚形成的氧化膜很快就脱落了，比较厚重的氧化膜（包浆）则始终来不及形成就受到程度更重的腐蚀脱落的破坏（图 345～图 355）。

（7）细打磨较之粗打磨线性更明显，方向性更规律些，特别接近于现代电动打磨痕迹特征，二者易混淆，需要仔细查证线痕的深浅粗细的变化以及是否细密平行（图 356～图 361）。

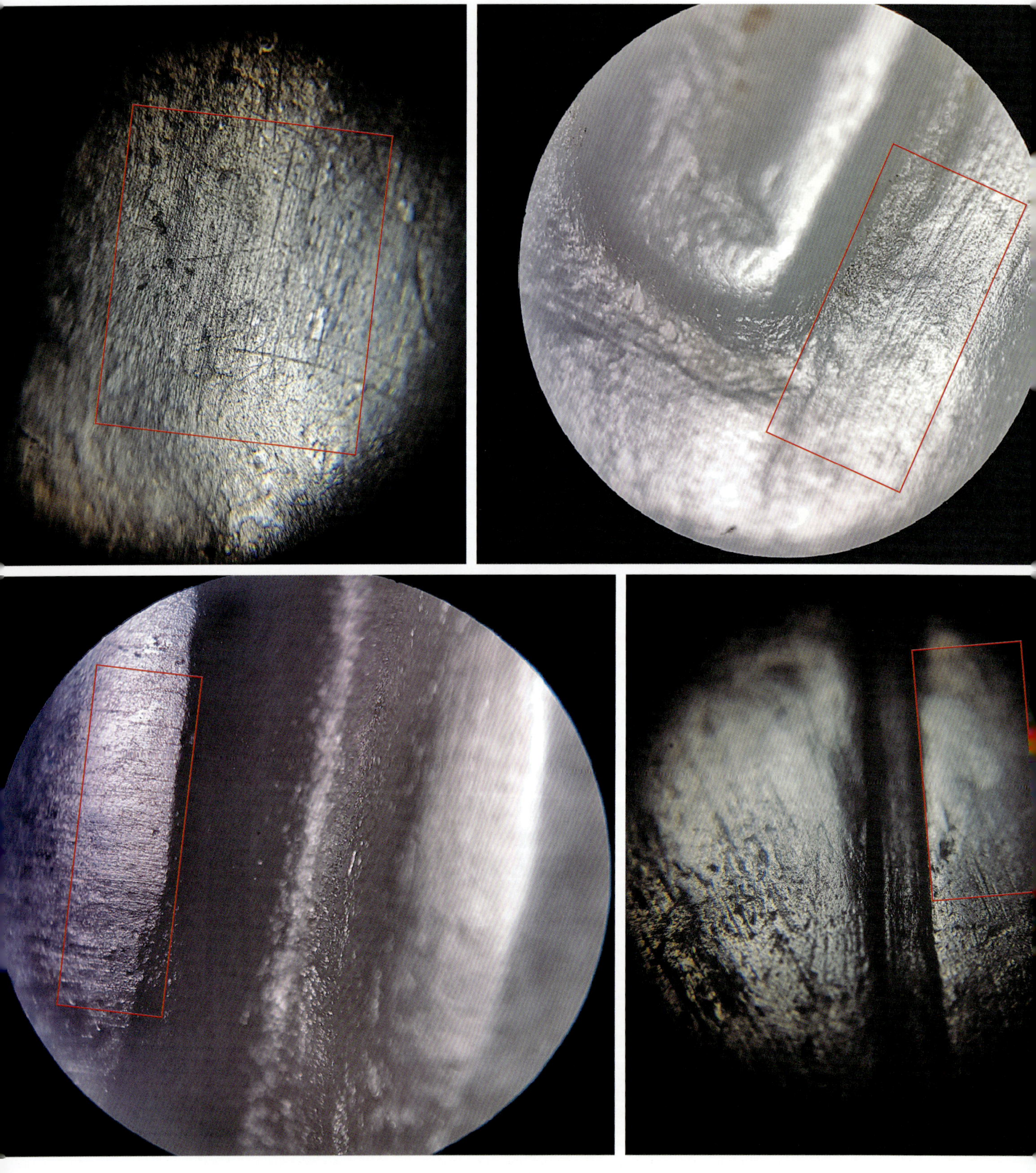

图 356～图 359 细打磨痕迹特征

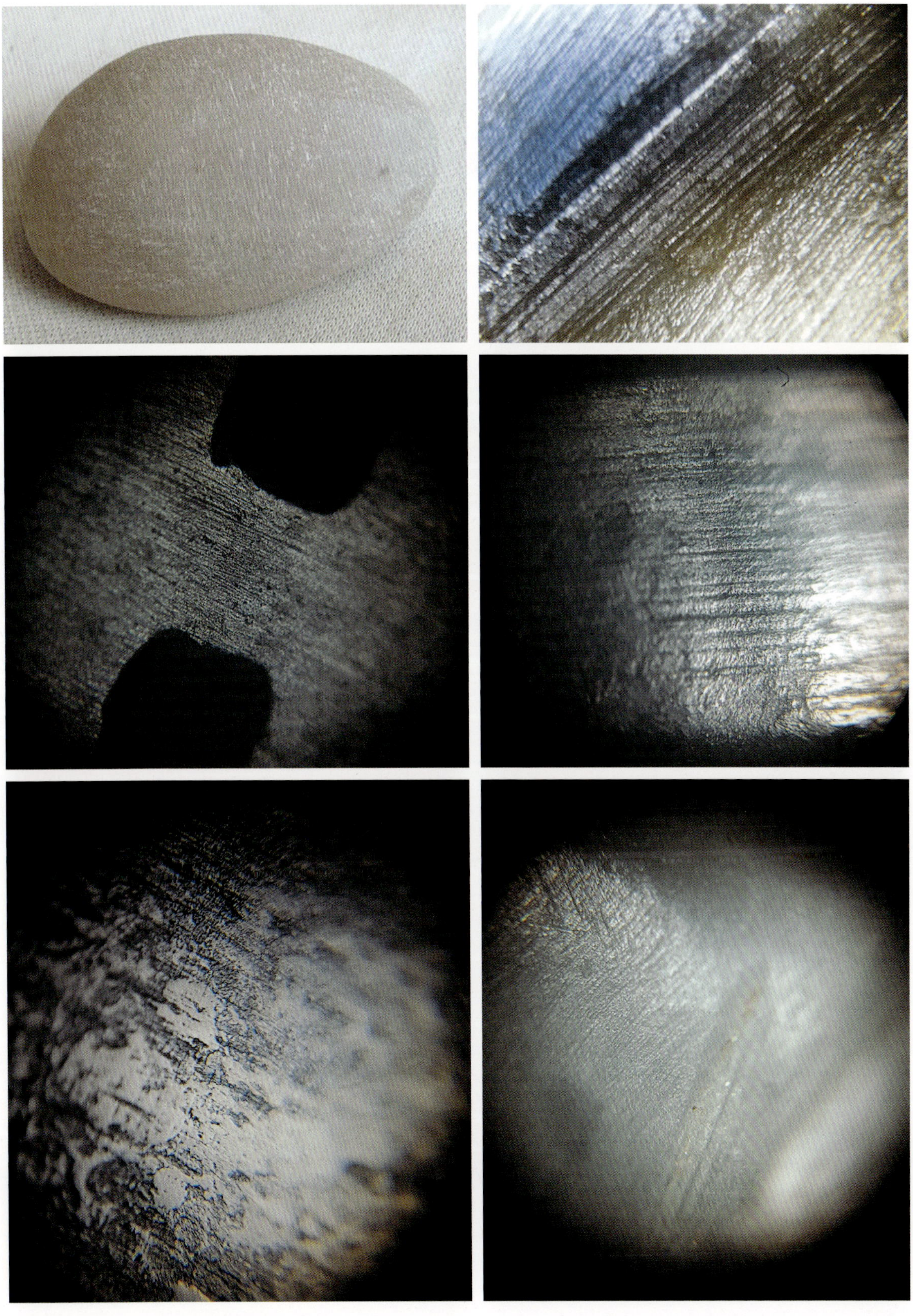

图 360～图 365　电动打磨痕迹

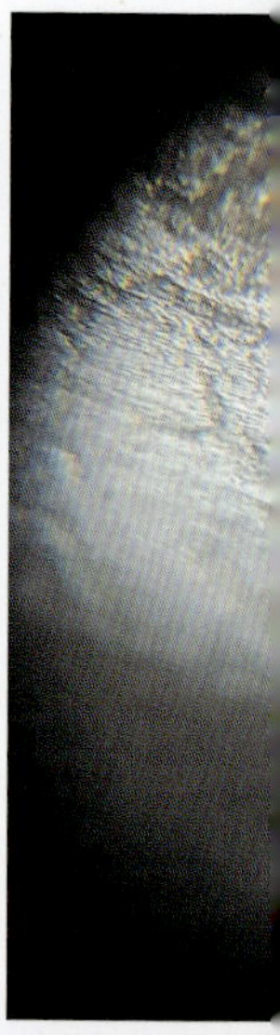

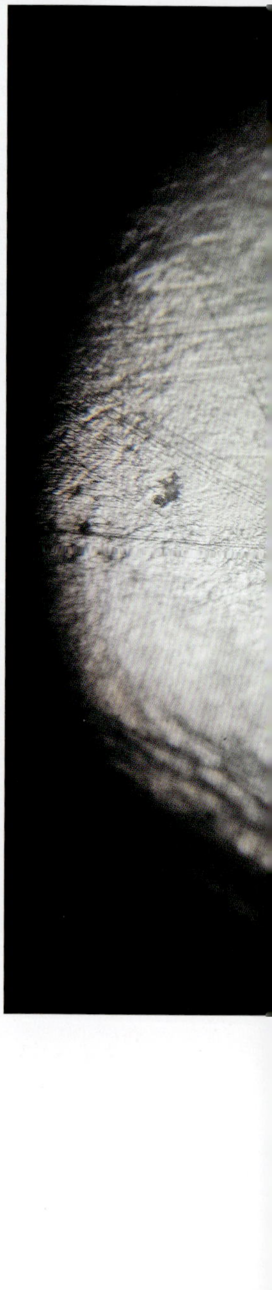

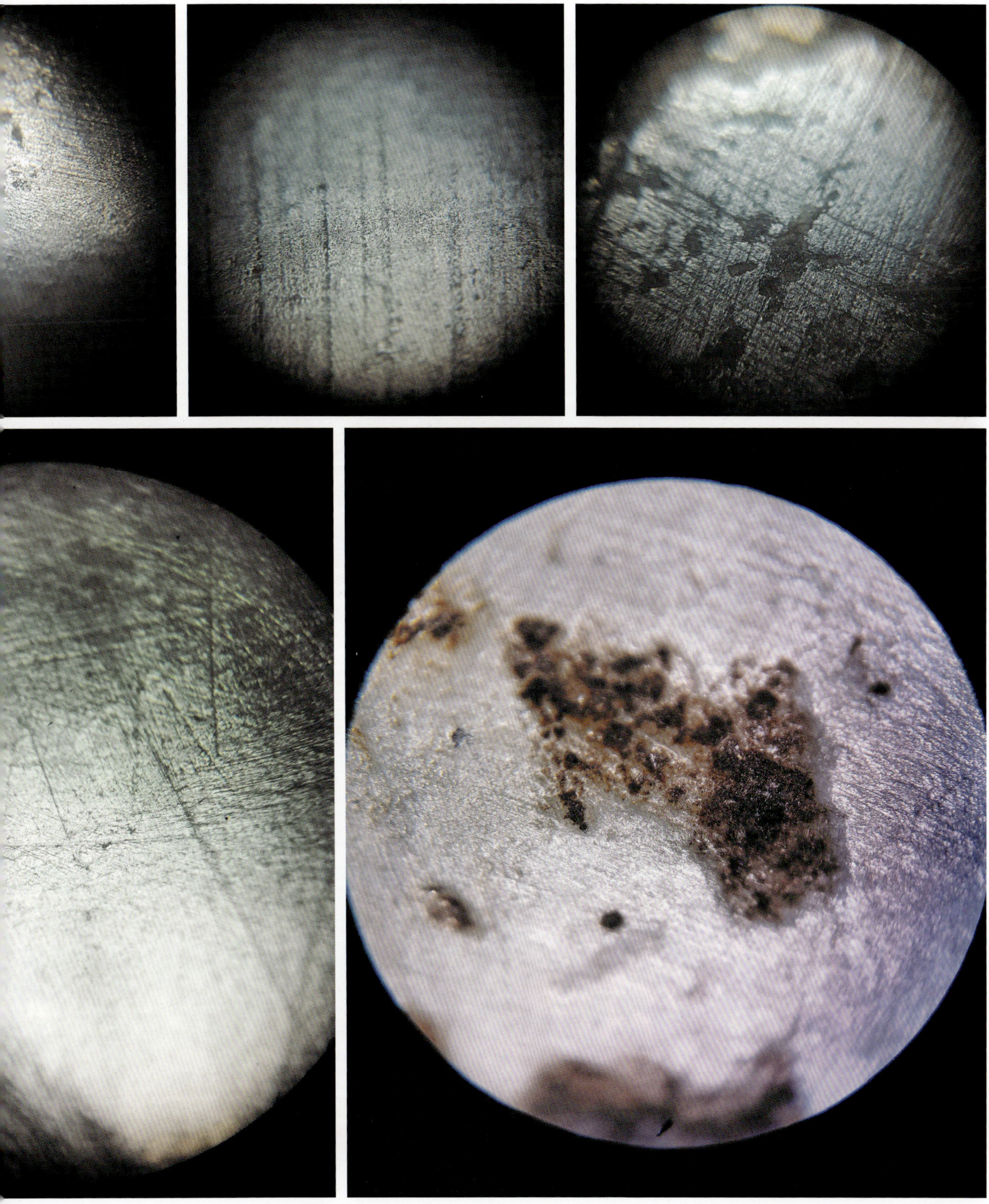

图 366～图 373　现代仿品电动打磨痕迹

图 374～图 376 现代仿品电动打磨痕迹

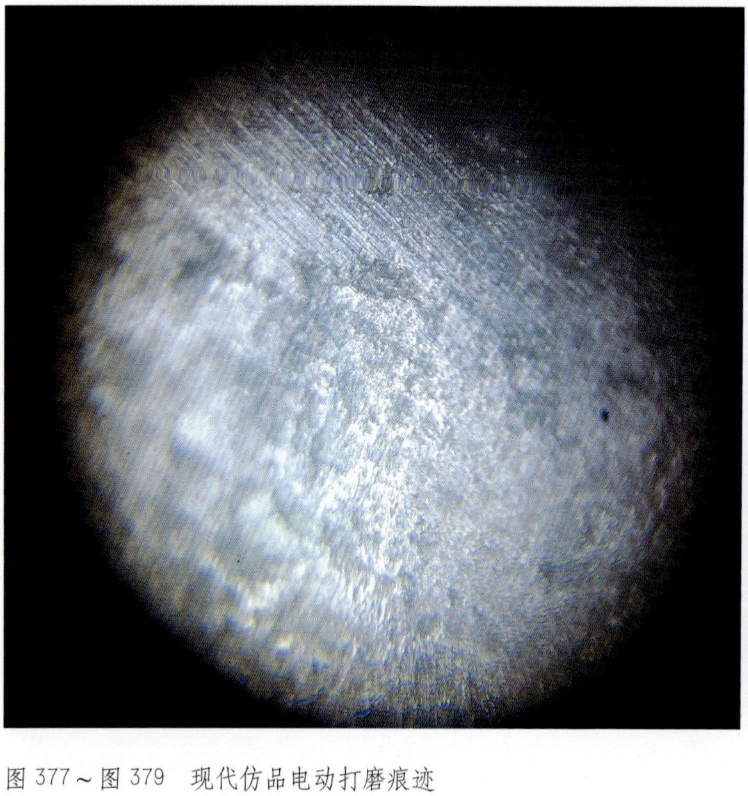

图 377～图 379 现代仿品电动打磨痕迹

2. 电动打磨痕迹特征

打磨面是平整划一的平面，电动磨具多次接触玉器表面轻磨，也会出现很多不规则的片状抛面，而每个抛面内，则显现微米级细浅平行紧密排列的痕迹特征，规律性过于一致。手持磨砂棒手工揉光时，线痕显得比较杂乱，但是由于砂砣一体，极易出现各种弯曲的打磨痕（图 360 ~ 图 379）。

（六）抛光痕迹

经过抛光工艺的玉器一定会留下抛光痕迹，抛光痕为线性痕迹，系较细小的解玉砂摩擦残留下来的痕迹。严重腐蚀全部破坏抛光痕的特例是有的，但数量较少。玻璃光玉器表面依然有轻微的抛光痕残留。抛光主要分为软质工具抛光与硬质工具抛光两种。抛光工序一般是多次进行，可夹于其他工序中使用，绝大多数玉器则在最后一道工序中出现，也有少量不抛光的玉器。主要用兽皮、竹子茎、硬木、葫芦瓢等工具。

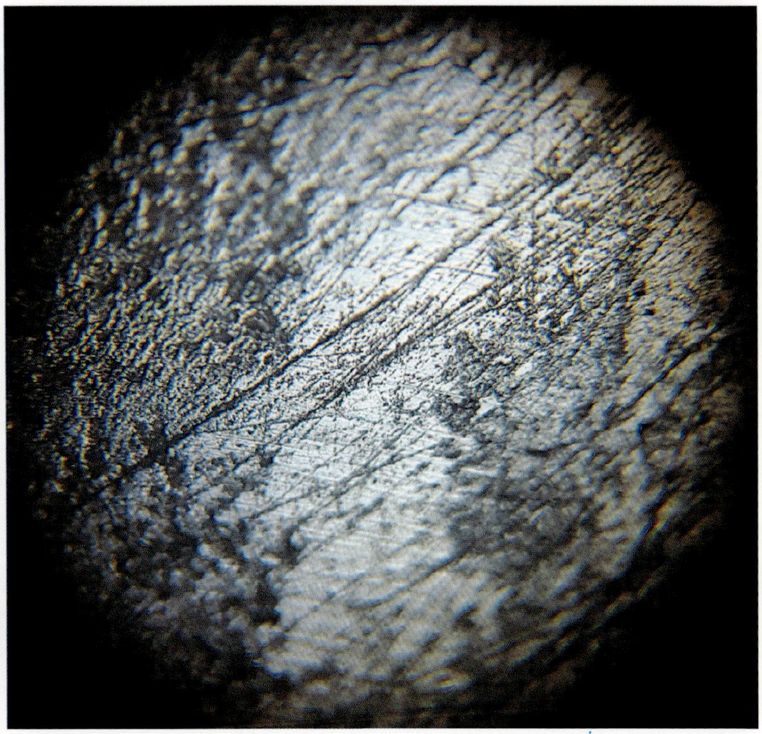

1. 硬质工具抛光痕迹特征

其表面的痕迹因砣具的使用，砣具与解玉砂挤压，线性痕迹随着砣具的运转而生成，该痕迹较之手工软质工具抛光短。因砣机往复运转与解玉砂的游离效应，线性痕迹会产生深浅不一、

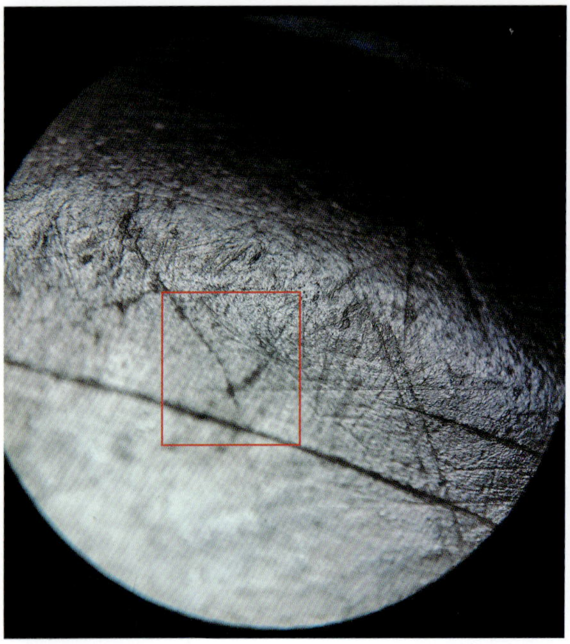

图 380　细碎杂乱的痕迹

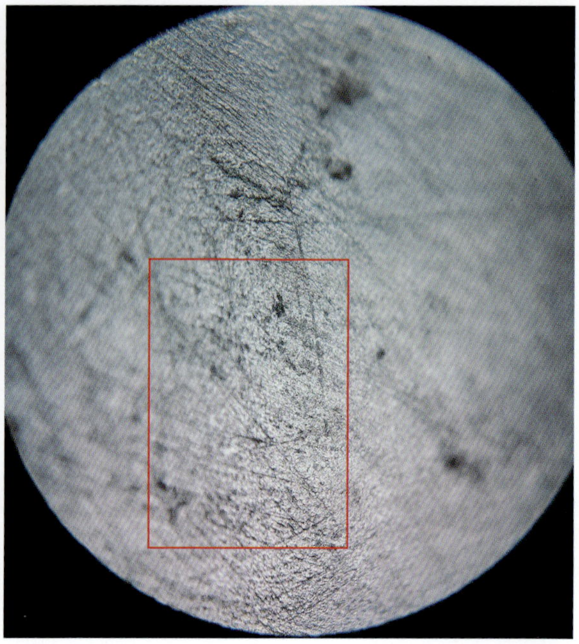

图 381　细碎杂乱的痕迹

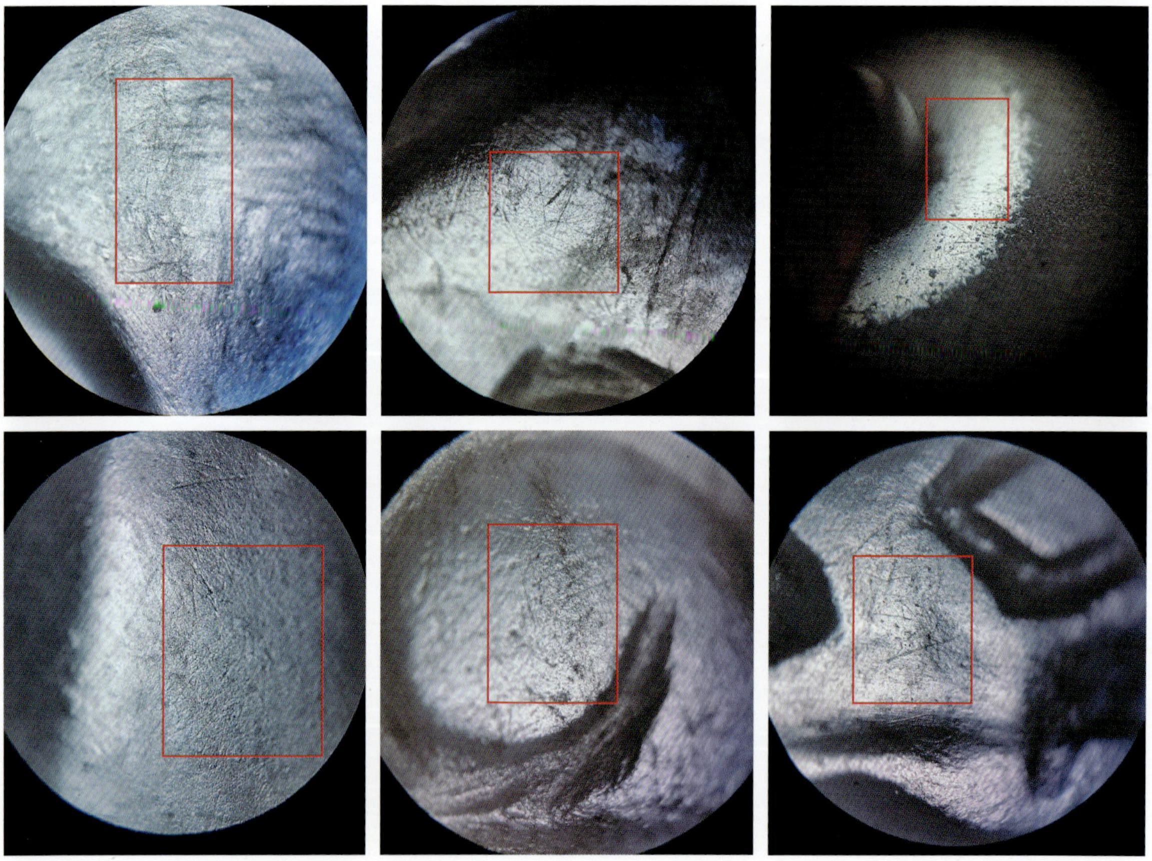

图 382～图 387　抛光痕

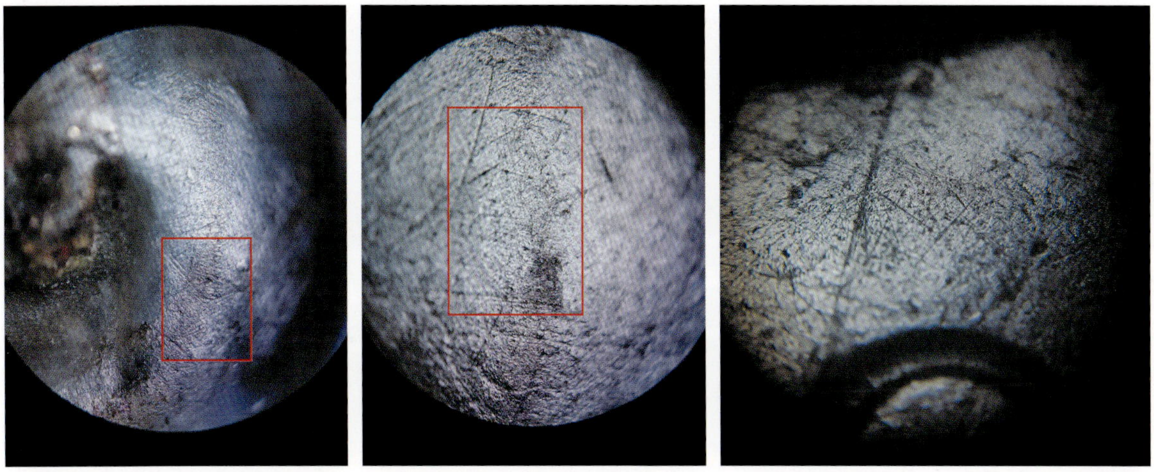

图 388～图 390　抛光痕

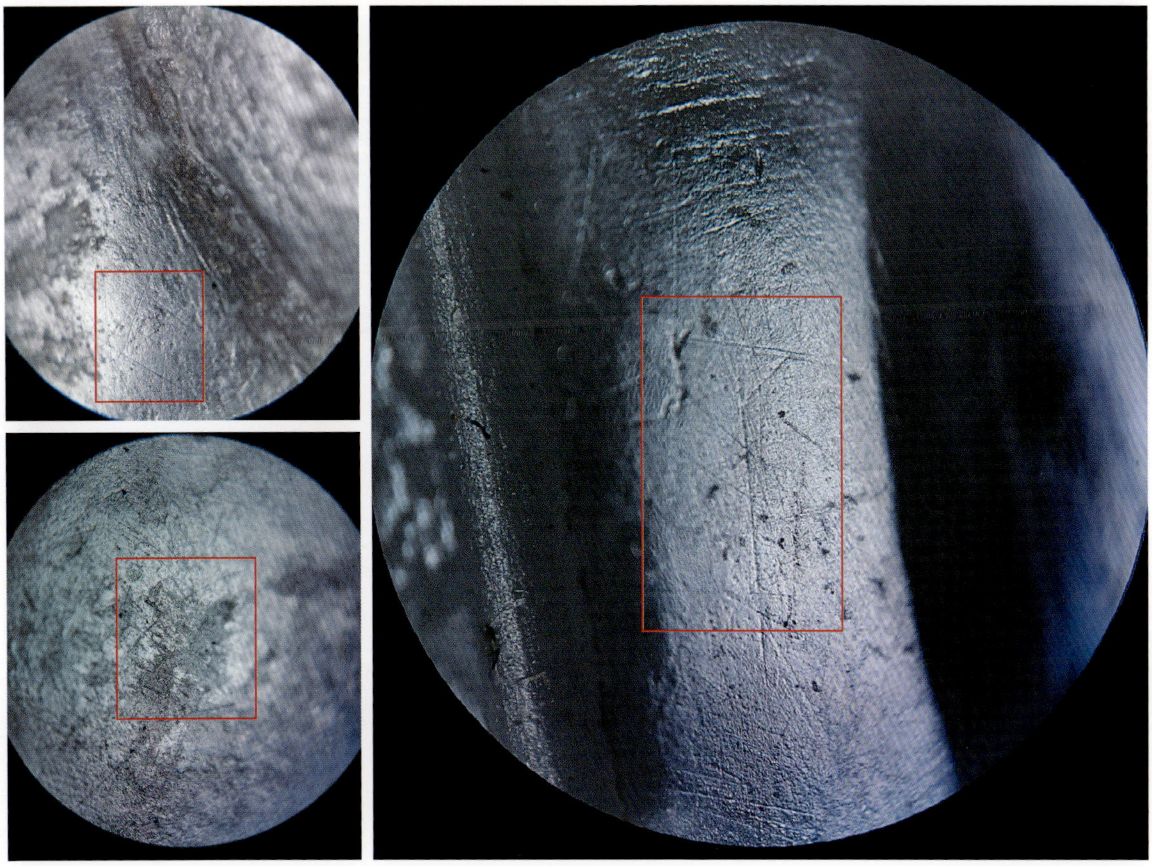

图 391～图 393　抛光痕

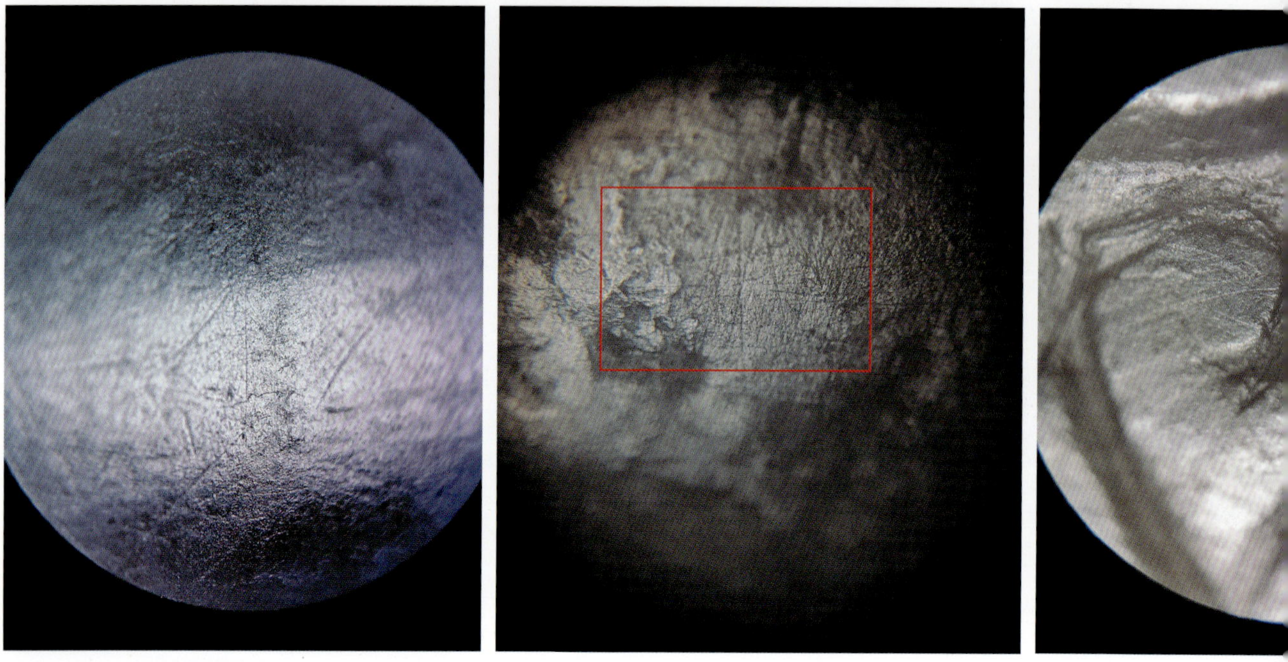

图 394～图 398　抛光痕

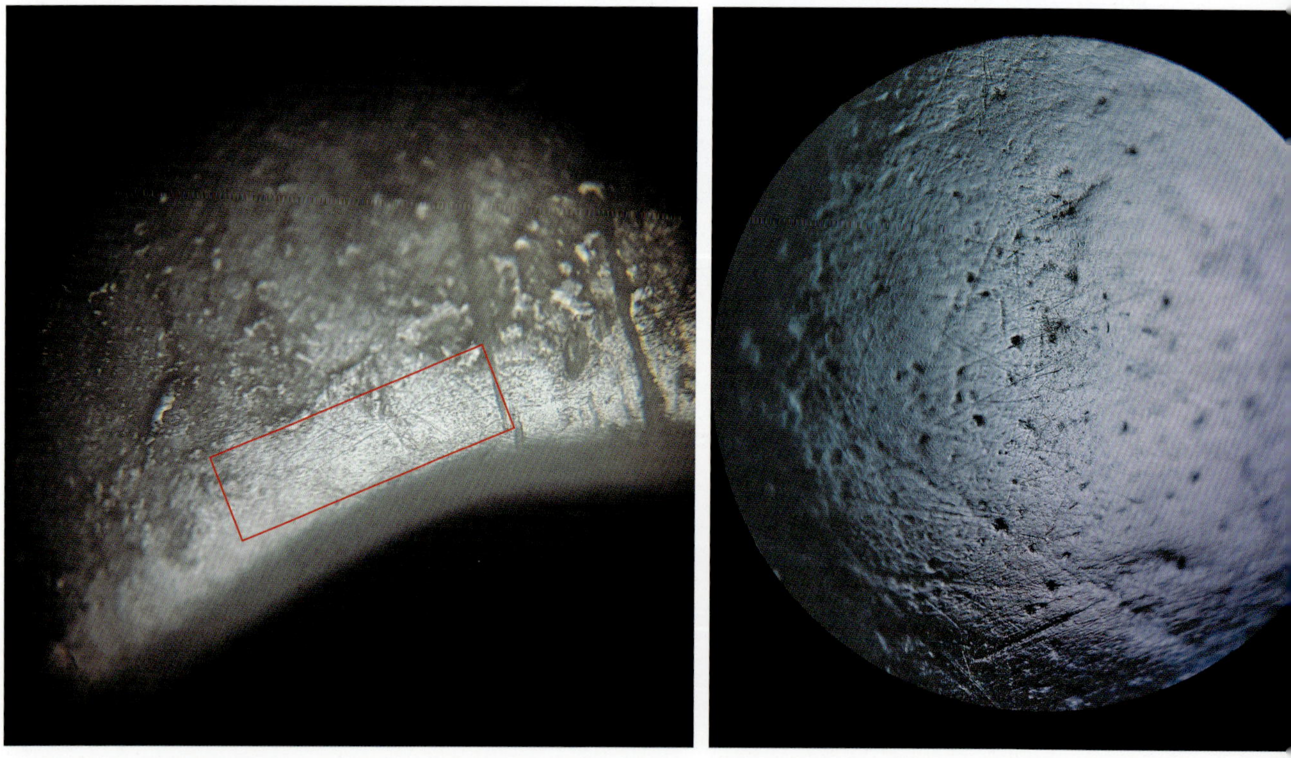

图 399～图 402　抛光痕

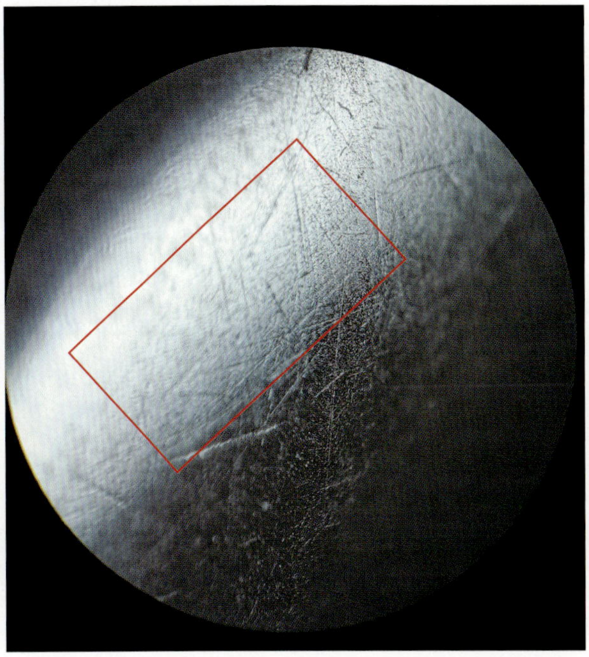

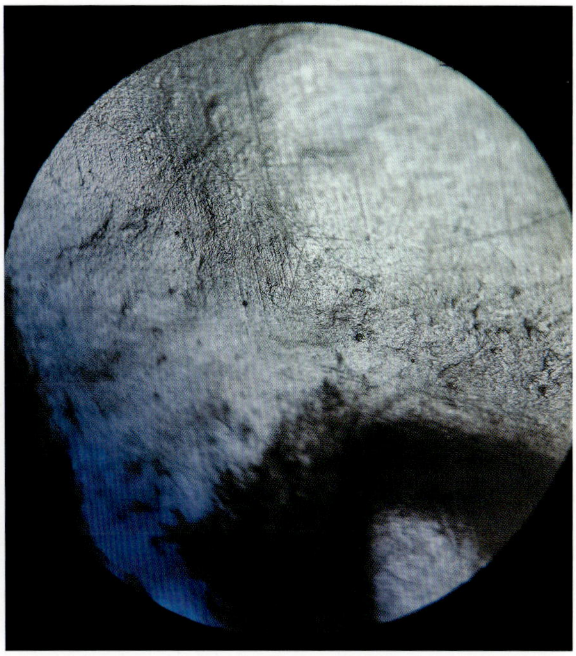

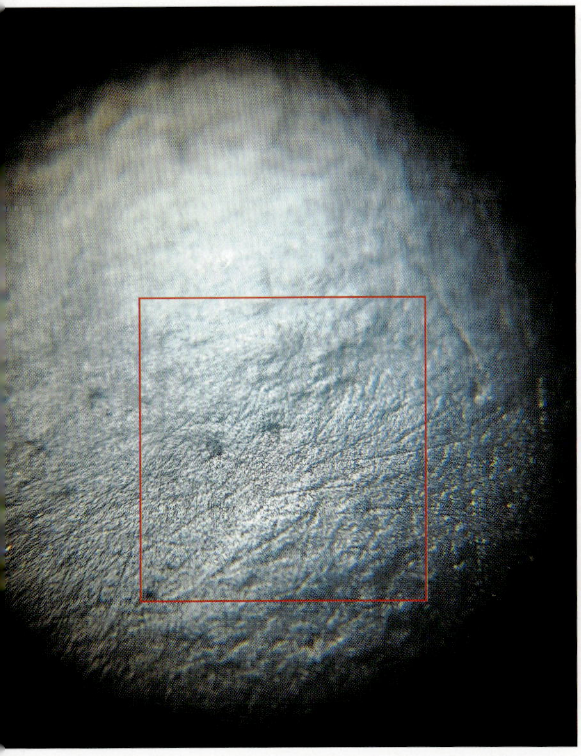

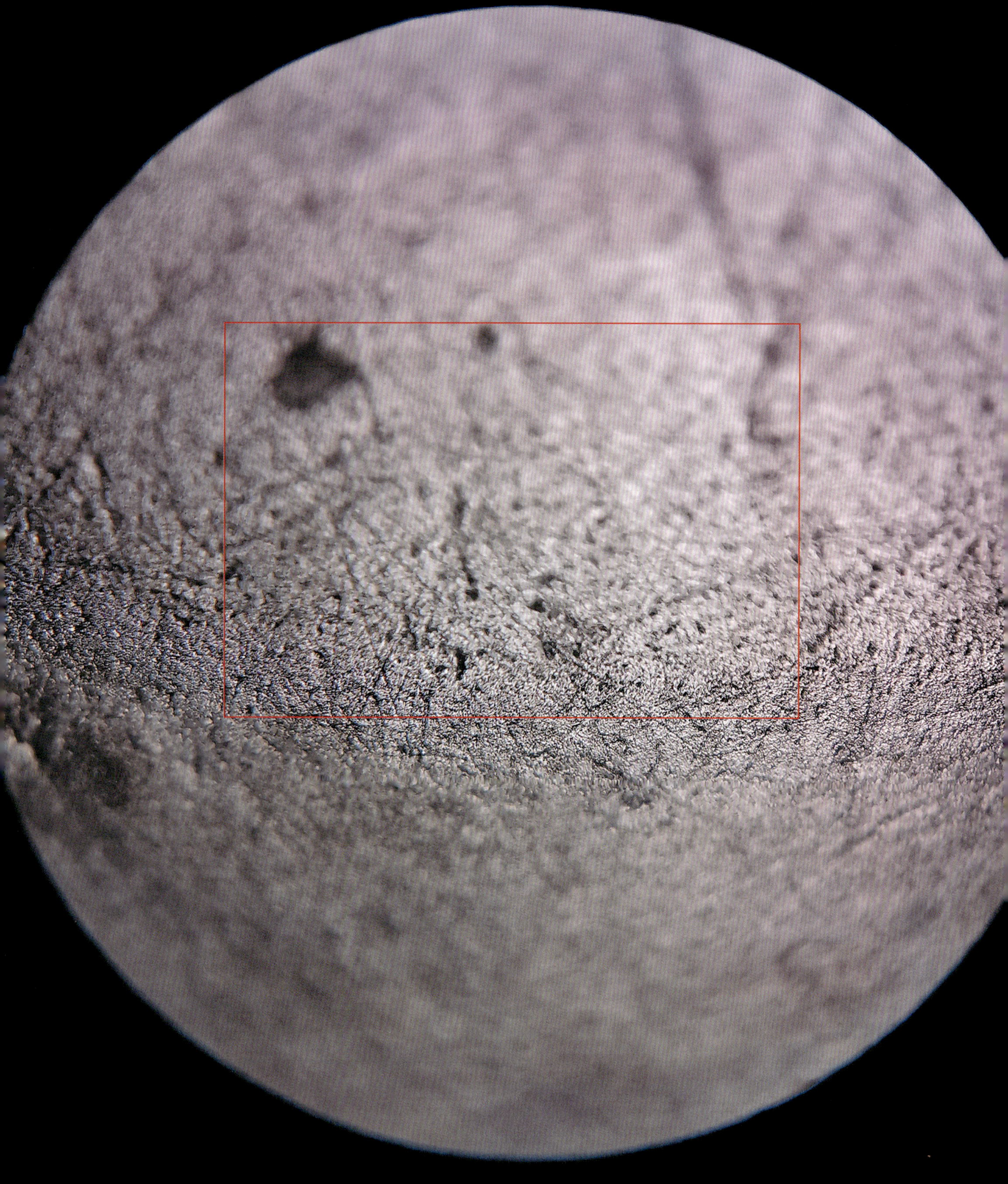

图 403　抛光痕被腐蚀的部分

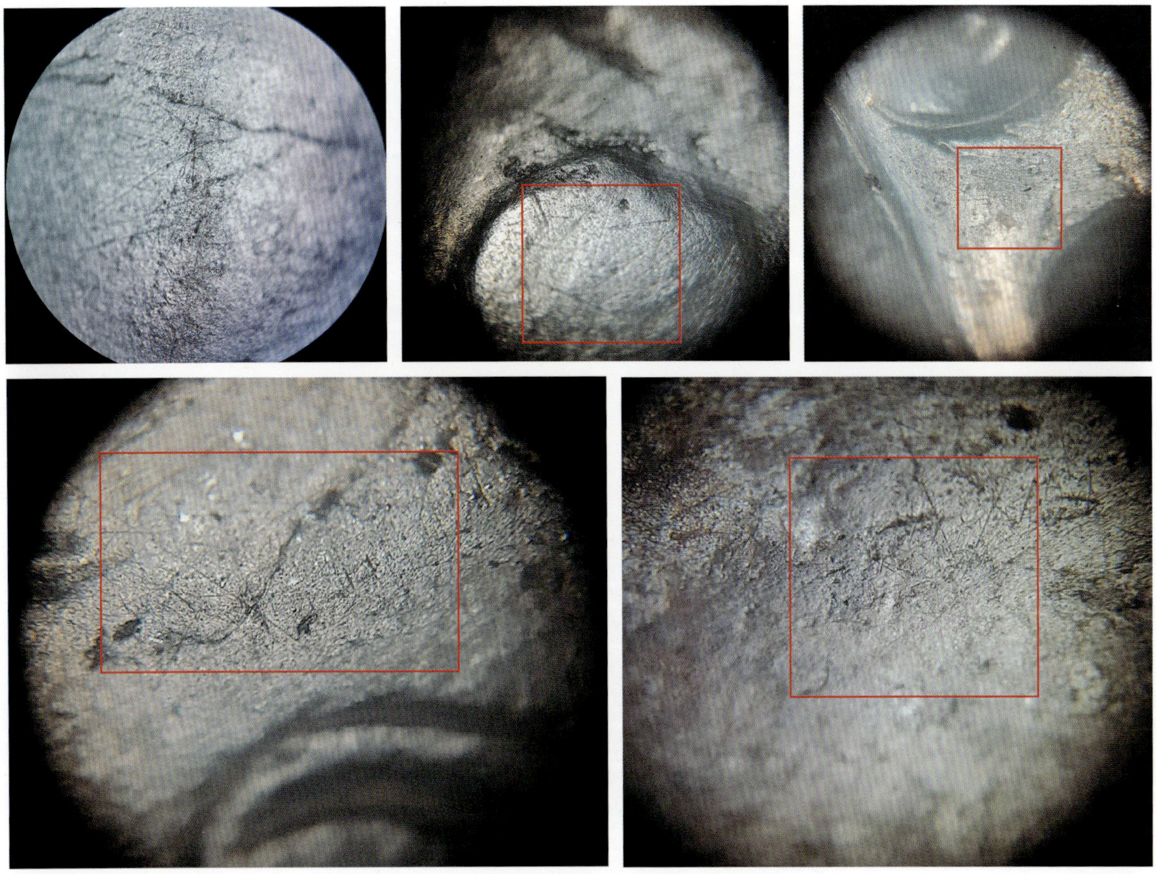

图 404～图 408　抛光痕

图 409　抛光痕被腐蚀叠加变得模糊

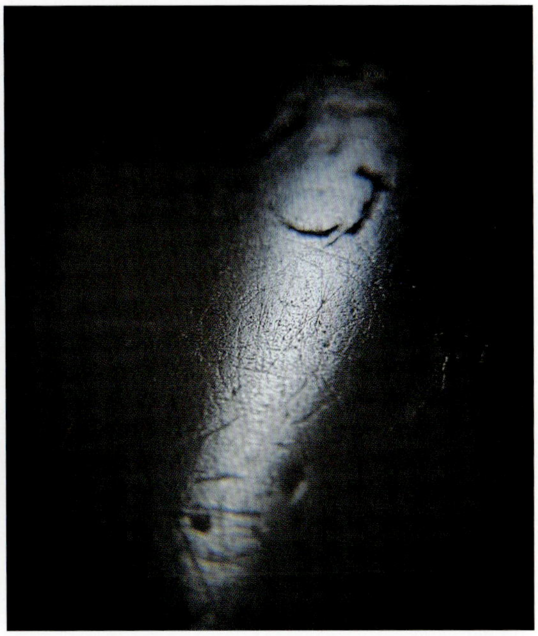

图 410　抛光痕与存世磨损痕叠加

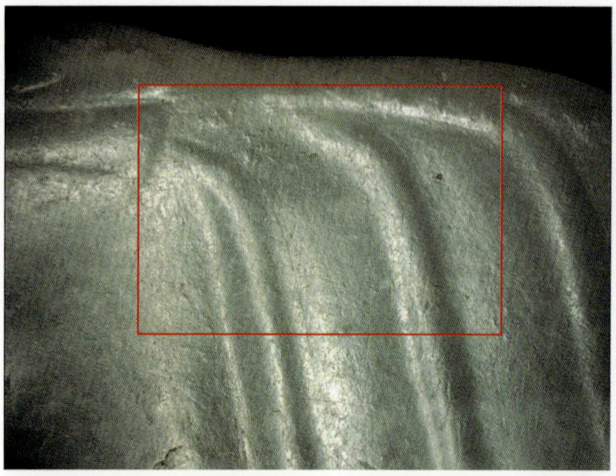

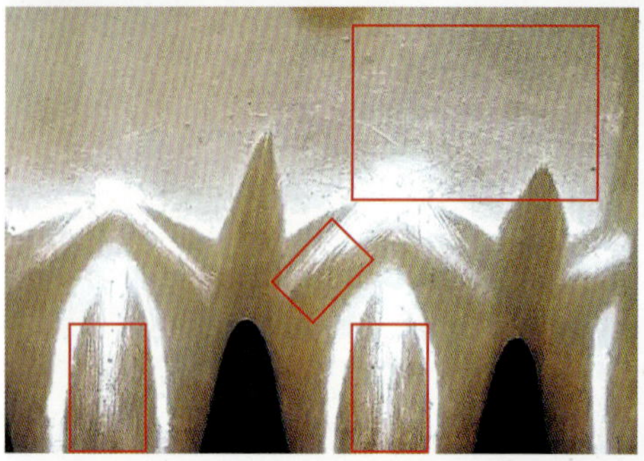

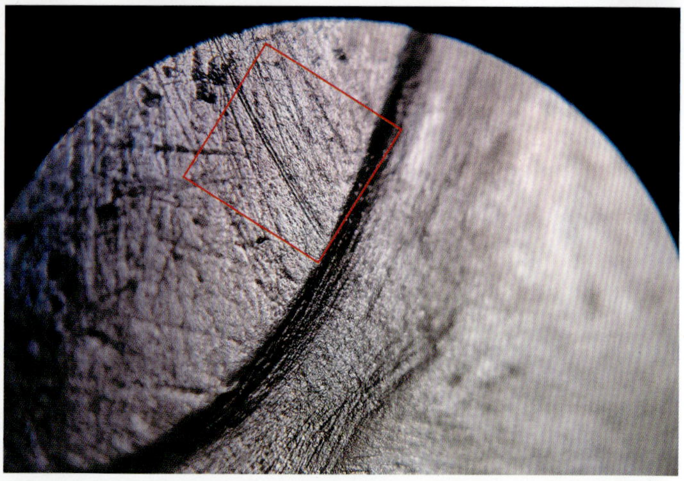

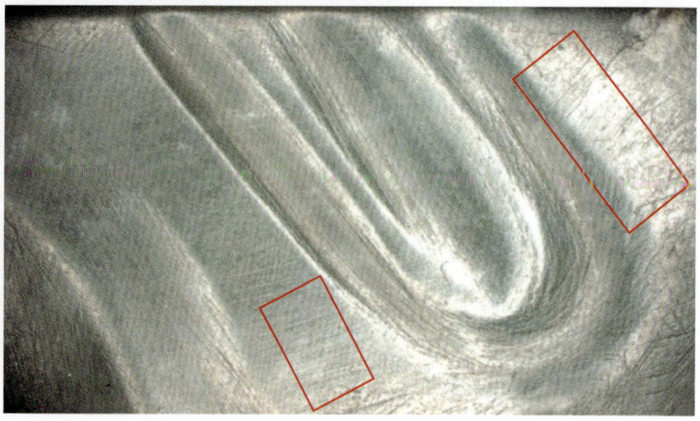

411	412
413	414
415	416

图 411　红山文化玉器较长的手工抛光痕

图 412　类似推磨痕

图 413～图 416　软质工具带动解玉砂类似推磨痕迹，但比推磨用砂更细

417　图 417　水亮的抛光
418　图 418　高度细密平行同组的痕迹
419　图 419　高度细密平行同组的痕迹

方向不一、长短不一、粗细不一现象，整体痕迹呈杂乱、细碎、无序的特征（图 380～图 410）。

抛光时易留下轻薄橘皮纹。存在乱线如杂草状的痕迹，与磕碰磨损导致的刻画痕迹有别。

所有抛光痕迹均为直线线性痕迹，绝无弯曲的抛光痕。

2. 软质工具抛光痕迹特征

手持硬的兽皮蘸解玉砂给玉器抛光，远古时期应用较多。其表面痕迹因手工往复平行抛光，抛光用力的不均匀导致抛光痕深浅、粗细、长短等出现明显的变化，均为直线，绝不弯曲。因手工的软质抛光灵活性大，方向的一致性较强，但绝无规整的同向性与同组性线痕的出现。阴刻线边缘容易被此类抛光精磨出轻微的漫坡状（图 411～图 416）。

3. 电动抛光痕迹

以软质布条和毛刷形工具蘸上极细腻的抛光膏高速旋转抛光。抛光痕迹平行细密，具有高度的同组性，亮度高，呈明显的镜面效应。未抛光部分与抛光部分光泽反差大。阴刻线内非常亮，这是由于软质毛刷抛光工具可以把阴刻线底顺带抛光的原因，而且阴刻线边缘也因此变得明显漫坡状。常用的工具有电动牙机和抛光机装上软质抛光轮（类似磨玉机，带吸尘装置），较多抛光无痕的低档玉器则使用滚光桶震动抛光，超声波清洗＋烤箱过蜡（图 417～图 438）。

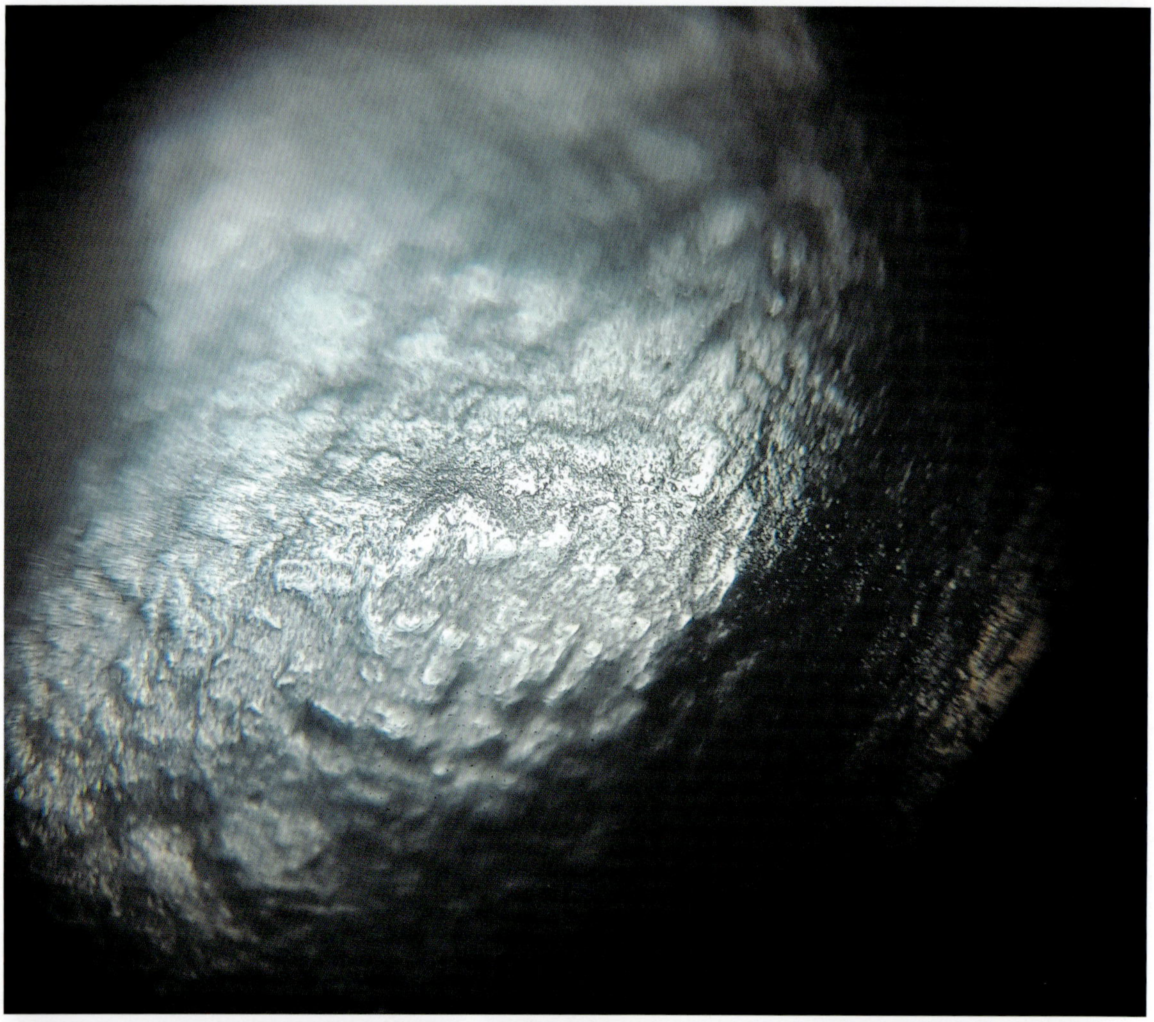

420
421 422

图 420 抛光无痕
图 421 抛光无痕
图 422 水亮的抛光

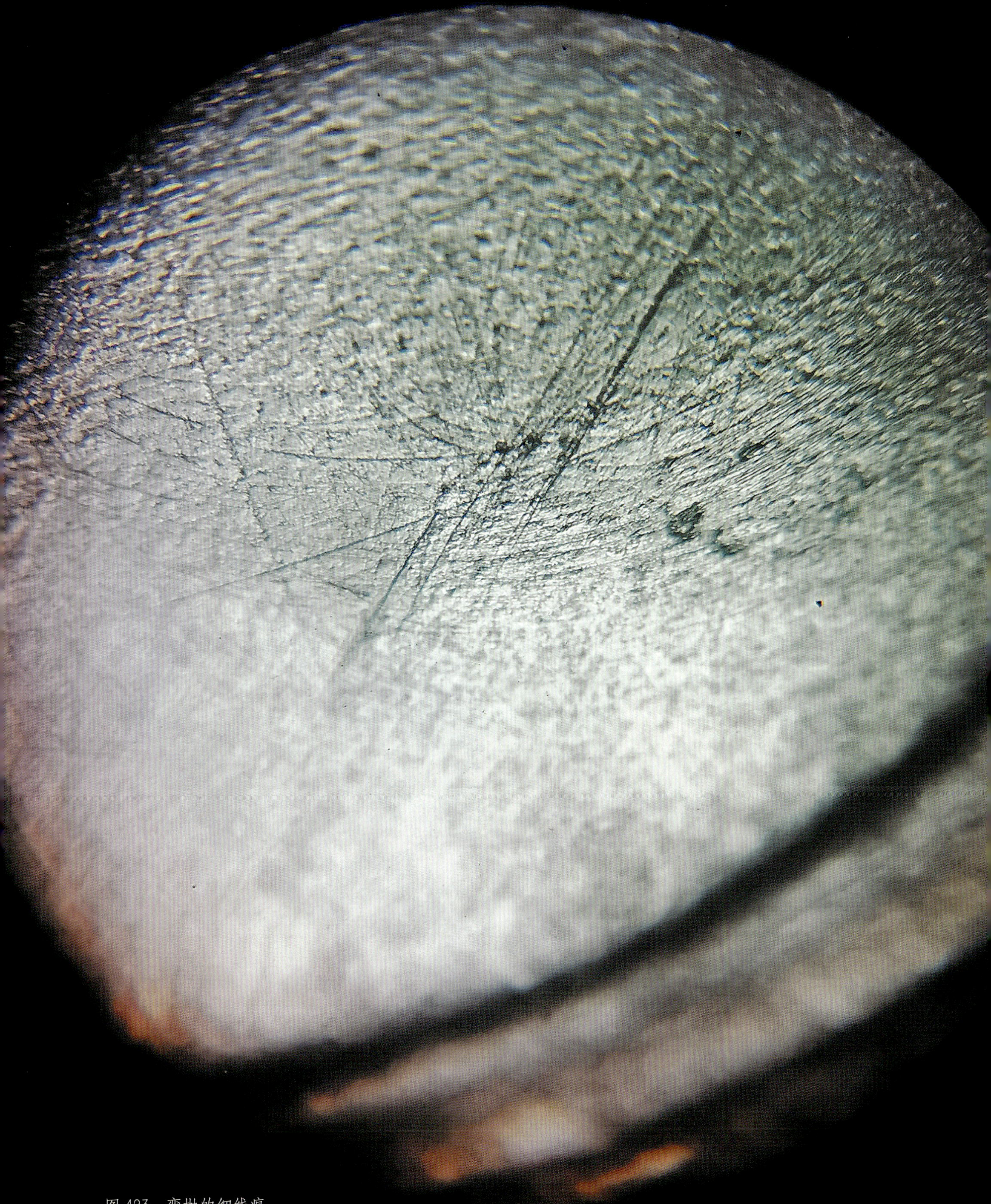

图 423　弯抛的细线痕

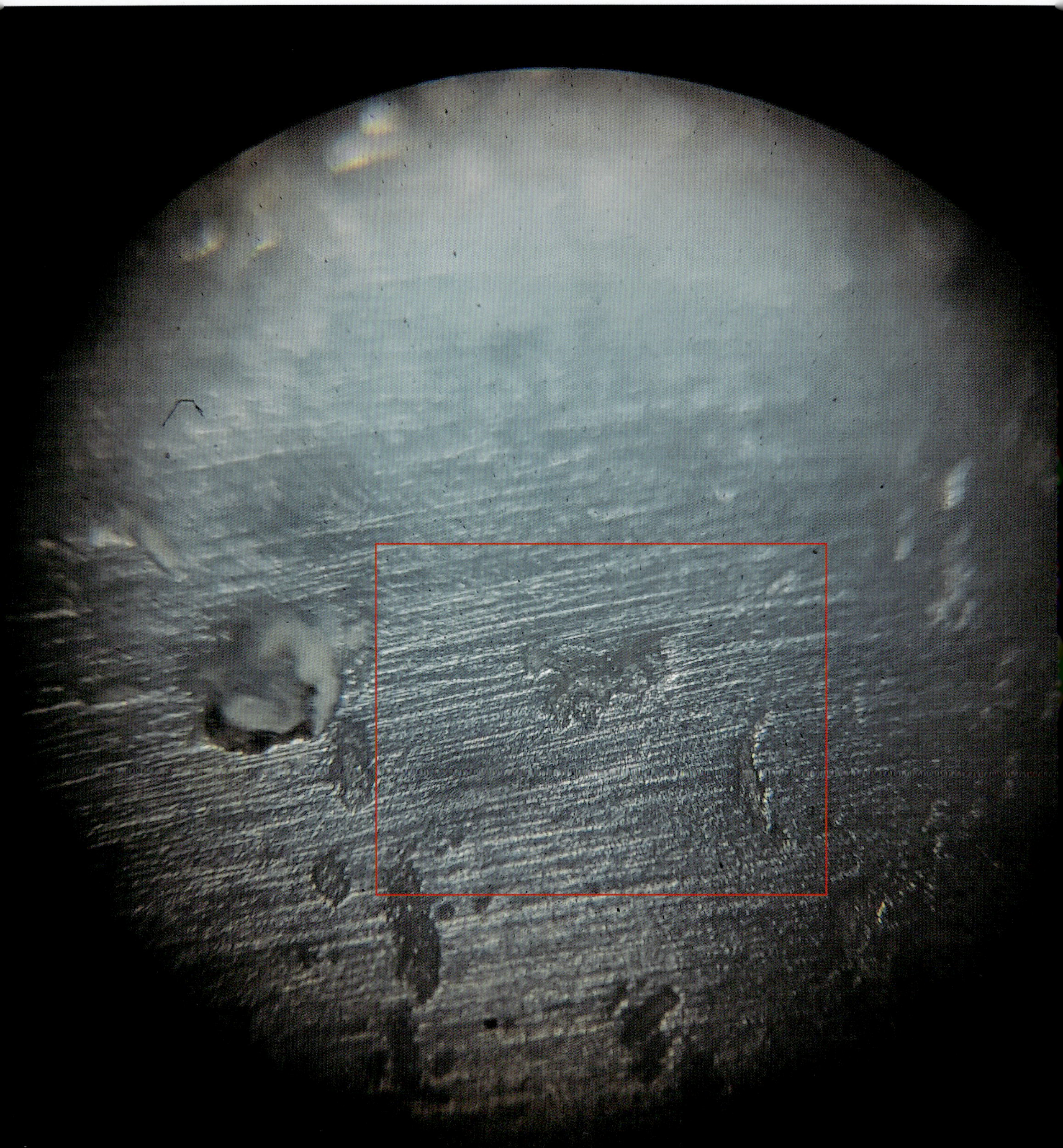

图 424　相当于细打磨的同组性较强的痕迹

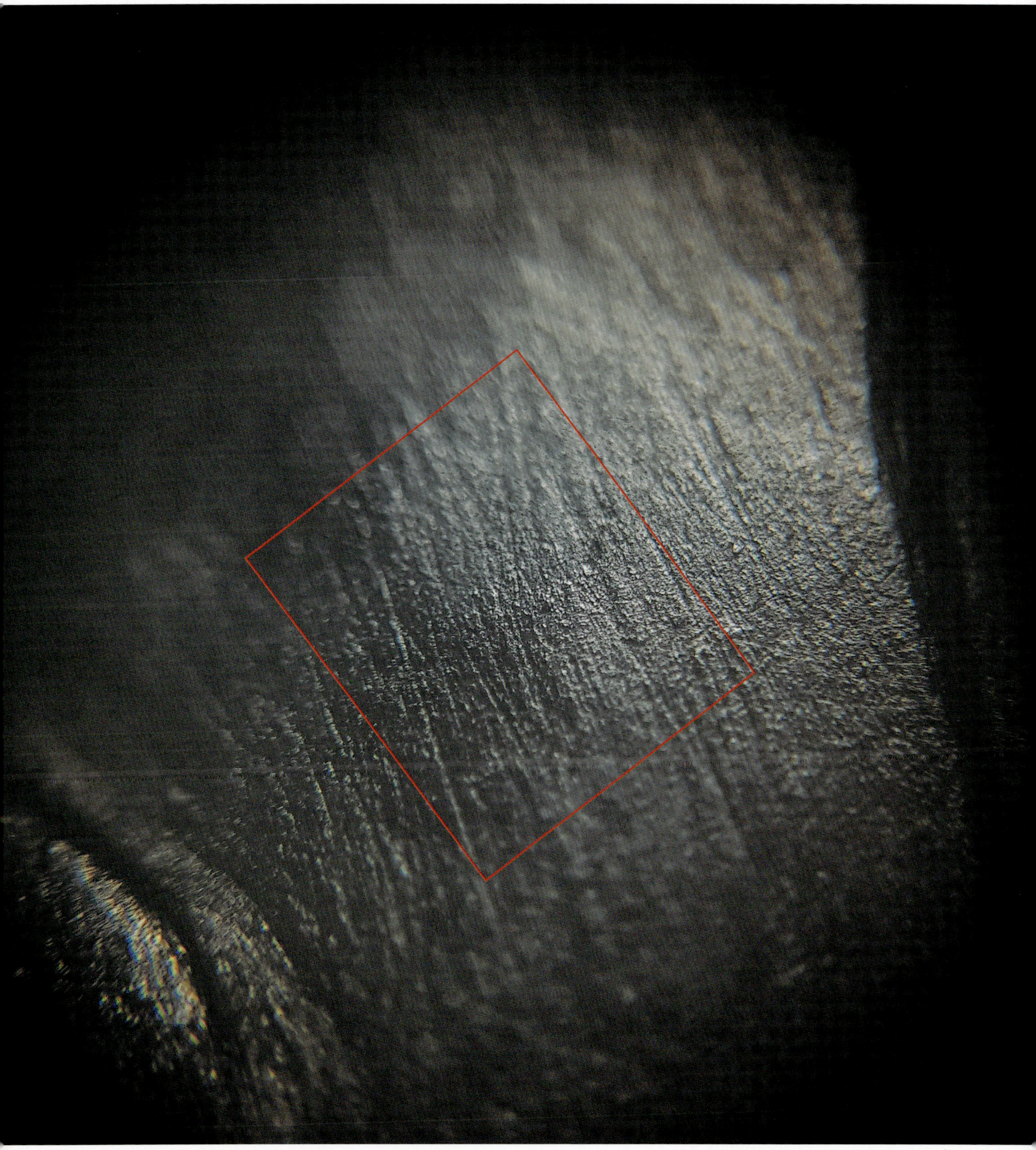

图 425　手工揉光痕迹无氧化

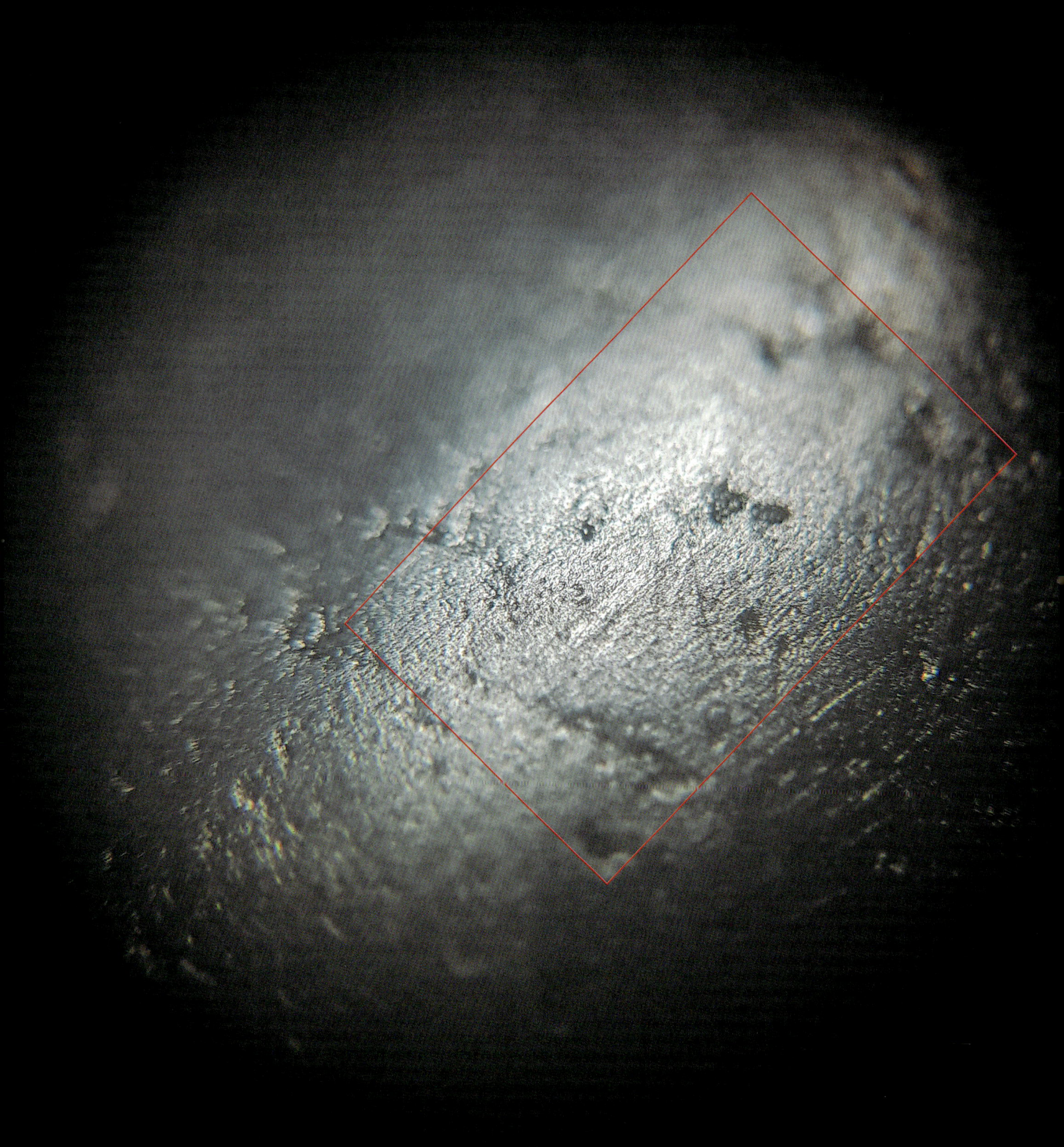

图 426　细密平行同组

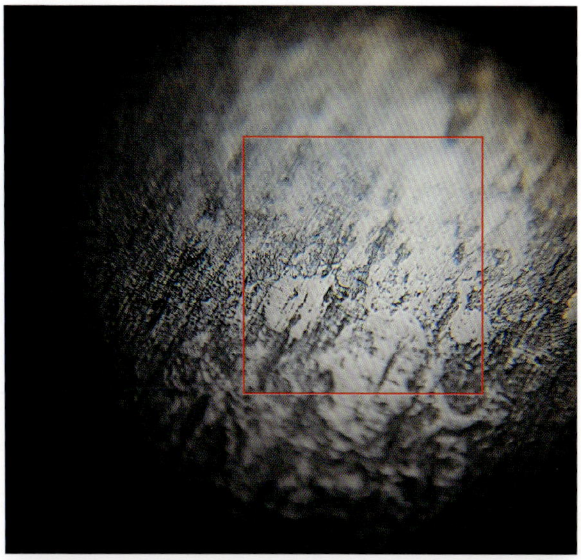

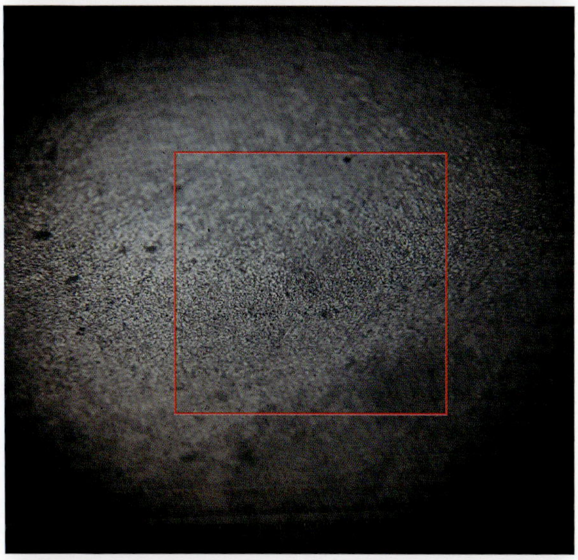

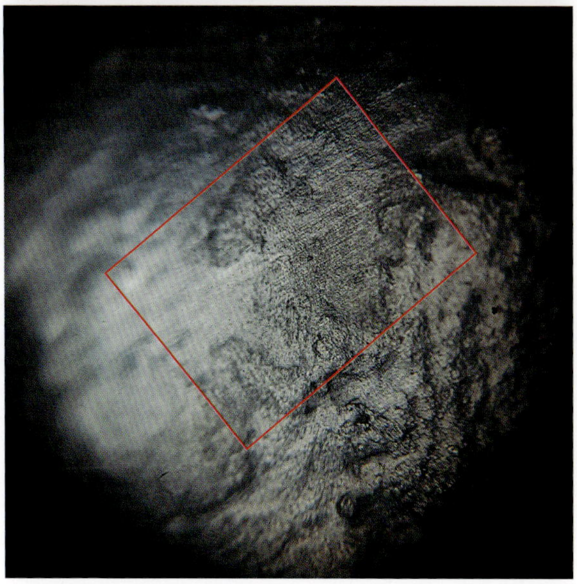

427
428
429

图 427 高速抛光工具留下的痕迹

图 428 无痕抛光

图 429 细密平行同组

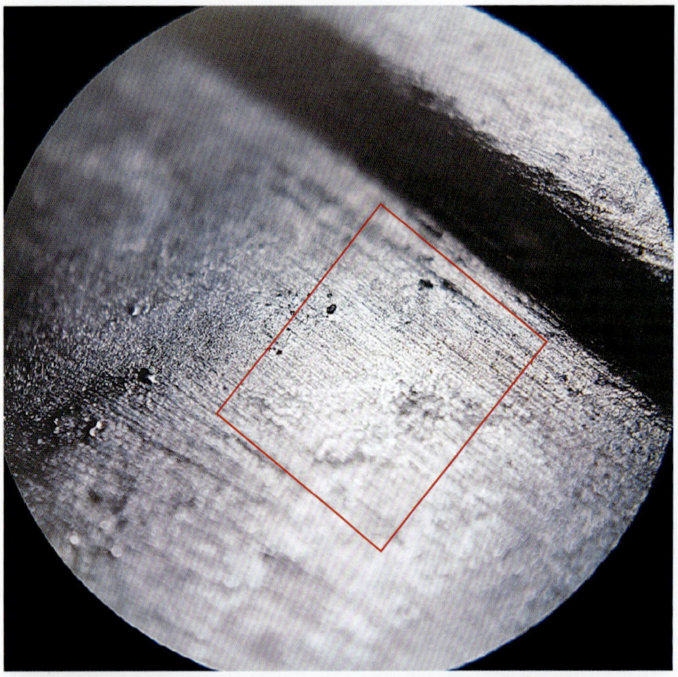

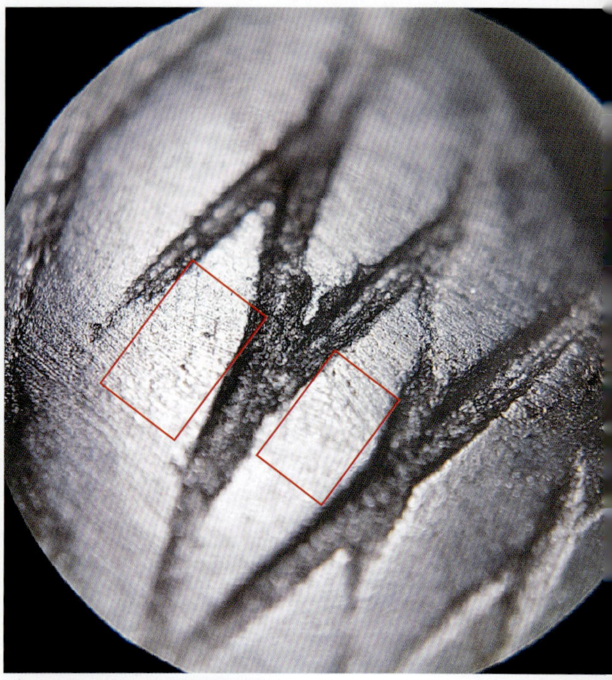

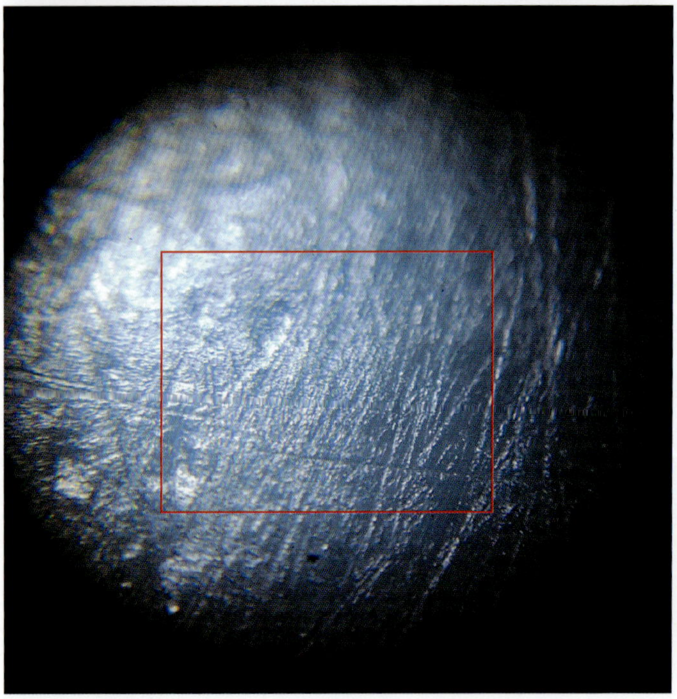

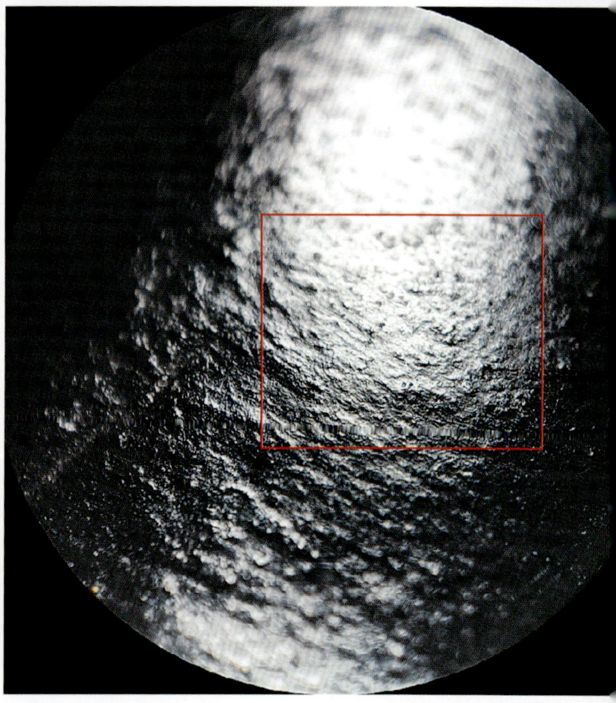

430	431	432
433	434	435

图 430 细密平行同组

图 431 细密平行同组

图 432 相当于细打磨的同组性较强的痕迹

图 433 手工揉光

图 434 无痕抛光

图 435 弯抛的细线痕

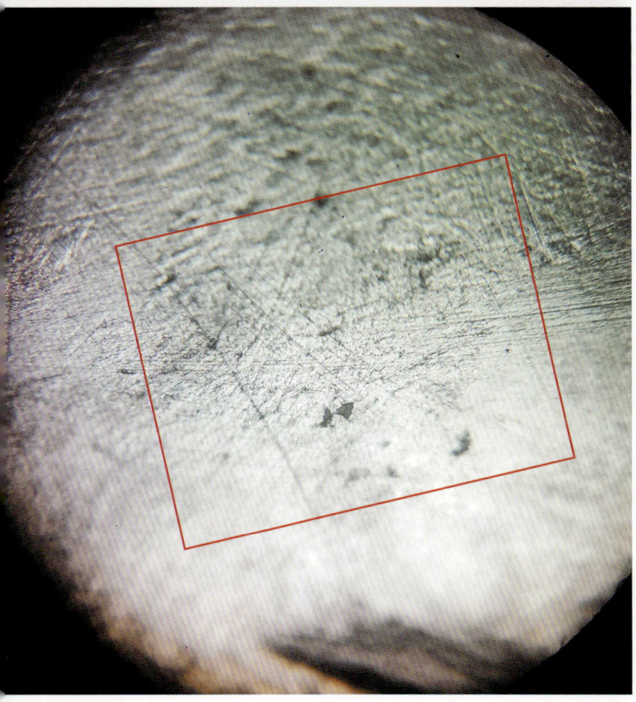

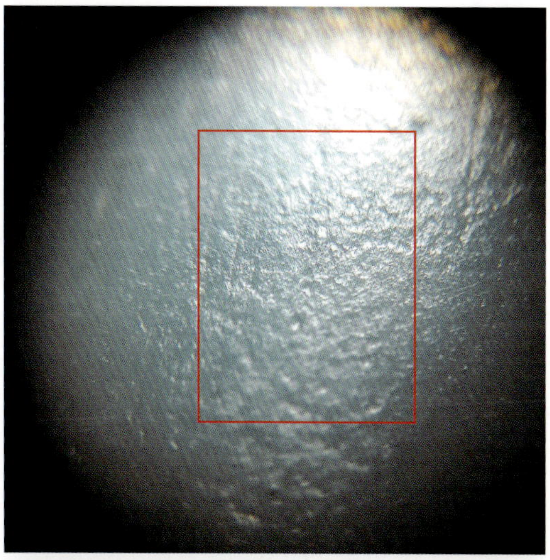

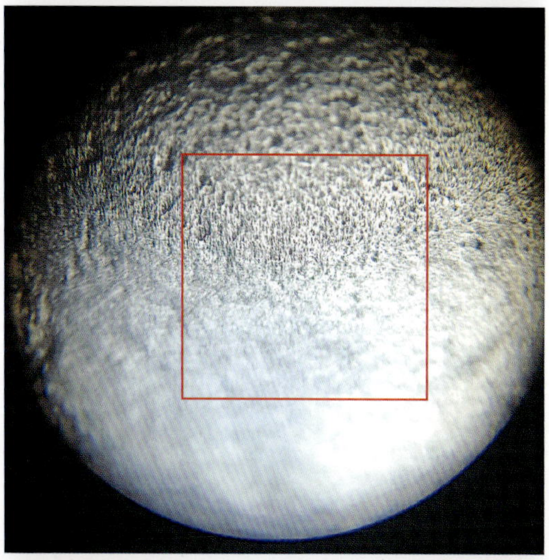

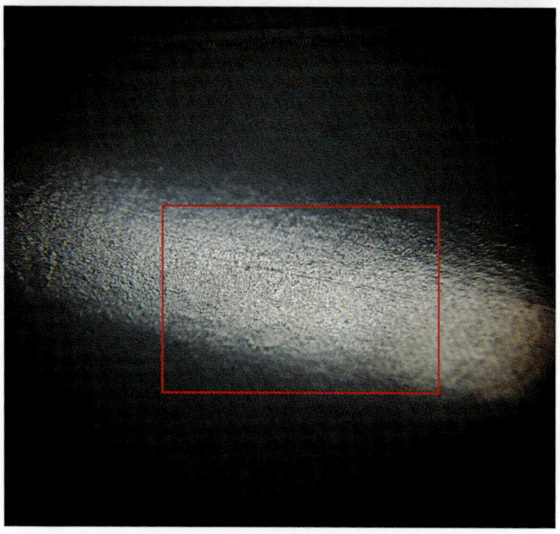

436　图 436　抛光无痕典型现代技术

437　图 437　细密平行同组

438　图 438　细密平行同组

（七）存世磨损痕迹（图 439）

1. 自然磨损痕迹特征

软玉类玉器在古代基本没有什么物质可以将其磨损，而古玉中常见的使用磨损痕迹均由外力的磕碰使然，也就是说没有磕碰基本不会磨损。所以不同程度的磕碰是形成这种磨损痕迹的要素。自然的使用过程中出现的磕碰痕迹与划痕有着偶然的特征，常见较明显突兀的一条长线出现，也有短粗的磕碰痕迹。痕迹可能会分布在玉器表面的任何位置，凸起部位更容易出现。每个磕碰痕迹与擦划痕迹都会体现清晰完整的特征，较之抛光痕显得比较长且粗暴，而且线痕大部分情况下是弯曲的，这也符合磕碰的成因。查证其痕迹的新鲜程度，可知磕碰磨损形成的大致时间。常见一端粗、深、宽，一端细、浅、窄，起点到终点过程清晰明显，部分抛光痕被磨损痕迹截断。因生成时间短，磨损痕迹内的氧化腐蚀程度相对轻于表面而显得新鲜。软质玉料磕碰磨损程度更重（图 440 ~ 图 456）。

2. 伪造磨损痕迹特征

其自身不存在偶然现象，有明显的人为故意刻画现象，线性痕迹过粗、过长，有明显的弯曲现象；痕迹内异常新鲜，无任何氧化包浆，全部叠压在伪造的氧化腐蚀痕迹之上。老玛瑙尤其是西藏天珠表面的磕碰痕迹，采用凿击的方法仿制（图457 ~ 图465）。

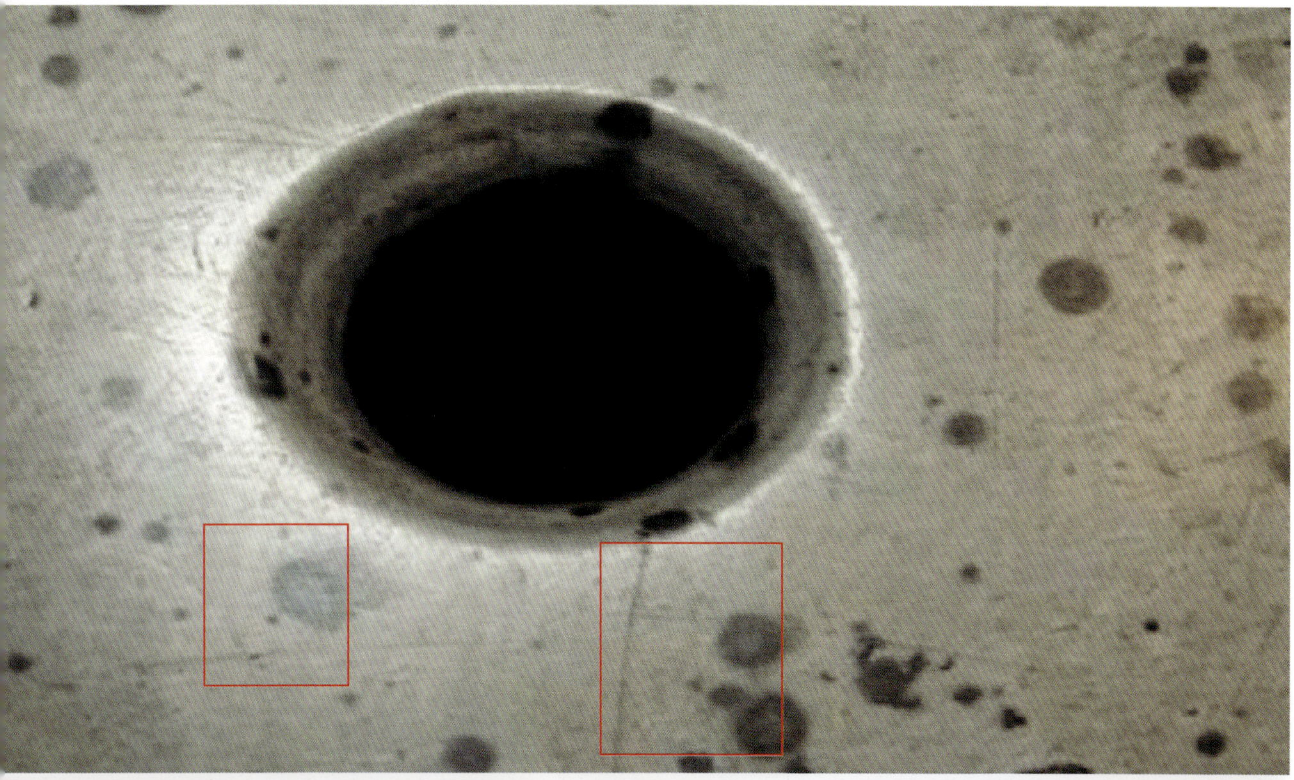

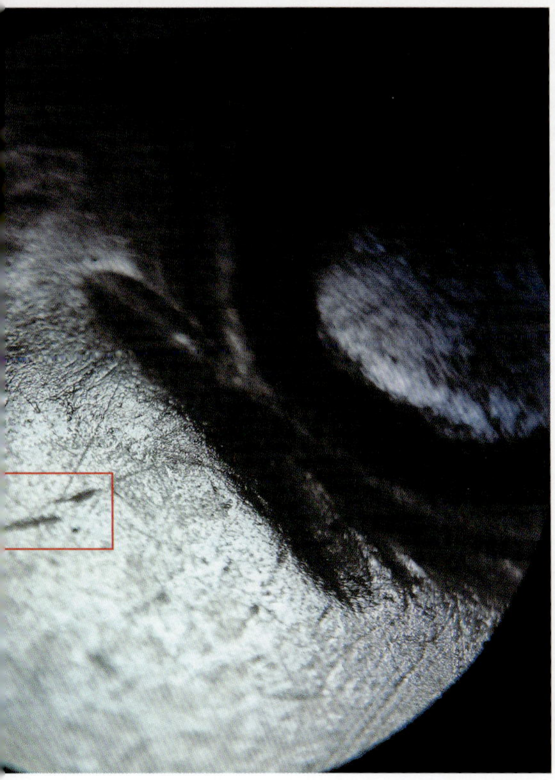

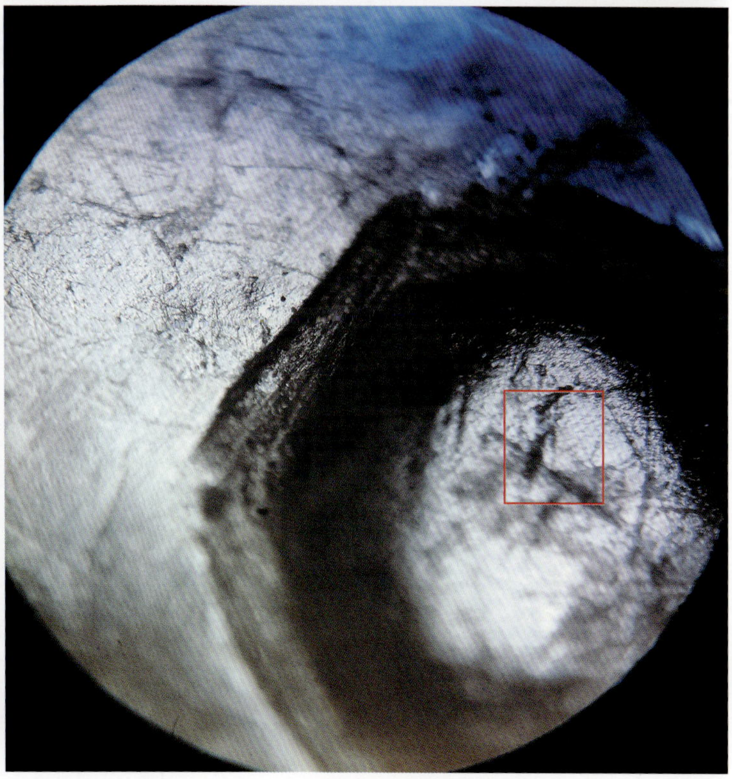

439　442
440
441　443　444

图 439　打洼槽内像牛毛一样的痕迹是逐渐改变方向的

图 440～图 441　存世磨损痕迹

图 442～图 444　存世磕碰磨损痕迹

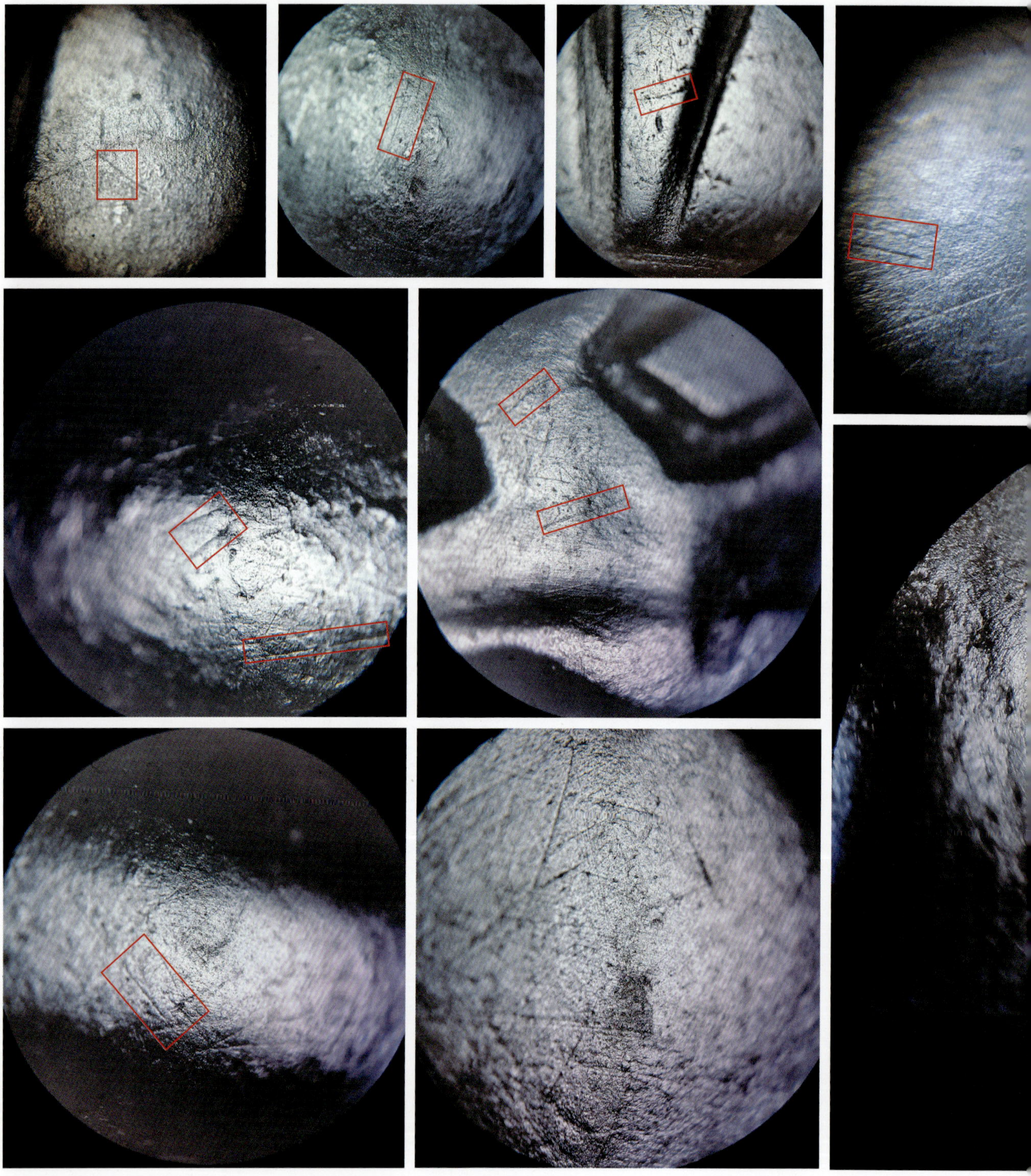

图 445～图 456 存世磨损痕迹

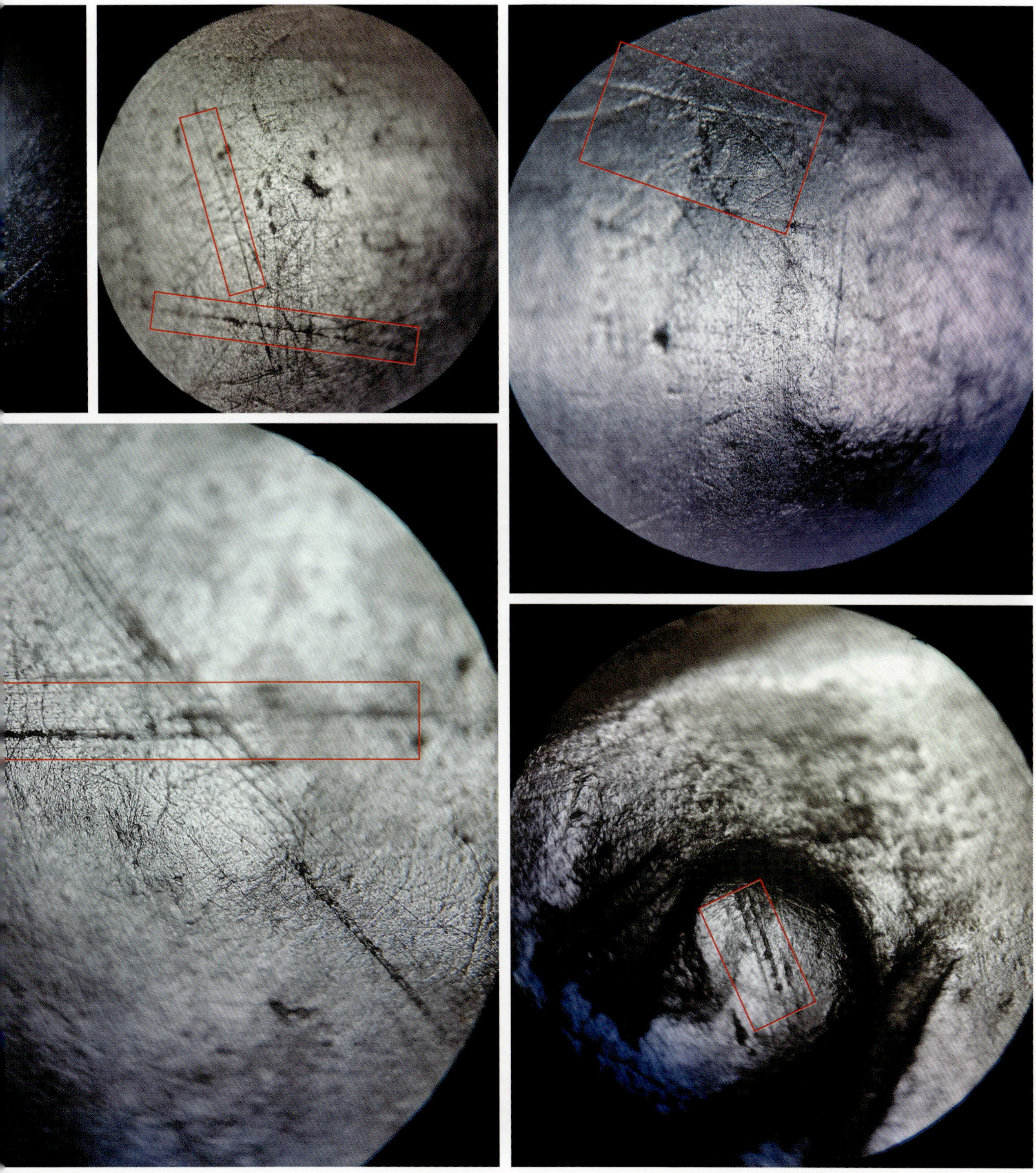

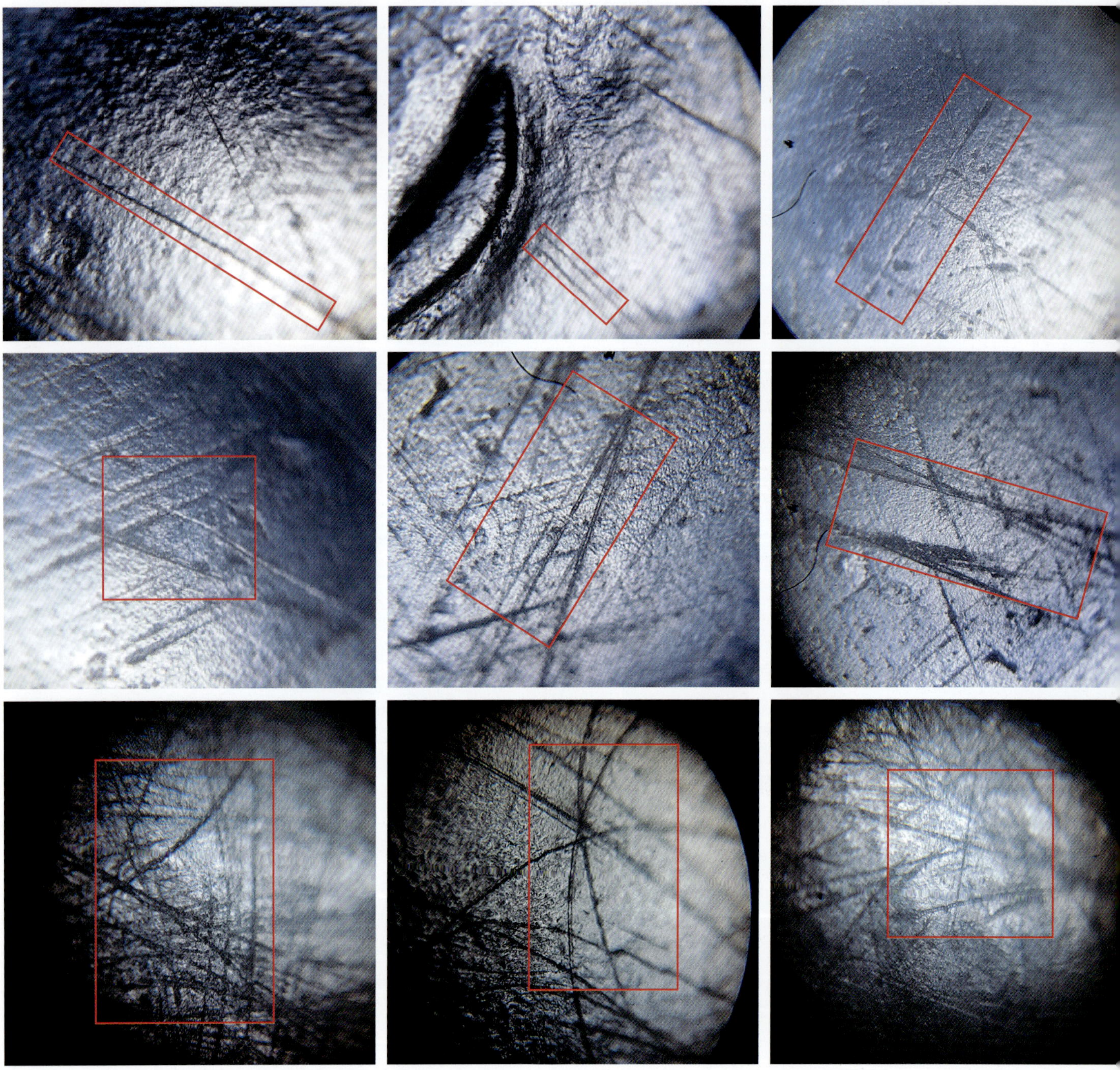

457	458	459
460	461	462
463	464	465

图 457～图 465　仿品的存世磨损痕迹均有粗且长的线痕，线痕内无光泽

466 | 467 | 468

图 466～图 468　馆藏较重的腐蚀状态

（八）氧化腐蚀痕迹

1. 自然氧化腐蚀痕迹特征

（1）古玉在埋藏过程中其表面会受到不同程度的氧化腐蚀，这种氧化腐蚀过程一直在极微观地进行中，即便是传世玉器也会受到轻微的氧化腐蚀。在放大镜下观察，可以非常清楚地观察到。（图 466～图 468）

（2）氧化形成的微观表面光泽极其滋腻柔亮，伴随各种其他痕迹形成不在一个界面的特征。（图 469、图 470）

（3）程度较重的腐蚀会在微观图像中显示出明显的脱落特征。在不同的位置，形状与大小均不同，分布极其自然无规律的坑状或片状腐蚀脱落。用肉眼或小倍数放大镜观察，可见轻微的橘皮纹、“老年斑”状。（图 471～图 473）

（4）所有腐蚀脱落均呈断崖式脱落，脱落面光泽自然，有一定厚度的包浆质感，原始加工后形成的界面和不同位置、不同程度的脱落后形成的次生界面非常有层次感、立体感。各种工艺痕迹的杂乱无序，使得各种痕迹不在一个界面上。（图 474～图 477）

（5）放大镜下有明显的类似老年斑状特征，这只是一种比喻，实际上是玉器表面薄薄的一层腐蚀脱落，仅保留了少部分原始界面，使得这个原始界面好似从玉器表面长出来一样。（图 478～图 480）

（6）严重腐蚀的情况会出现比较明显的“虫孔”状的凹坑，主要有圆形痕迹、口沿窄凹陷处较大的痕迹以及不规则、起伏不定的坑状痕迹；干净的腐蚀面具有自然的光泽，生坑古玉的腐蚀坑内常伴有各种结晶状附着物。（图 481～图 484）

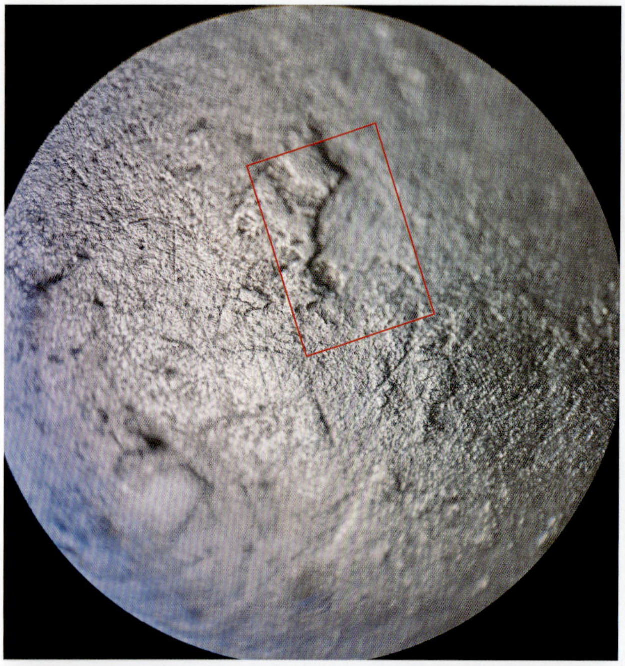

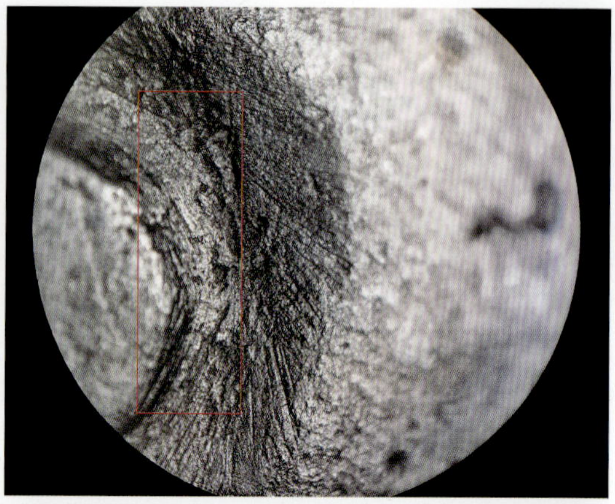

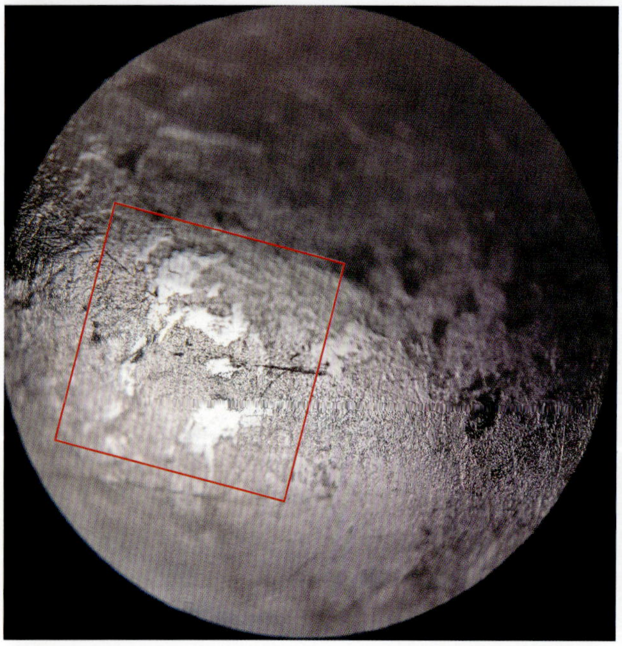

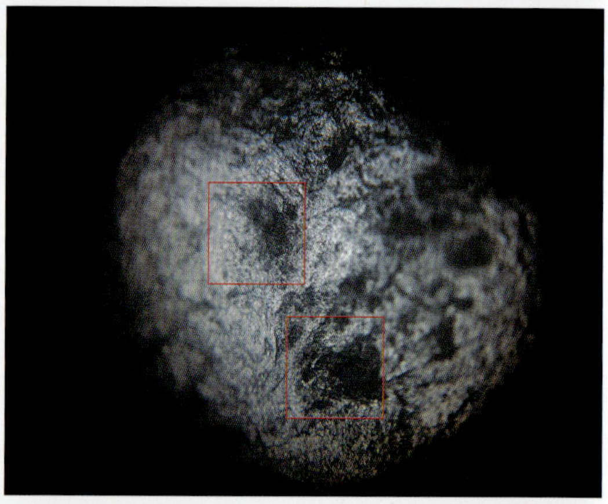

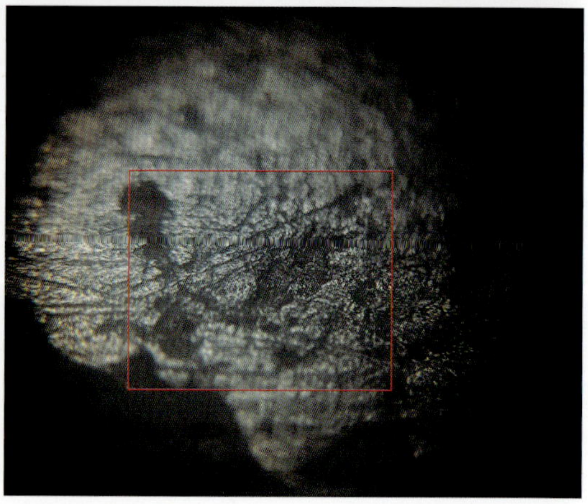

469	470
471	472
	473

图 469　原始界面

图 470　原始界面腐蚀脱落不在一个界面

图 471　西周玉器一面坡刀法阴线痕内腐蚀

图 472　片状富有层次的撕裂状腐蚀脱落

图 473　腐蚀造成的坑状脱落

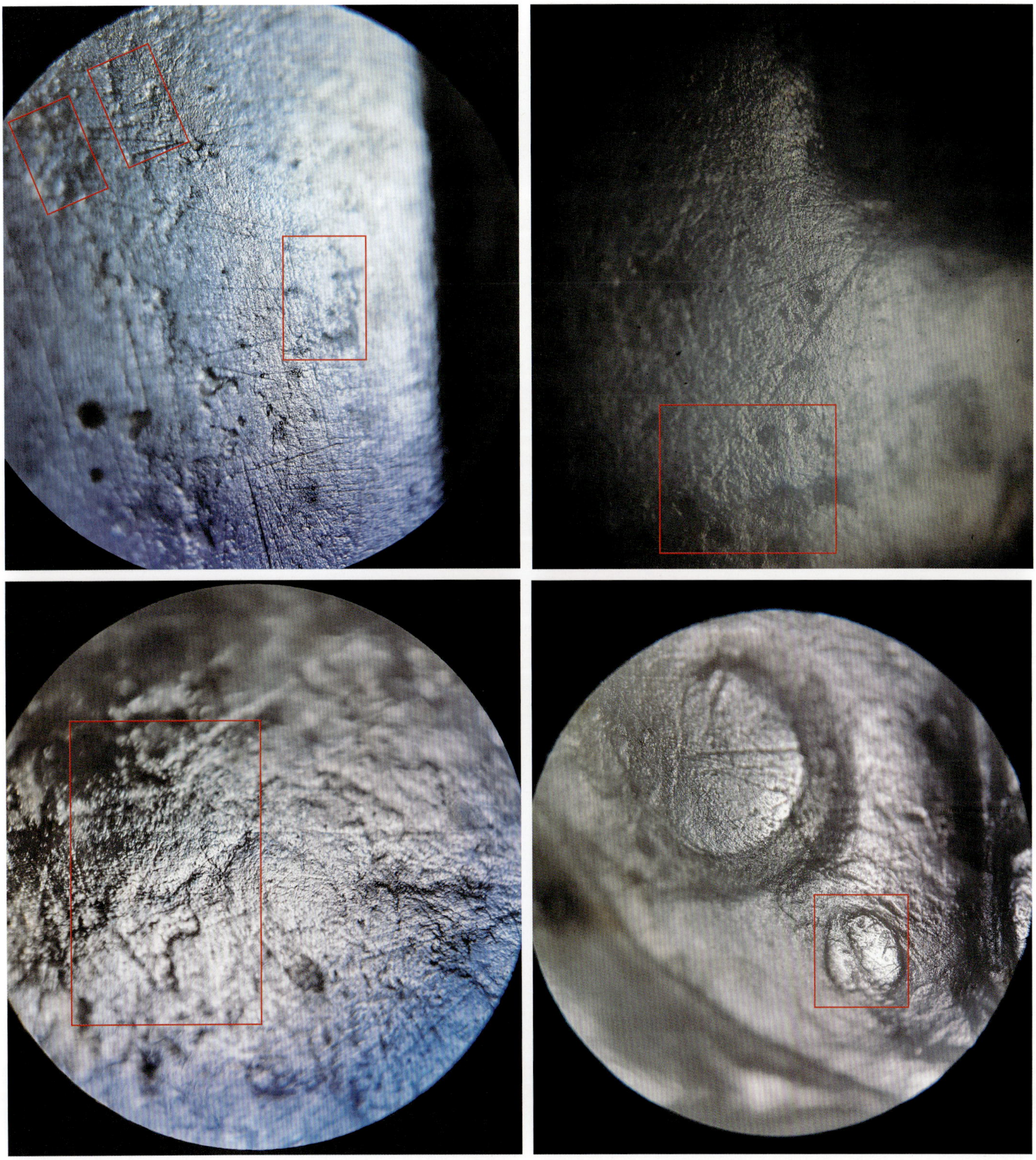

474 | 475
476 | 477

图 474～图 477　凸起和凹陷造成富有层次感的立体界面

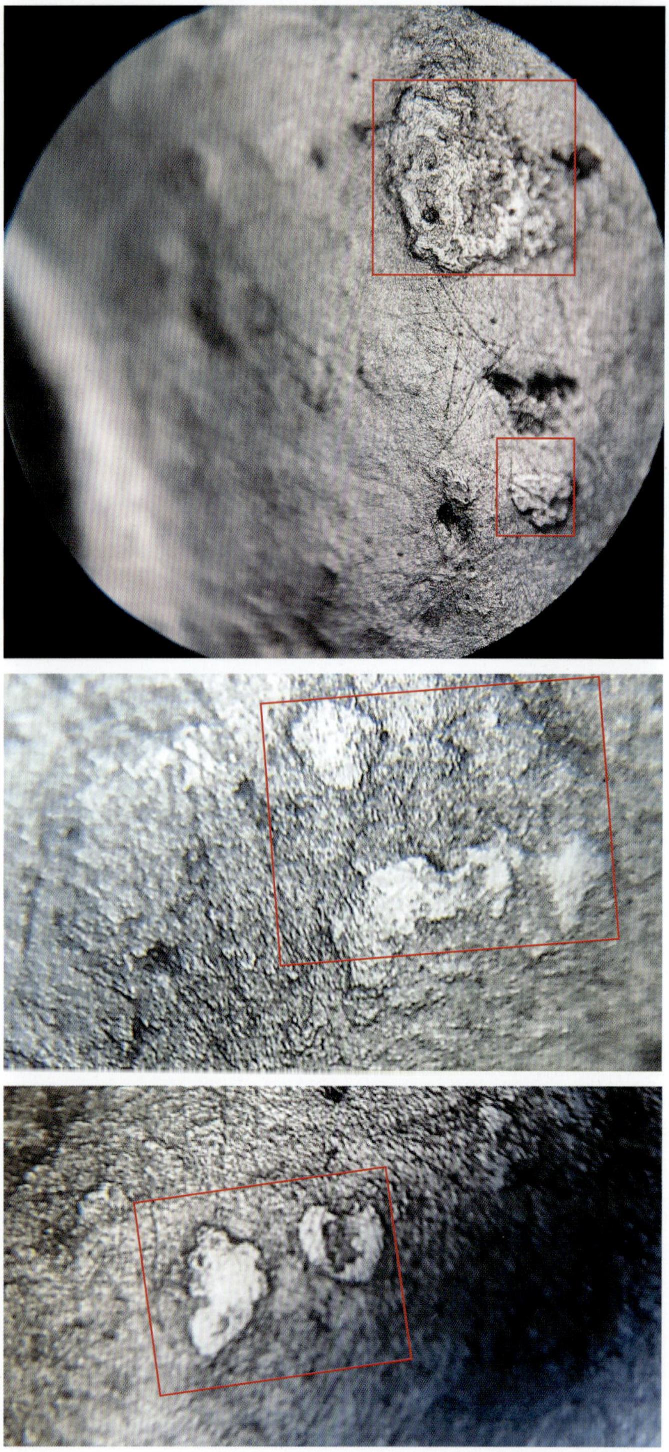

图 478～图 480　原始界面

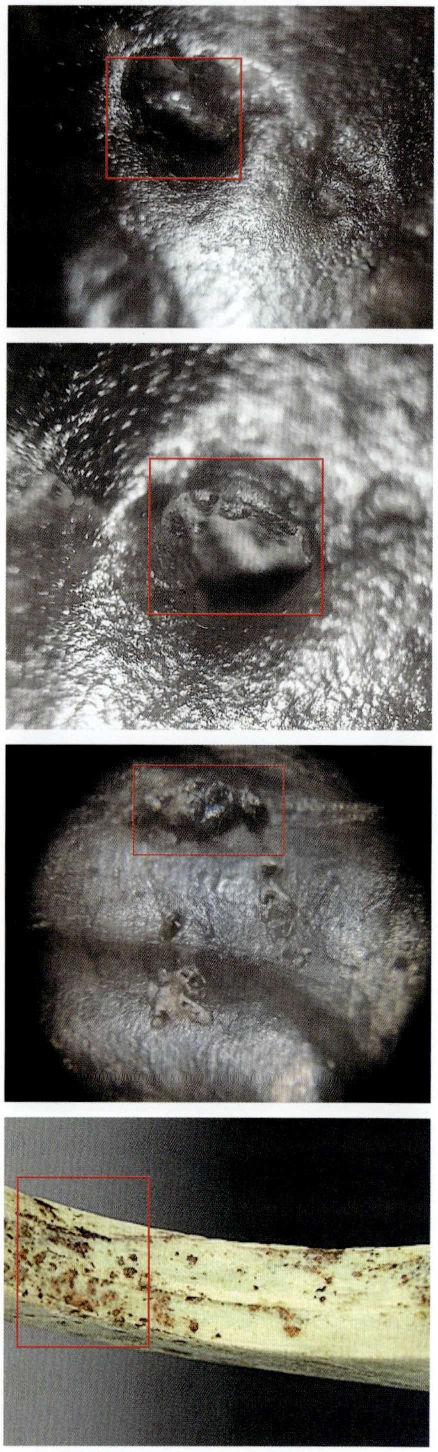

图 481～图 484　腐蚀形成的坑

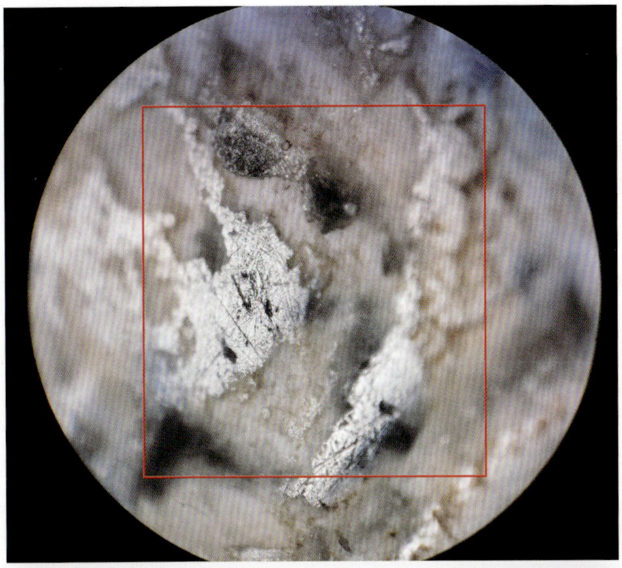

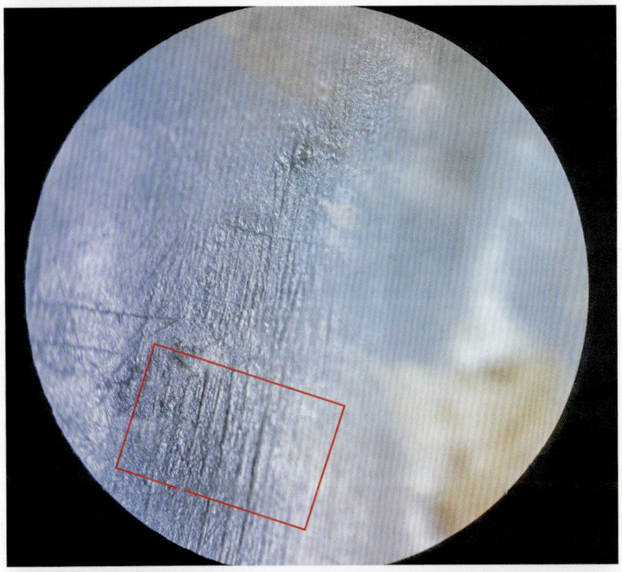

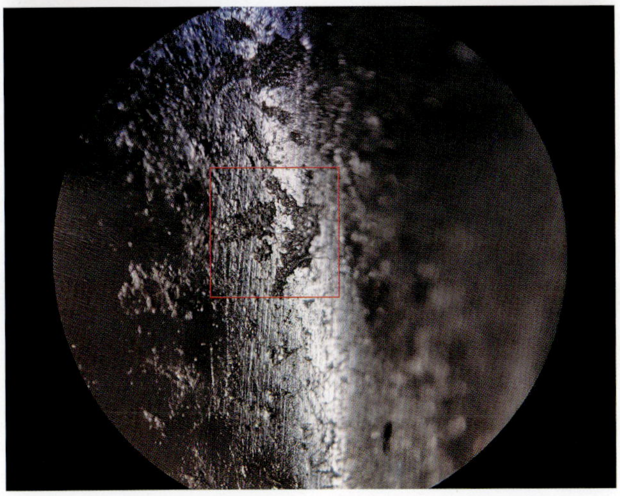

图 485～图 487　腐蚀冲断打磨痕

（7）腐蚀脱落痕迹一定是叠压在原始界面之上。常见有打磨抛光的痕迹被腐蚀脱落冲断的现象，完全腐蚀掉所有原始加工工艺痕迹的情况较少见。轻微薄层状脱落会依然残留轻微的原始加工工艺痕迹。（图 485~图 490）

（8）腐蚀脱落的程度与埋藏环境和玉质本身的质地有着紧密的关联。（图 491～图 492）

（9）玉质较疏松再加之严重的腐蚀脱落会形成古玉器中常见的“灰皮”，类似鸡骨白玉器的玉质质变形成的机理，不同于氧化腐蚀脱落。（图 493～图 498）

（10）古玉沁色部位的氧化腐蚀脱落较明显。（图 499～图 502）

2. 伪造腐蚀痕迹特征

人工腐蚀利用的酸碱浸泡法，将玉器整体或部分浸泡在强酸、强碱等腐蚀性较高的溶液中，造成整体或局部的腐蚀速率一致，出现的凹凸起伏状痕迹过于一致均匀、不自然，表面基本无痕或刻意伪造痕迹。大部分酸碱腐蚀后致使表面无光气，需要抛光重新上光，这就使整个腐蚀脱落状态呈漫坡状而非断崖式，阴刻线往往边缘也被抛成漫坡状。酸碱腐蚀后不抛光则表面无任何光气，有明显的腐蚀性溶液流淌过的痕迹，放大镜下表面异常疏松白化。仿制传世玉器氧化腐蚀形成的脱落面特别大且平整。地方料低档玉材轻微腐蚀较难以辨别真伪，需大量真假实物对比，记住细微的痕迹特征区别才行。（图 503～图 511）

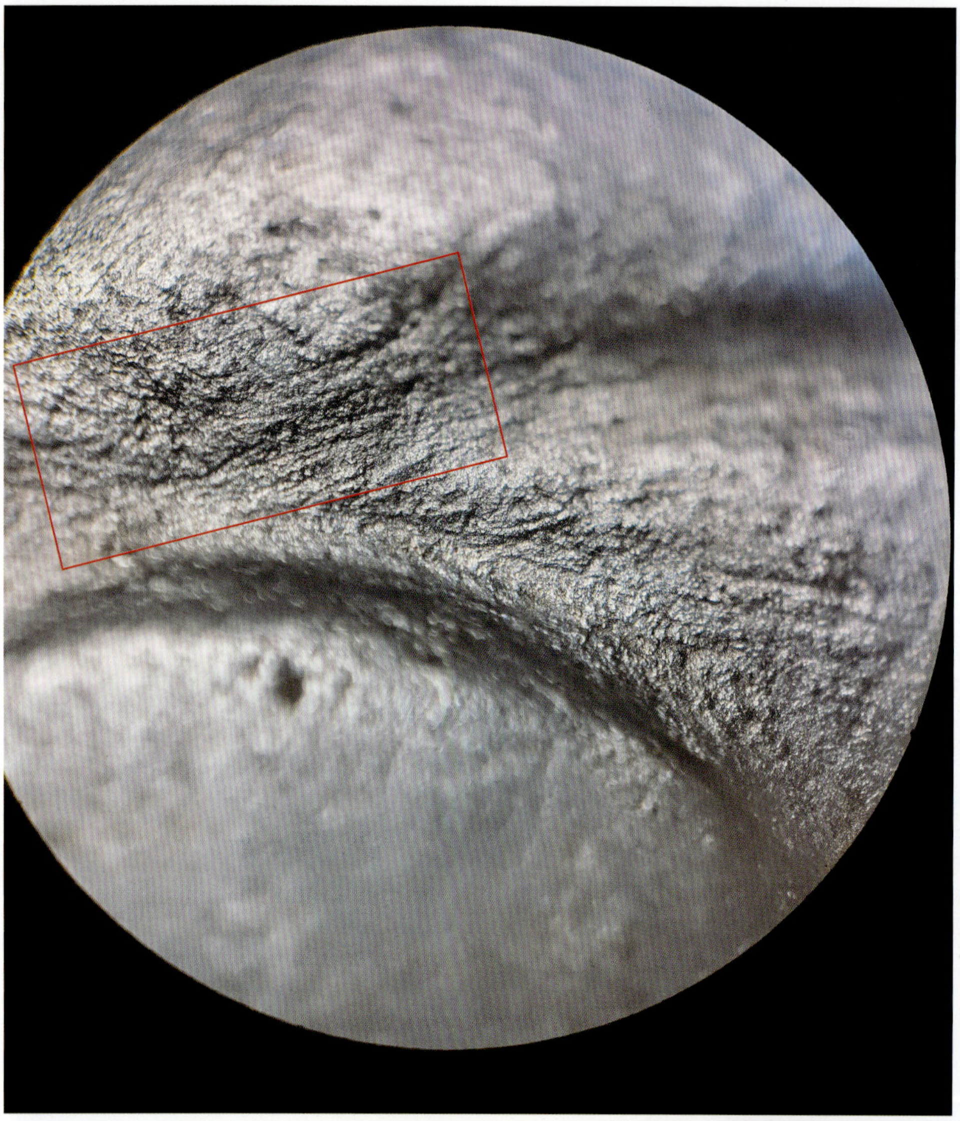

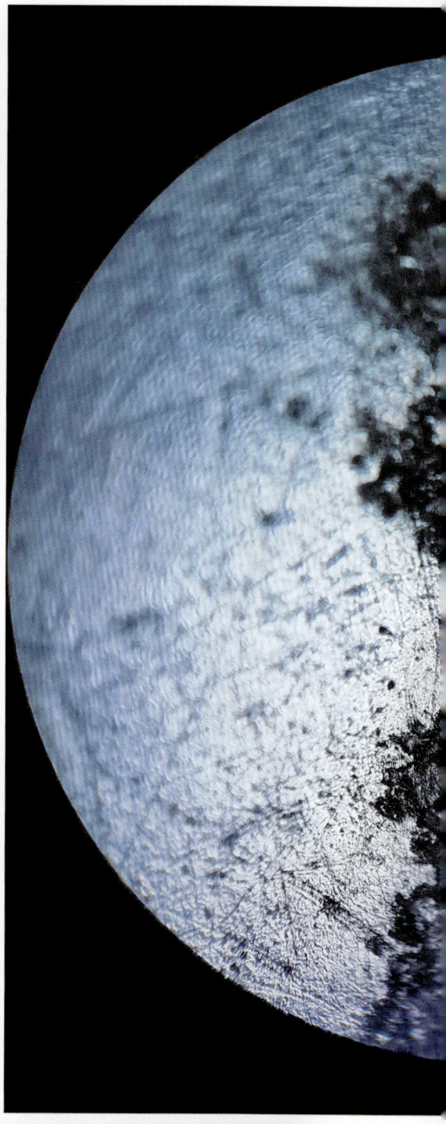

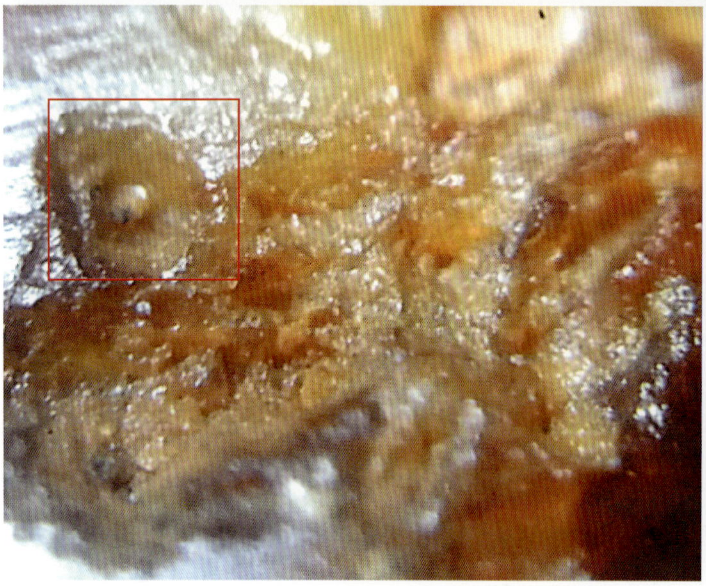

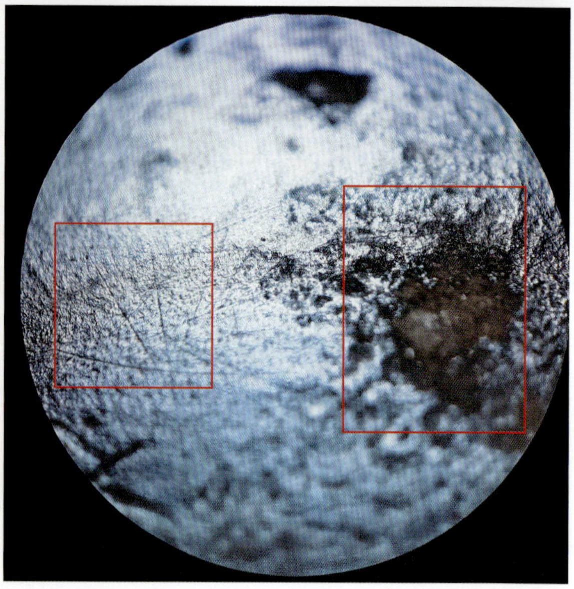

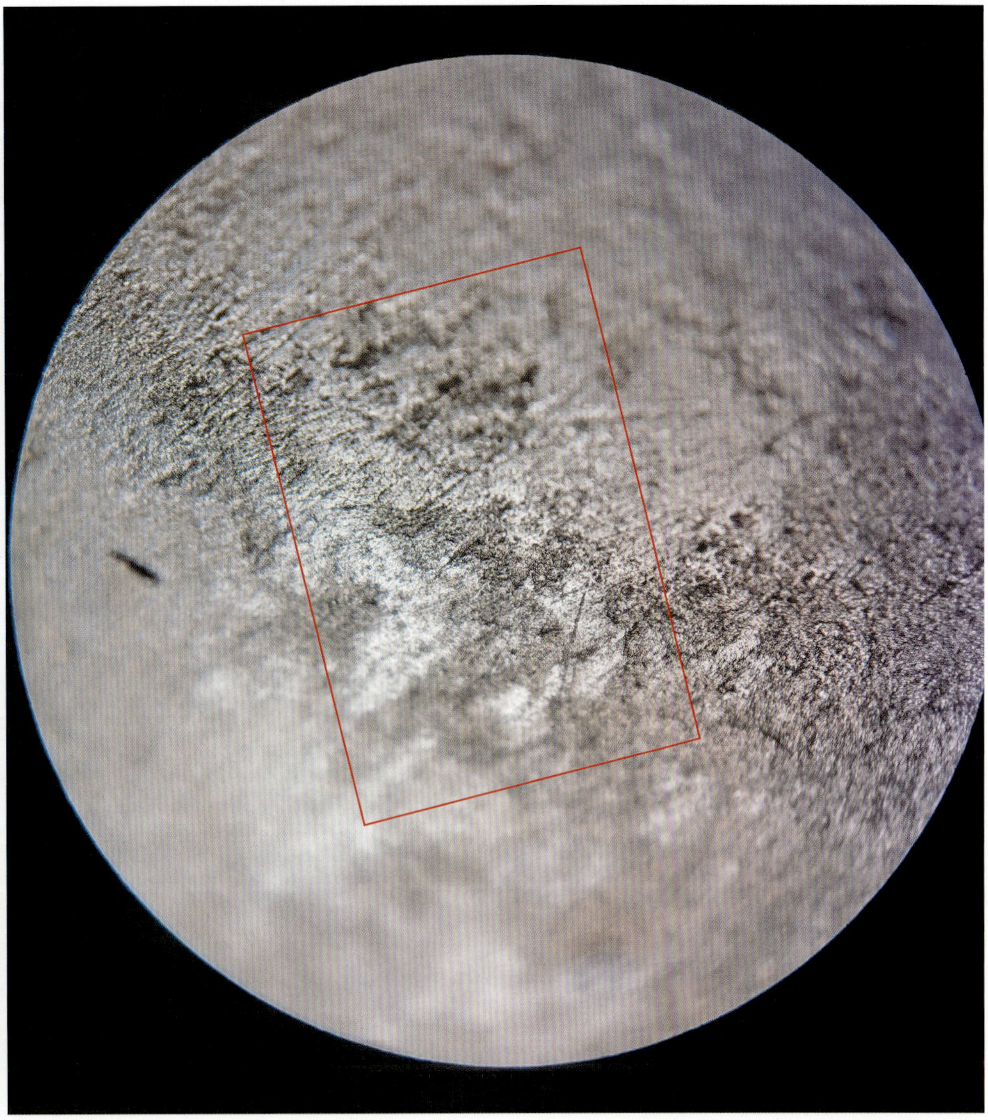

488	489	490
491	492	

图 488　腐蚀冲断打磨痕

图 489　腐蚀冲断打磨痕

图 490　腐蚀冲断打磨痕

图 491　玛瑙的多层次腐蚀特征

图 492　玉质疏松的部位腐蚀明显重

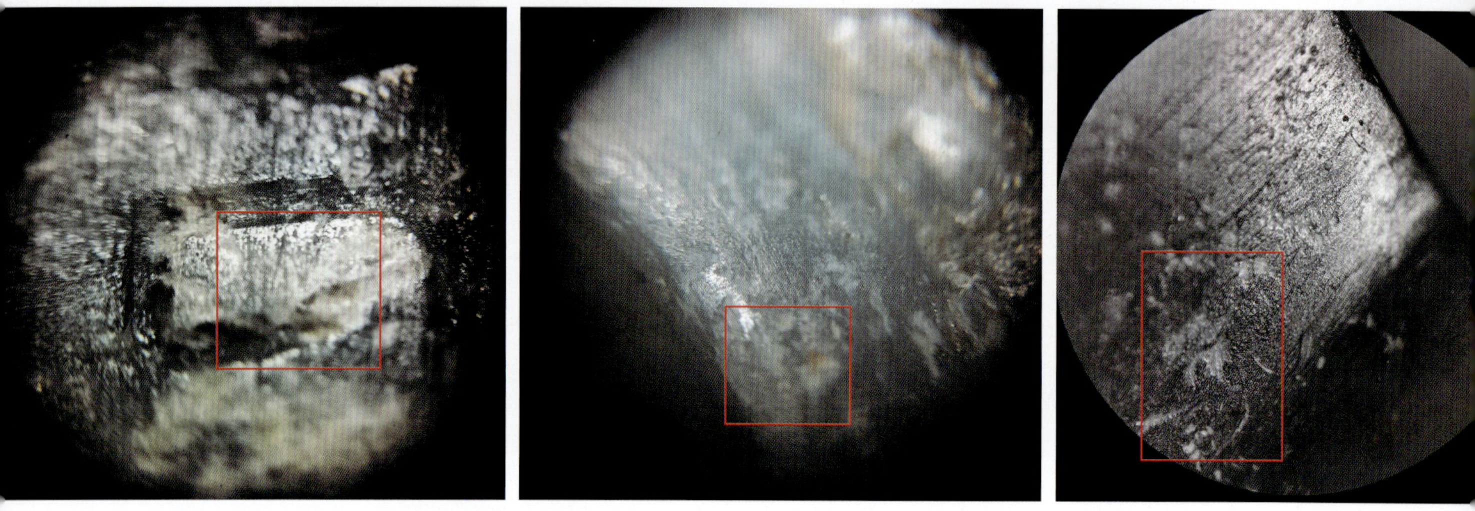

图 493～图 498　腐蚀形成的所谓灰皮

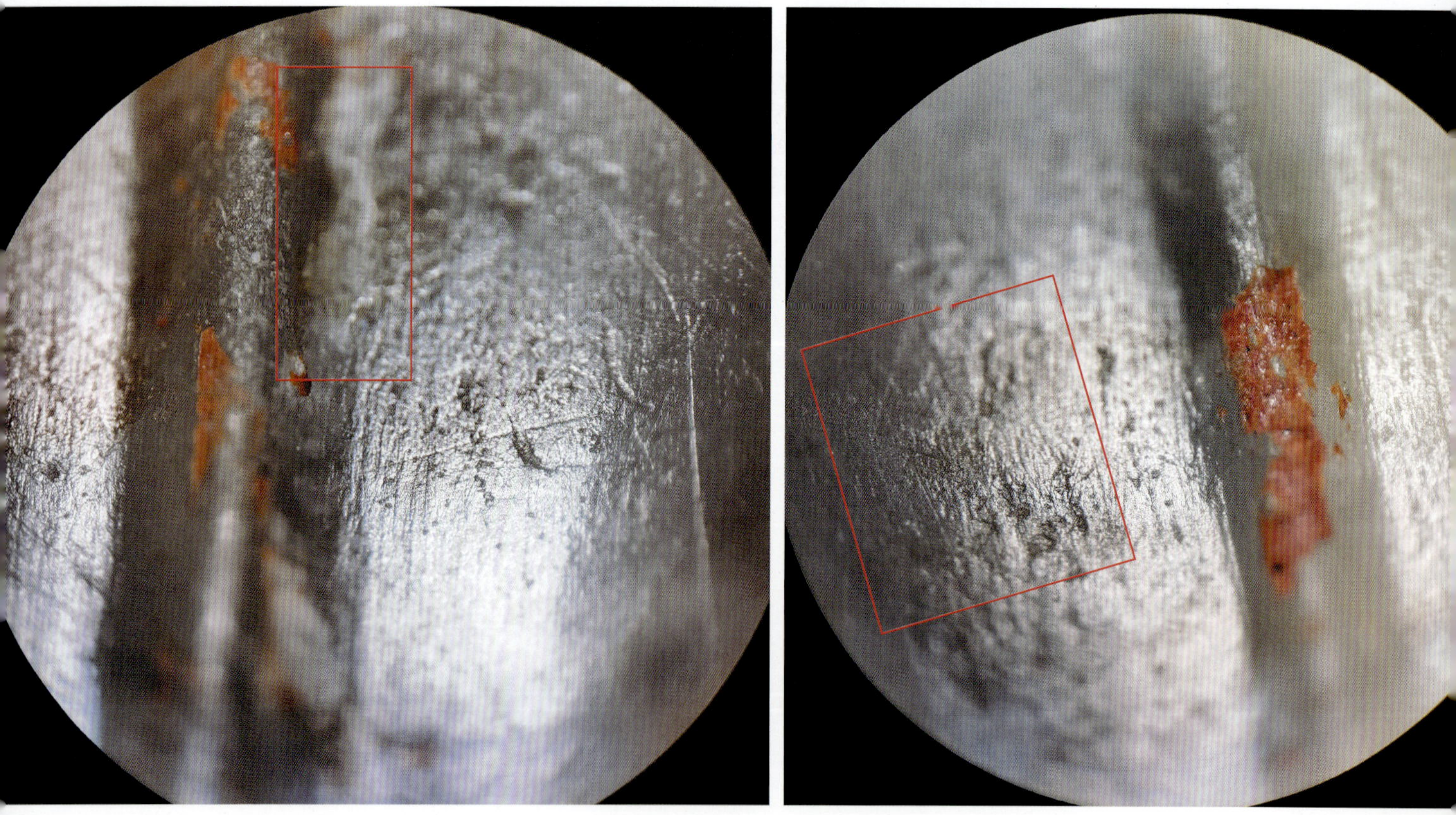

图 499～图 502　沁色的色变明显，腐蚀加重

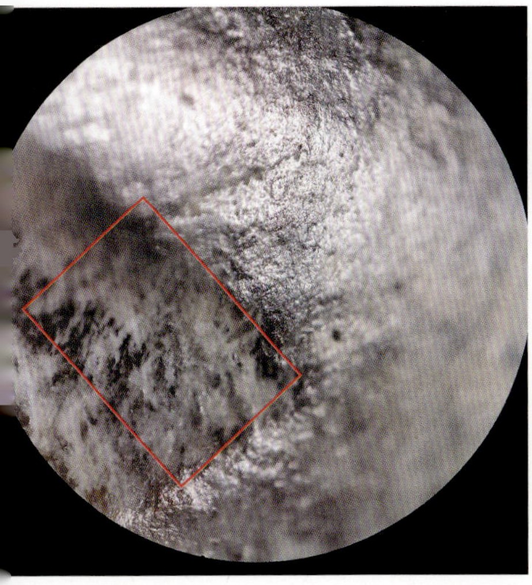
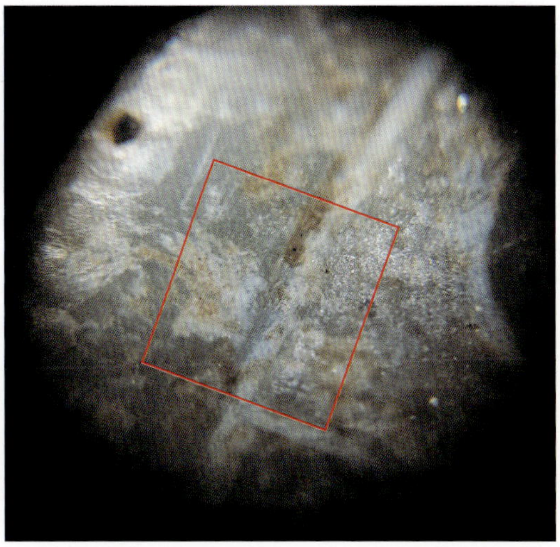
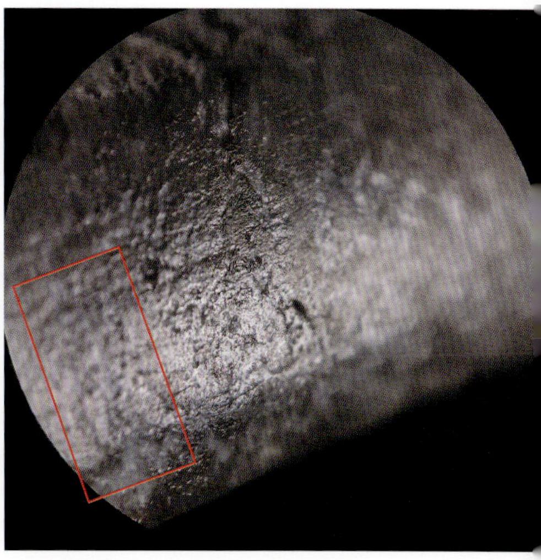

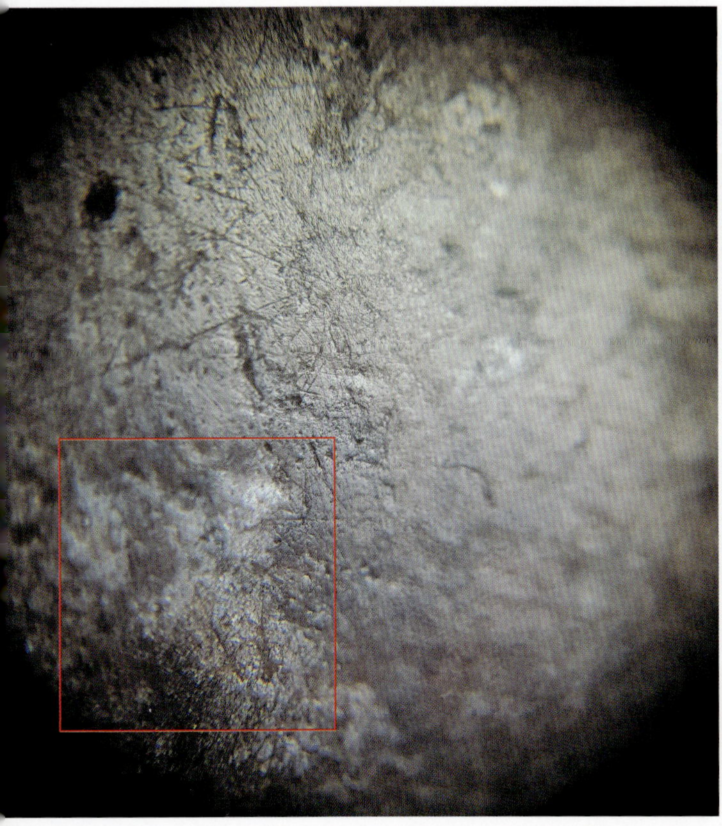
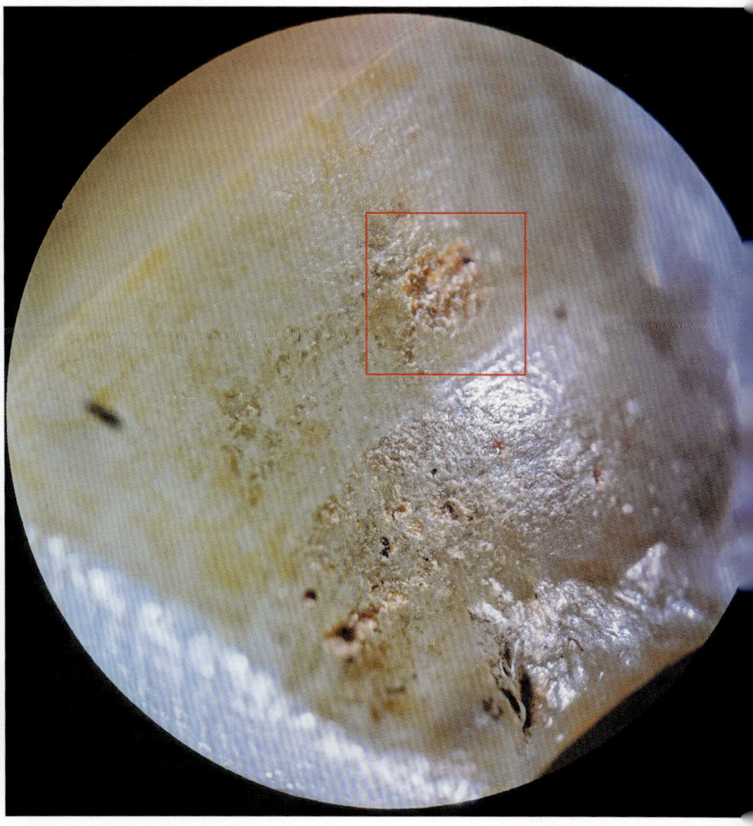

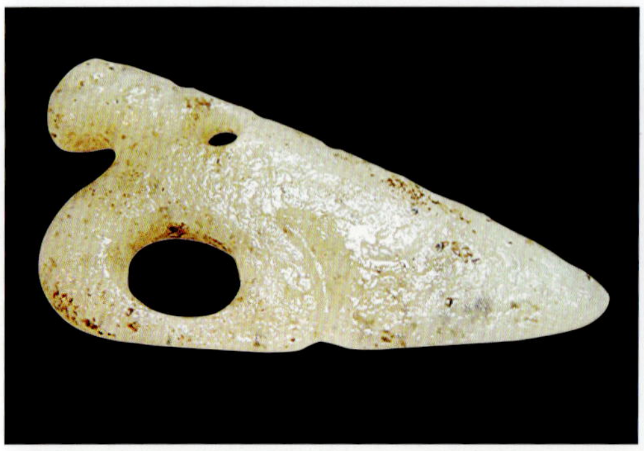
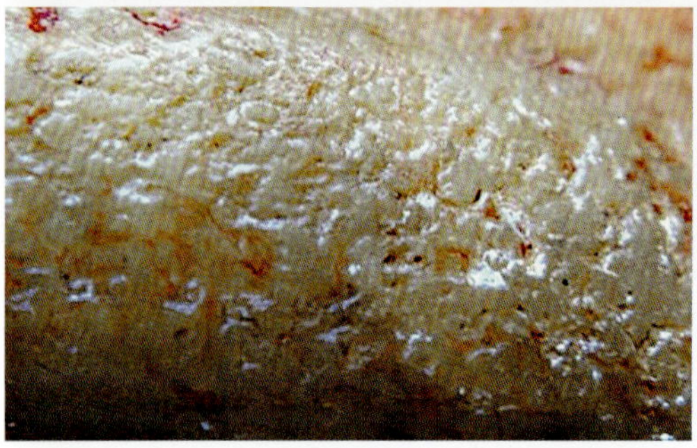

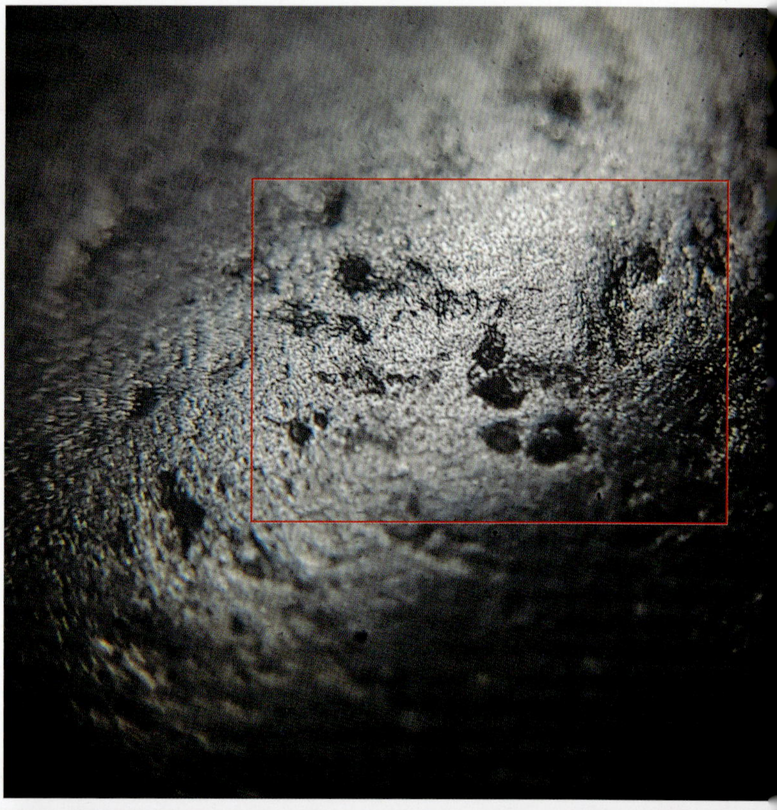
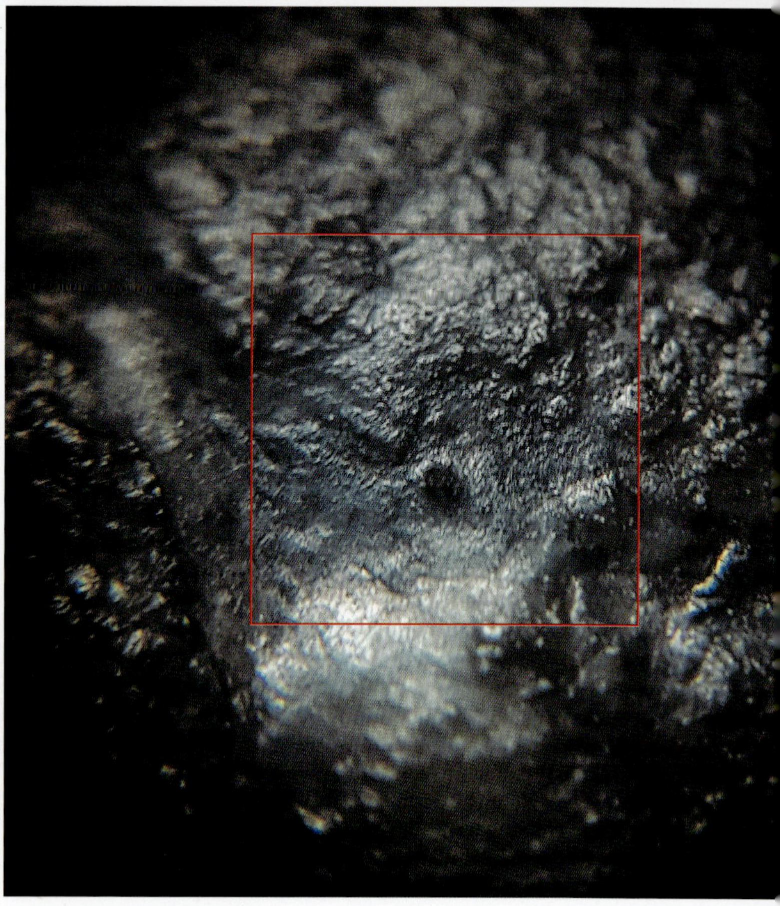

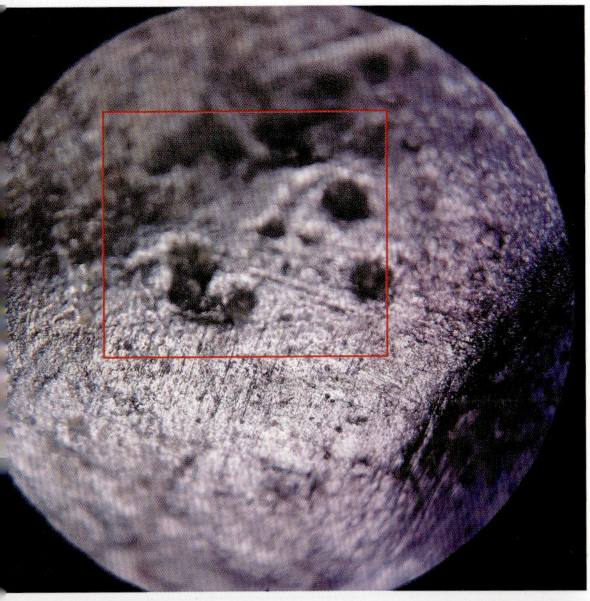

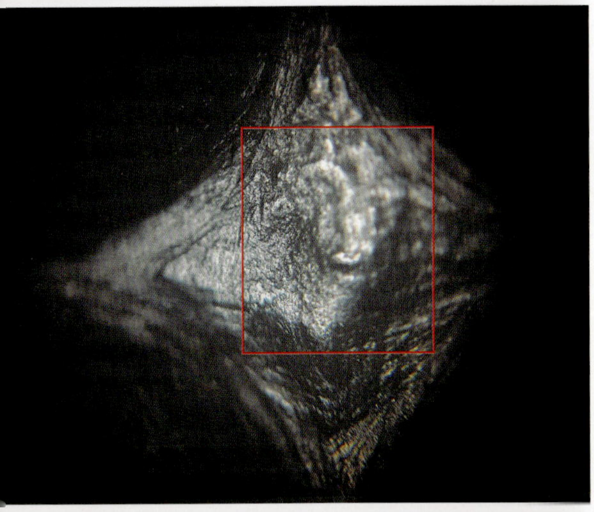

503		509
504	507	510
505	508	511
506		

图 503～图 506　酸咬腐蚀坑

图 507　打出来的腐蚀坑边缘整齐

图 508　酸咬腐蚀坑

图 509　伪造腐蚀坑

图 510　打出来的腐蚀坑

图 511　酸咬腐蚀坑

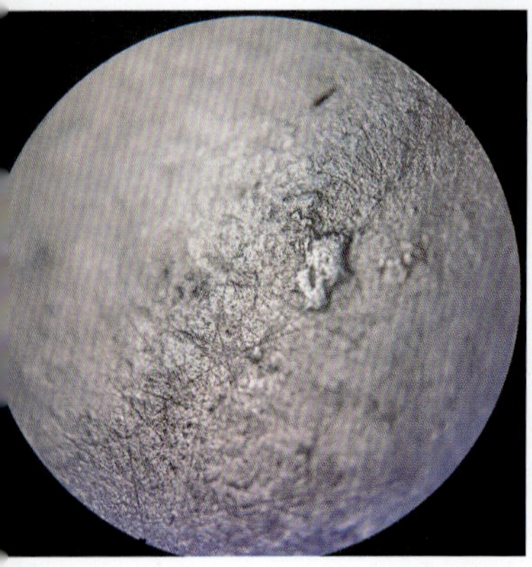

512 | 513 | 514 | 515

图 512～图 515 正确的叠压关系微观图

（九）痕迹之间的叠压关系

叠压关系是指在玉器形成以后，各种遗留痕迹的先后次序，后面的痕迹一定要压住前道工序痕迹，而不能相反，这种顺序就是叠压关系。以此作为鉴定的一个方面有助于更准确地鉴定高仿品，核心要点是腐蚀性痕迹应叠压在原始加工工艺痕迹之上，而不能相反。如打磨抛光痕迹叠压在腐蚀脱落之上则肯定是仿品。为此我们要采用逆向方法来查找线索，还要对各种痕迹特征熟悉才行。需了解以下内容：

（1）古玉加工工序次序和相应的痕迹残留成因。

（2）原始加工工艺痕迹承载次生变化痕迹的正确逻辑思维。

（3）古玉的原始加工工艺痕迹在较长时间内形成的一系列细微痕迹变化。

正确叠压关系（图 512～图 523）

错误叠压关系（图 524～图 535）

（十）主要误导鉴别真伪的情况

（1）加工技法复古：理论上不排除纯手工的高仿玉器，要从玉质的次生变化痕迹特征找证据辨伪。这也就是很多人认为我们使用放大镜只是看工痕的误解，也是笔者一直强调的痕迹学鉴定不只看工痕。

（2）老玉新工：要从叠压关系上辨伪。

（3）加速次生变化周期：从次生变化的痕迹特征辨伪。

（4）各种玉质结构疏松的地方料玉器：从次生变化的痕迹特征辨伪。

（5）腐蚀状态严重的情况：从次生变化的痕迹特征辨伪。

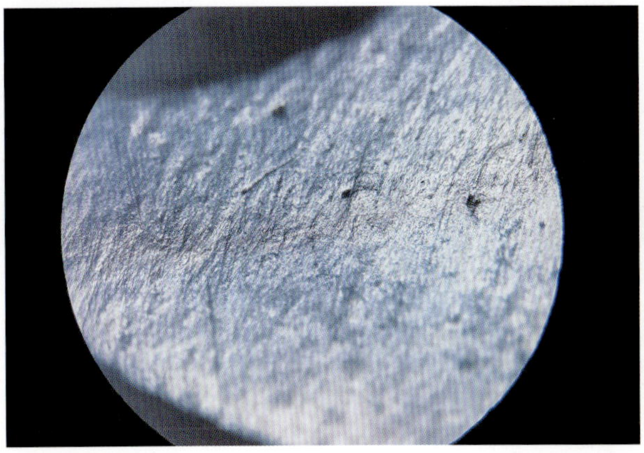

516 | 517

图 516～图 517　真品痕迹之间的叠压关系

图 518　真品痕迹之间的叠压关系

图 519　真品痕迹之间的叠压关系

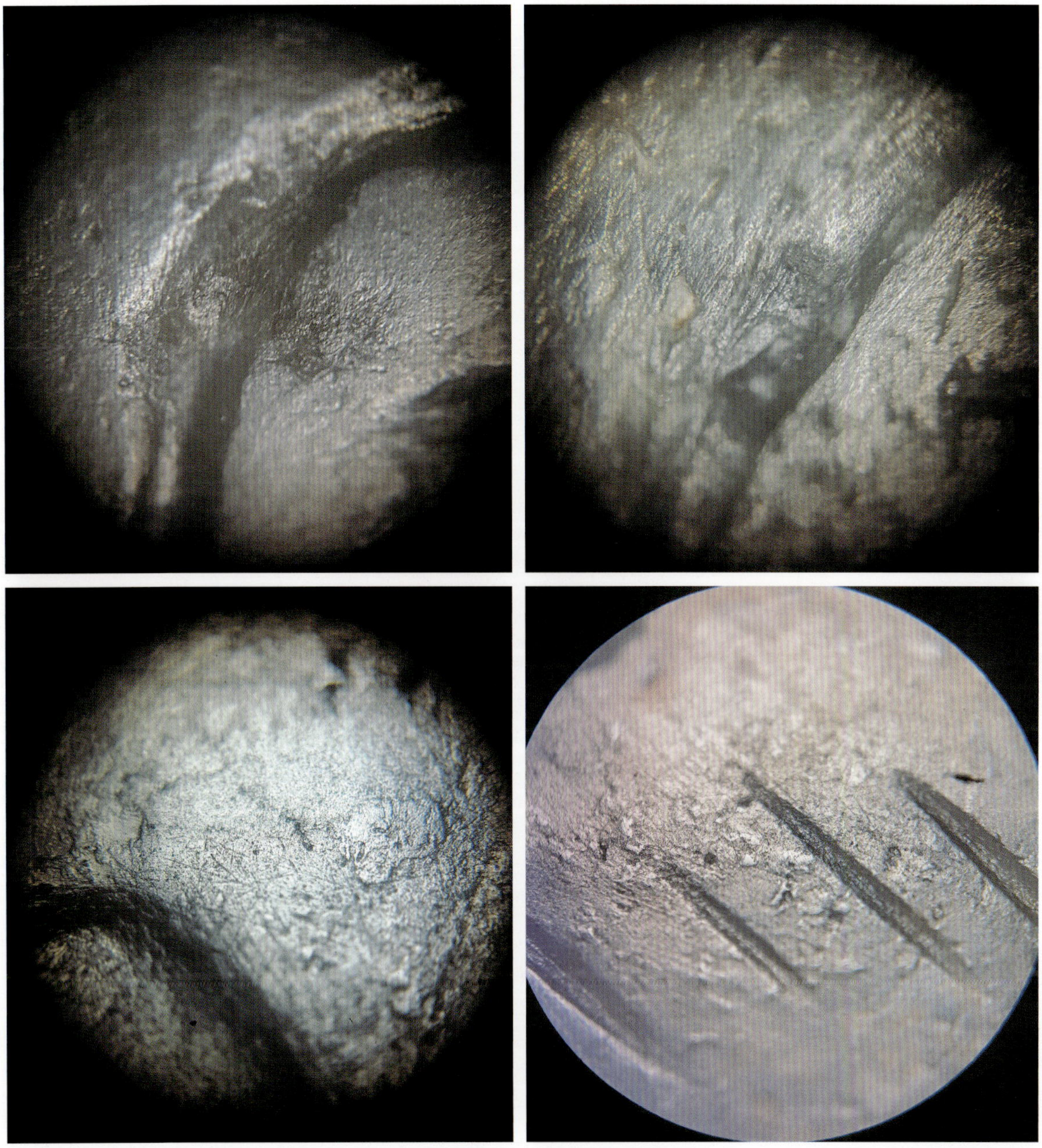

520	521
522	523

图 520～图 523　真品痕迹之间的叠压关系

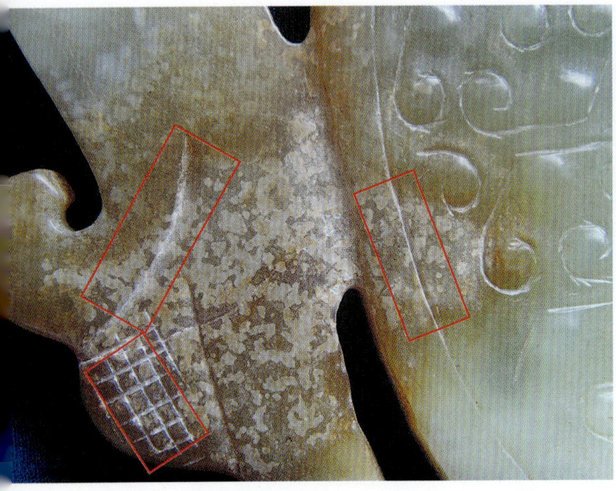

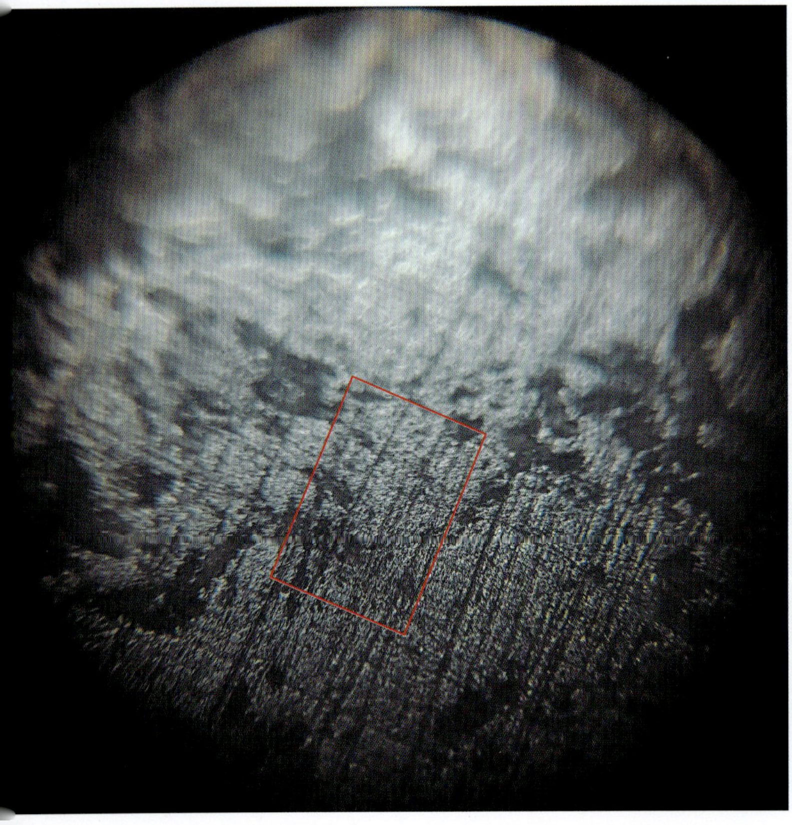

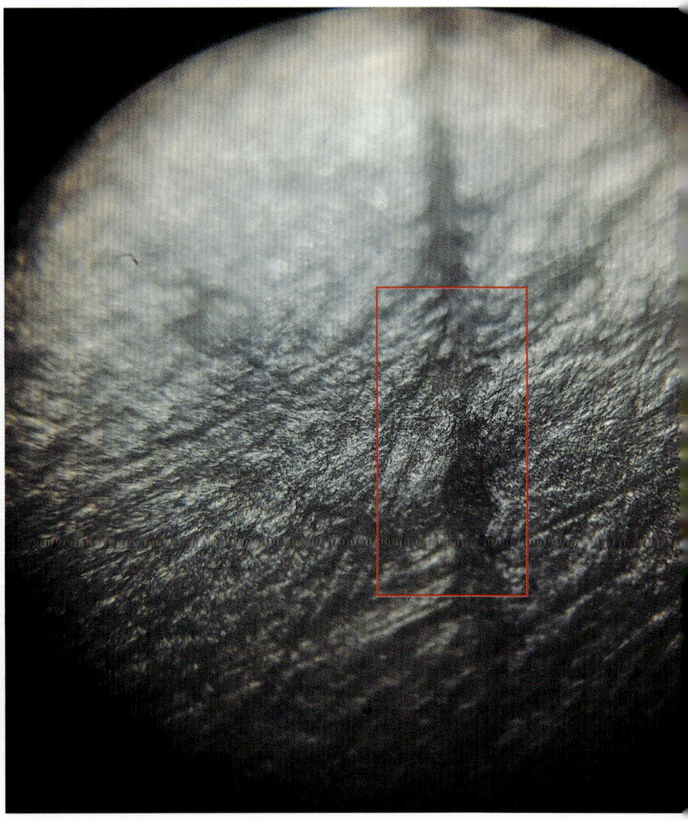

524	525	526	527	528
529	530	531	532	

图 524～图 526　阴线冲断伪沁色

图 527　打磨碾压腐蚀

图 528　阴线冲断原生沁

图 529～图 531　打磨痕碾压腐蚀

图 532　打磨痕和存世磨损痕都在腐蚀之上

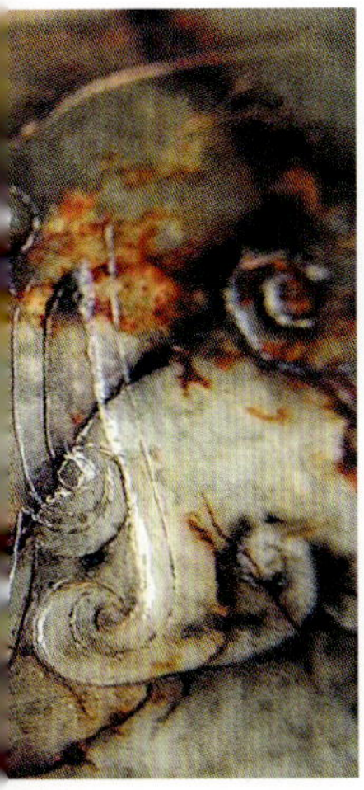

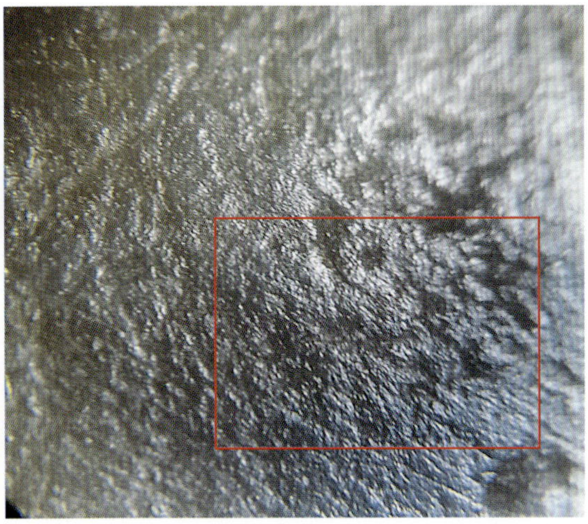

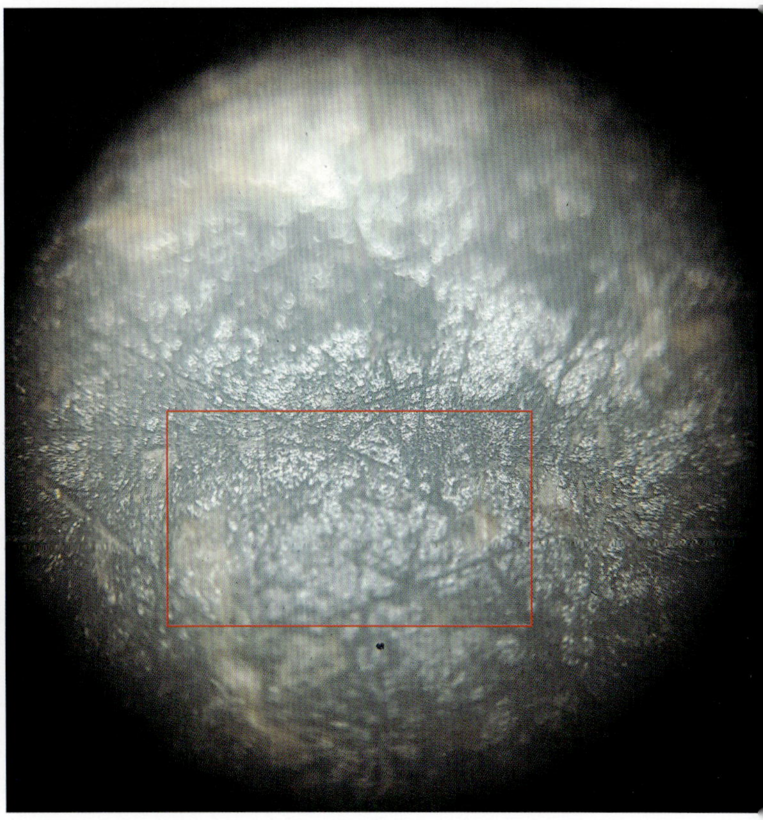

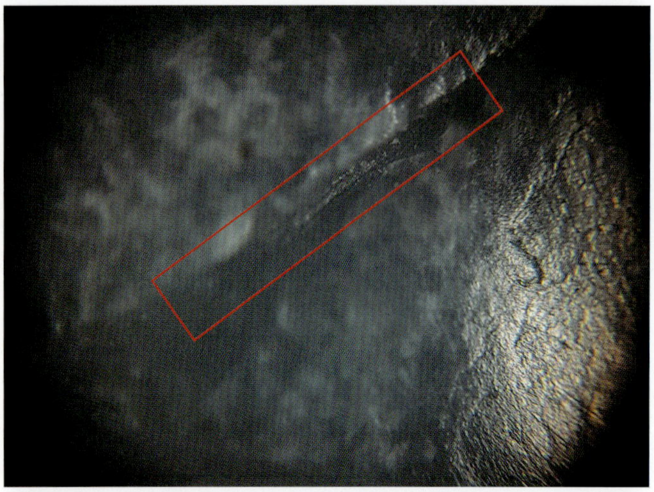

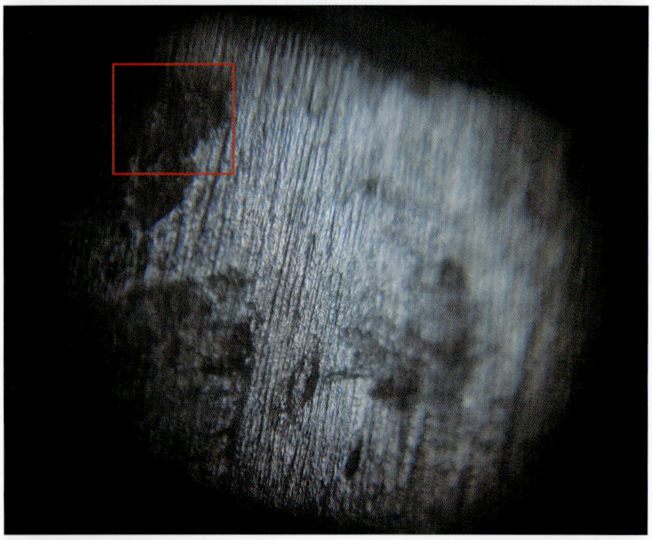

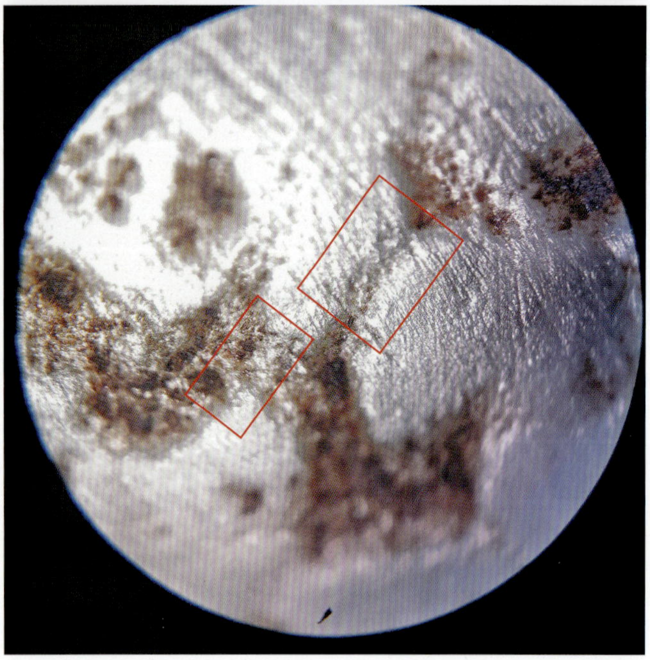

533
534
535

图 533　阴刻线冲断“水沁”，沁是原生的

图 534　打磨痕在腐蚀脱落的边缘碾压，违反叠压关系

图 535　打磨痕明显碾压腐蚀造成的坑边缘漫坡状

第五章

放大镜的选择及正确的使用方法

一、文物鉴定该不该使用放大镜

在使用放大镜上，古玩行业分成了两派。一派认为鉴定文物不需要放大镜，因为用放大镜容易让人学偏，容易走偏，容易让人陷入一种微观世界的误区无法自拔。另一派则与之相反，他们支持使用放大镜鉴定文物。我个人支持使用放大镜。说句通俗一点的话，我们都是肉眼凡胎，如何确保火眼金睛呢？放大镜可以克服人类在视力上的生理极限，可以让我们观察到肉眼观察不到的很多细节，而这些细节是鉴定玉器的核心证据，所以在鉴定和研究玉器的过程中要用放大镜作为辅助。

假设拿几件藏品宏观地去辨别真伪，很多行业高手虽能看个七七八八，然而却无法进一步提升准确率，很难清晰地说明一件东西为什么真、为什么假，拿不出让人信服的更多证据，尽管他的判定结果可能是正确的。这是因为他们无法（不会使用放大镜，也不知道用放大镜看什么）去查证到一些细微的特征。

哪里有需求哪里就会不断催生仿品以及仿制技术的更新，例如西玛珠子现在市场很受欢迎，价格比较高，不仅可以佩戴把玩，更有较高的收藏价值。有人会用不同时期的老玛瑙珠子穿插于真品西玛珠子里面，鱼目混珠，或使用明清玛瑙珠子改制，孔道做到依然水亮等。这些现象在市场中经常出现。如果准备掏钱去买，我会用放大镜仔细观察确认，因为我要对辛苦赚来的每一分钱负责任。我会一粒一粒用放大镜看，我绝不允许任何一个老玛瑙珠子冒充西玛，从我眼前漏过去，这时候放大镜的作用就非常有价值了。还有就是对于很多老玉新工来说，放大镜可以让我们的判断非常具有说服力。

当然我们也要先学会用肉眼去看，用肉眼看后再用放大镜仔细观察推敲确认。使用放大镜可以有效提高我们鉴定的准确率。放大镜能够让我们看到不一样的世界，如果看一眼是假货也就没有必要去使用放大镜了。而使用放大镜让很多行业高手诟病的原因，其实是部分藏友用不正确的方式使用放大镜，或者不完全清楚用放大镜观察什么，在放大镜下什么是真的，什么又是假的。还有极少数心术不正之人害怕放大镜（可戏称照妖镜），因为放大镜可能会让这些兜售假货仿古玉的人露馅。

在巨大的经济利益面前仿品的制作水平也在不断提高，为了牟取暴利，仿古玉制作者不断提高自己的仿古技艺，不断研究如何做得更像，比如使用紫草胶和着金刚砂制作胶砣的案例。不管是反对使用放大镜的藏友，还是坚持使用放大镜去查证假货的藏友，究其原因是使用不得法。对于一些新手我觉得还是要务实一点，要相信实证科学。我在使用放大镜时，很多身边的朋友并不知道我在看什么，我用手机拍几张图片，他们会更加疑惑我到底拍的是什么。尤其是使用放大镜或者使用小倍数放大镜的藏友，他一定认为我在看工痕。确实我是在看工痕，但绝不只是看工痕。

二、放大镜的选择及正确的使用方法

对于使用放大镜的藏友来说，手头一般都会有一到几个不同倍数的放大镜，市场上也有各式各样的放大镜可供选择。那么痕迹学鉴定该使用哪种放大镜？放大镜具体又该怎样使用？放大镜能帮我们捕捉到什么样的信息？捕捉到的证据又该如何保存？除古玉鉴定，放大镜还有什么用处？

首先，放大被摄物体是放大镜的主要功能。有一些高端放大镜的放大倍数可以达到 80 倍到 100 倍，但放大镜的倍数太高成像会有一些失真，各种痕迹放得太大容易被误导。而放大倍数太小，例如标注 10 倍、20 倍的小卡片镜，倒是方便携带，但由于放大倍数太小，无法观察到工艺痕迹细节，甚至所有的次生变化痕迹都观察不到。笔者经过多年实践，尝试过很多不同倍数及形制的放大镜，发现比较适中的放大镜就是倍数为 40 倍的双管放大镜。这种放大镜很容易买到，价格便宜，经济实用。不仅使用方便、图像清楚，而且还有助于我们拍照取证。经过很多藏友的验证，这种放大镜确实容易上手、简便实用。

其次，放大镜的口沿应该有一个斜坡（图 1），这是因为如果口沿是平的，放大镜灯打上去之后，光会全部发生折射，反射到我们眼睛上，你会看到白茫茫的一片，无法清晰获取表面痕迹特征，而且拍照还不太好对焦。这也是很多研究工痕学者拍摄的照片表面层次特征不明显的原因，即

图 1　放大镜口沿呈斜坡角度

放大镜的使用角度没有掌握好。合适的倾斜角在35度左右，在使用的过程中适时对角度再进行微调，一部分光折射到我们眼睛上，一部分光发生散射，散到其他地方，这样它才会给我们带来非常清晰的表面层次质感和各种立体丰富的痕迹特征。

再次，使用双管放大镜的时候，一般左手持玉器，右手持放大镜。右手相对保持稳定，手指固定放大镜，拇指对焦；左手则转动玉器调整角度和距离，双手配合使用。需要注意一点，我们的手经常会出一些汗，即便你感觉手很干燥，但在放大镜下依然可以看到明显的小水珠，这些小水珠会干扰我们的观察，比如在抛光效果较好的玛瑙平面，用手直接擦拭，在放大镜下会观察到细密平行同组的痕迹，容易误导判断。这时先用干净的布或者餐巾纸擦拭一下即可。在拍摄珠子的时候，需要用三根手指将其卡住，卡住的目的就是让它有一个类似稳定的小托盘托着，然后调整手里珠子的角度，这样操作会非常灵活，等调整到我们想要看的地方就不要再动了。再想从不同角度观察时，一边转动珠子，一边转动手势，一边微调焦距就可以了。

当用放大镜观察一些典型痕迹特征的时候，我们需要养成及时保存的习惯，这些图片不仅可以成为我们鉴定结论的依据，同时也便于我们日后整理归纳。这时只要一部可以拍摄高清图片的智能手机即可，具体操作如图（图2）所示。放大镜通过专用的卡子固定在手机镜头上，点开手机的照相功能，放大镜下的图像就会呈现在手机屏幕上。左手持玉器不断调整位置和角度，右手则控制好放大镜和手机，当找到典型痕迹特征时再通过手机的声控拍照功能进行拍摄。在数据整理的时候，注意数据的完整性，不仅要对一件古玉拍摄多张微观图，也要对古玉进行宏观拍摄，宏观图片拍摄尽量选择光线充足或者自然光线下进行拍摄，这样可以尽可能避免色差并减少噪点，提高照片的质量。拍摄好的图片，及时进行归档、保存、备份。古玉鉴定学习不像武林秘笈一样一招鲜吃遍天，需要我们长期的实践和积累，好的学习习惯，会让我们的学习事半功倍。

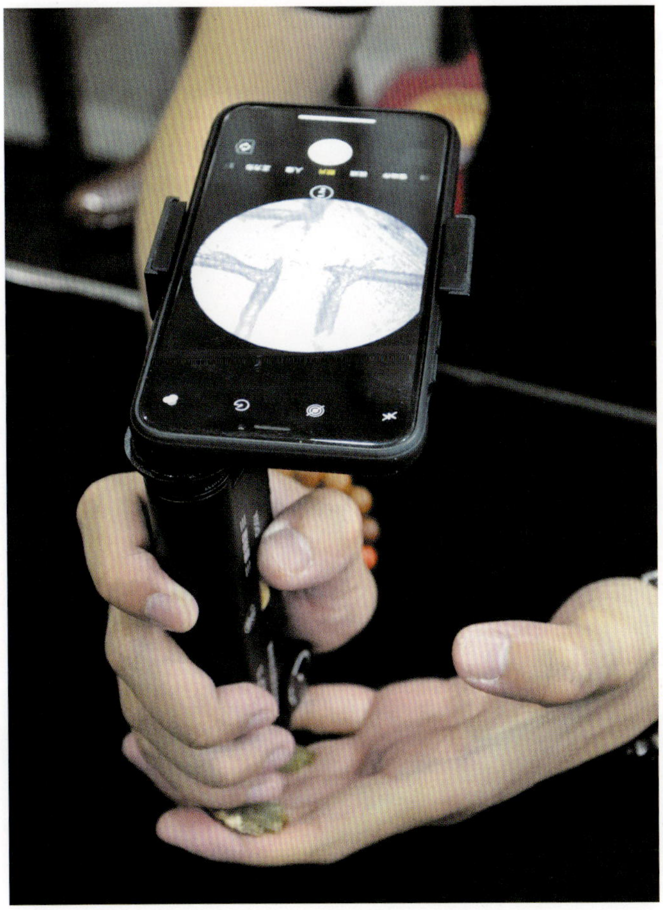

图2　放大镜连接手机

最后，就是用放大镜看，也是最难掌握的，就好比医院里一台功能非常先进的设备，不同人操作检测可能会出现不同的结果，能否熟练使用设备并且找到足够证据并提取，需要大量的实操经验和严谨的态度。把每一个能捕捉到的点尽量看完，把能够说明真伪的核心证据找到，在移开放大镜的时候，鉴定结果和证据就应该准确地出来了。有相当一部分藏友能够熟练使用放大镜，却难以捕捉到有效信息，一方面是因为对痕迹学鉴定的理论基础掌握得不好，另一方面是对痕迹学鉴定方法掌握得不够多，还有就是行业的说法“走偏”了，只去找那些自己认为像真品的特征，而忽视了古玉鉴定应该疑罪从有的原则。

三、强光手电的正确使用方法

强光手电也是玉石鉴定时常见的辅助工具，一定程度上可以帮助我们分辨玉石是否经过涂蜡浸胶，玉石内部结构是否有杂裂、杂质以及玉石的通透状况等。

在选择强光手电时最好选择平头手电，因为目前的强光手电一般都是金属材质，波浪头手电则更容易与玉石表面发生摩擦和磕碰。在观察玉器时我们还需要养成一个习惯，这也是行内藏品交流时不成文的规矩，就是当你用强光手电去看古玉时，尤其是贵重的古玉或者镂空雕刻的玉器时，不要让强光手电直接接触玉器表面，一是以示尊重，二是避免手电与玉器接触时意外导致的磕碰和磨损。我们可以用手指包裹一部分筒头（图 3），这样既不影响光线照到手指，

图 3　手指包裹部分筒头

又可以很好地保护玉器。

强光手电的光色，常用的有白光、紫光和黄光。每一种都有它的作用，比如紫光看注胶，白光看结构、纹理、瑕疵，黄光穿透性强，适合看带皮的料子。

下面介绍强光手电的三种观察方式：

（一）直射看质地

手电筒的光源紧贴和田玉的表面直射（图 4），看的是玉石的透光度。如果透光度均匀，说明玉质结构均匀；如果原石较大，可用直射然后慢慢平移，可以观察原石整体的结构，透光好的部位是玉石，透光不好或者不透光，说明可能存在杂质或者僵。和田玉具有内显透光性，相对聚光；石英岩、大理岩、玻璃混合制品，光韵相对散光。平移电筒，根据透光的均匀度，可见玉石质地结构是否均匀。

（二）斜射看结构

手电筒呈 45° 的斜角进行照射（图 5），尽量对没有皮色或者颜色浅的玉石照射，这样更容易看清玉石质地颗粒的粗细度、密度和结构。

图 4　直射

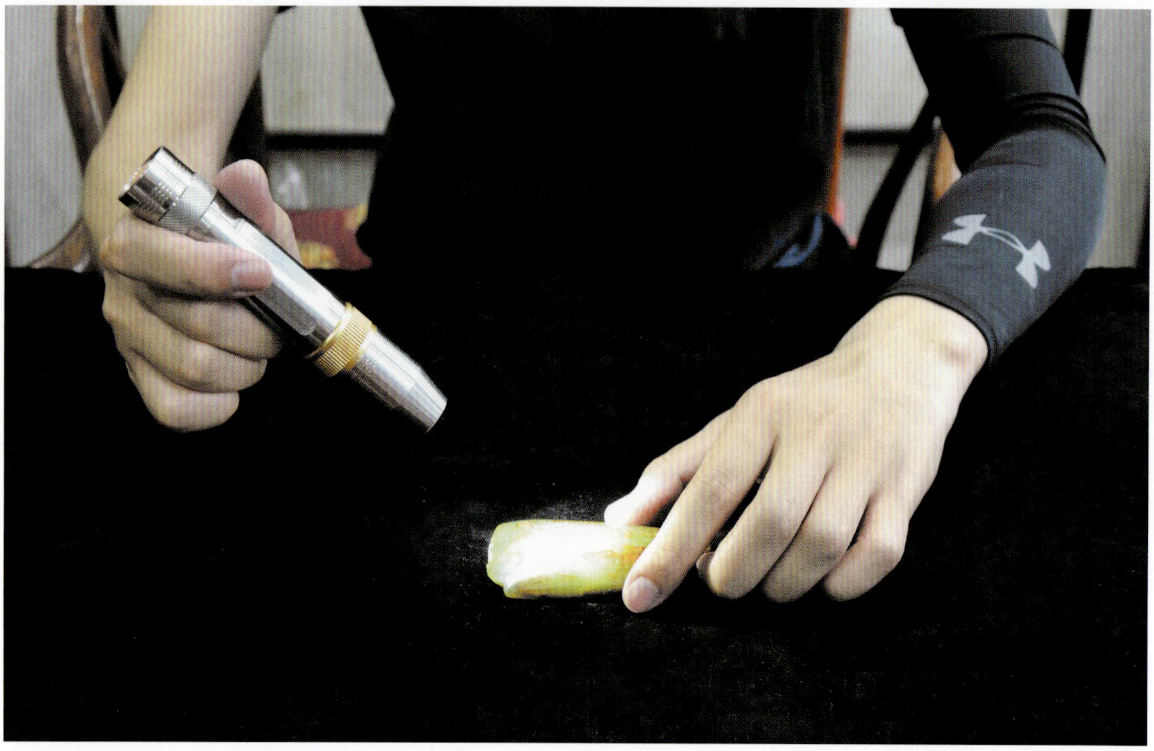

图 5　斜射

这也说明为什么皮色较厚的原石具有赌性。关于玉石的表面和手电筒的距离，这个需要自己把握，根据手电筒的强光角度不同、强光源离玉石远近不同、照射方式不同，得到的鉴定结果也会不同。

角度、距离把握好了，就可以观察玉石内部结构特征，可判定属于什么料，颜色偏暗的线状条纹为水线，瓷白的小雪花为棉。

（三）背射看杂质裂口

用手电筒从背面照射（图 6），根据光线明暗度和折射光线变化，可以观察玉石内部的裂、水线和脏。从和田玉背面照射时可以慢慢平移，可以更加清楚地看到玉石内部的裂和杂质。有杂质的地方会出现暗点，裂就呈现一条暗线。

强光电筒下各种闪石玉呈现的特点：

和田玉：籽料均匀分布云絮状、网状（毛毡状）或者点状，无明显走向，断茬处呈蜡状。山料略透明或者半透明，侧光下有乳质感，呈稀牛奶状，碎伤较多。

于田玉：层状结构，半透明，乳质感，定向分布不均匀。

甘肃玉：毛毡状结构，不透明或透明度差，乳质感，颜色丰富，色彩斑斓，多见黑色或糖色藻丝状纹（蚂蚁脚）。

图 6　背射

俄罗斯玉：颗粒状镶嵌结构，透明度不一，不规则颗粒彼此镶嵌。有浑浊感，似黏稠小米粥。

青海玉：冰粒状结构，侧强光下似许多冰粒聚在一起，冰粒内部透明，冰粒间为不透明的絮状填充物，有明显条带状走向。

韩国玉：较稀疏的颗粒结构，无明显走向，颗粒较大者，如果是冻斑，呈块状结构，似稀小米粥。

四、紫光灯的用途

随着科技的进步，古玉的修复和黏合技术水平越来越高，但是绝大部分都是使用胶合技术。所以在实际鉴定时，使用长波紫光灯（图 7、图 8）照射是非常有必要的，对于验证残损修复（图 9、图 10）效果颇佳。

图 7、图 8　紫光灯

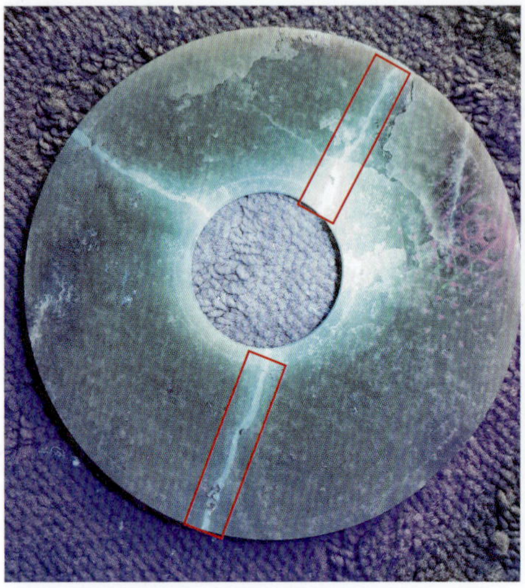

图 9　粘接部位的胶荧光反应明显

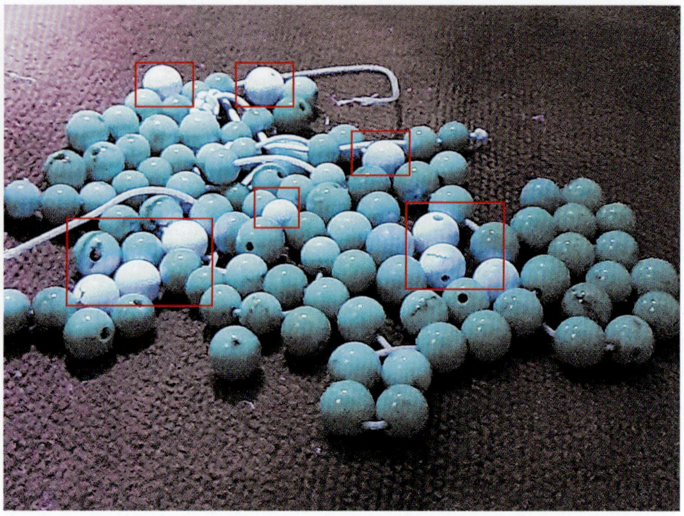

图 10　紫光灯下注胶优化绿松石的荧光反应

第六章

新老微观图对比

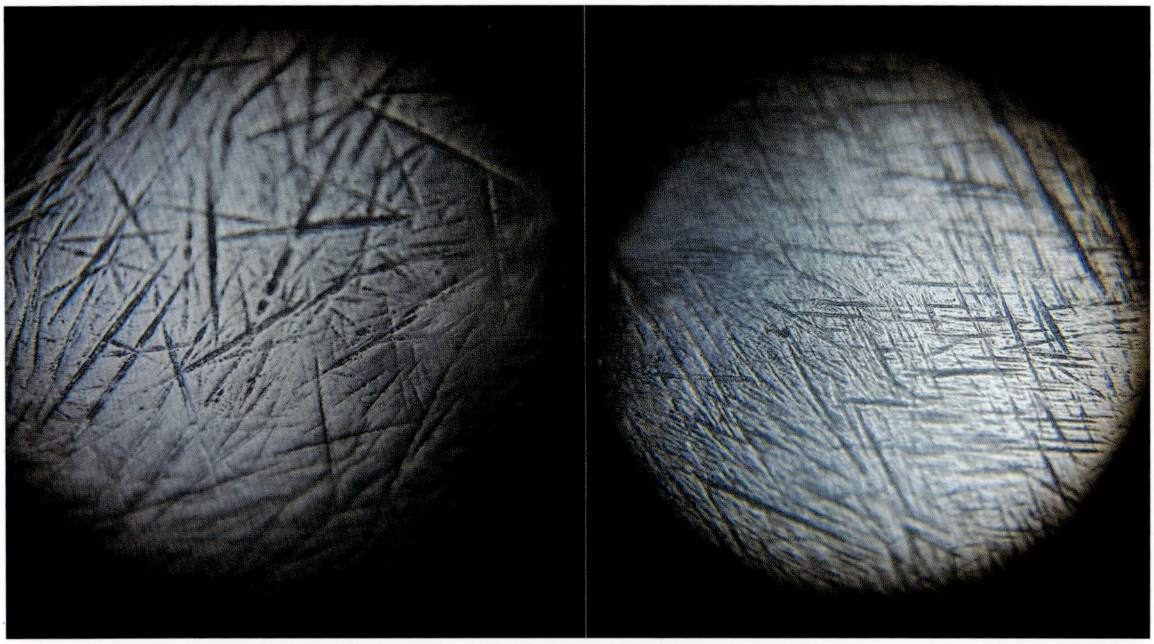

图 1　战国玛瑙环打磨形成的柳叶纹新老对比（左仿　右真）

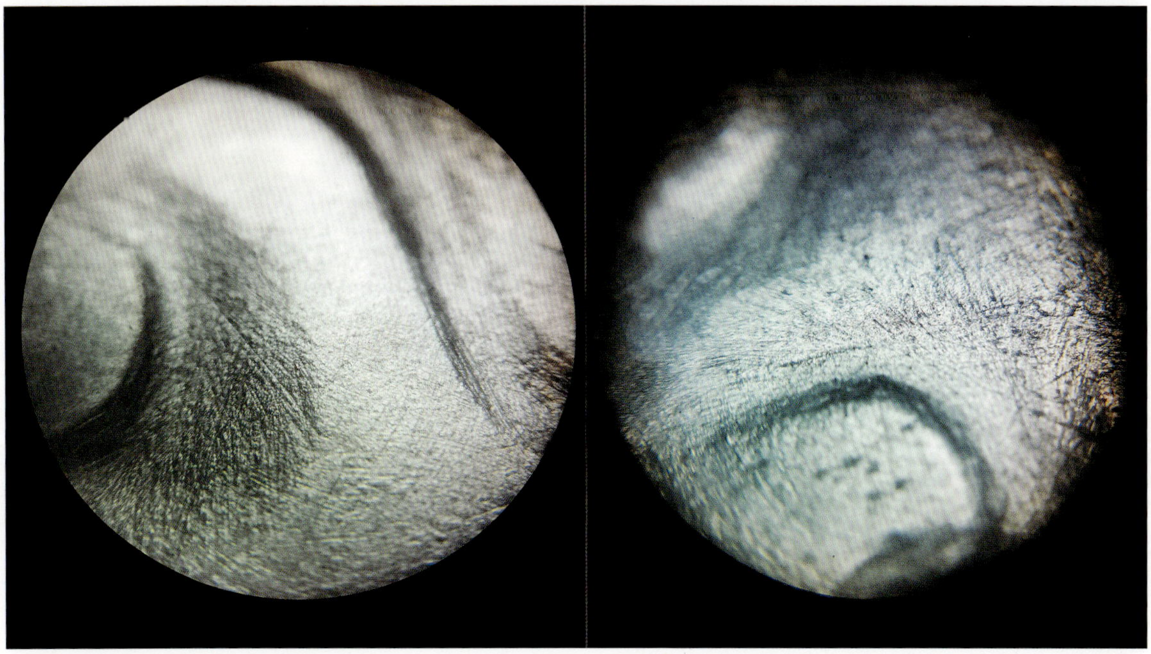

图 2　西周人龙佩表面转弯处新老砣痕和飞砂痕层次感对比（左仿　右真）

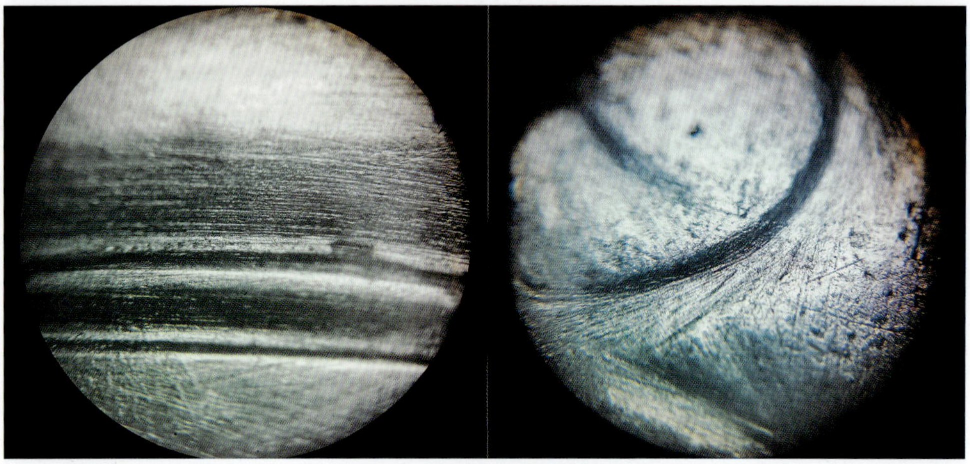

图 3 西周人龙佩表面砣痕新老对比，仿品痕迹在一个平面上没有层次感（左仿　右真）

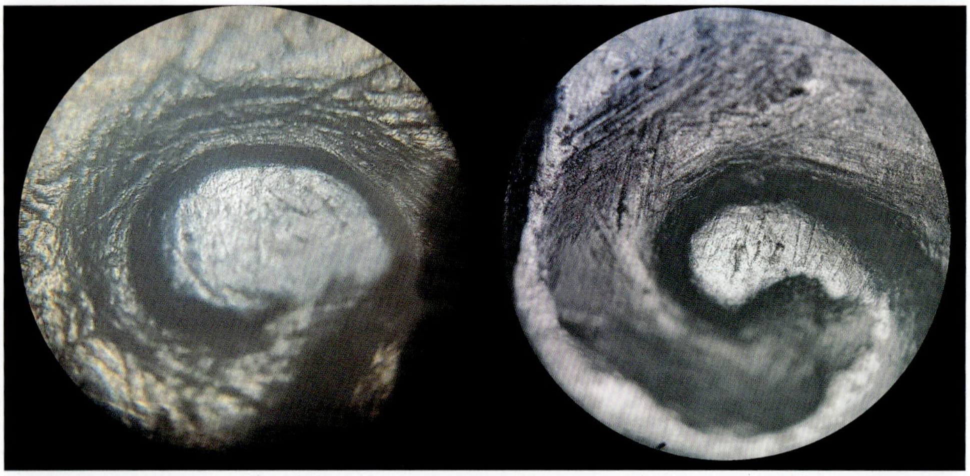

图 4 古王转弯处砣痕和表面氧化质感新老区别（左仿　右真）

图 5 西玛孔道的台痕和水亮特征

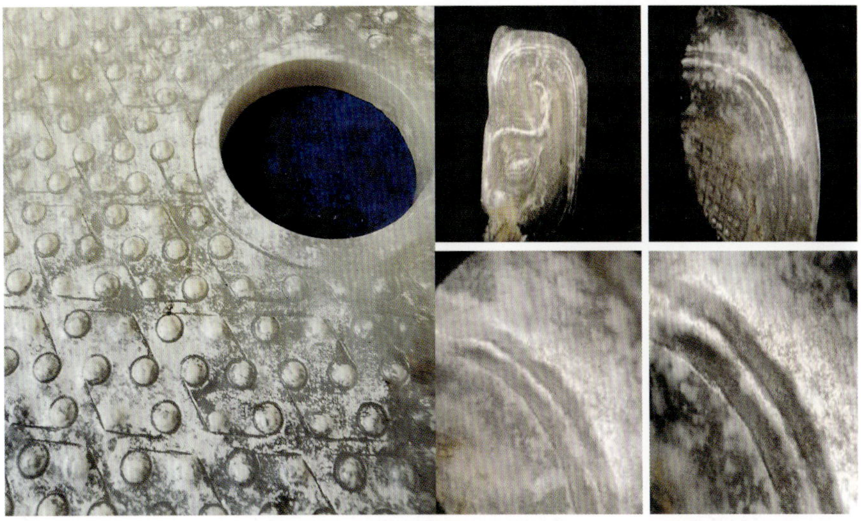

图 6　古玉沁色区别，仿品出现大面积白化被阴刻线冲断的现象，不符合真品古玉的叠压关系，而真品呈自然过渡（左仿　右真）

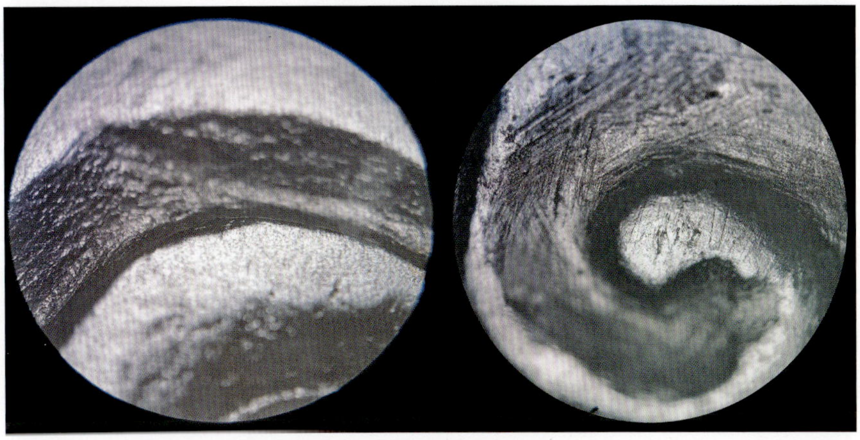

图 7　古玉转弯处飞砂痕和表面氧化质感新老对比（左仿　右真）

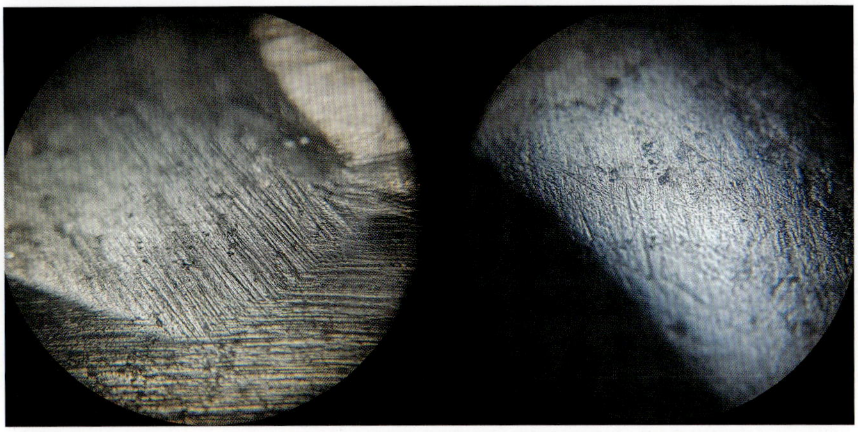

图 8　古玉表面打磨痕新老对比，仿品规律一致（左仿　右真）

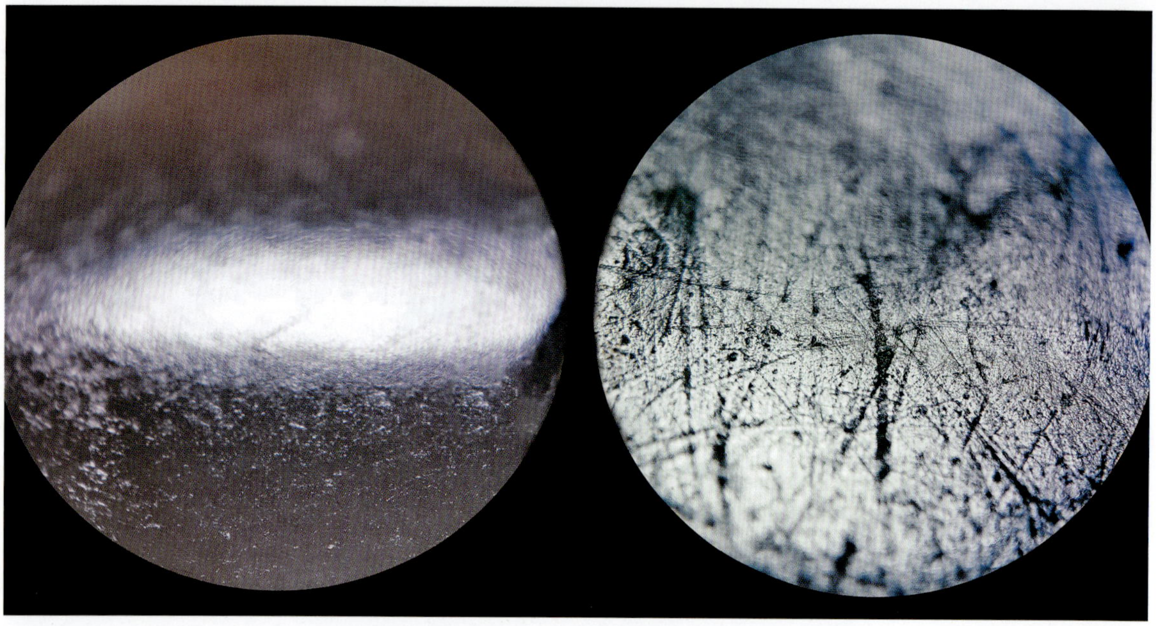

图 9　古玉表面的抛光痕和存世磨损痕迹新老对比，仿品抛光无痕（左仿　右真）

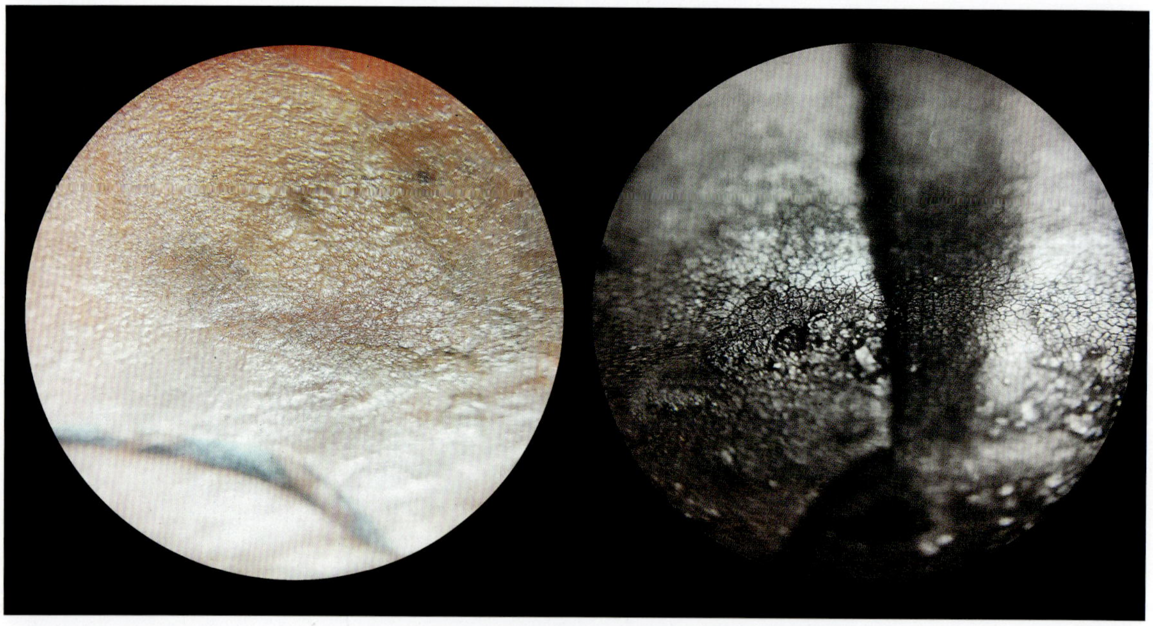

图 10　漆器表面的风化开裂新老对比，注意大裂缝和细碎的小开片（左仿　右真）

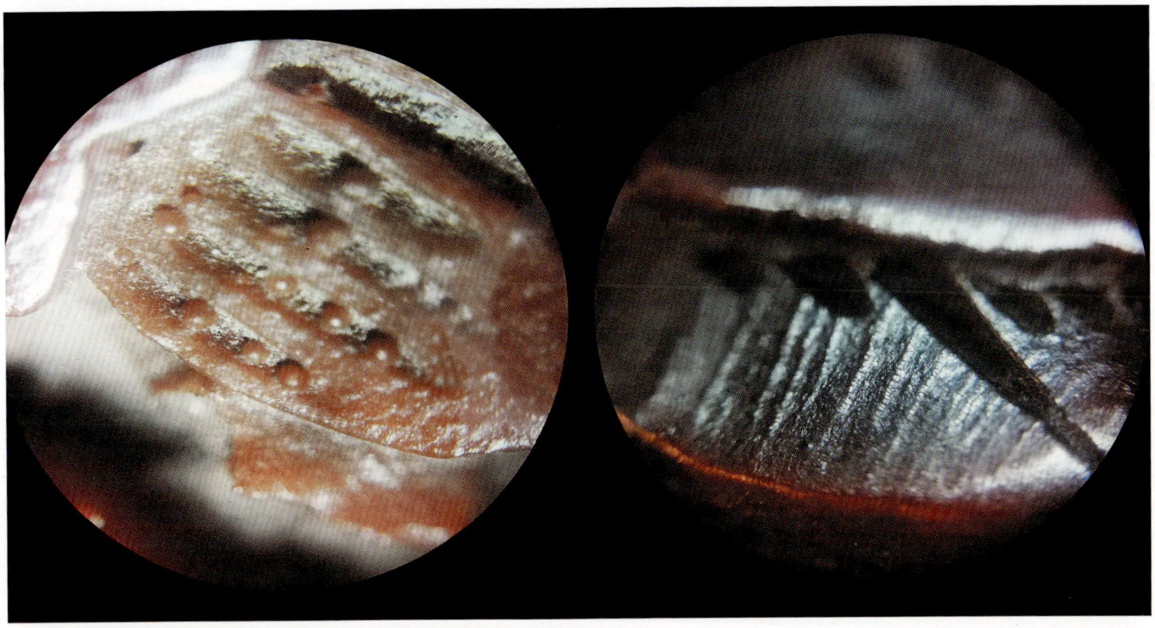

图 11　漆器表面的铸造痕和刀刻痕新老区别，注意铸造瘤（左仿　右真）

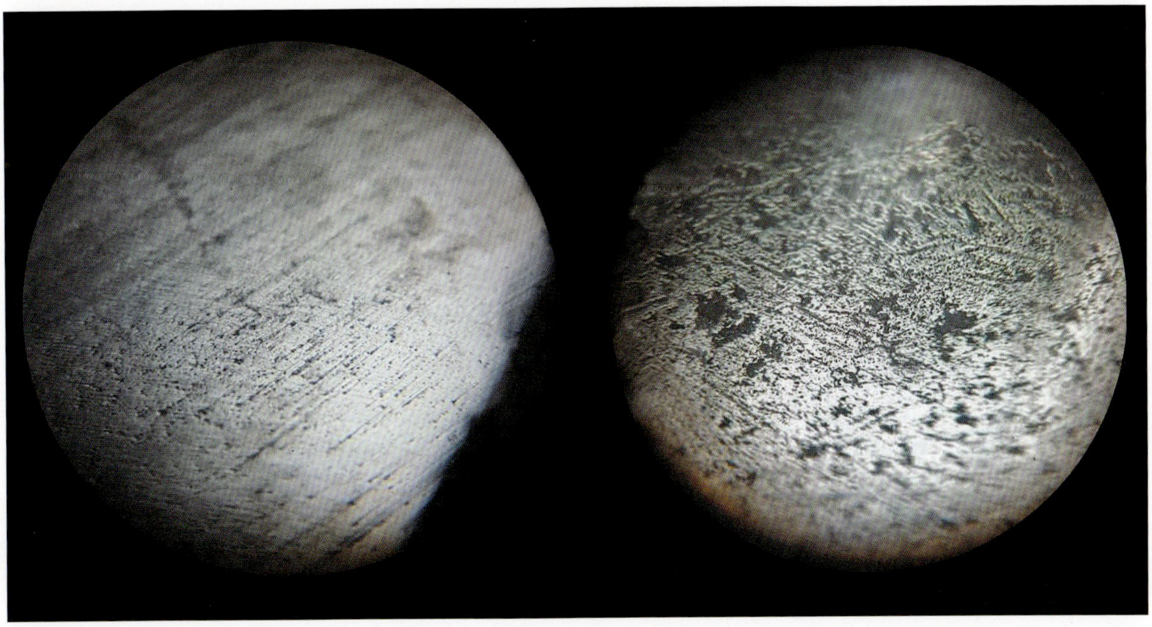

图 12　战国水晶平面部位新老打磨痕区别，仿品规律或无痕（左仿　右真）

图 13　古玉阴刻线边缘新老区别，整齐与否（左仿　右真）

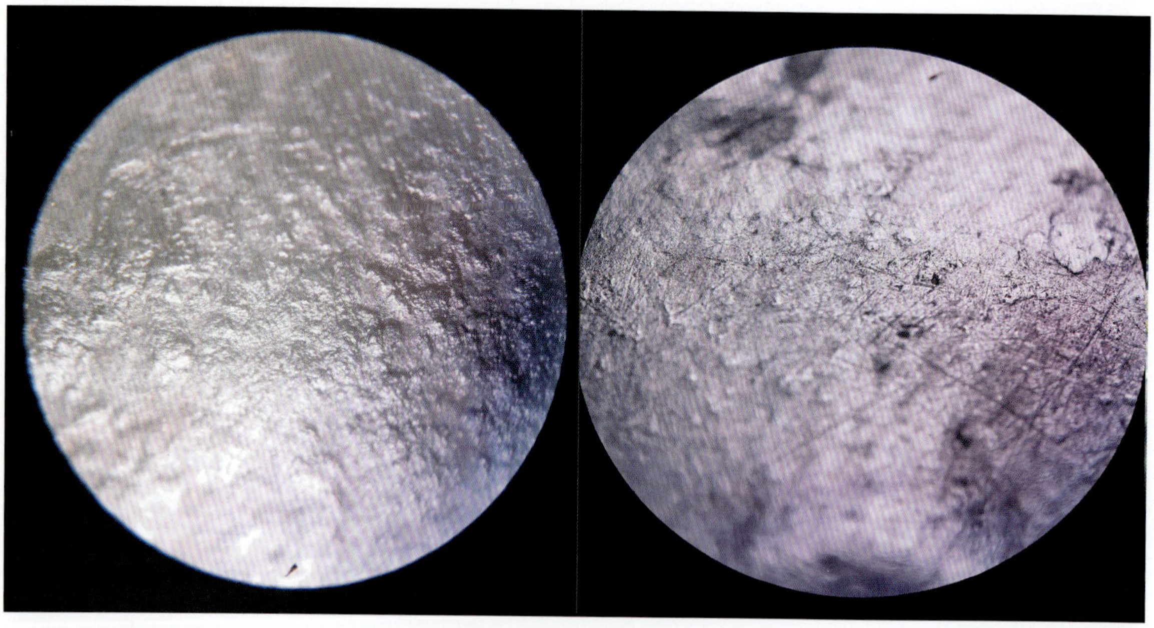

图14　古玉表面新老"老年斑"对比，仿品表面粗，打磨后直接抛光形成的橘皮纹过于一致(左仿　右真)

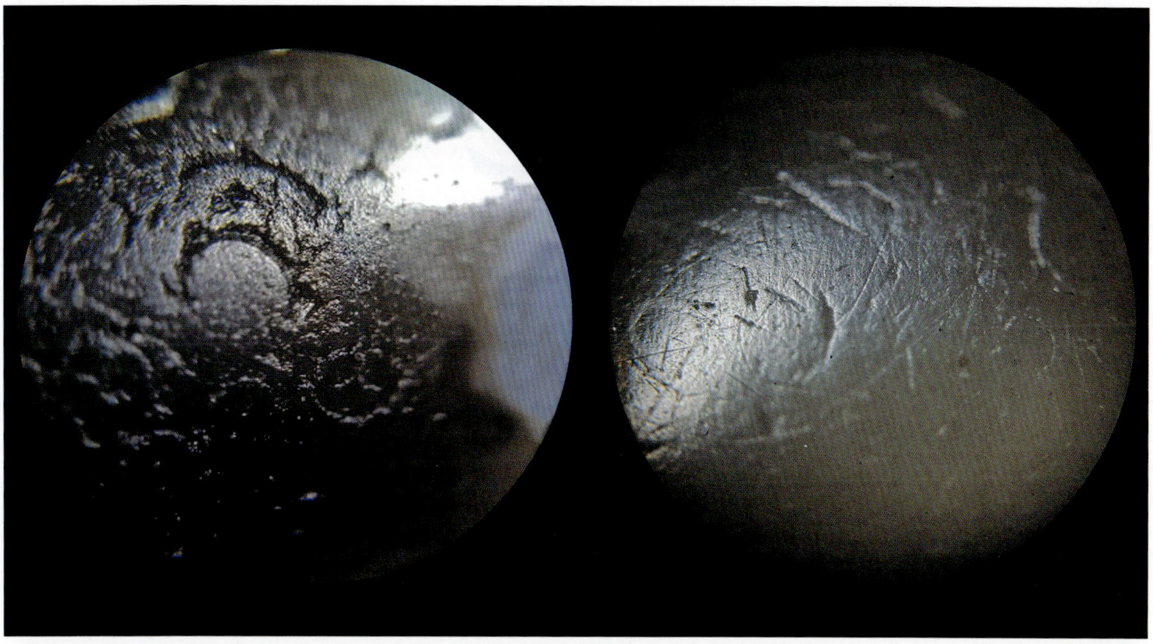

图 15　天珠表面抛光痕和存世磨损乱线的新老区别（左仿　右真）

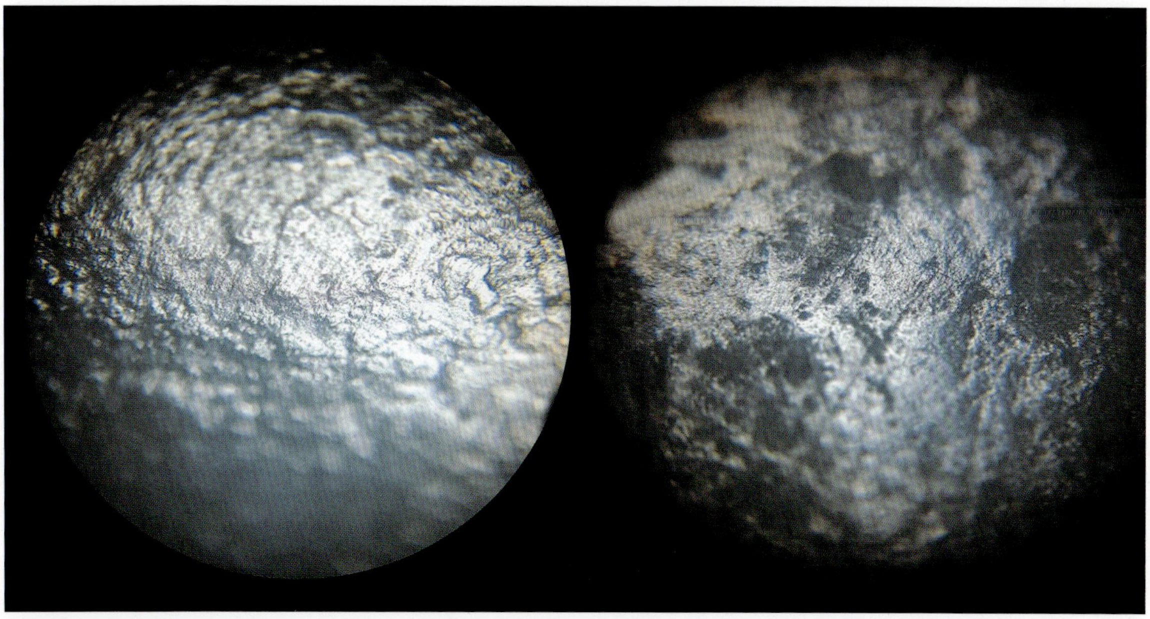

图 16　古玉表面新老腐蚀状态对比，仿品整体腐蚀过于一致（左仿　右真）

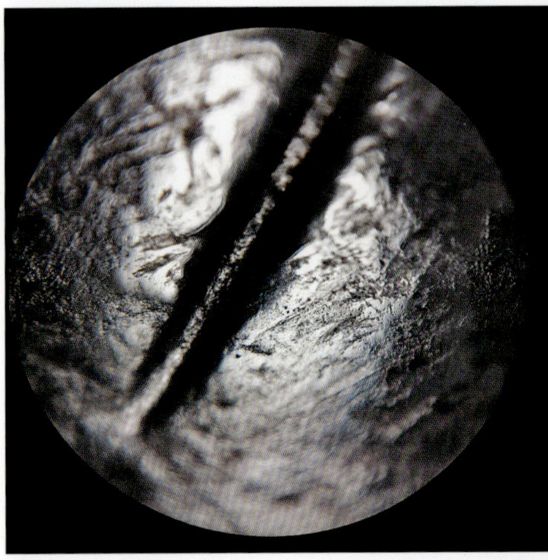
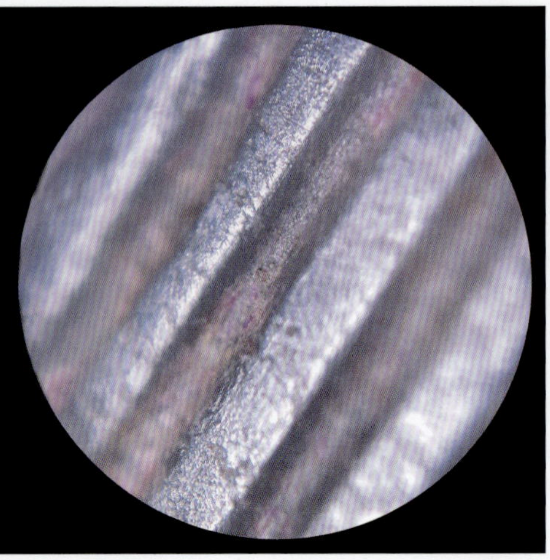
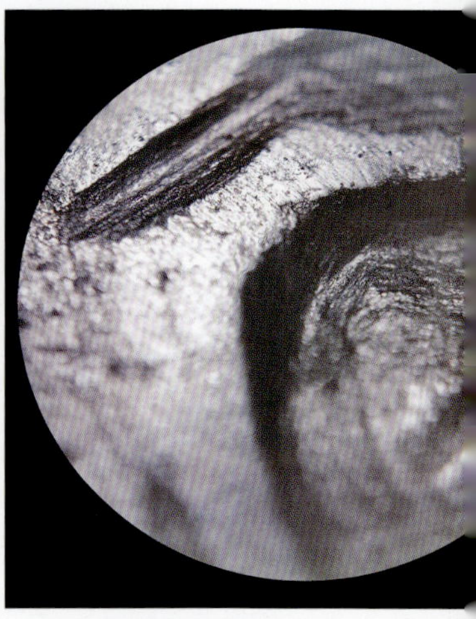

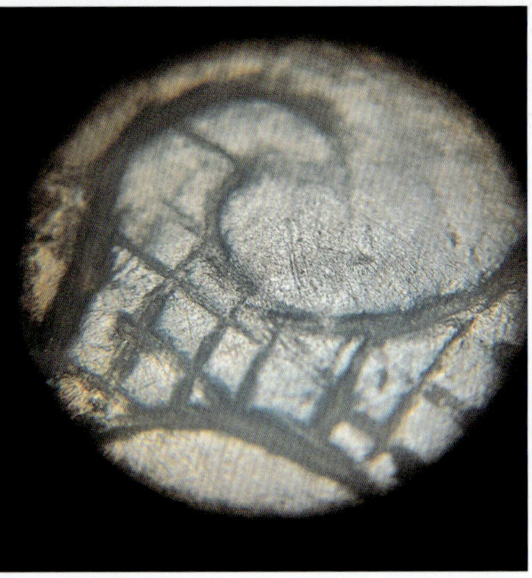

17	18	19
20	21	22
		23

图 17 阴刻线边缘处新老区别，仿品因软质抛光工具（机器抛光）形成的边缘呈漫坡状，且阴刻线线底过亮（左仿 右真）

图 18 阴刻线“急转弯”处新老对比（左仿 右真）

图 19 阴刻线转弯处新老砣痕对比（左仿 右真）

图 20 汉代菱形纹新老阴刻线跳刀痕对比（左仿 右真）

图 21 叠压关系辨伪。画圈处阴刻线内色泽新鲜，白化处玉质出现露肉现象（仿）

图 22 小叶紫檀真假金星对比（左仿 右真）

图 23 传世古玉表面的抛光痕和存世磨损痕迹新老对比（左仿 右真）

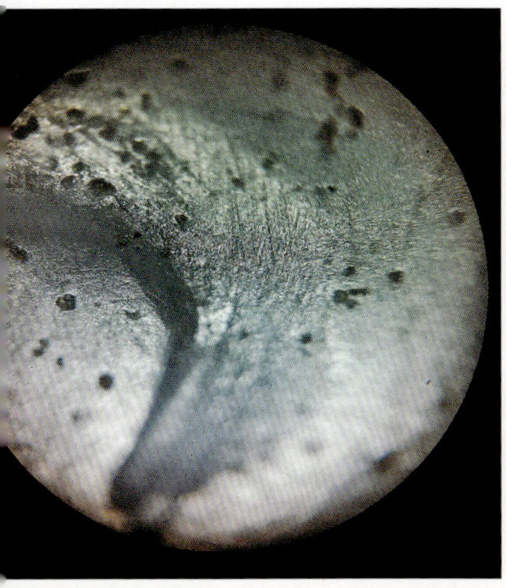

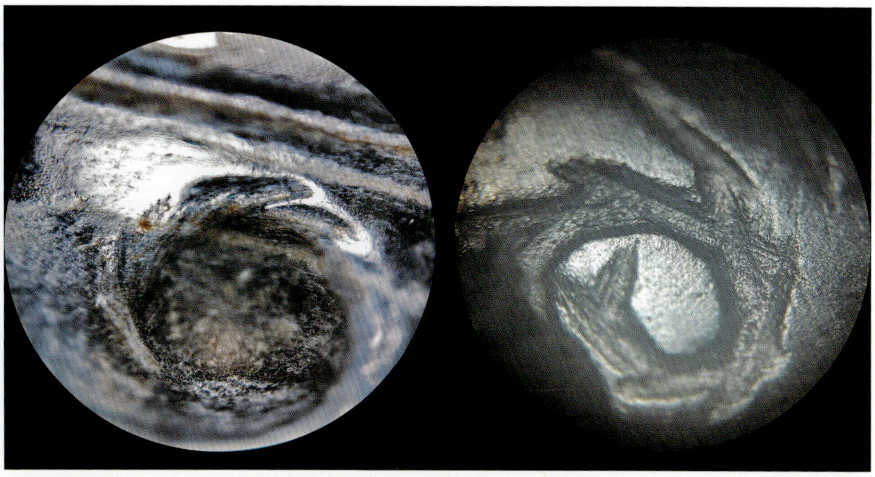

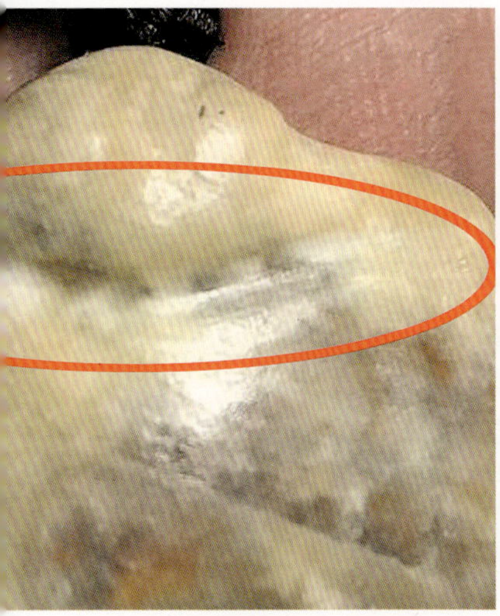

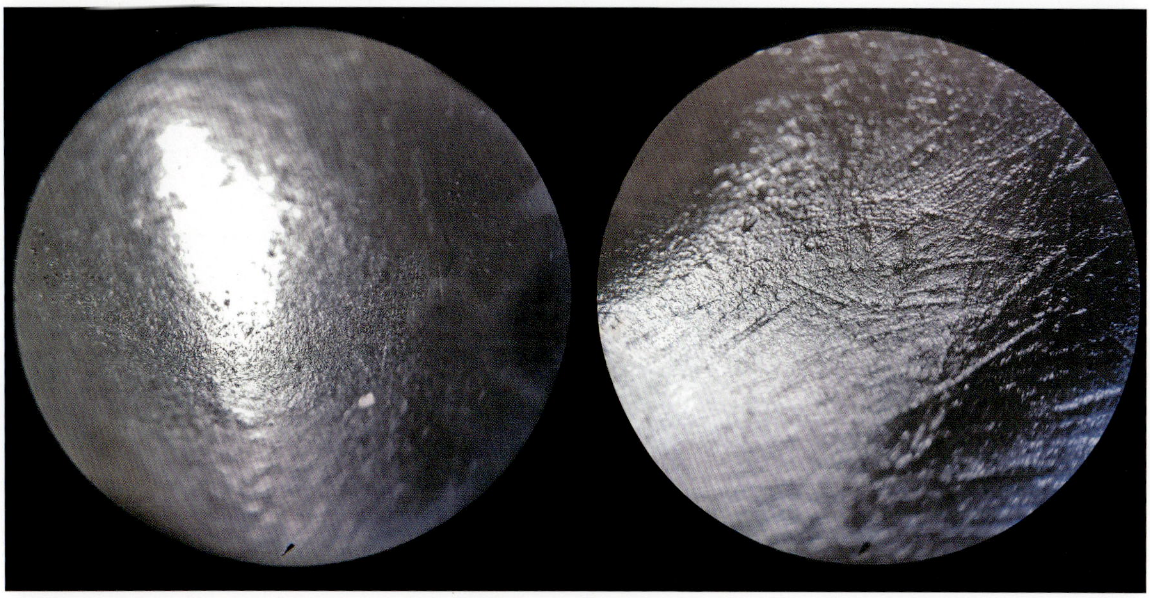

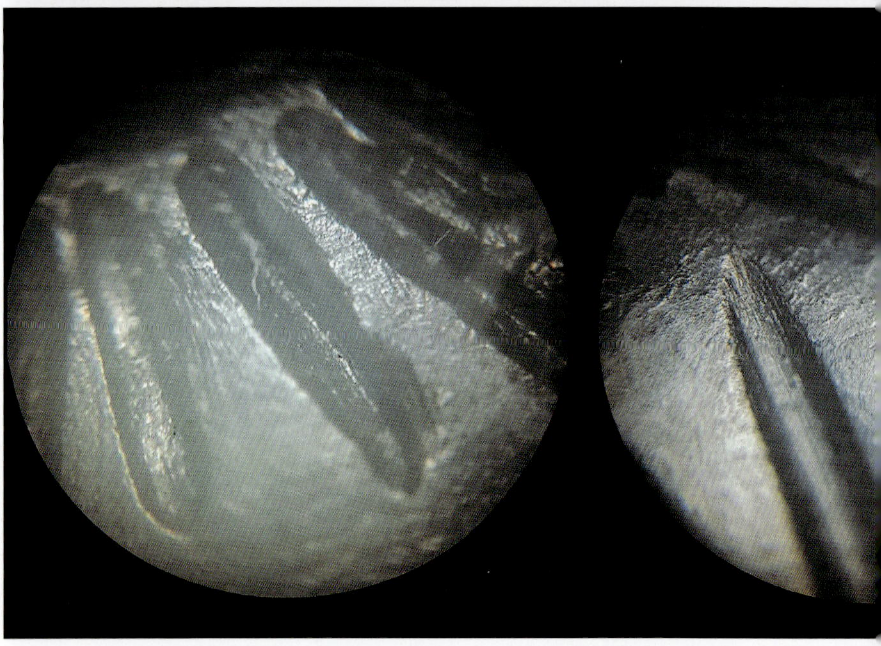

24	26
25	27

图 24　电脑排版机器雕刻特征

图 25　明清阴刻线新老区别（尖、浅、齐、对称四个方面对比）（左仿　右真）

图 26　明清细短阴刻线的区别（深浅、边缘是否整齐），还有平面部位的质感（左仿　右真）

图 27　战国谷纹凸起处弧形阴刻线的区别。仿品中的双线特征是怎样形成的？（左仿　右真）

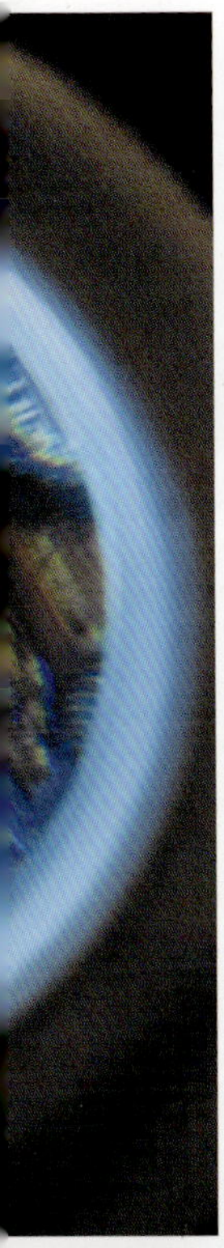

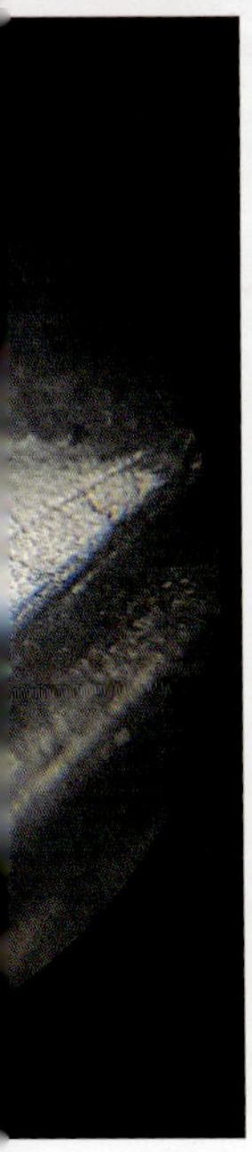

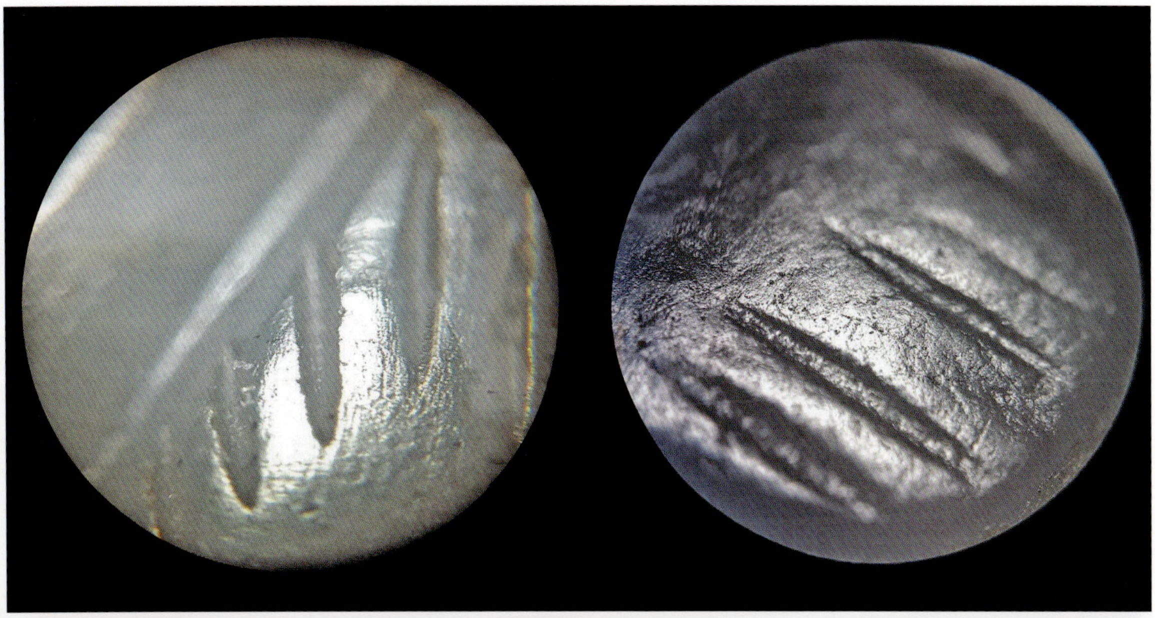

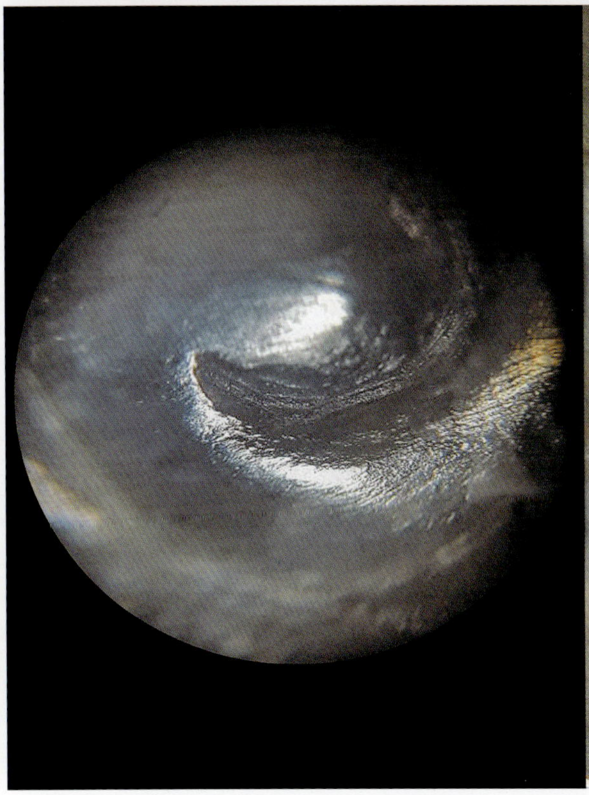

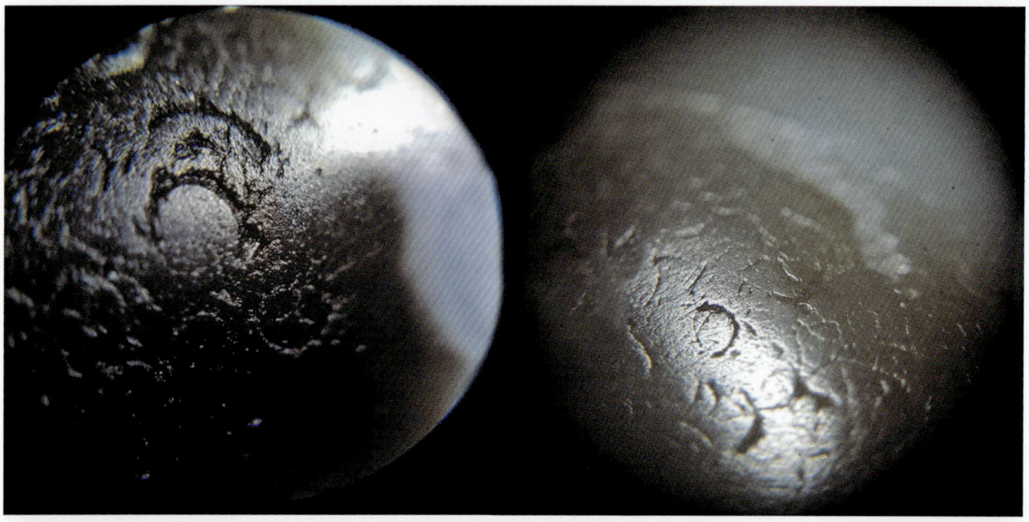

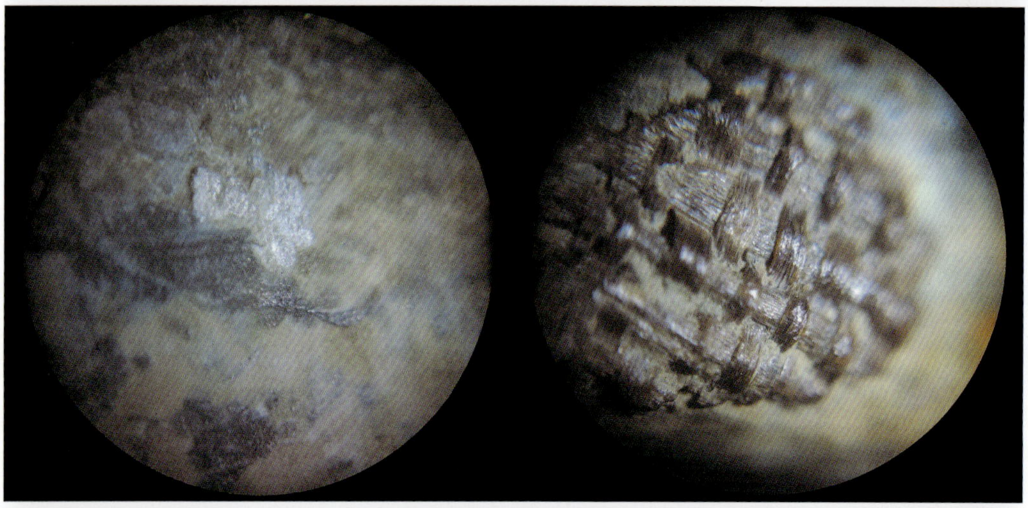

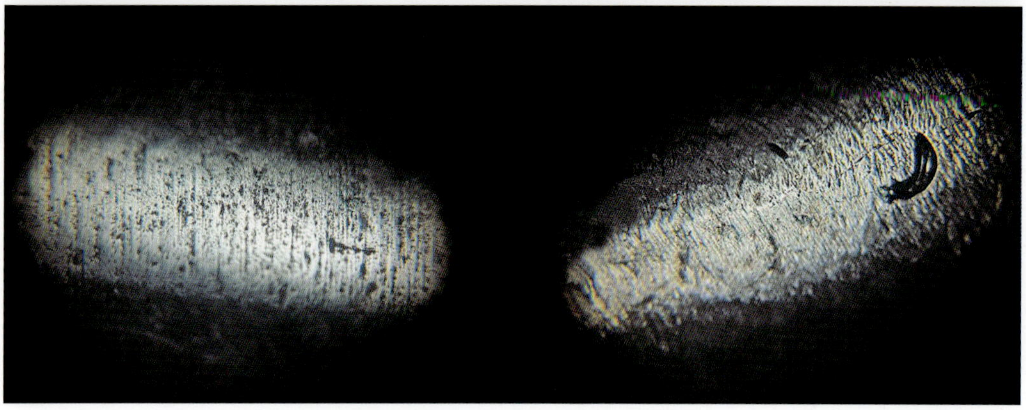

28
29
30

图 28　西藏天珠表面磕碰形成的马蹄纹（风化纹）和表面光泽质感以及磨损痕迹的区别（左仿　右真）

图 29　永远仿不了的特征——孤岛形的原始界面和附着物

图 30　战国水晶珠子表面新老打磨痕区别（左仿　右真）

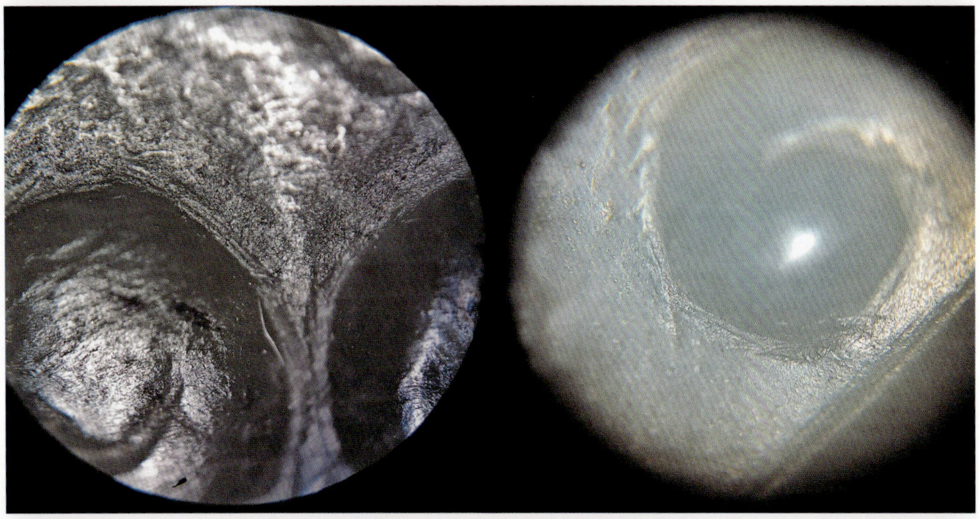

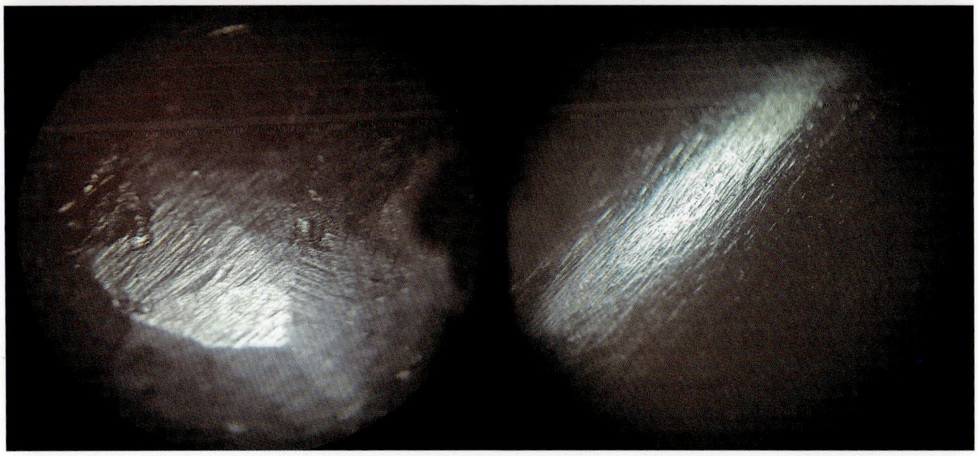

31　图 31　汉代游丝毛雕转弯处的跳刀痕的区别(左仿　右真)

32　图 32　战汉时期谷纹边缘和平面交角处新老琢磨痕迹区别(左仿　右真)

33　图 33　左图为战国多向打磨成型，右图为汉代纵向打磨成型

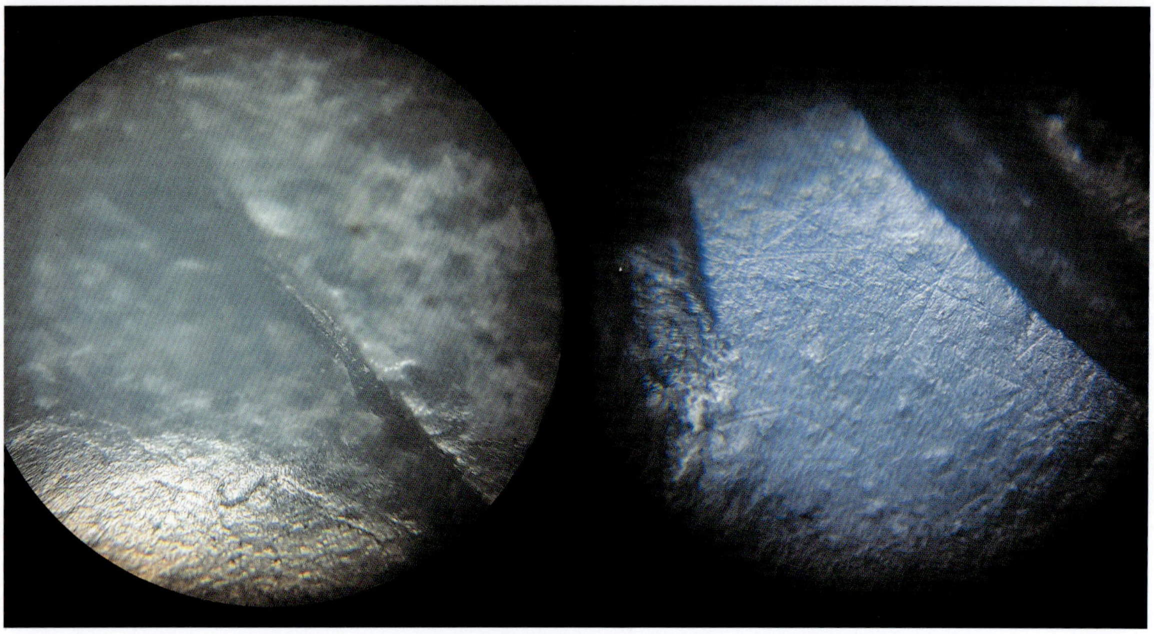

图 34　仿品扭曲、深、边缘陡峭，且有阴刻线冲断白色棉絮（仿水沁）的特征。真品阴刻线边缘干净整洁，呈明显的浅“U”型，注意表面“老年斑”（左仿　右真）

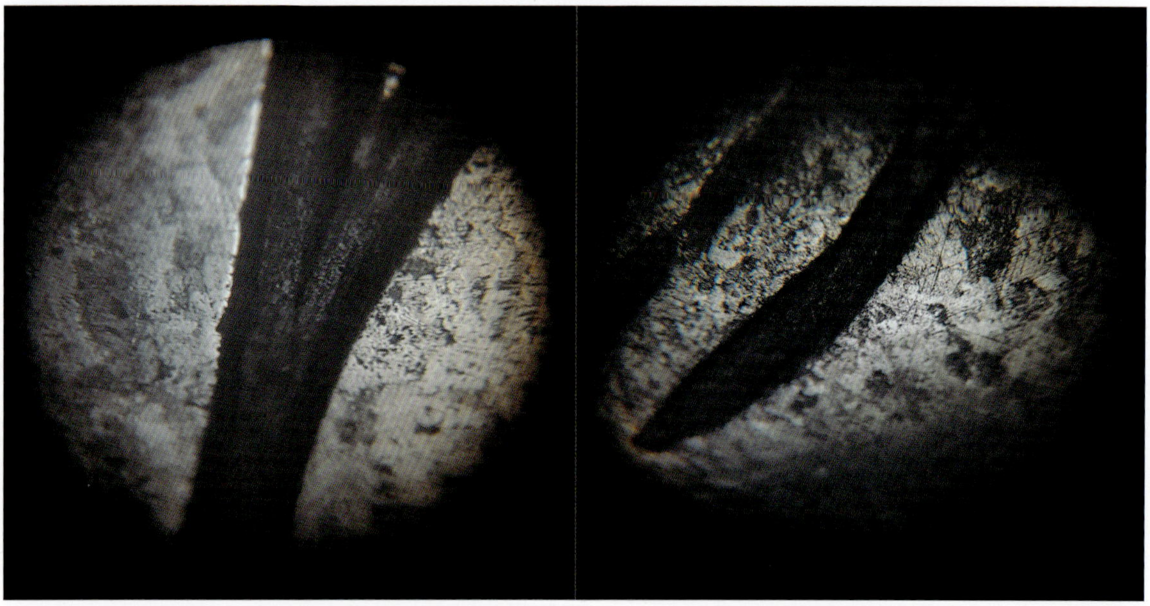

图 35　老翡翠表面的腐蚀状态的区别。清代出土的翡翠腐蚀脱落状态明显比创汇期严重，砣痕均开门（左创汇期　右清代）

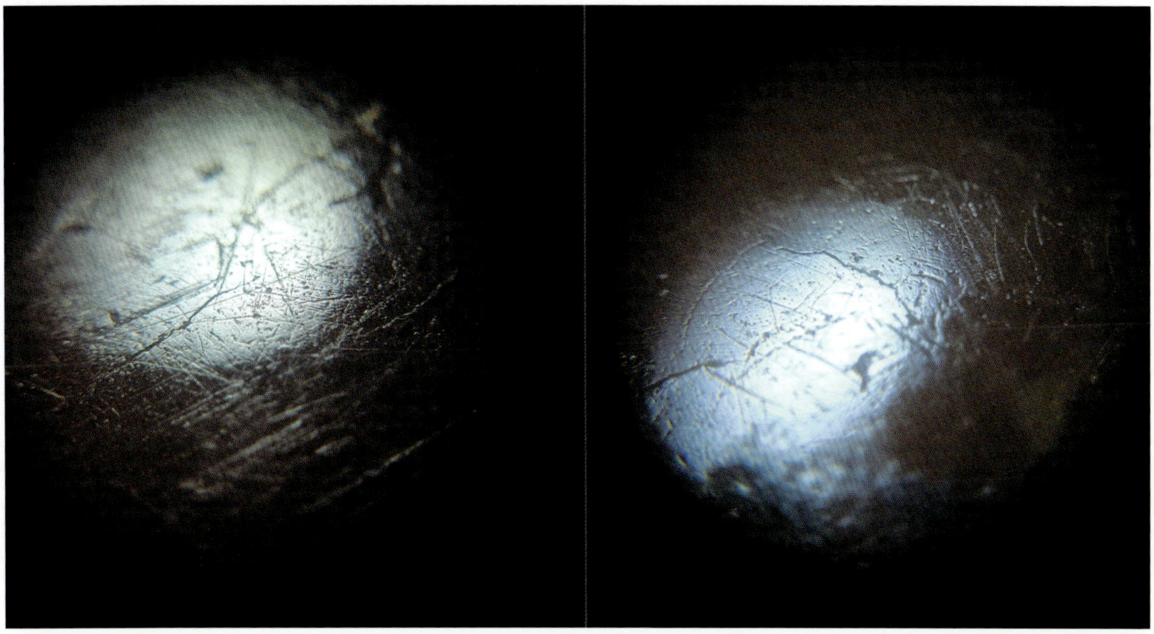

图 36　汉传蜜蜡朝珠表面使用磨损痕迹特征和入土造成的大开裂特征。注意开裂部分翘起和沉积物特征

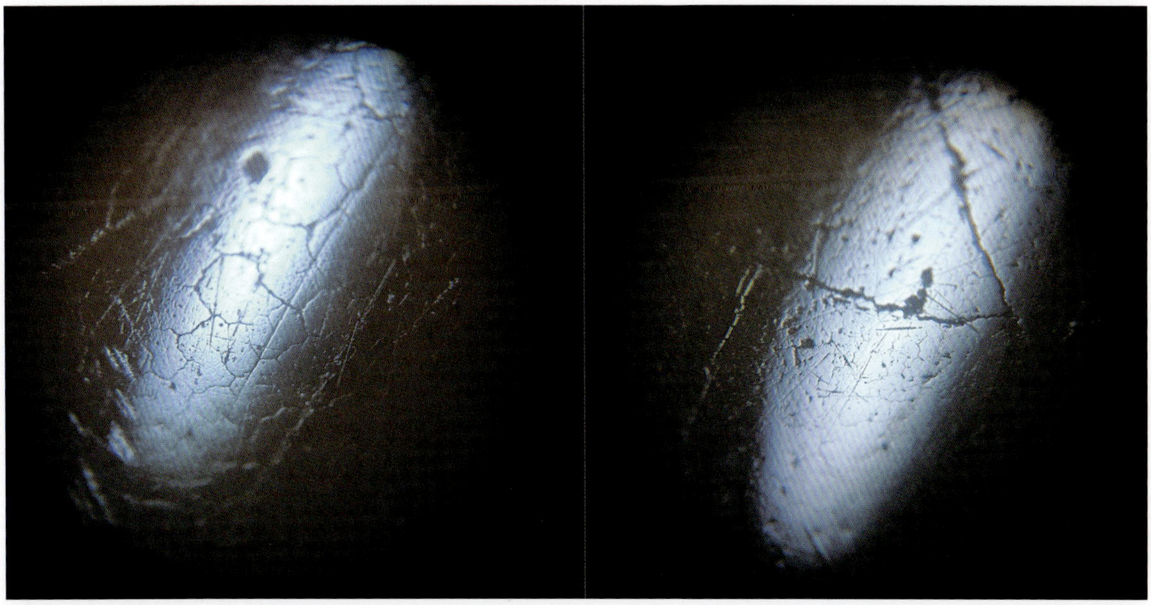

图 37　西亚蜜蜡桶珠表面的开裂。有大的开裂，也有小的开裂，小开裂比藏传蜜蜡相对大

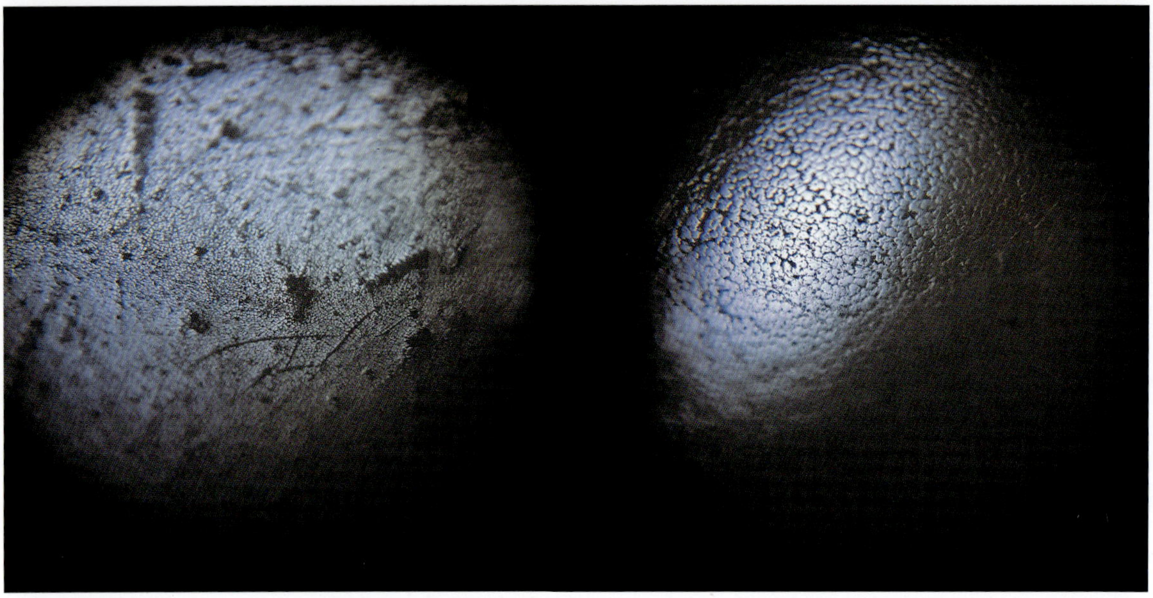

图 38　藏传老蜜蜡表面的开裂，同一器物，不同位置开裂状态不一样，裸露处开裂相对细碎

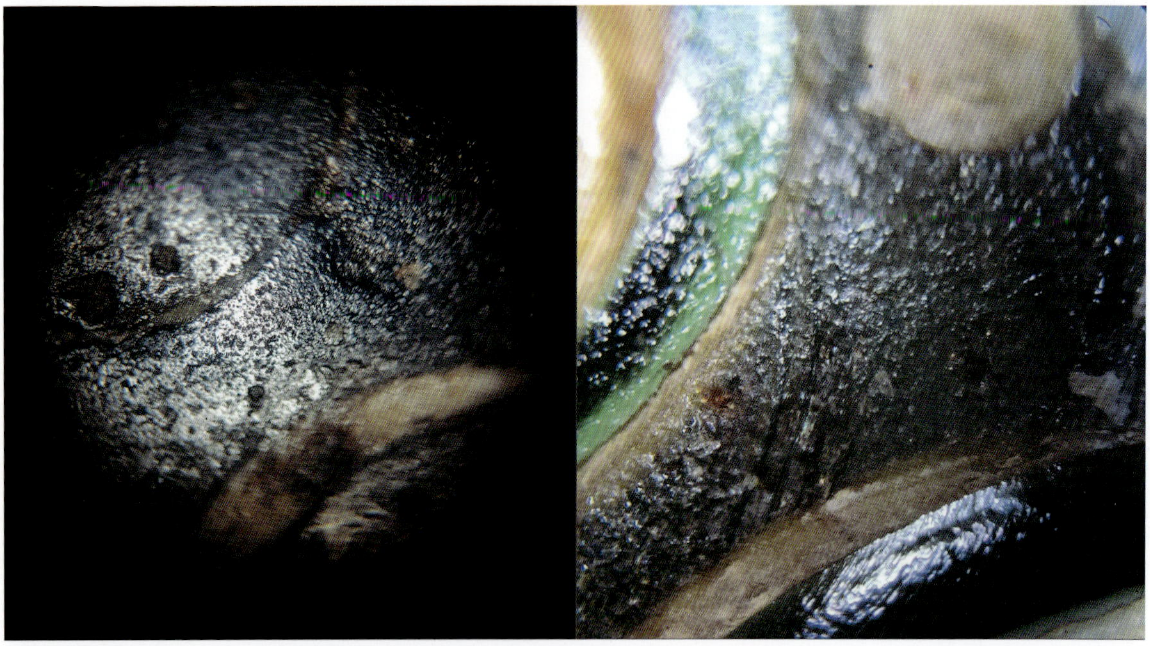

图 39　战国琉璃蜻蜓眼的表面腐蚀特征。注意观察白色部分腐蚀更重，形成的收缩特征表面反铅和腐蚀脱落状态

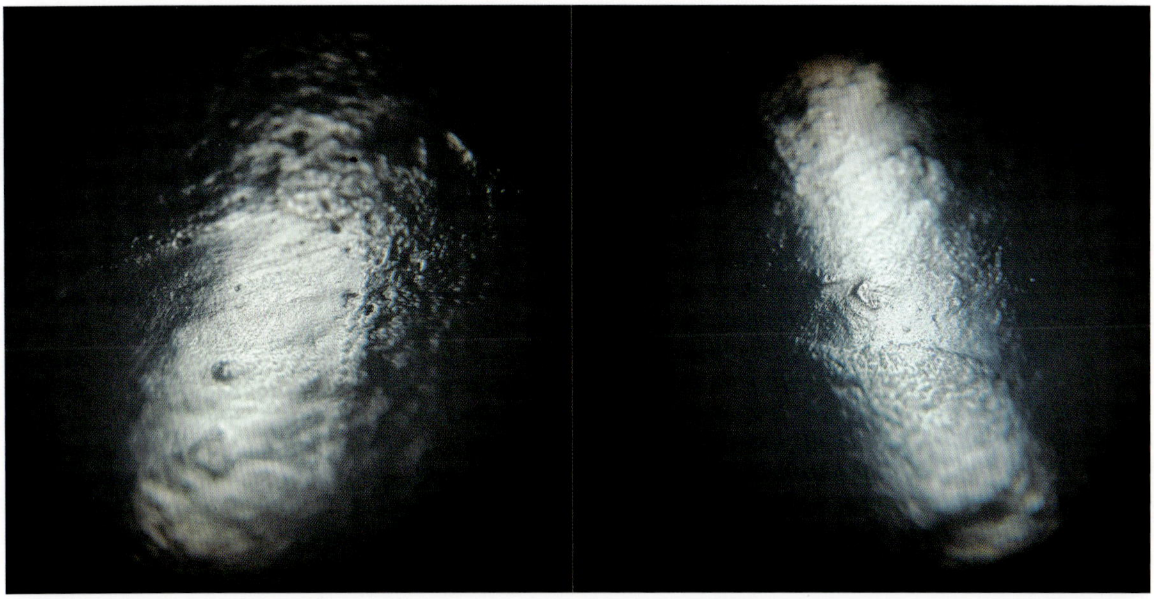

图 40 典型弱酸腐蚀后抛光形成的表面特征。仿古玉模仿古玉包浆的反光效果，不用放大镜观察，光泽非常有欺骗性（仿）

图 41 左图为北方文化区域的西玛，右图为中原地区的西玛

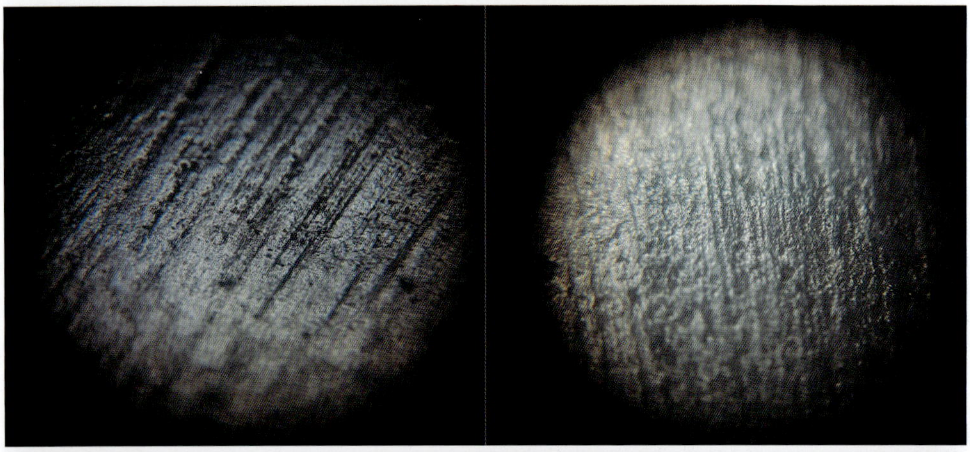

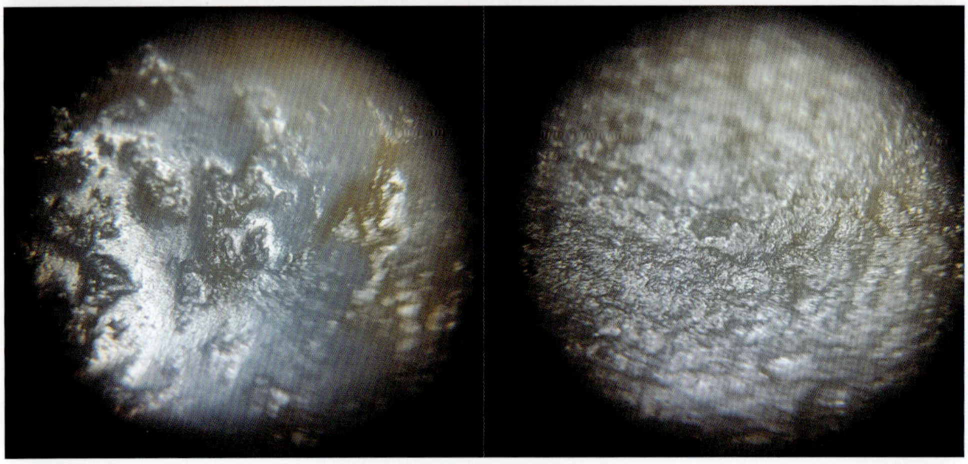

42 图 42 左图为北方文化区域的西玛，右图为中原地区的西玛。不同区域西周玛瑙珠孔道的区别，中原地区西玛大喇叭孔台痕明显，草原文化西玛孔道较直且小

43 图 43 高古玉璧表面新老打磨痕区别。注意打磨导致的撕裂特征和腐蚀脱落的自然状态（左仿 右真）

44 图 44 和田玉籽料表面皮子新老微观对比。仿品为提高籽料光泽而抛光，凹坑边缘呈漫坡状，人工染色致染料沉积在凹坑内（左仿 右真）

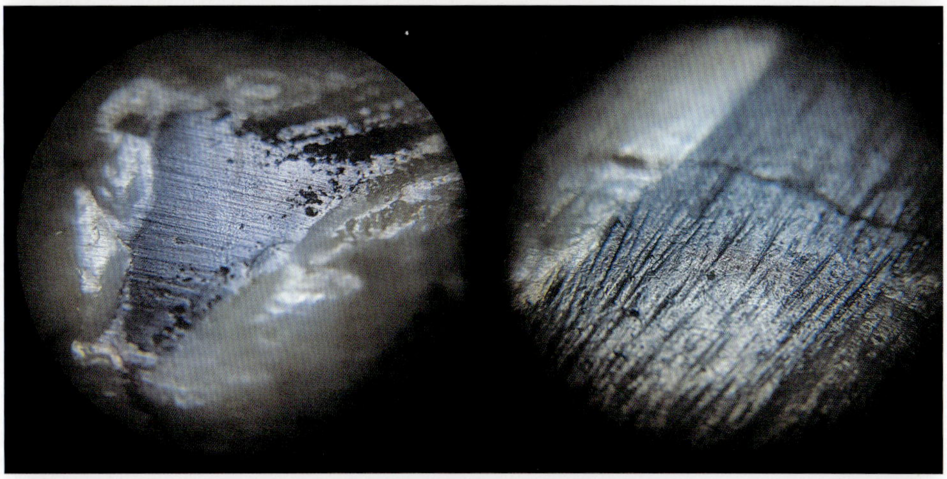

45 图 44　汉代玉剑璏表面新老特征对比。仿品乱线粗暴做作，痕迹长，
46 痕迹在一个界面；真品痕迹细碎，因氧化而富有层次感（左仿　右真）
47 图 45　西亚镶蚀红玉髓表面新老区别。仿品为一致性的抛光痕，真品为打磨的柳叶纹、磨损痕，表面氧化形成质感（左仿　右真）

图 46　齐家文化素器表面新老特征区别。打磨痕杂乱，规律性以及表面氧化腐蚀脱落的自然状态不同（左仿　右真）

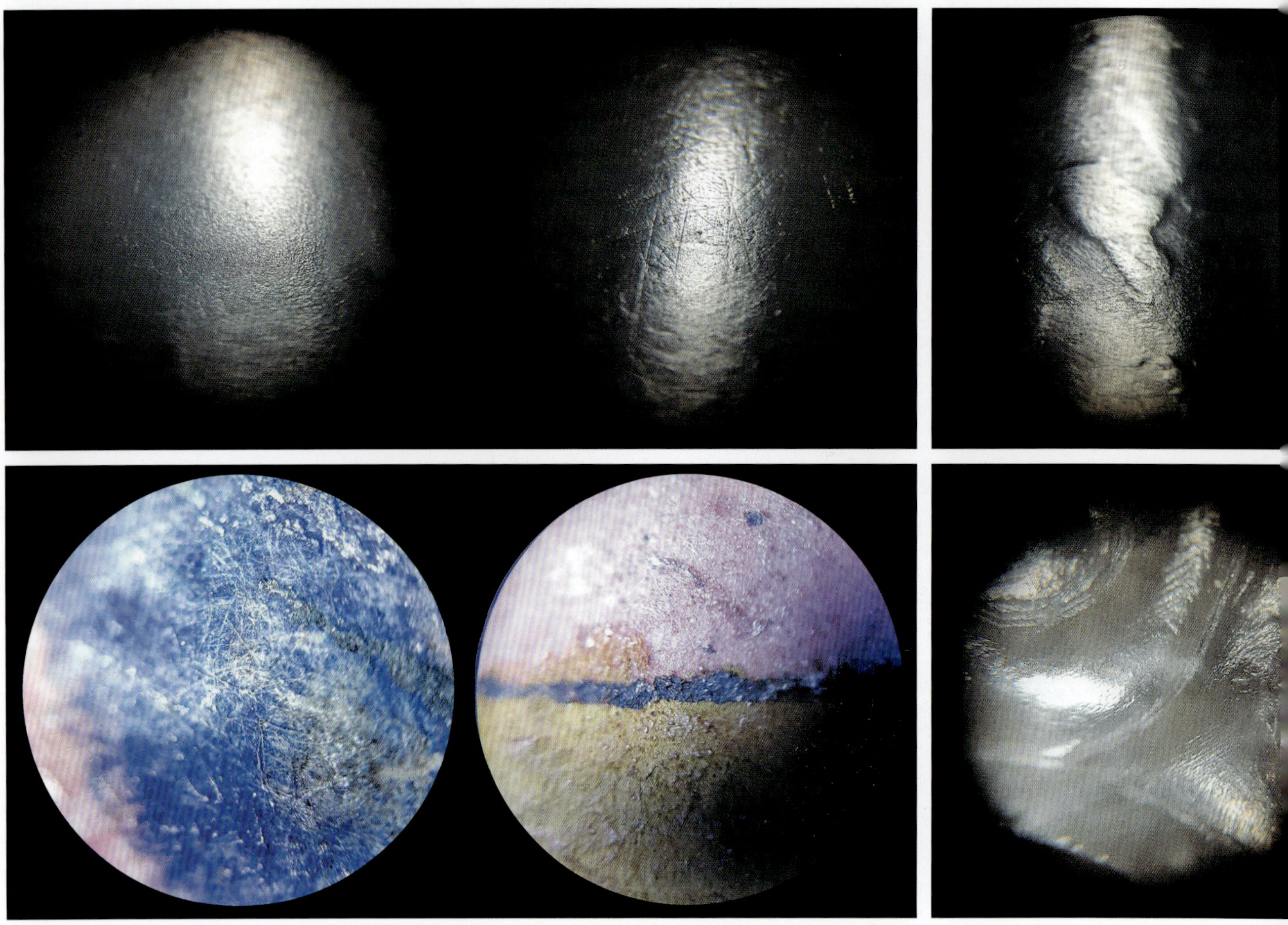

48 | 49 | 50
51 | 52 | 53
54

图 48　和田玉镯子新老乱线和质感区别（左仿　右真）

图 49　和田玉镯子表面氧化层次感的区别。仿品特殊工艺抛光，仿古玉包浆非常有欺骗性；真品表面的层次感才是真品包浆的宏观体现（左仿　右真）

图 50　和田玉珠子表面新老特征区别。仿品磨砂无痕，无氧化质感；真品杂乱无序的抛光痕和存世磨损痕迹，氧化质感强（左仿　右真）

图 51　老唐卡的特征，矿物质颜色的颗粒状和渗入纸张的状态，结晶状反光特征

图 52　这种细阴刻线出现双线是典型的仿品特征，中间起棱双线是由于现代砣片磨损和崩砂所致（仿）

图 53　A 货表面光滑平整，B 货表面有明显酸洗过的裂缝（左 B 货　右 A 货）

图 54　新老阴刻线用“尖、浅、齐、砂、暗、对称”七字真言辨伪案例，观察表面腐蚀状态的区别（左仿　右真）

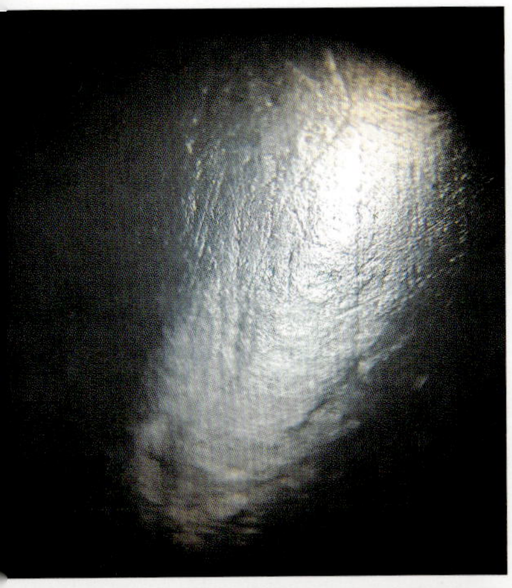

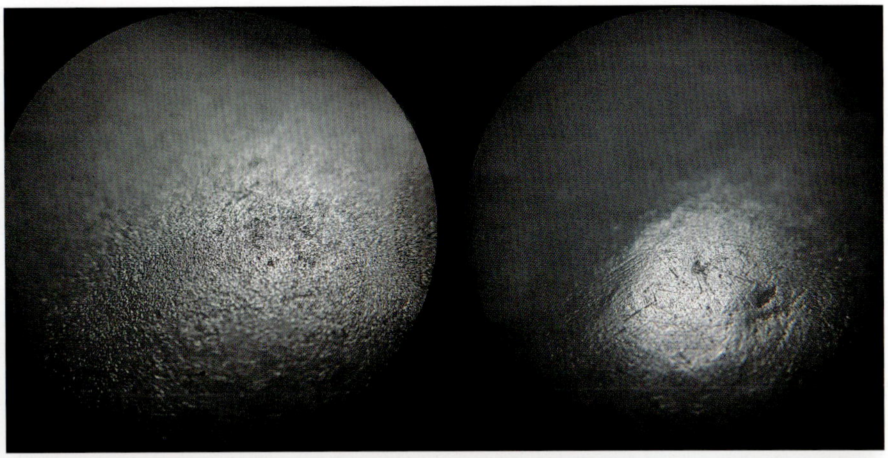

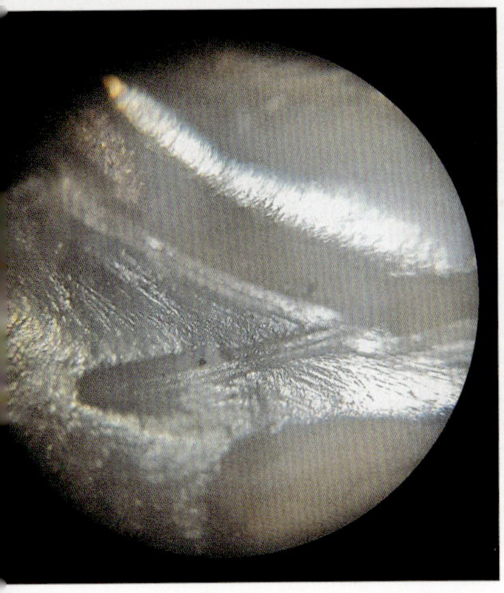

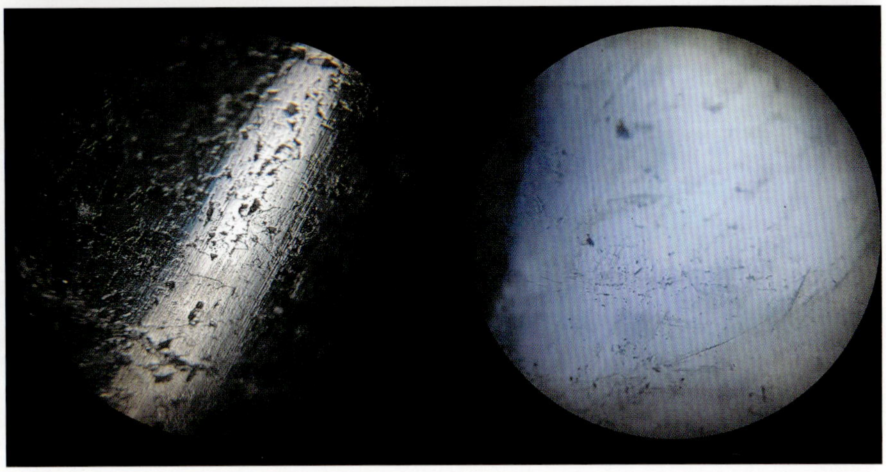

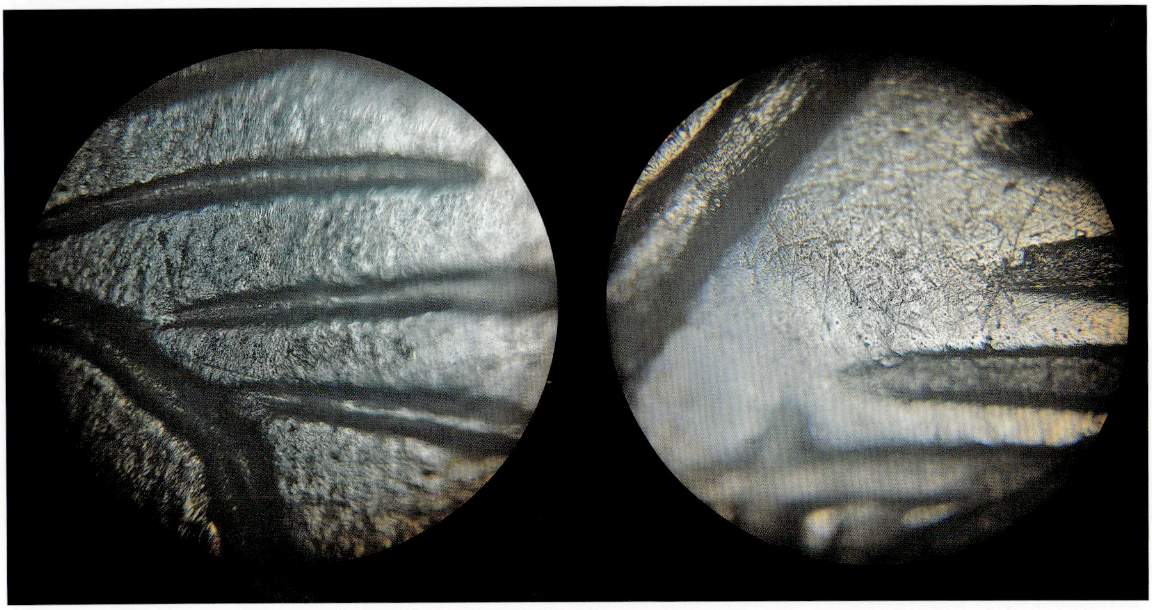

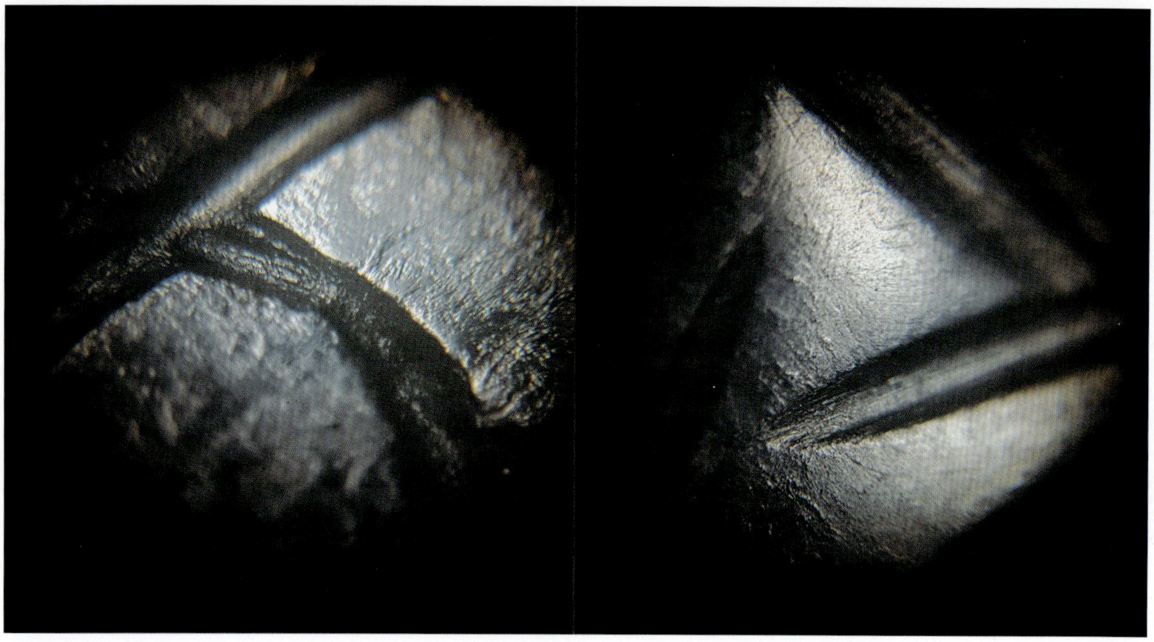

图 55 新老阴刻线用“尖、浅、齐、砂、暗、对称”七字真言辨伪案例，观察表面光泽质感和打磨抛光磨损等痕迹之间的区别（左仿 右真）

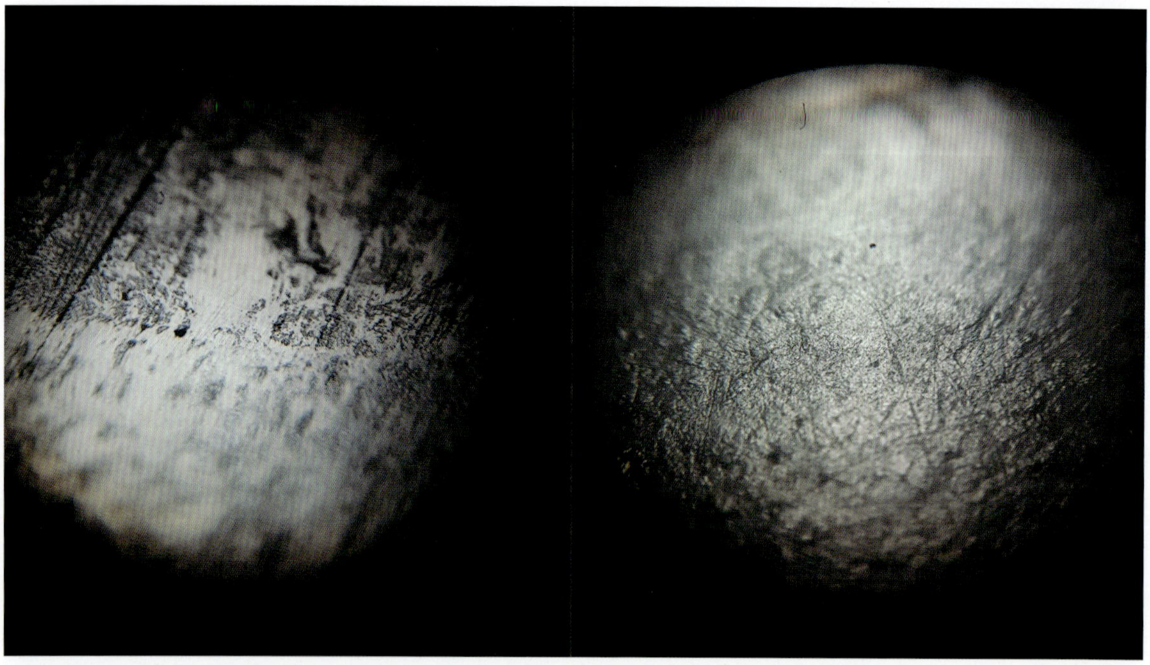

图 56 新老古玉表面的氧化腐蚀状态和打磨抛光痕迹的区别（左仿 右真）

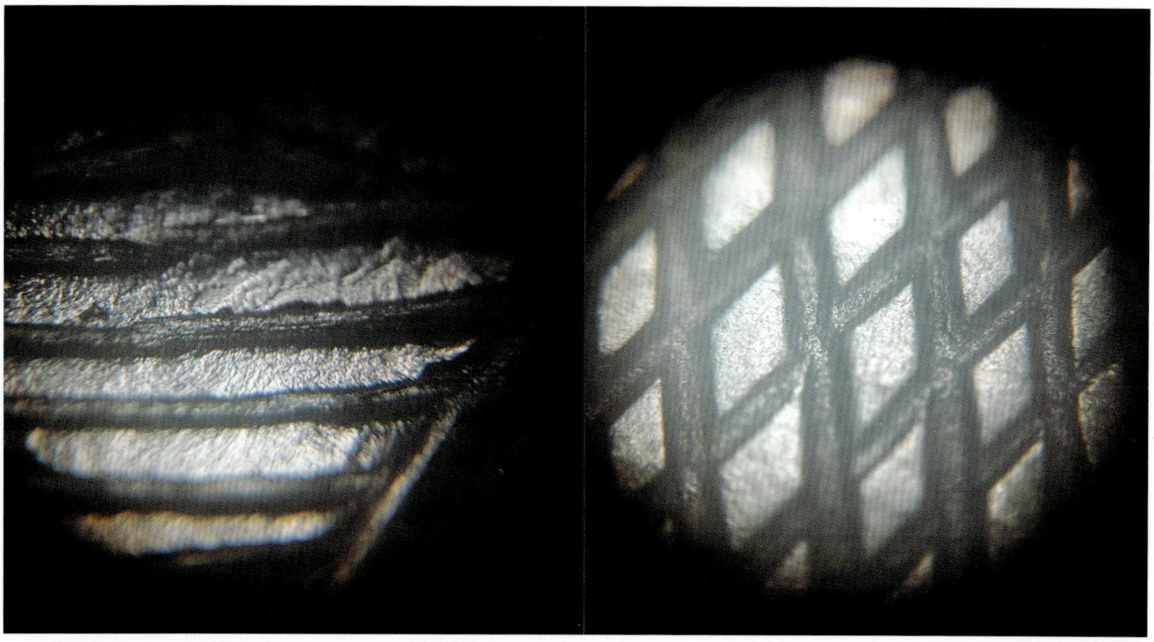

图 57　新老阴刻线用“尖、浅、齐、砂、暗、对称”七字真言辨伪案例，观察表面光泽质感和打磨抛光磨损等痕迹之间的区别（左仿　右真）

图 58　新老古玉表面的氧化腐蚀状态和打磨抛光痕迹的区别（左仿　右真）

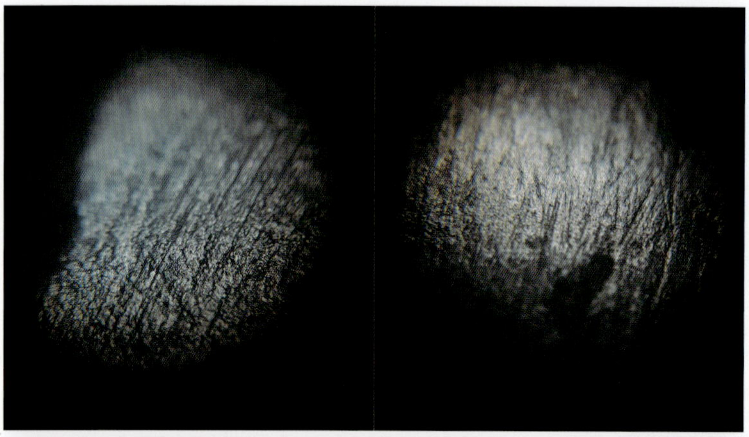

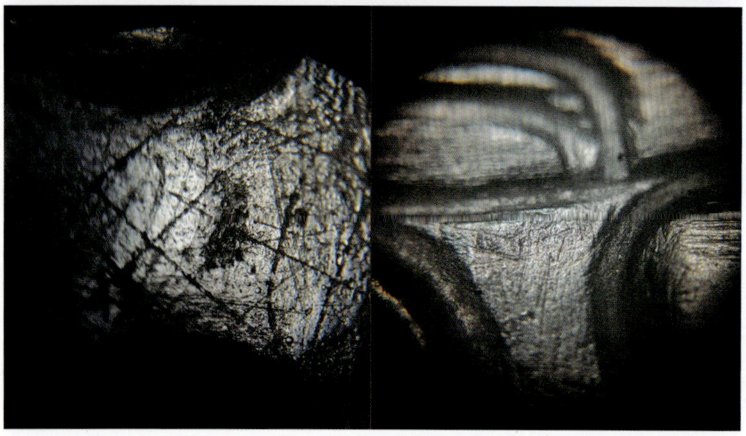

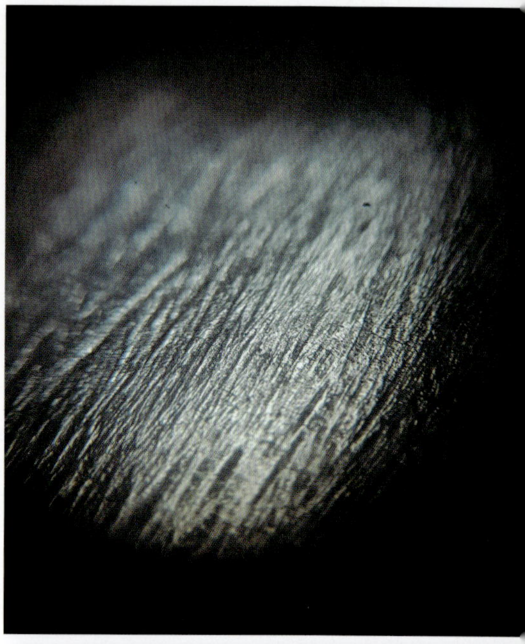

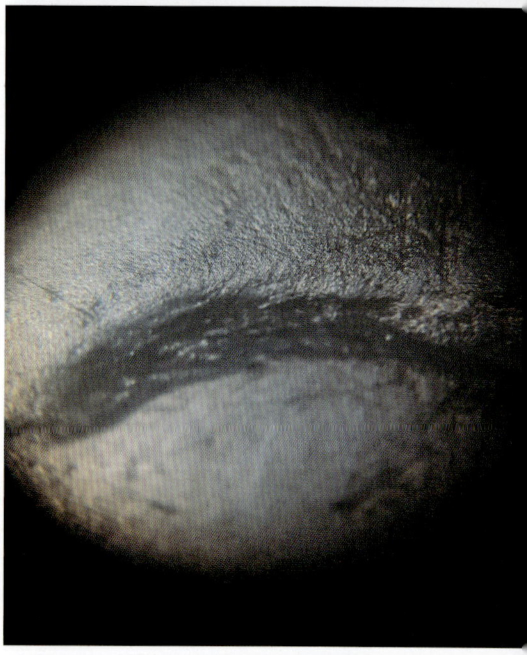

59	62	64
60		65
61	63	66

图 59　古玉玉璧外圆周部分打磨痕新老微观特征对比(左仿　右真)

图 60　宋代树叶纹新老阴刻线用“尖、浅、齐、砂、暗、对称”七字真言辨伪案例，观察表面光泽质感的区别（左仿　右真）

图 61　战国谷纹璧地子新老微观对比。仿品痕迹粗暴，表面化学快速氧化过亮；真品痕迹细碎，质感滋润（左仿　右真）

图 62　早期草原文化地区玛瑙珠子纵向打磨是这样完成的

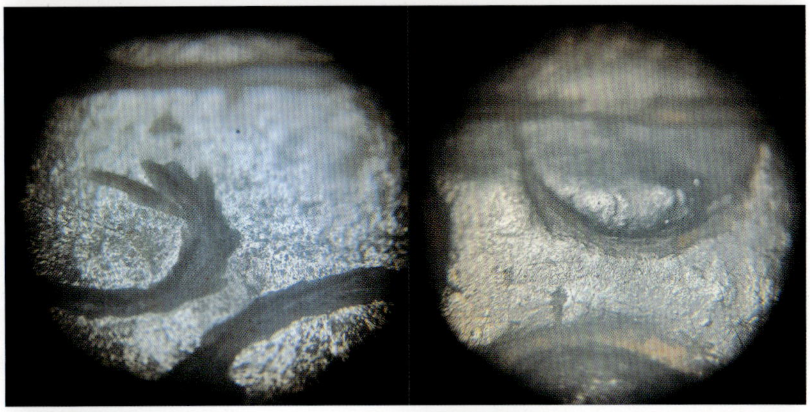
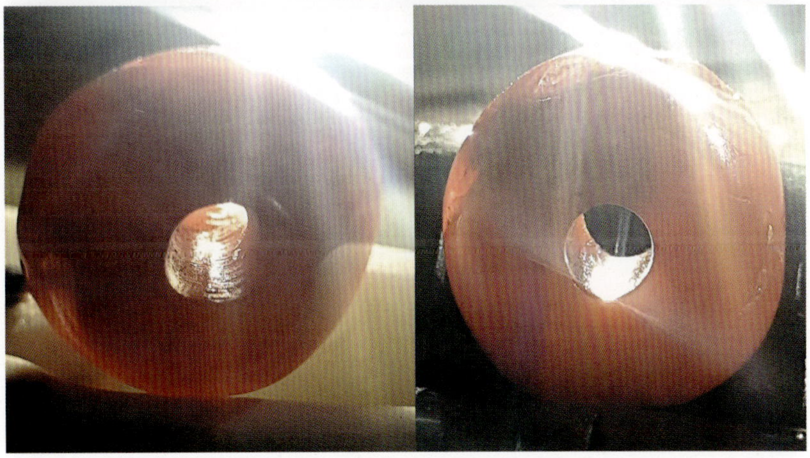

图 63　左图为老玉后工，人为刻画过于杂乱且没有尾丝，每个痕迹都比较深，转折处没有转砣的痕迹（左仿　右真）

图 64　新老跳刀痕迹的区别，表面光泽和质感（左仿　右真）

图 65　汉代游丝毛雕新老阴刻线及转折特征。注意表面其他痕迹和质感的区别（左仿　右真）

图 66　清代老南红孔道对比。仿品旋痕明显做作，真品孔道水亮，符合老南红长期佩戴传世的特征（左仿　右真）

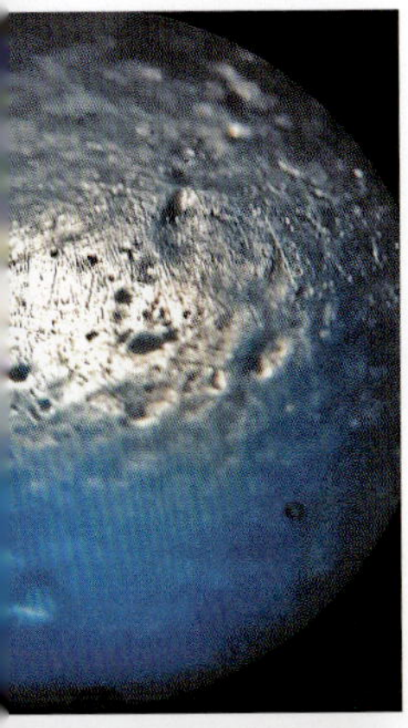

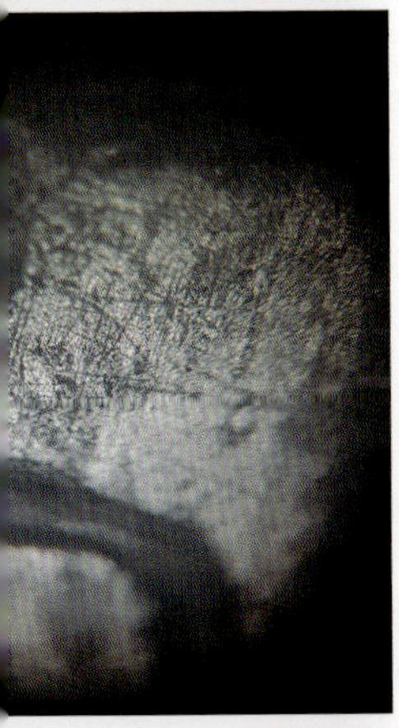

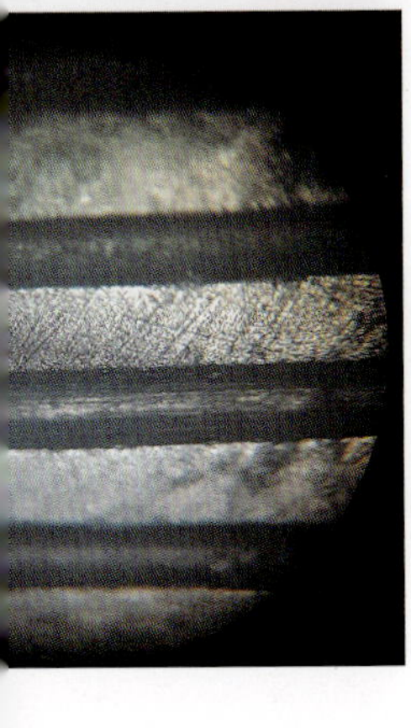

67	71
68	72
69	73
70	74

图 67　左图为战国玛瑙环打磨的柳叶纹，干净利索；右图为夏家店出土的玛瑙玦，打磨痕更杂乱细碎，力度也差了些

图 68　新老阴刻线用“尖、浅、齐、砂、暗、对称”七字真言辨伪案例，并观察表面腐蚀状态的区别（左仿　右真）

图 69　新老阴刻线用“尖、浅、齐、砂、暗、对称”七字真言辨伪案例，观察表面光泽质感和打磨抛光磨损等痕迹之间的区别（左仿　右真）

图 70　新老阴刻线用“尖、浅、齐、砂、暗、对称”七字真言辨伪案例，观察表面光泽质感和打磨抛光磨损等痕迹之间的区别（左仿　右真）

图 71　出土和传世琉璃的表面微观区别。左图为汉代琉璃蜻蜓眼，注意不同颜色的腐蚀状态和颜色之间分界线及腐蚀凹坑深浅的不同；右图为清代琉璃，观察表面的气孔、包浆、抛光及存世磨损痕迹

图 72　新老阴刻线用“尖、浅、齐、砂、暗、对称”七字真言辨伪案例，观察表面光泽质感和打磨抛光磨损等痕迹之间的区别（左仿　右真）

图 73　新老阴刻线用“尖、浅、齐、砂、暗、对称”七字真言辨伪案例，观察表面光泽质感和打磨抛光磨损等痕迹之间的区别（左仿　右真）

图 74　新老阴刻线用“尖、浅、齐、砂、暗、对称”七字真言辨伪案例，观察表面光泽质感和打磨抛光磨损等痕迹之间的区别（左仿　右真）

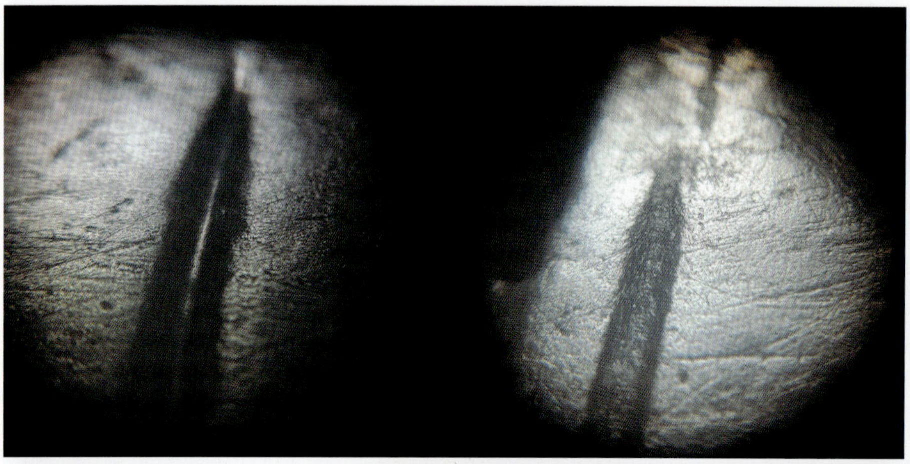
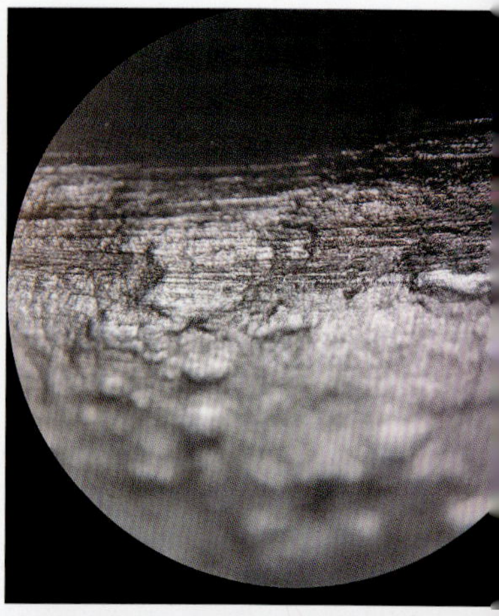

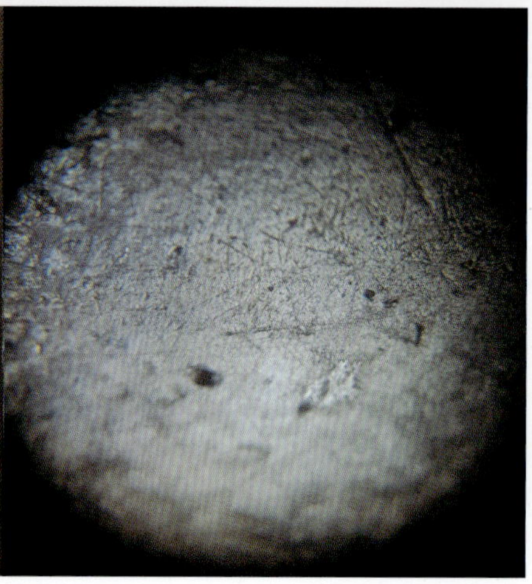

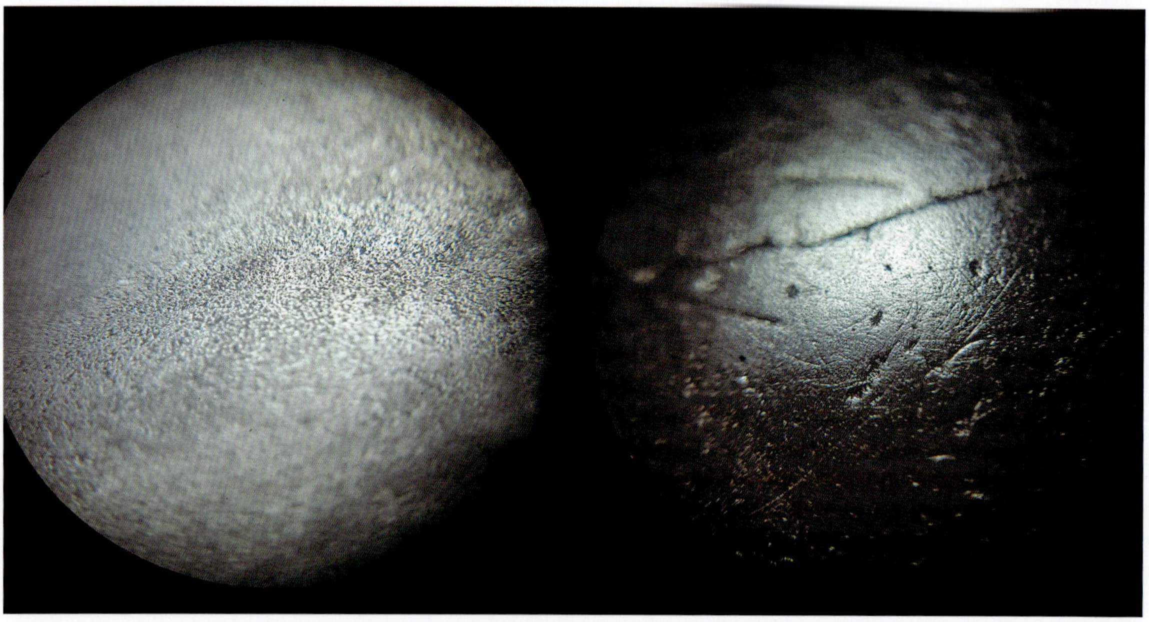

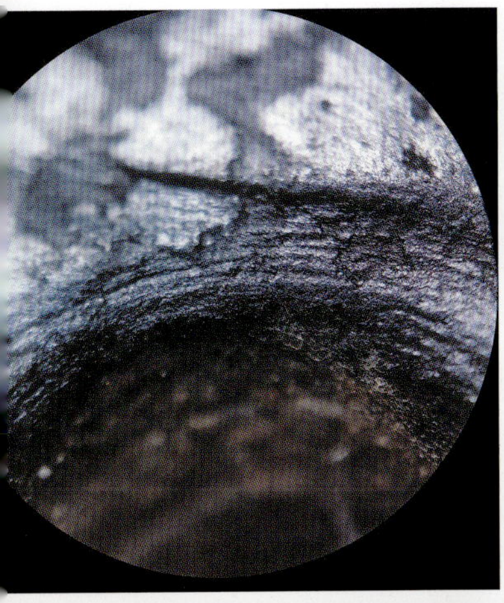
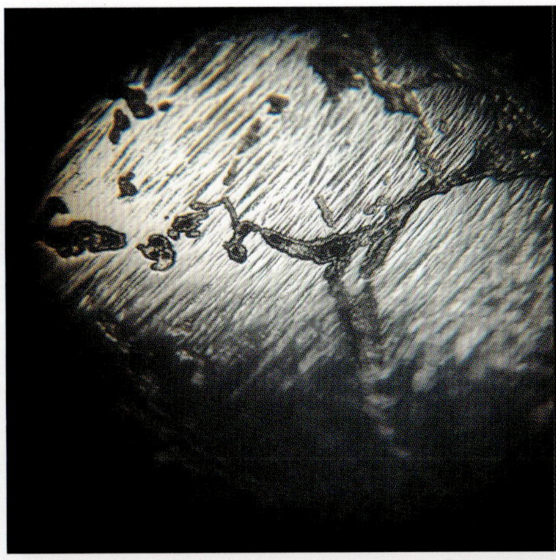

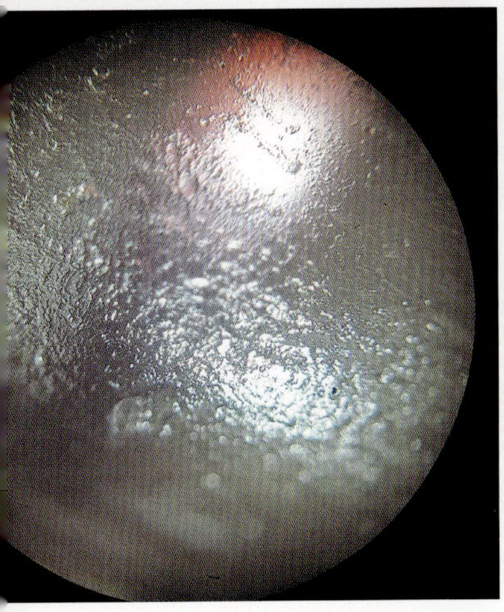
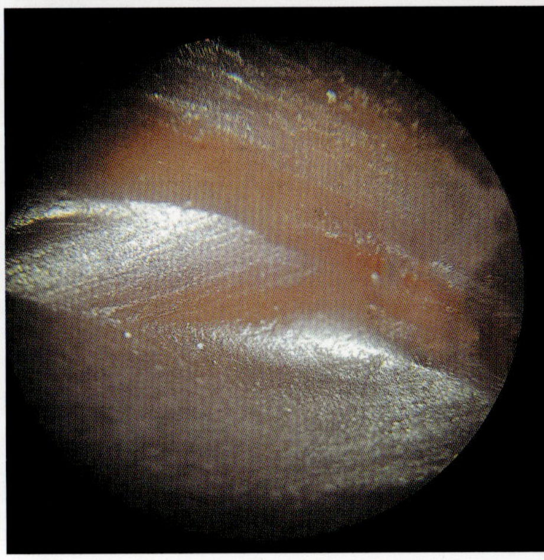
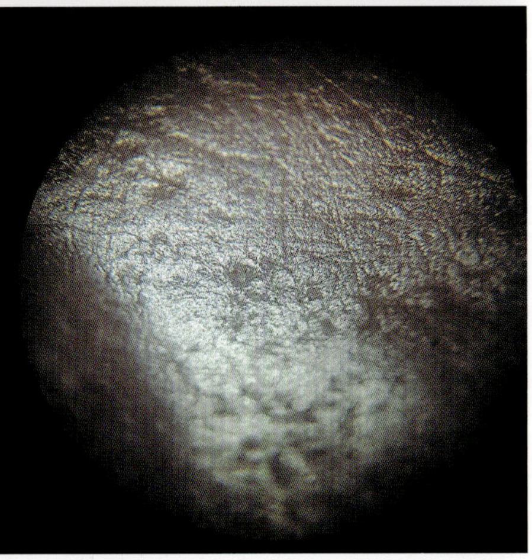

75	76	77
78	79	80
81		

图 75　新老阴刻线用“尖、浅、齐、砂、暗、对称”七字真言辨伪案例，观察表面光泽质感和打磨抛光磨损等痕迹之间的区别（左仿　右真）

图 76　高古玉孔道边缘的定位痕。注意痕迹之间的叠压关系的不同和腐蚀脱落形态的区别（左仿　右真）

图 77　战国水草玛瑙环。因玛瑙内的叶绿泥石不耐腐蚀形成特有的腐蚀痕迹，注意打磨柳叶纹和腐蚀之间的叠压关系

图 78　汉代玉器表面的“玻璃光”效果，微观下玉器表面痕迹丰富，不同于肉眼感觉到的镜面

图 79　阿拉伯无色老琉璃穆斯林念珠表面特征。左图为孔道边缘残留抛光痕，说明琉璃制作完成后需精细抛光；右图为珠子表面的存世磨损痕迹和包浆质感特征

图 80　东南亚系玛瑙兽表面的打磨痕、氧化脱落及磨损痕迹特征，与我国老玛瑙特征一致

图 81　清代南红表面真假对比。仿品抛光无痕，无磕碰磨损；真品磨损脱落分布自然，伴随相应痕迹（左仿　右真）

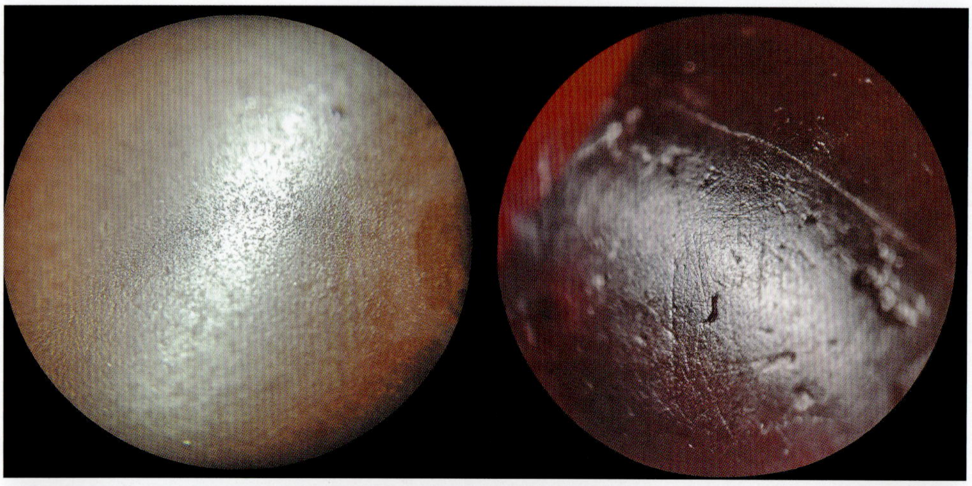

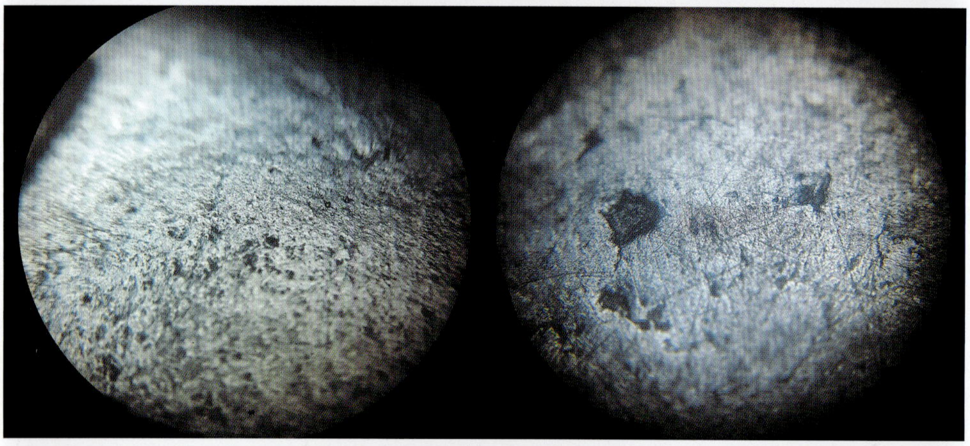

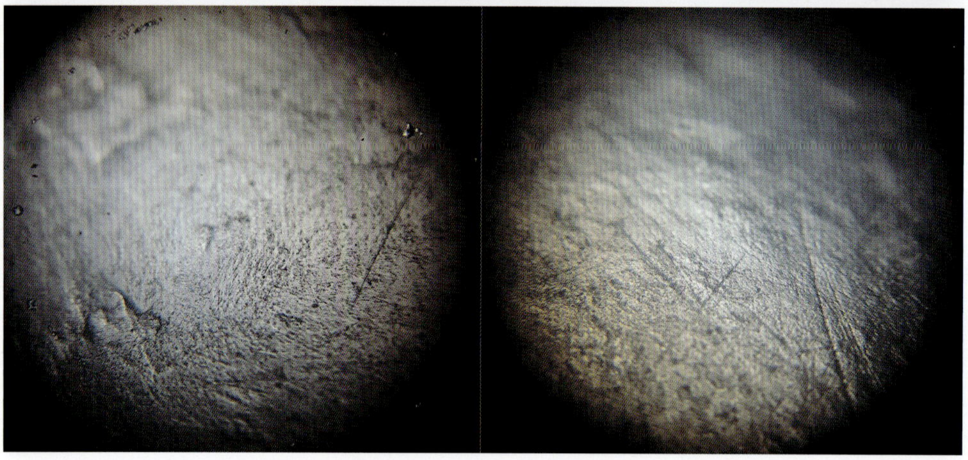

82
83
84

图 82 清代南红表面新老对比。仿品平整无痕，无磕碰磨损；真品磨损脱落，分布自然伴随相应痕迹（左仿 右真）

图 83 仿品无痕，无层次，无氧化腐蚀状态；真品痕迹、层次感及腐蚀脱落状态俱佳（左仿 右真）

图 84 清代玉器表面新老微观对比。仿品无痕、无层次感、无氧化腐蚀状态；真品痕迹和层次感俱佳（左仿 右真）

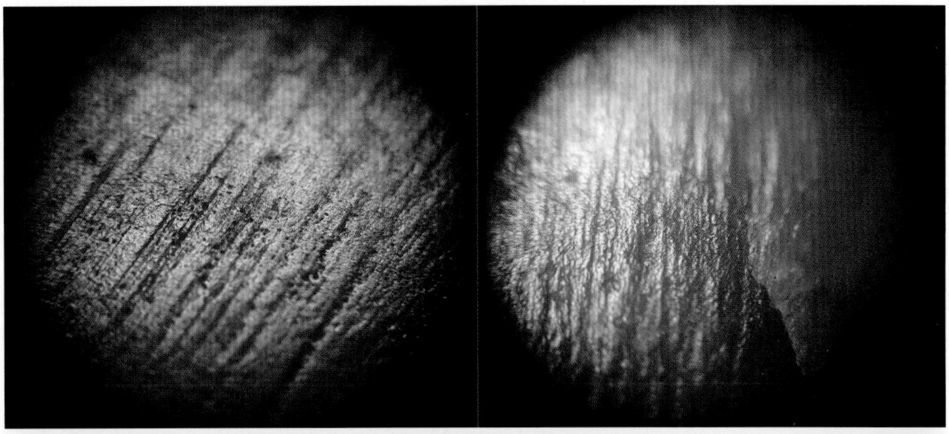

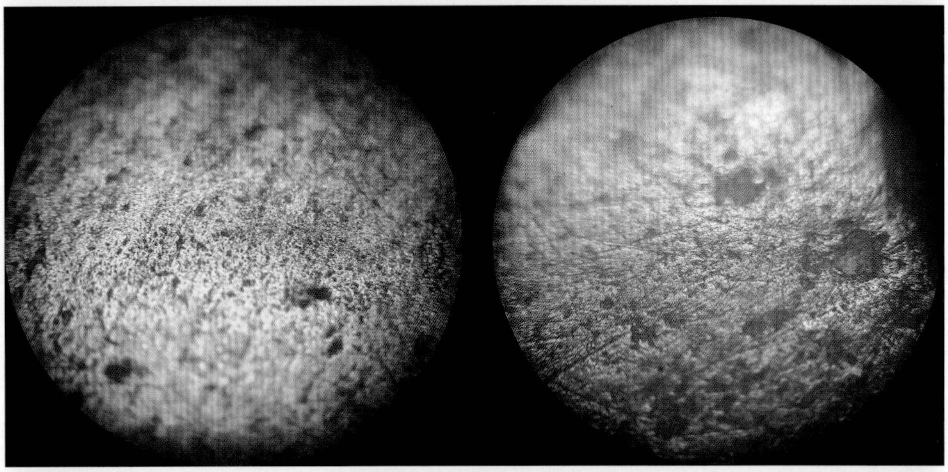

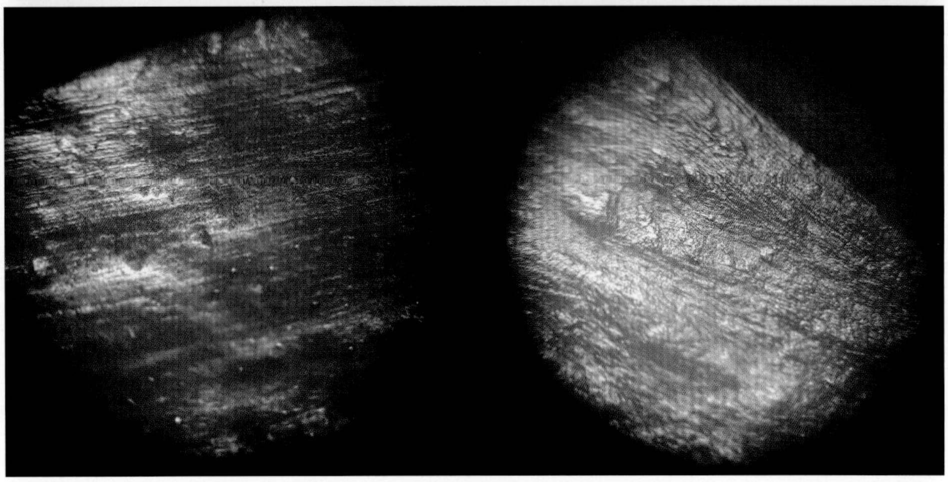

85
86
87

图 85 齐家文化玉璧外缘新老微观对比。真品痕迹不在一个界面上，包浆质感厚重，氧化腐蚀状态自然（左仿 右真）

图 86 齐家文化素面玉璧表面新老微观对比。注意真品解玉砂乱线和氧化质感以及腐蚀脱落状态（左仿 右真）

图 87 齐家文化玉器新老内孔微观对比。真品更有层次感，解玉砂痕迹清楚，光泽柔和自然（左仿 右真）

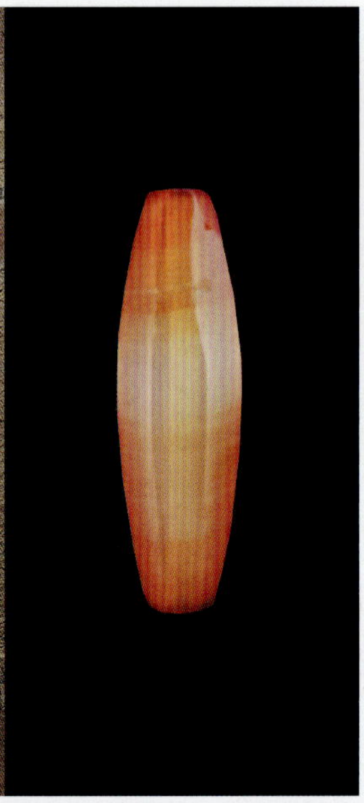

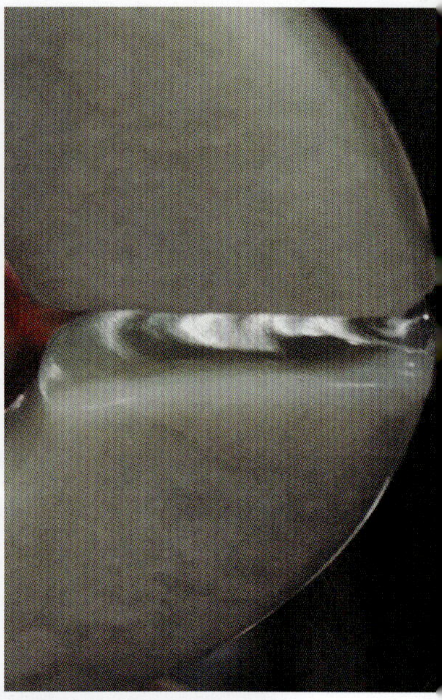

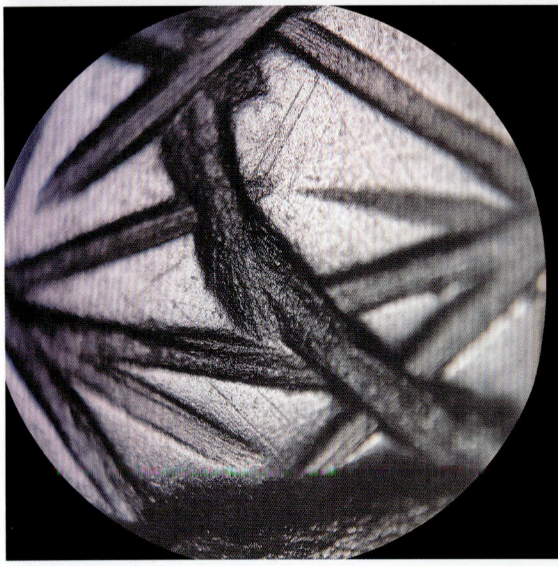

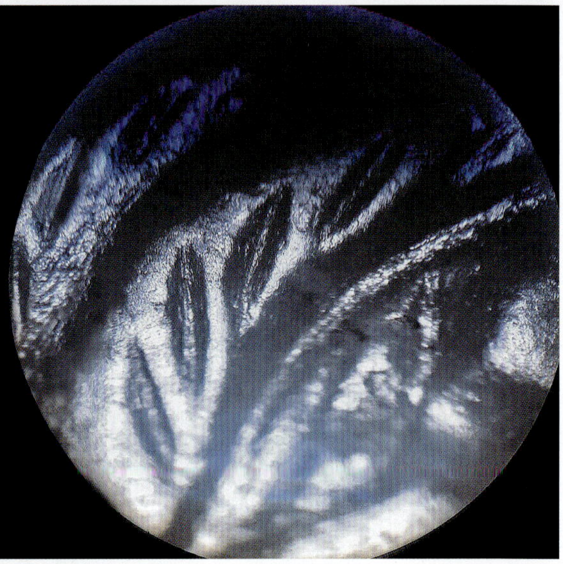

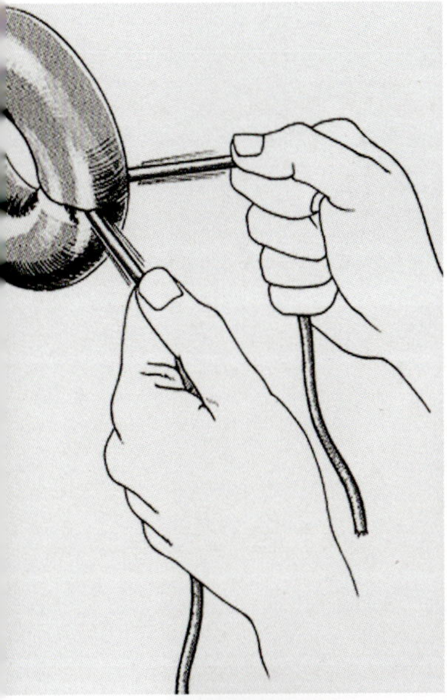

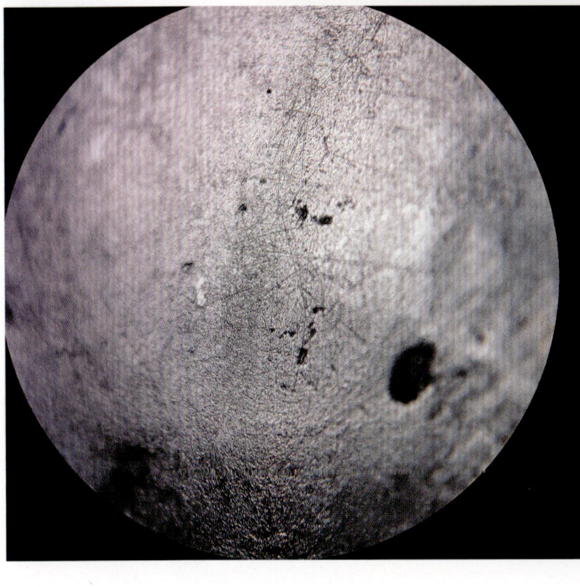

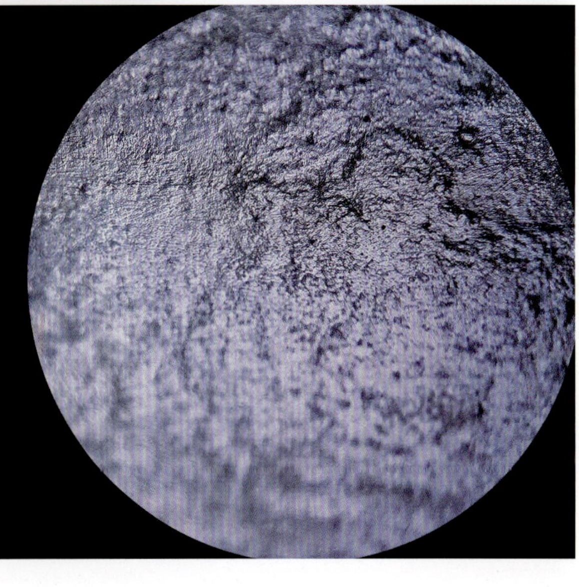

88	89	90
91		92

图 88　北齐壁画中印度风格造像胸前的璎珞形制和穿系方法与印度六棱缠丝玛瑙贸易珠如出一辙

图 89　左图为红山文化玉玦，右图为线锯工艺和痕迹

图 90　清代子冈牌新老宏观对比，文字雕刻犀利程度的区别和文字周围手工减地工艺形成的起伏状态的区别（左真　右仿）

图 91　清代子冈牌新老微观对比，阴刻线力道的“软硬区别”，真品平面部位有明显的乱线（左真　右仿）

图92　清代子冈牌平面部位新老微观对比，真品质感滋腻，表面乱线细碎杂乱，整体氧化腐蚀自然、随机；仿品系典型酸腐蚀后抛光特征（左真　右仿）

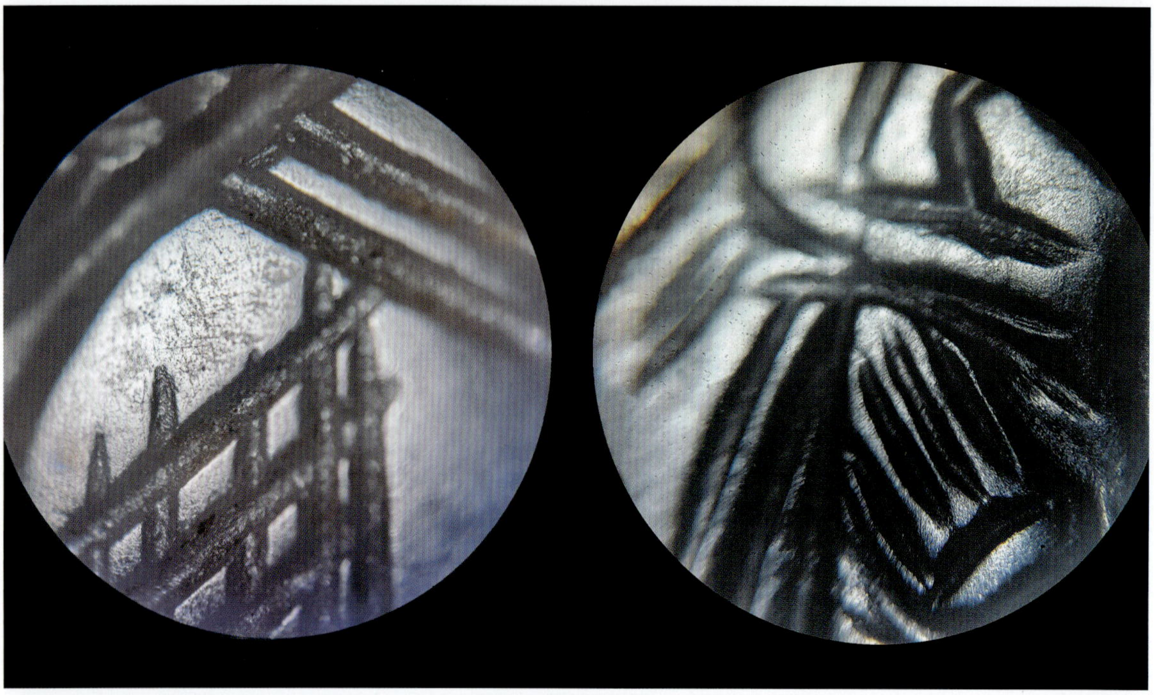

图 93　清代子冈牌新老阴刻线微观对比（左真　右仿）

图 94　现代各种软质抛光工具，为了仿制光气和包浆，会将阴刻线边缘抛成漫坡状，阴刻线线底也会抛亮

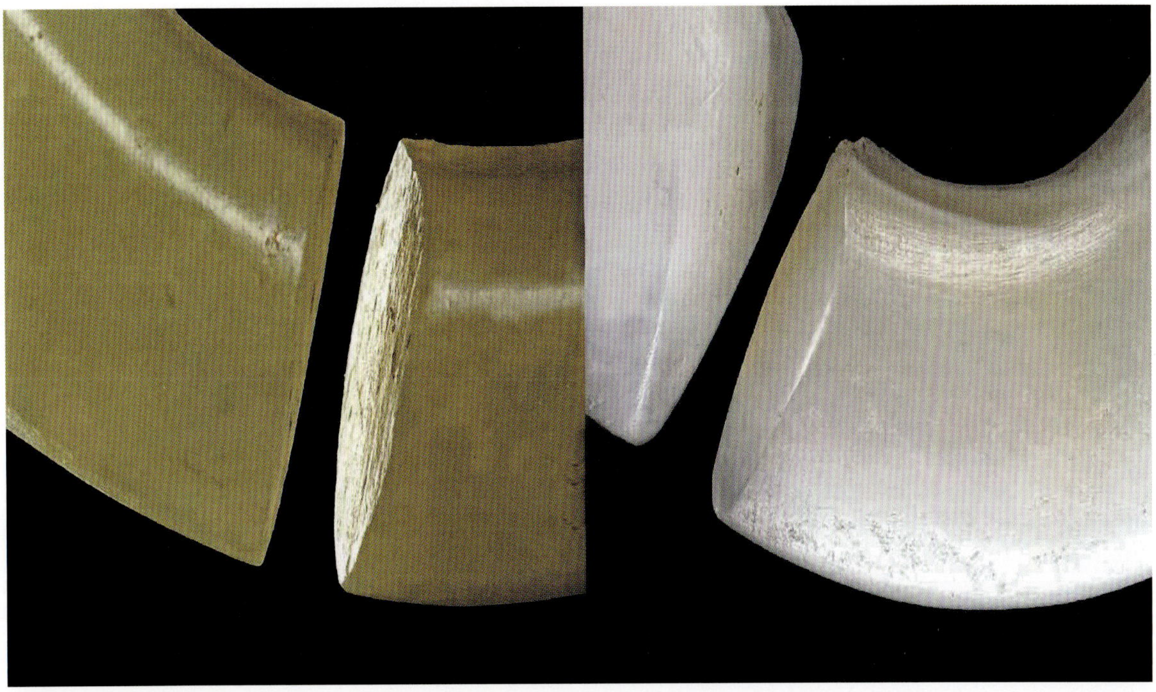

图 95　红山文化玦的两种直片切割方式，玉质垂直于缺口处直切一次完成，而玛瑙质玦则采用“X”形两次交叉切割完成

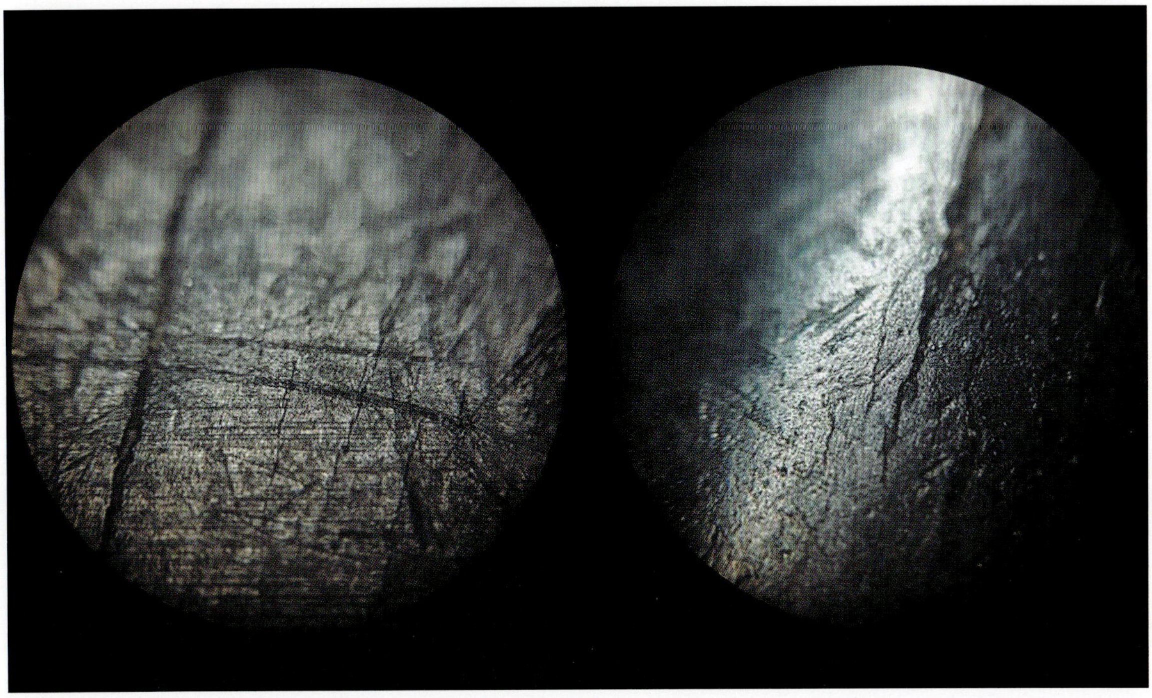

图 96　汉代煤精石的表面痕迹和必须要有的开裂状态

图 97　商代玛瑙新老宏观对比。仿品的孔道不是凿击形成的圆形凹坑（左真　右仿）

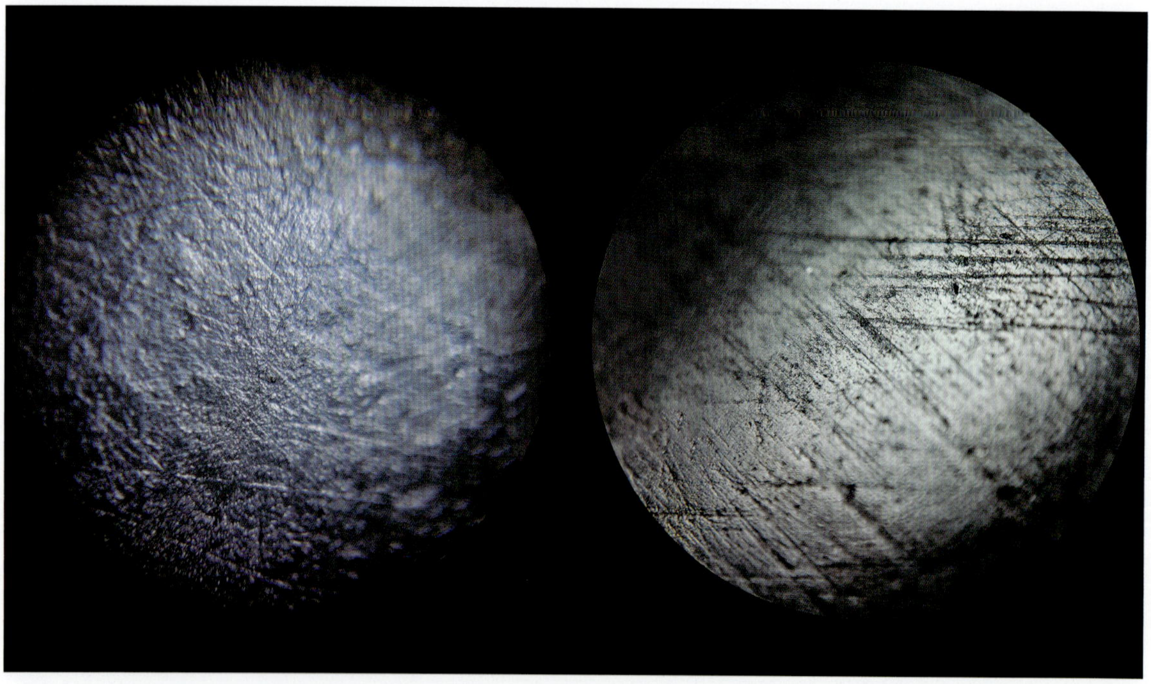

图 98　明清玉器平面打磨新老微观对比。仿品有线痕、砂痕，但没有层次感（左真　右仿）

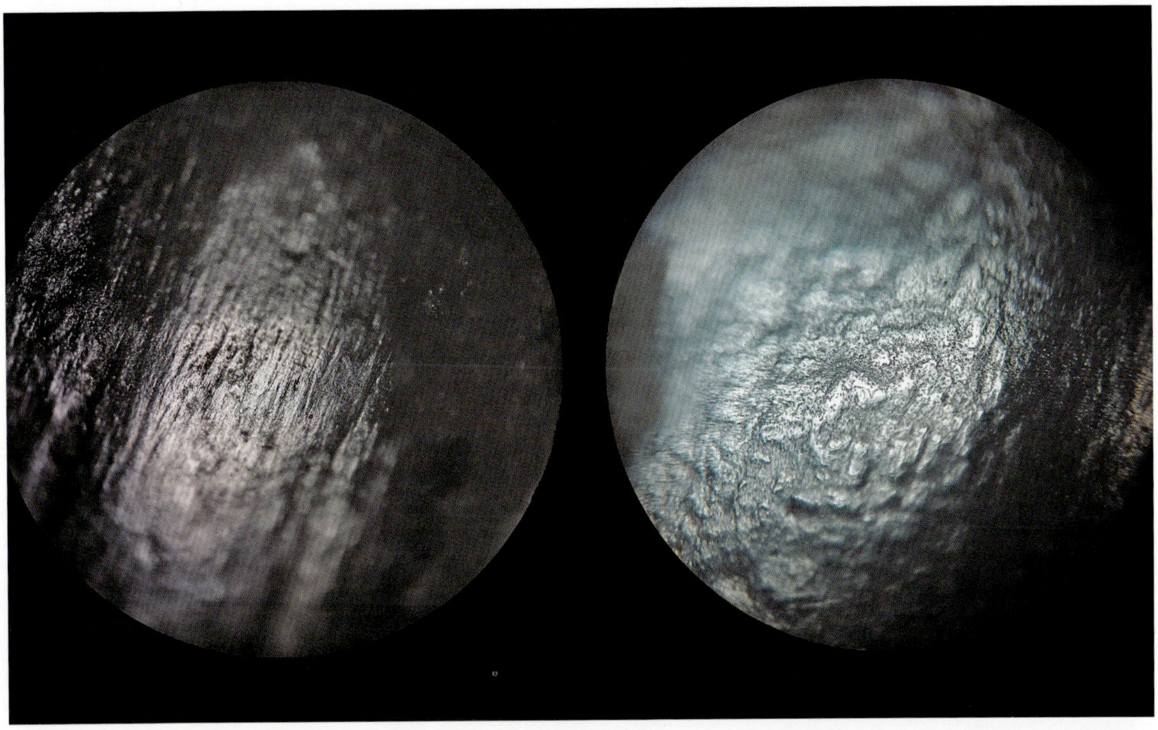

图 99　新老打磨痕微观对比。仿品软质，抛光工具特征明显，光泽不够柔亮（左真　右仿）

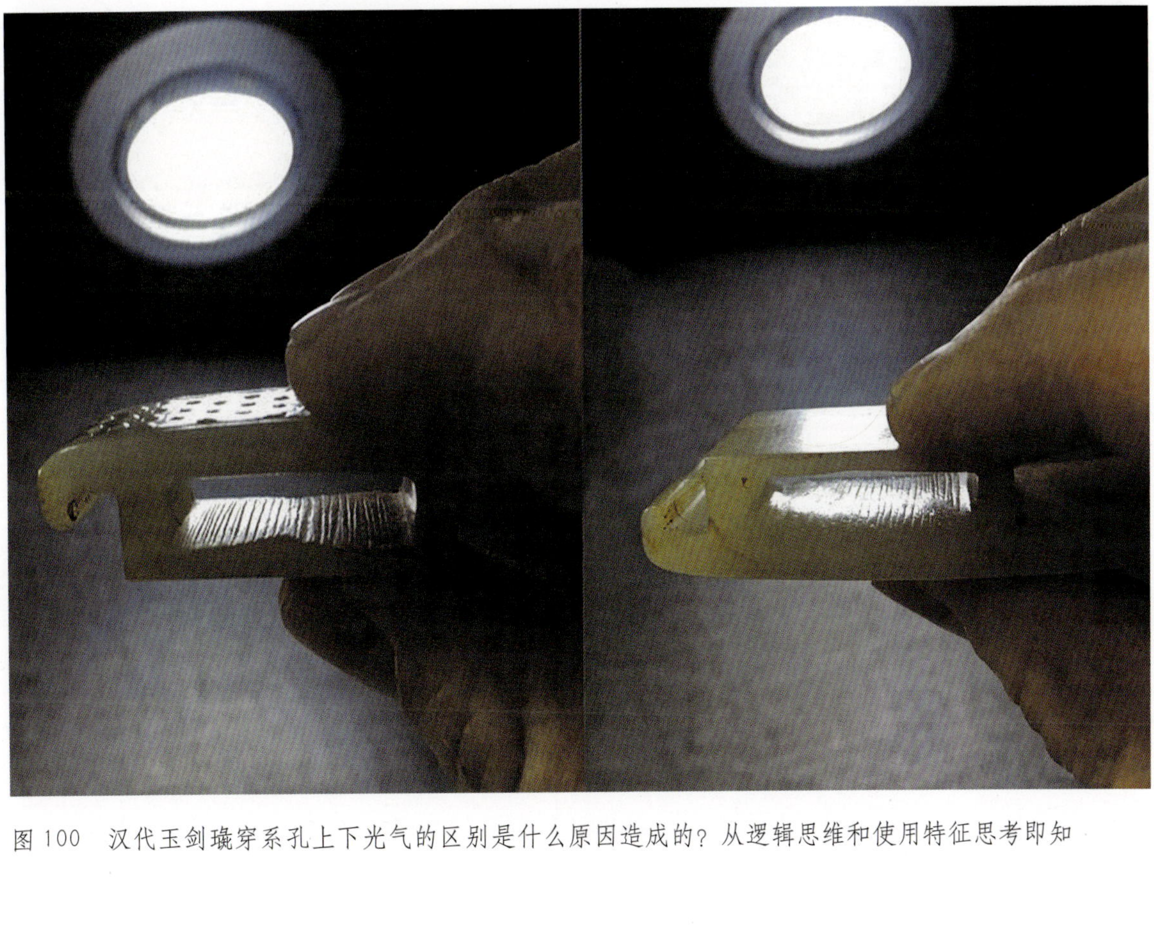

图 100　汉代玉剑璏穿系孔上下光气的区别是什么原因造成的？从逻辑思维和使用特征思考即知

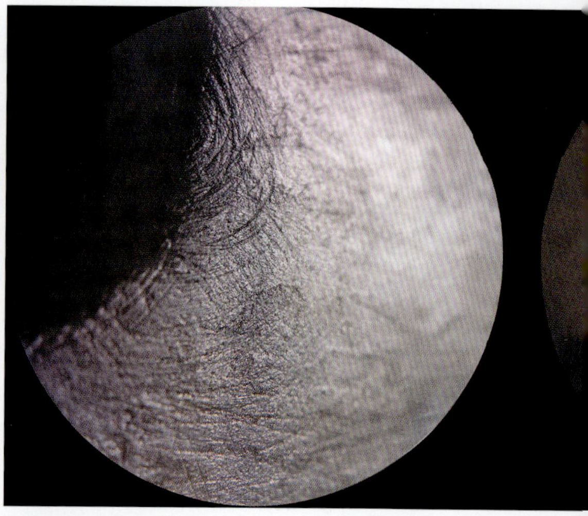

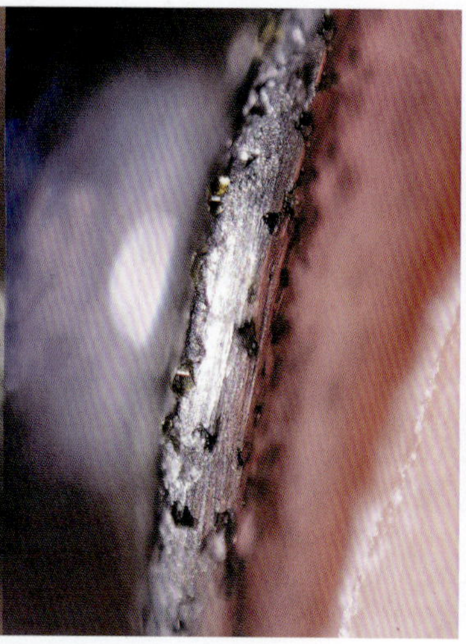
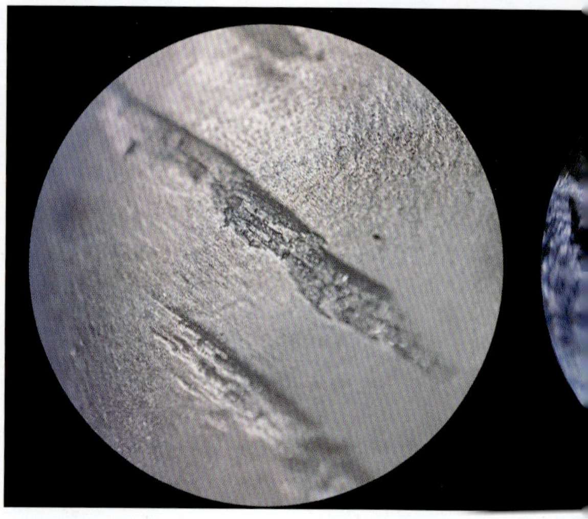

101	102	103
104	105	106

图 101　汉代玉剑璏穿系孔前后打磨痕和磨损的状态不一致是什么原因造成的？从逻辑思维和使用特征思考即知

图 102　高古玉孔道边缘定位痕的区别。左图为西周晚期定位痕，杂乱无序，自然；右图为仿品，旋痕叠压在腐蚀之上（左真　右仿）

图 103　右图是仿制水平最高的西周风格玉器（手持砂条打得很僵硬），左图是玉质极佳的真品，对比二者的区别微乎其微（飞砂痕及腐蚀脱落），注意光泽质感和腐蚀的轻微区别（左真　右仿）

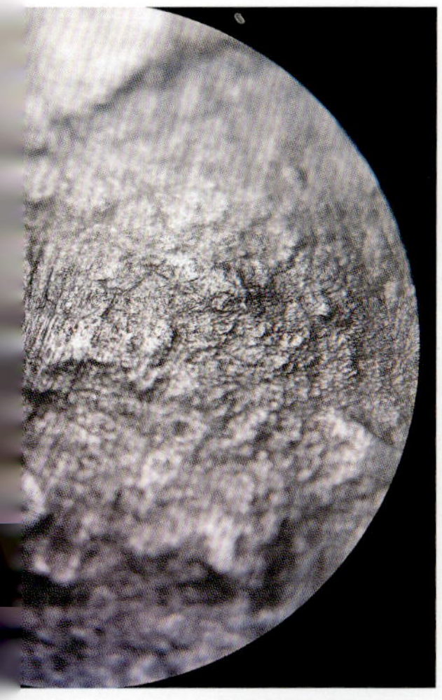

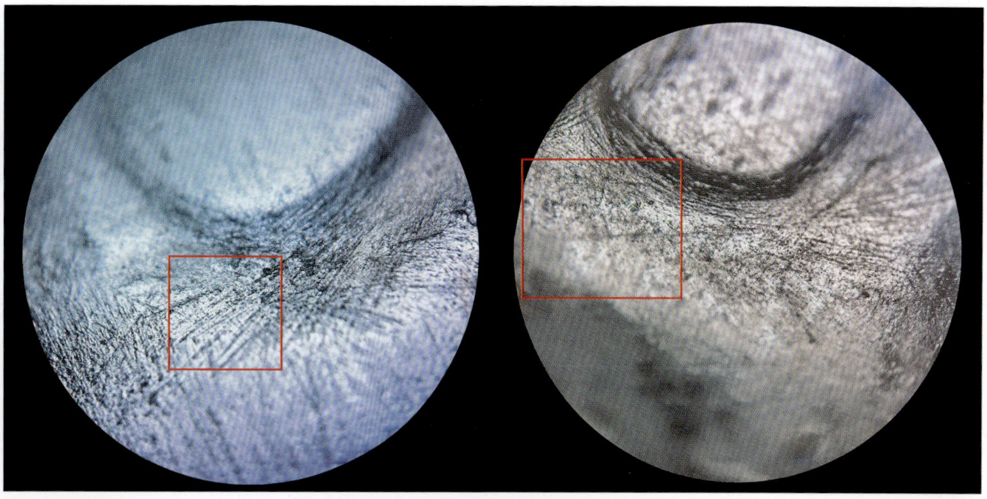

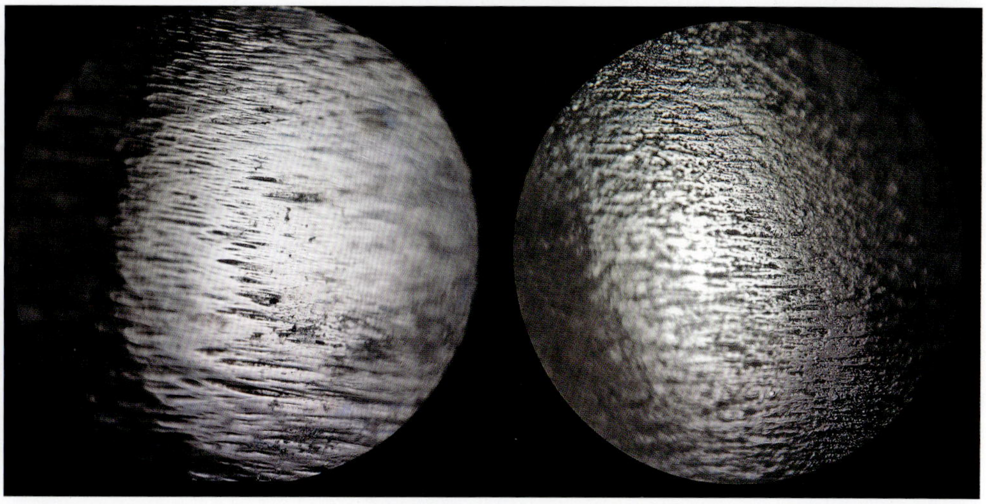

图 104　现代钉子砣使用前后对比，这是很多游丝毛雕仿品出现阴刻线中间起楞的平行双线的原因（左使用前　右使用后）

图 105　真伪汉代游丝毛雕跳刀痕的区别。右图为真品，衔接自然，边缘毛糙，局部腐蚀自然，光泽滋腻（左仿　右真）

图 106　战国三才环新老微观对比。观察打磨形成的柳叶纹痕迹（左真　右仿）

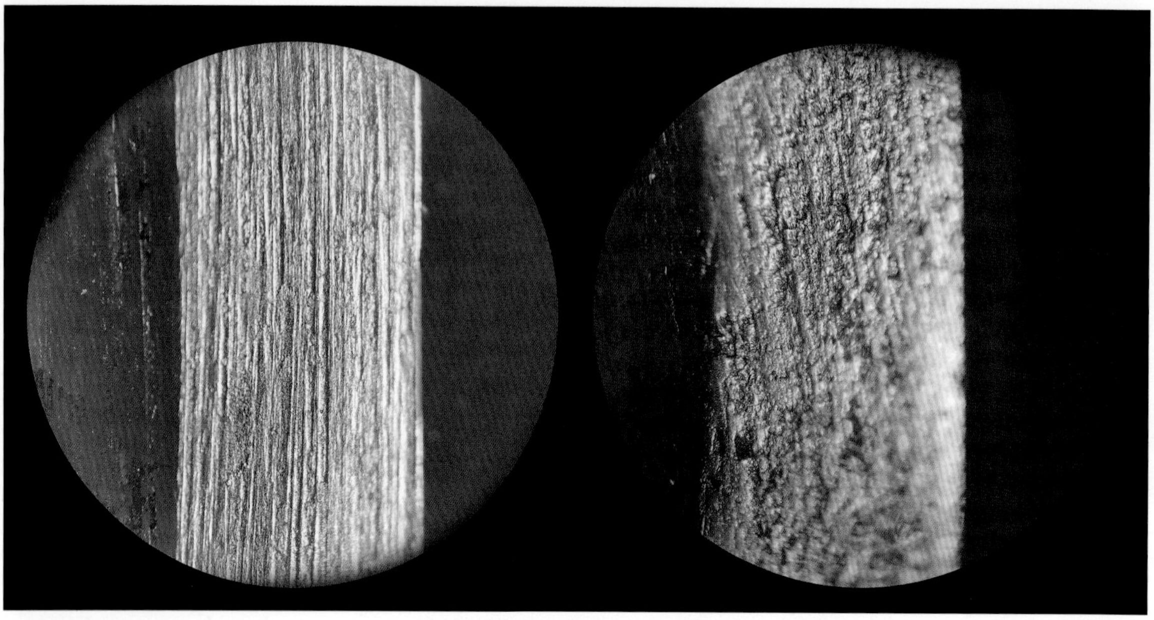

图 107　战国三才环内孔新老微观对比。真品干净利索，未经抛光的打磨痕方向一致，但每条打磨痕的深浅、粗细程度不一样（左真　右仿）

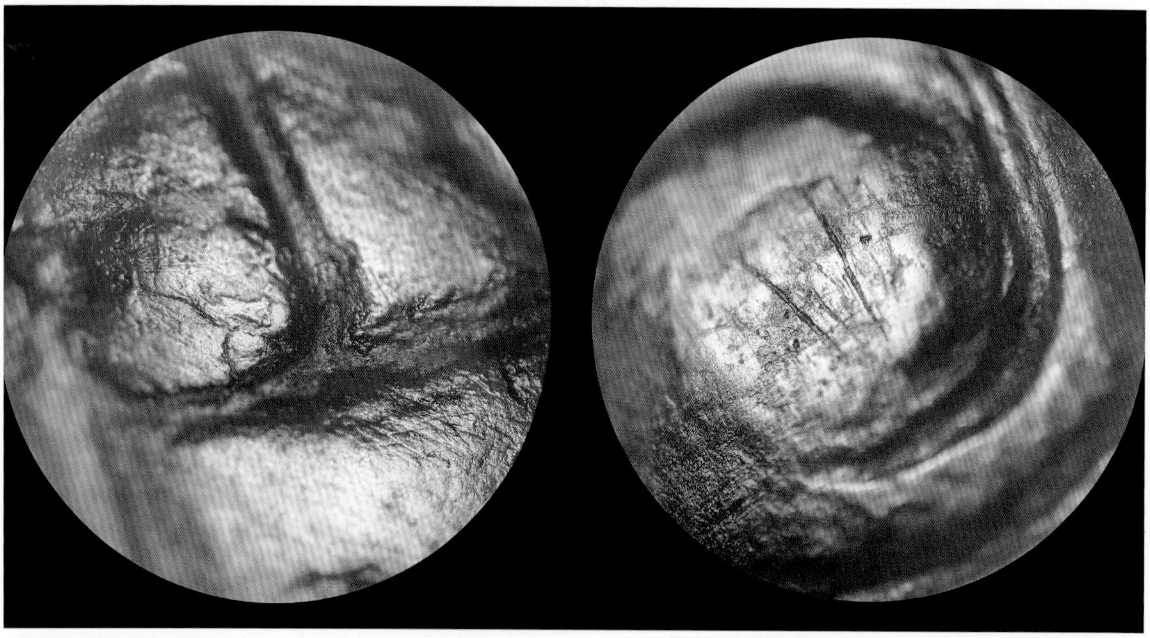

图 108　汉代玉剑璏表面新老痕迹区别，注意真品的痕迹具有厚重的层次感和莹润的光泽质感(左真　右仿)

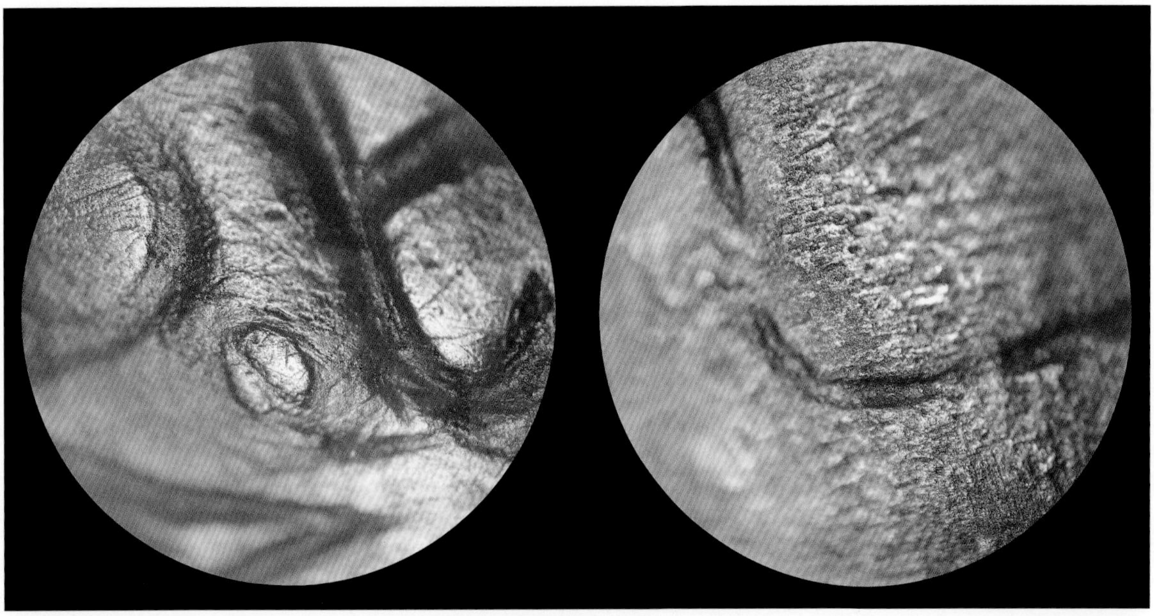

图 109　汉代游丝毛雕新老微观对比。注意阴刻线的砣痕和解玉砂痕迹的不同，以及表面氧化状态的不同（左真　右仿）

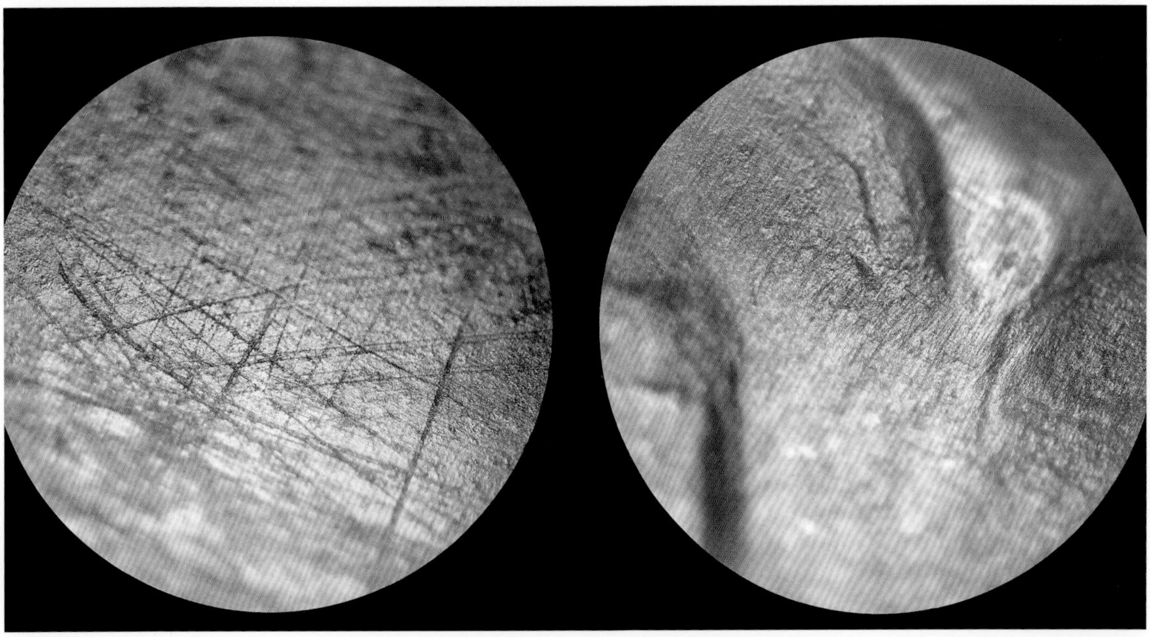

图 110　汉代玉剑璏上的两种皮壳特征。左图老皮壳残留新的划痕，右图细密平行的打磨痕（左老玉　右新工）

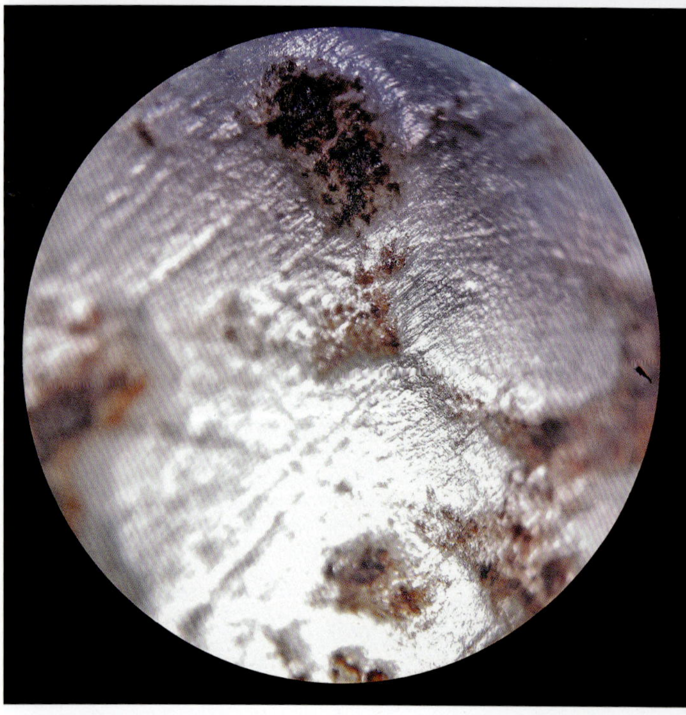

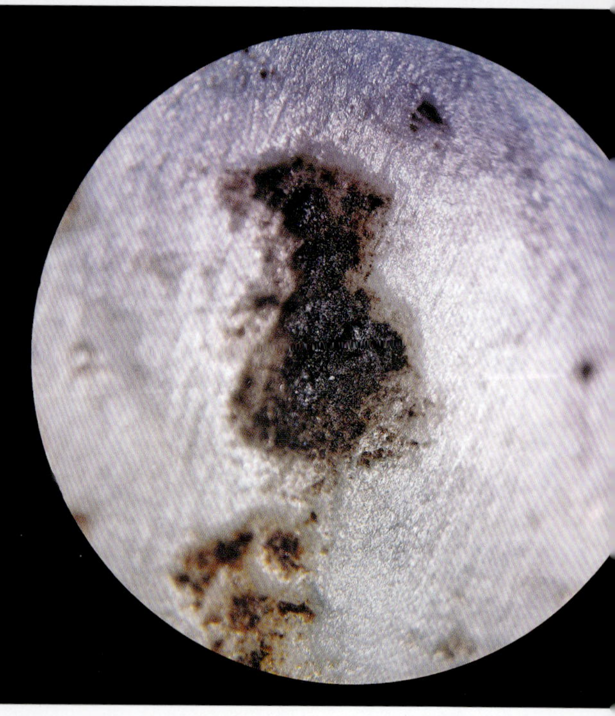

111 | 112

113 | 114

图 111　“老年斑”谁也仿不了，因为这不是长出来的

图 112　高仿红山叠压关系的破绽，打磨、叠压、腐蚀（仿）

图 113　战国秦汉时期器物表面美丽的铅光

图 114　真假西周玛瑙竹节管珠打磨痕的区别。真品杂乱无序，棱角线不直，无规律；仿品规整（左仿　右真）

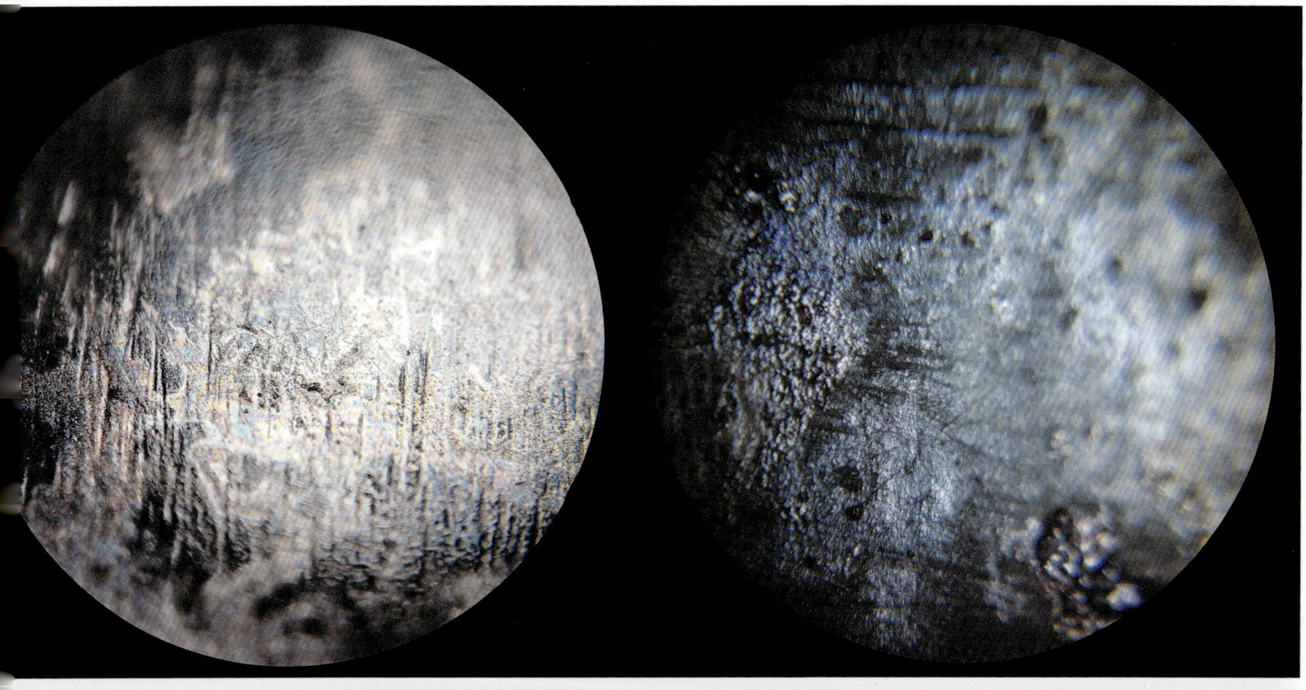

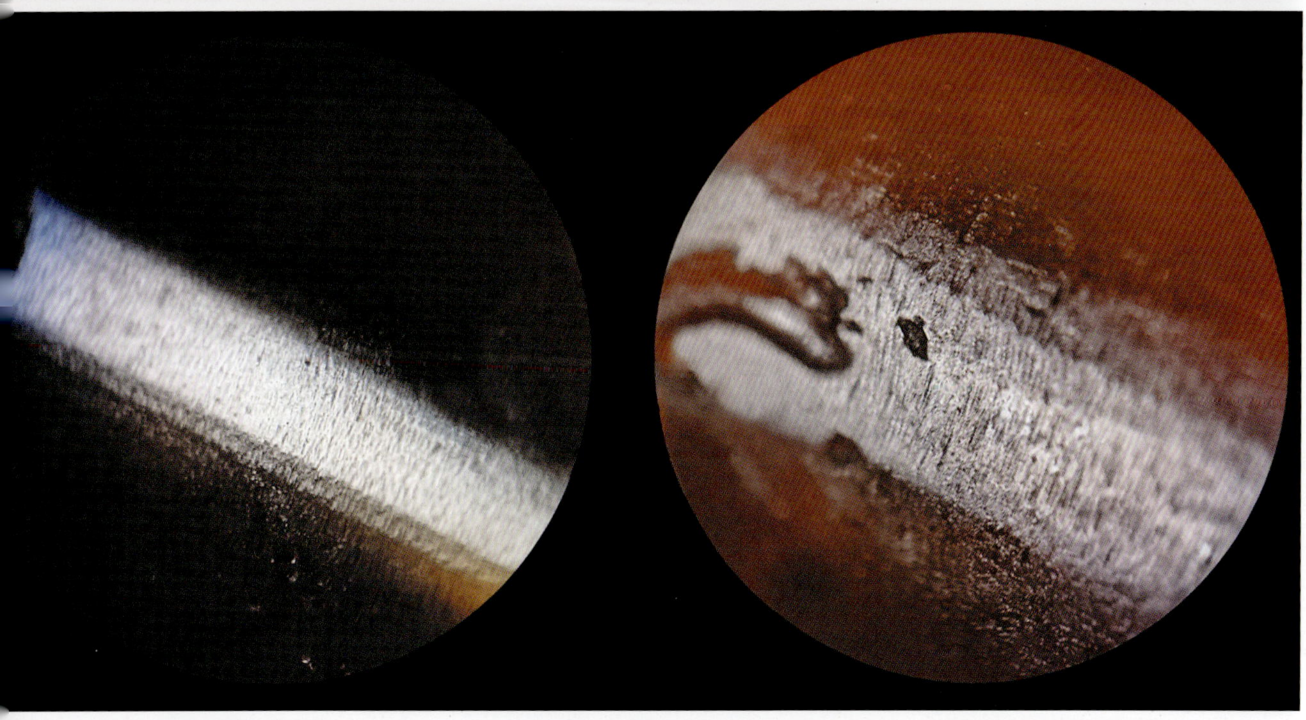

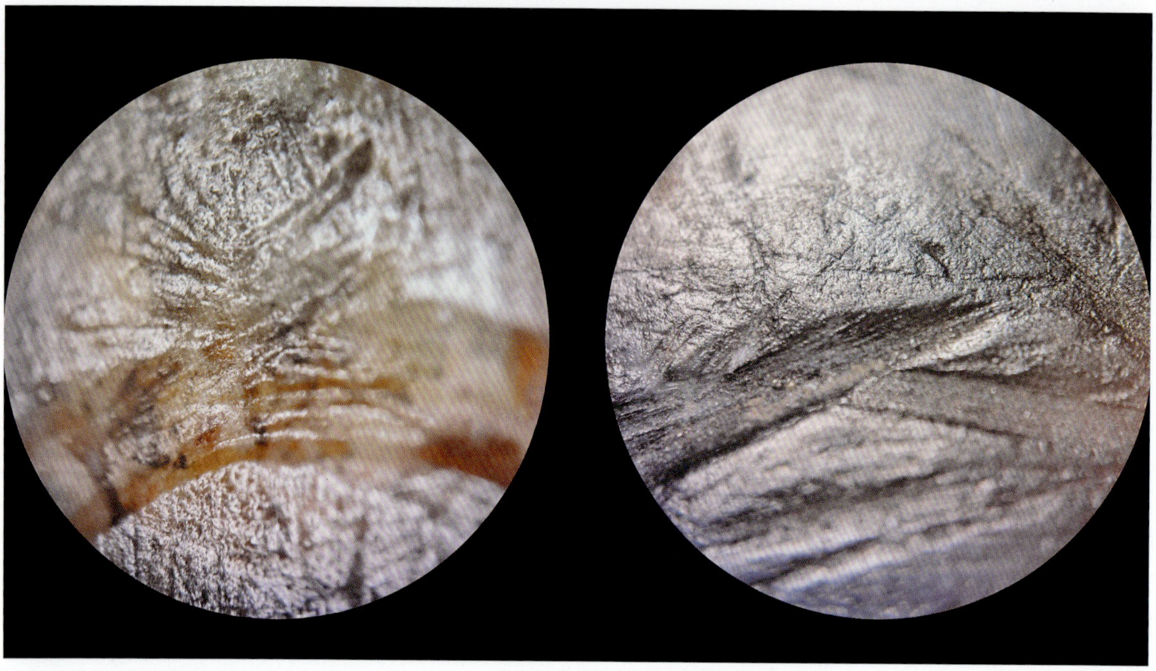

图 115　真假高古玉阴刻线转折处的细节。真品干净利索，仿品扭捏做作（左仿　右真）

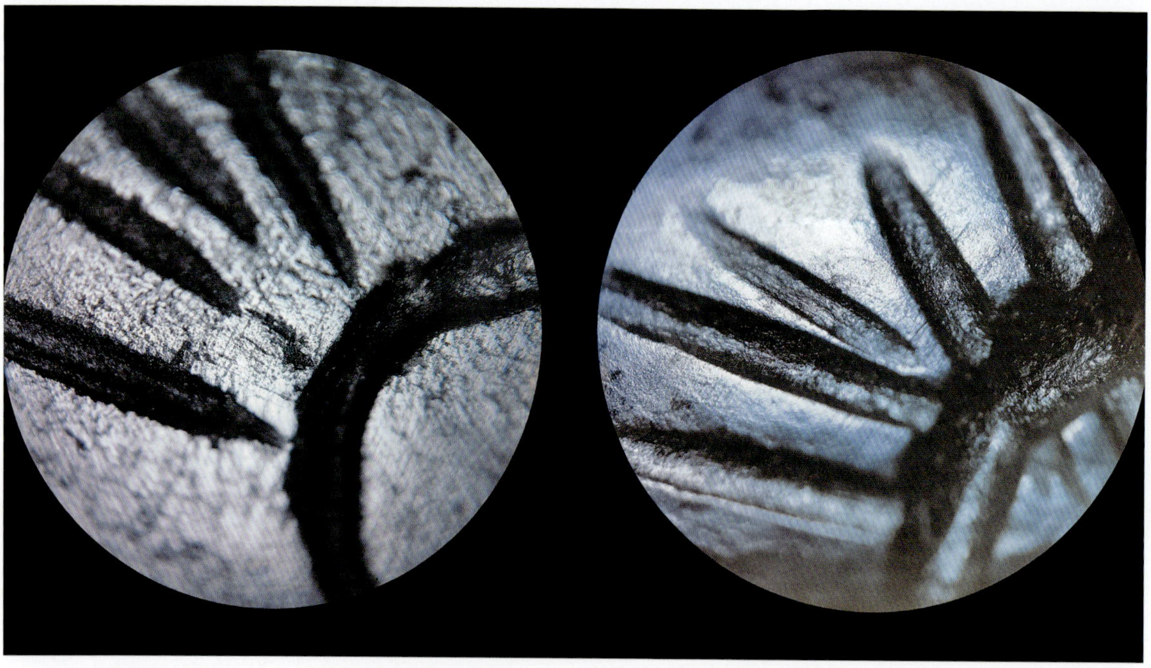

图 116　明清玉阴刻线的干净利索和表面莹润质感光泽的区别（左仿　右真）

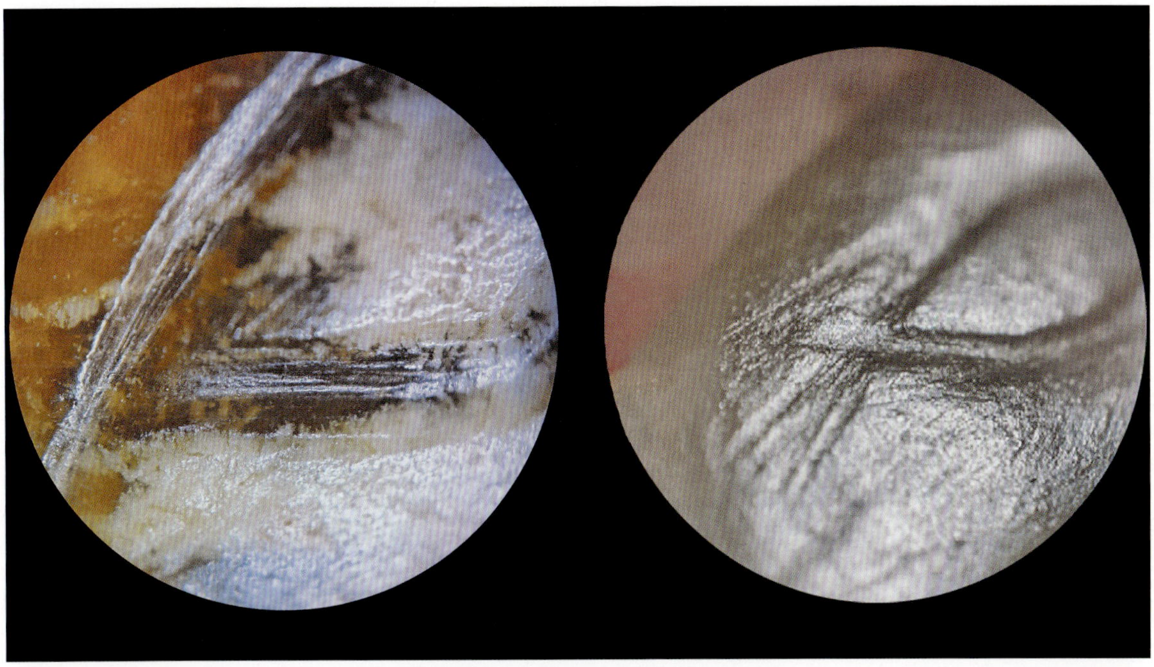

图 117　真假战国风格玉器枣核形眼部雕刻工艺痕迹的区别。仿品僵直，呆板而且很深，有冲断原生沁的特点；真品虽笨拙，但衔接用心自然，光泽莹润（左仿　右真）

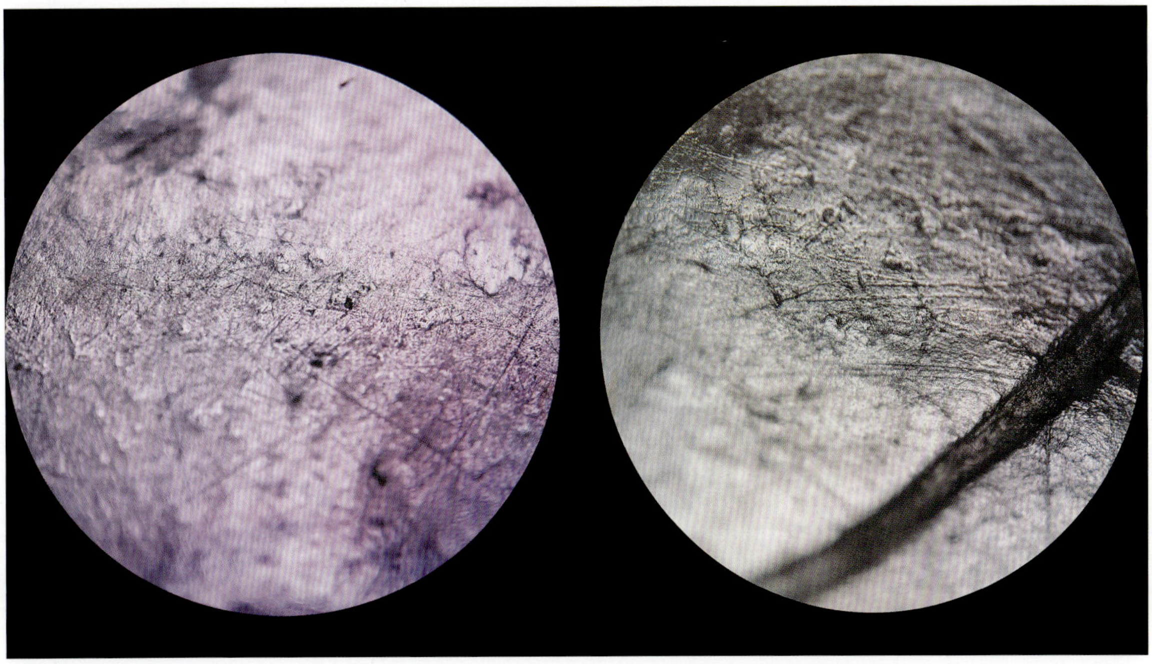

图 118　真品古玉教科书级皮壳

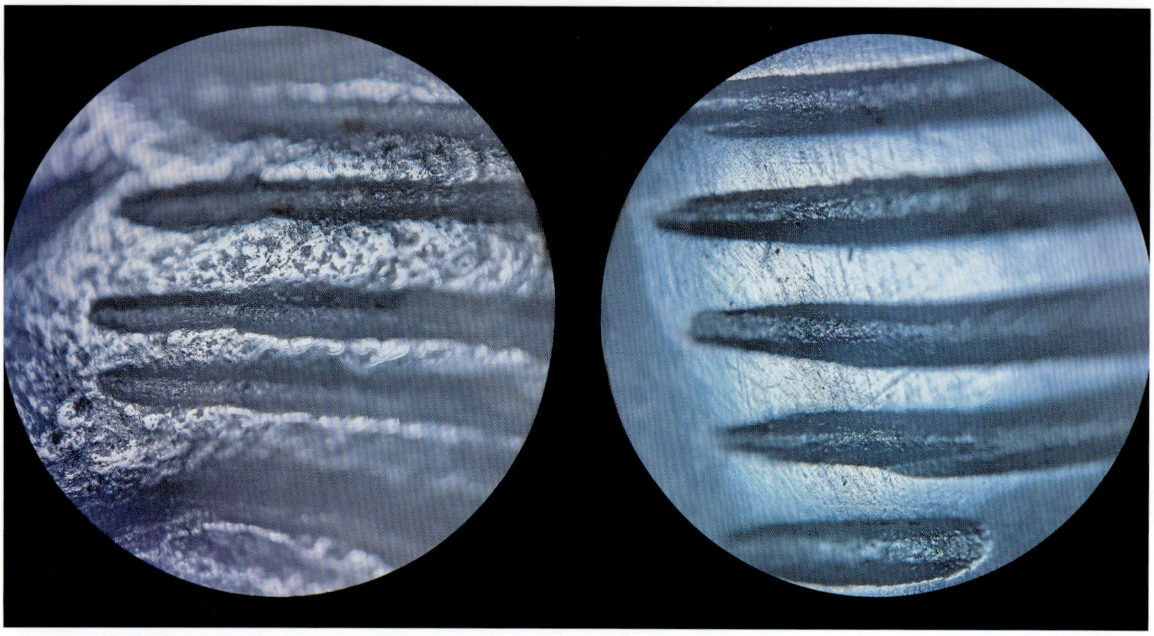

图 119 清代阴刻线新老对比。真品干净利落，收尾处呈尖形；仿品扭曲不对称，边缘模糊，收尾处呈圆钝状（左仿 右真）

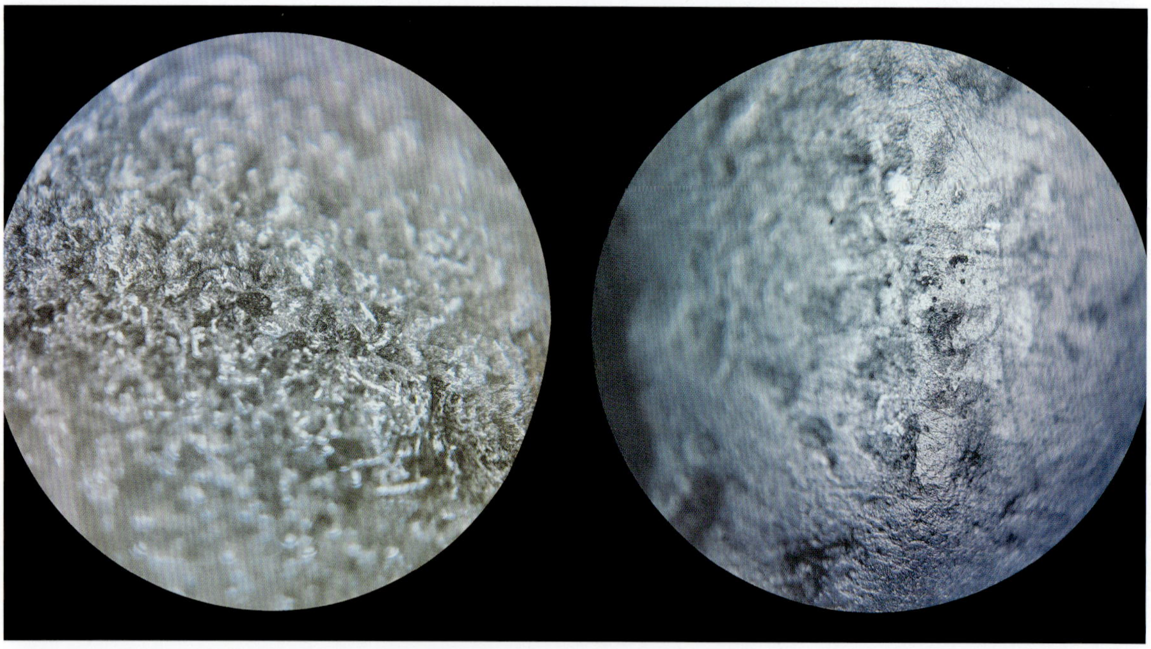

图 120 明清玉器表面氧化皮壳和腐蚀状态新老对比（左仿 右真）

第七章

实物案例

一、真　品

1. 红山文化青玉环

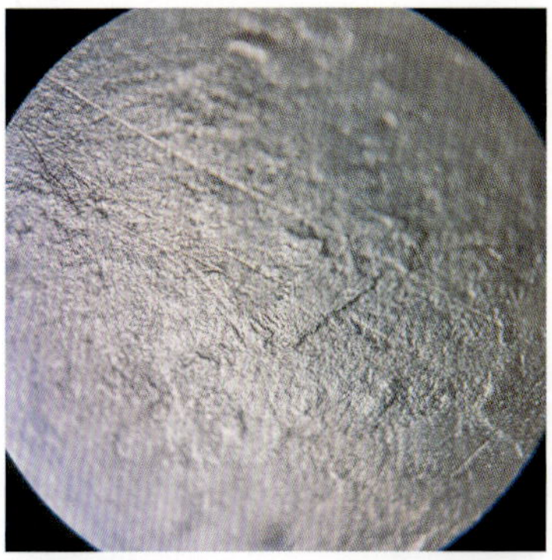

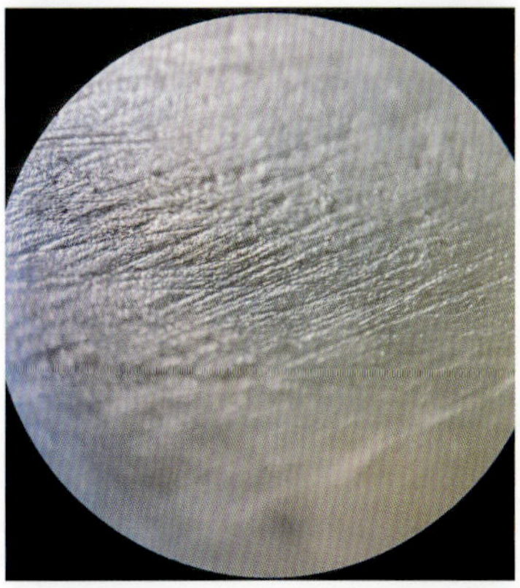

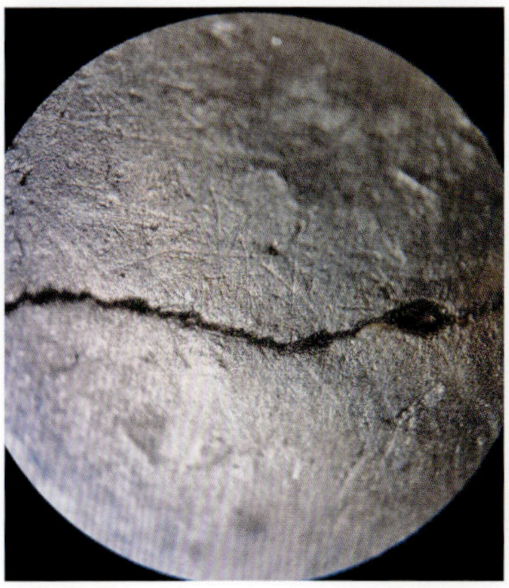

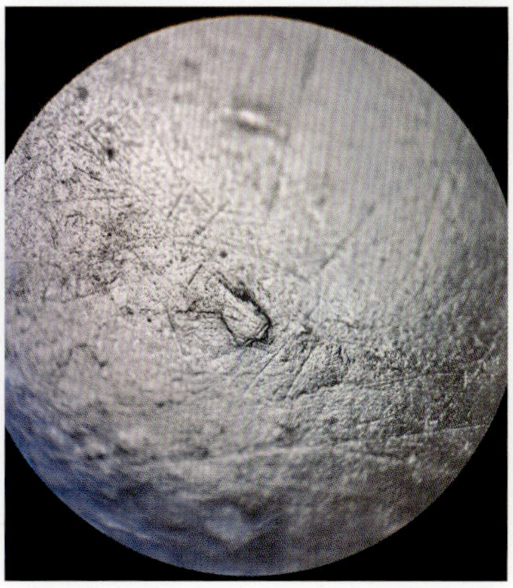

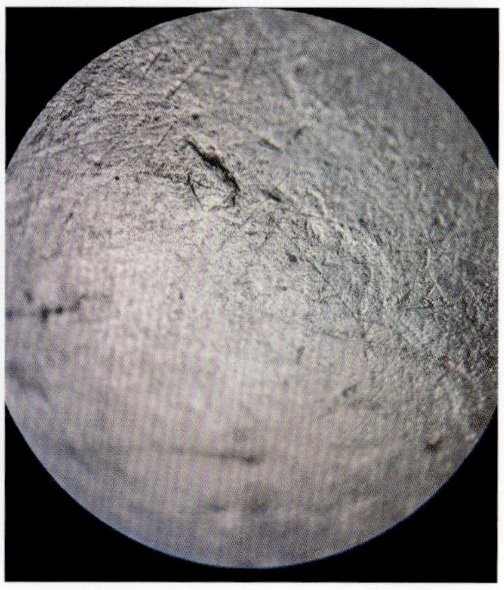

2. 红山文化双联璧

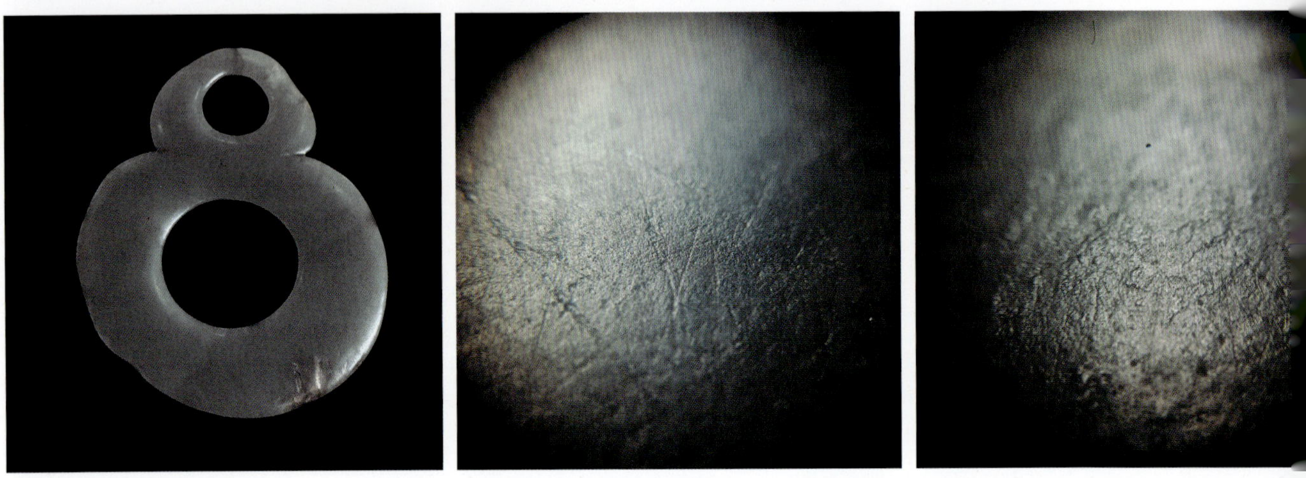

3. 红山文化青玉玦

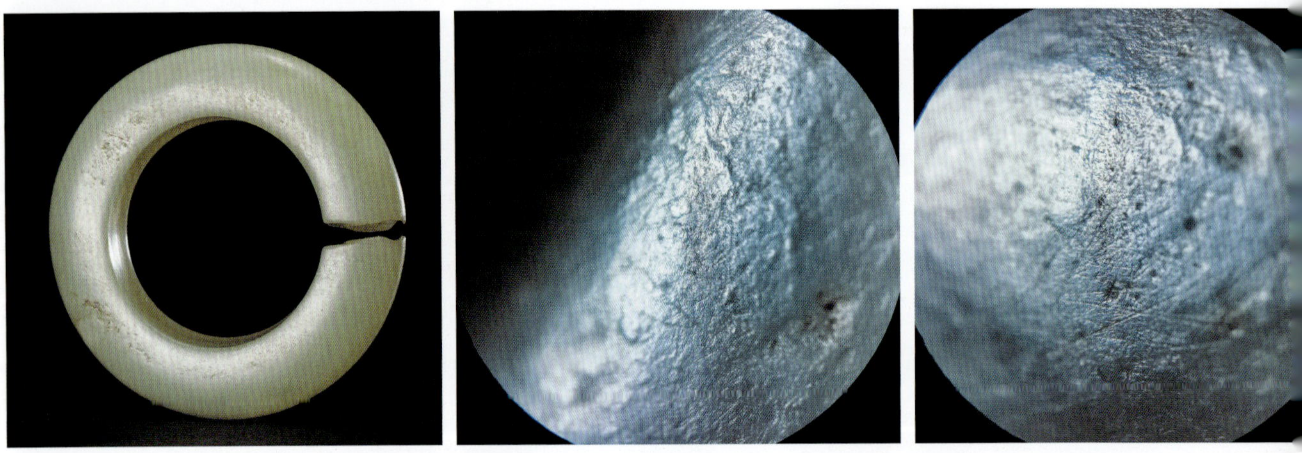

4. 良渚文化鸡骨白玉镯

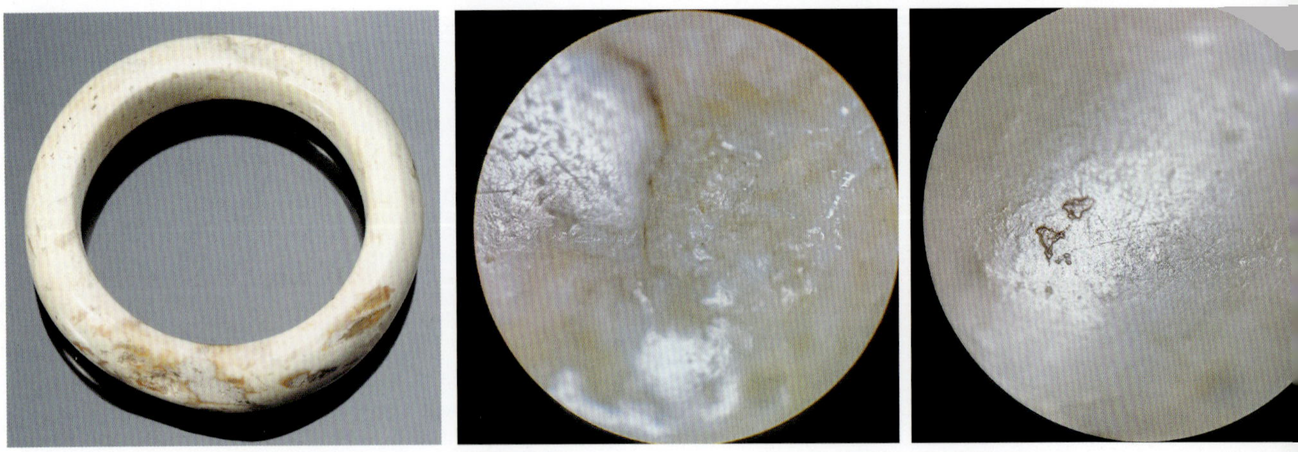

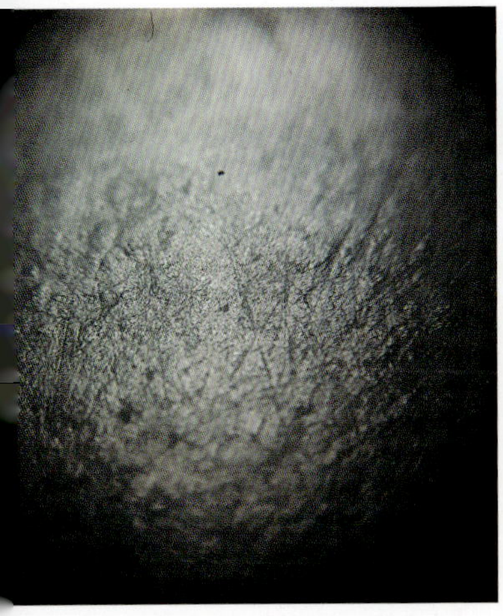
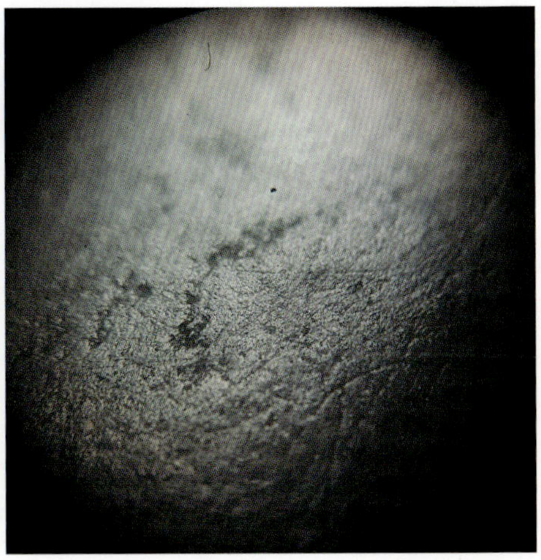
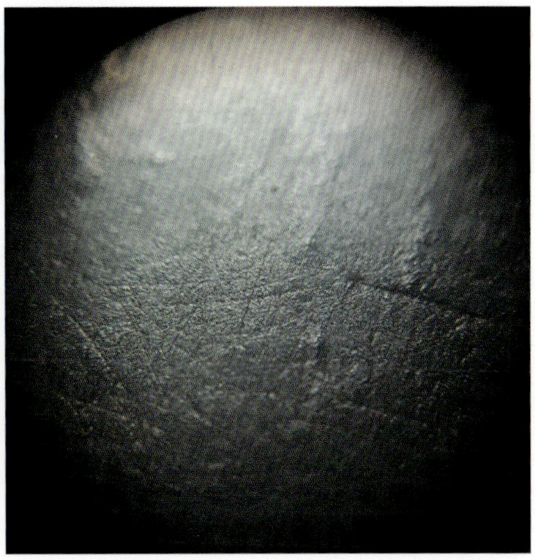
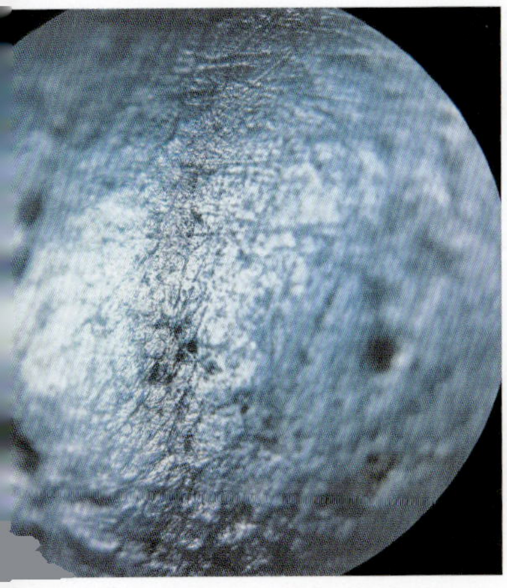
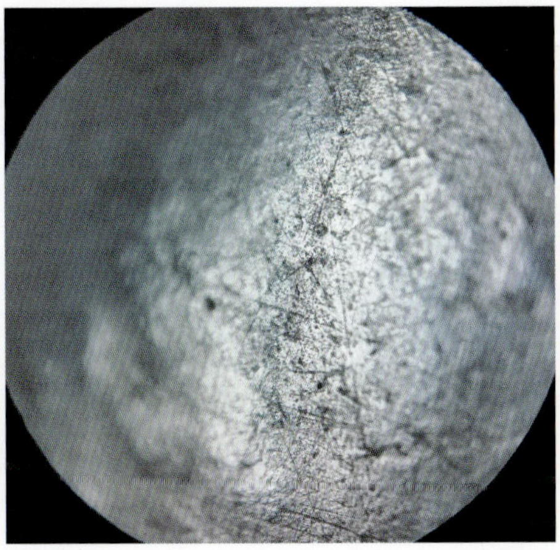
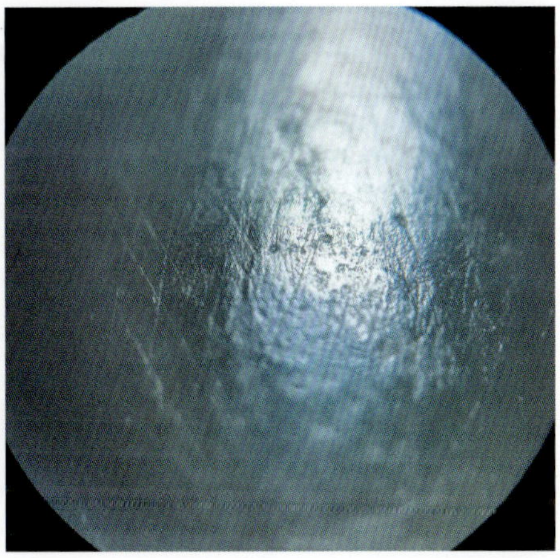
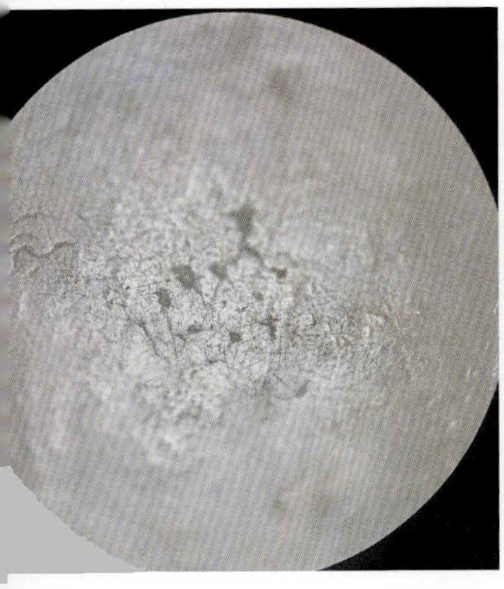
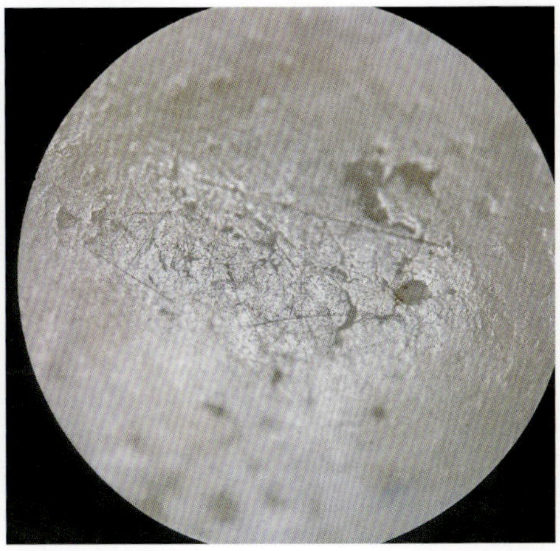
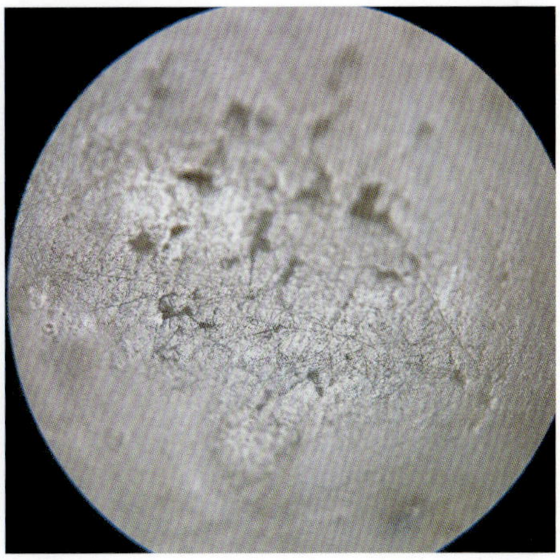

5. 石卯文化神人玉发饰

6. 齐家文化青玉三璜璧

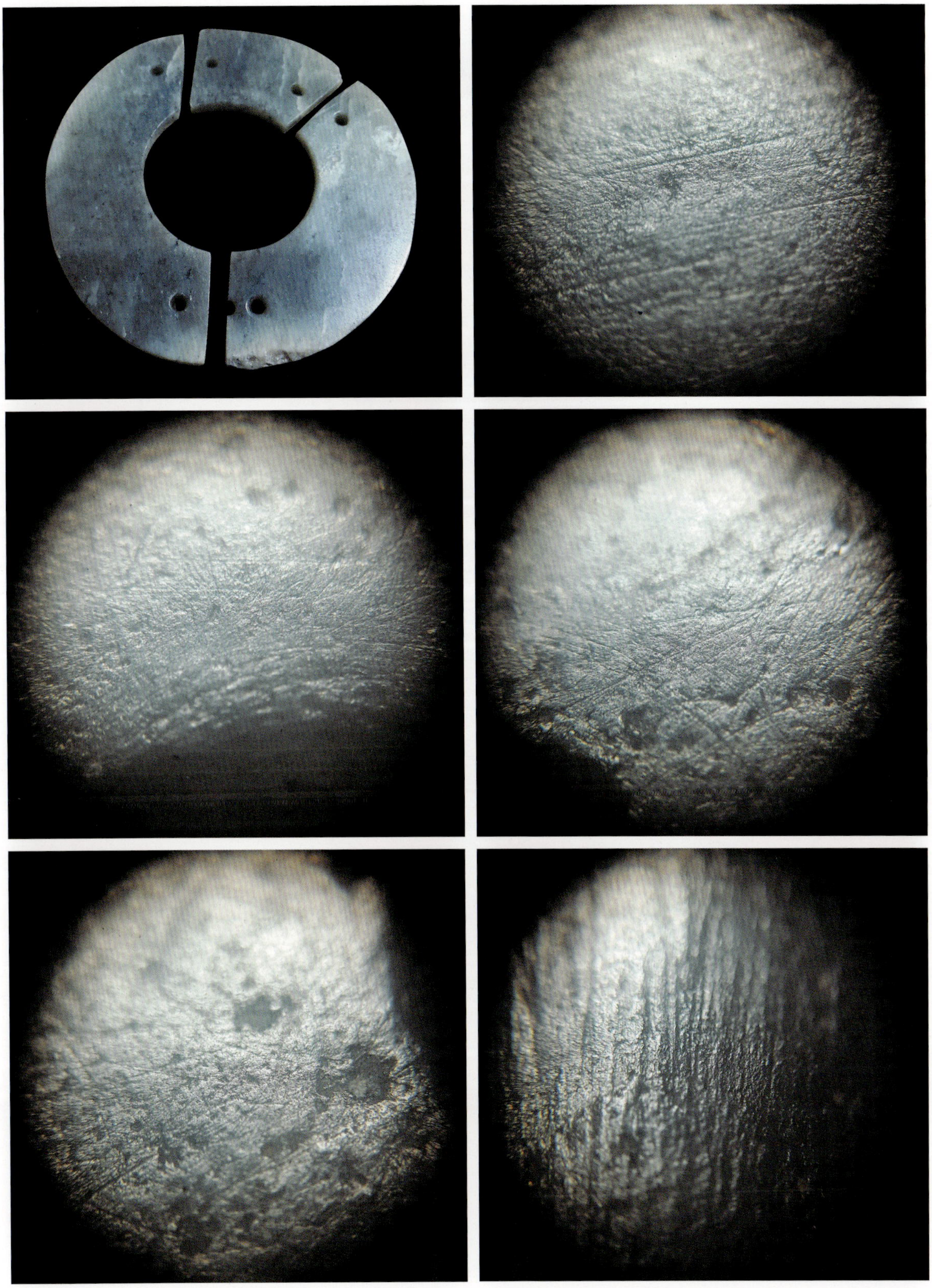

7. 商代白玉琮

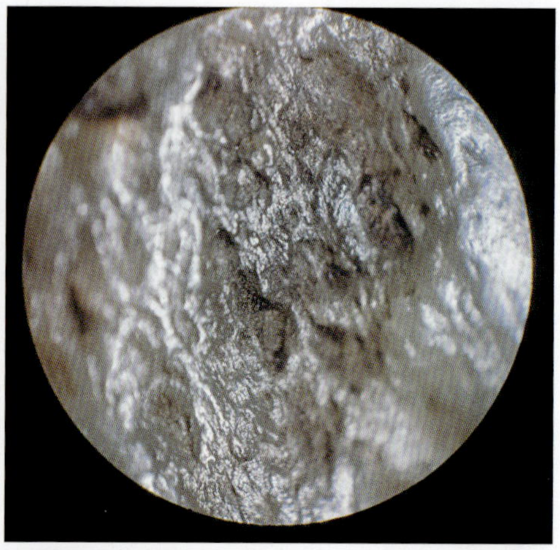

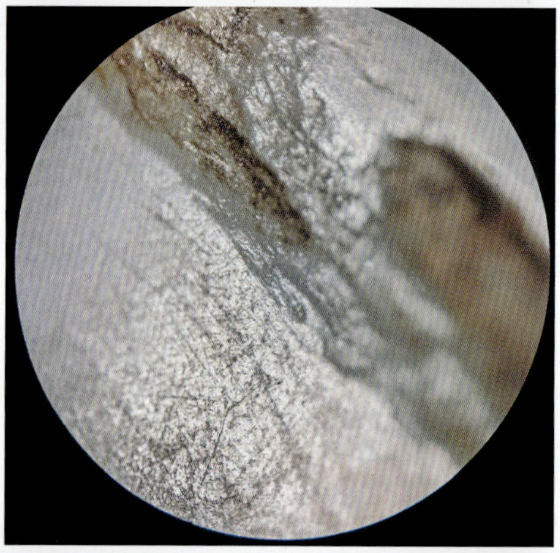

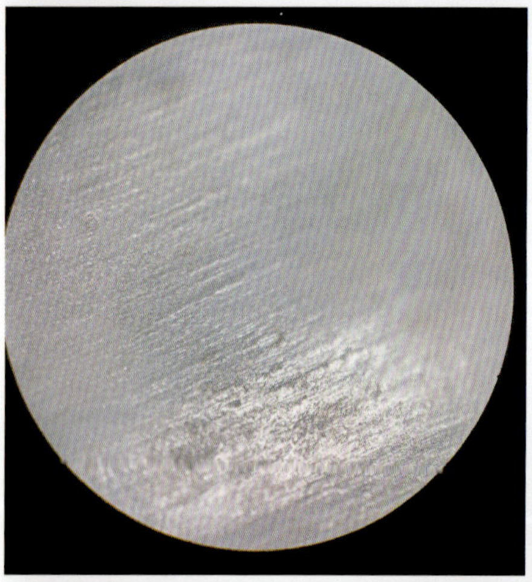

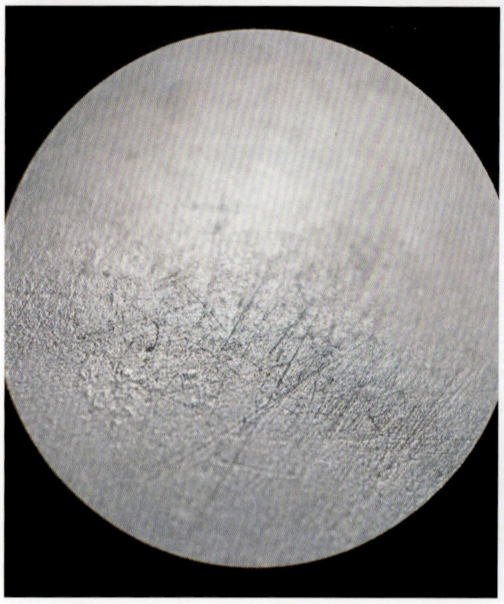

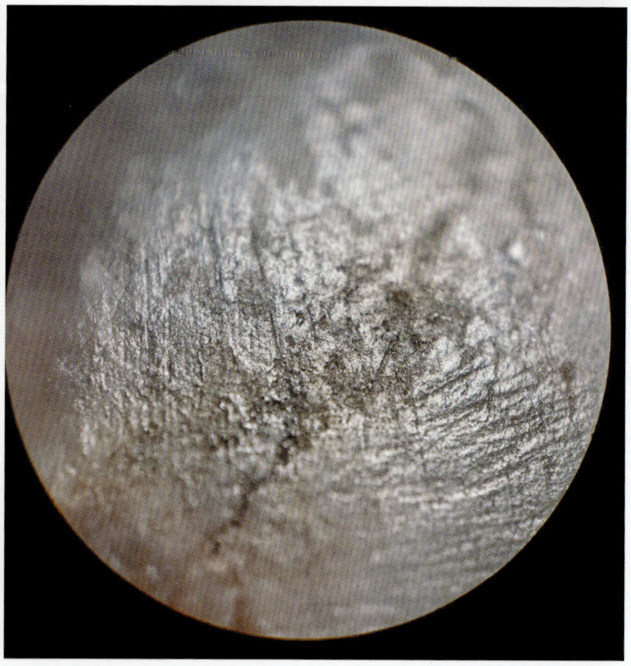

8. 商代青玉出戟钺

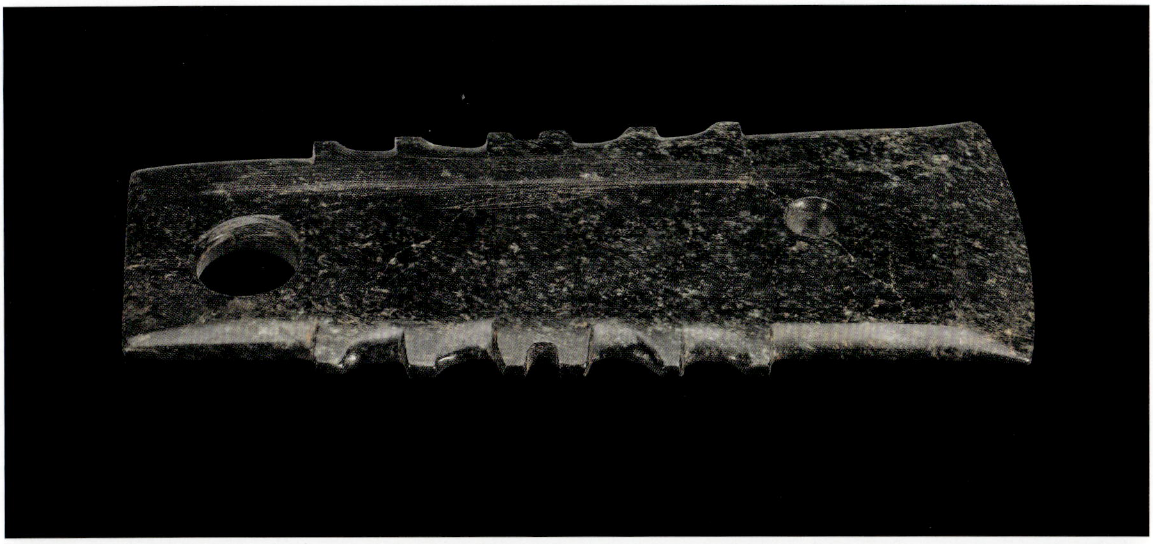

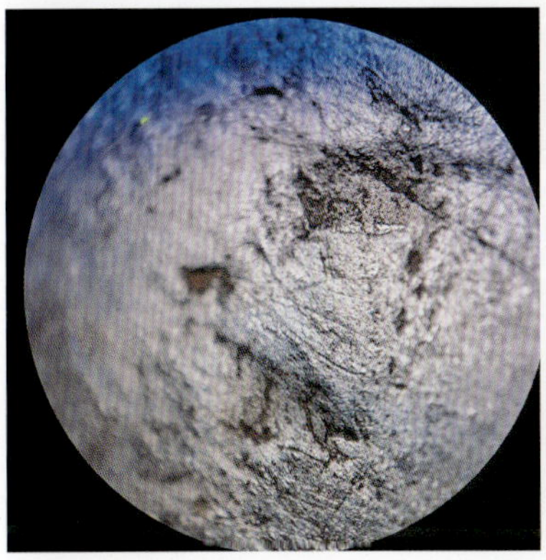

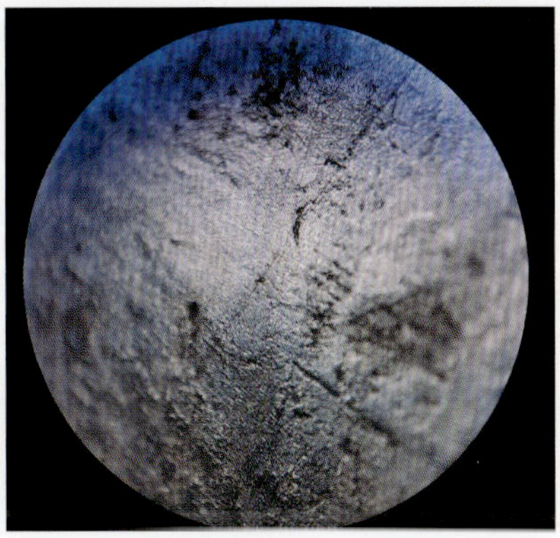

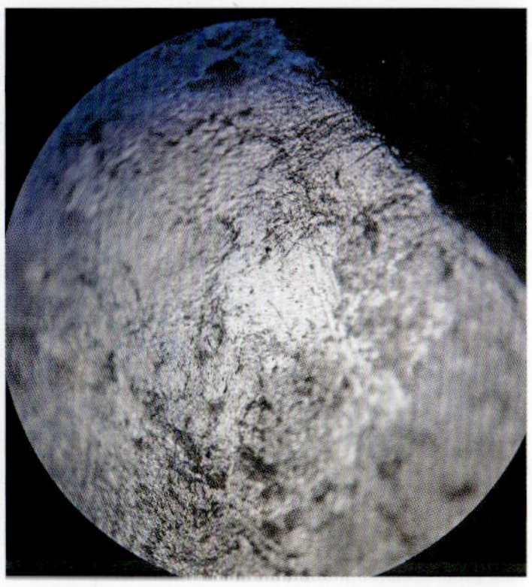

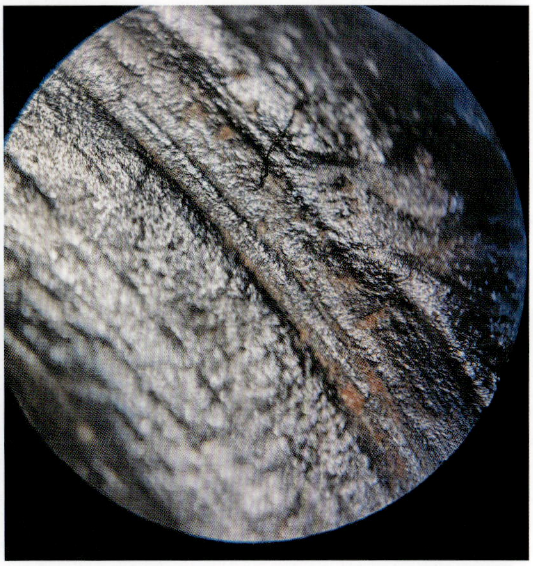

9. 商代青玉牛首饰

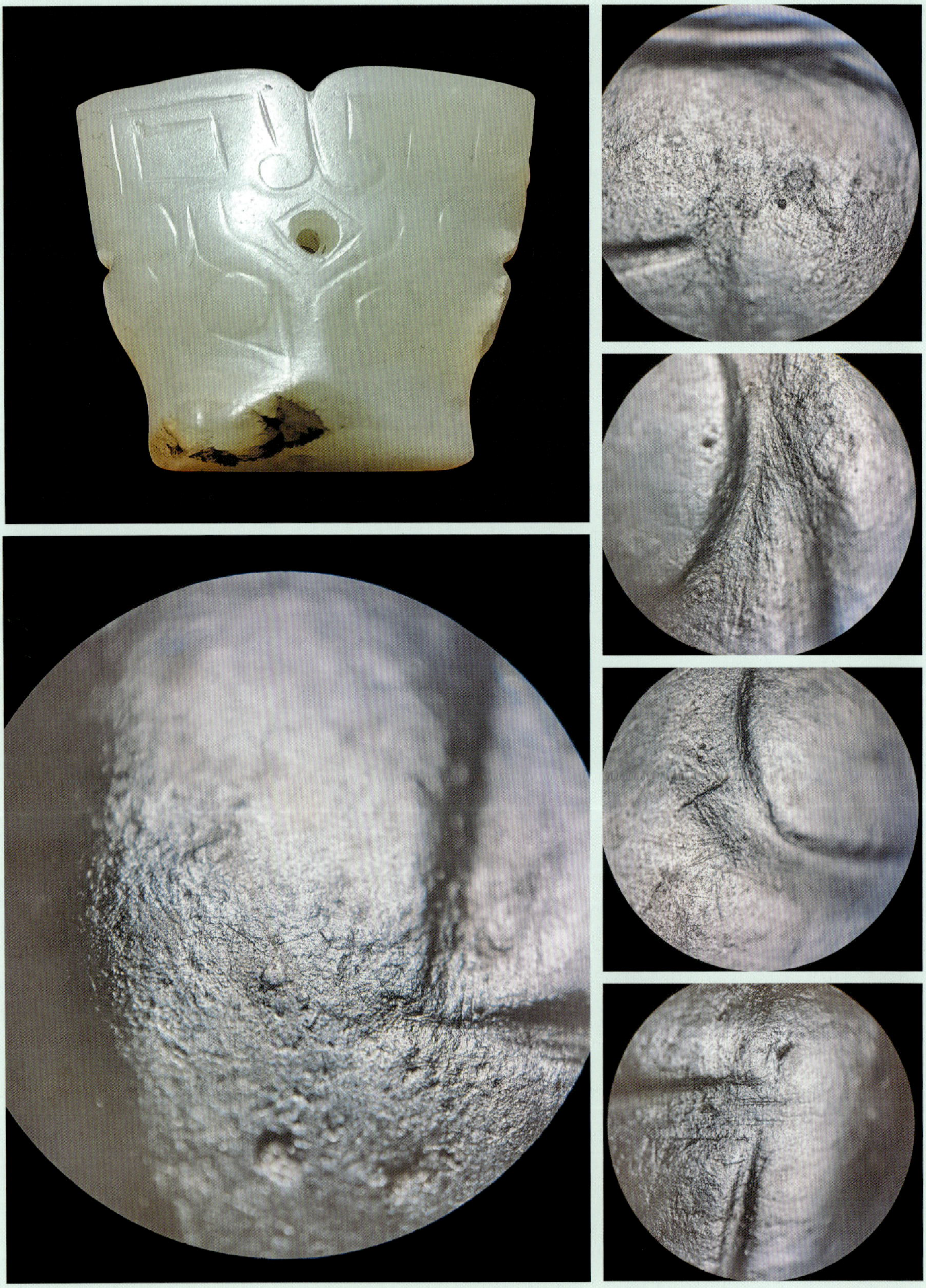

10. 西周白玉人龙纹佩

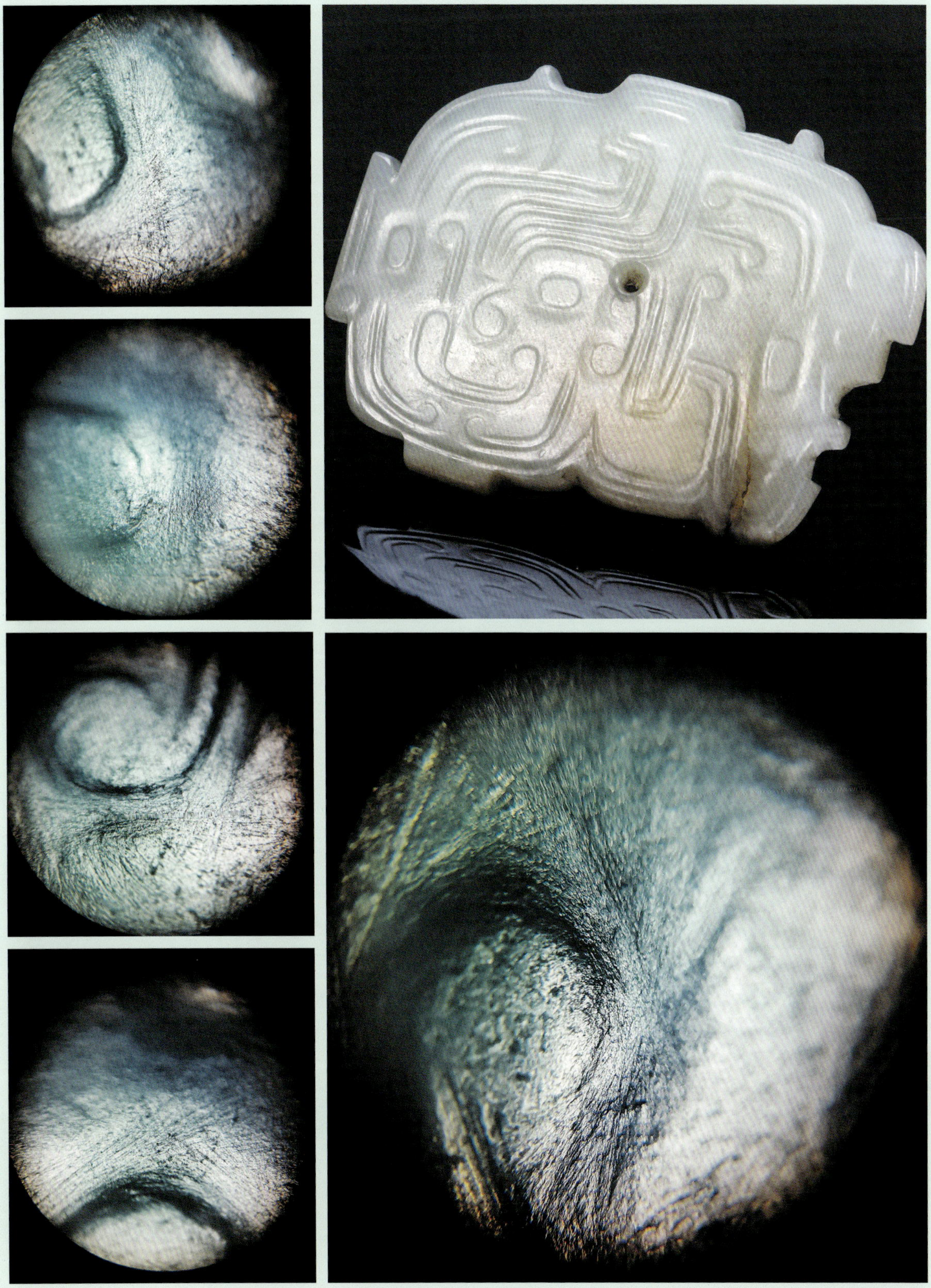

11. 西周草原地区玛瑙＋战国水晶磨盘珠手串

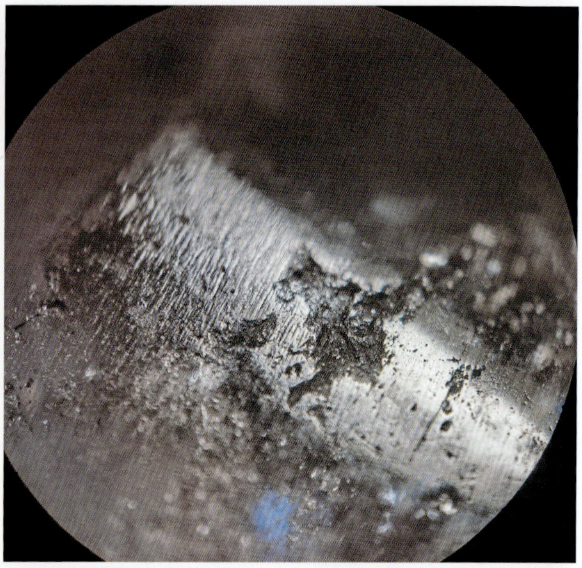
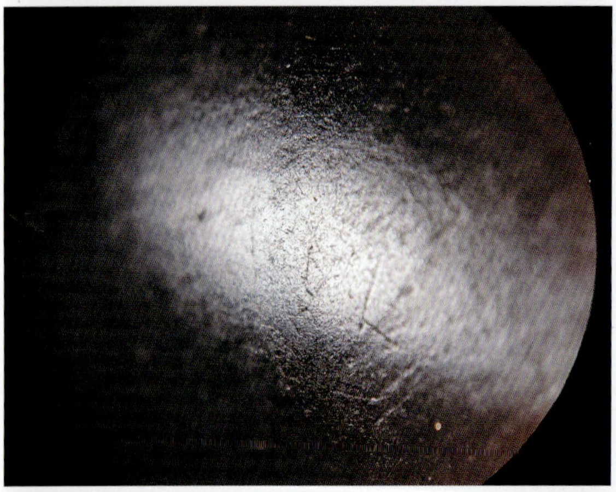
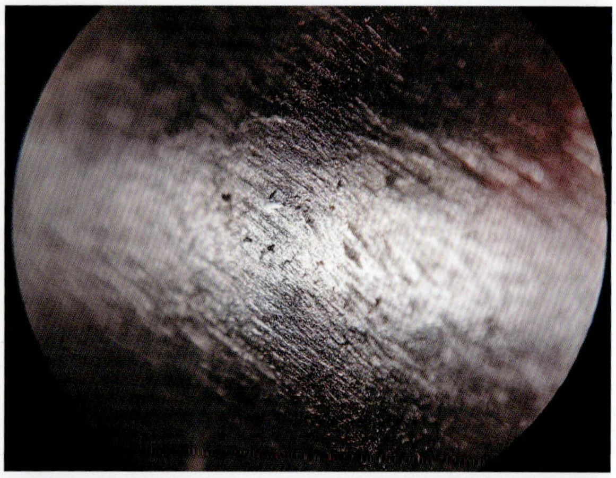
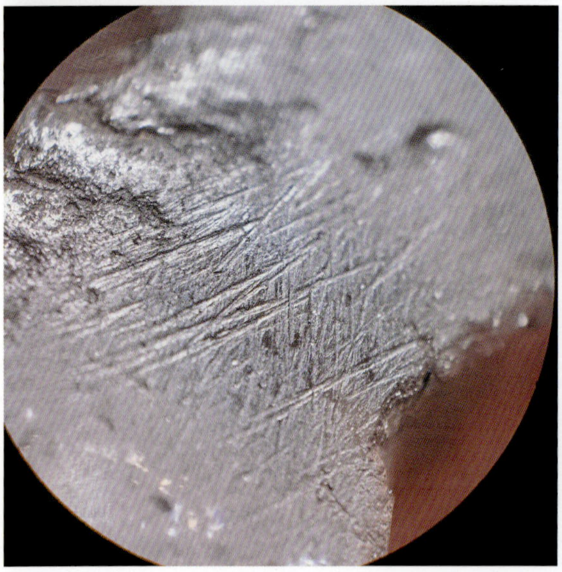
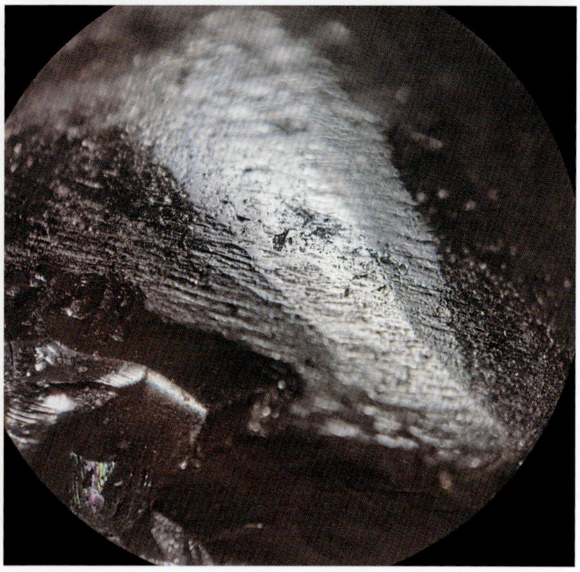

12. 西周玛瑙手串（中原制式）

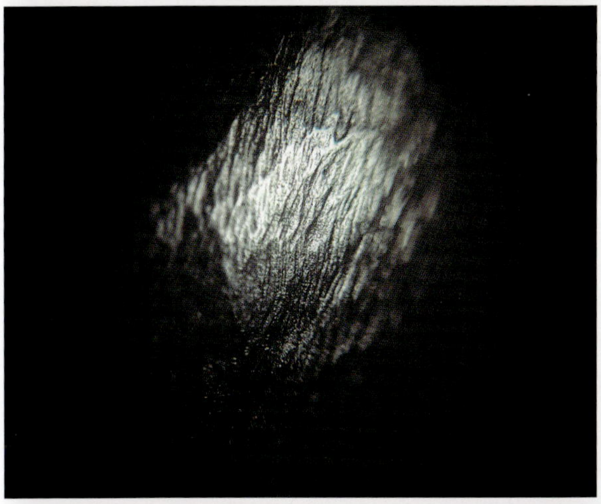

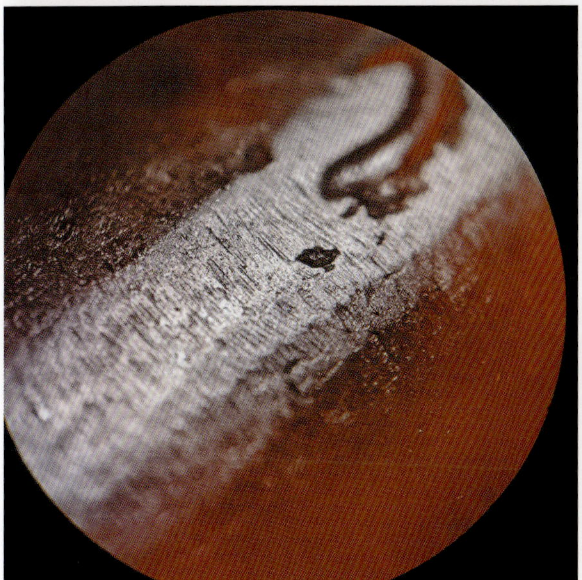
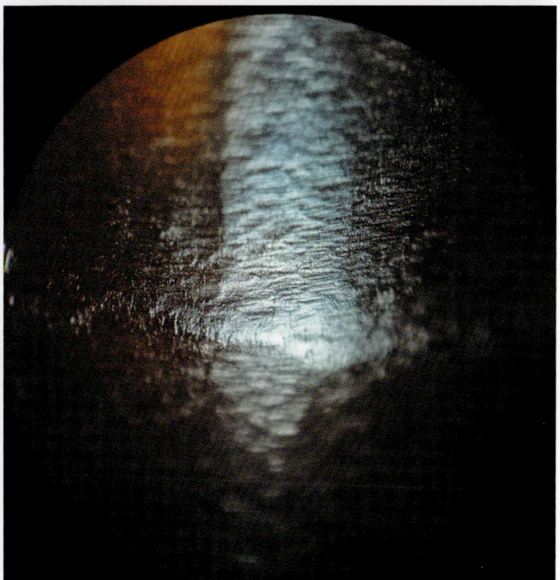

13. 西周青玉柄形器

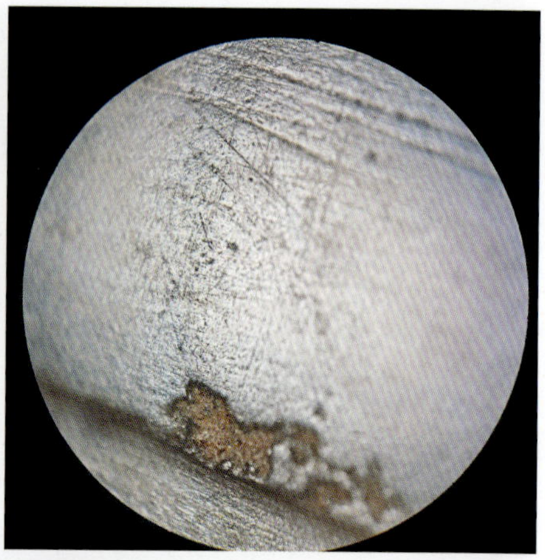
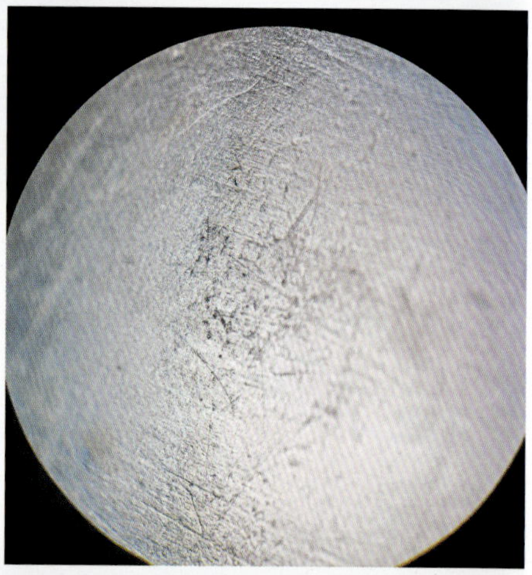
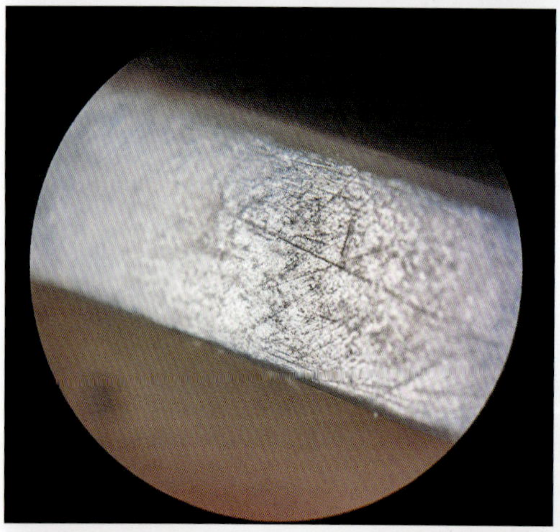
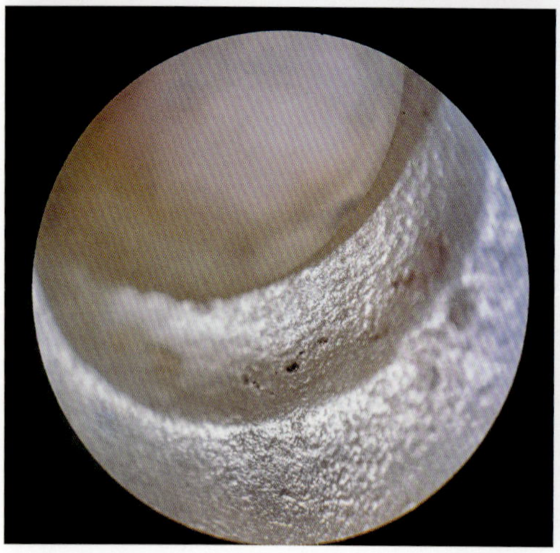
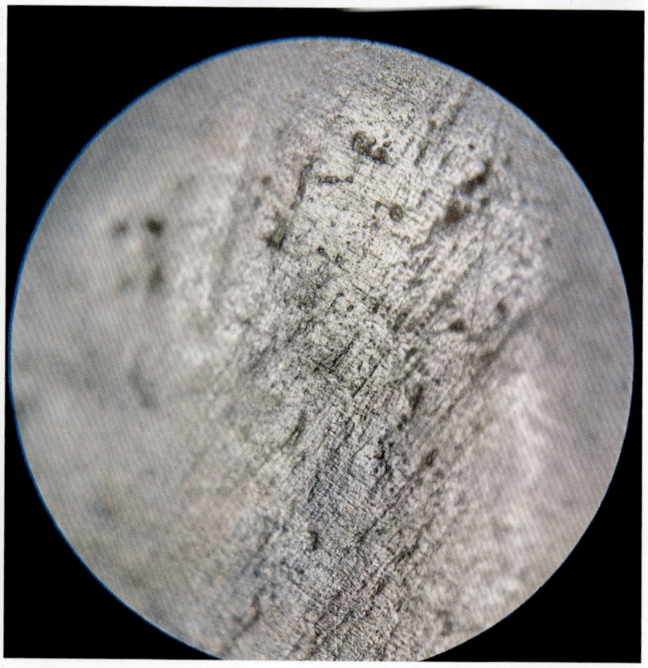

14. 西周青玉团龙形佩

15. 西周玉蝉

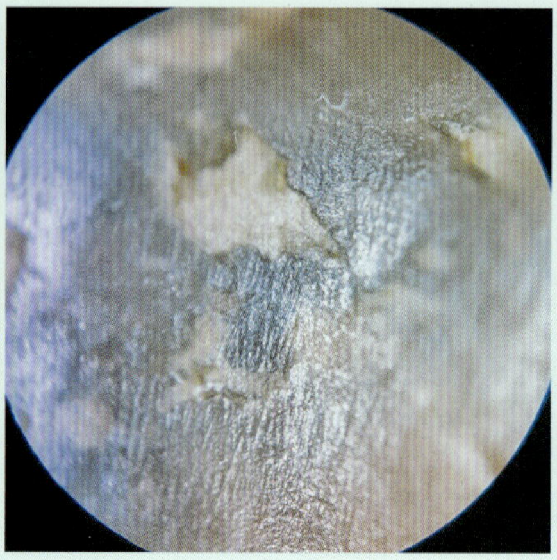
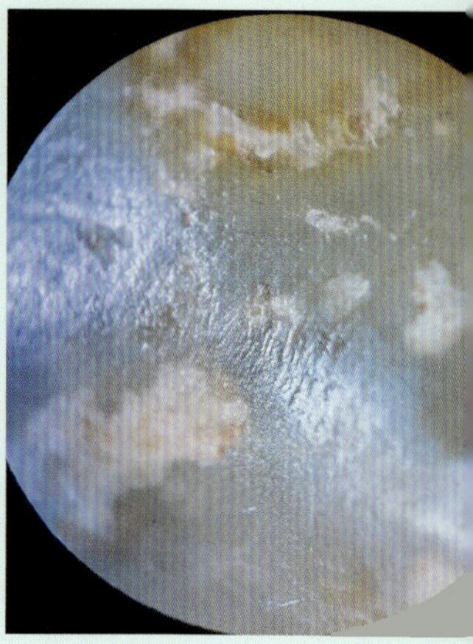

16. 春秋白玉红沁勾连谷纹玉腕饰

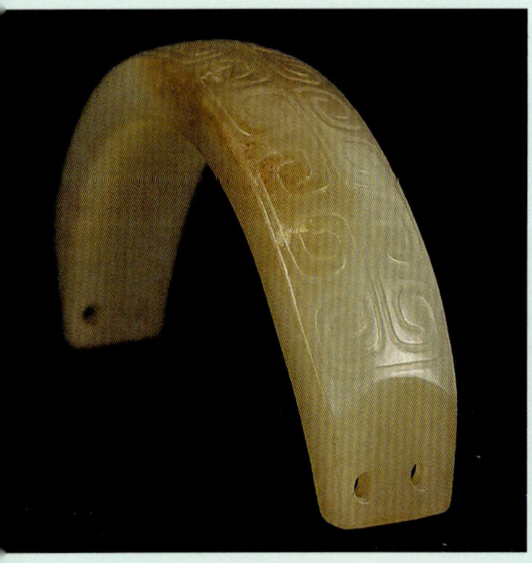
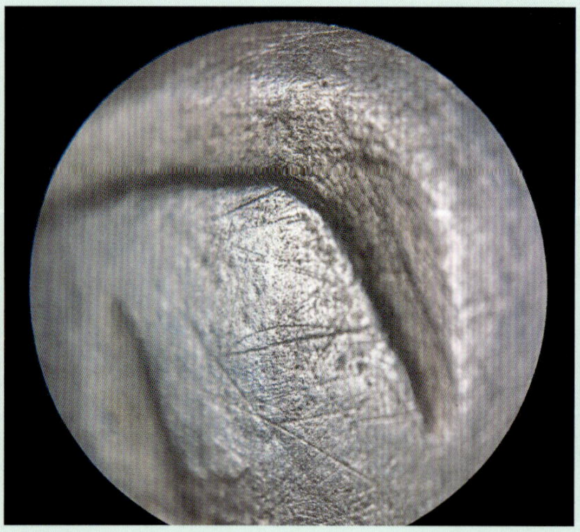
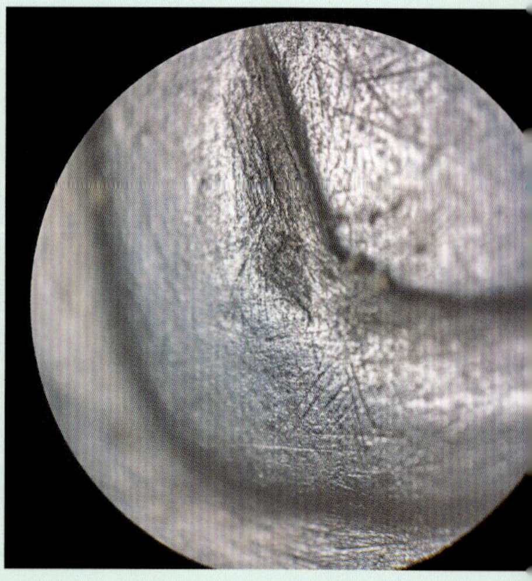

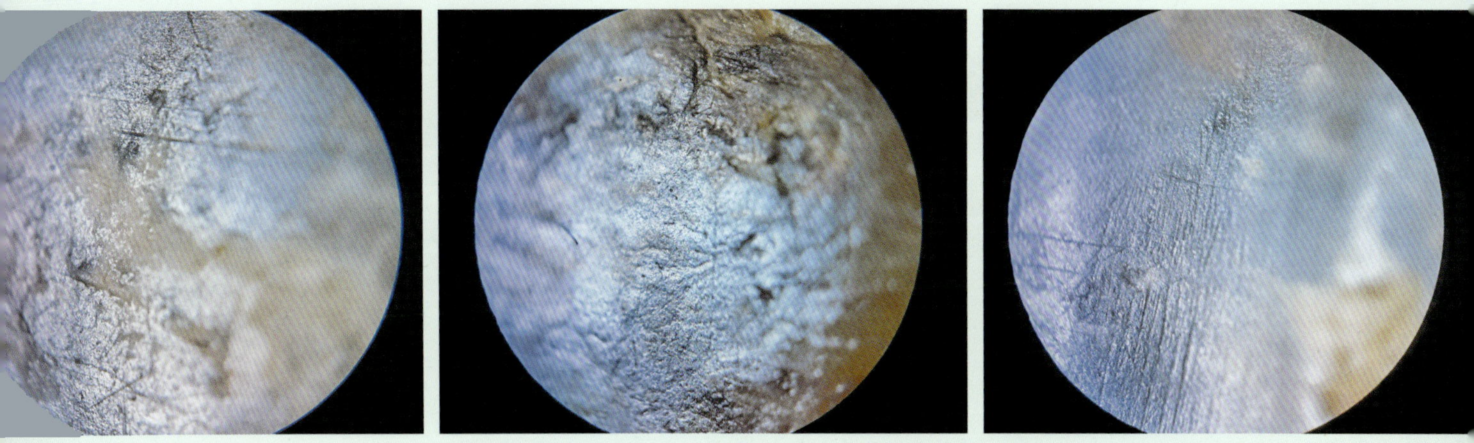

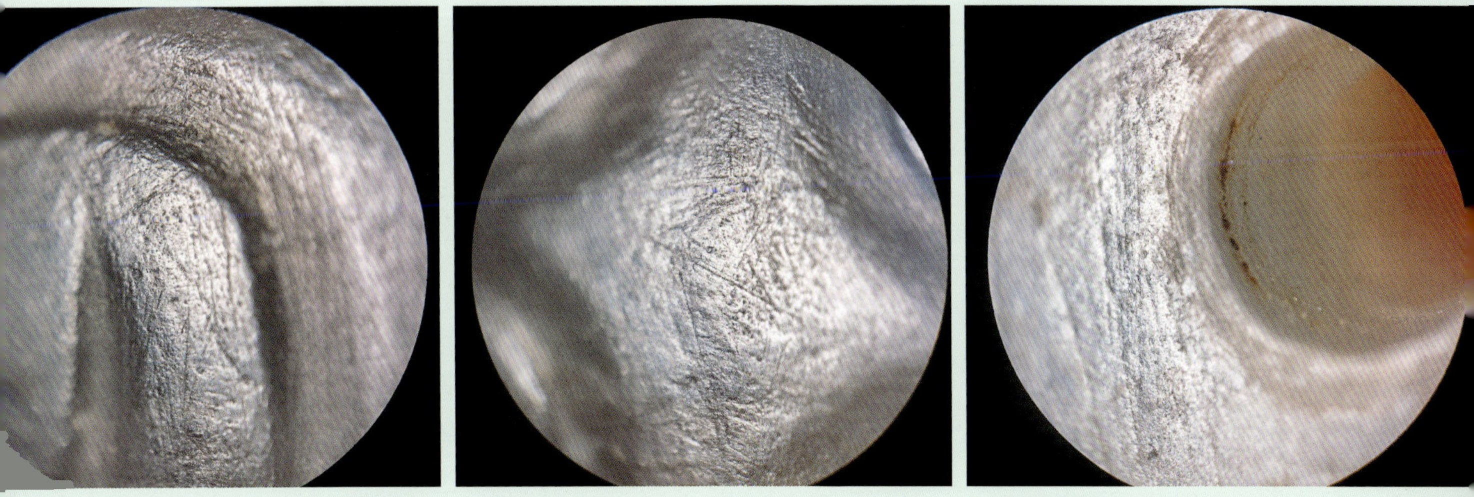

17. 春秋秦式青玉璜一对

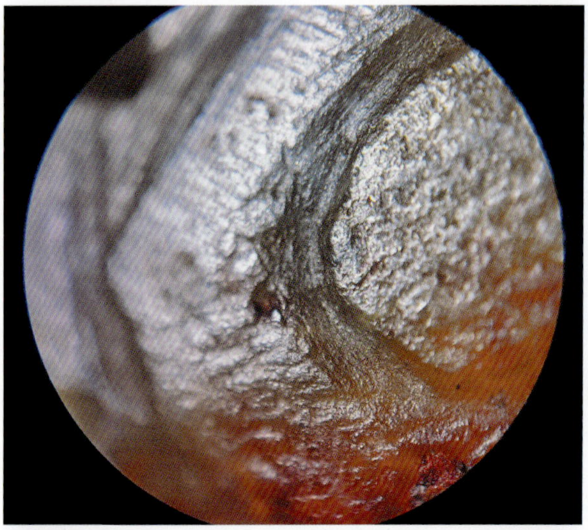

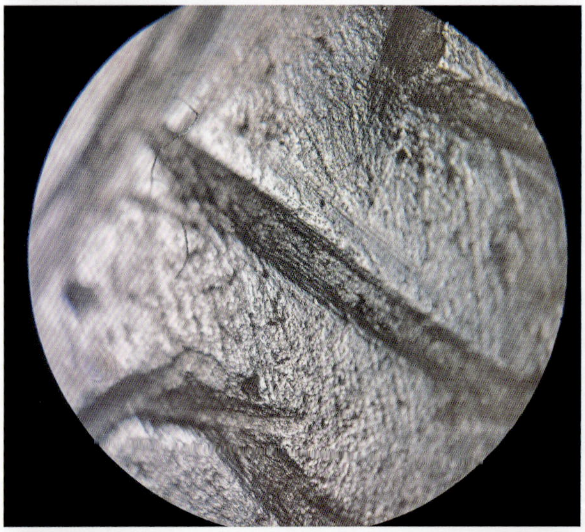

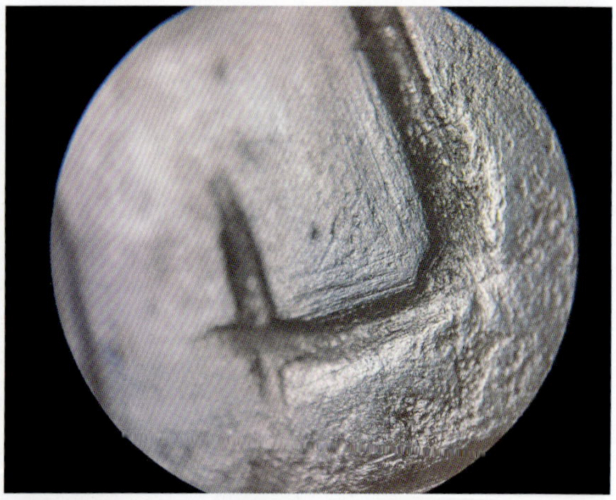

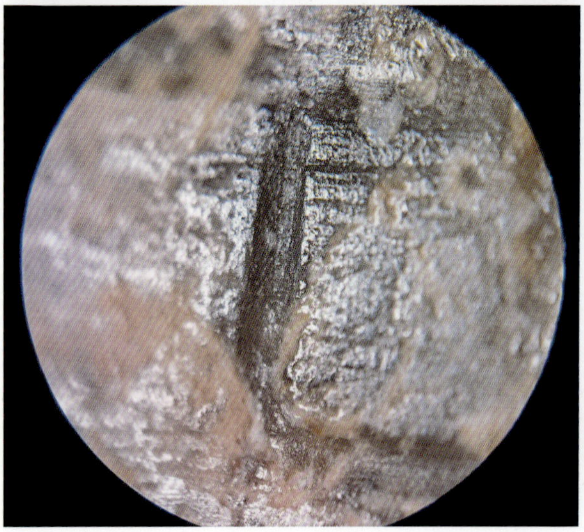

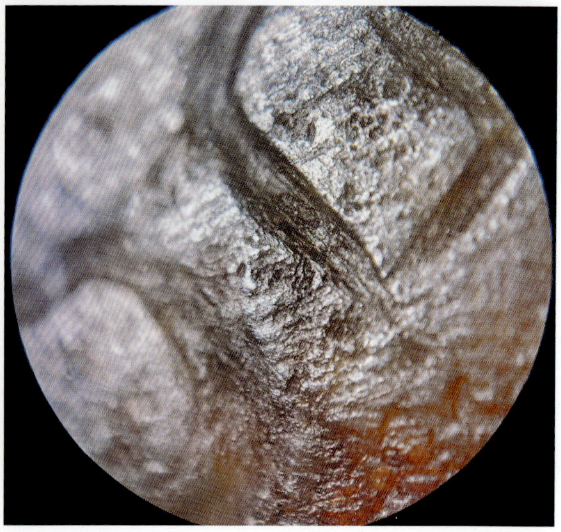

18. 春秋青玉环

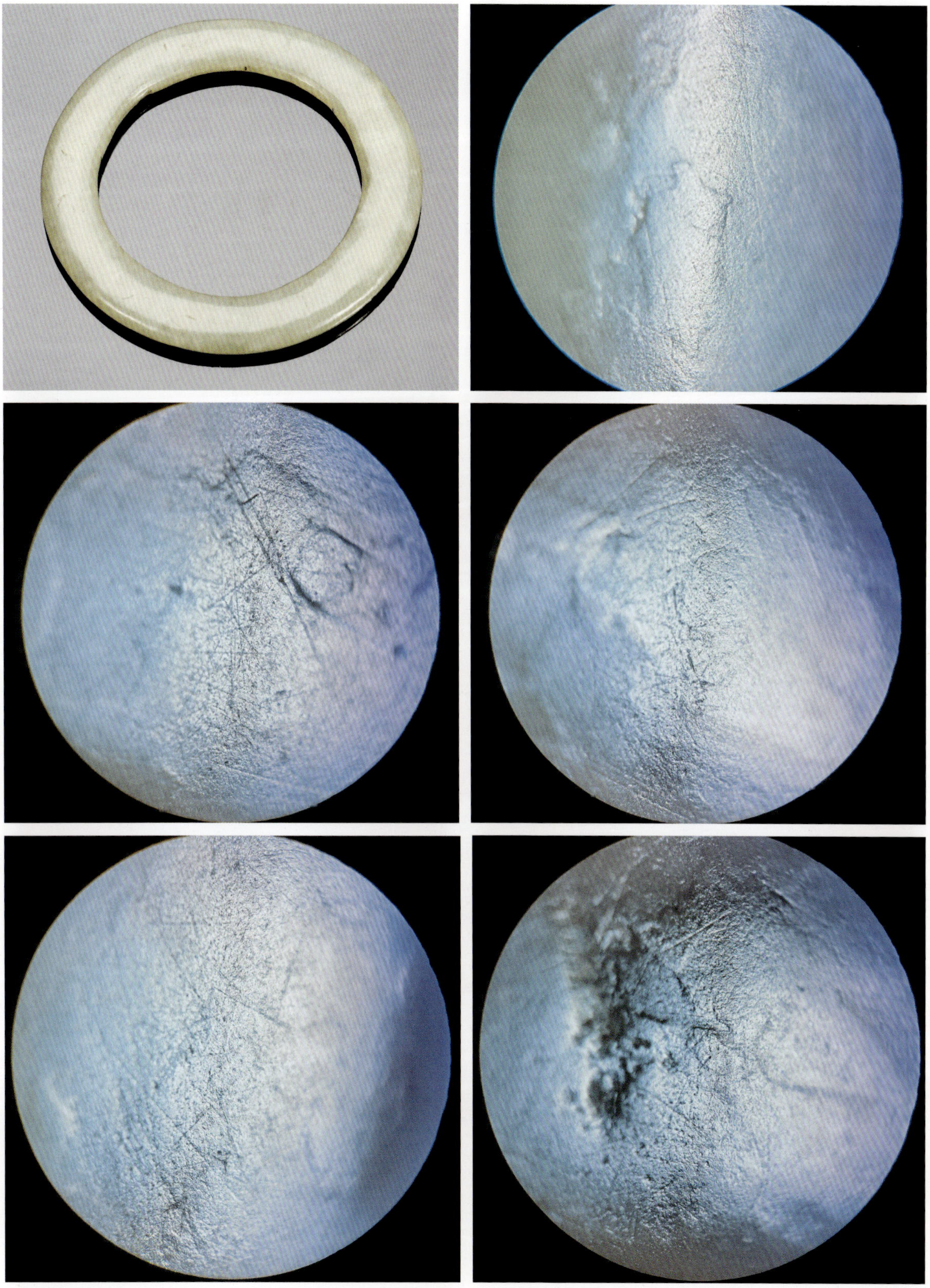

19. 春秋青玉龙纹玦

20. 春秋楚式 S 龙

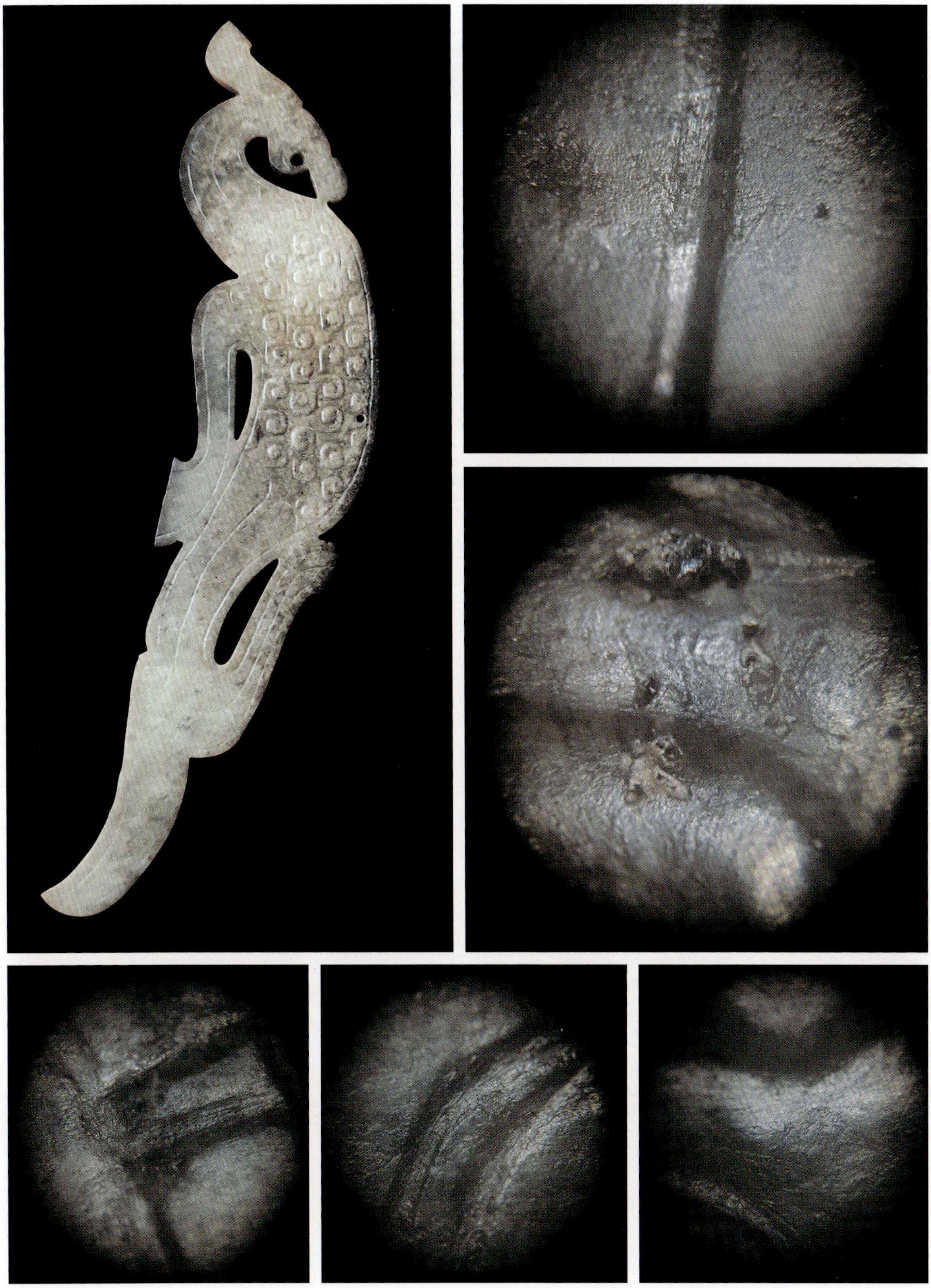

21. 战国白玉螭龙纹出戟璧

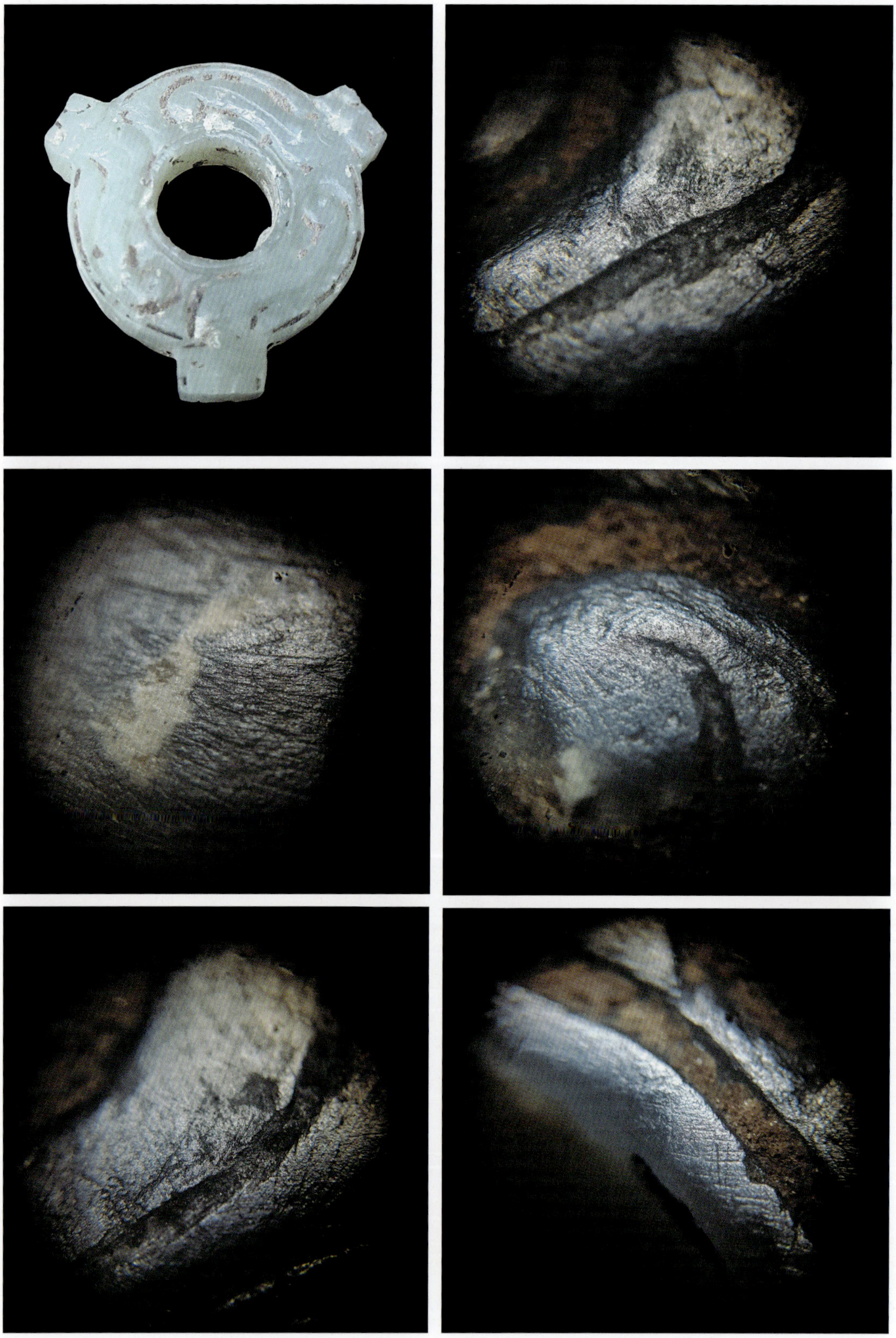

22. 战国白玉牛首龙纹璜

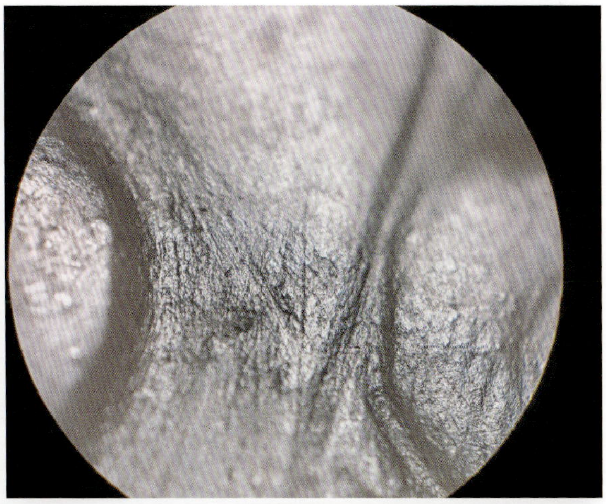
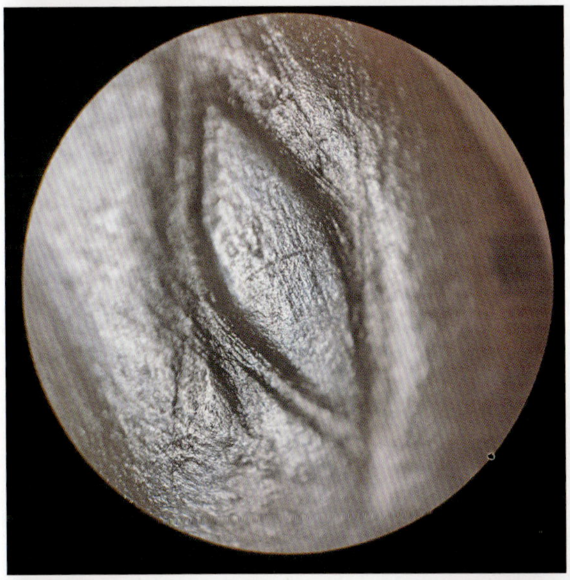
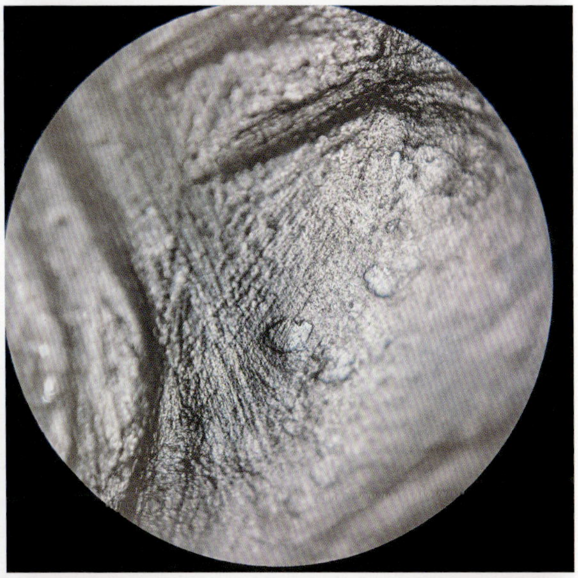
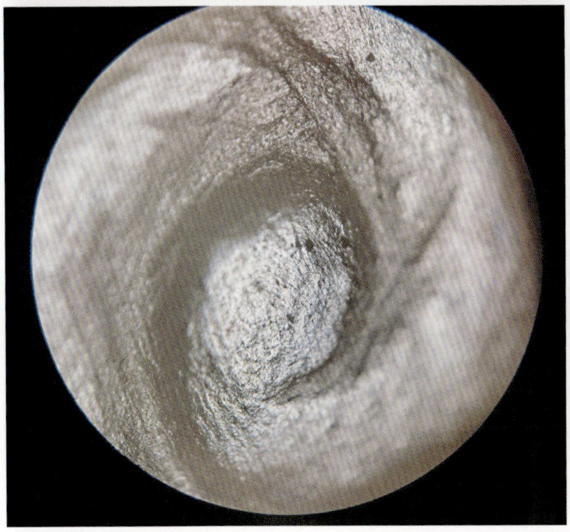
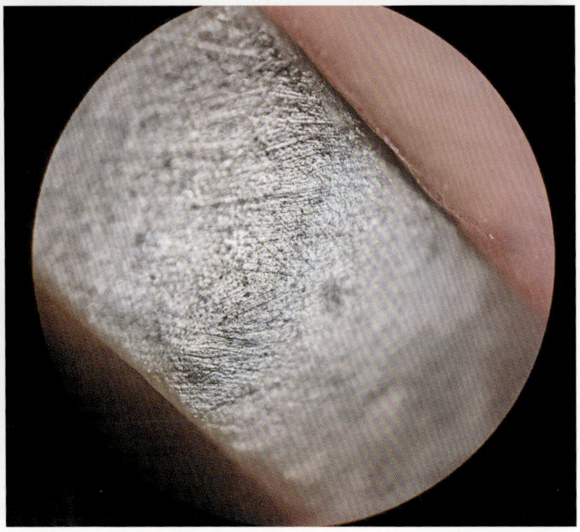

23. 战国琉璃蜻蜓眼管珠

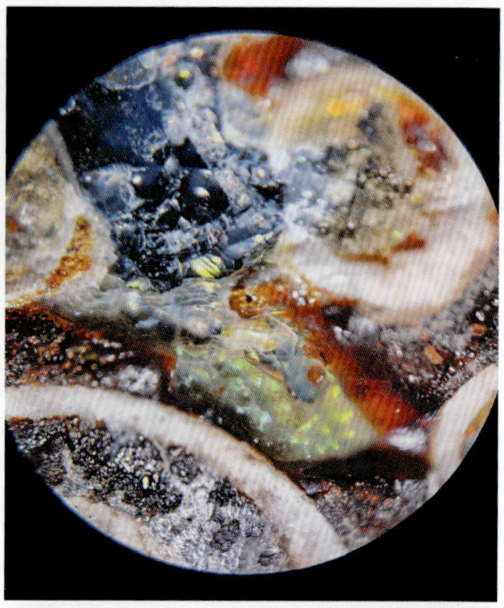

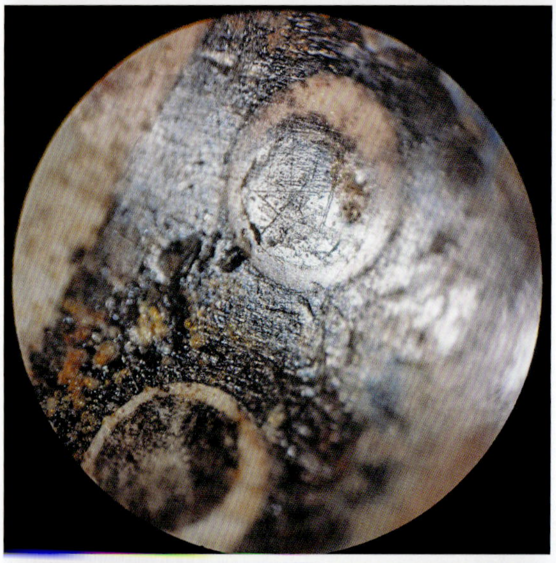

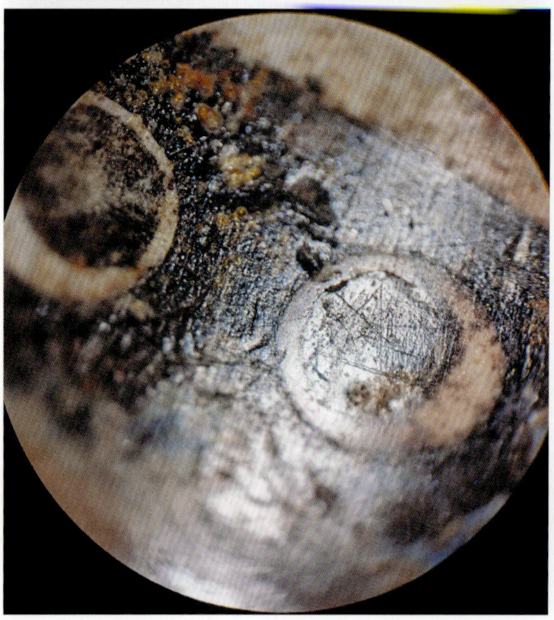

24. 战国玛瑙平台环（定位孔）

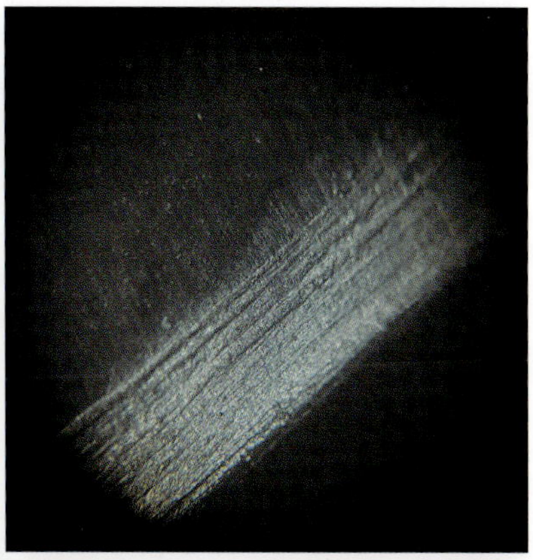

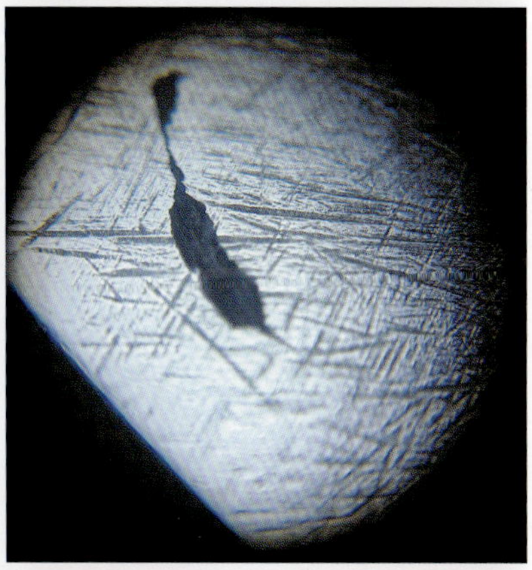

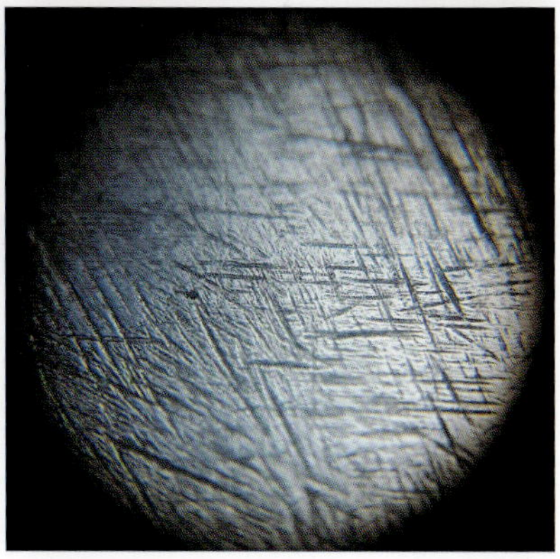

25. 战国秦式玉俑

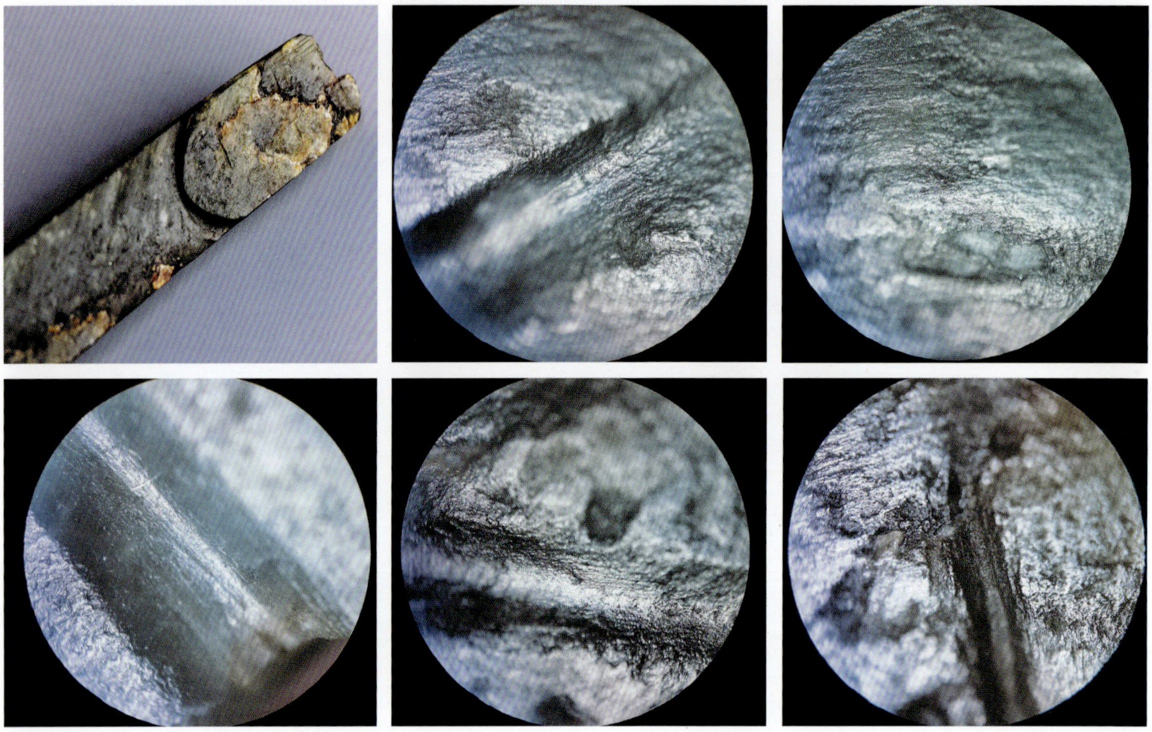

26. 战国青玉谷纹S形龙

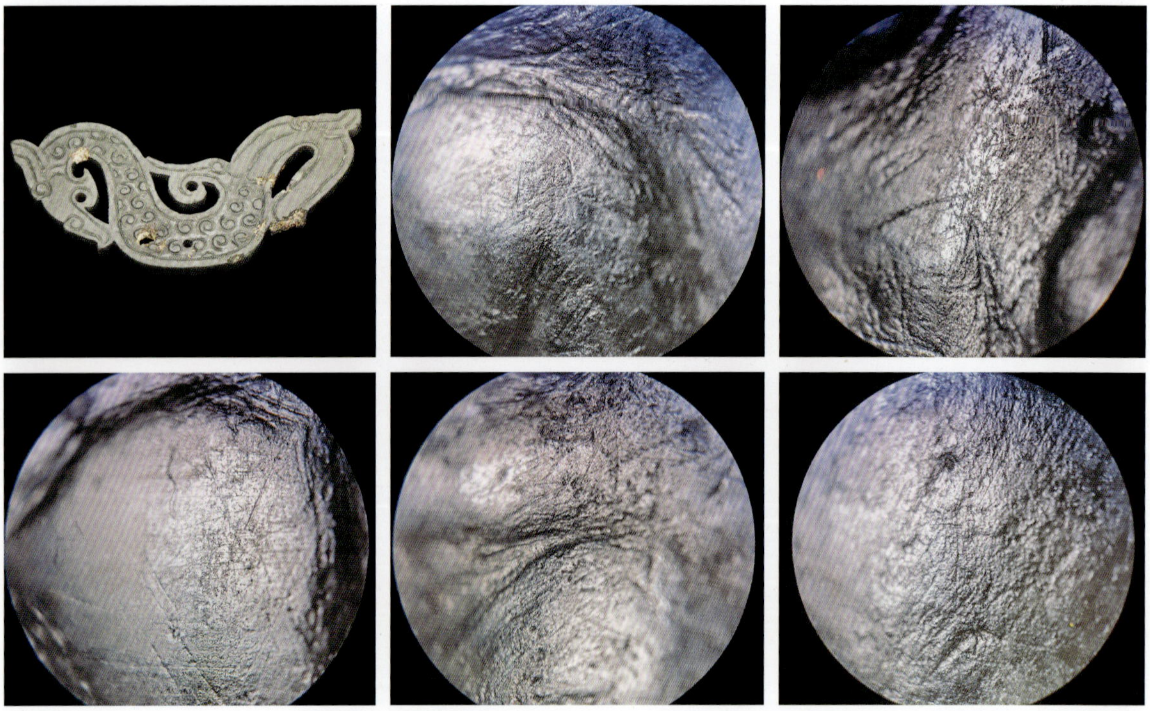

27. 战国青玉龙纹璜

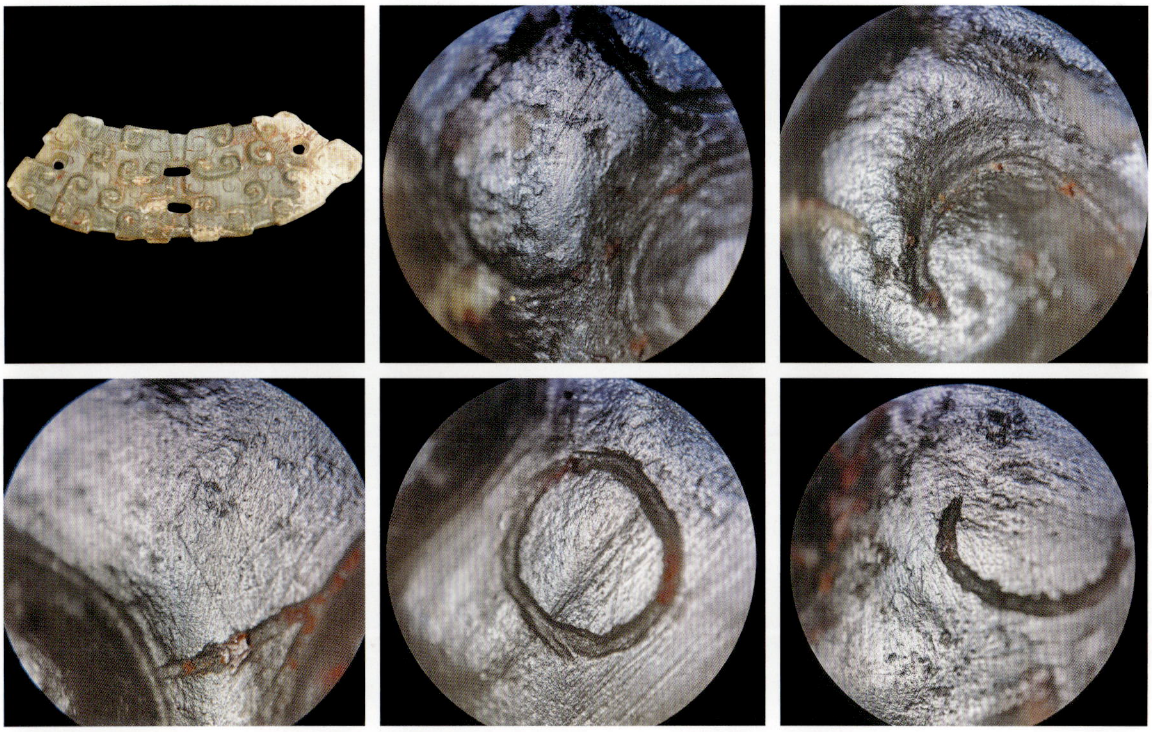

28. 战国青玉龙纹系璧

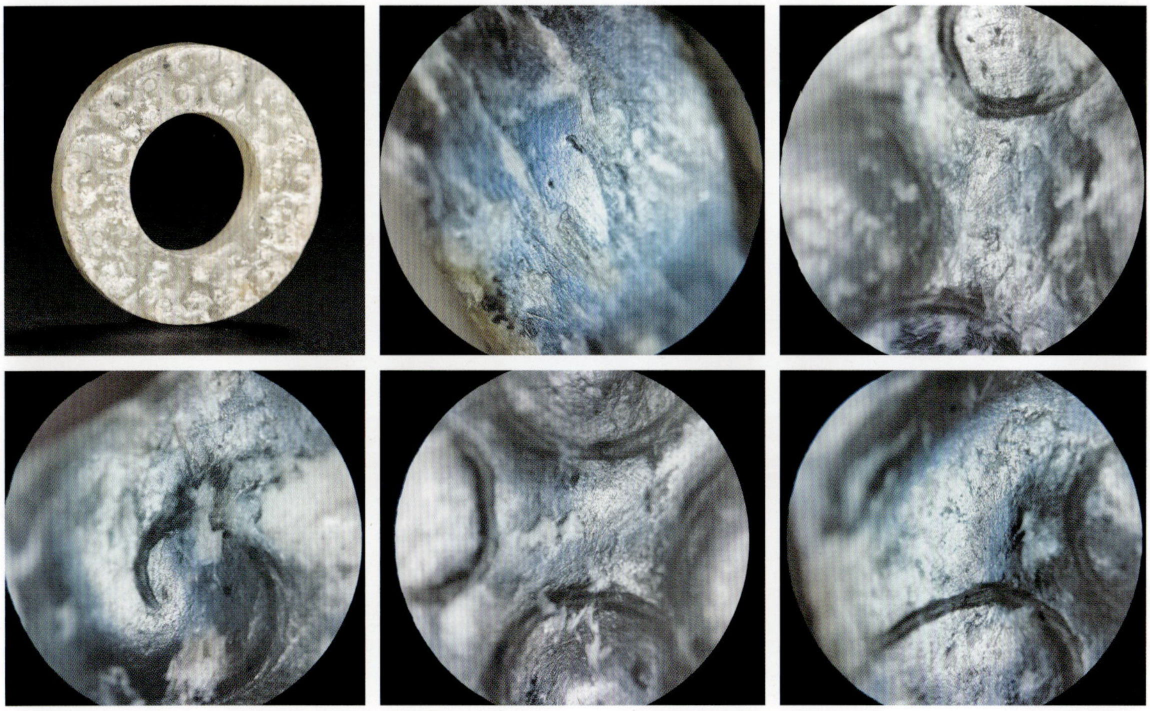

29. 战国水草玛瑙三才环

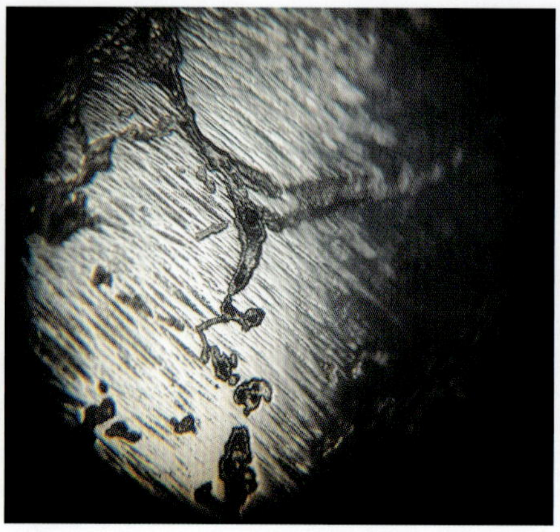

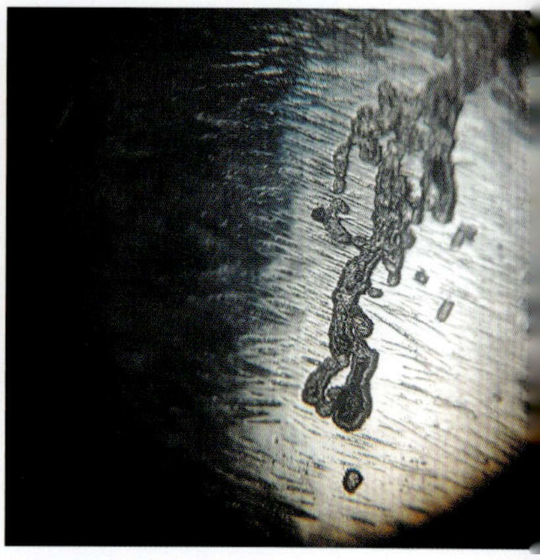

30. 战国水晶三通

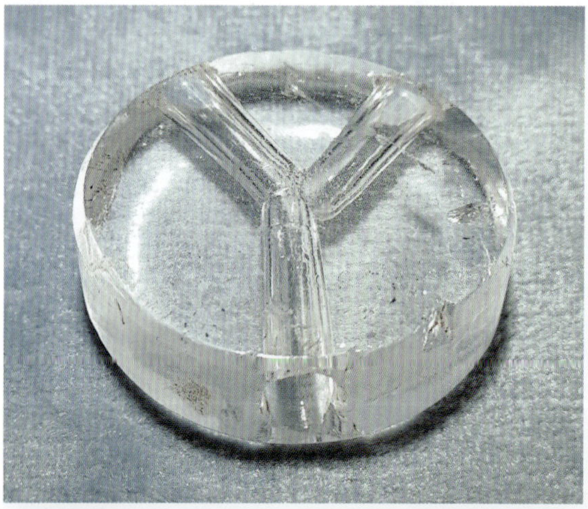

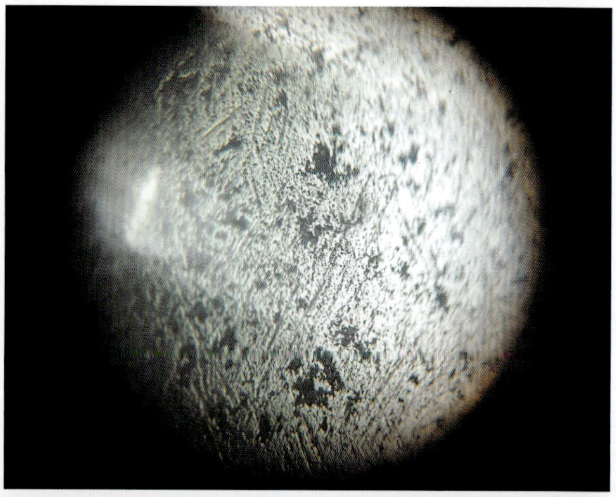

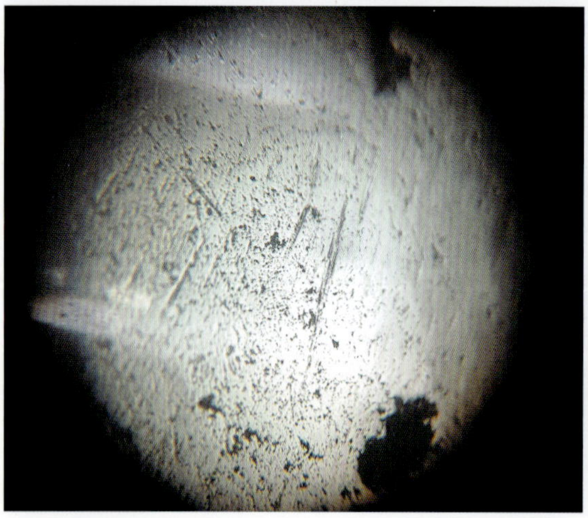

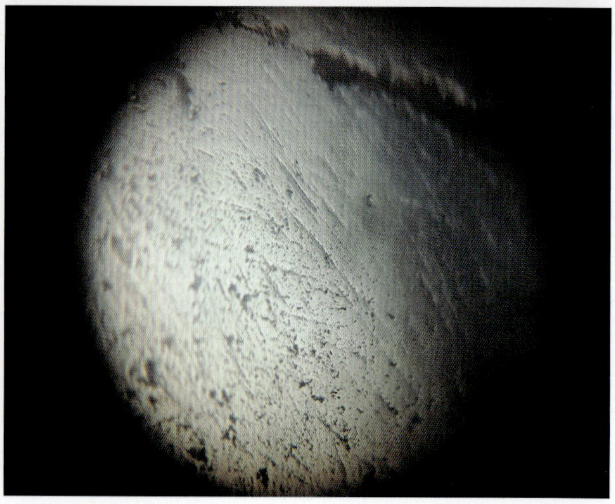

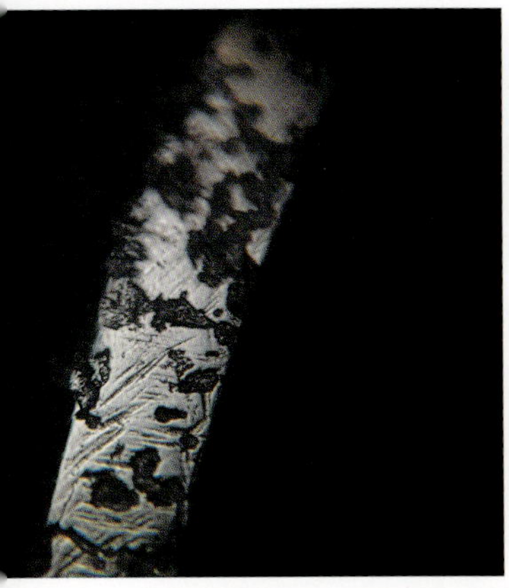

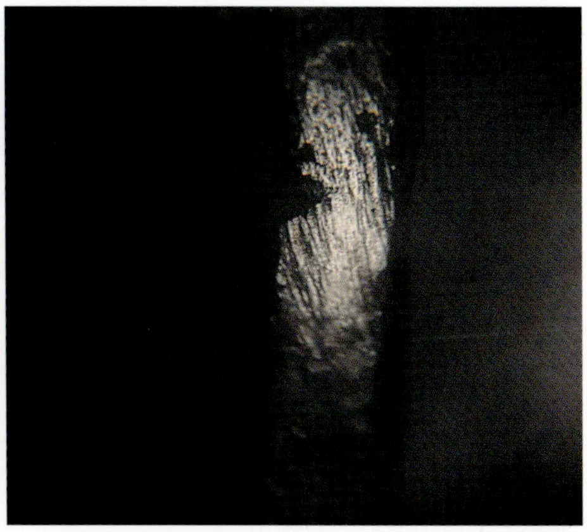

31.汉代白玉谷纹玉剑首

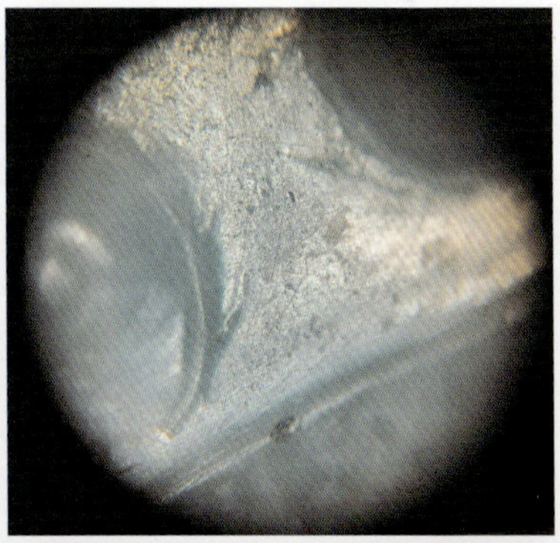
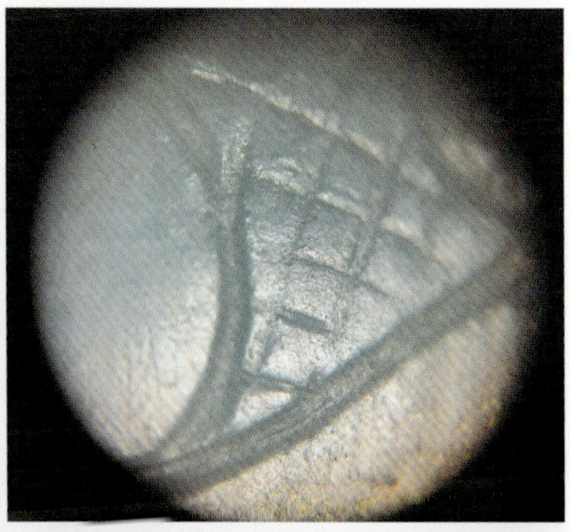
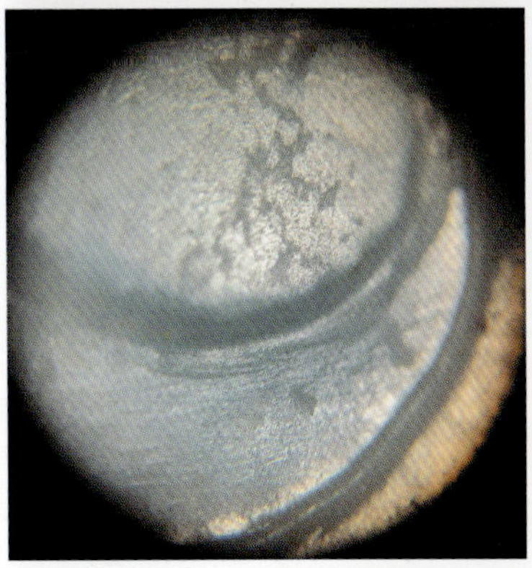
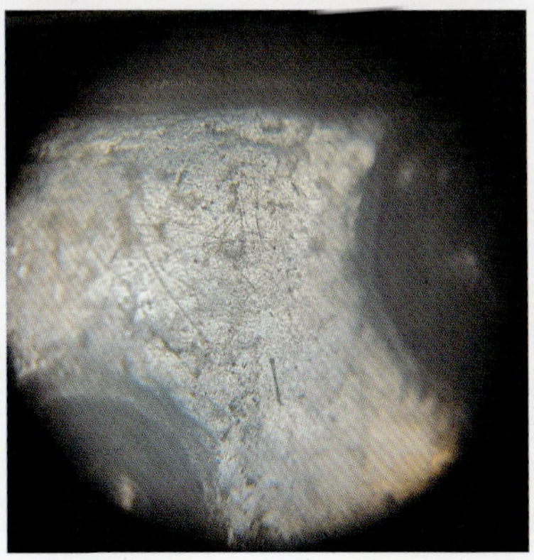
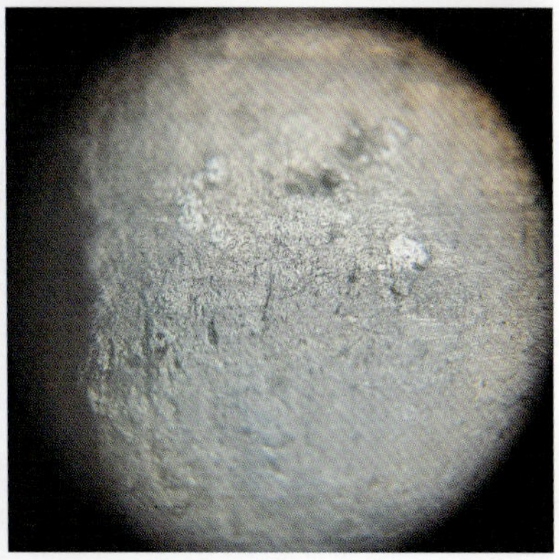

32. 汉代白玉刚卯

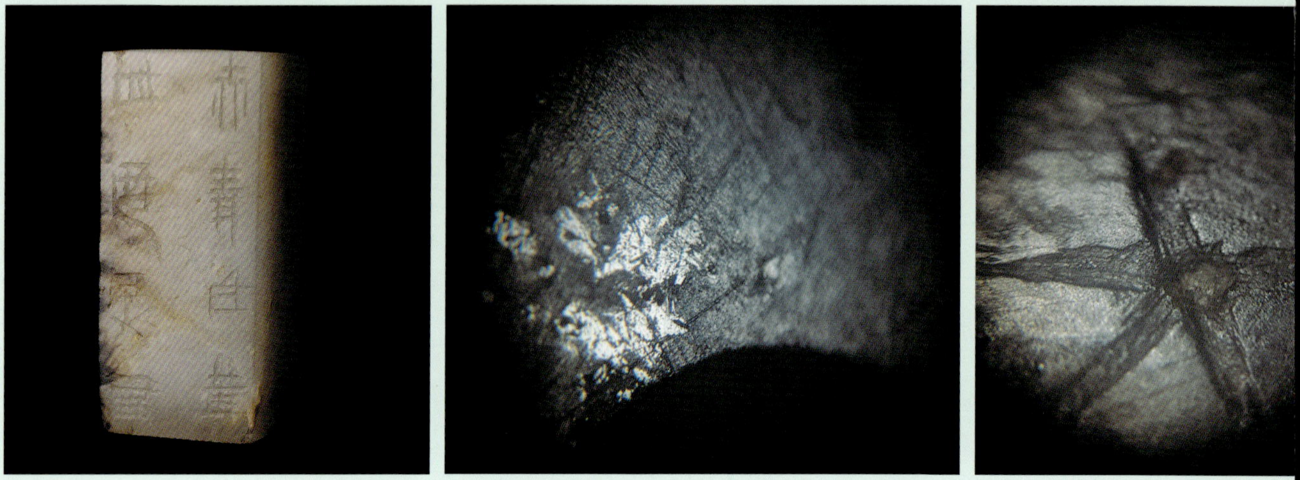

33. 汉代白玉凤鸟纹玉剑璏

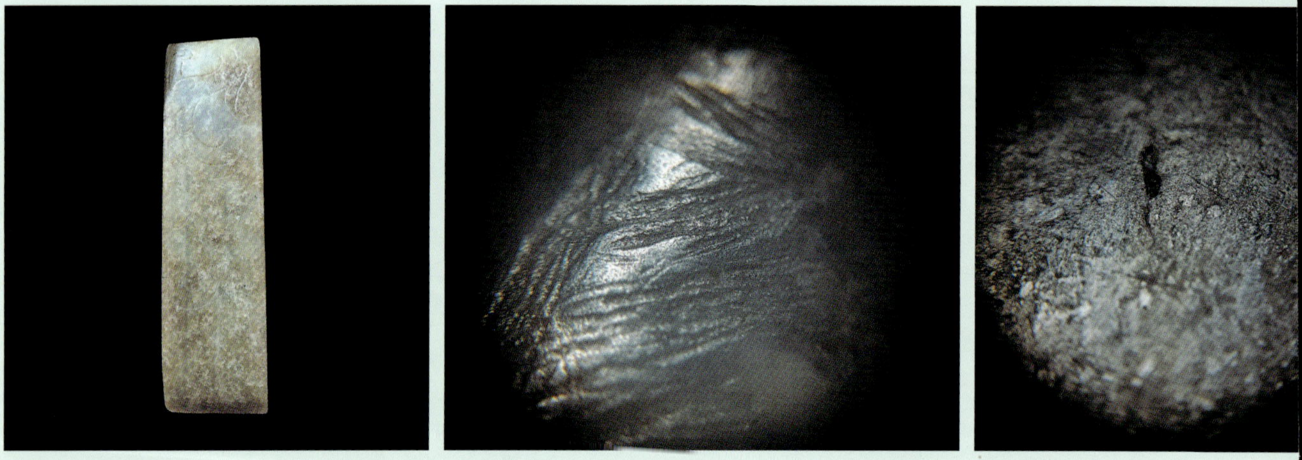

34. 汉代勾云纹玉剑璏

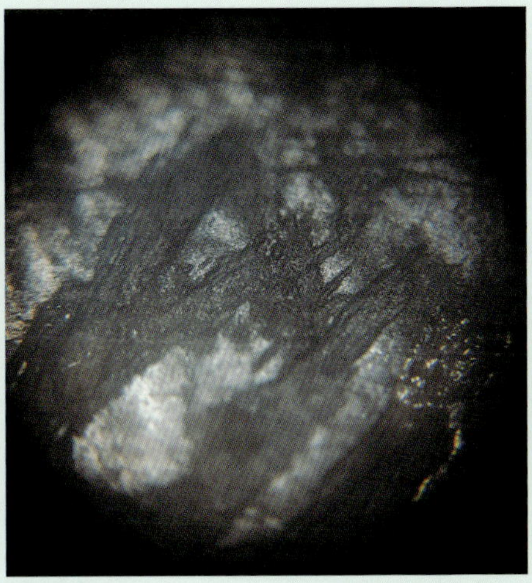
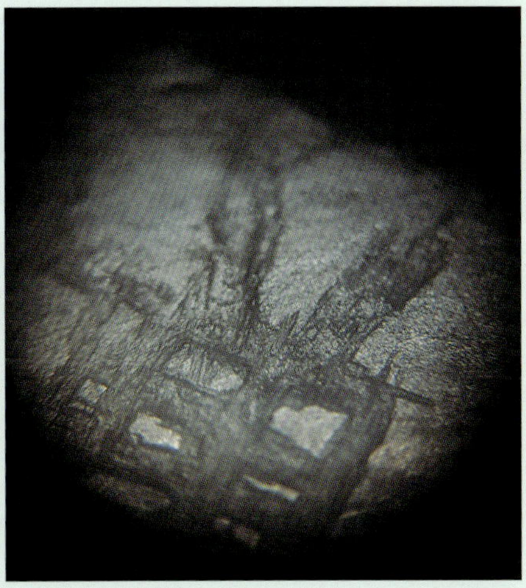

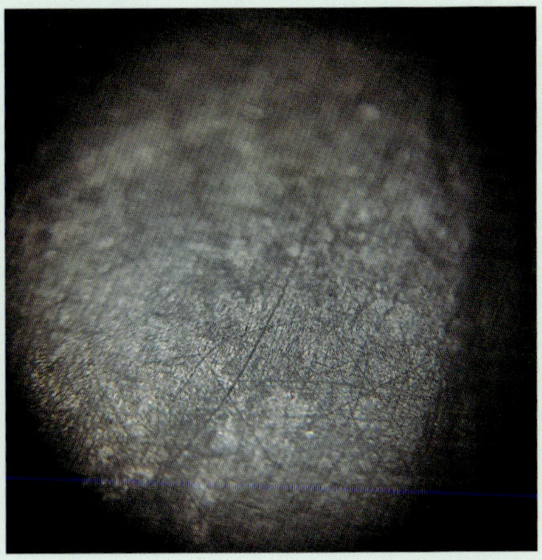
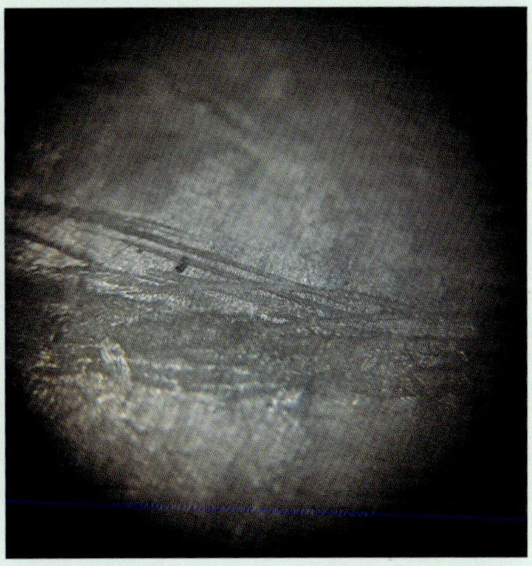

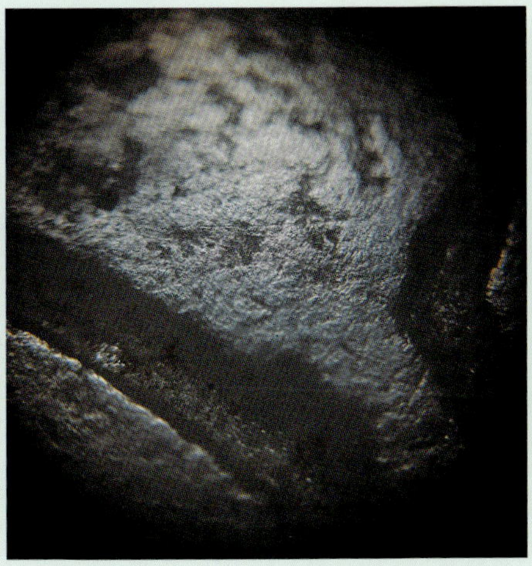

35. 汉代白玉扁形绞丝环

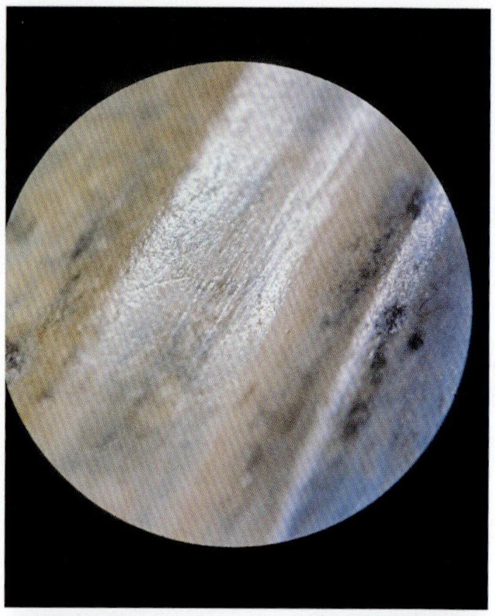

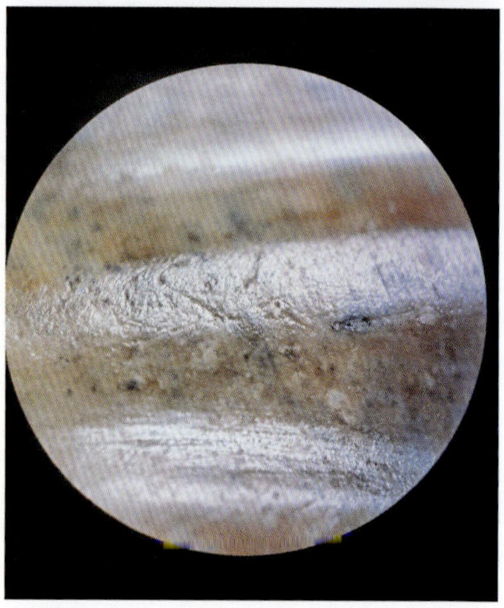

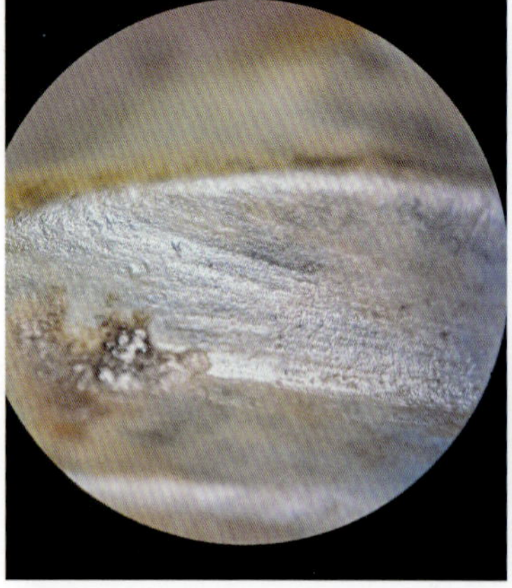

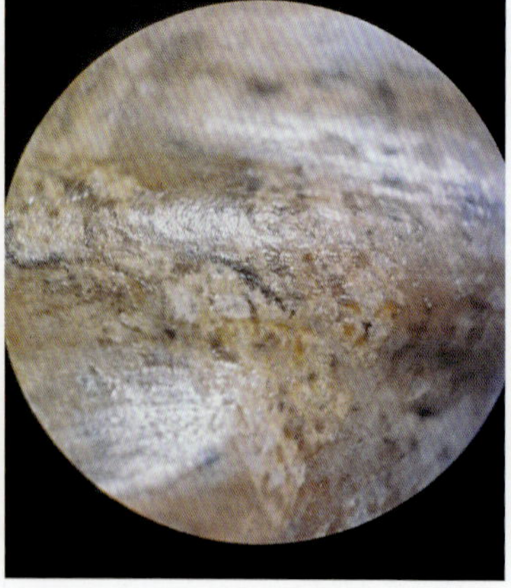

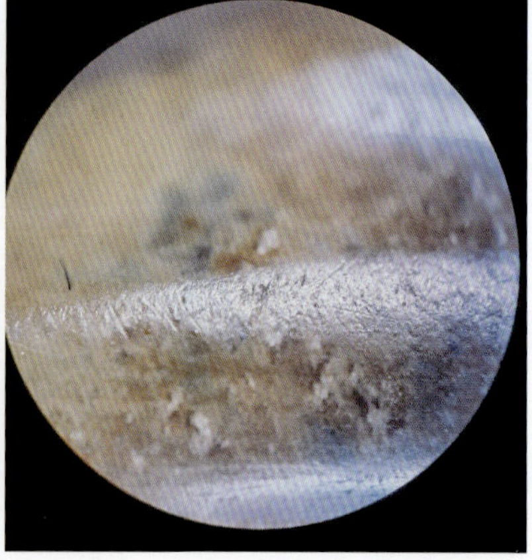

36. 汉代白玉蝉

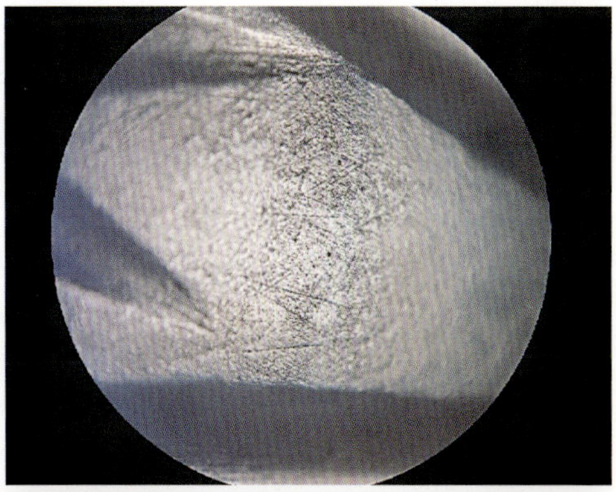

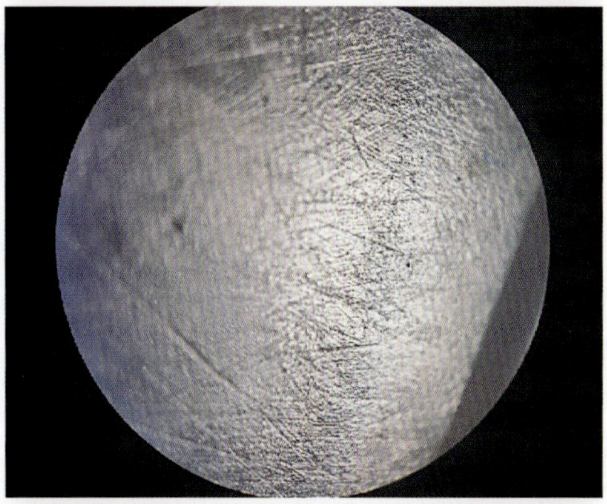

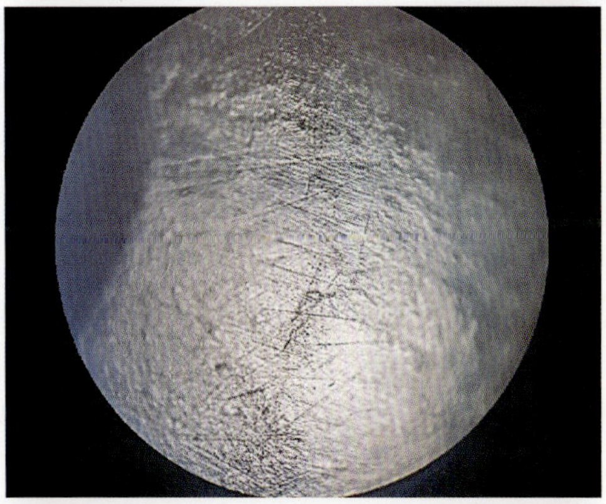

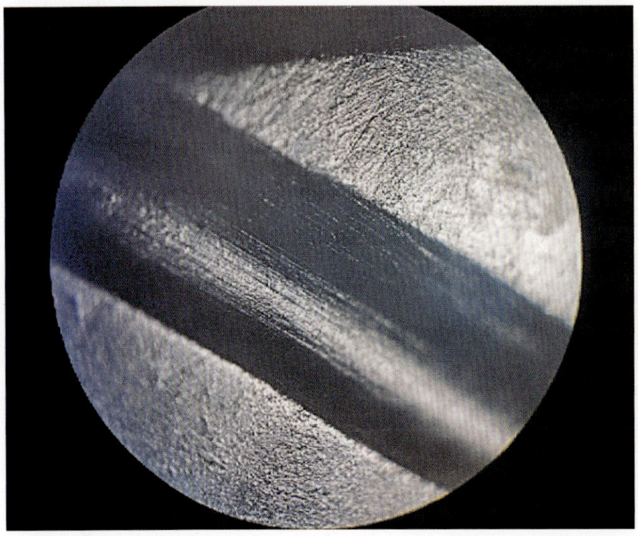

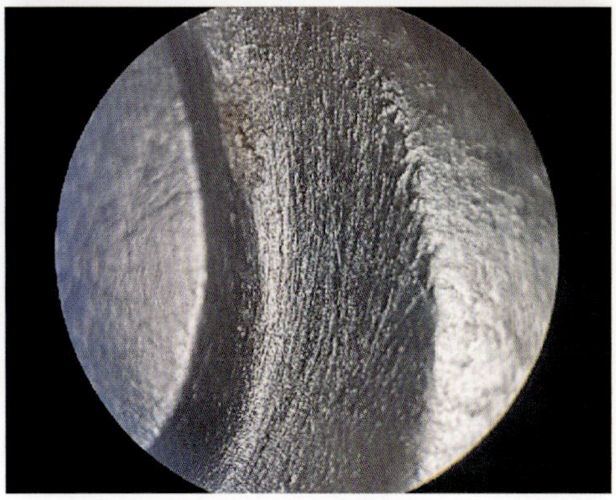

37. 汉代红沁玻璃光素玉璧

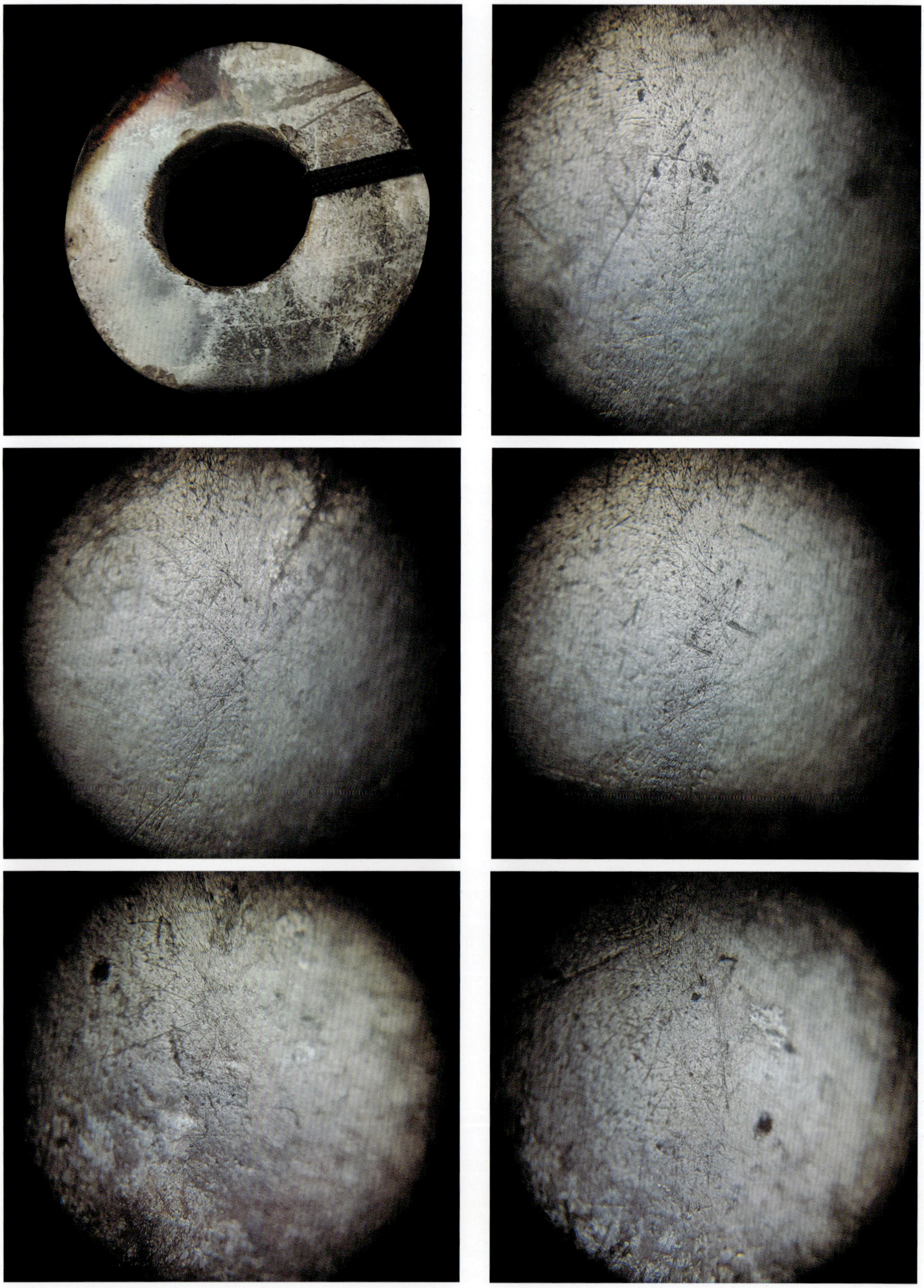

38. 汉代青玉环

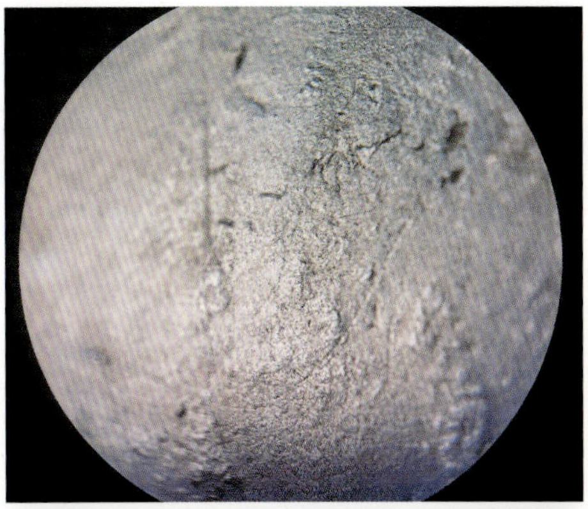

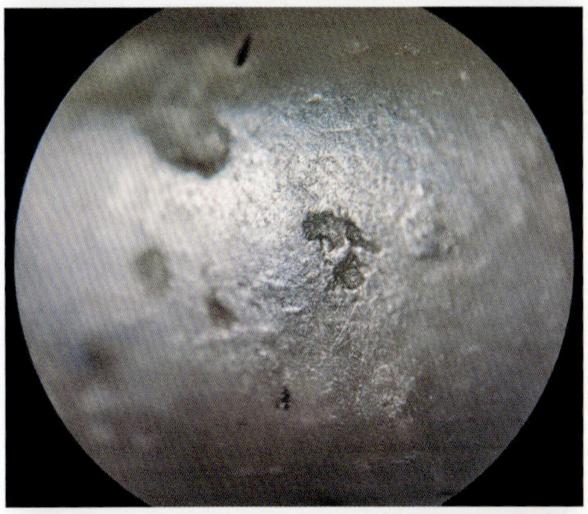

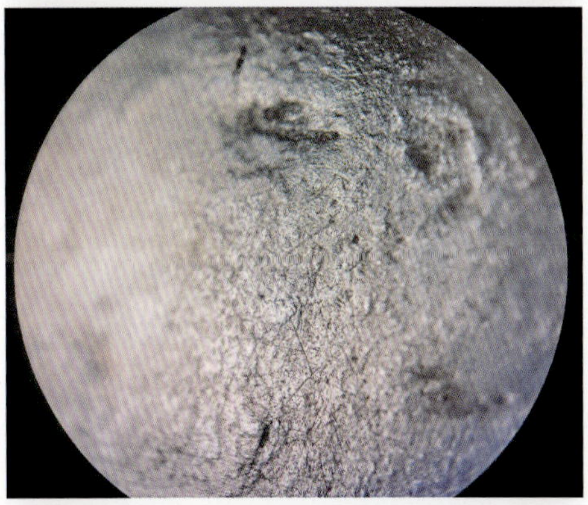

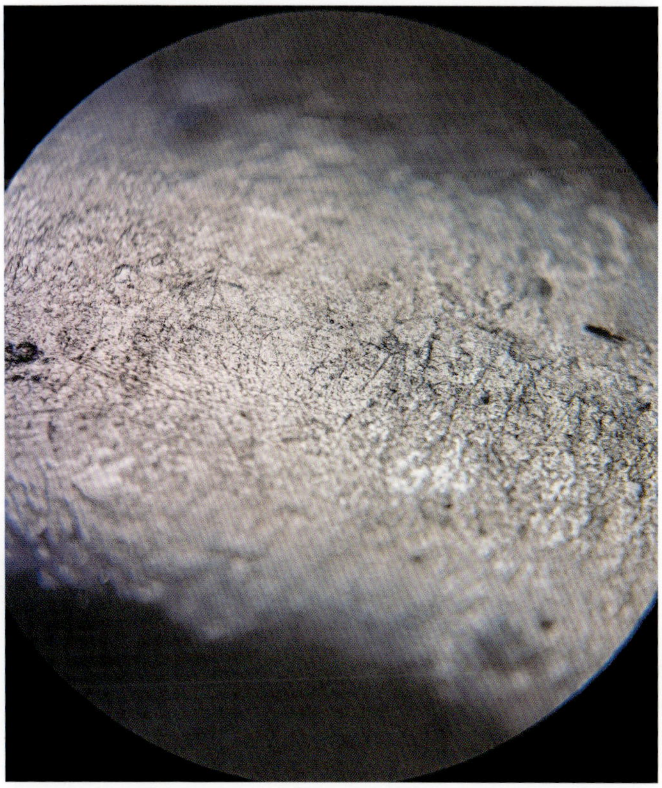

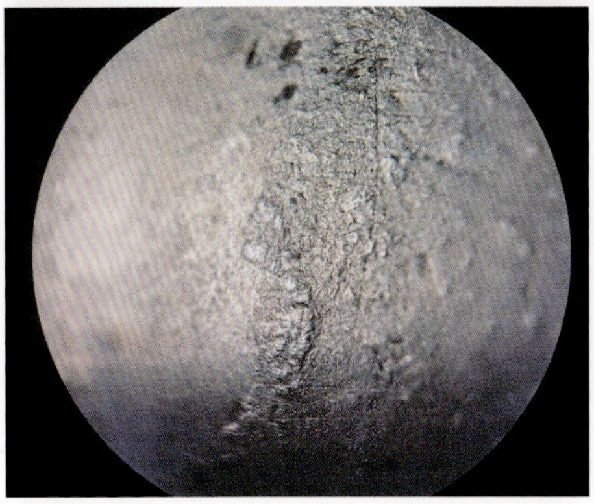

39. 汉代青玉剑格

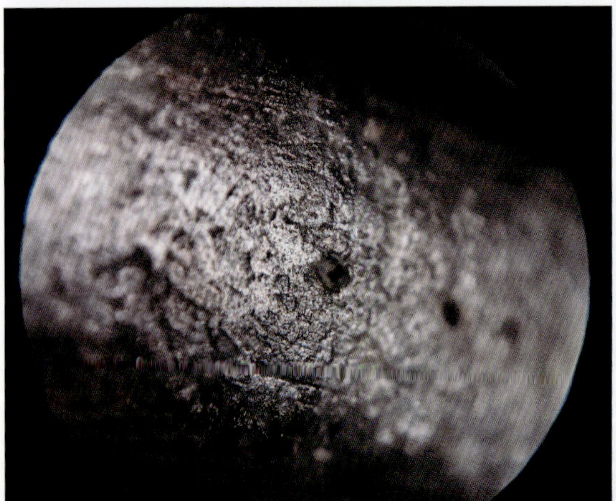
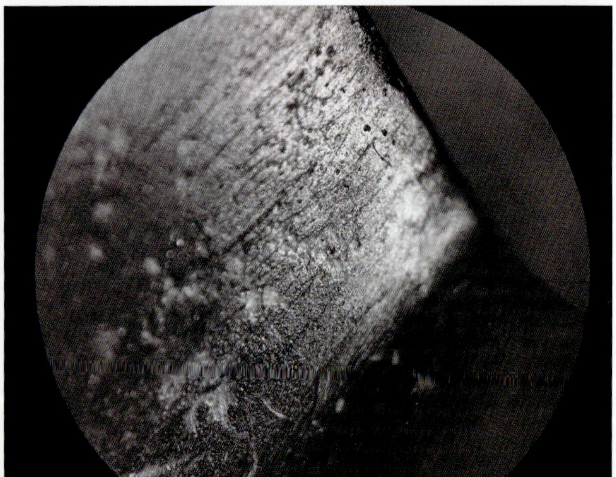
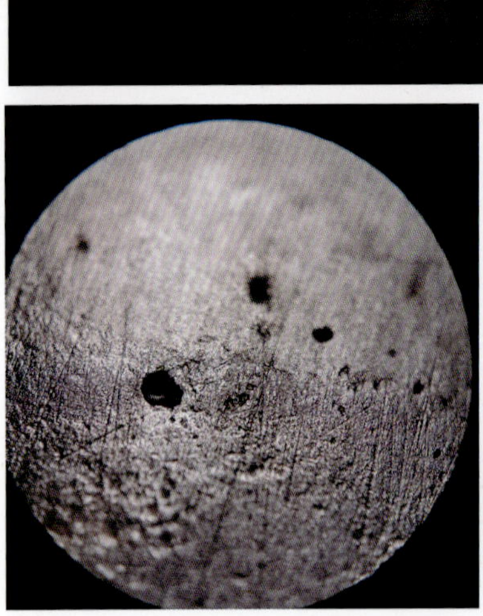
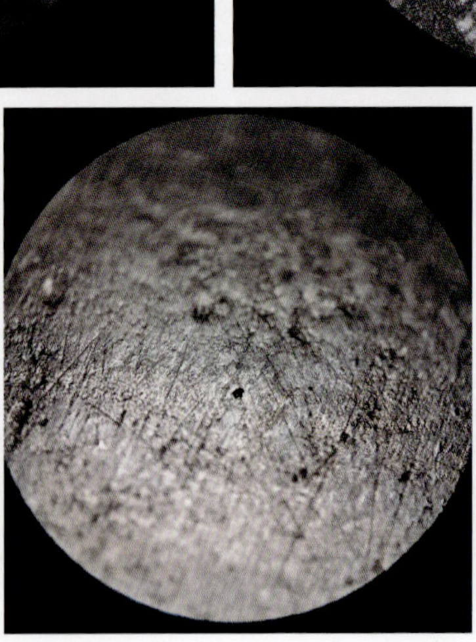
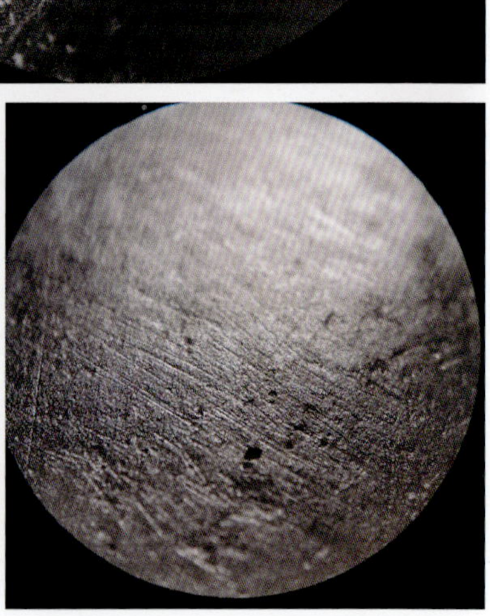

40. 汉代青玉绞丝圆环

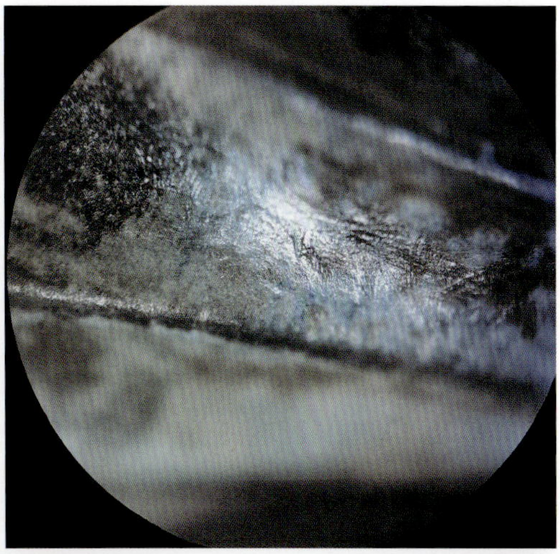
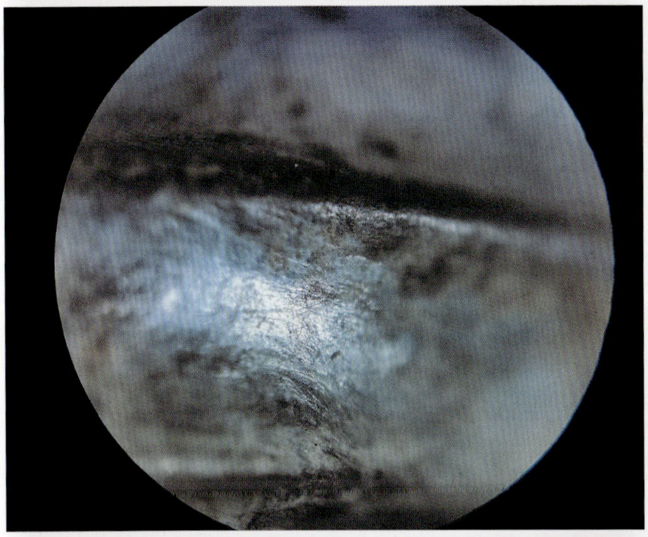
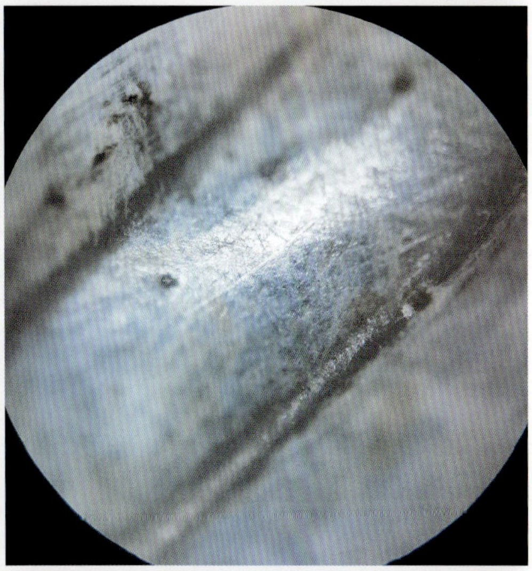
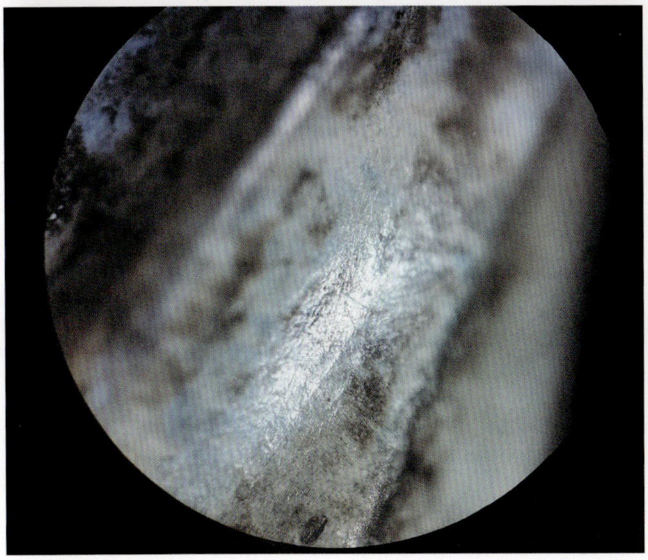
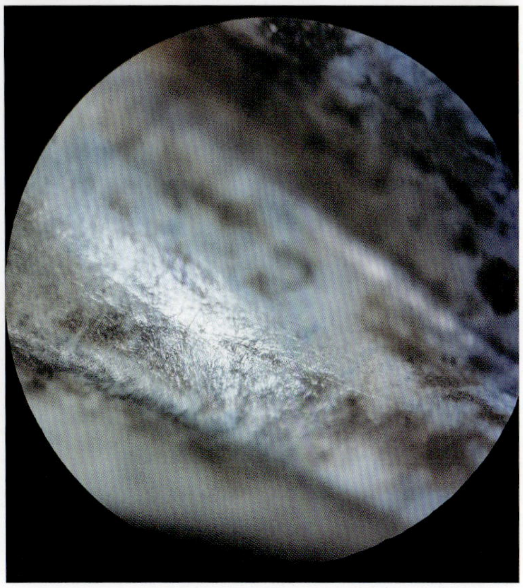

41. 汉代青玉云气纹环

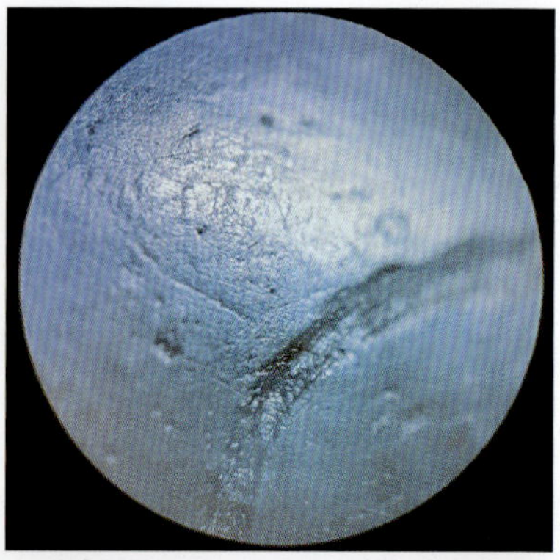
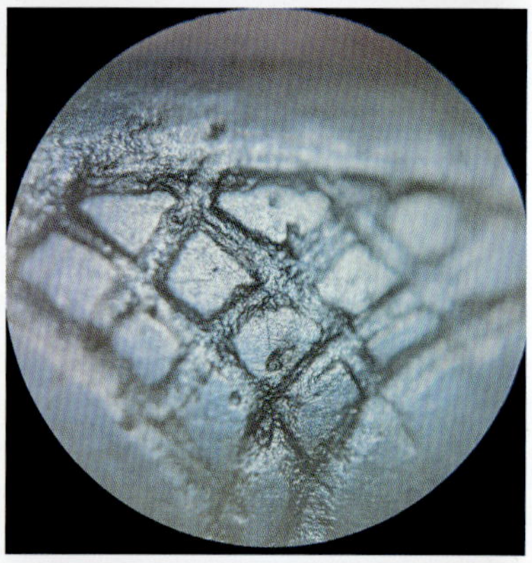
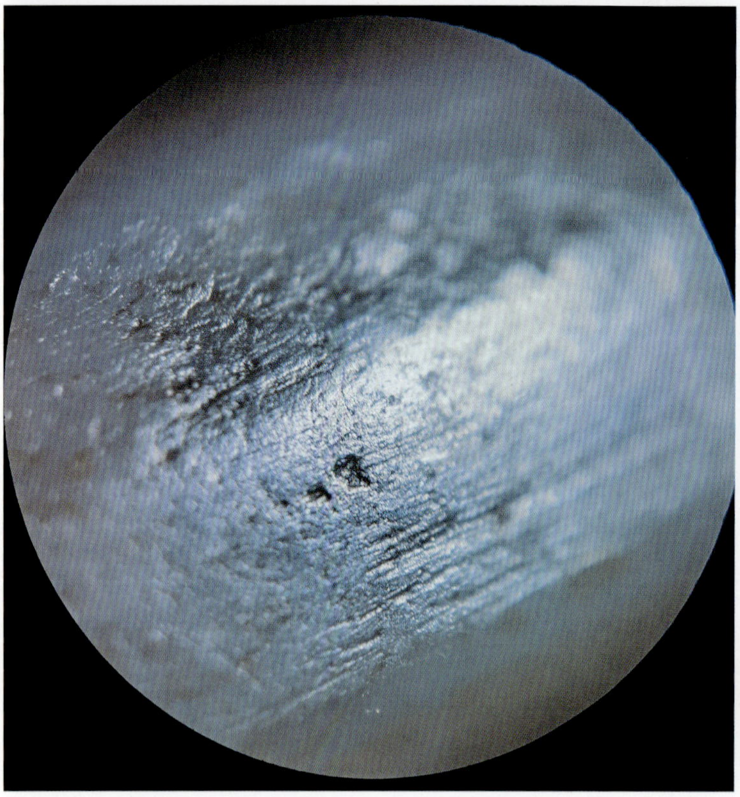
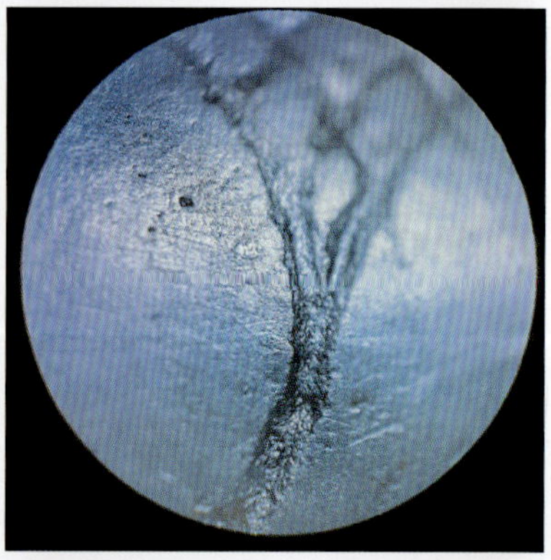
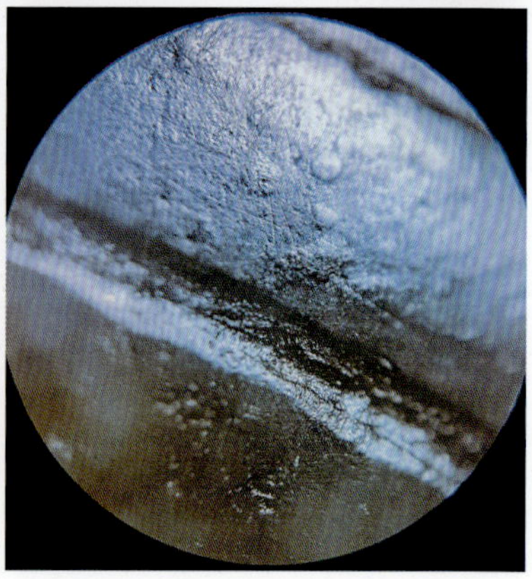

42. 汉代青玉云气纹玉剑首

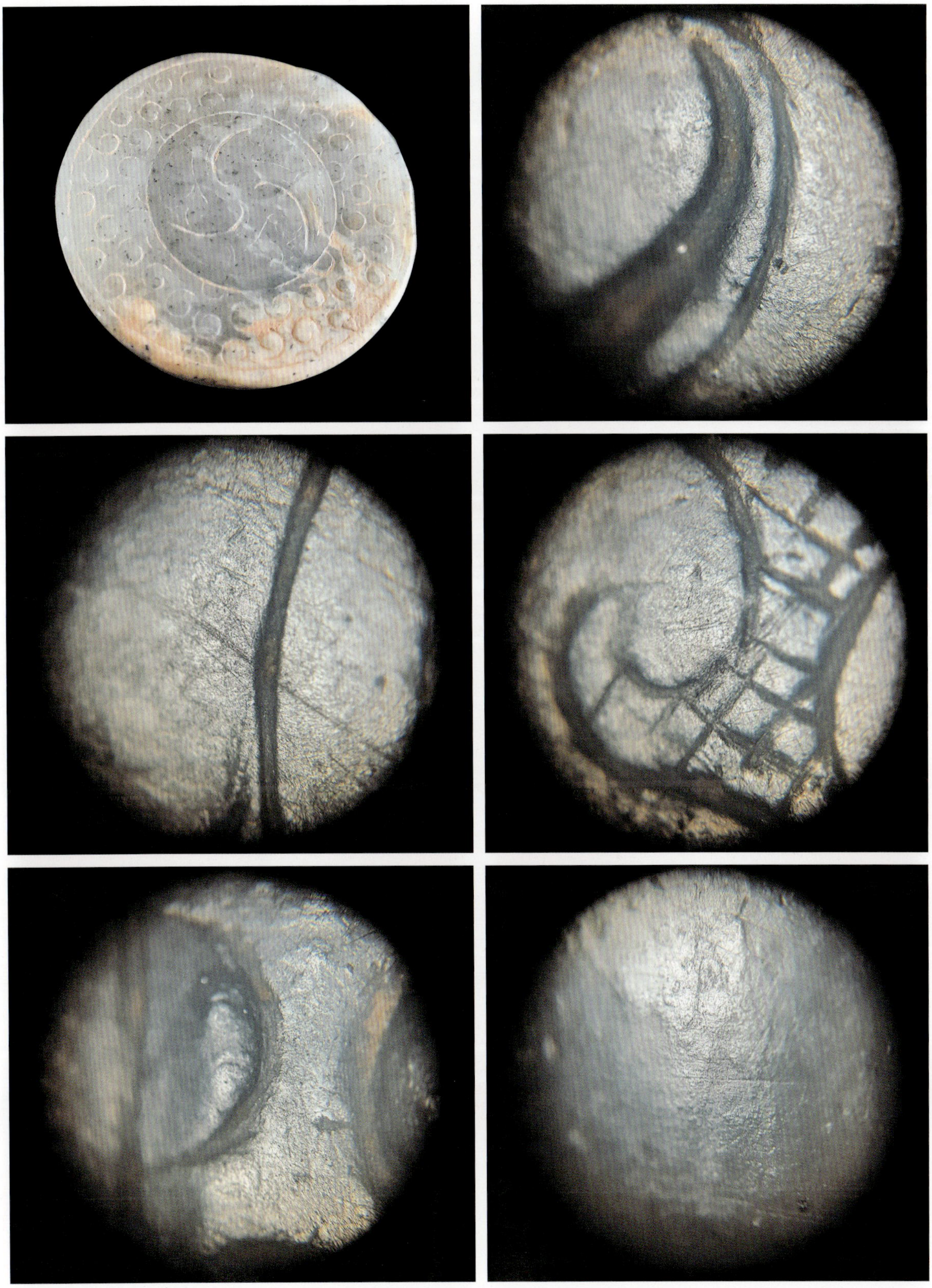

43. 汉代玉瓶

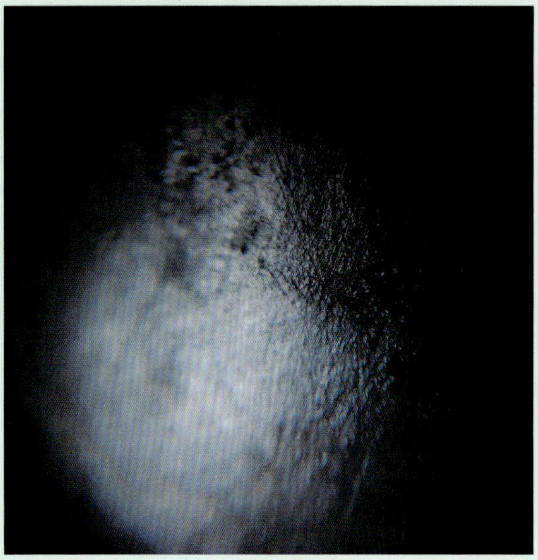

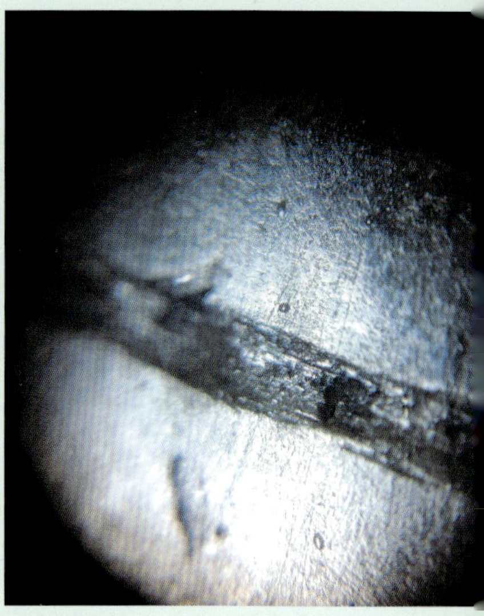

44. 唐代青玉卷枝纹玉璜

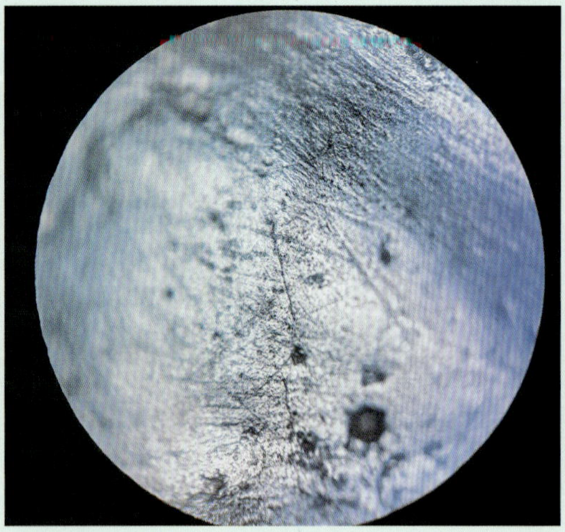

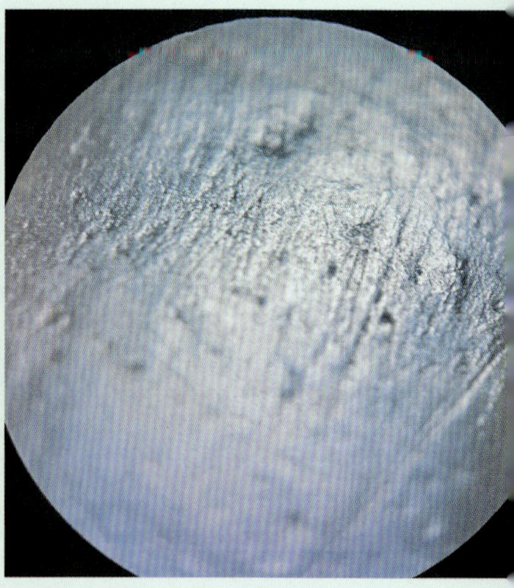

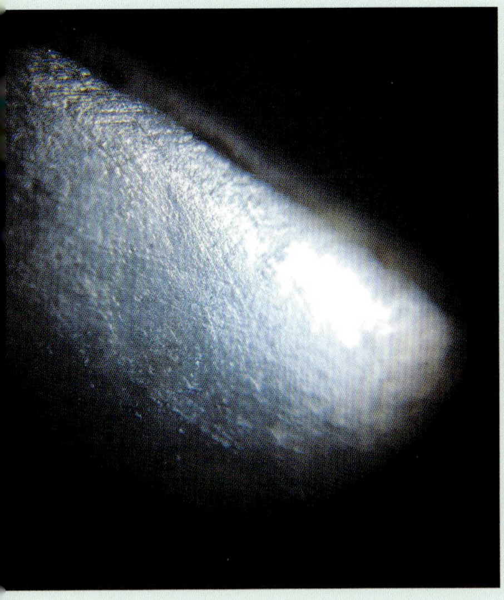

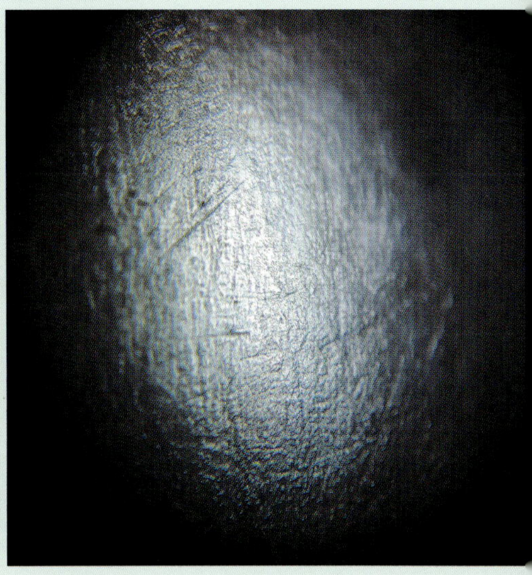

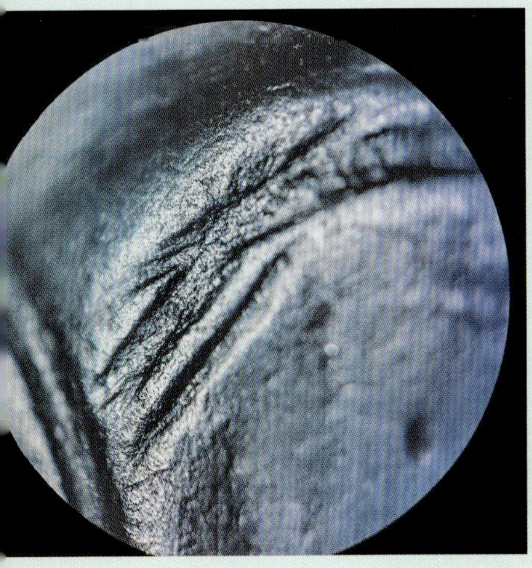
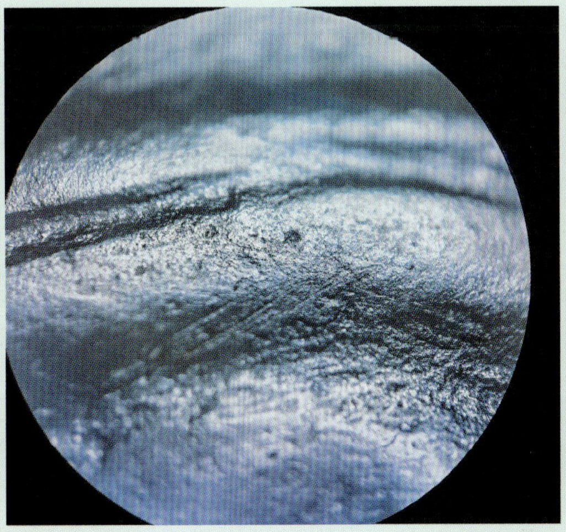
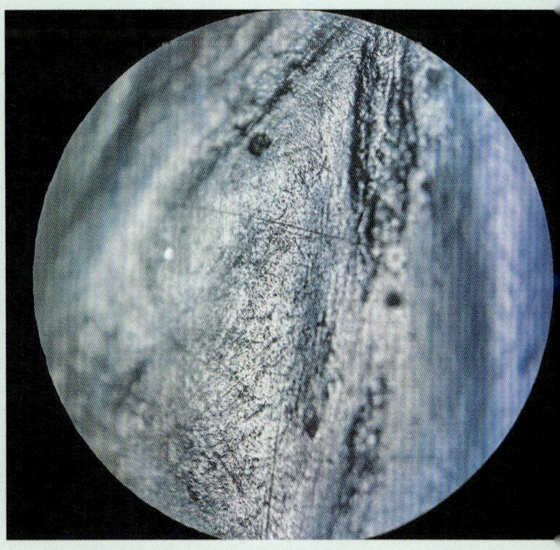

45. 唐代白玉凤首簪

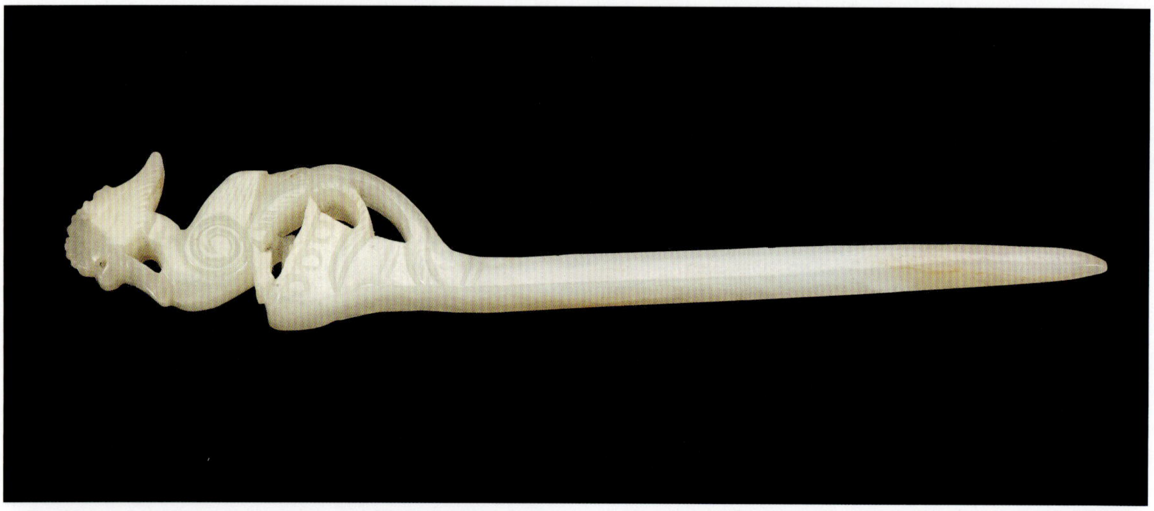

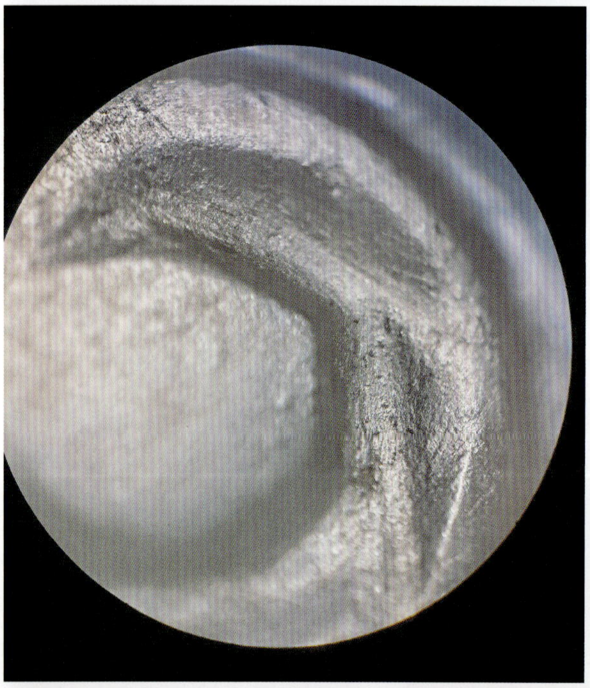

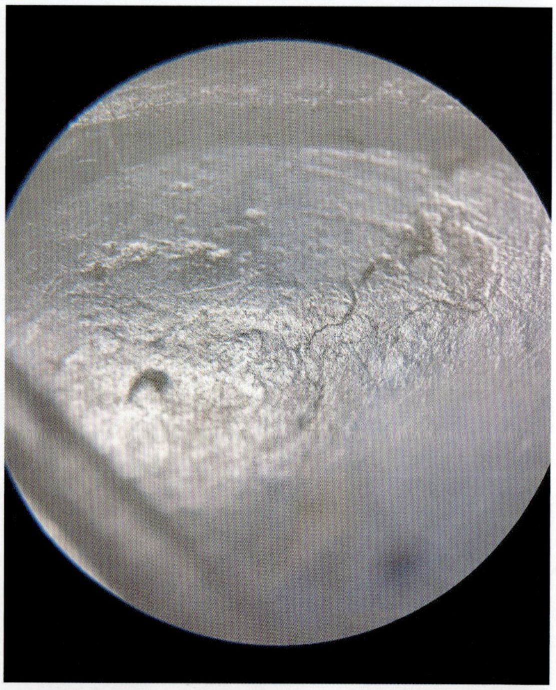

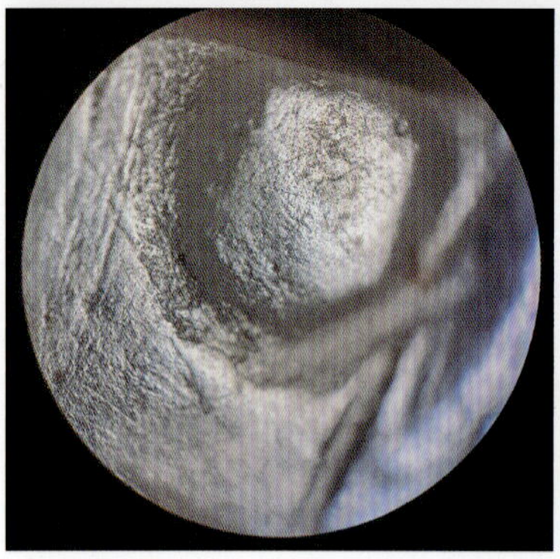

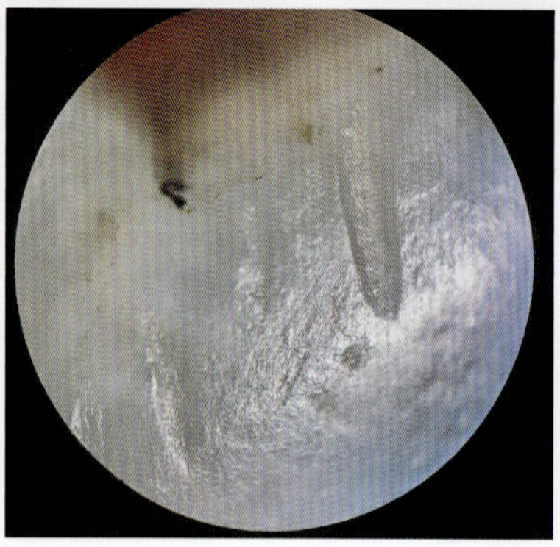

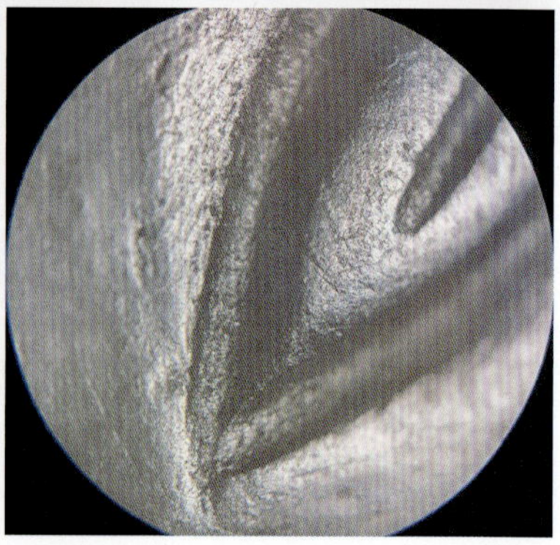

46. 唐代白玉凤衔牡丹牌

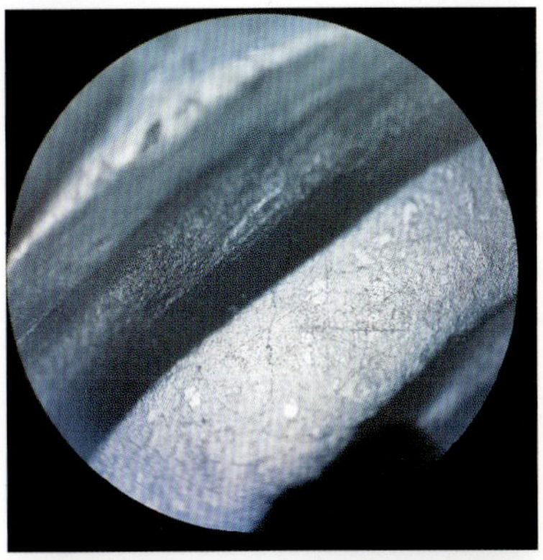

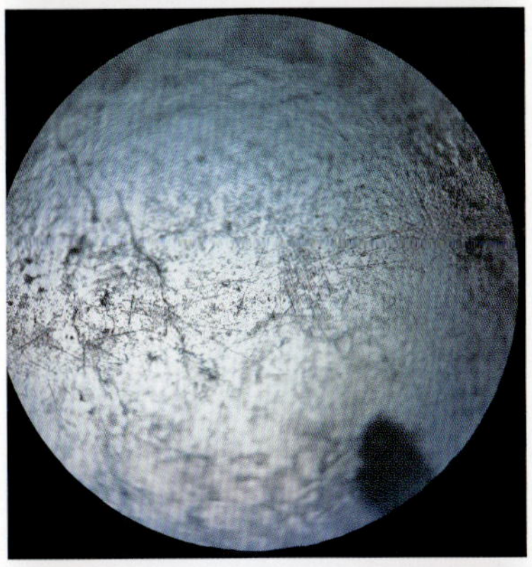

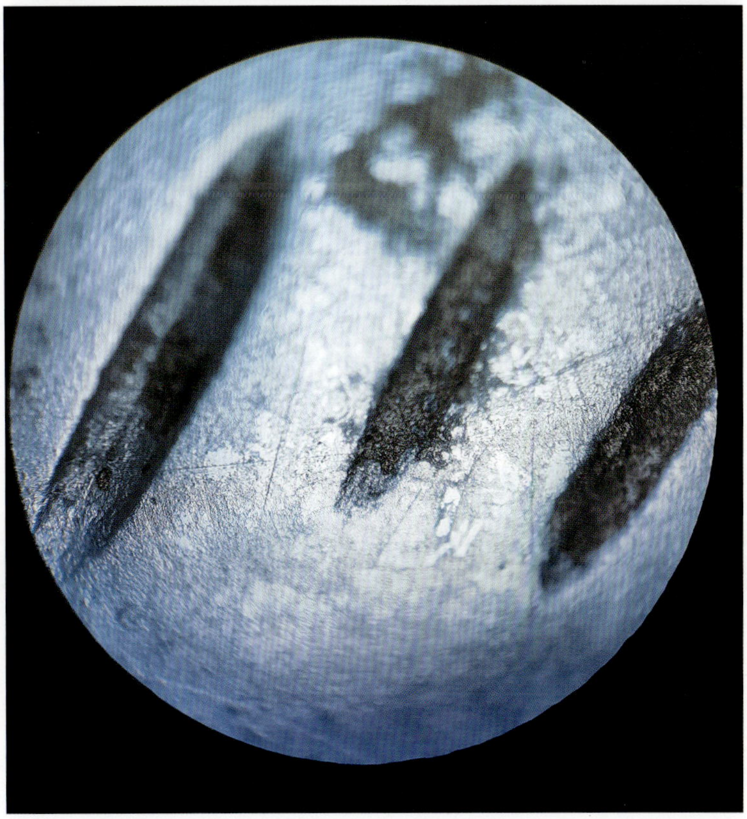

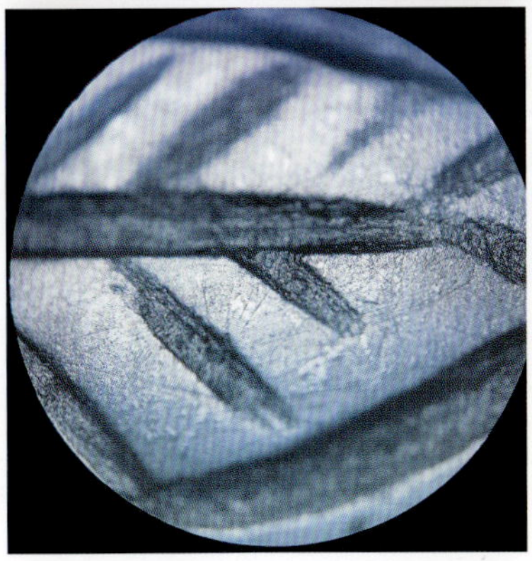

47. 唐代琉璃花卉纹璧

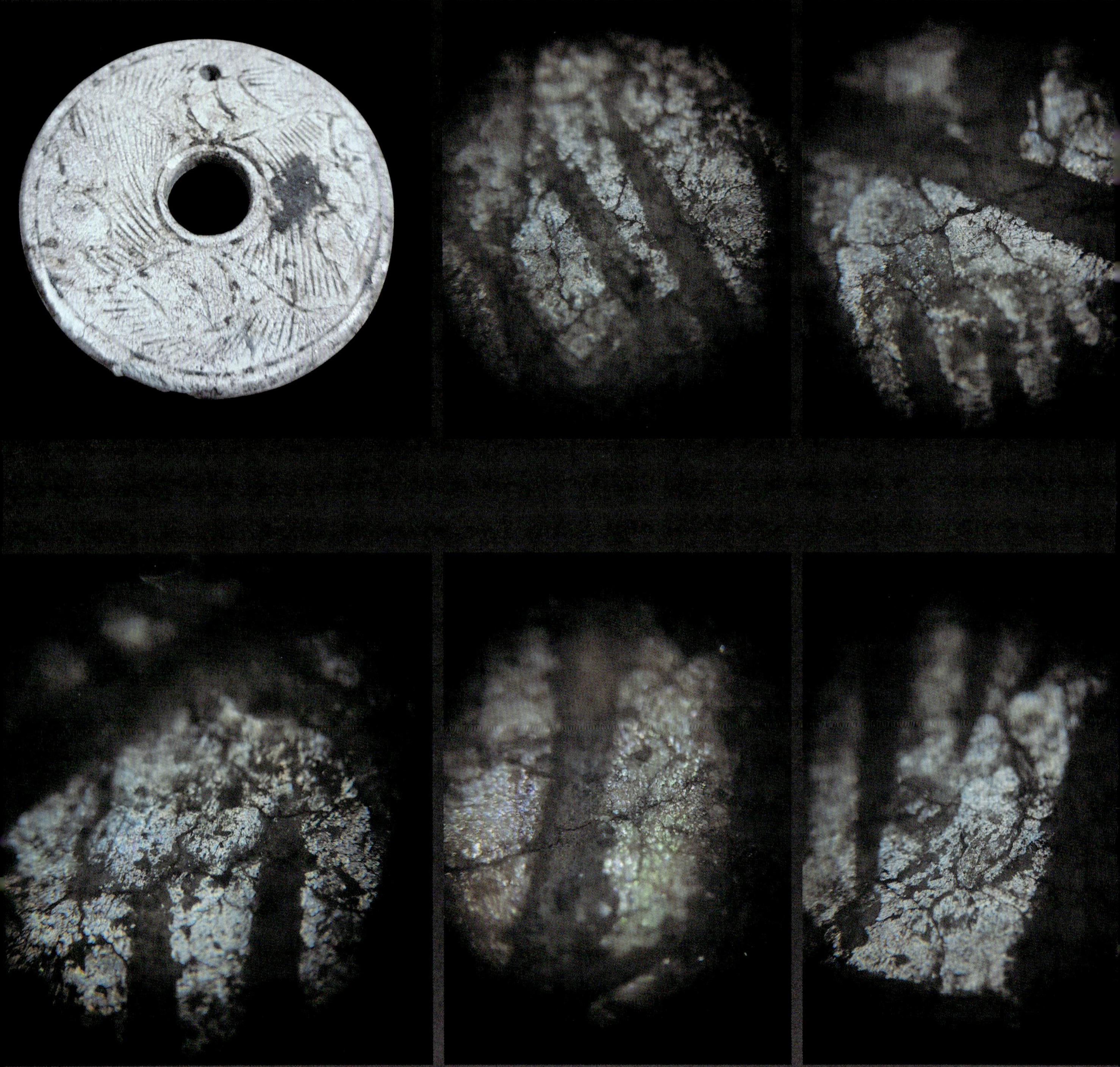

48. 中古时期琉璃禁步环

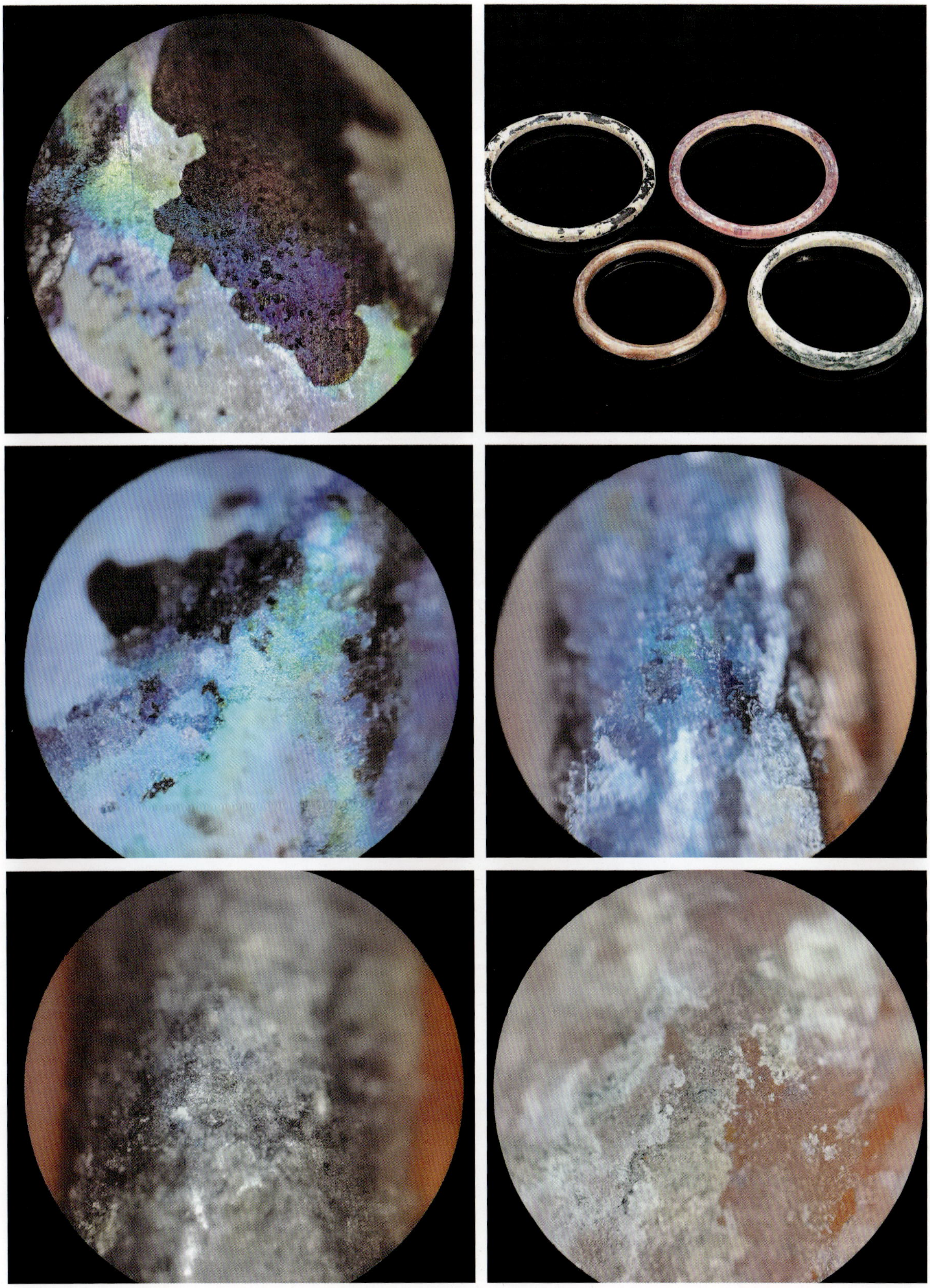

49. 中古时期青玉环

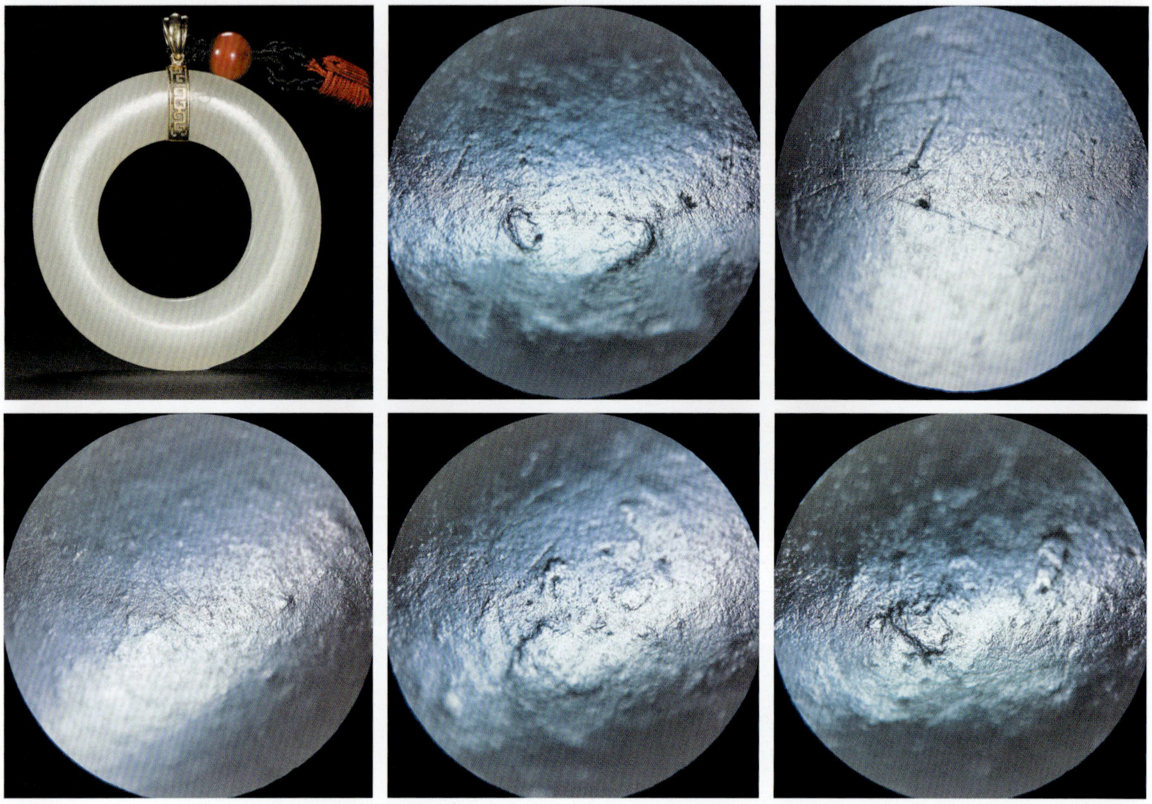

50. 宋代白玉红沁玉虎

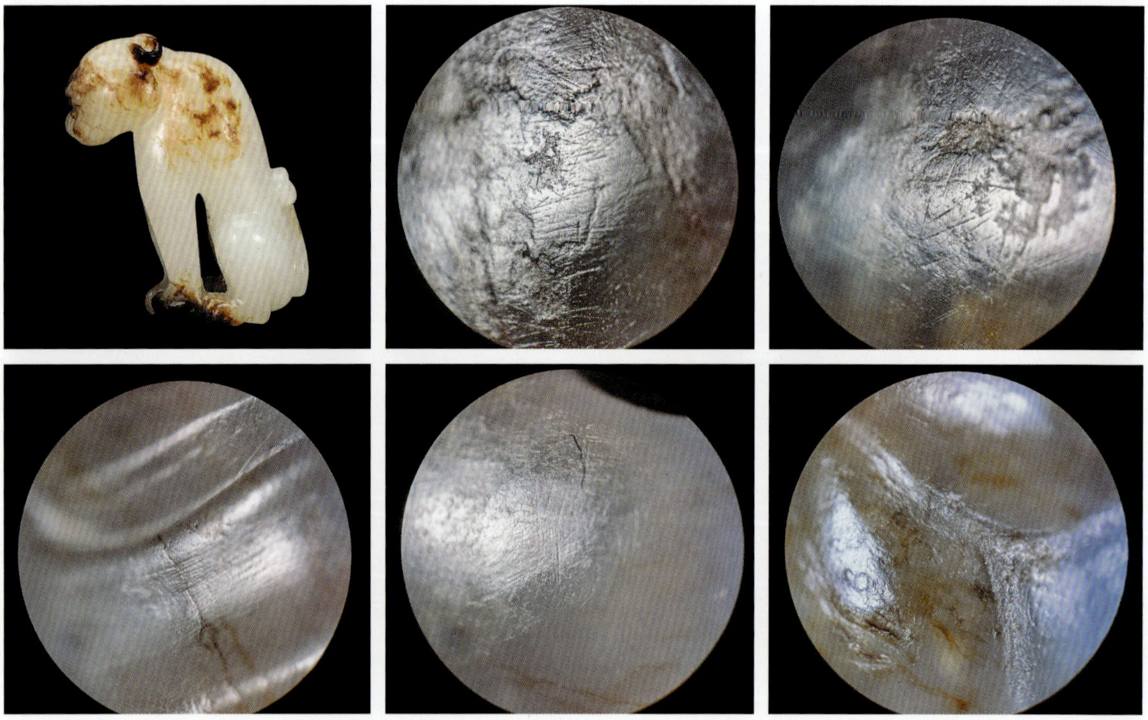

51. 宋代白玉镂空螭龙纹牌饰

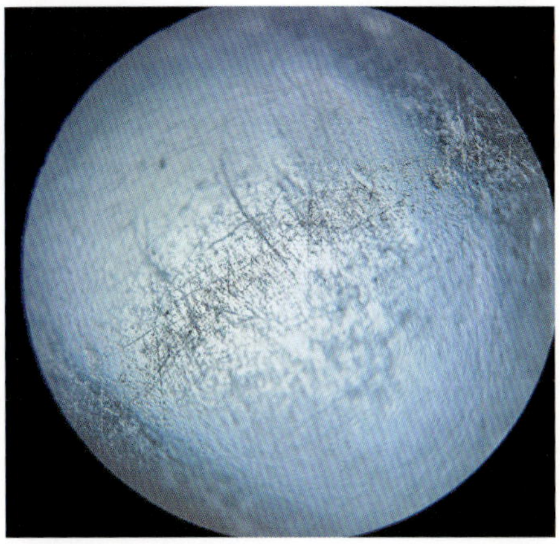

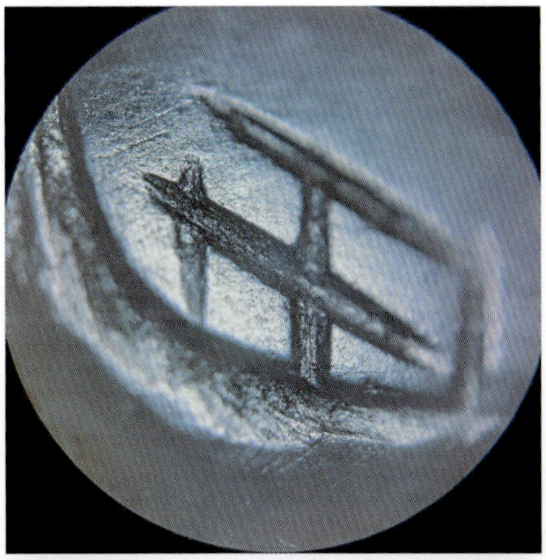

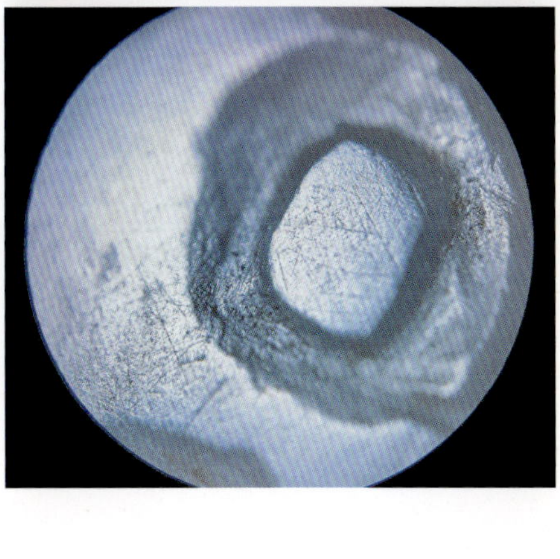

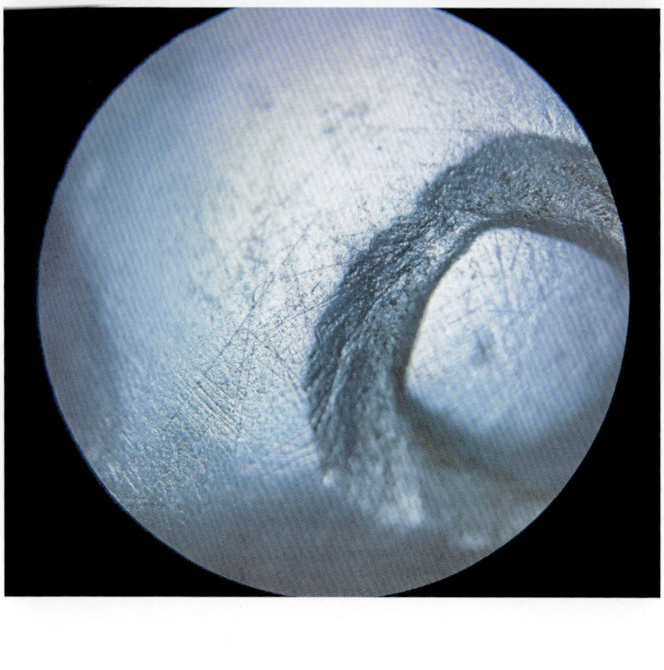

52. 宋代勾连谷纹青玉璧

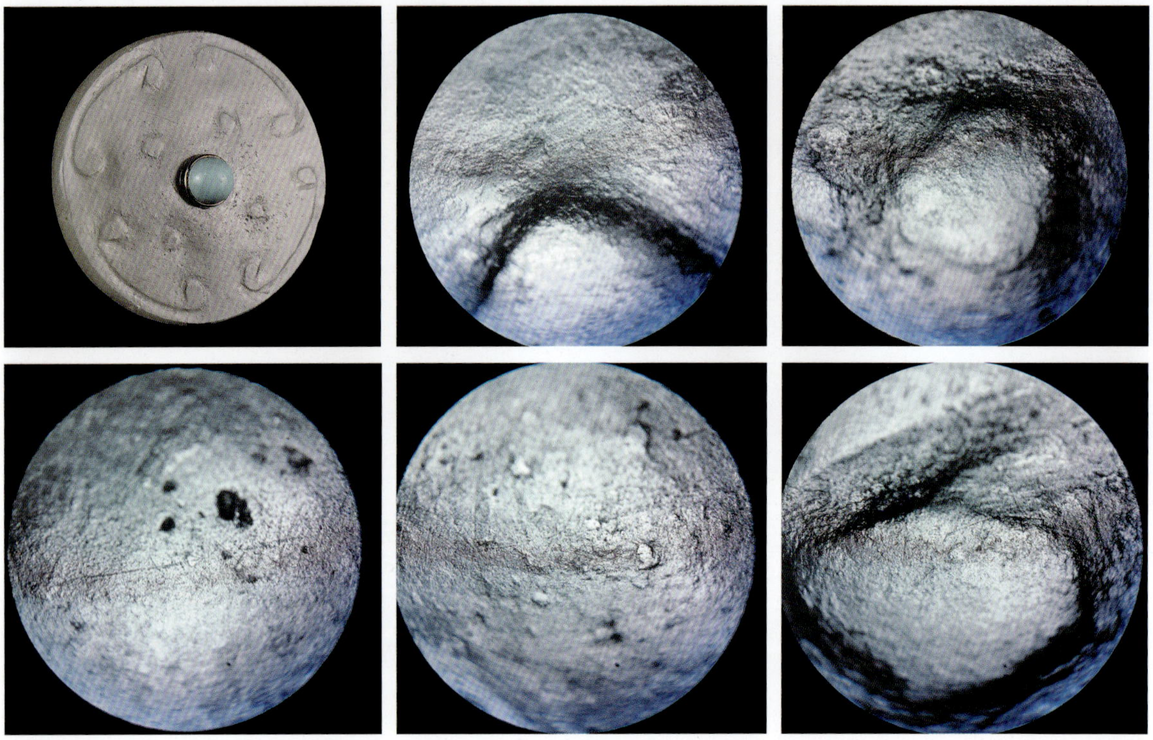

53. 宋代青玉琴首

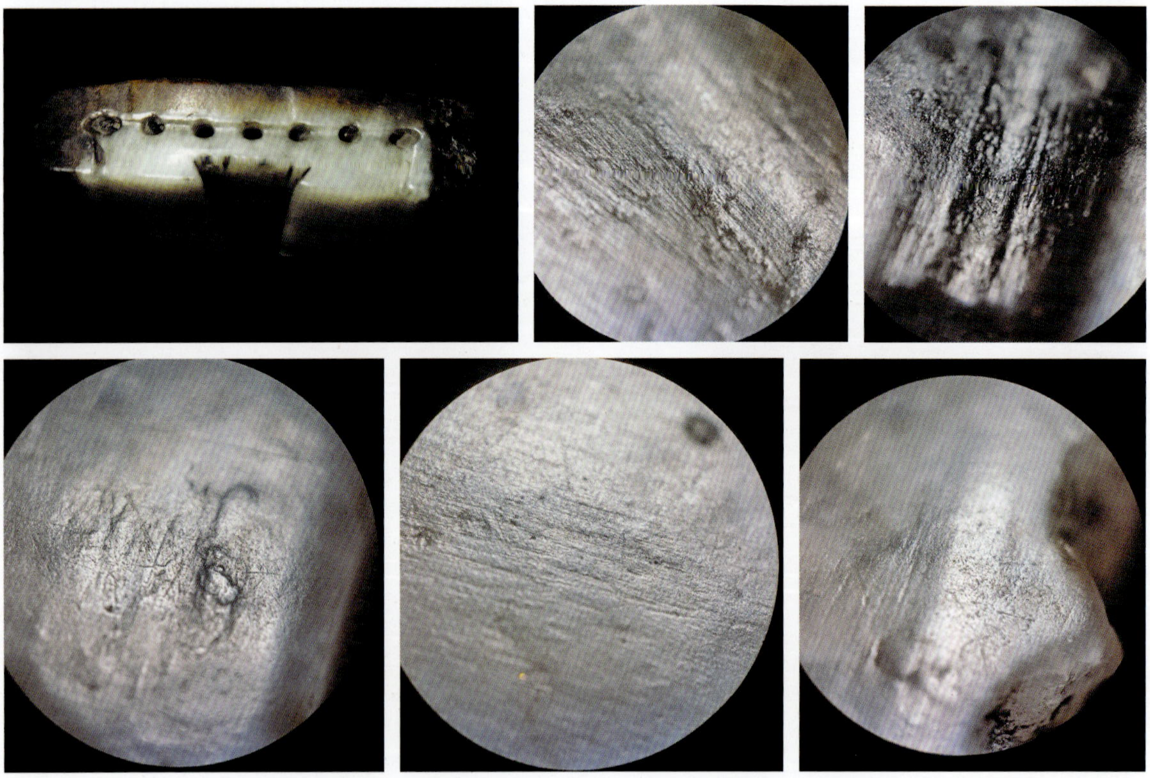

54. 辽代白玉凌霄花佩

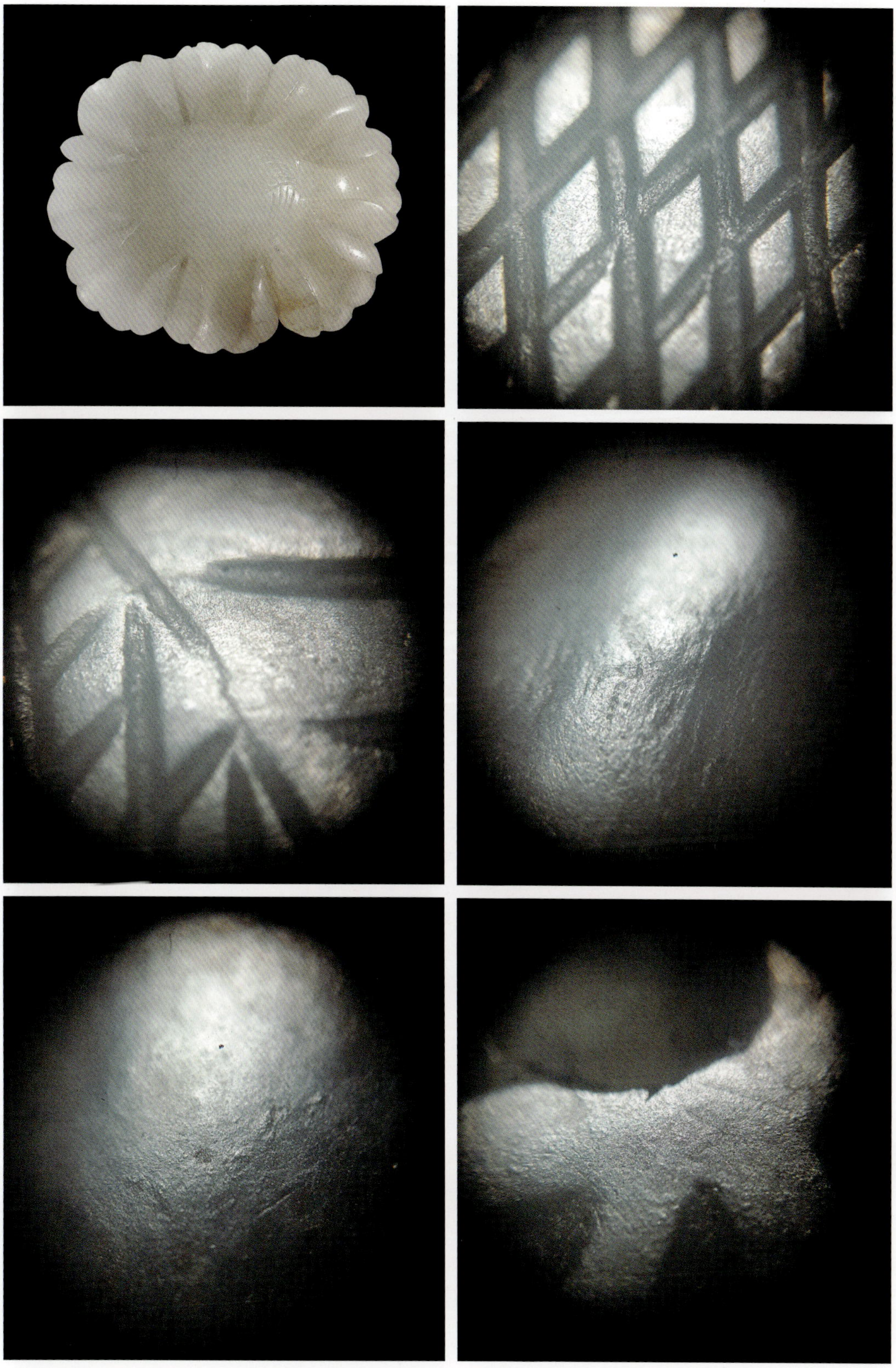

55. 辽代白玉双凤佩

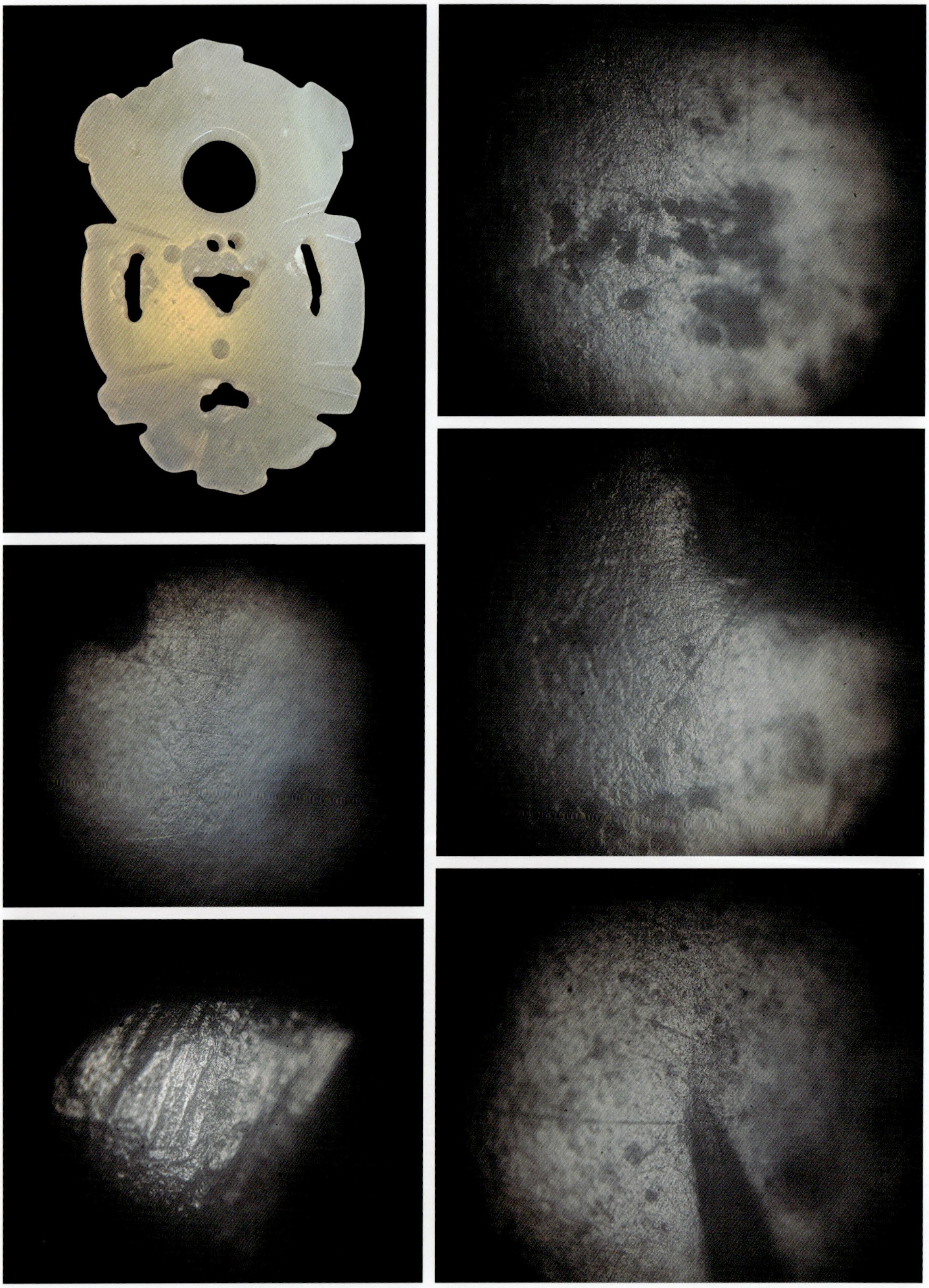

56. 辽代勾连谷纹青玉牌

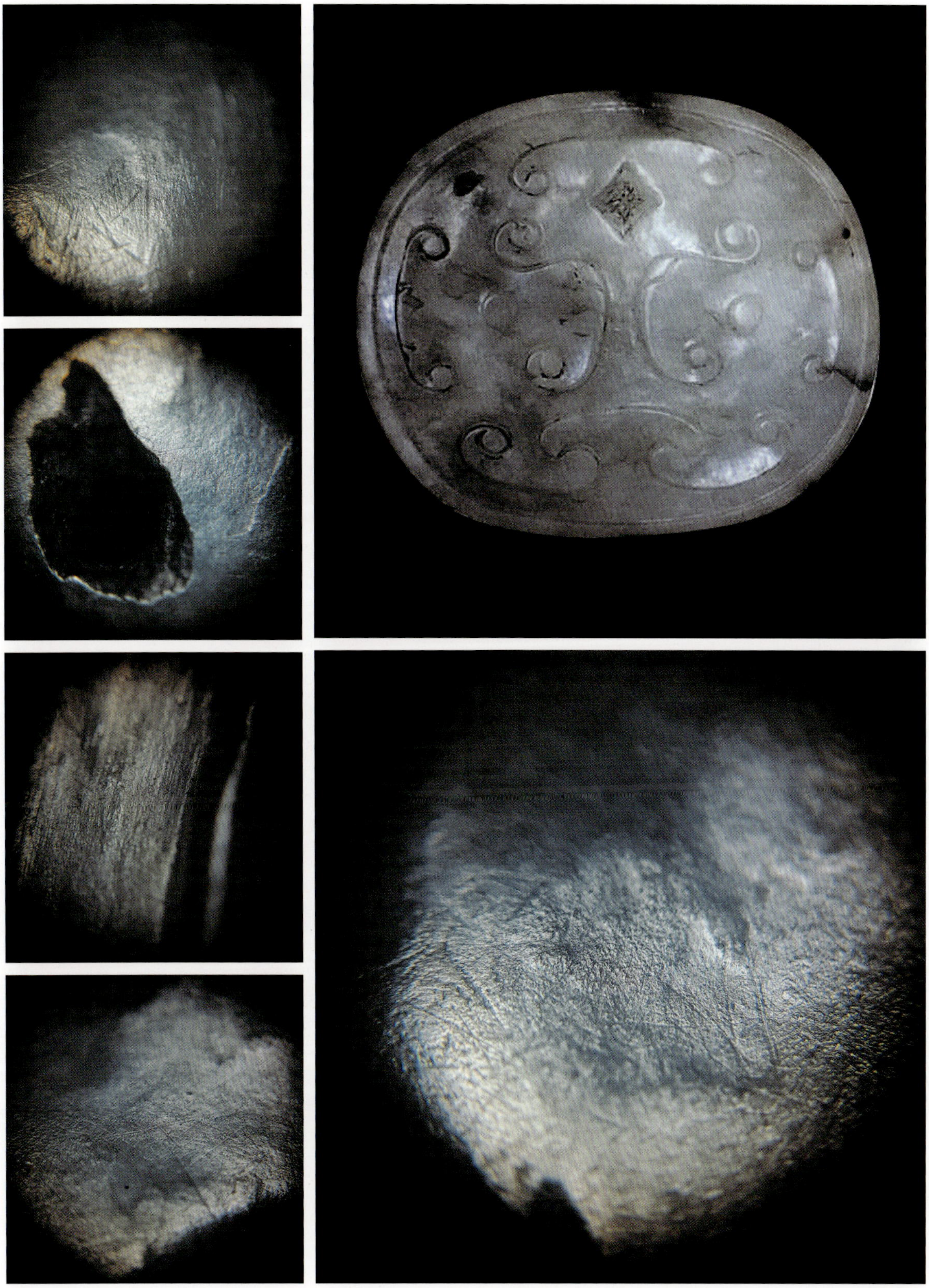

57. 辽代红玛瑙圆珠

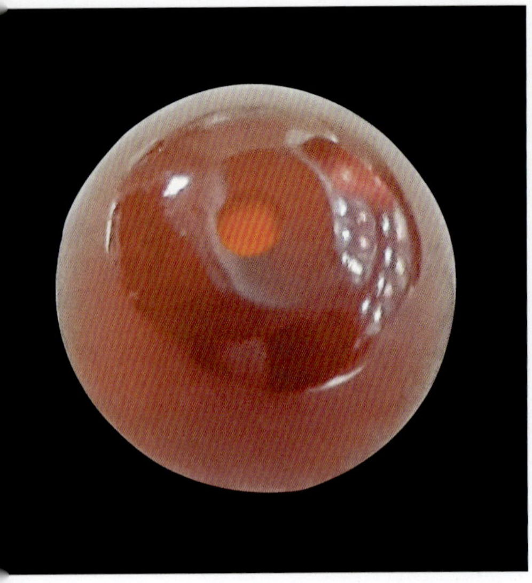
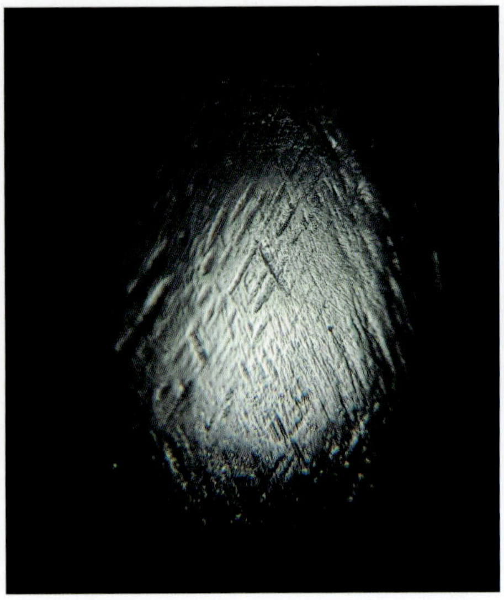
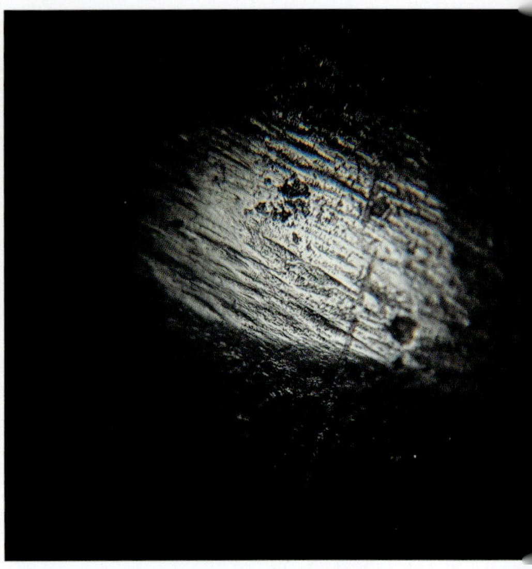

58. 辽金水晶鹅

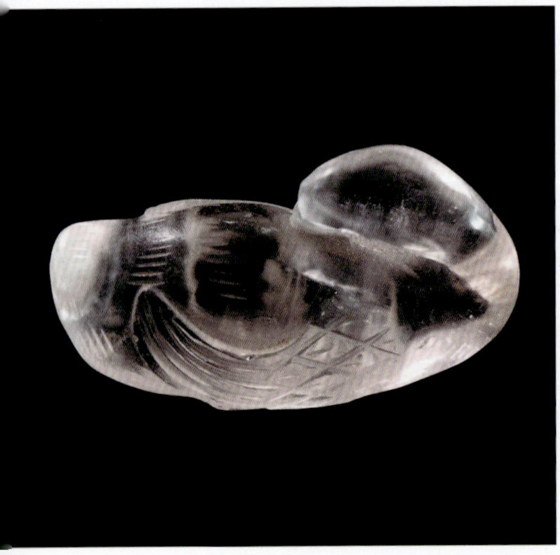

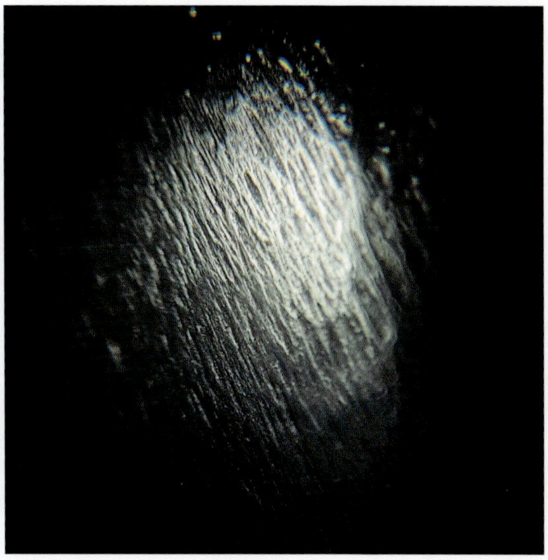

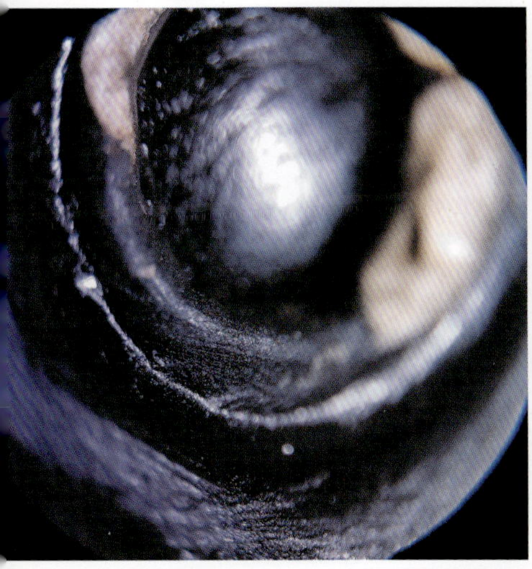
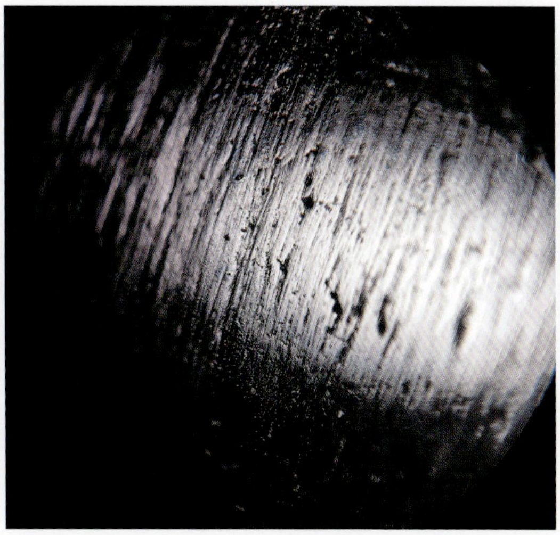
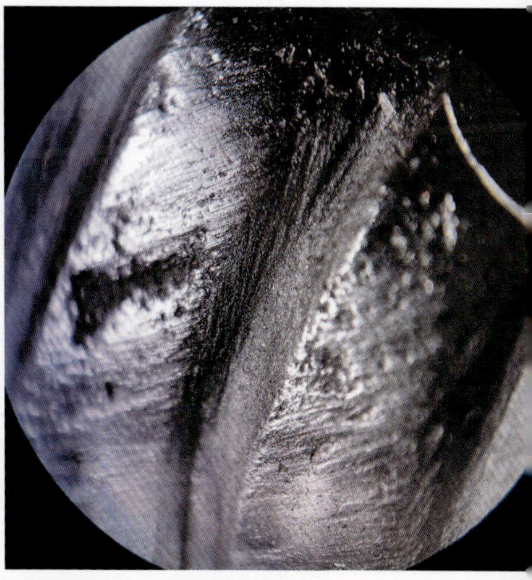

59. 金元白玉秋山佩

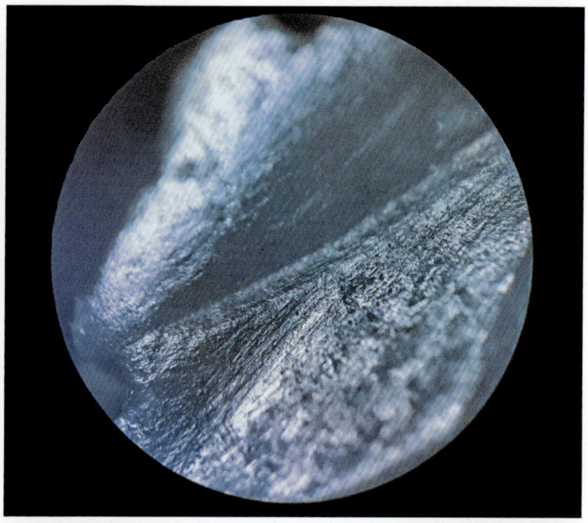

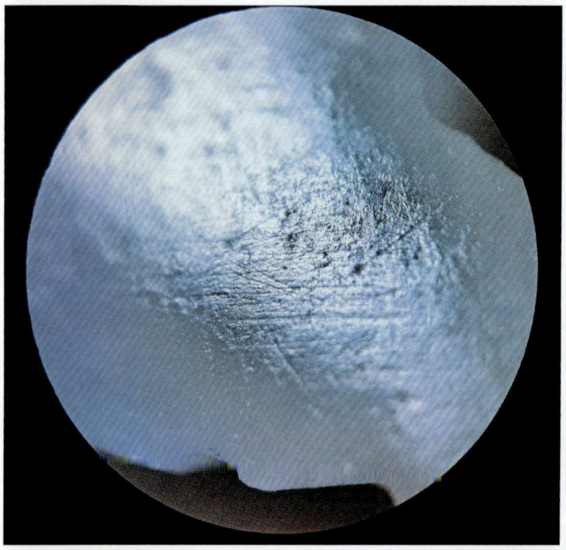

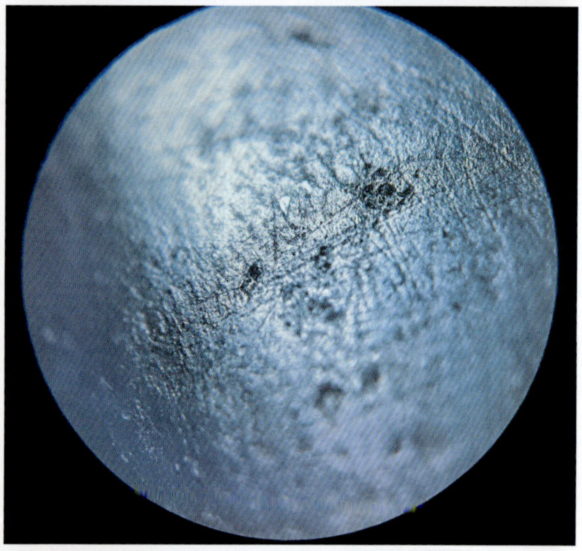

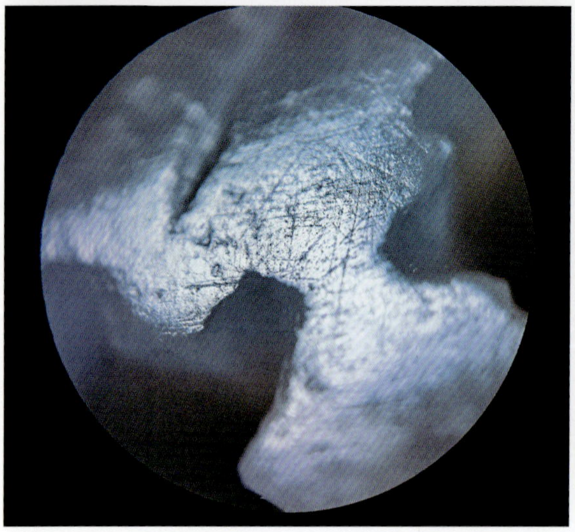

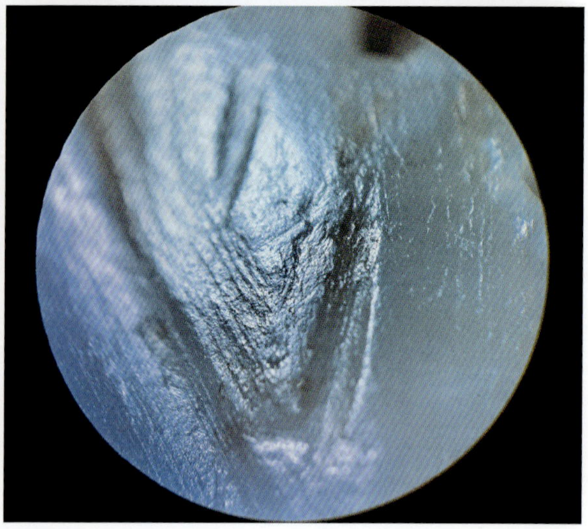

60. 金元时期胡人伎乐白玉带板

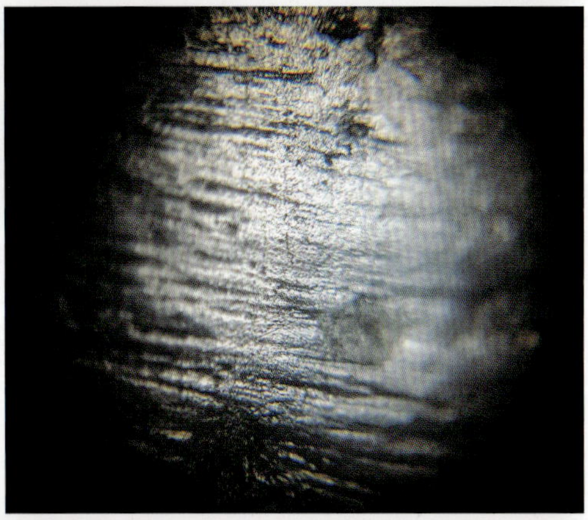

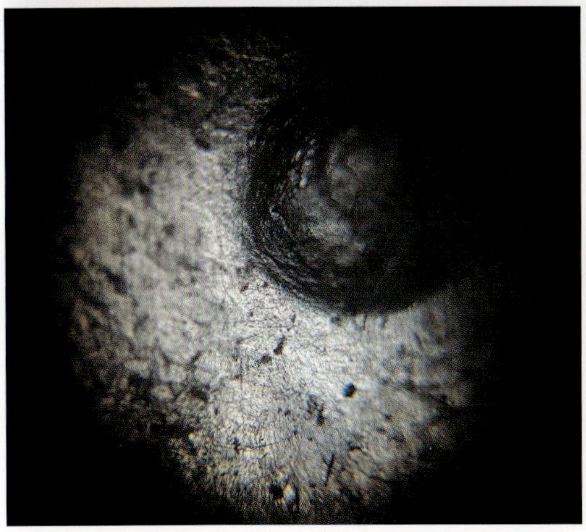

61．元代白玉螭龙纹倭角带板

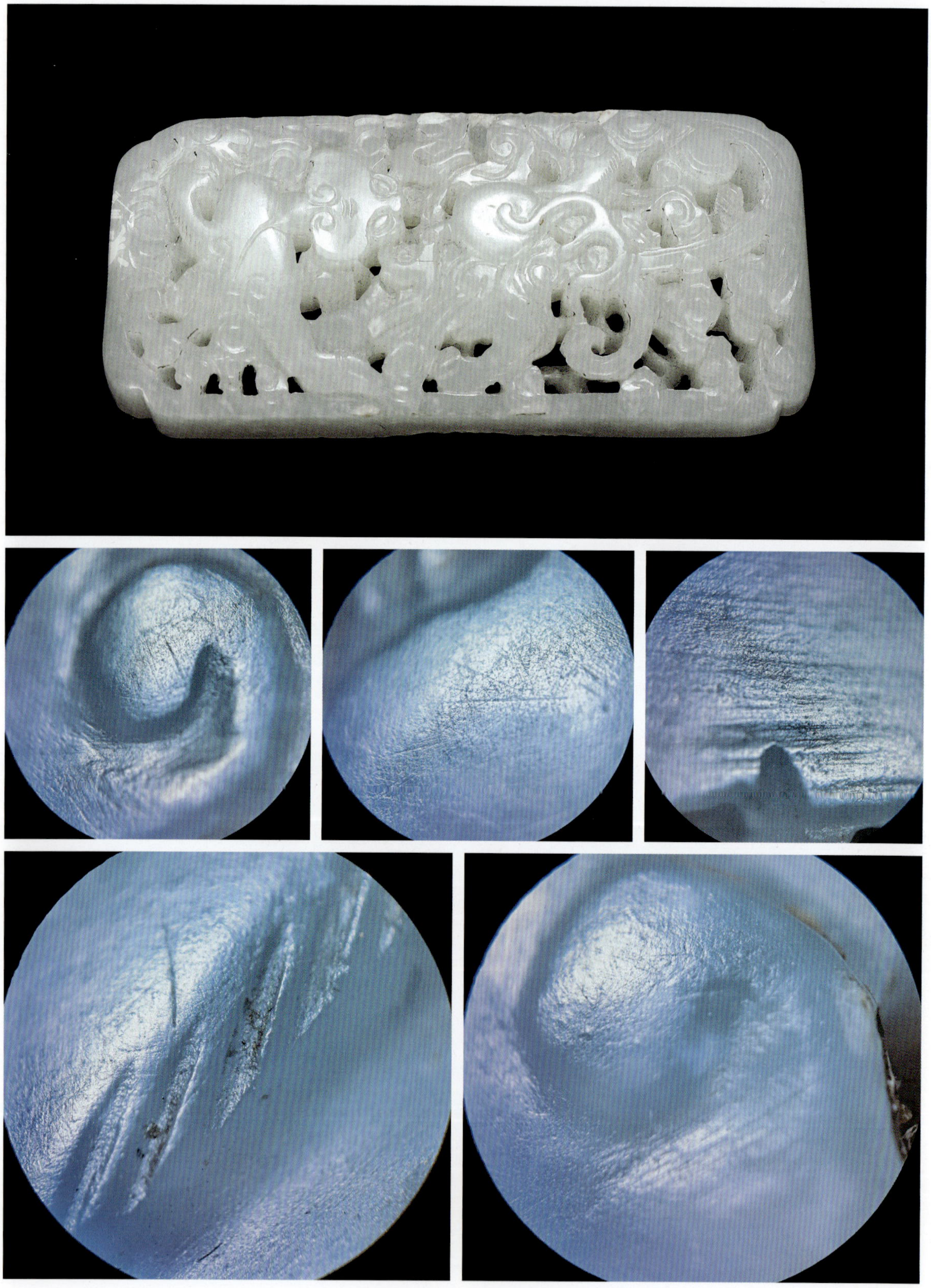

62. 元代和田青白玉佛像

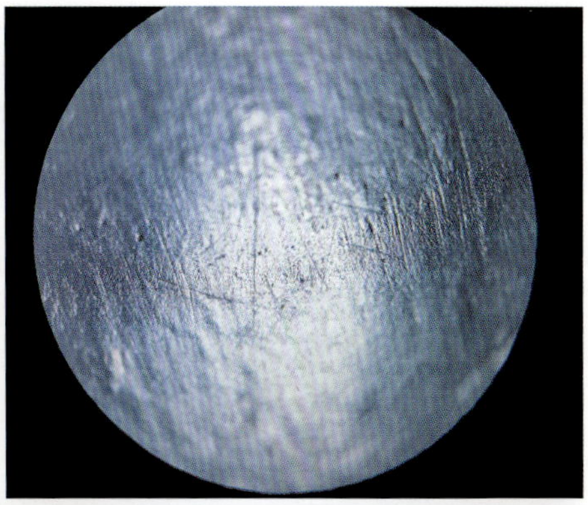
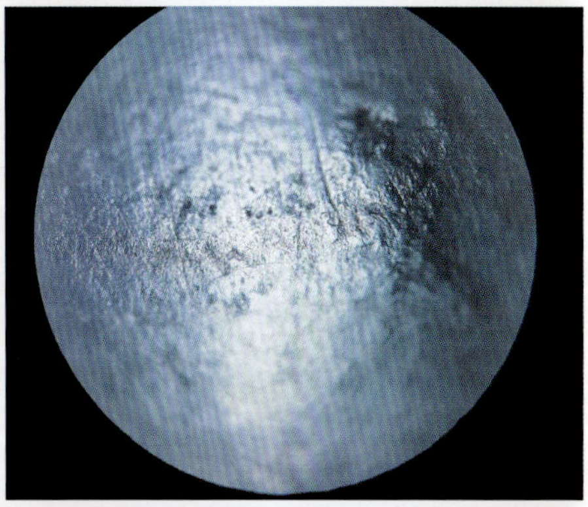
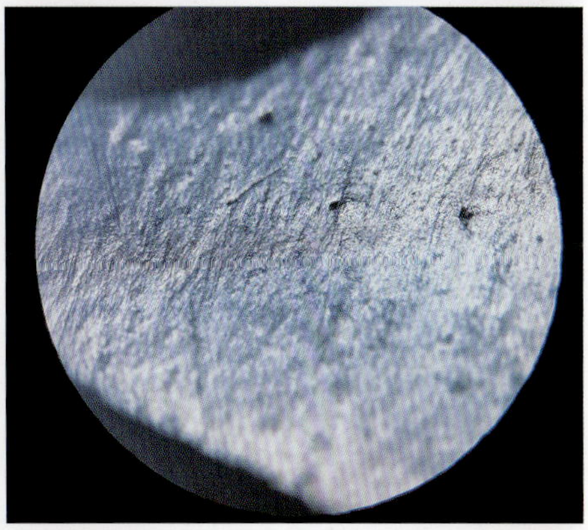
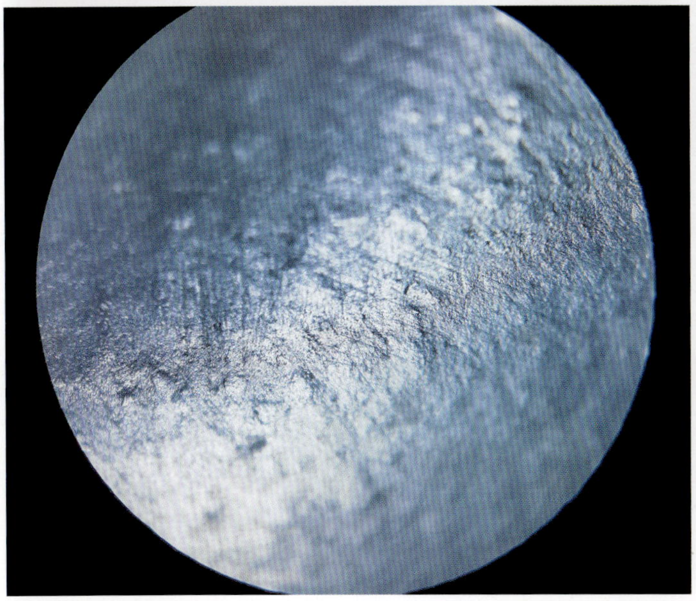
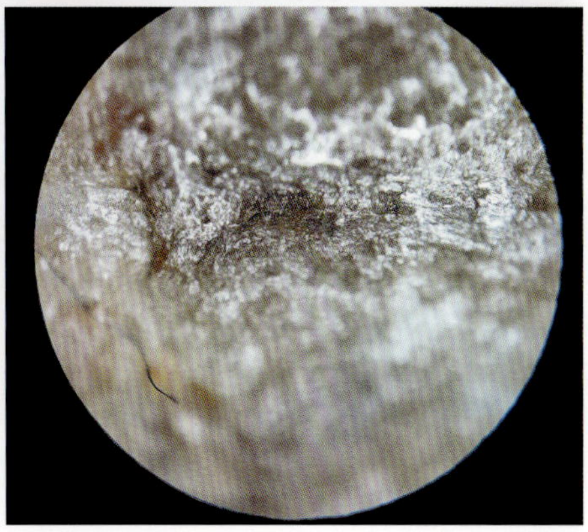

63. 元代胡人戏狮带板

64. 元代青玉万事如意纹剑璏

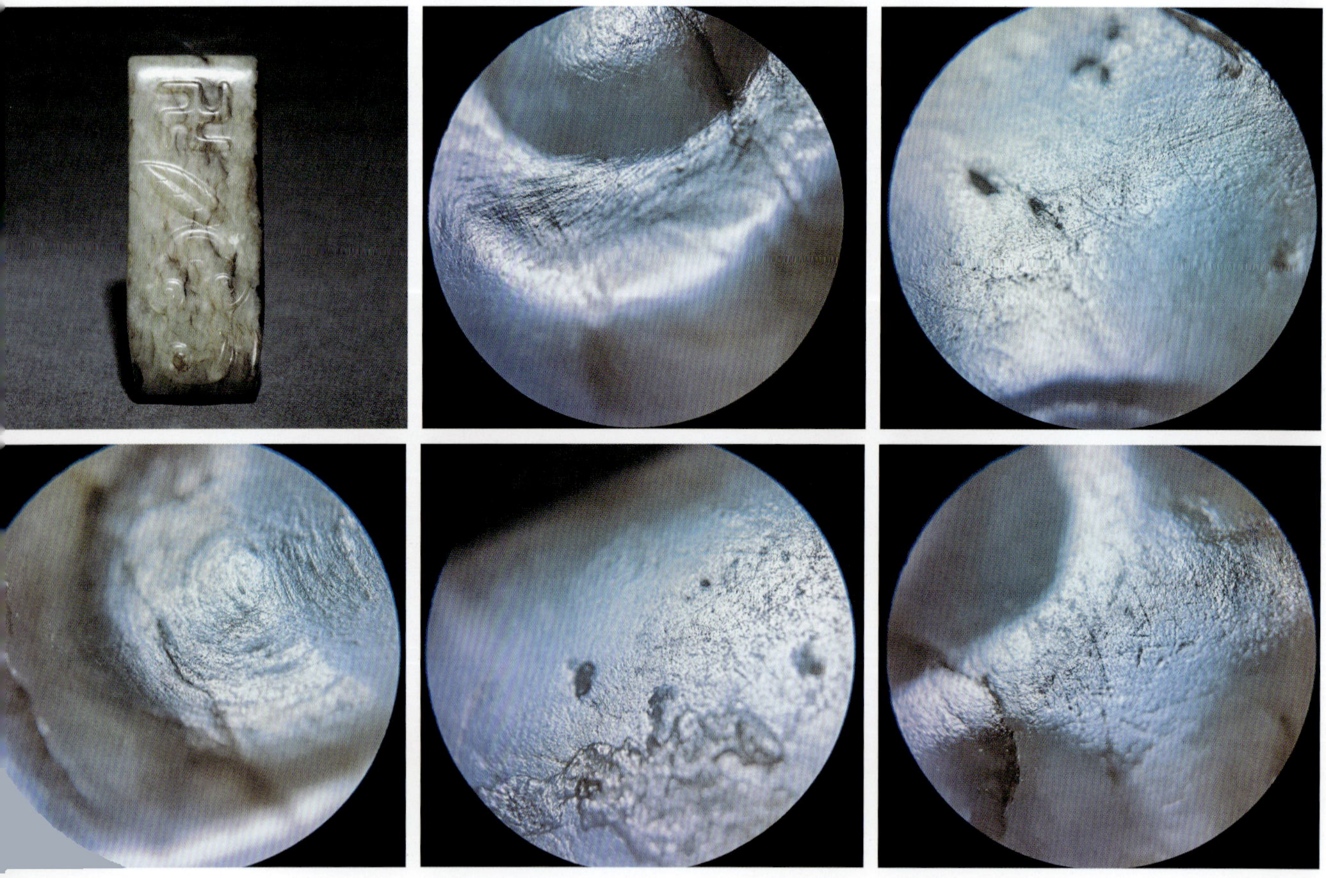

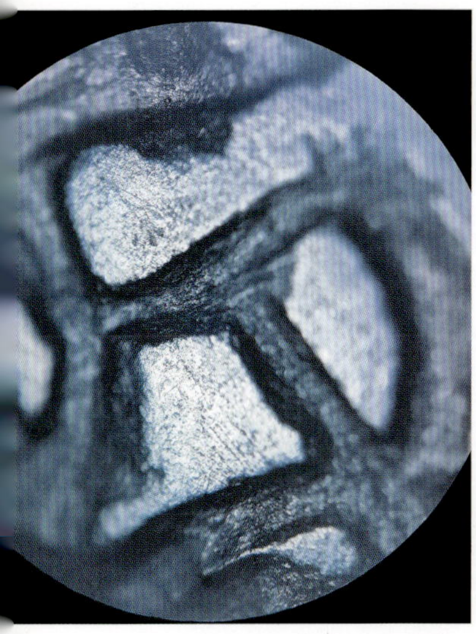
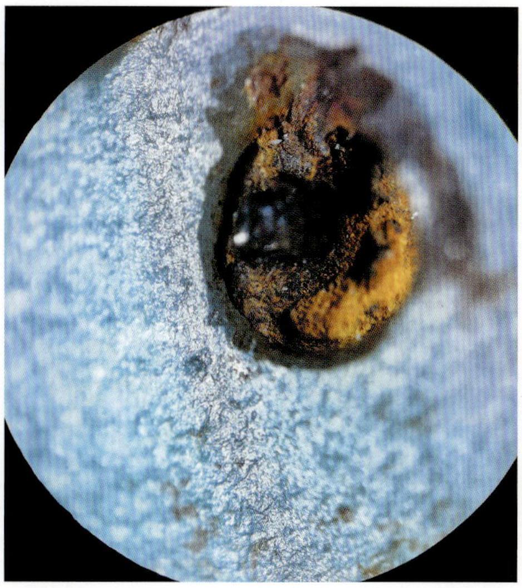

65. 明代龙纹玉带板

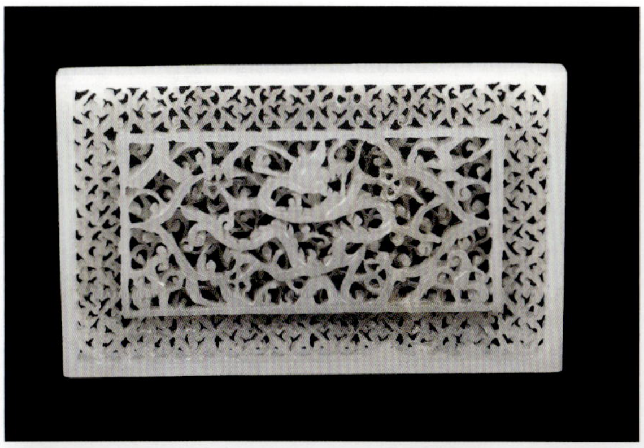
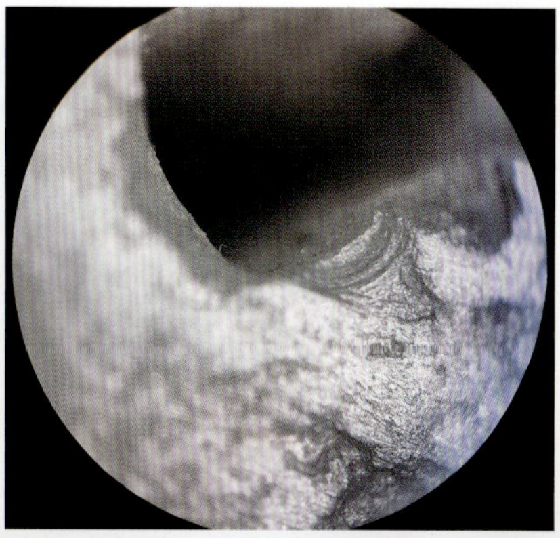
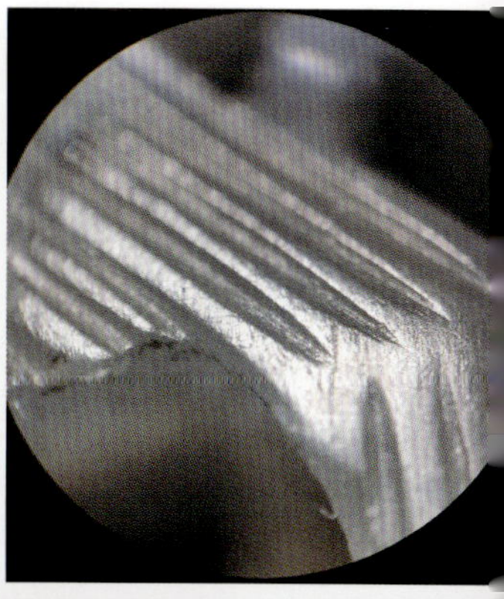
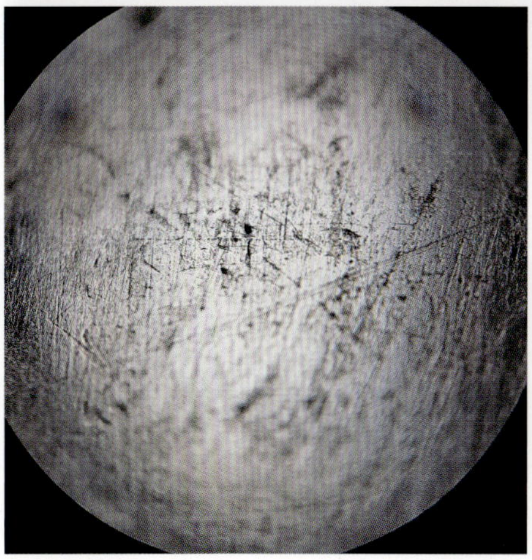
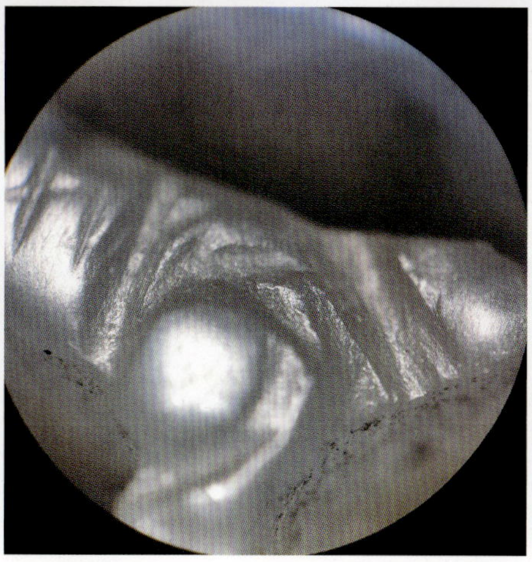
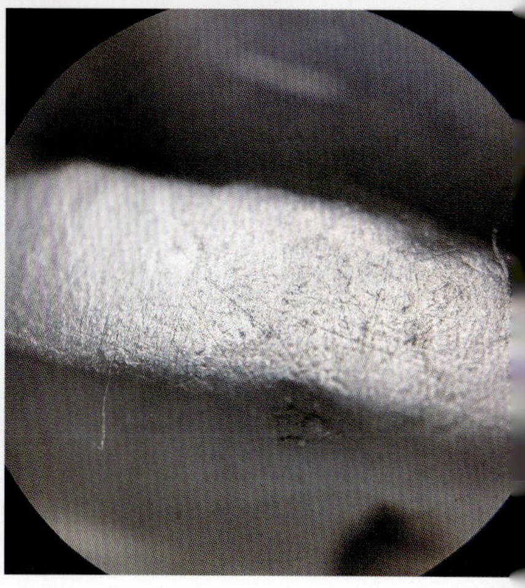

66. 明代青白玉禄星造像

67. 明代青玉弦纹琮

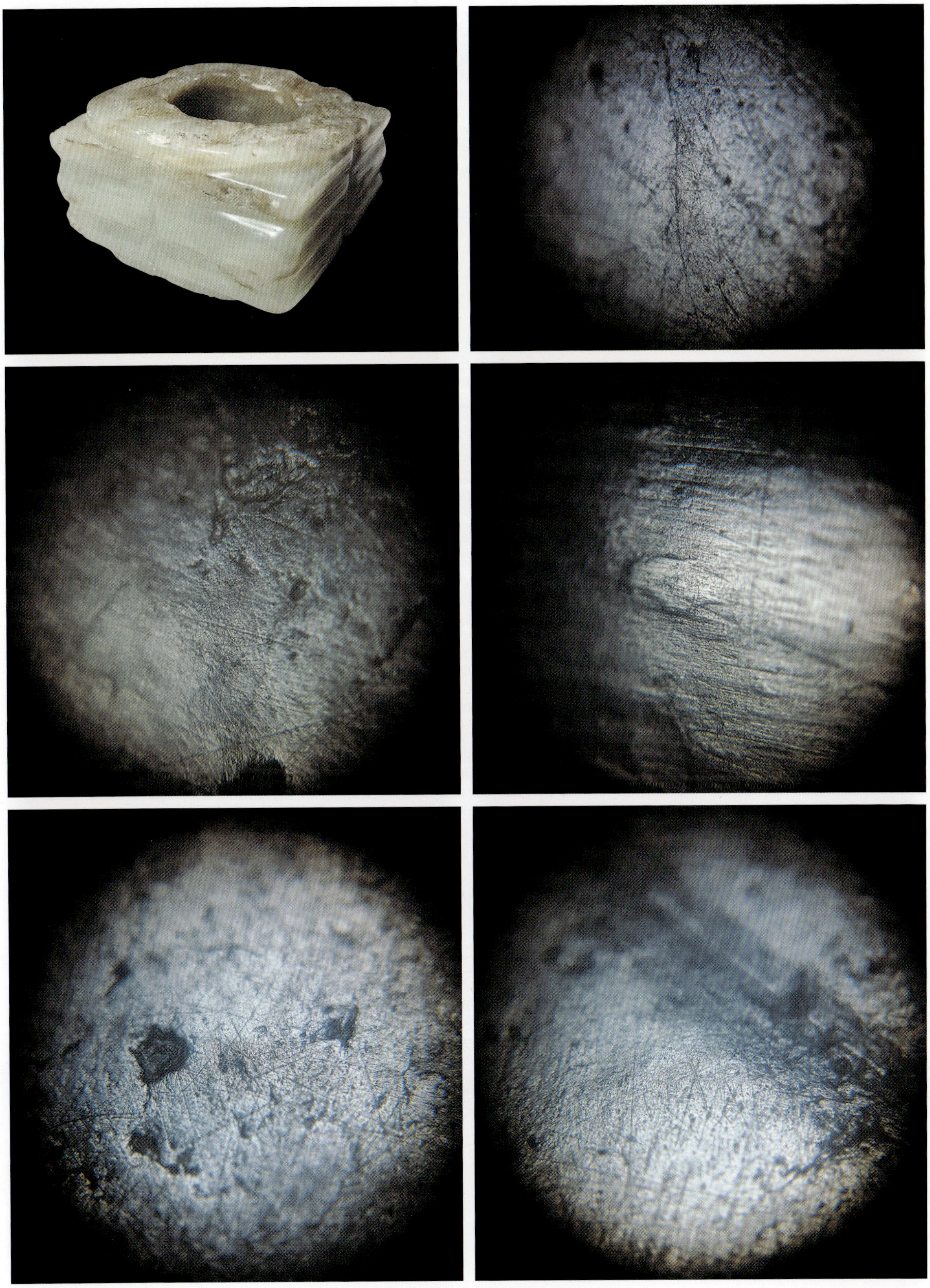

68. 明代白玉凤纹玉衡

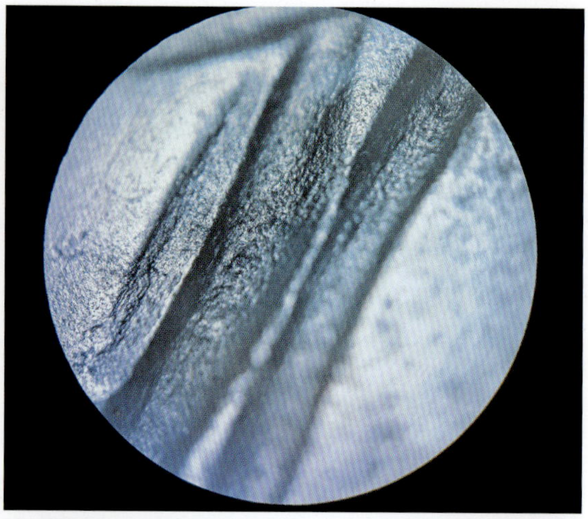
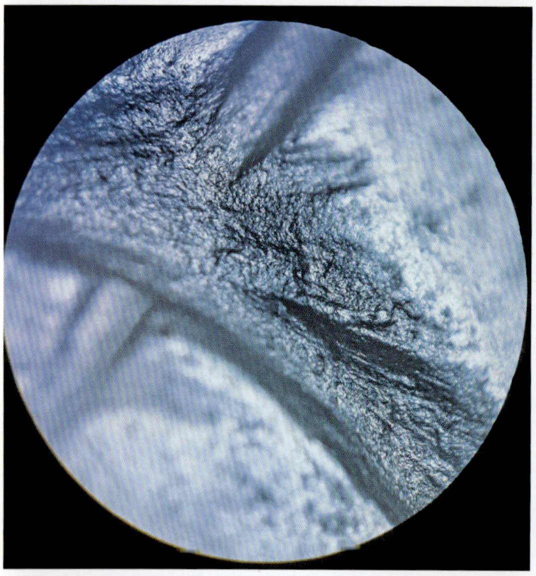
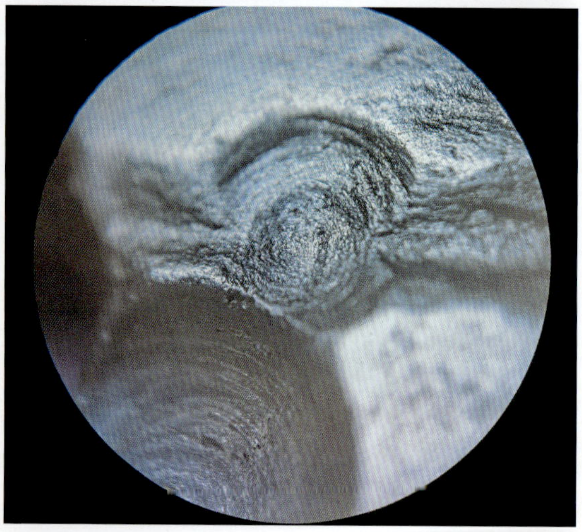

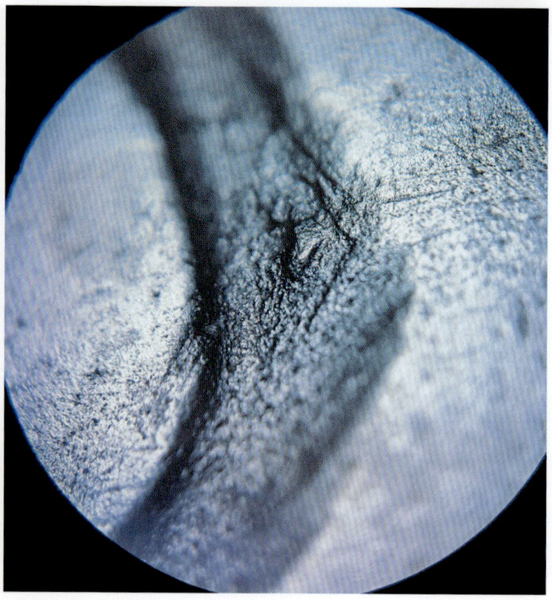

69. 明代白玉凤纹佩

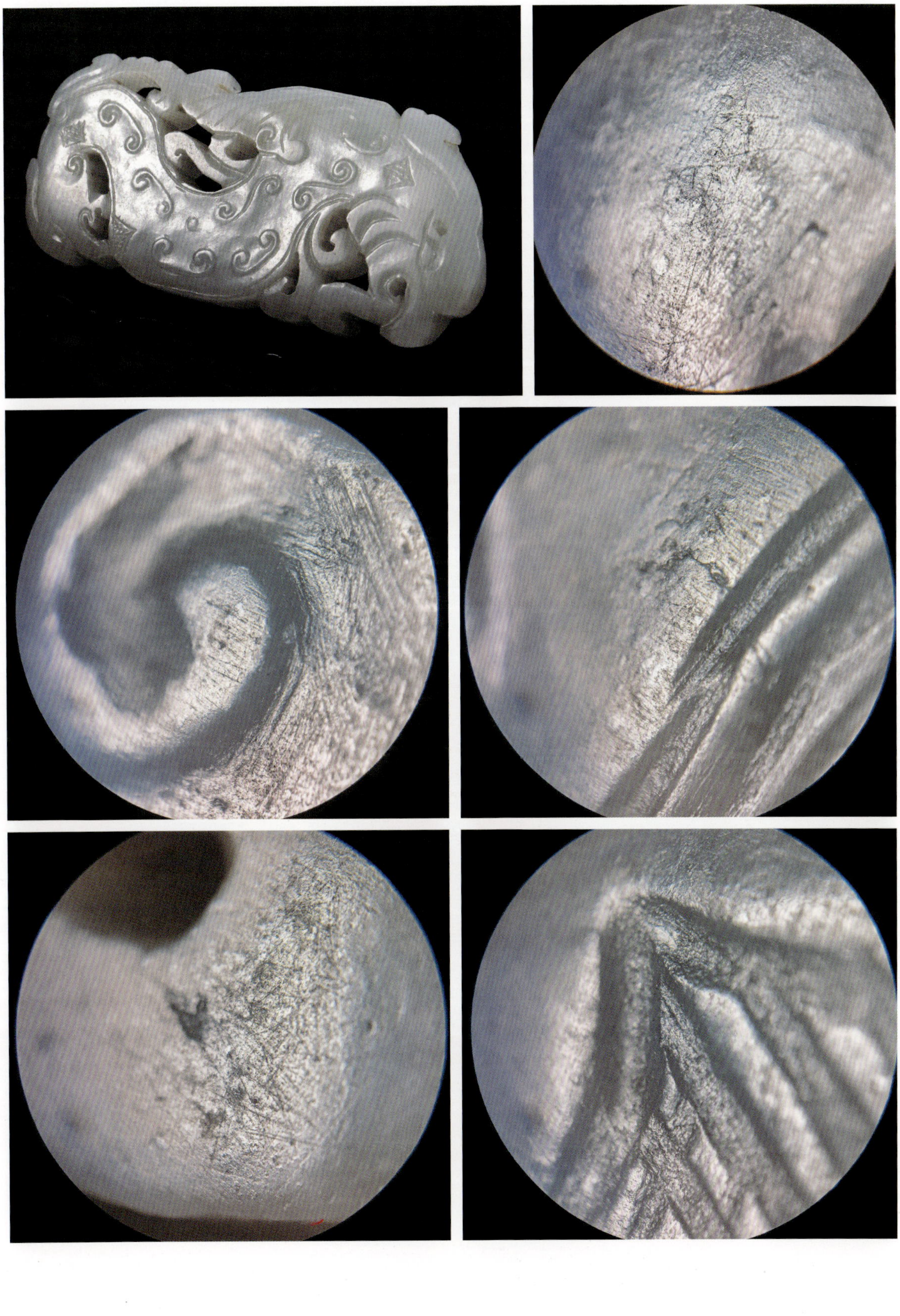

70. 明代白玉和合二仙

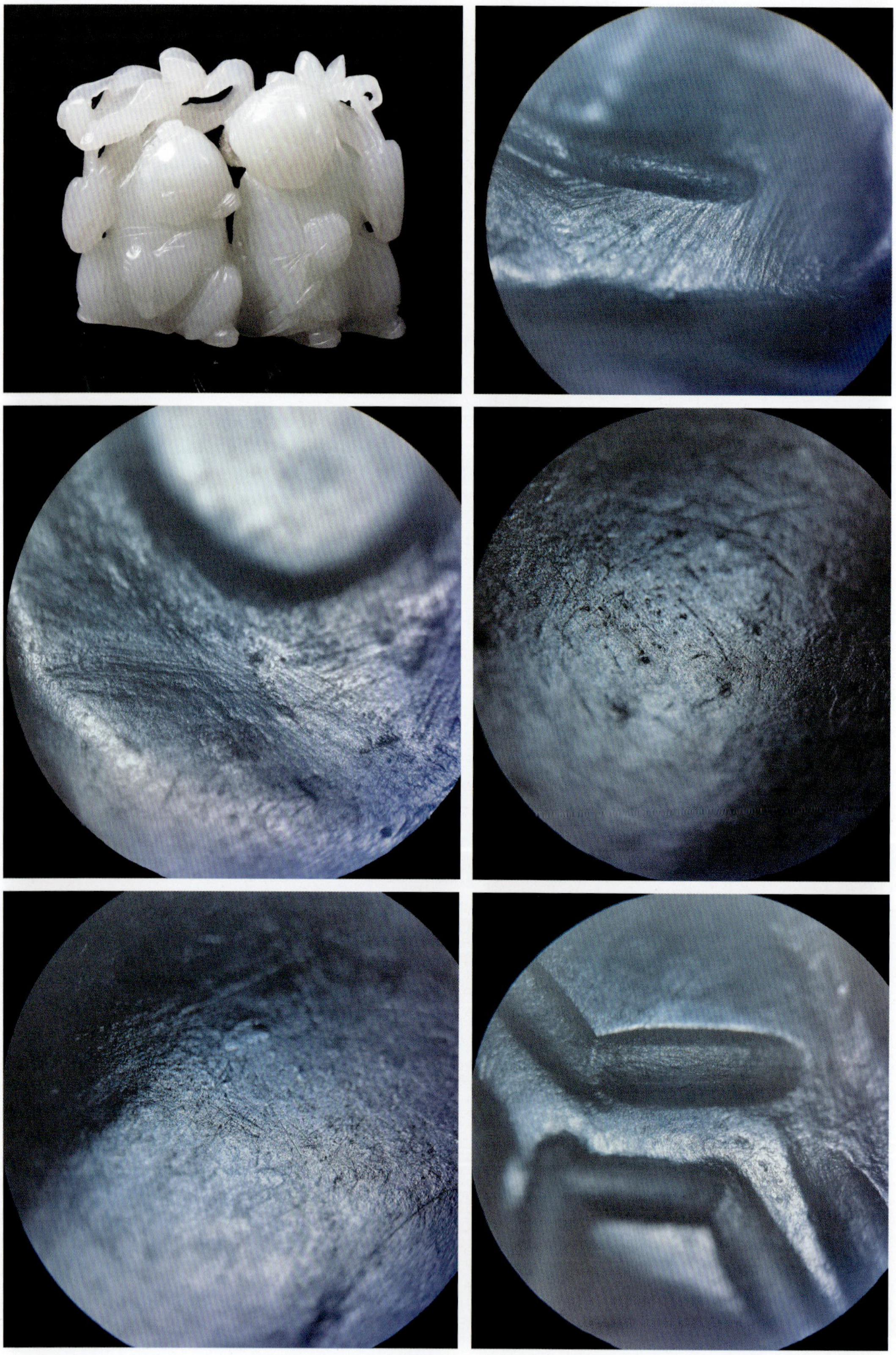

71. 明代白玉龙凤纹佩

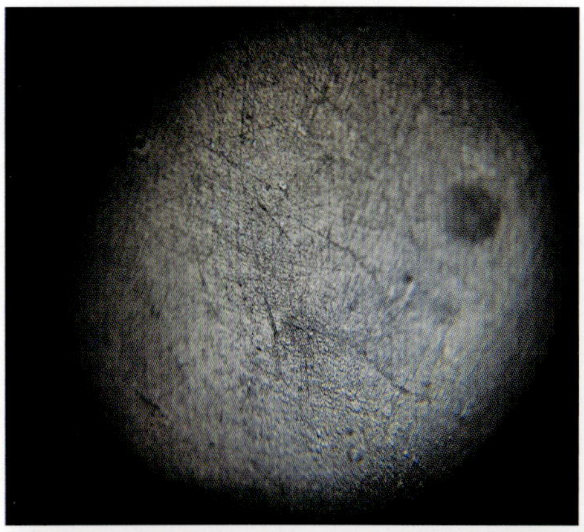
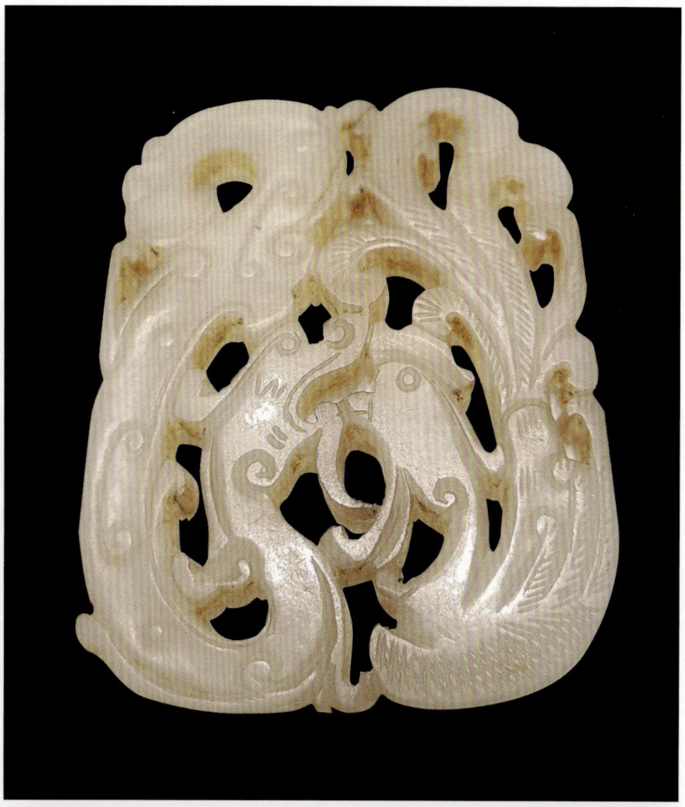
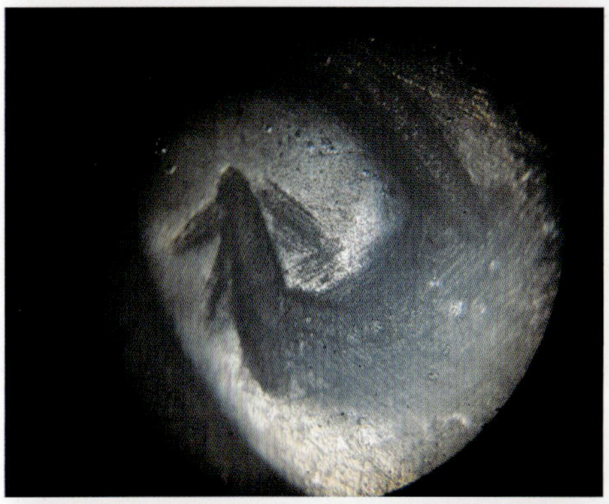

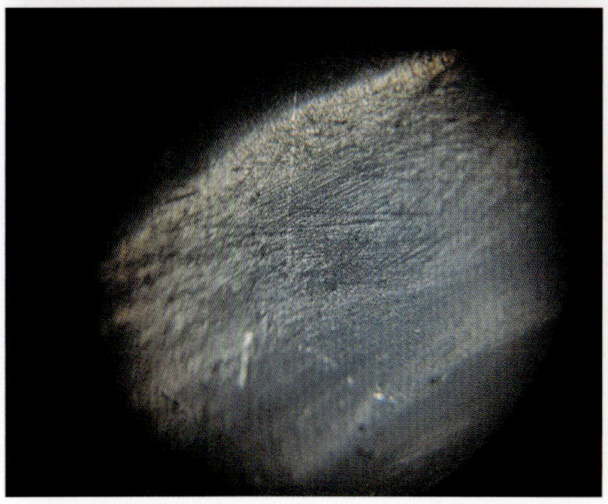

72. 明代白玉太狮少狮

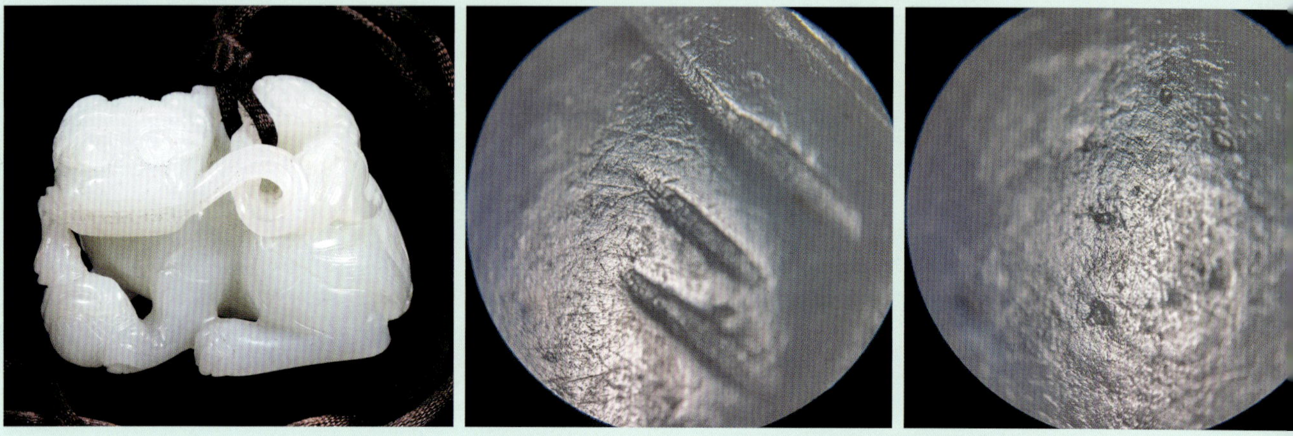

73. 明代白玉小桥流水纹帽正

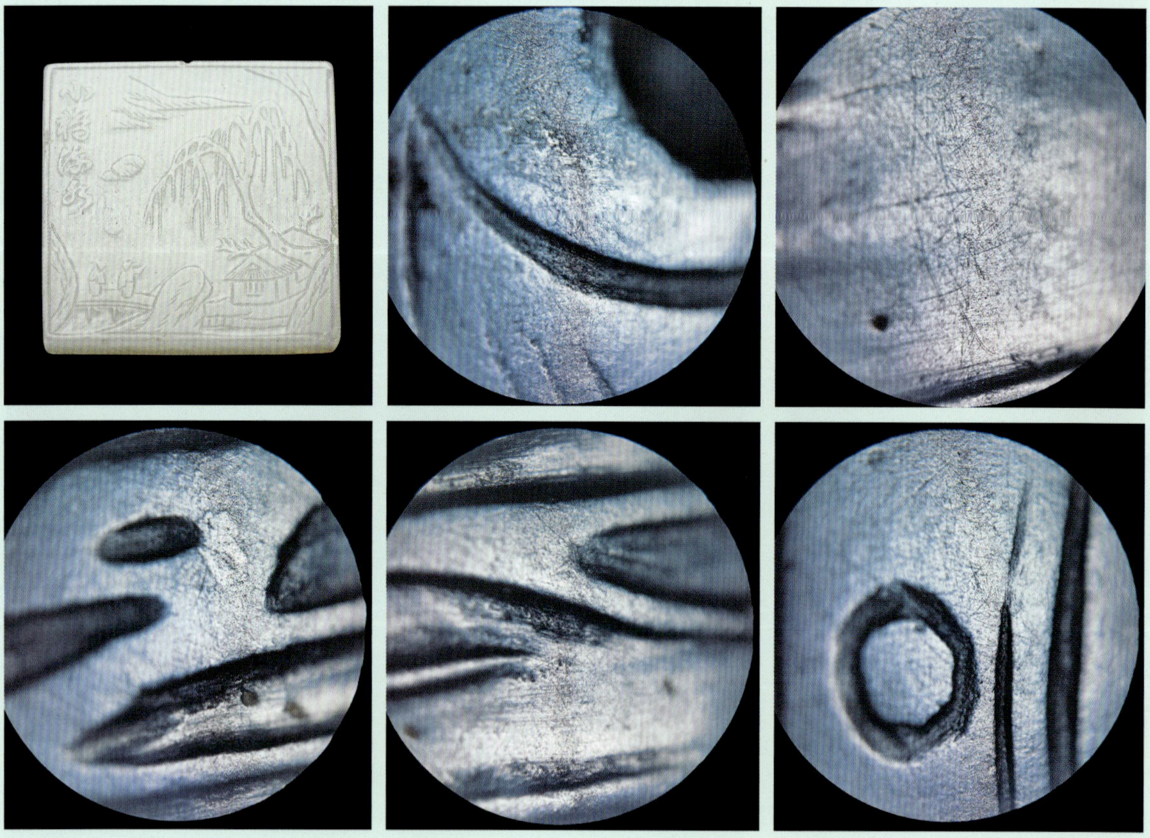

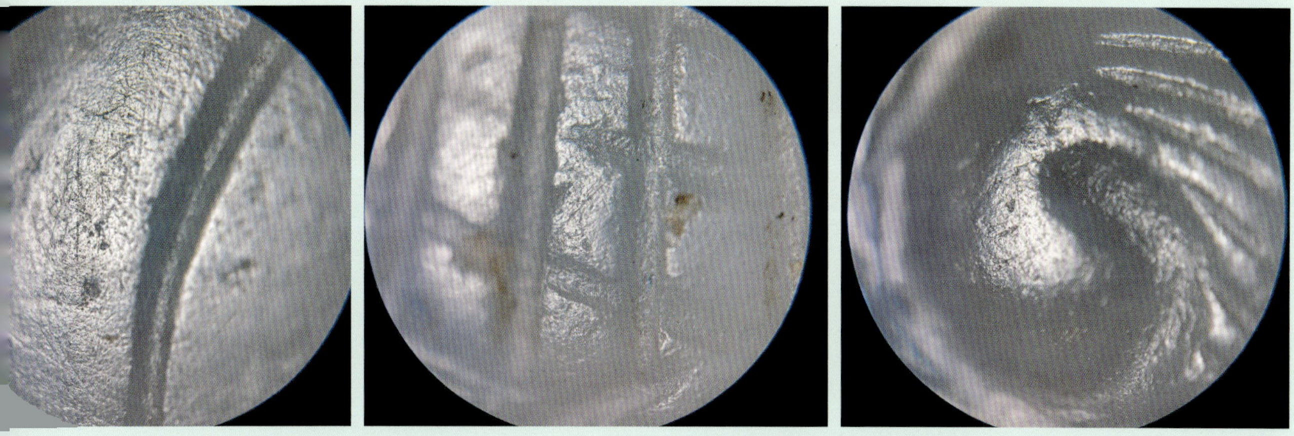

74. 明代白玉螭龙纹玉带扣

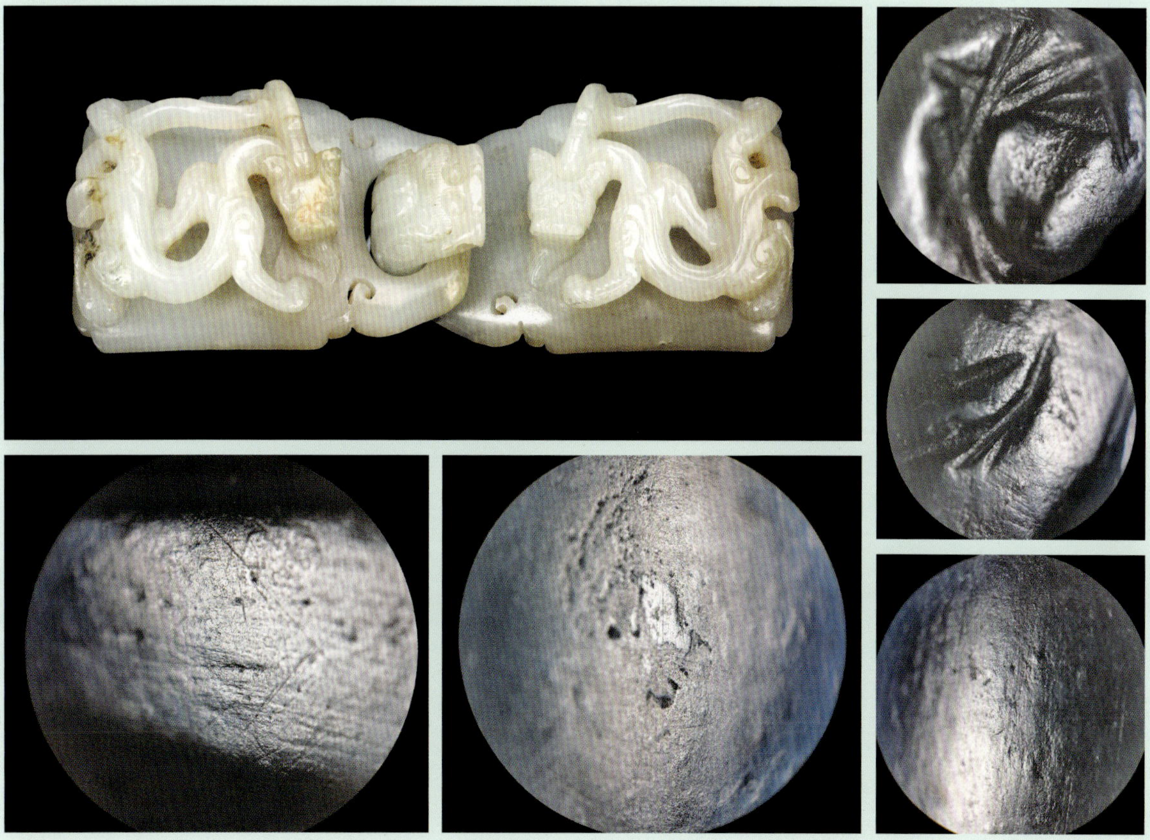

75. 明代白玉春水瓦子龙首带钩柄镜

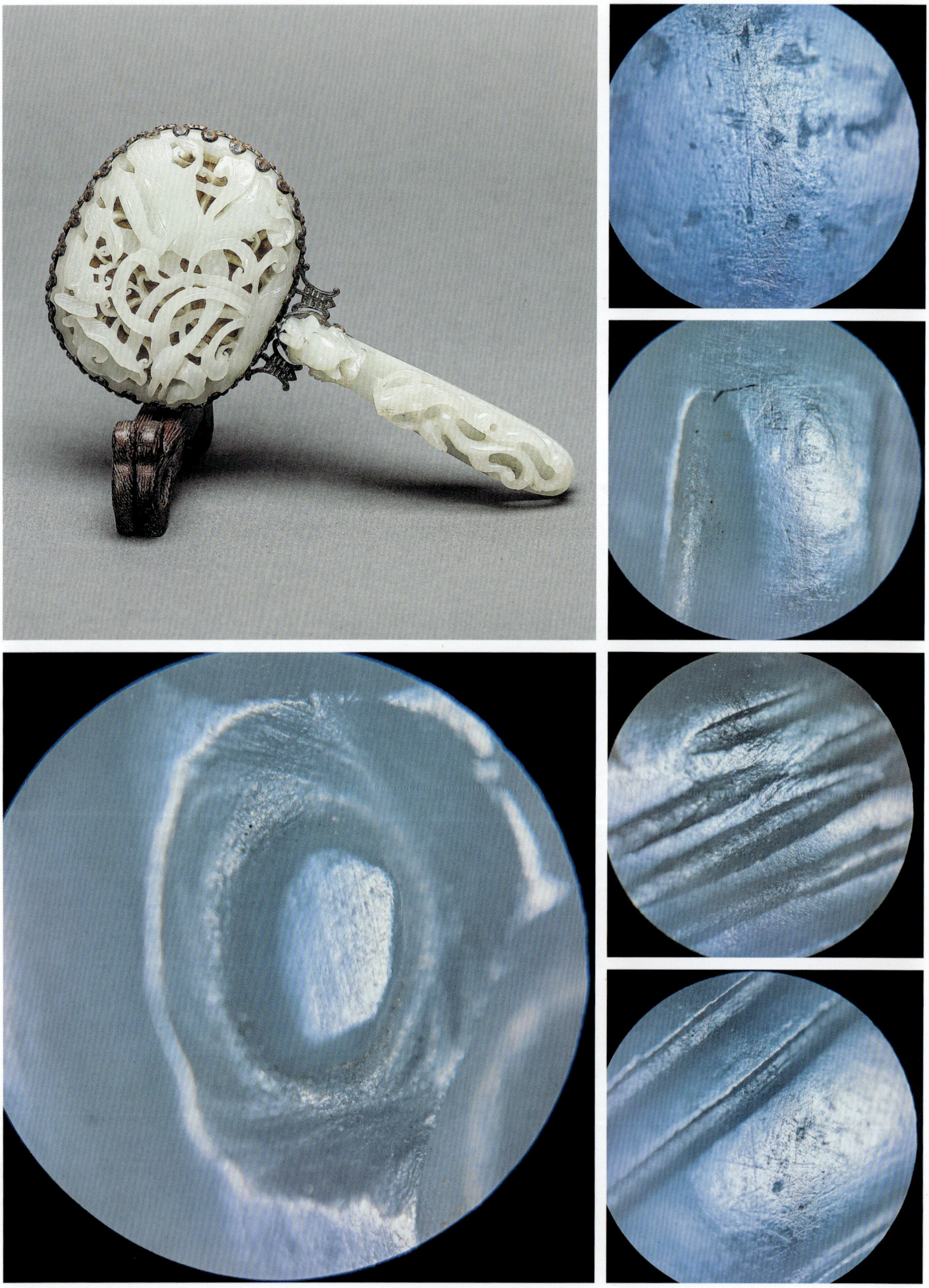

76. 明代青白玉兽面纹扁瓶

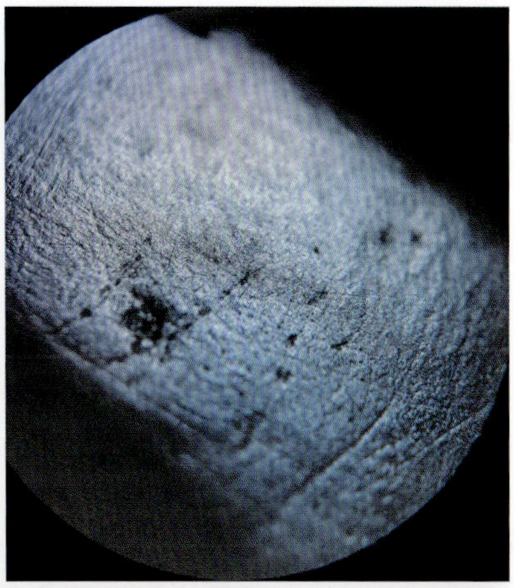
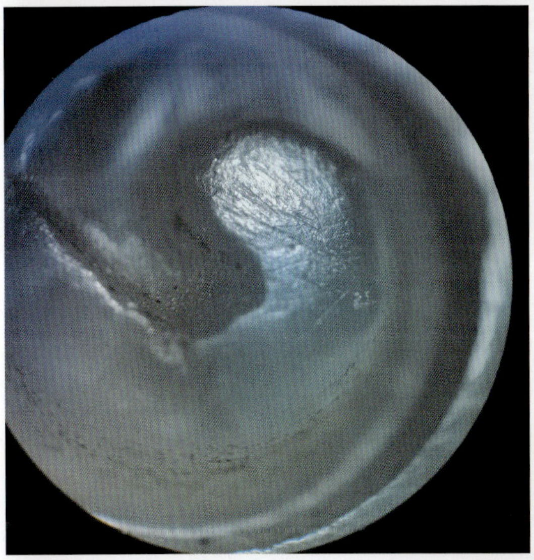
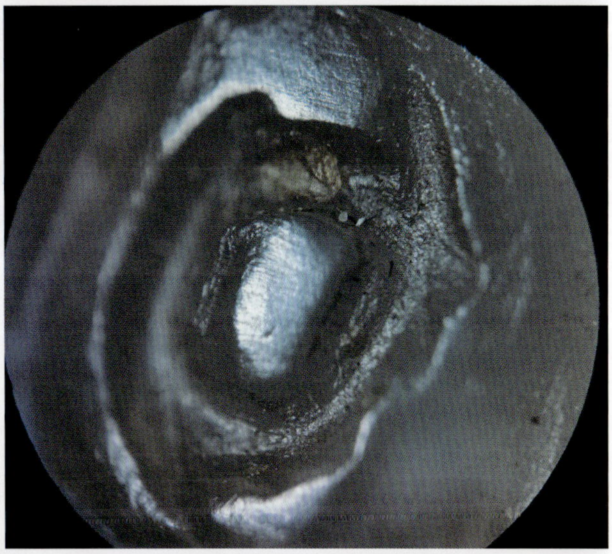
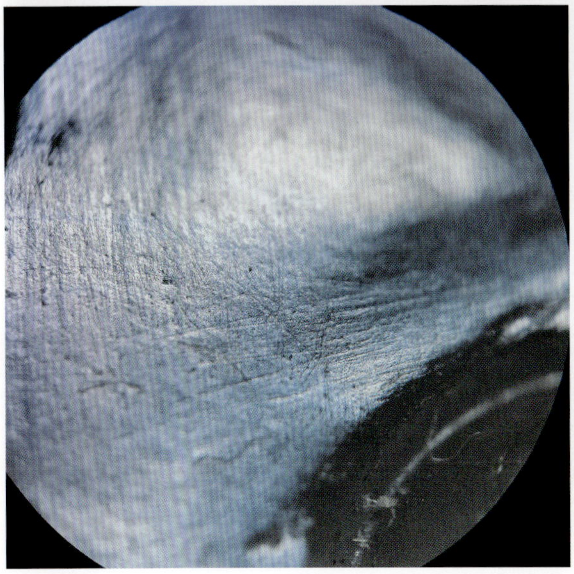
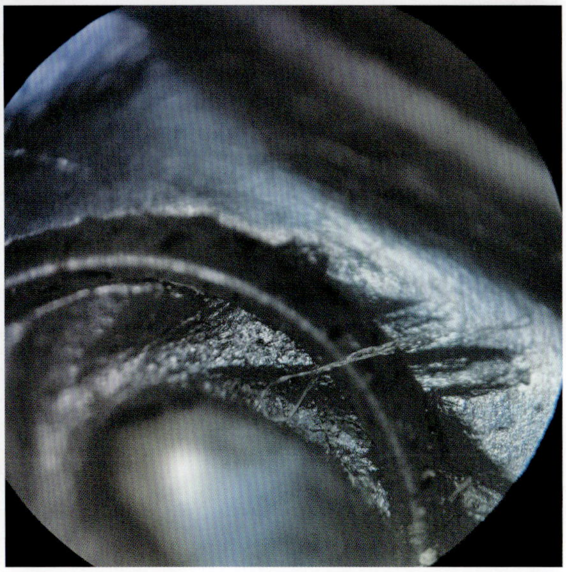

77. 明代青玉勾连谷纹方牌

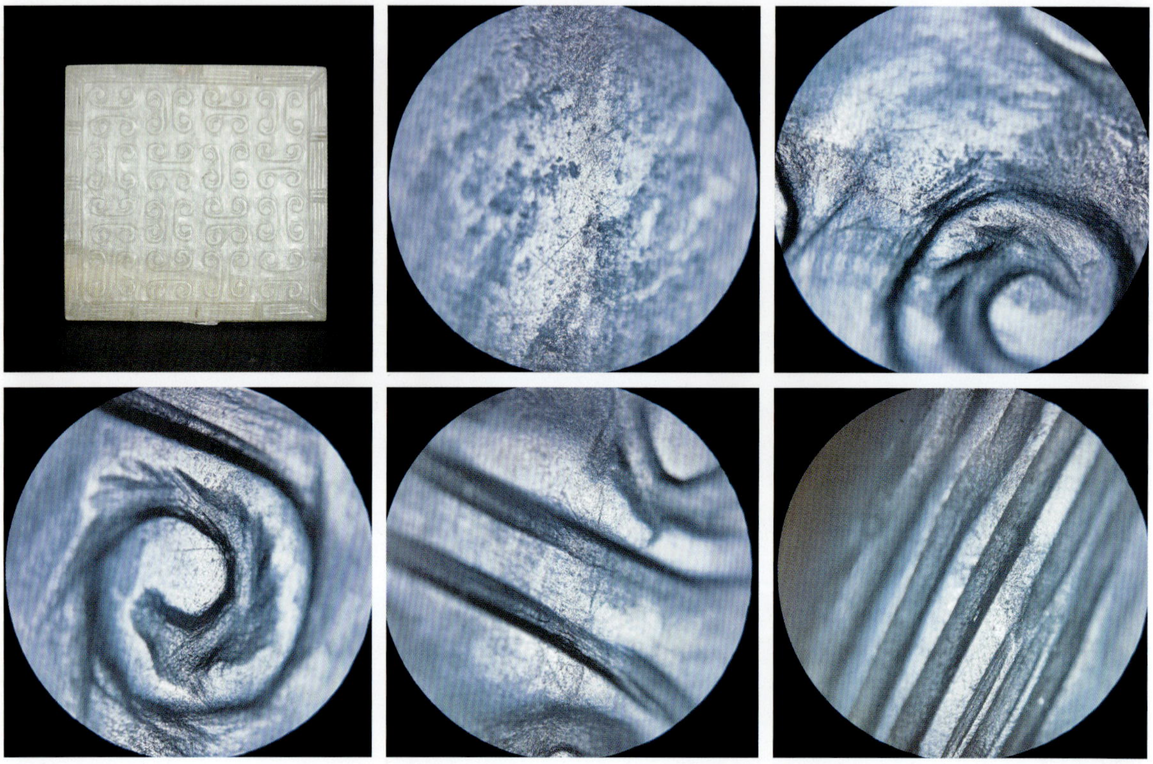

78. 明代山水人物纹牌饰

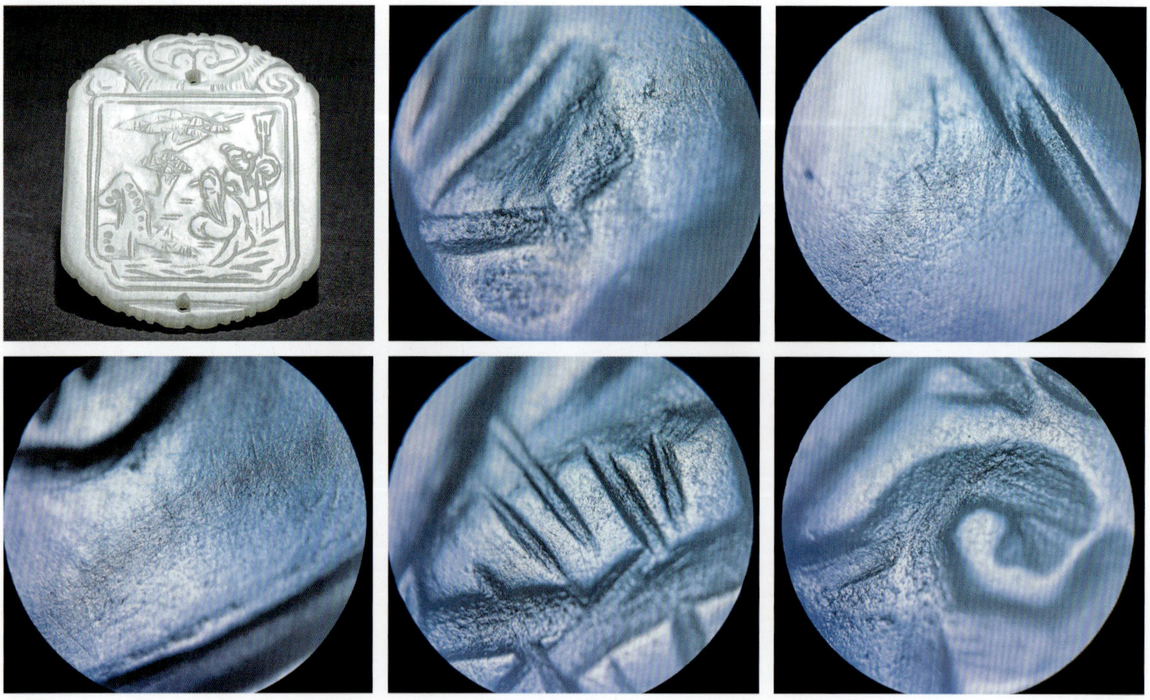

79. 明代青玉几何纹玉耳杯

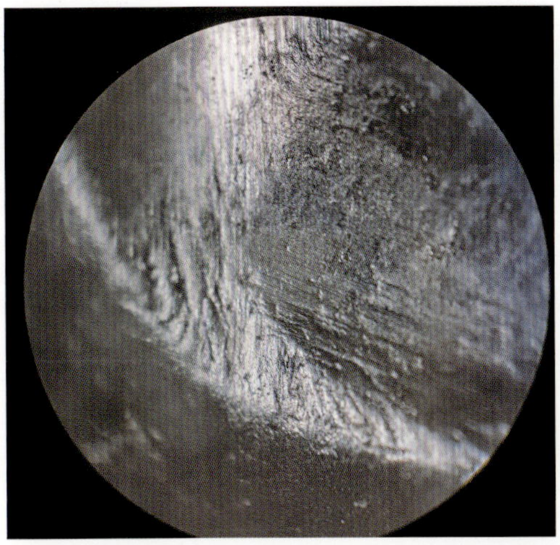

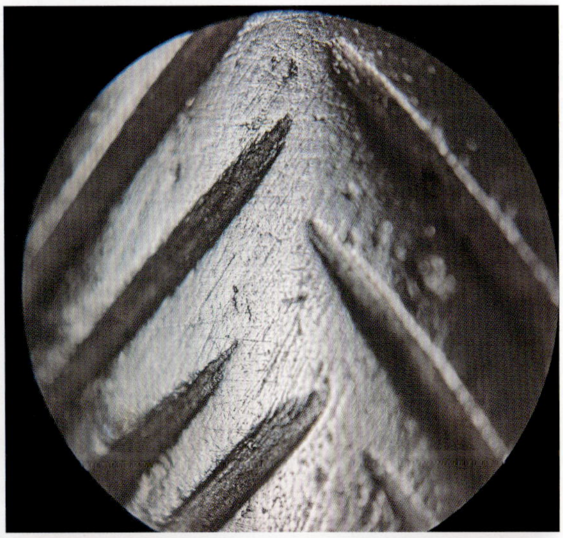

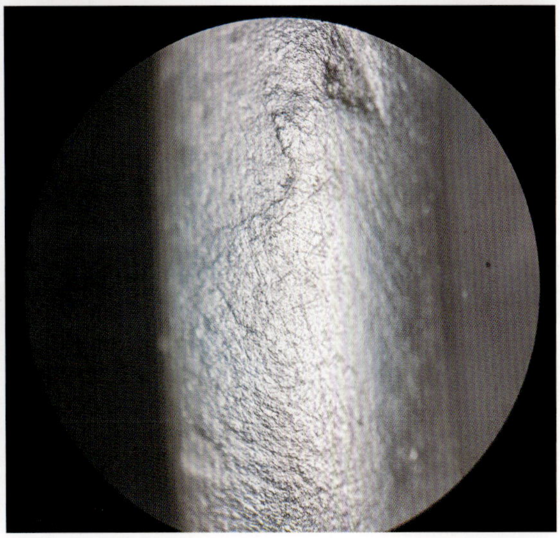

80. 明代白玉双龙戏珠手镯

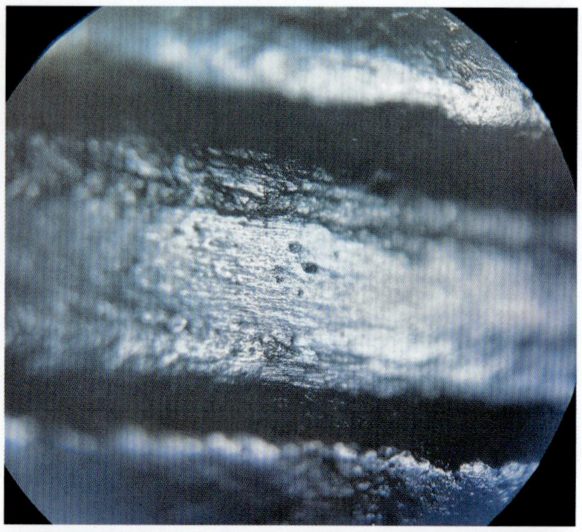
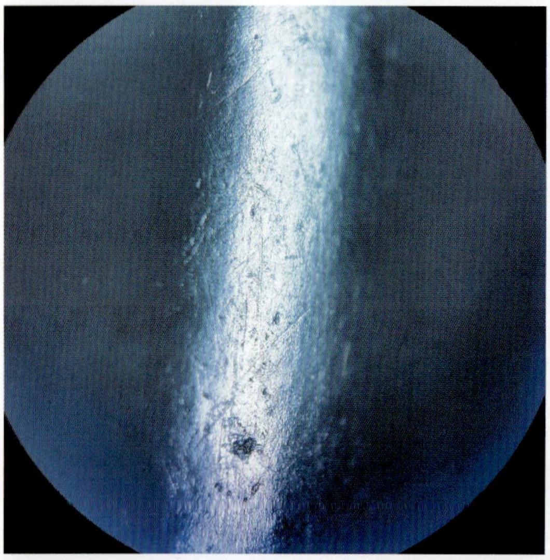
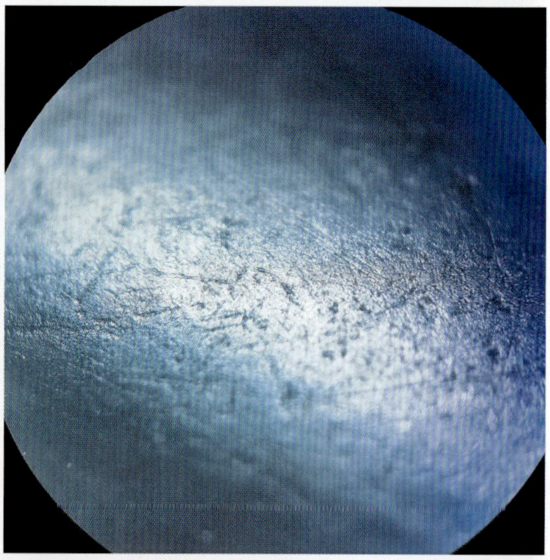
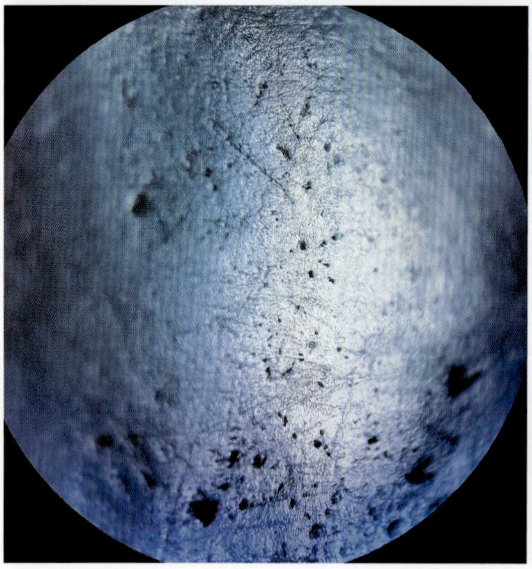
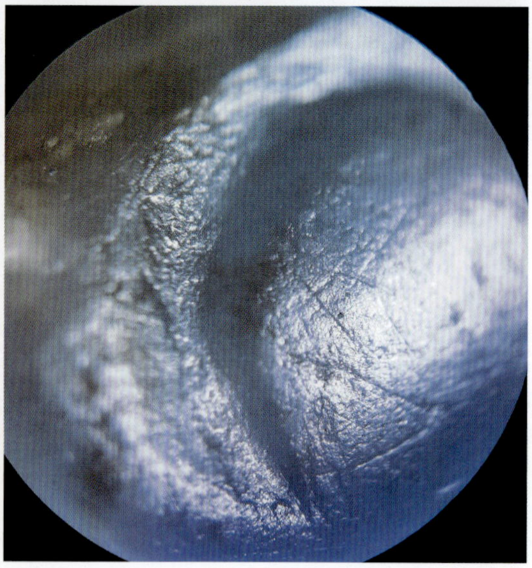

81. 清代至纯天珠

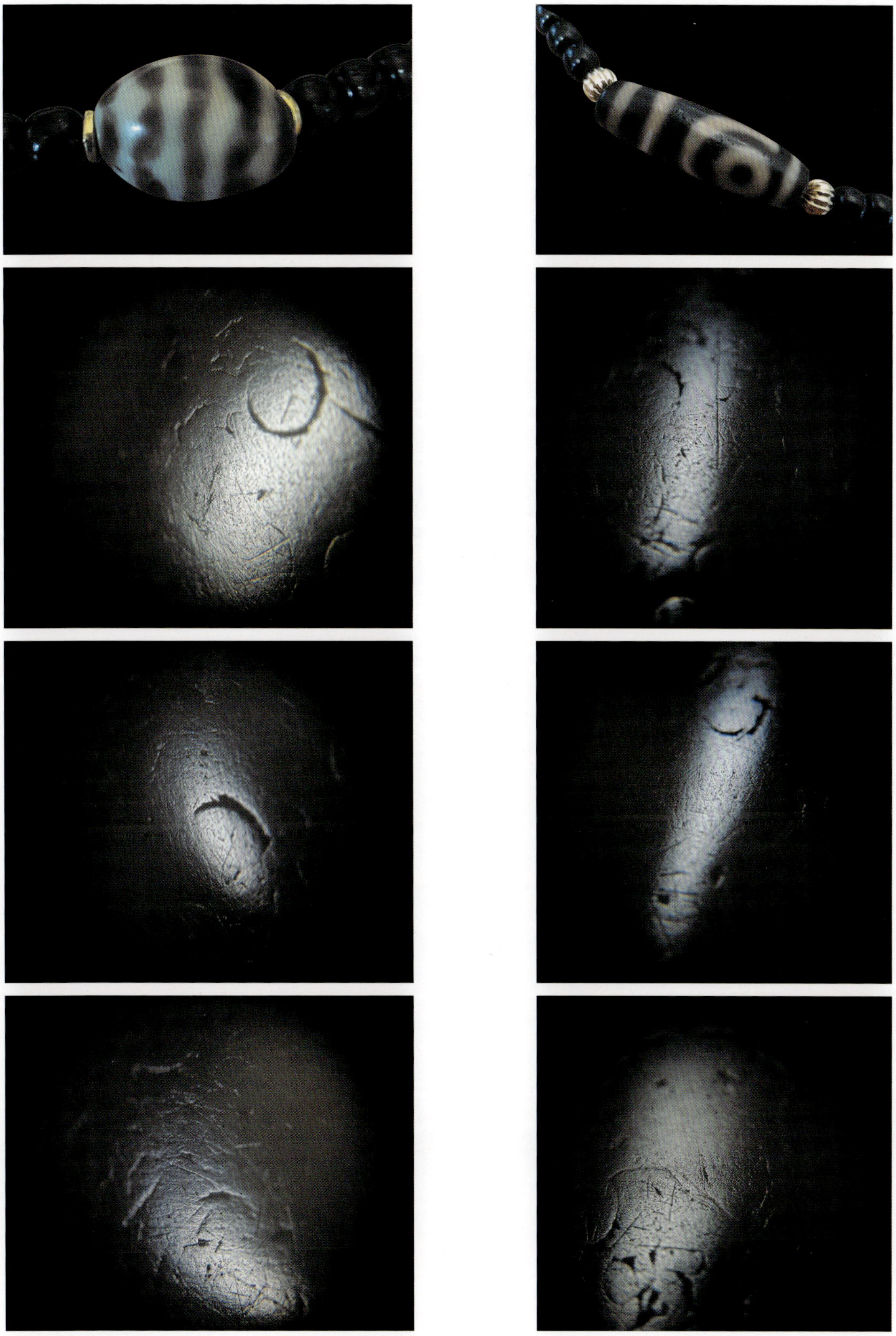

82. 清代青玉牛毛文沁扳指

83. 清代翡翠牡丹纹带板

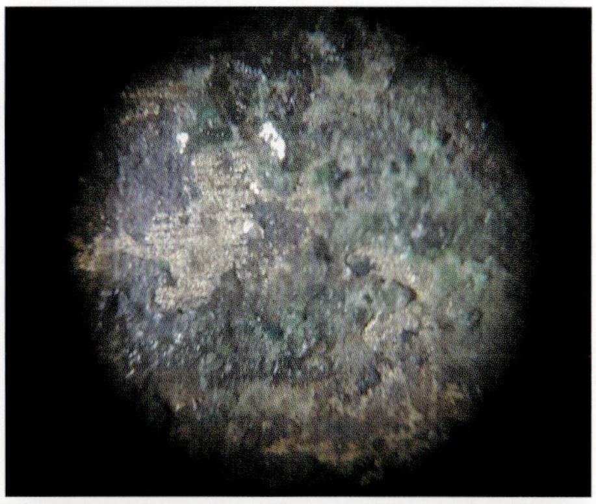
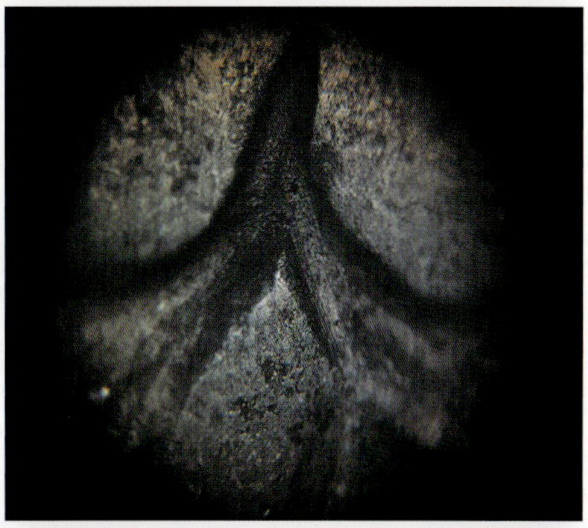

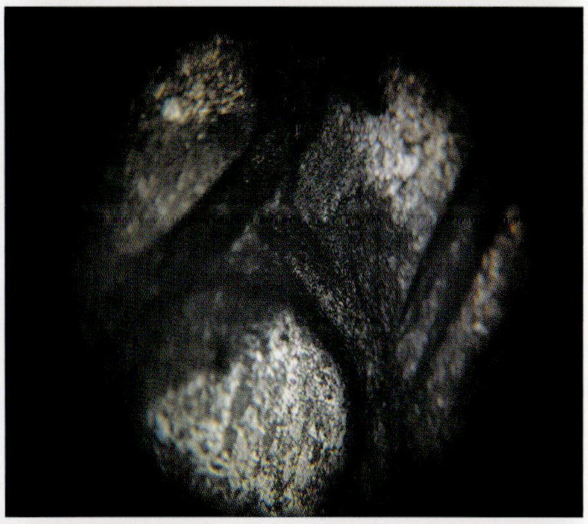
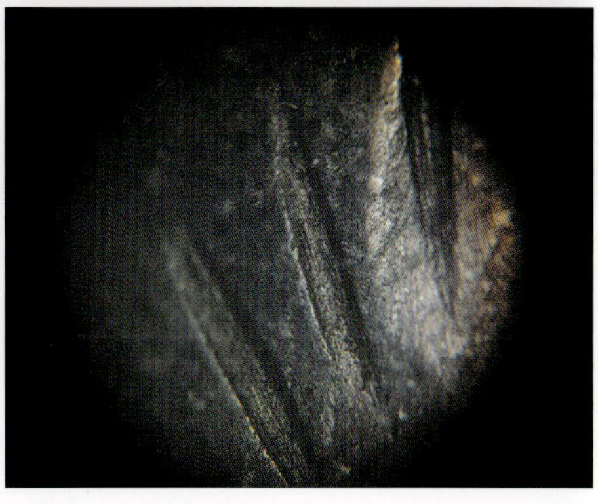

84. 清代白玉太平有象瓦子

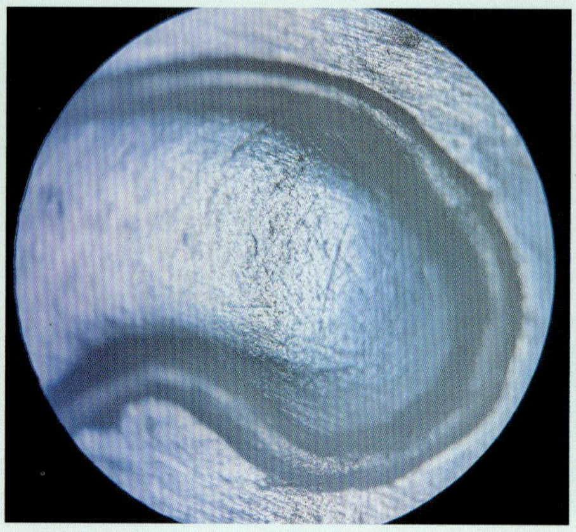
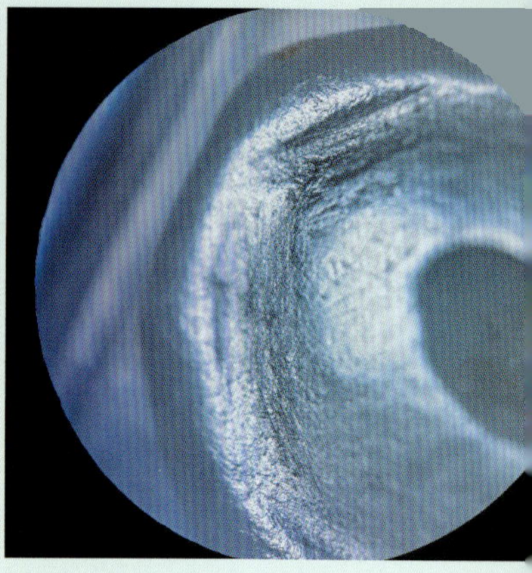

85. 清代白玉山水人物诗文牌

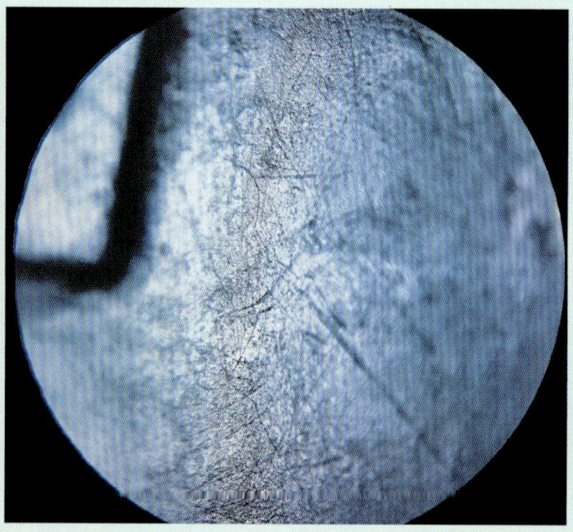
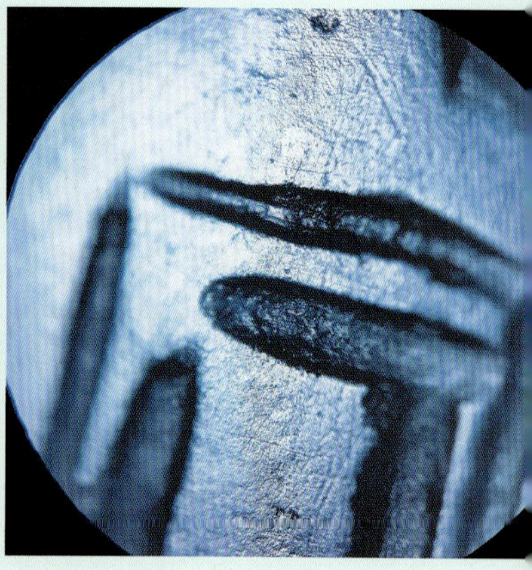

86. 清代白玉福寿双全佩

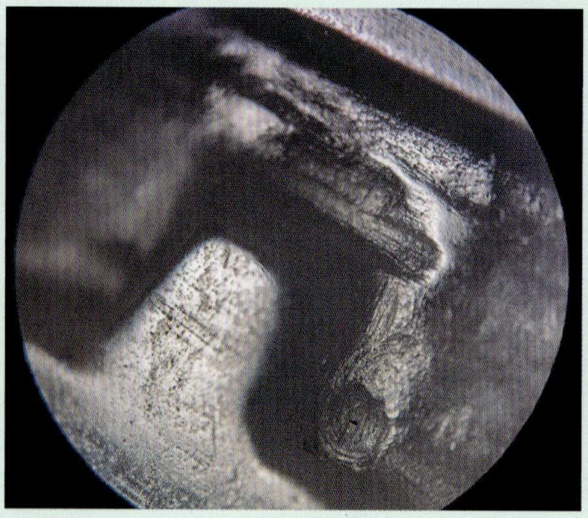
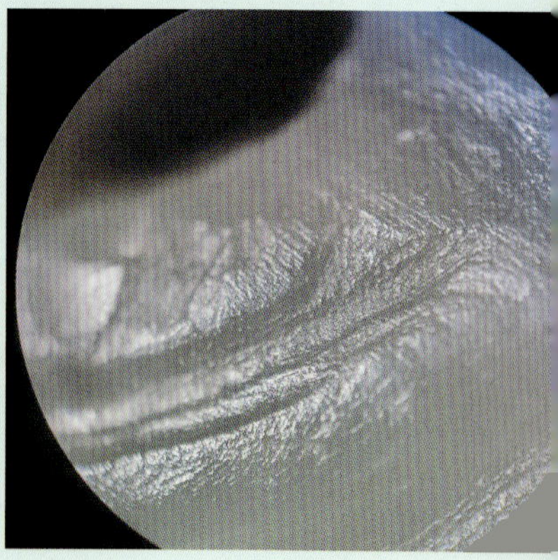

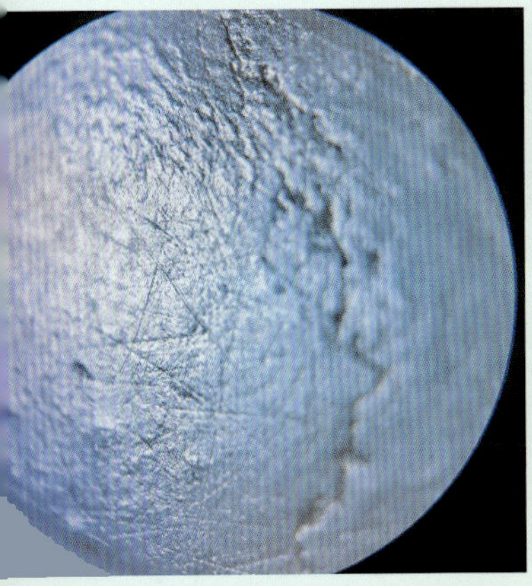
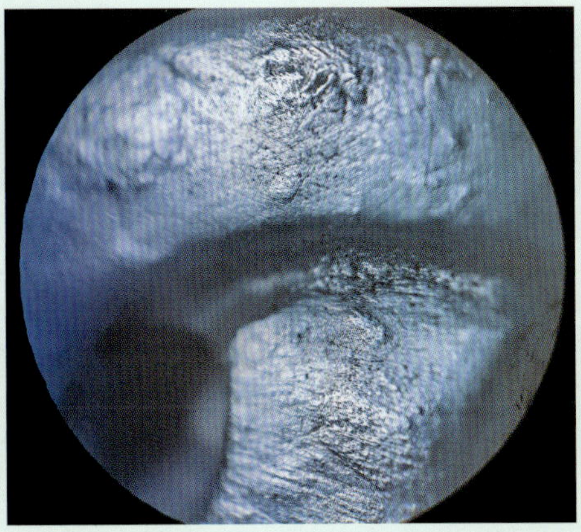
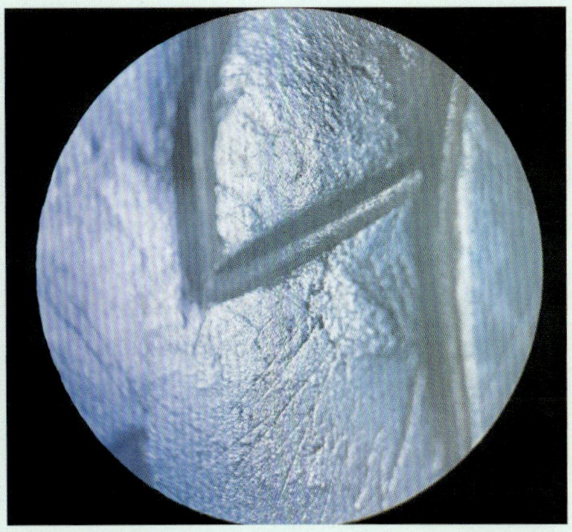
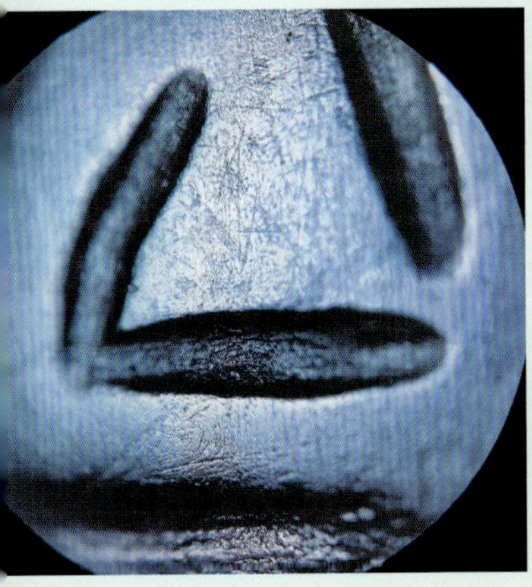
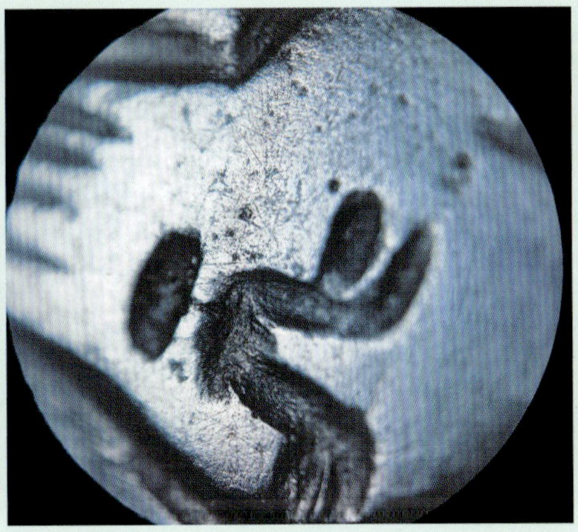
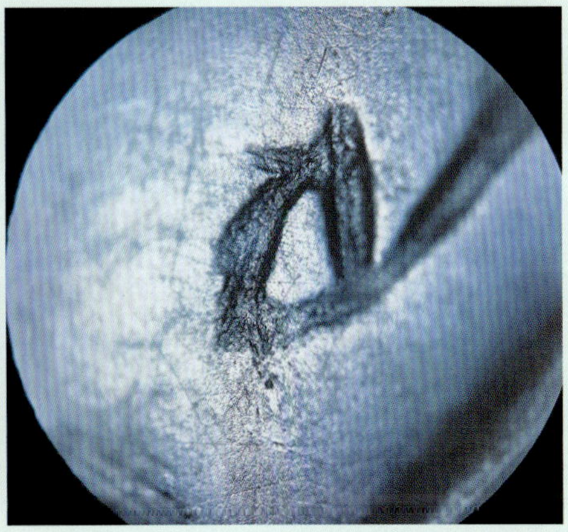
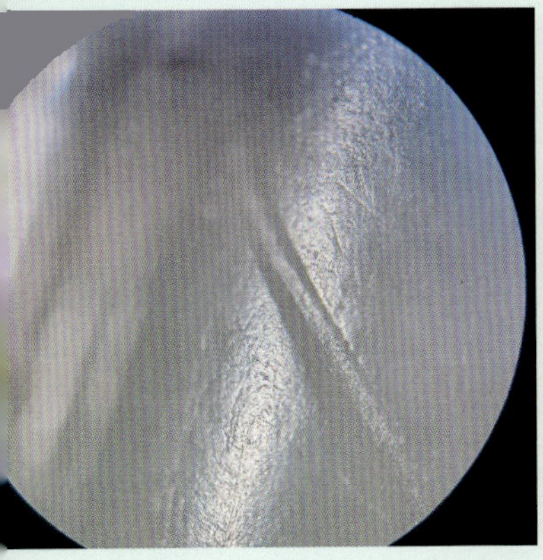
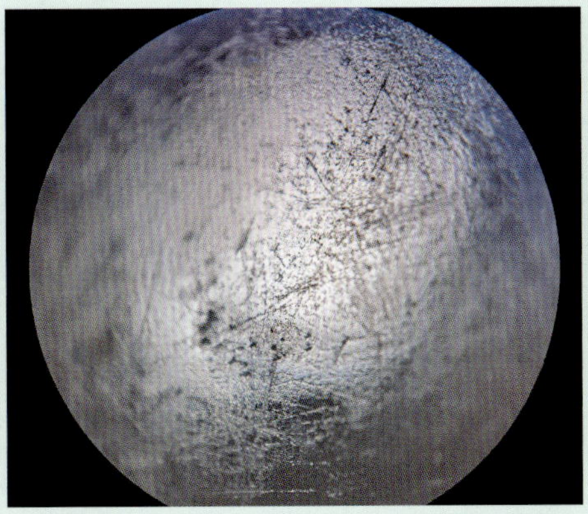
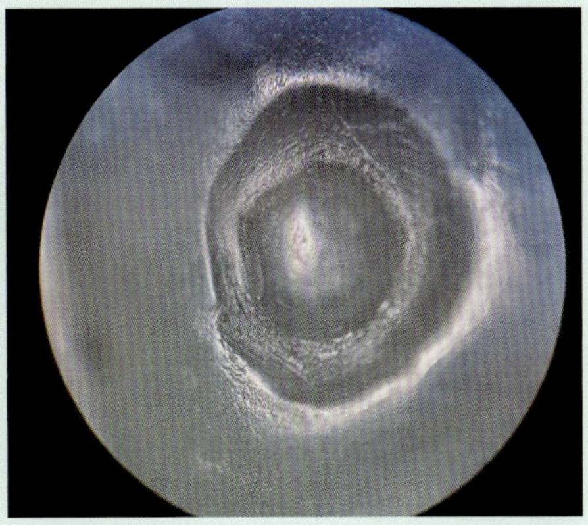

87. 清代白玉莲花纹玉提携

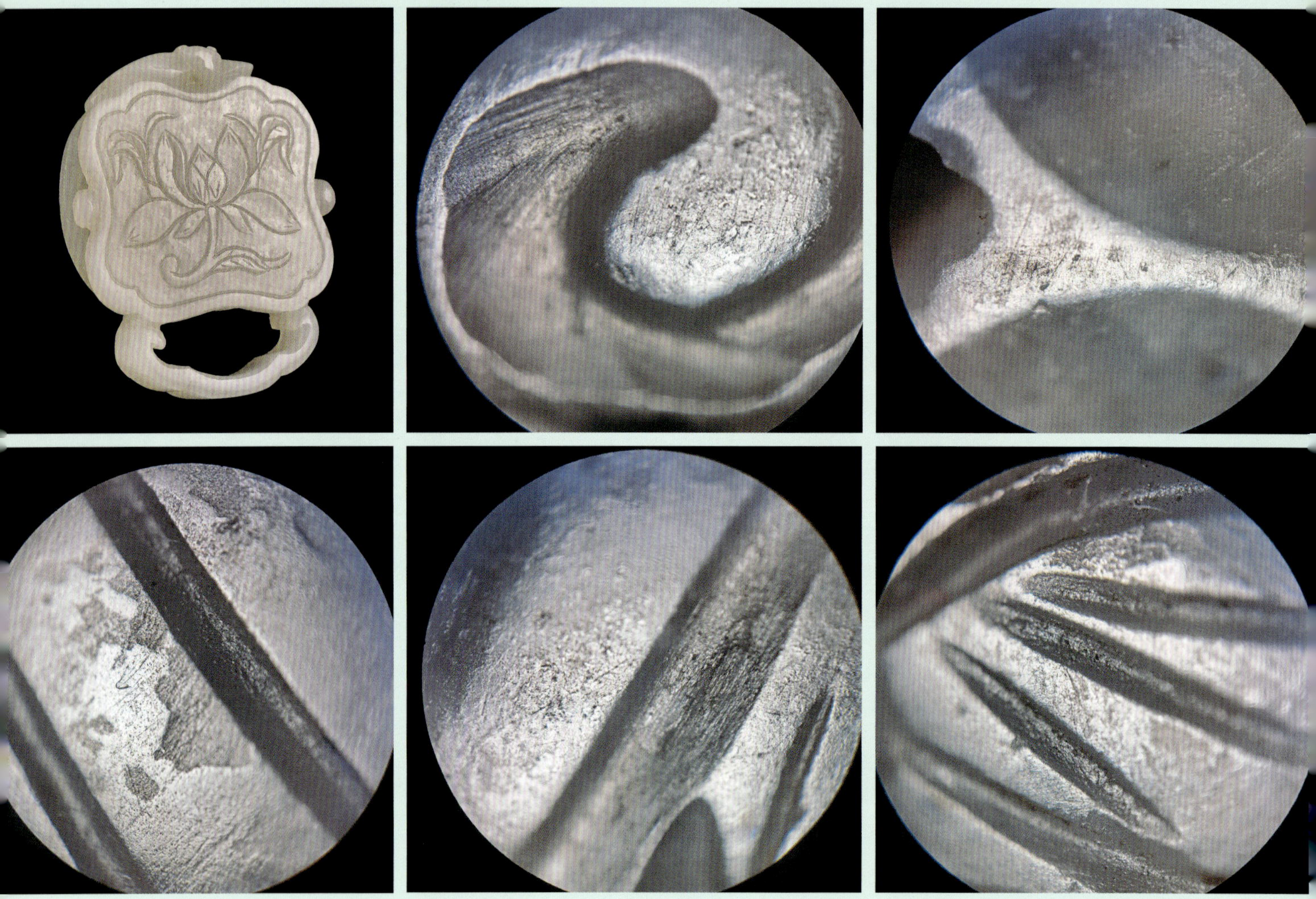

89. 清代白玉富甲一方佩

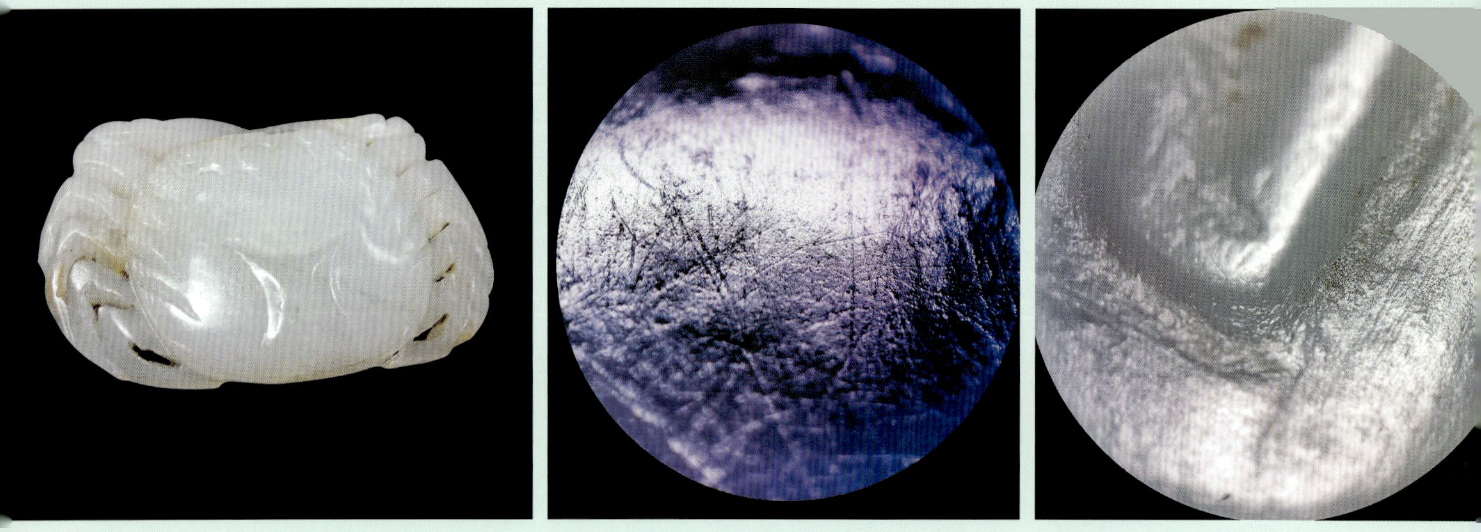

88. 清代白玉手镯

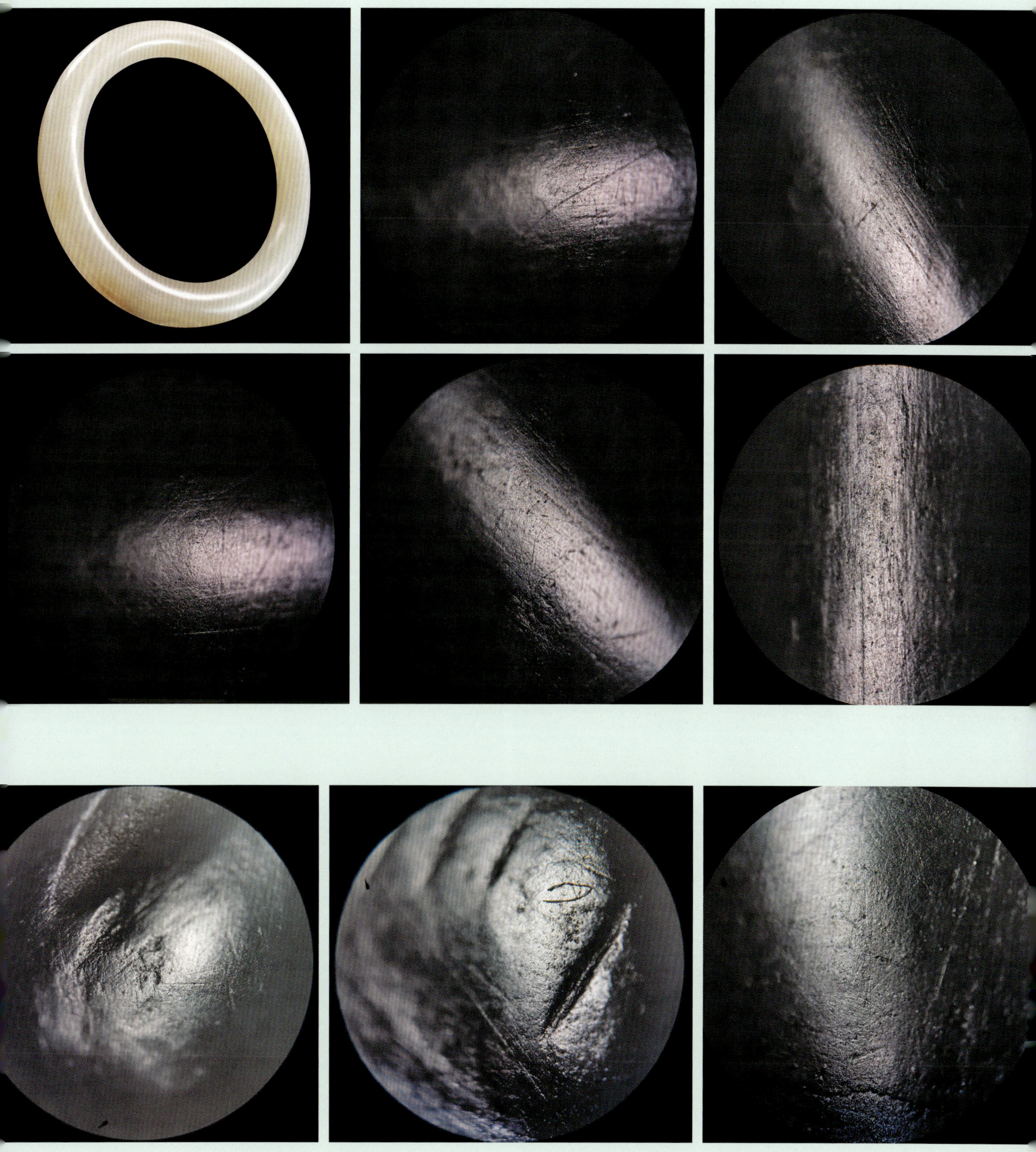

90. 清代白玉蝴蝶形佩

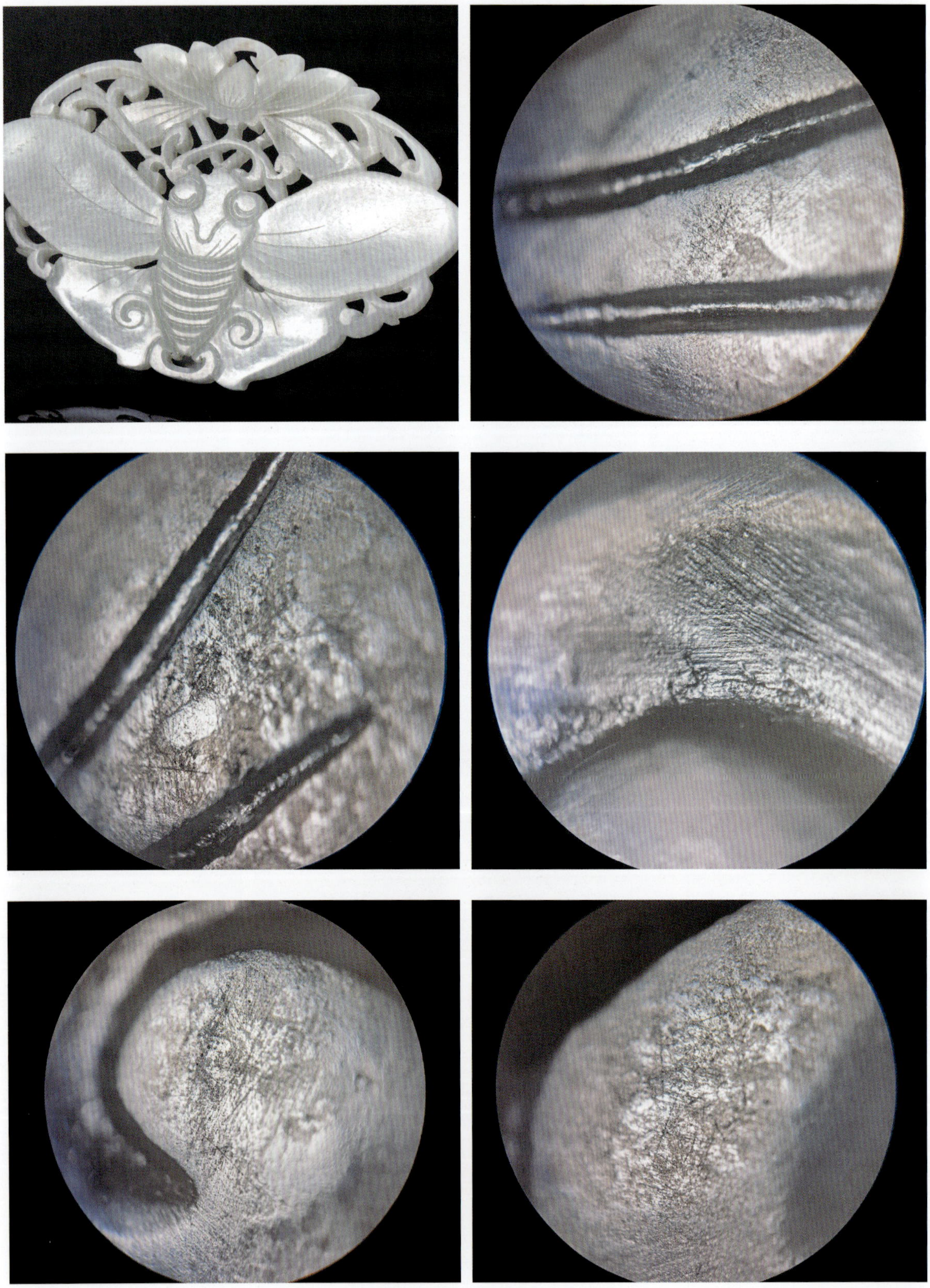

91. 清代蜜蜡圆珠一对

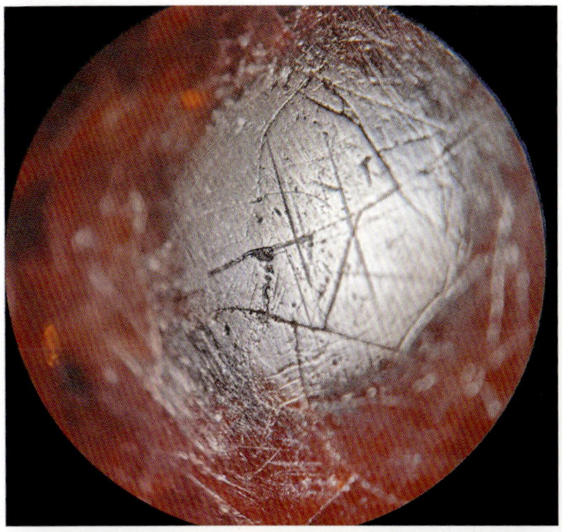

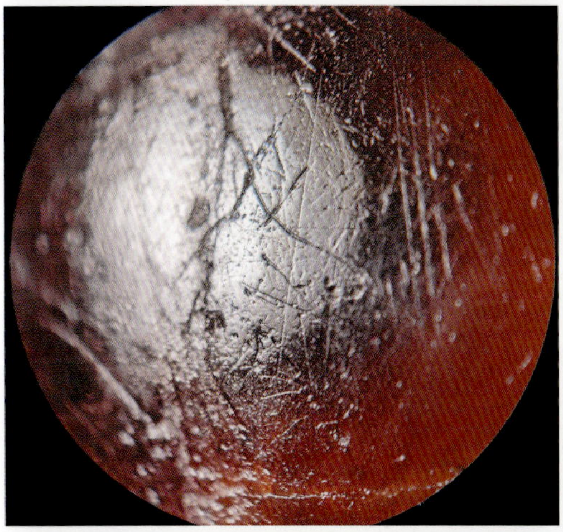

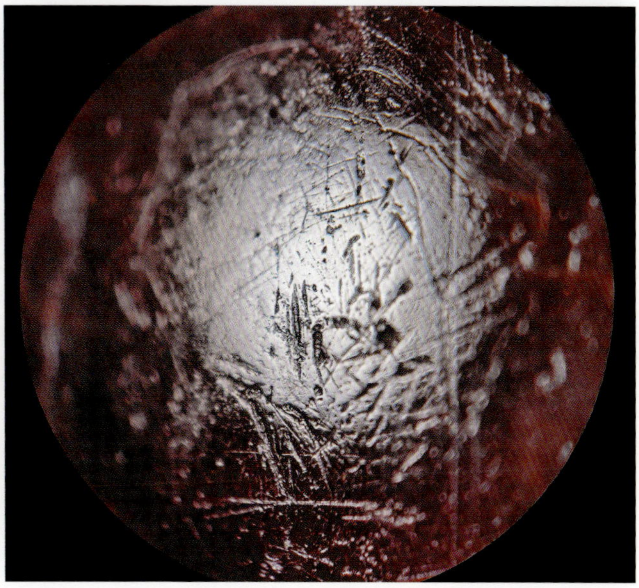

92. 清代翡翠玉堂富贵牌

93. 清代南红玛瑙龟背珠手串

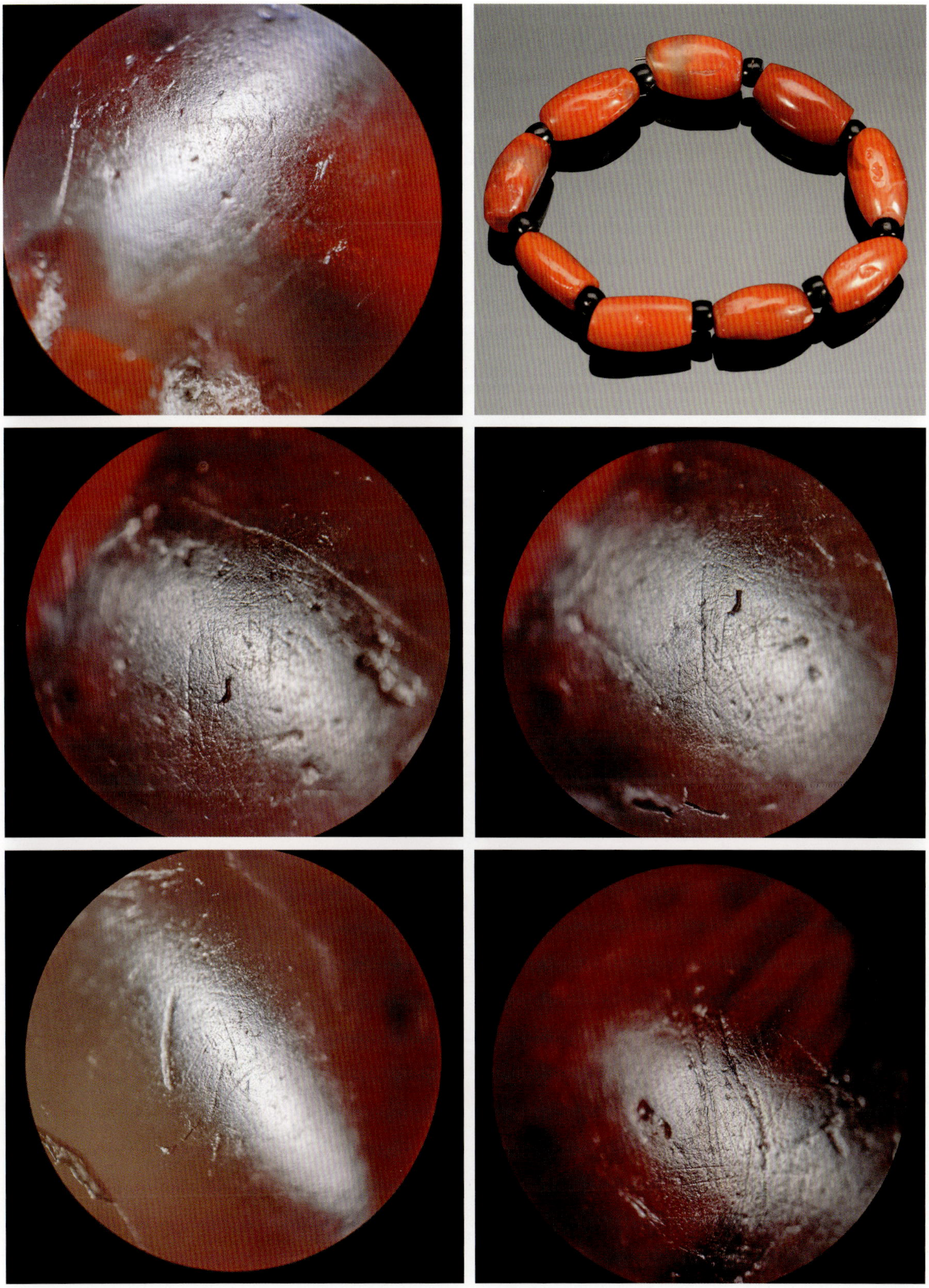

94. 清代藏传老松石扁珠

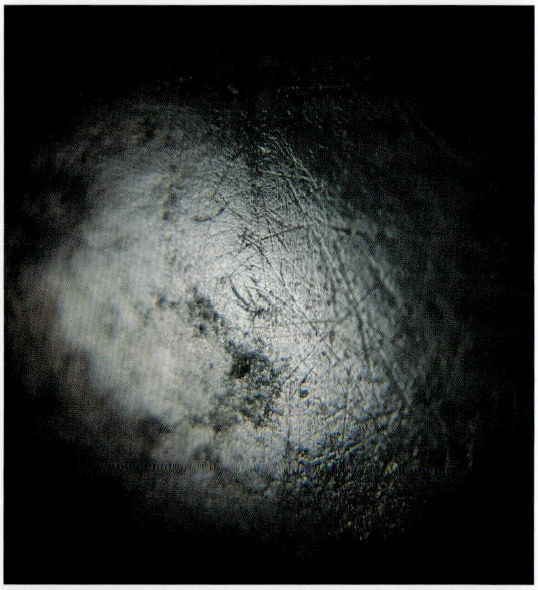

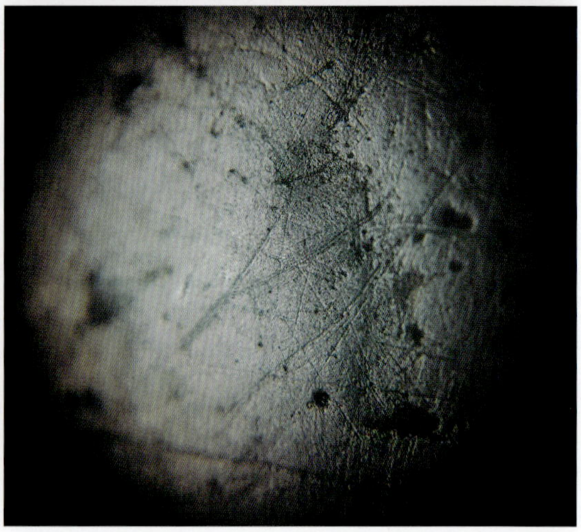

95. 西亚老琉璃穆斯林念珠

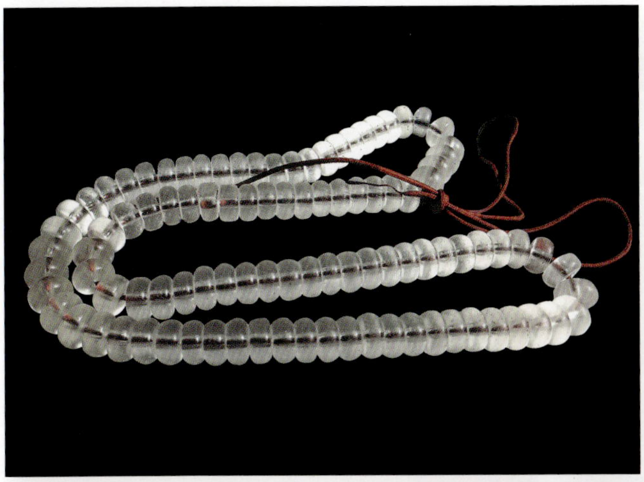
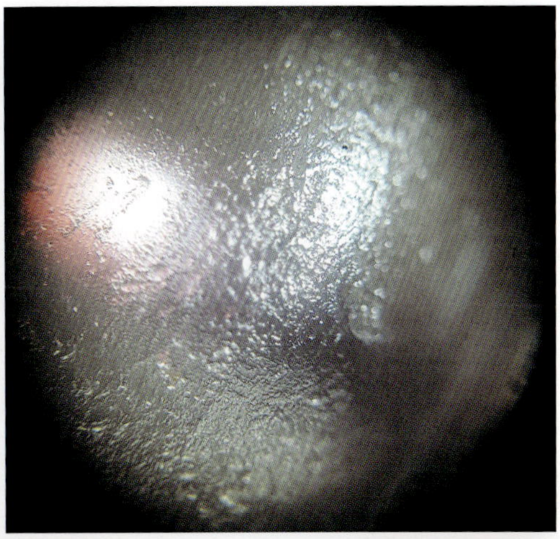
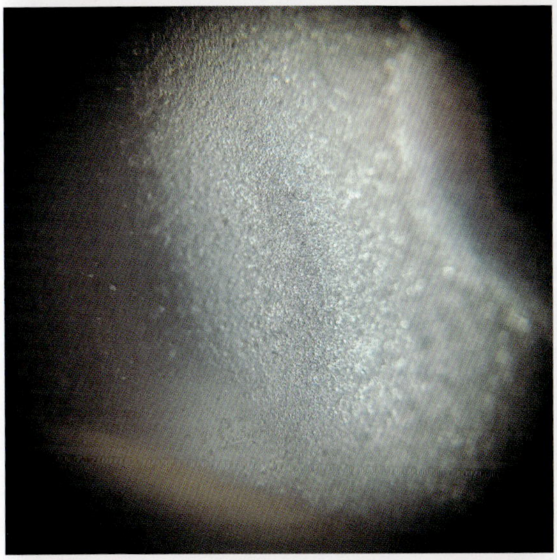
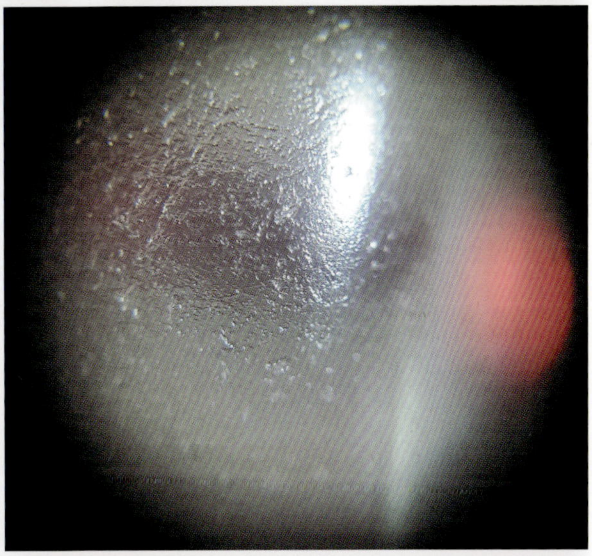

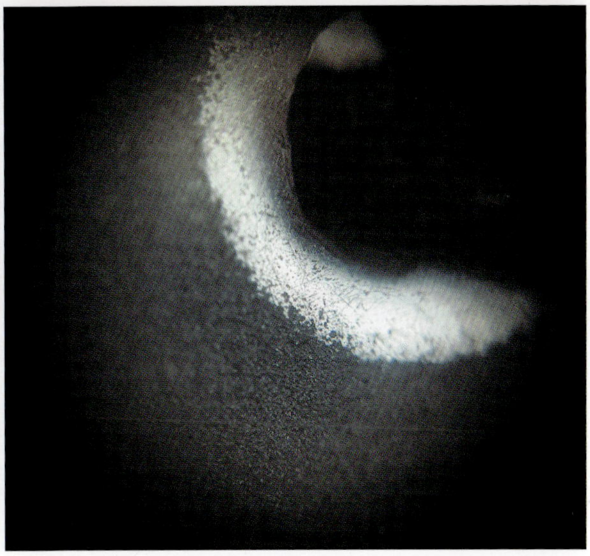

96. 西亚中古红玛瑙镶蚀多棱橄榄珠

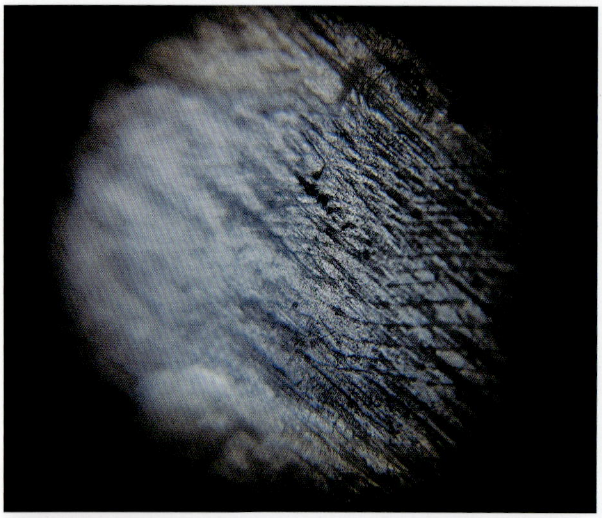

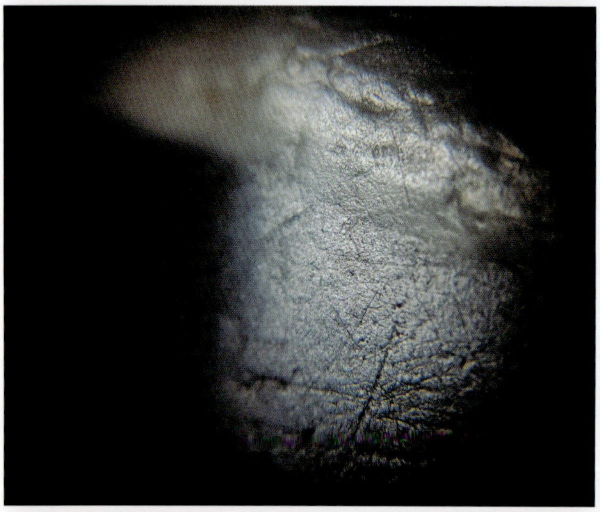

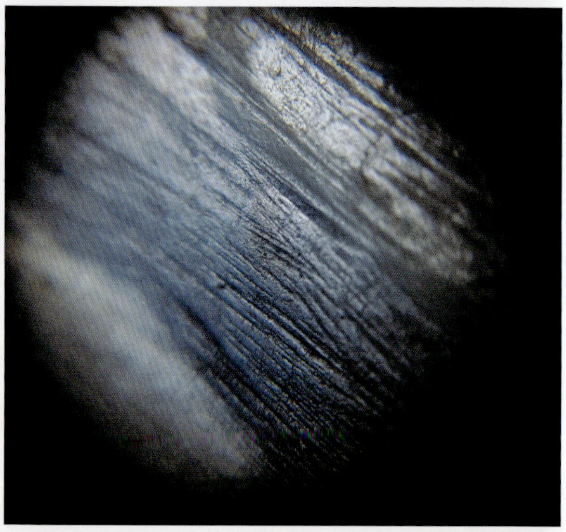

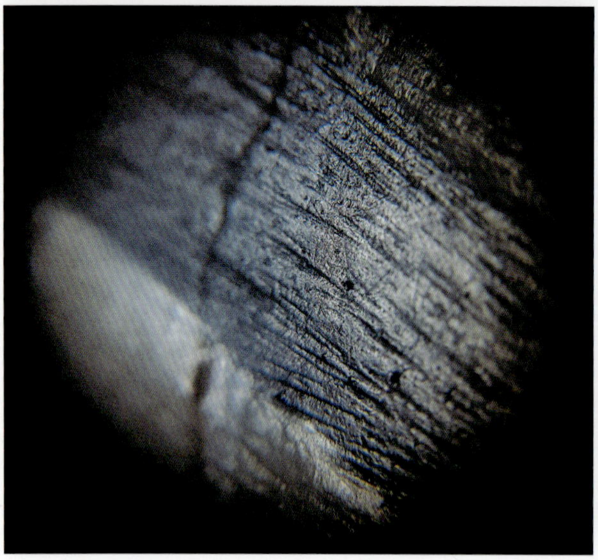

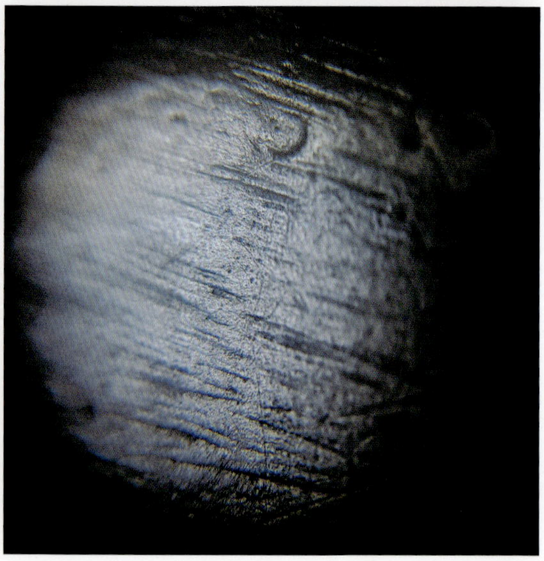

97. 西亚中古时期红玛瑙橄榄珠

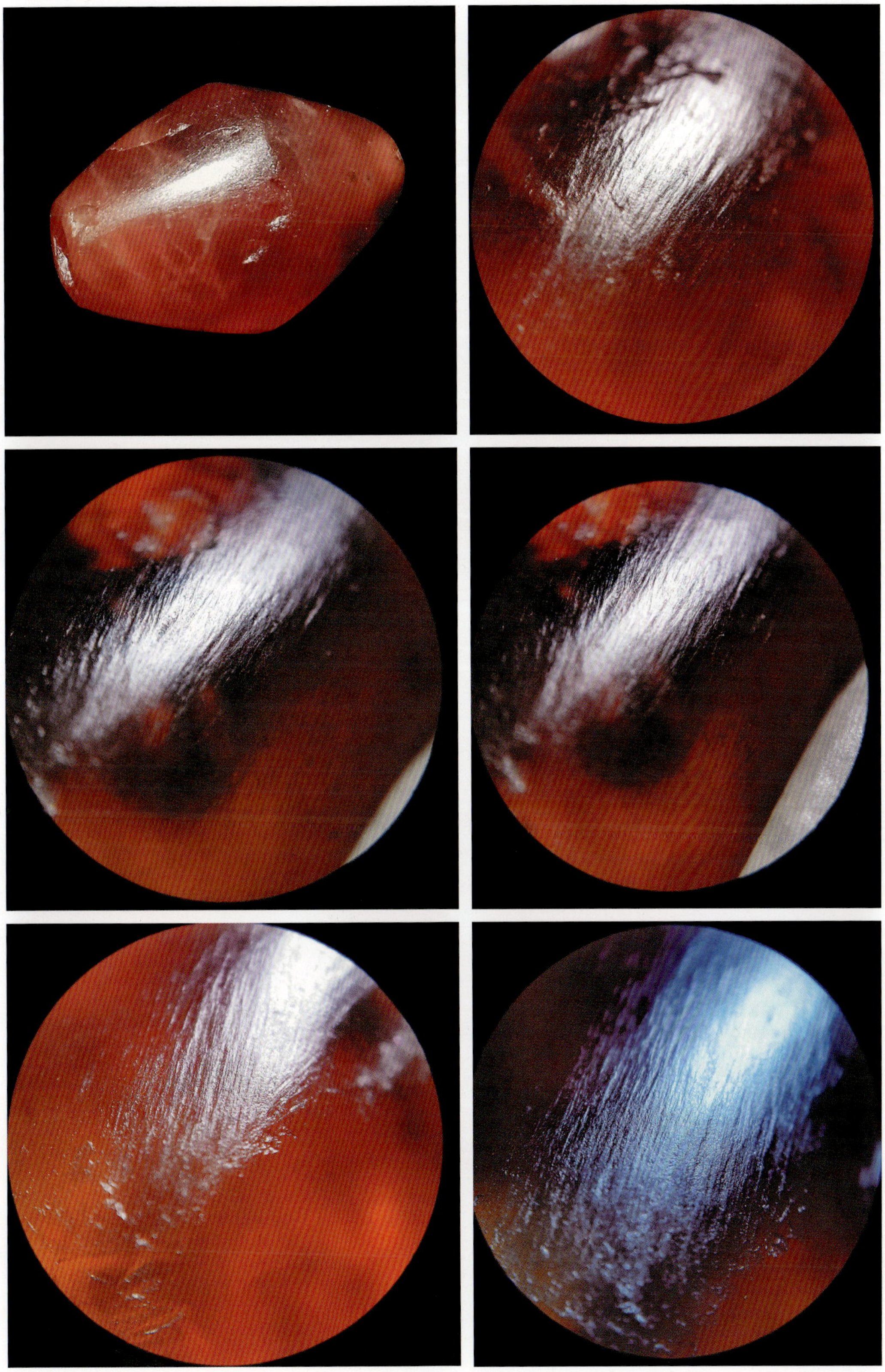

98. 东南亚 PYU 系玛瑙兽

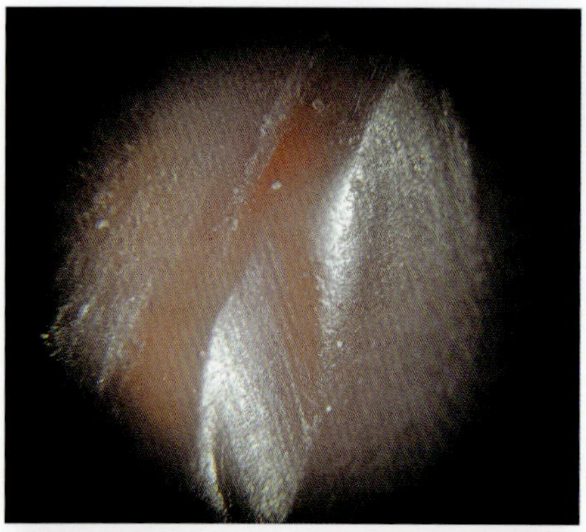

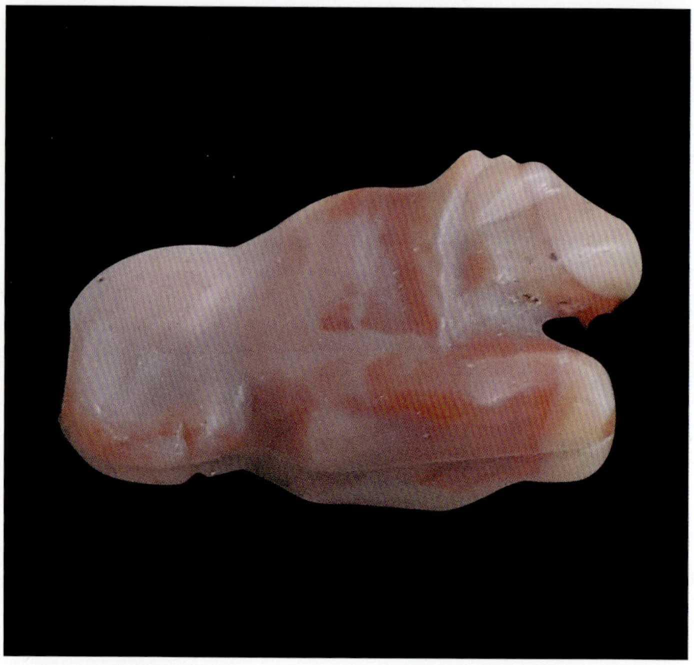

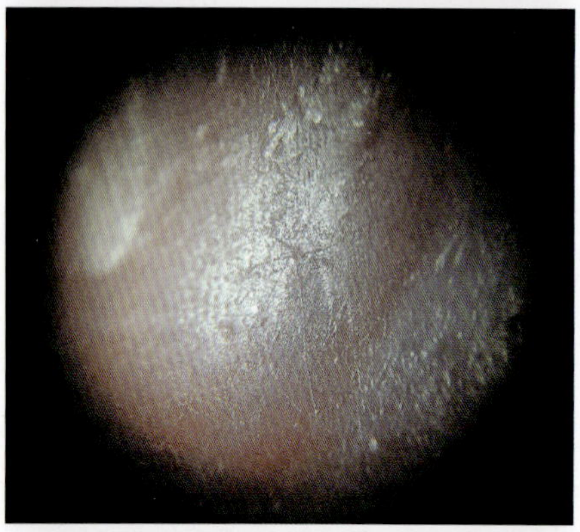

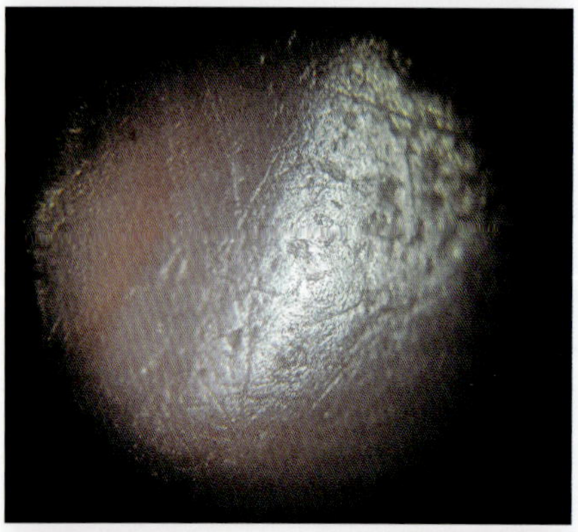

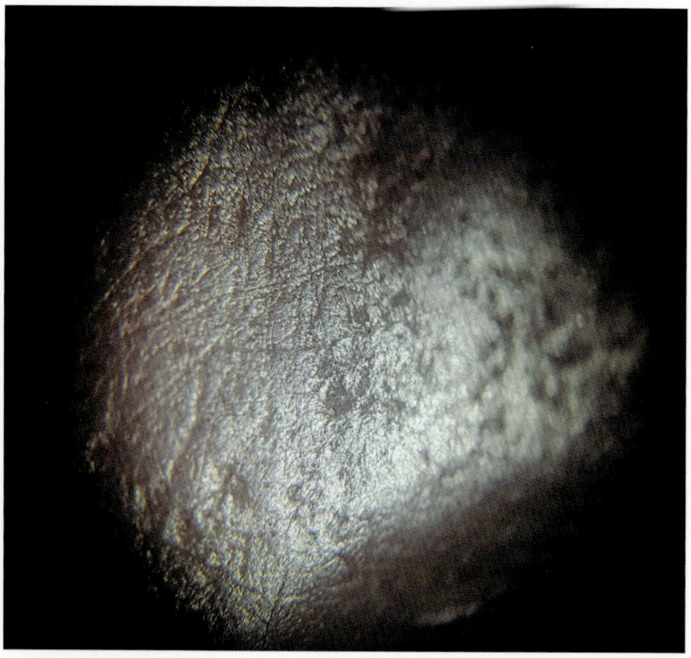

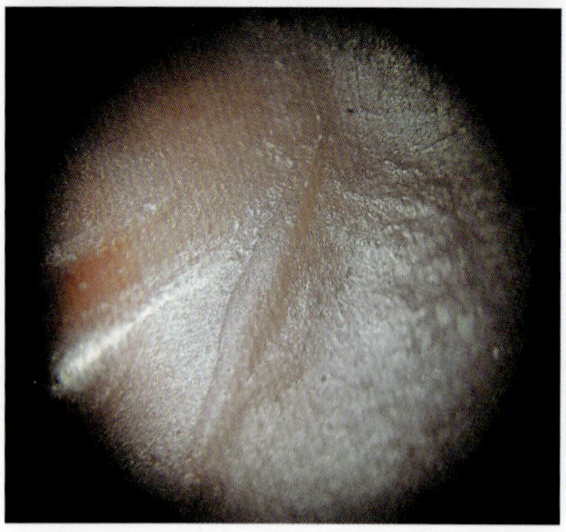

99. 创汇期冰种翡翠牌

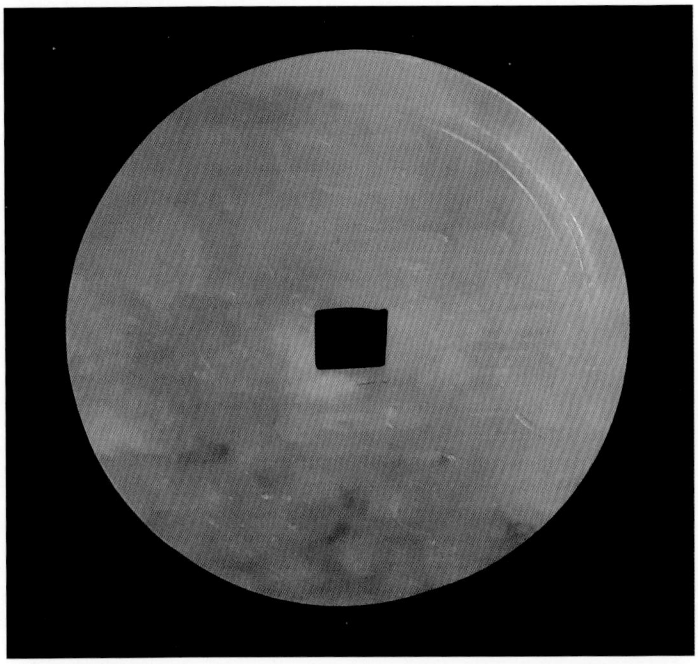
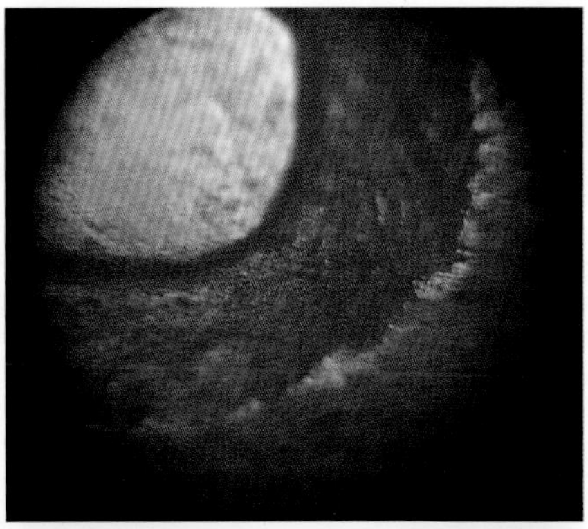

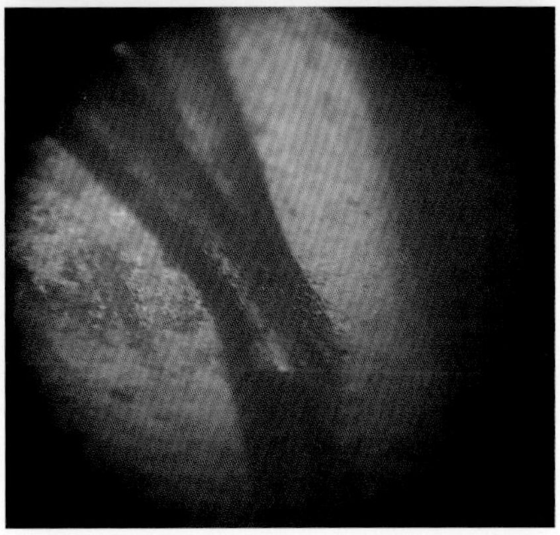

100. 创汇期白玉山水人物山子

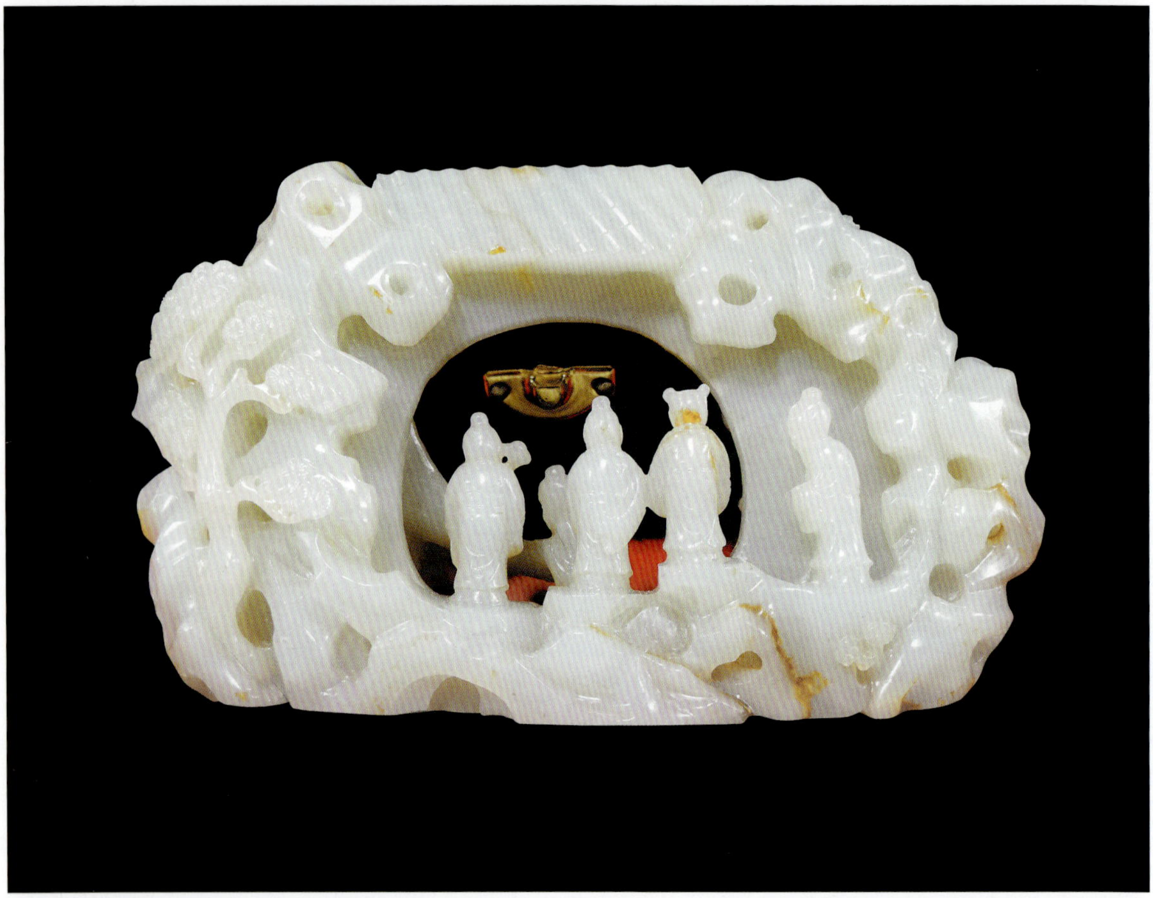

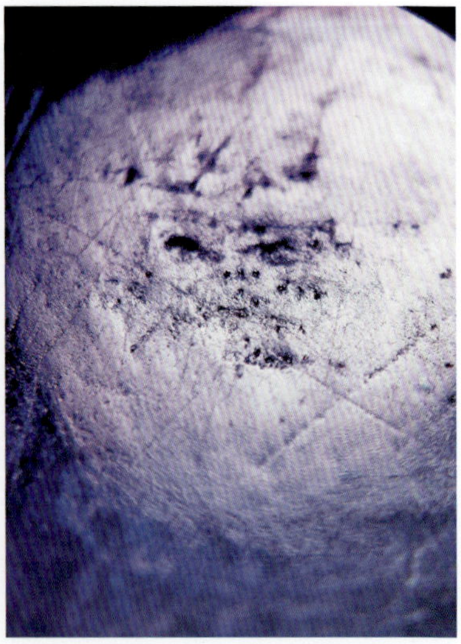

二、仿 品

1. 仿石家河文化期白玉鹰首笄

2. 仿红山文化勾云形佩

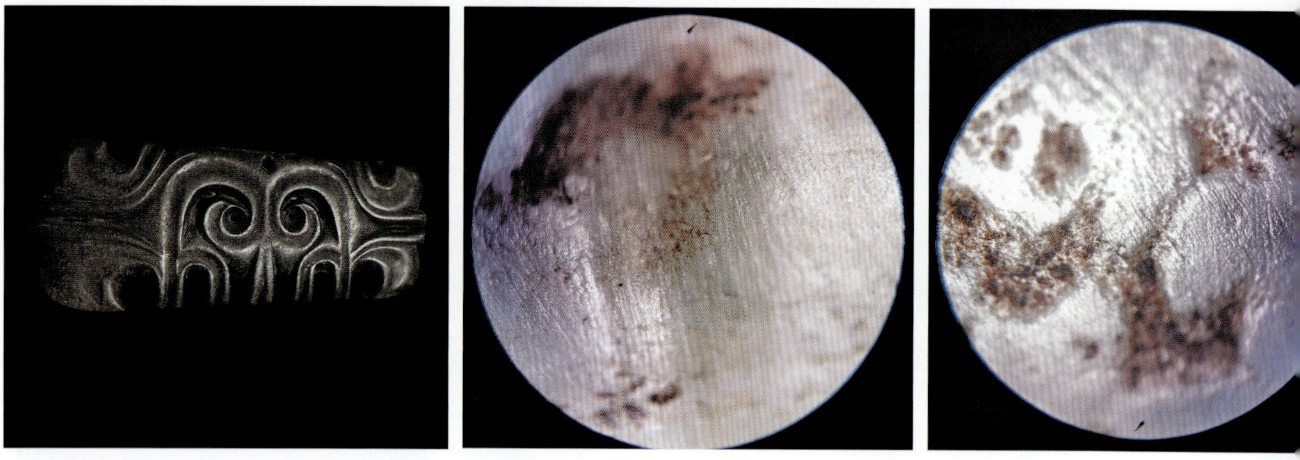

3. 仿红山文化玉枭

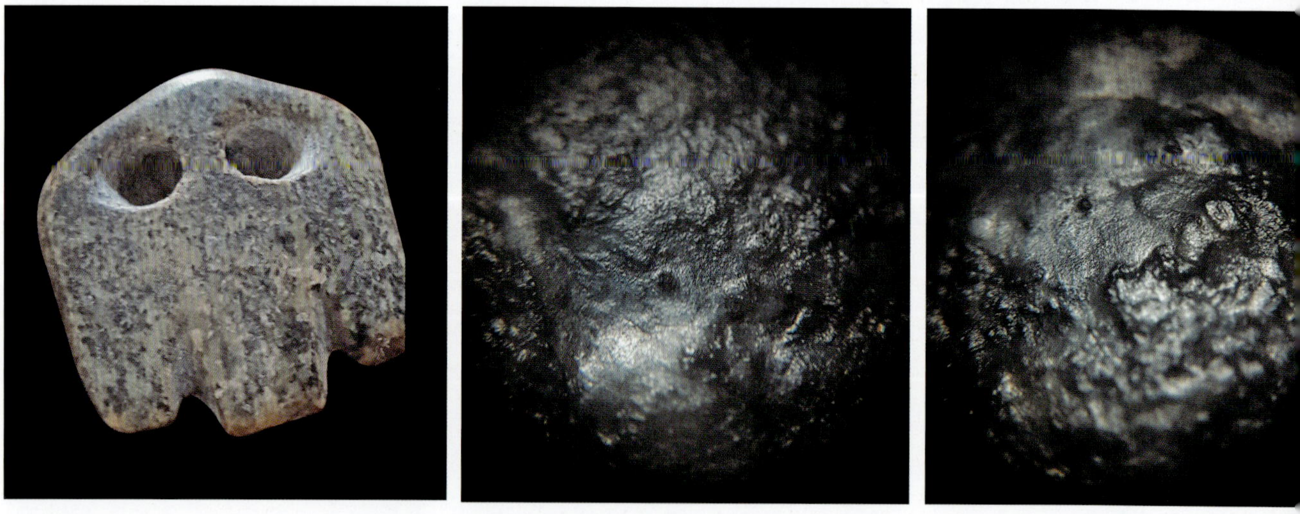

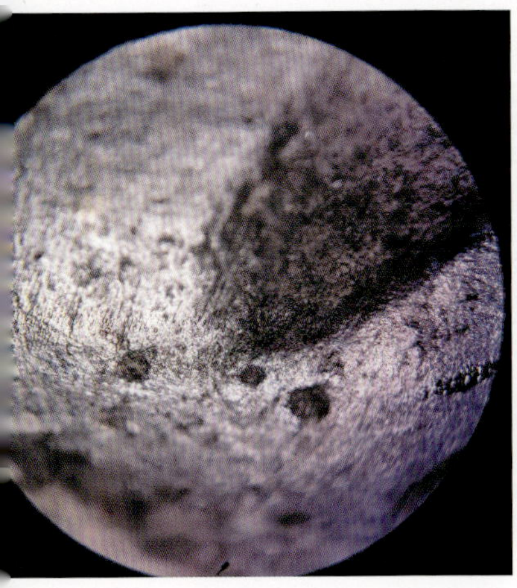
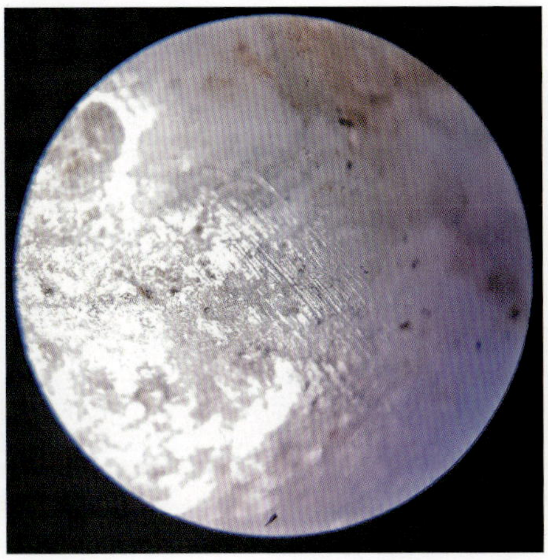
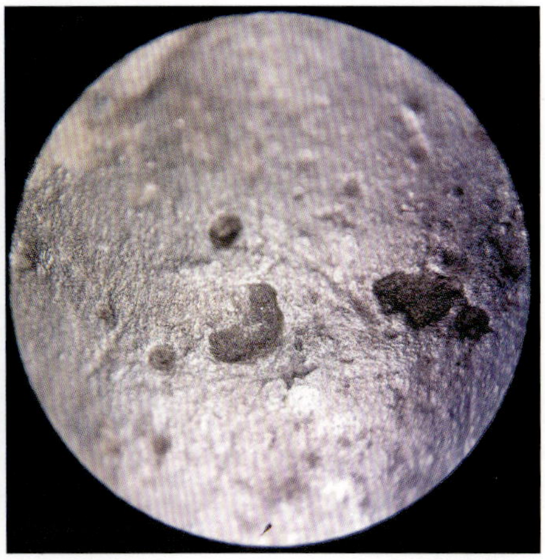

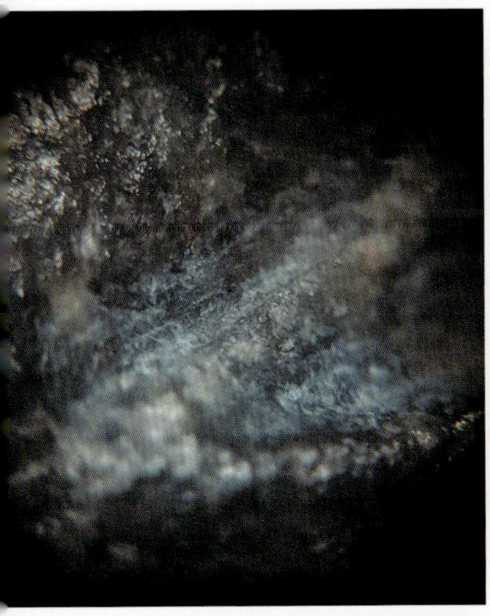

4. 仿商代青玉兽面饰

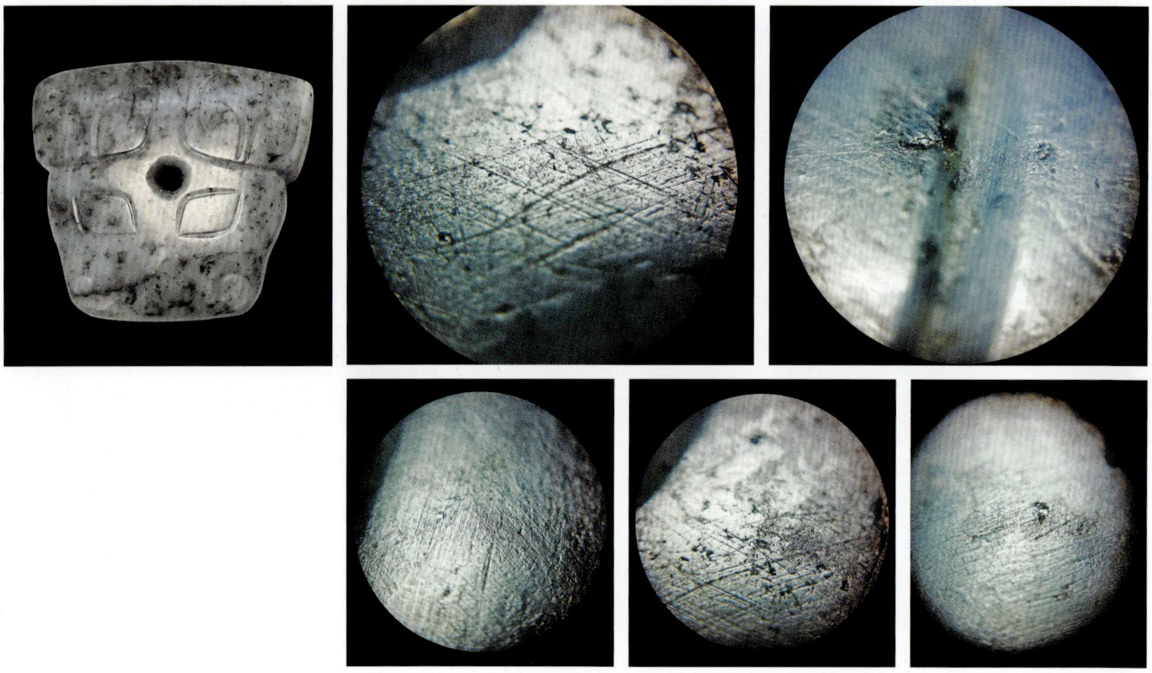

5. 仿齐家文化青玉三璜璧

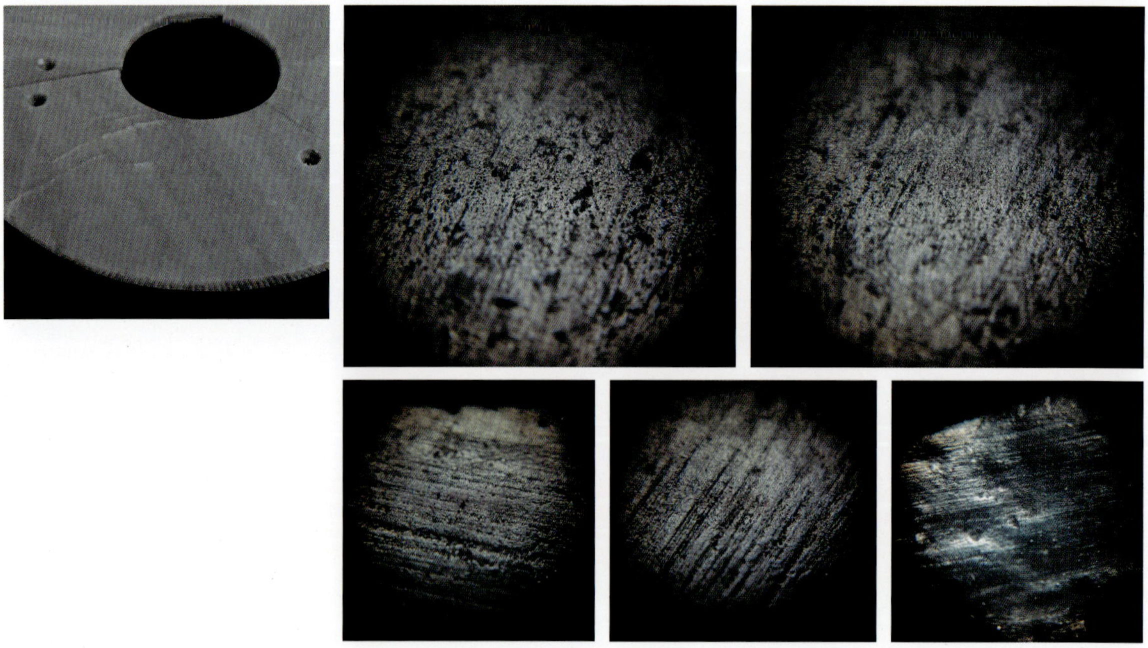

6. 仿商代墨玉琮

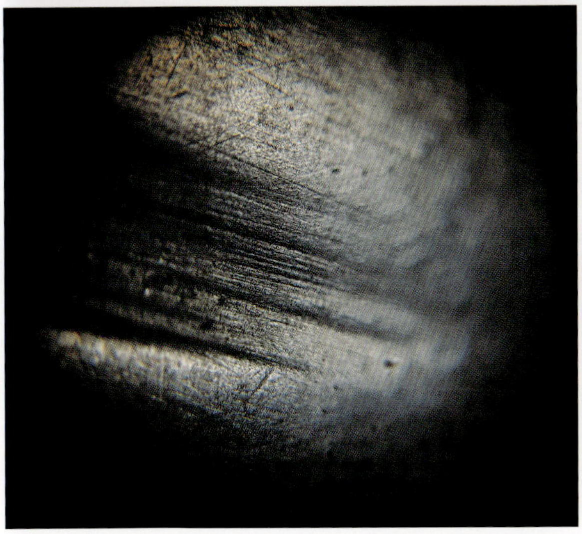

7. 仿西周白玉人龙佩

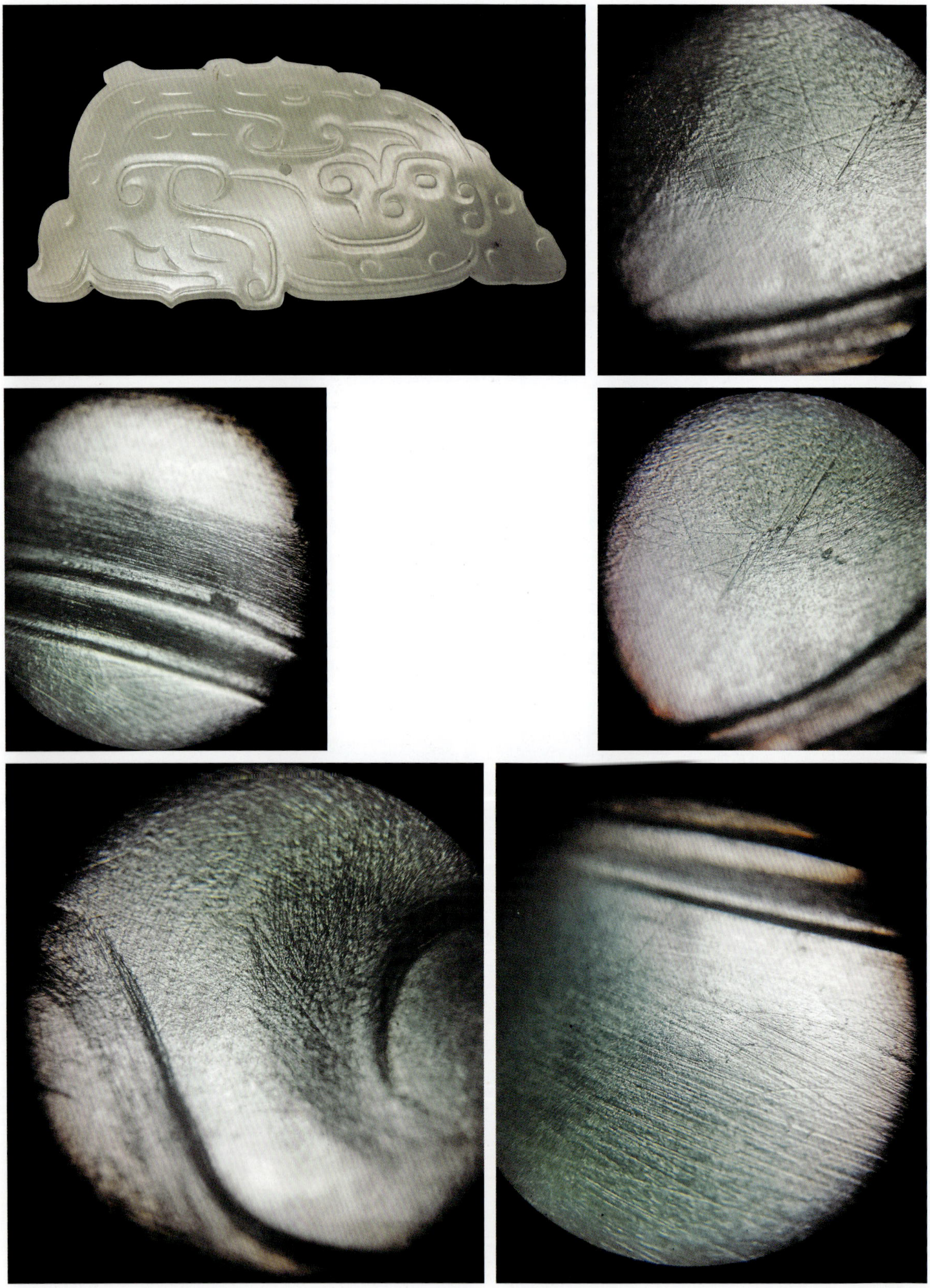

8. 仿春秋青玉龙纹璜

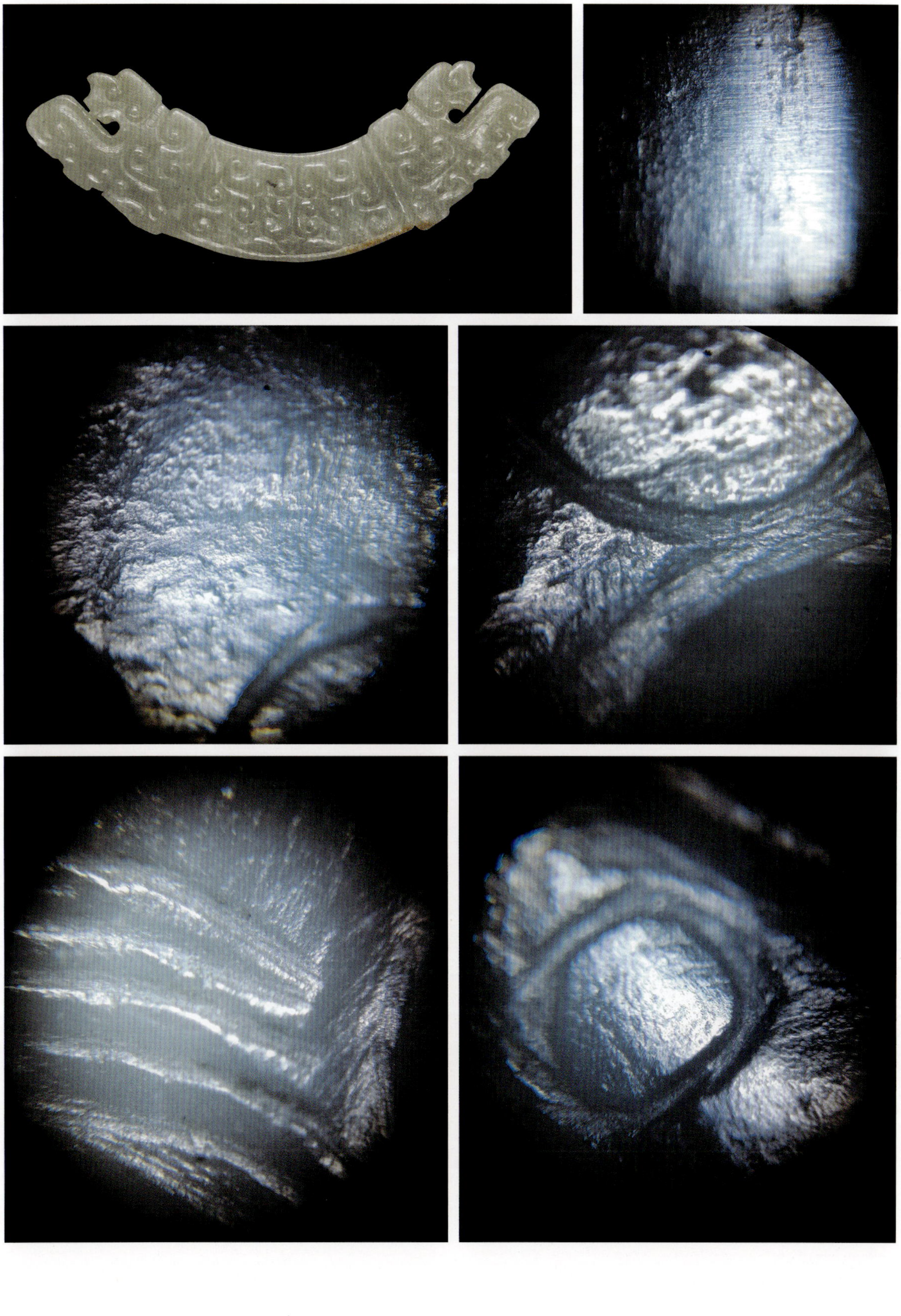

9. 仿战国墨玉龙

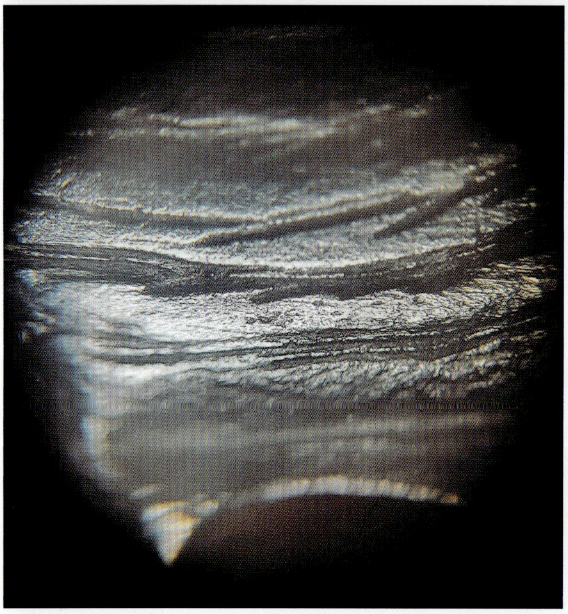

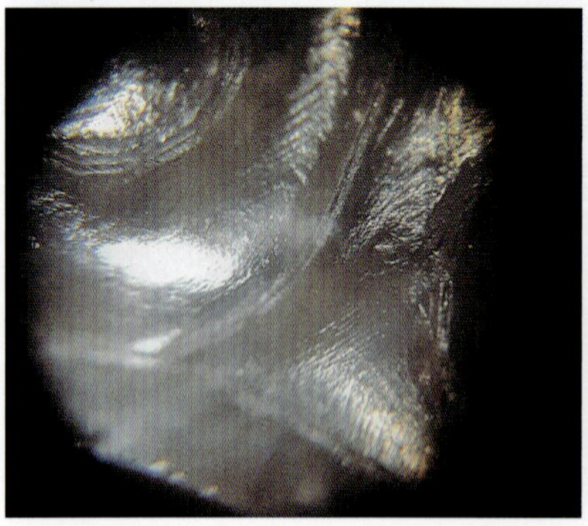

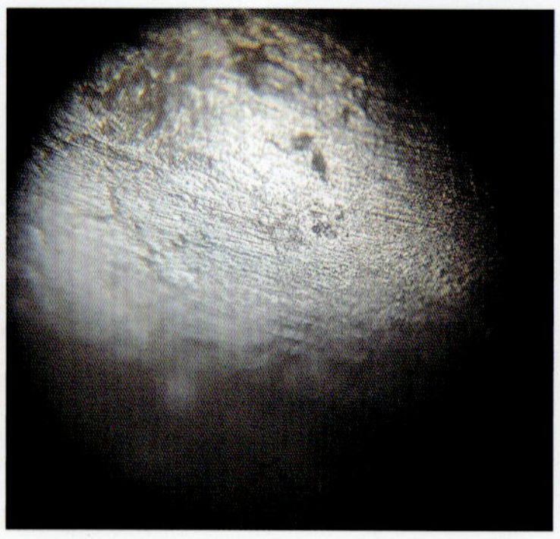

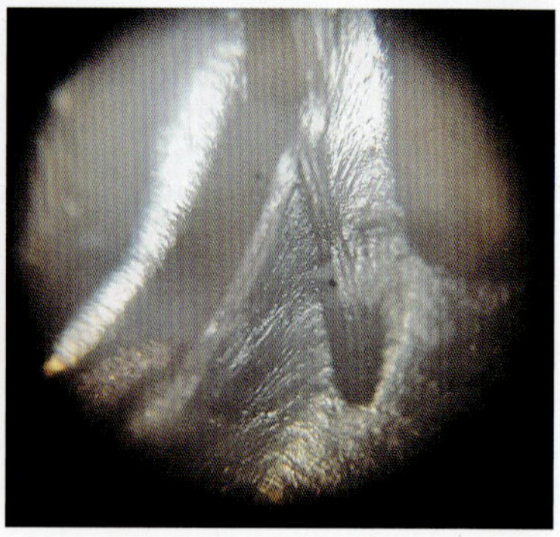

10. 仿战国玛瑙平台环

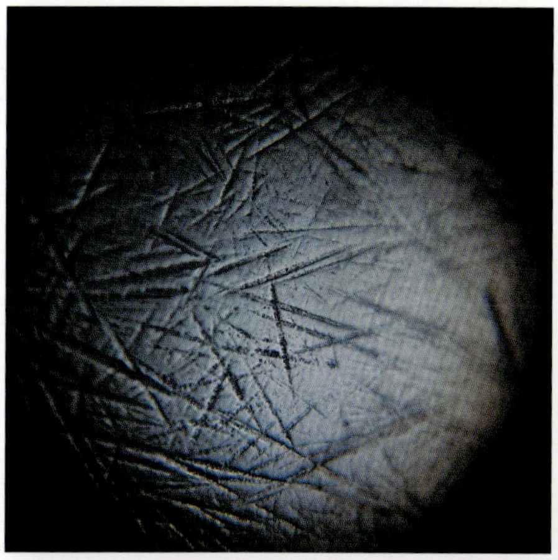

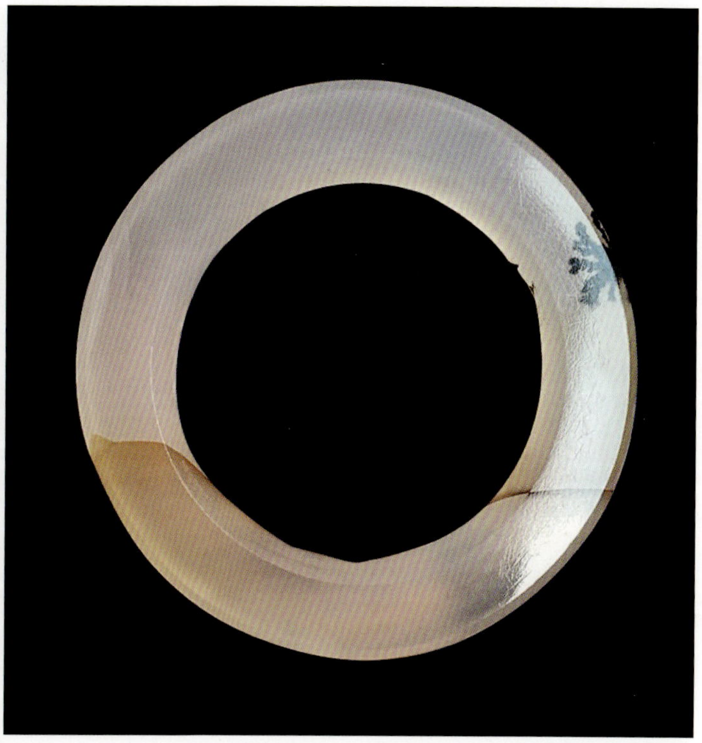

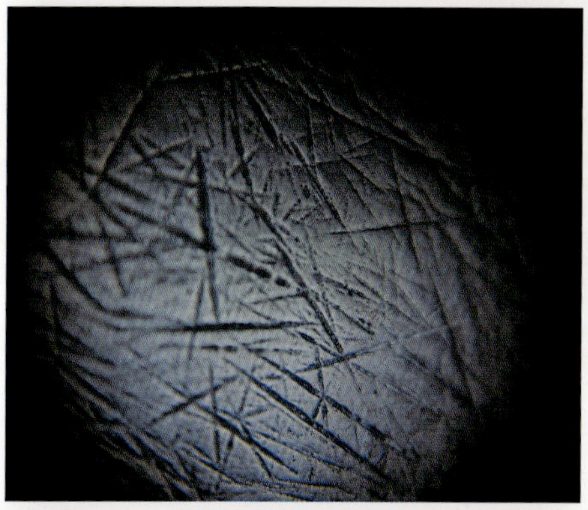

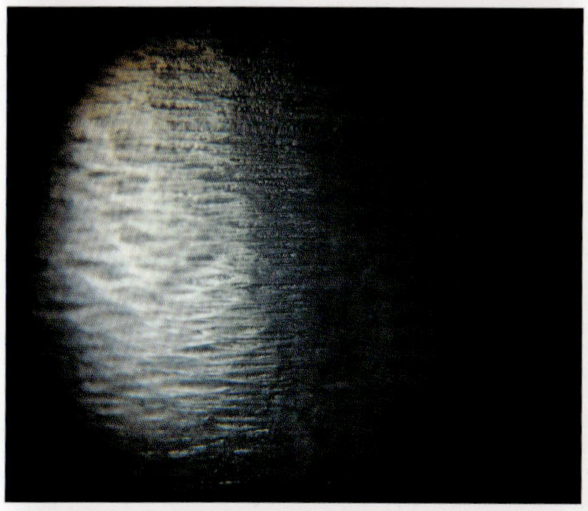

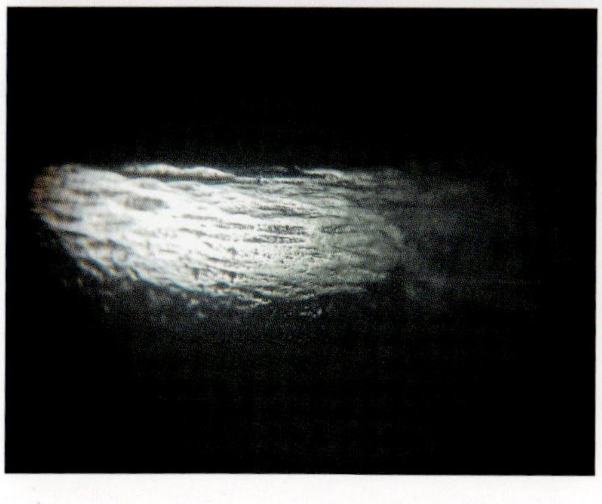

11. 仿汉代三区夔龙纹青玉璧（涂蜡）

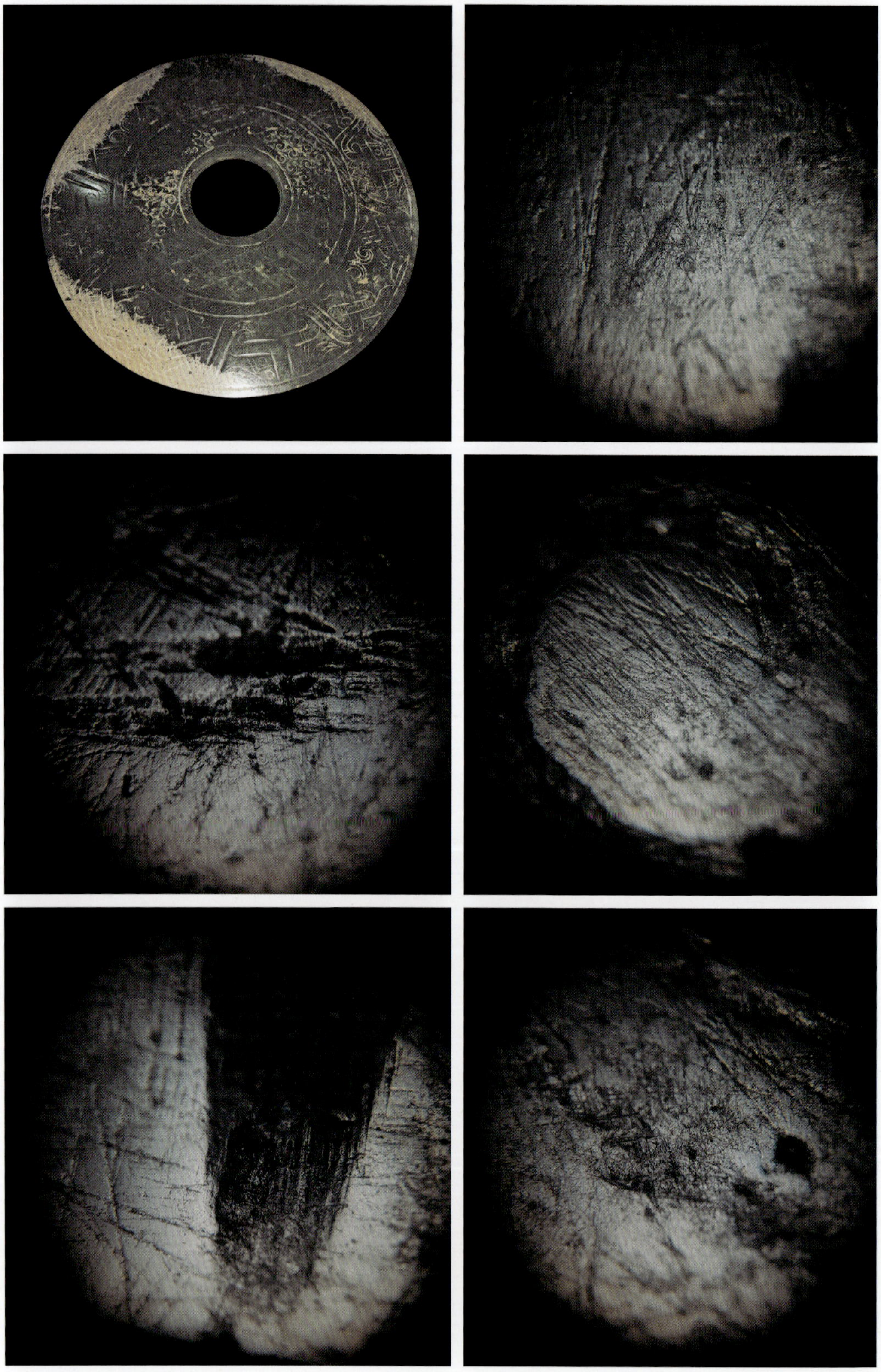

12. 仿汉代青玉蝉

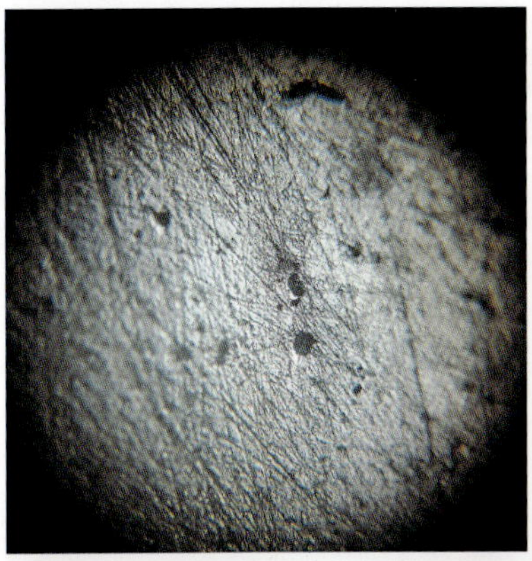

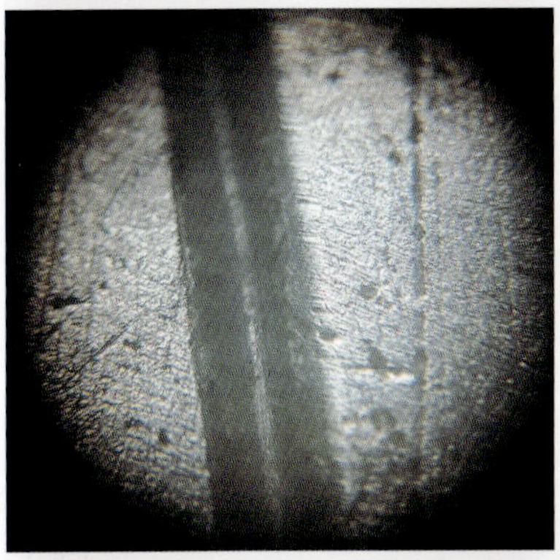

13. 仿唐代人物故事纹玉坠

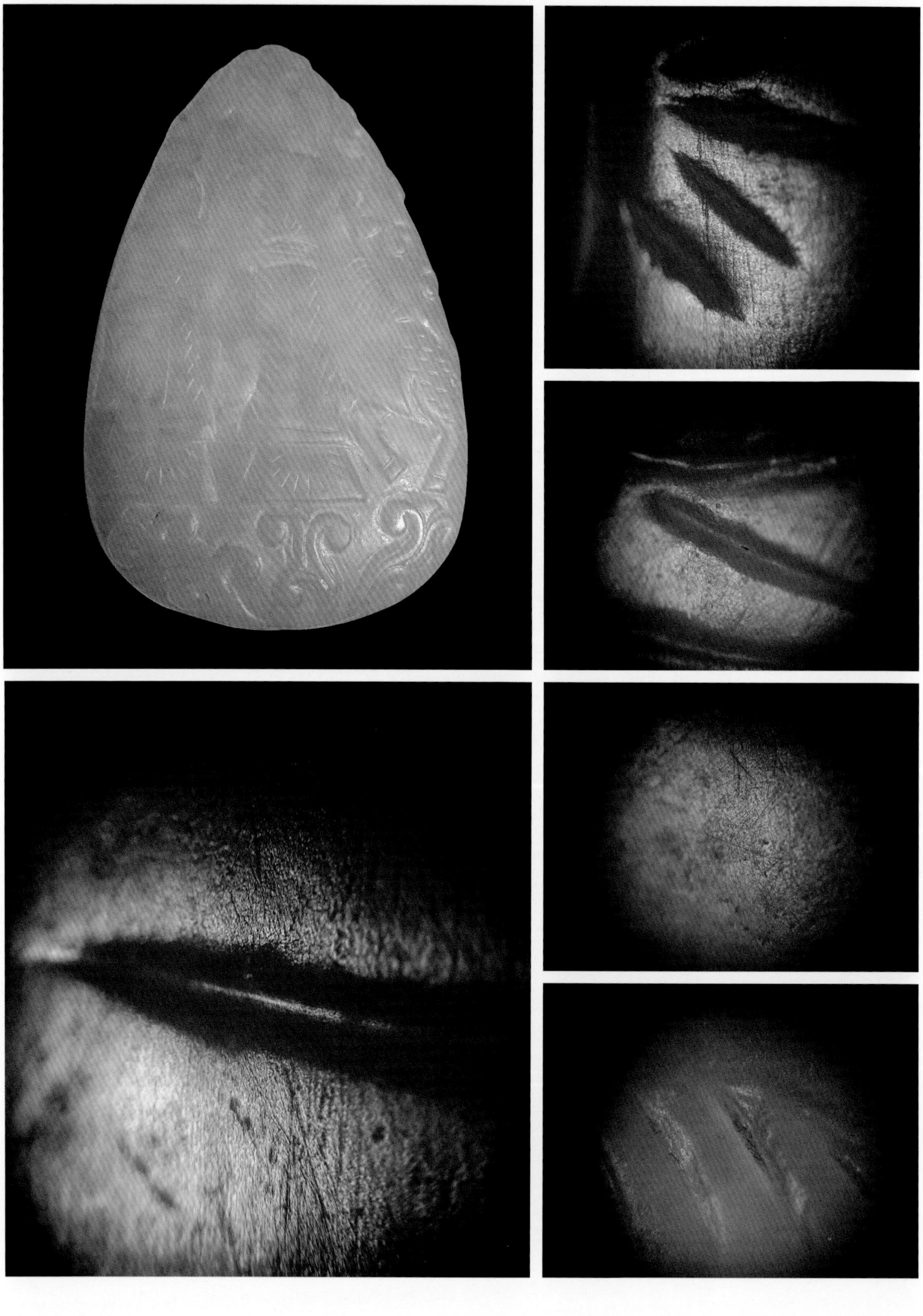

14. 仿金元时期青玉游龟佩

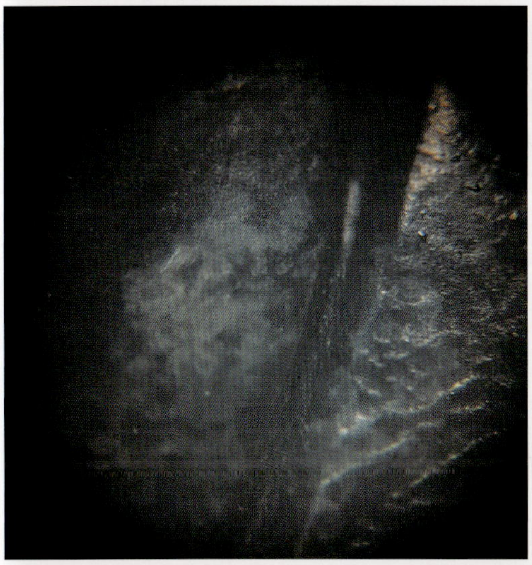
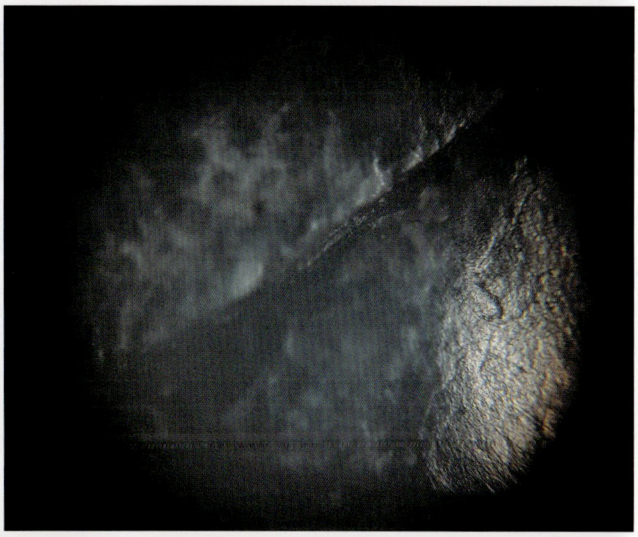
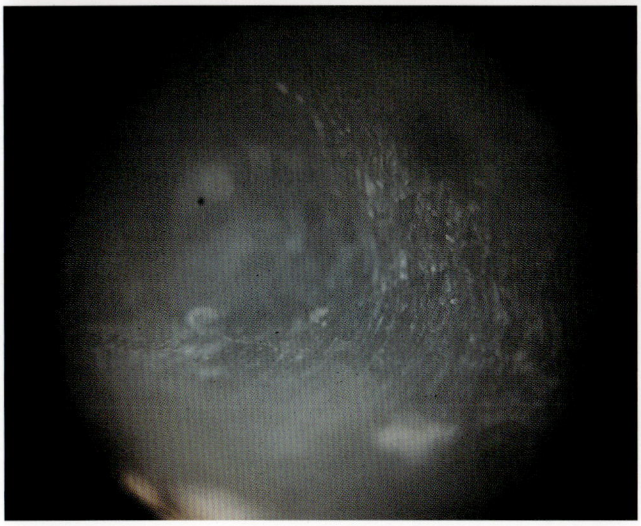

15. 仿元代螭龙纹青玉带板

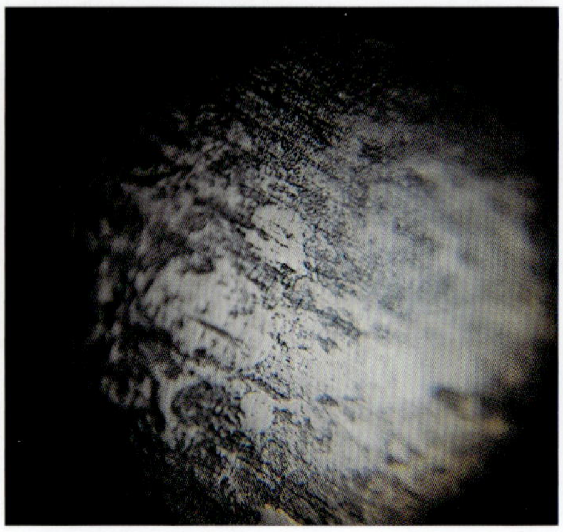
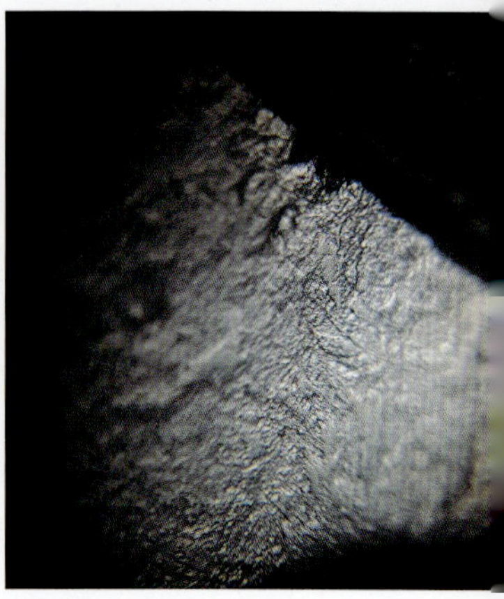

16. 元代青玉一夜欢佩修补

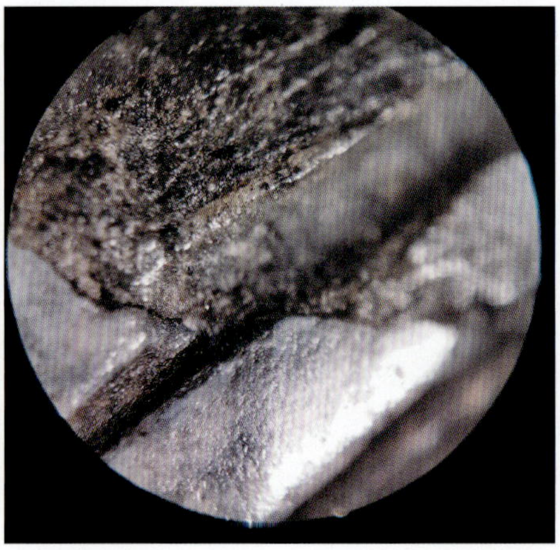
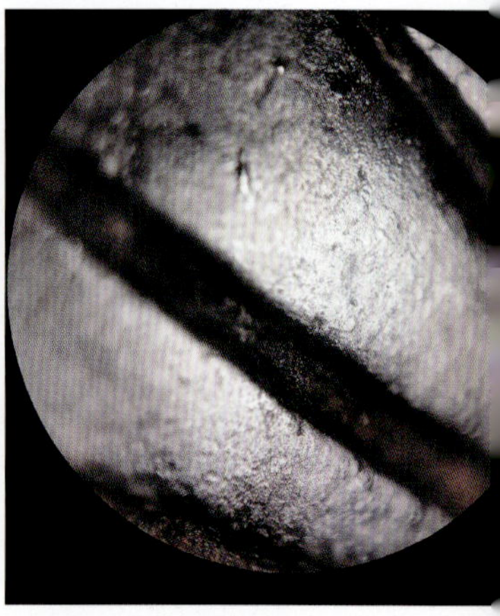

17. 仿明代白玉双瓜坠

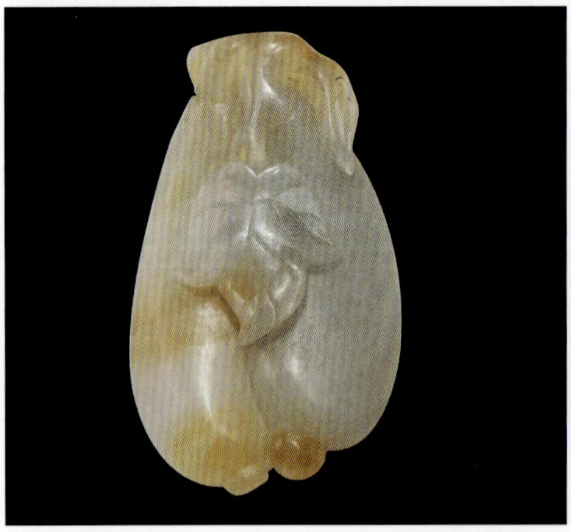
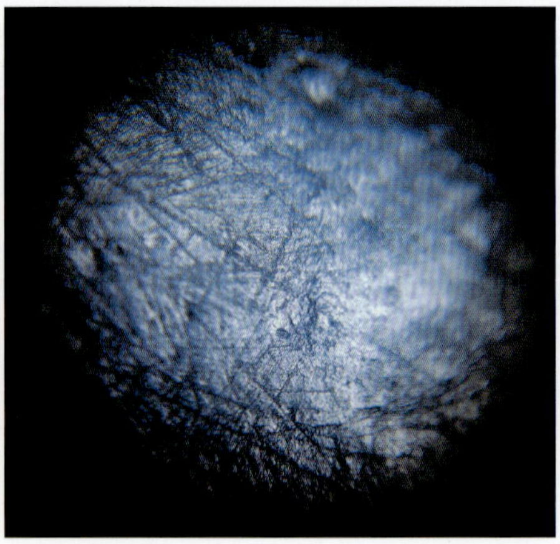
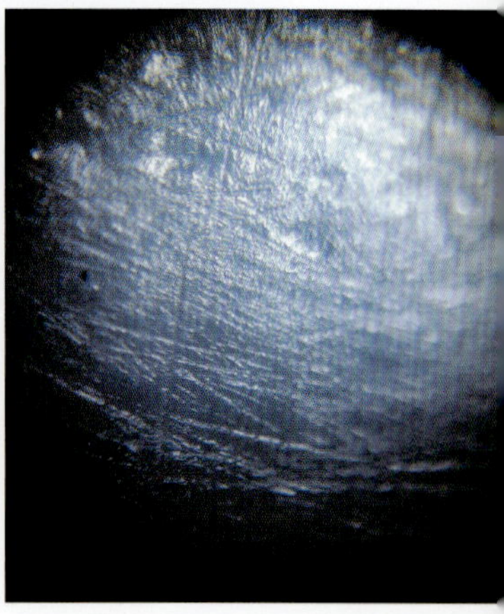

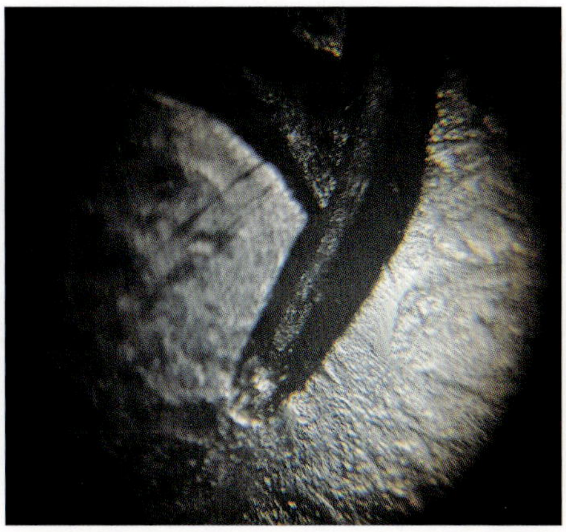

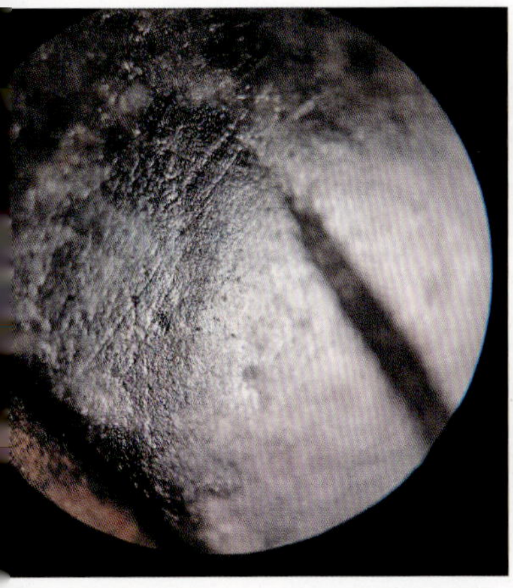
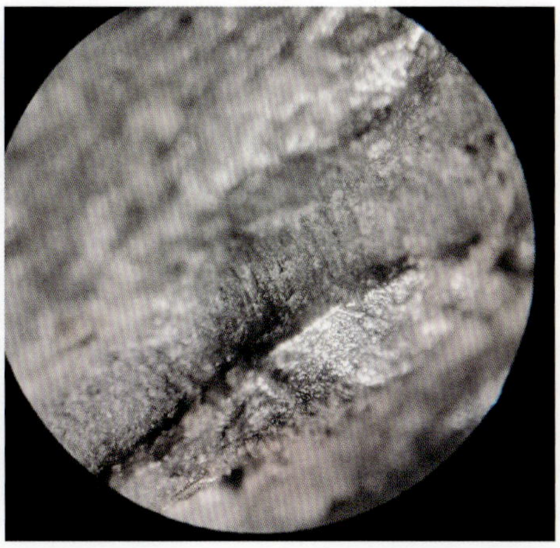
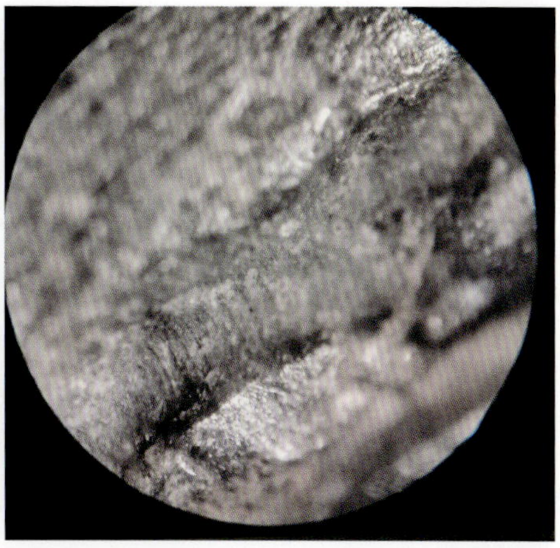

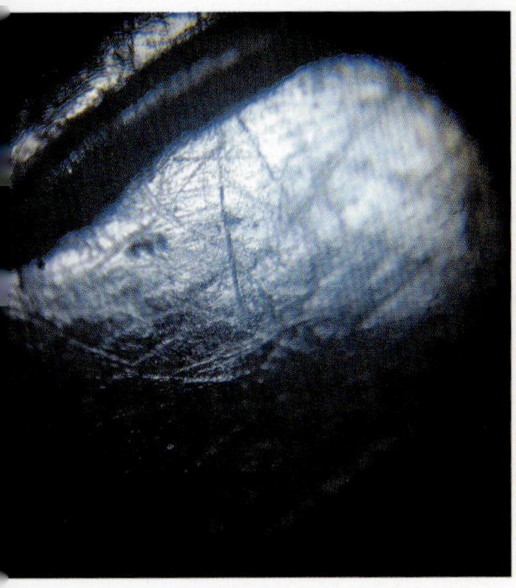
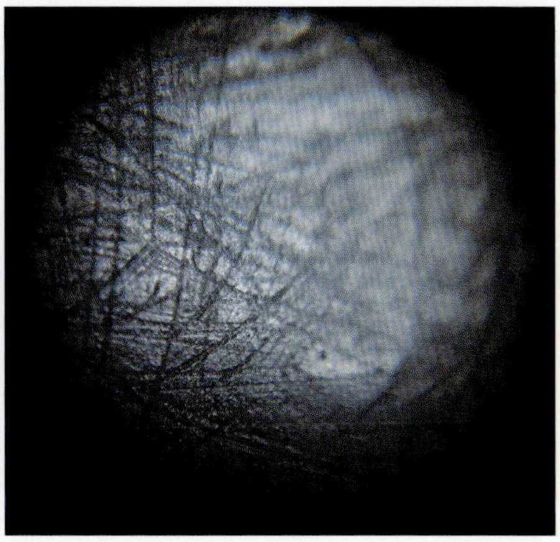
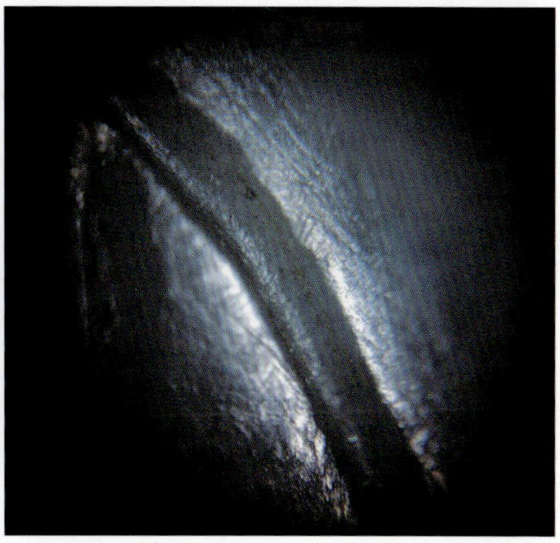

18. 仿明代青玉寿星坠

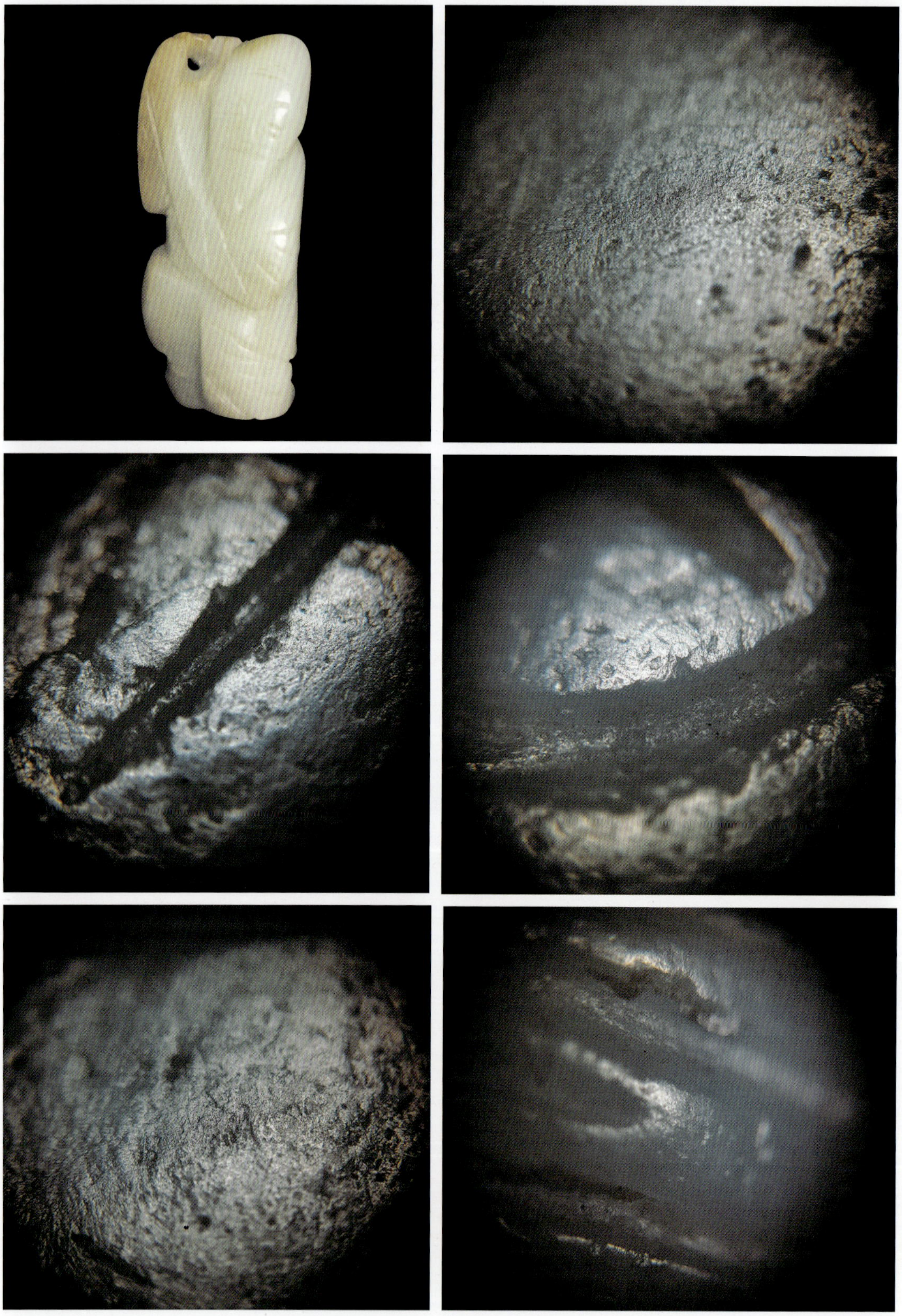

19. 仿清代白玉玉兔捣药纹圆牌

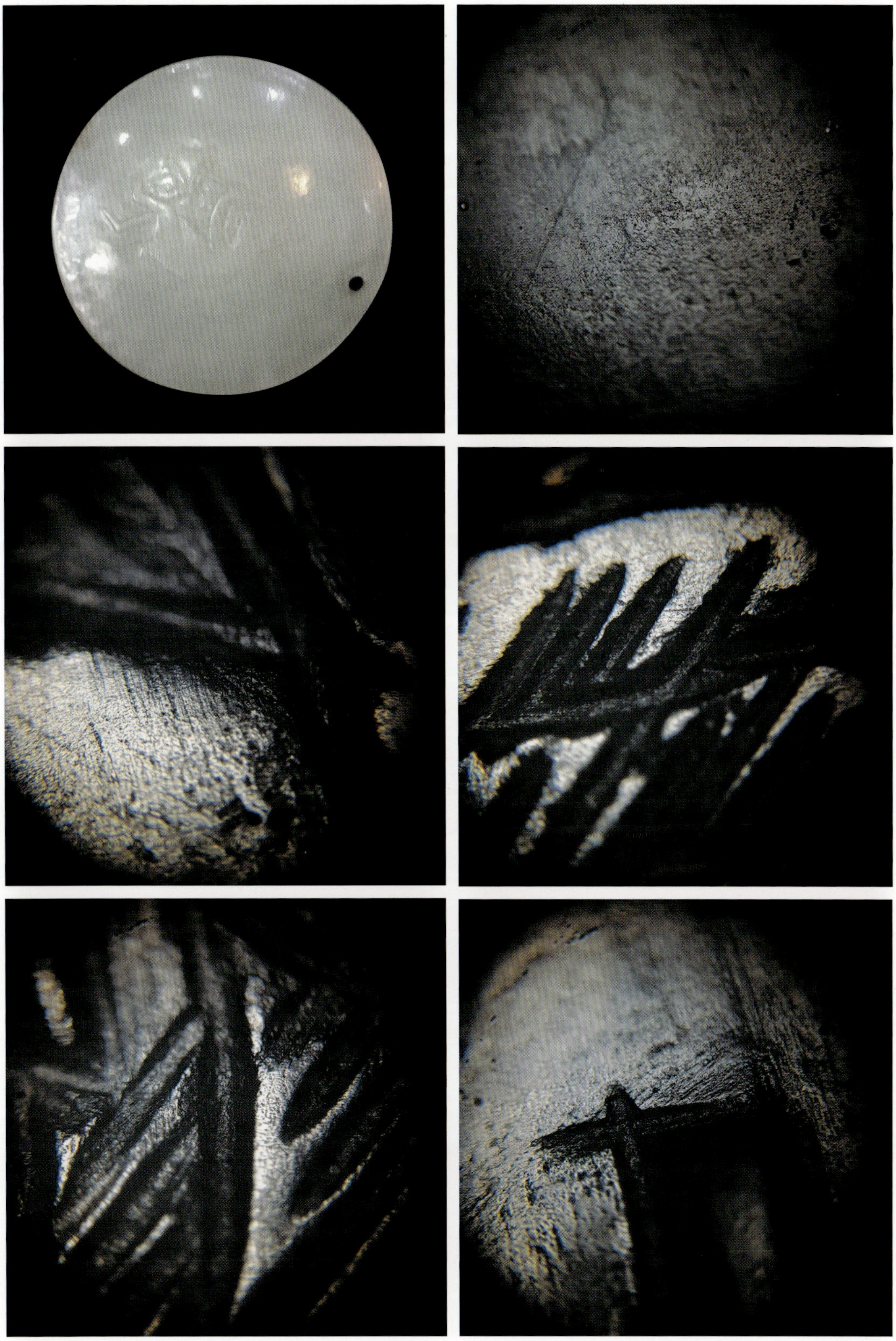

20. 仿清代白玉子冈牌

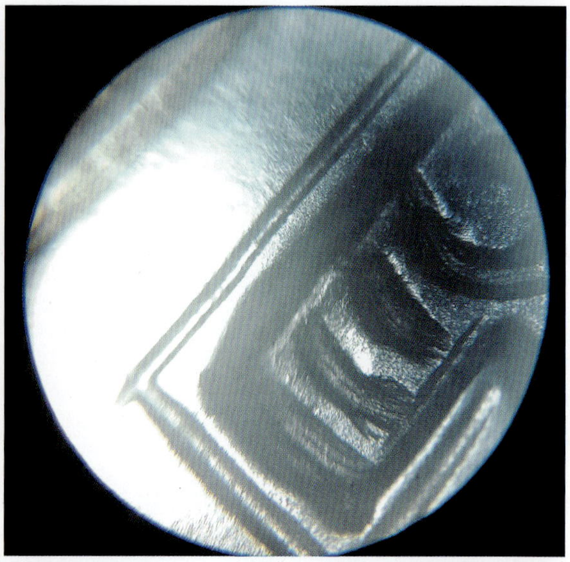
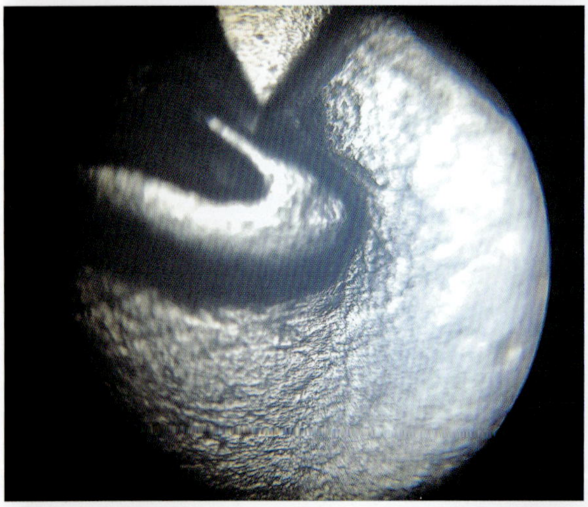
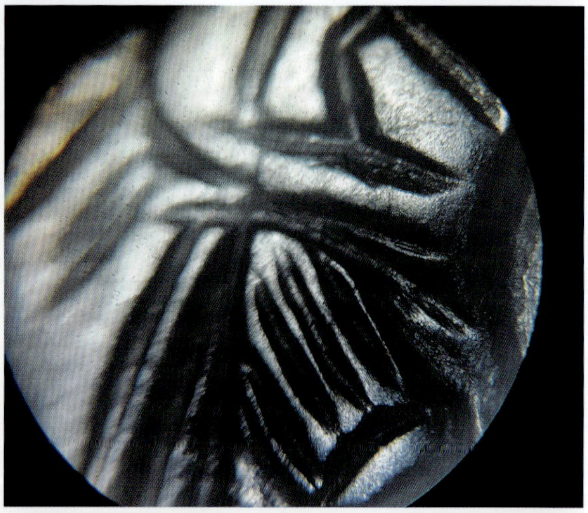

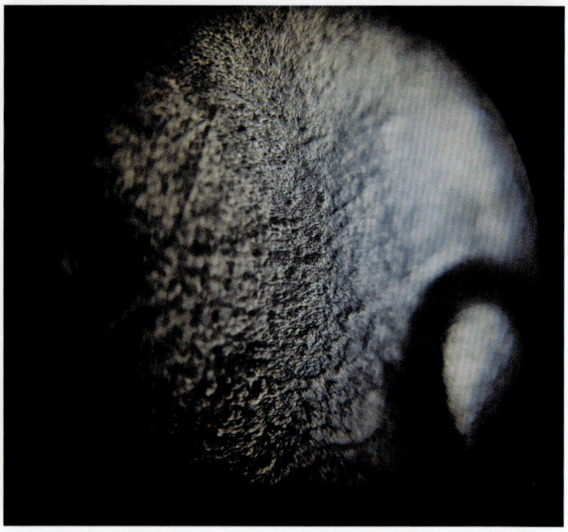

21. 仿清代白玉手镯

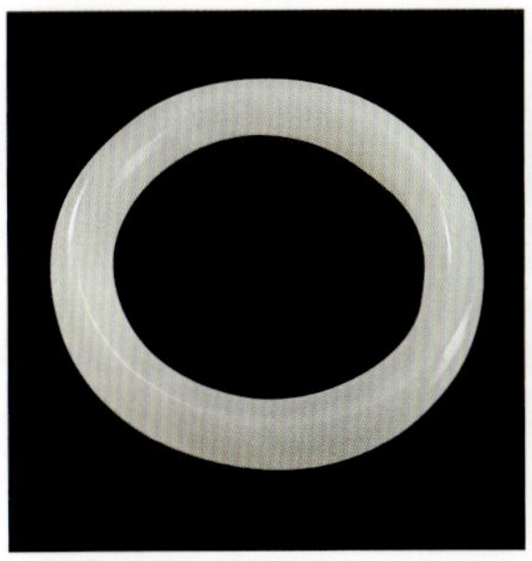
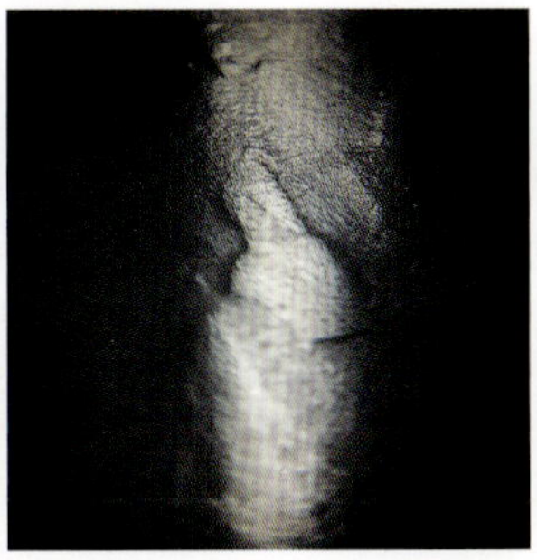
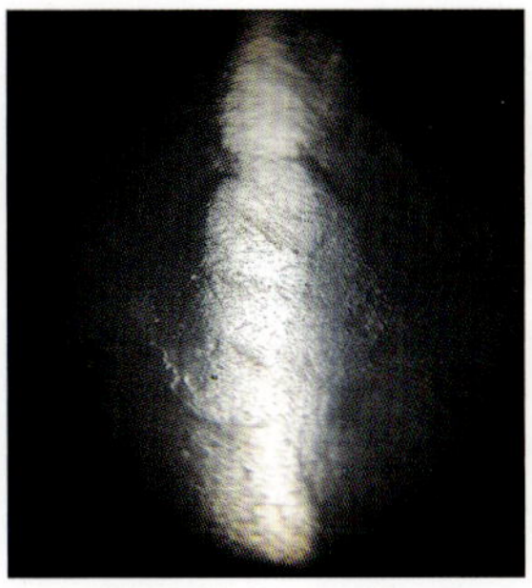
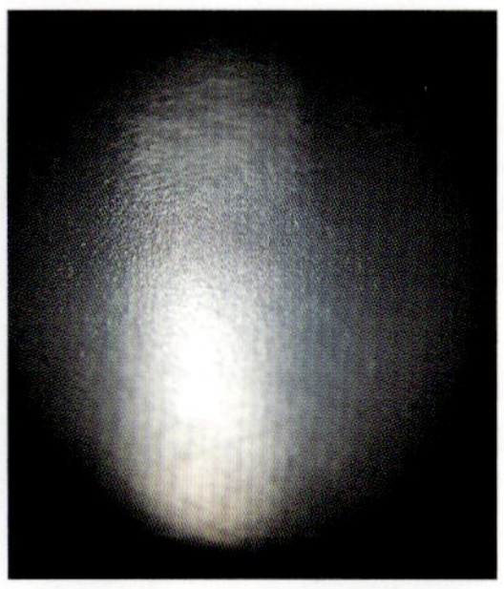

22. 仿清代绿松石鱼形佩

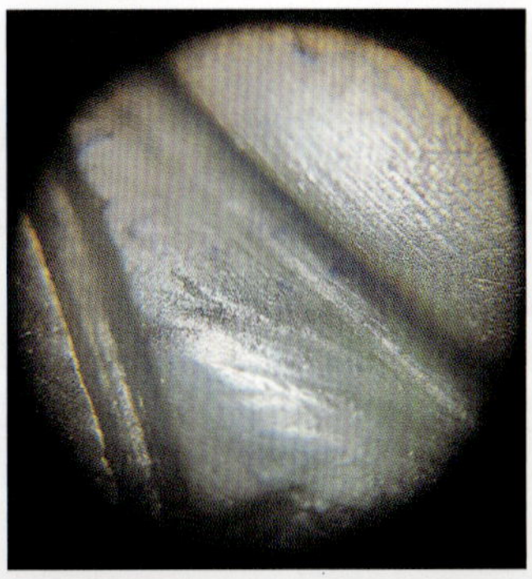
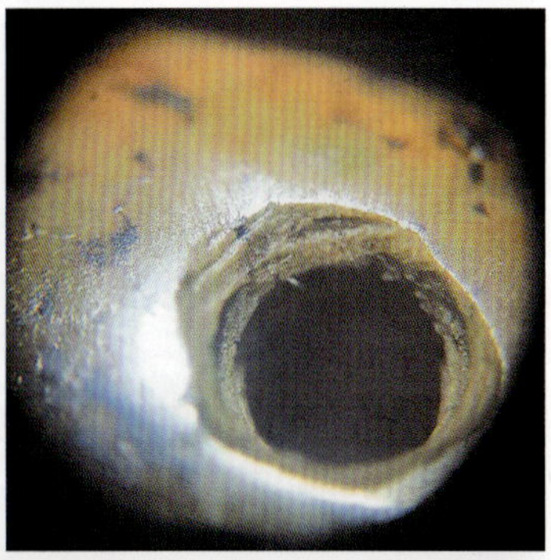

23. 仿西亚老镶石蚀红玉髓

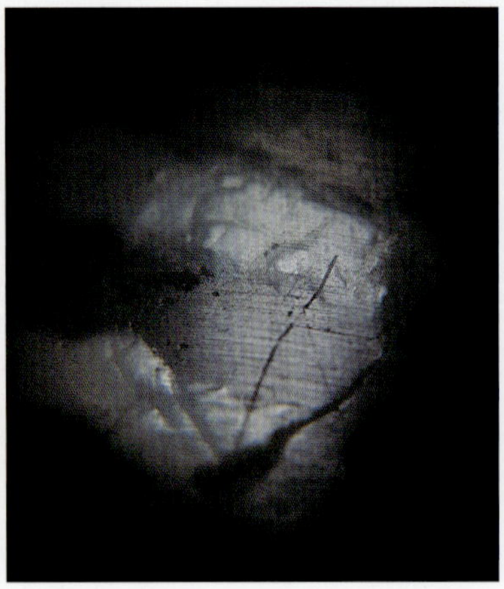

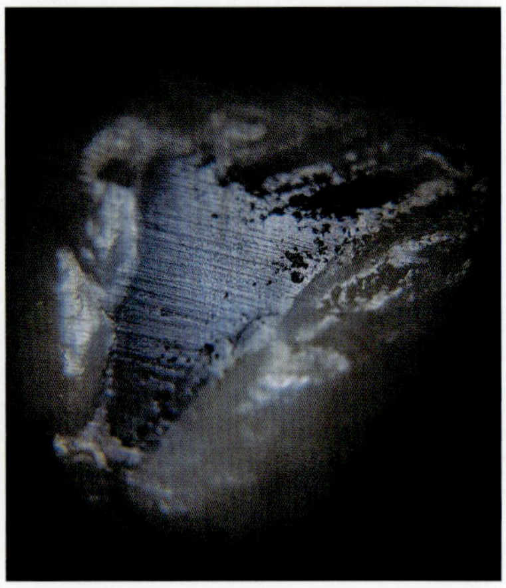

24. 仿老南红龟背珠

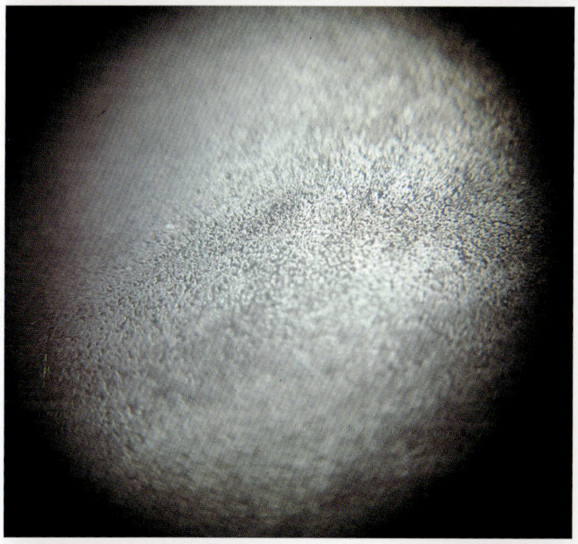
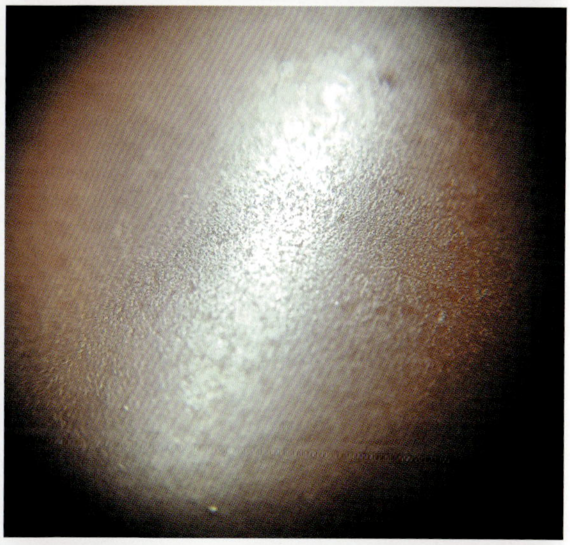
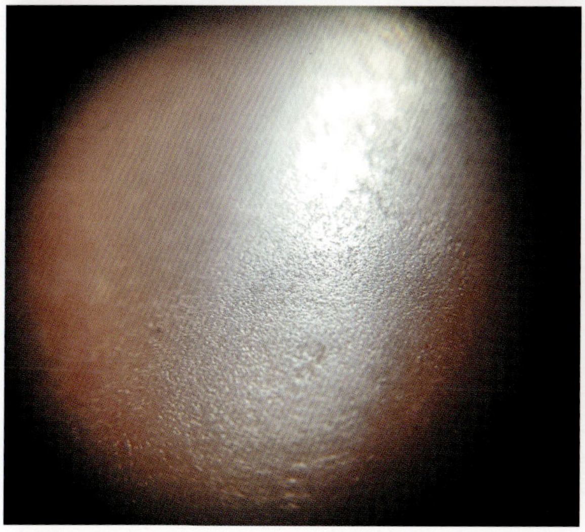
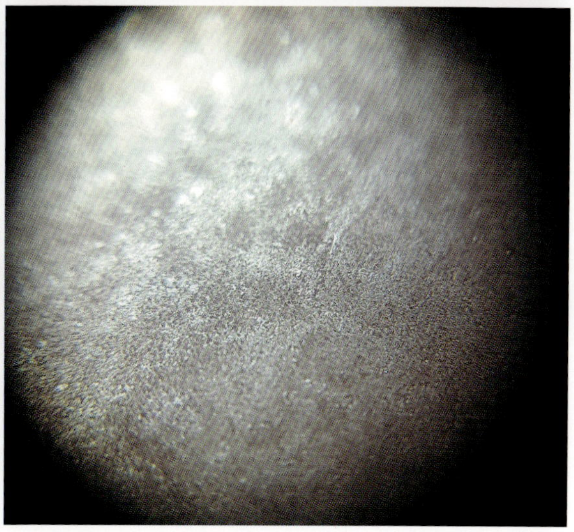

25. 老玉新工仿汉代凤鸟形佩

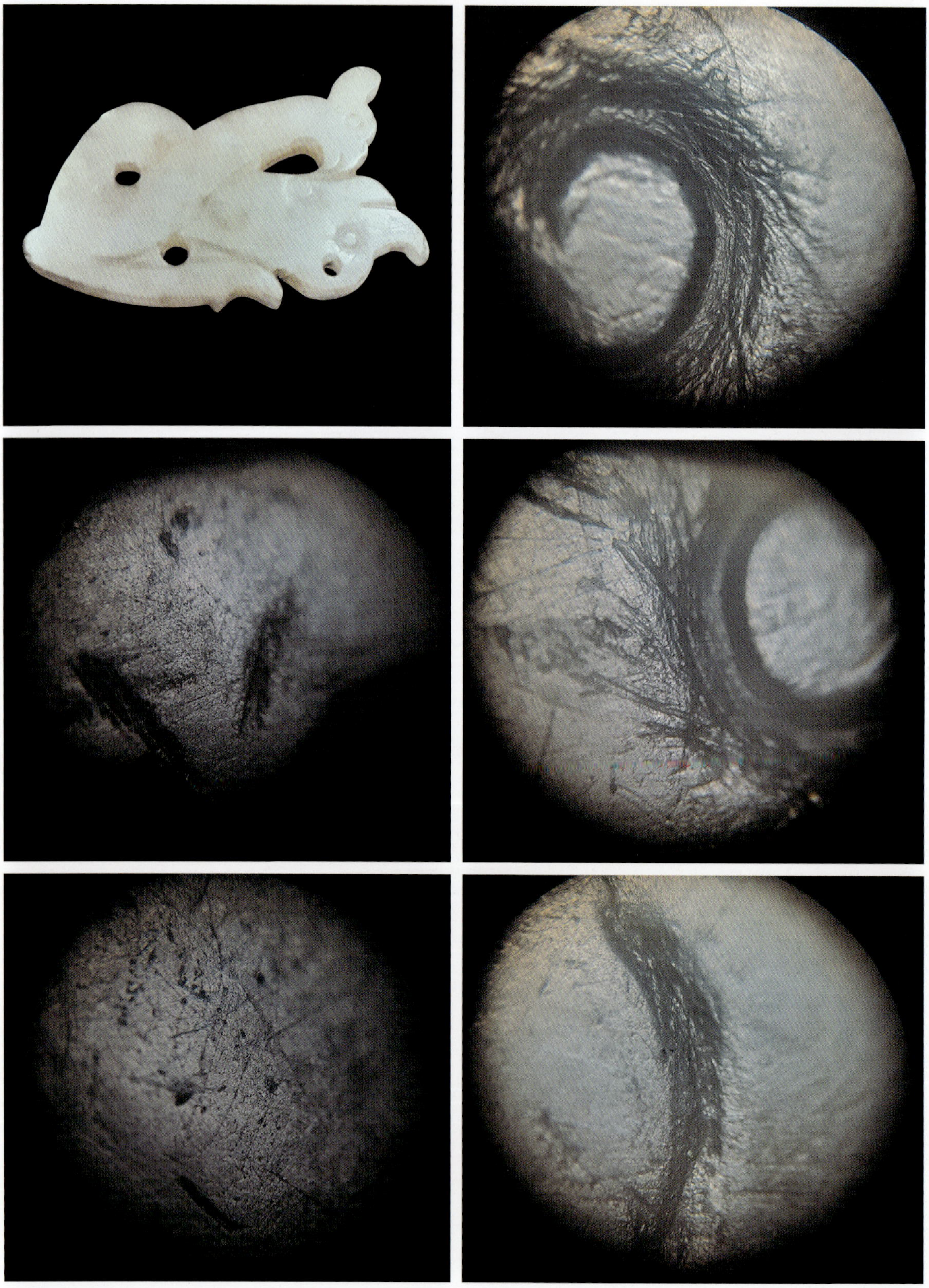

26. 老玉新工仿汉代青玉谷纹璧

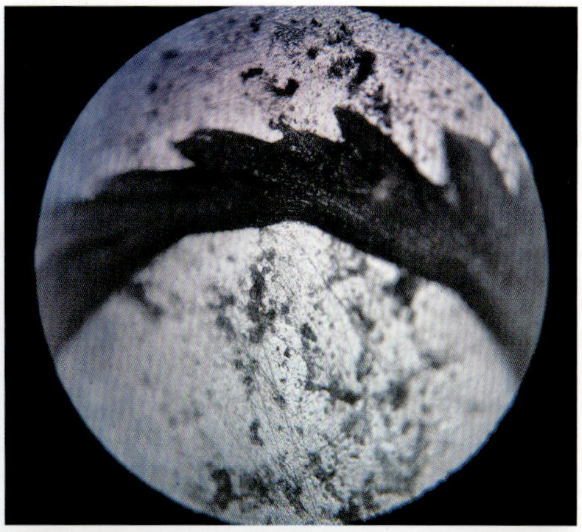
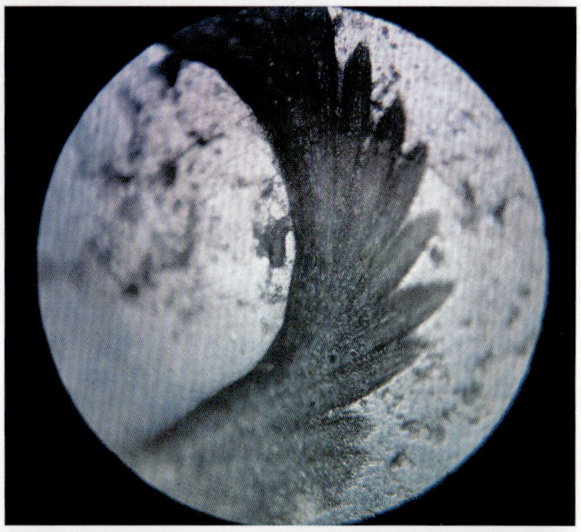
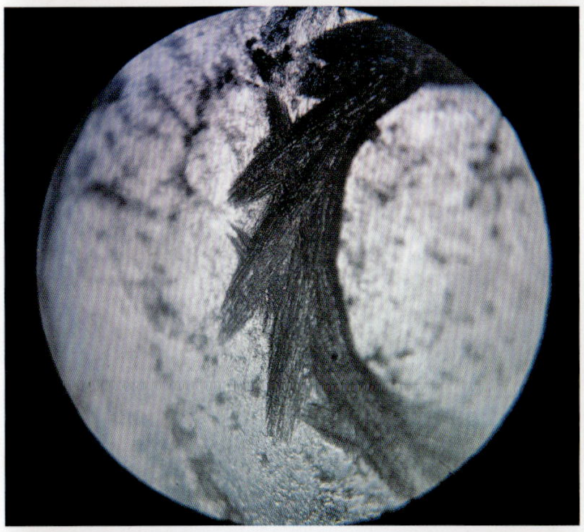

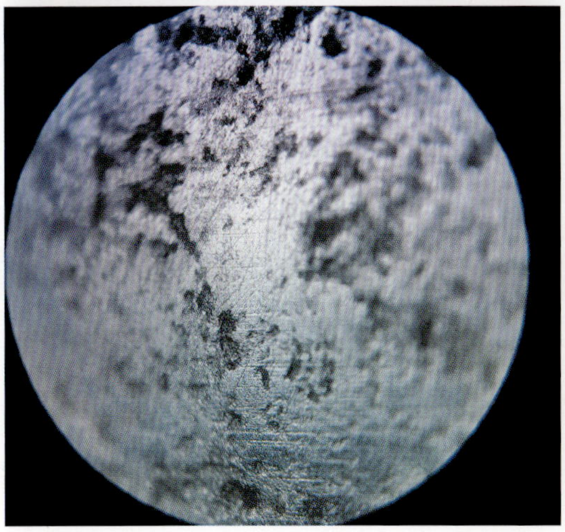

27. 老玉新工仿清代双龙捧寿佩

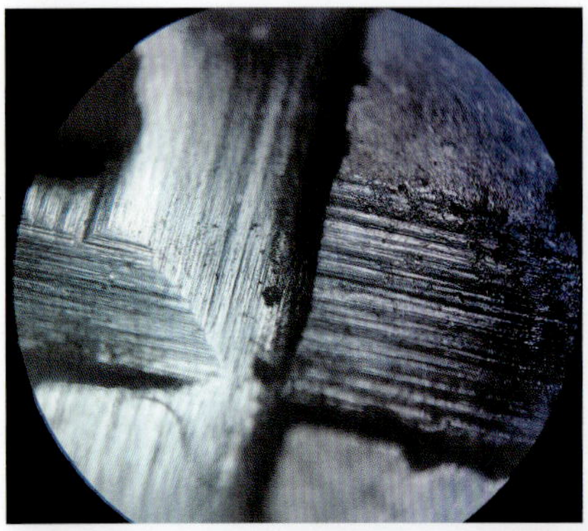

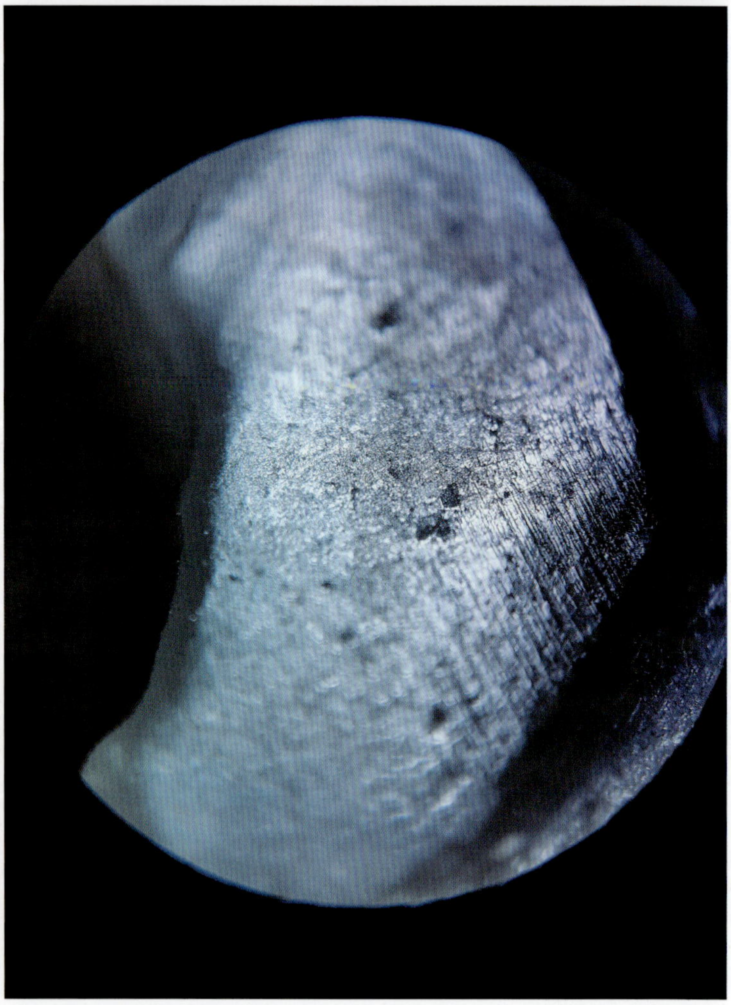
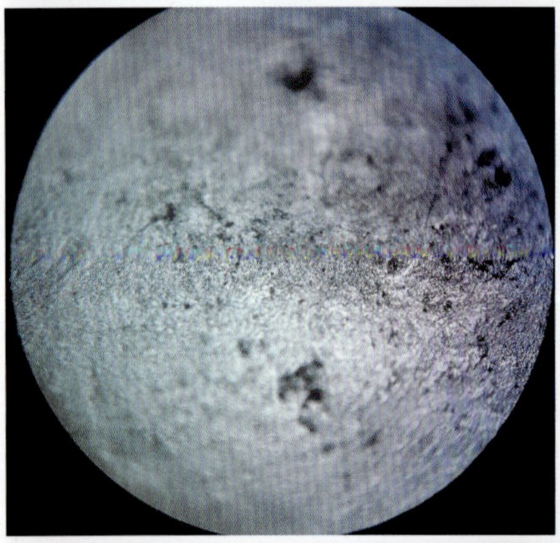
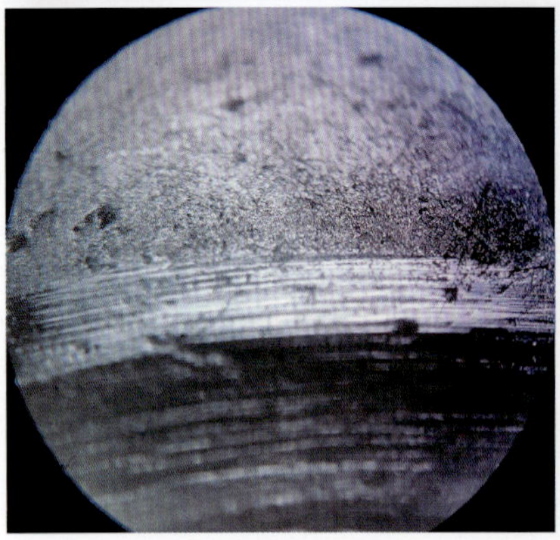

28. 仿老天珠 1

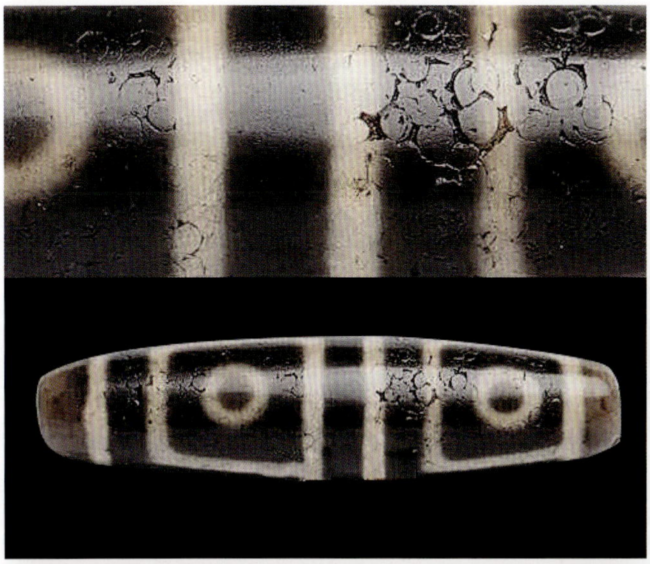

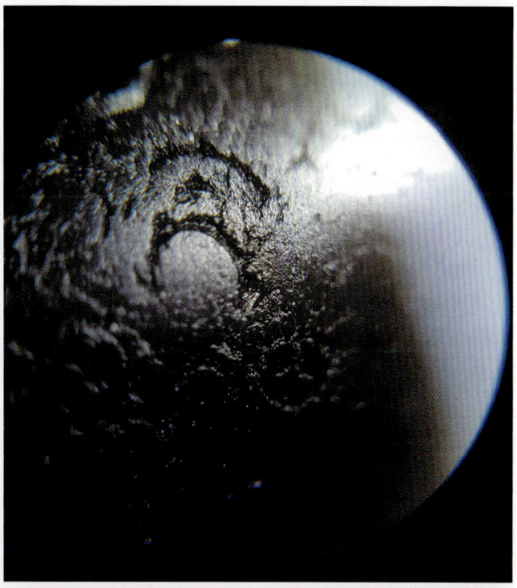

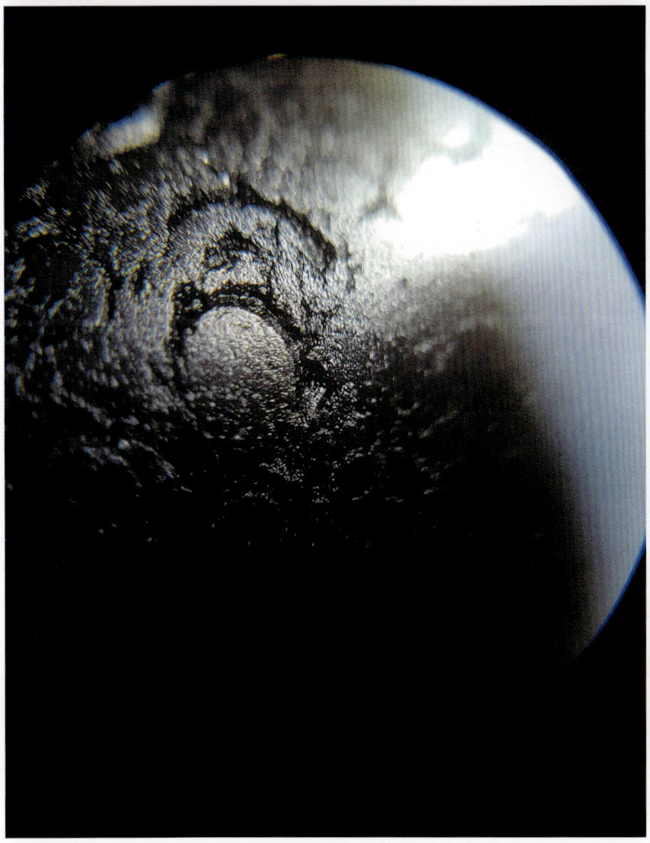

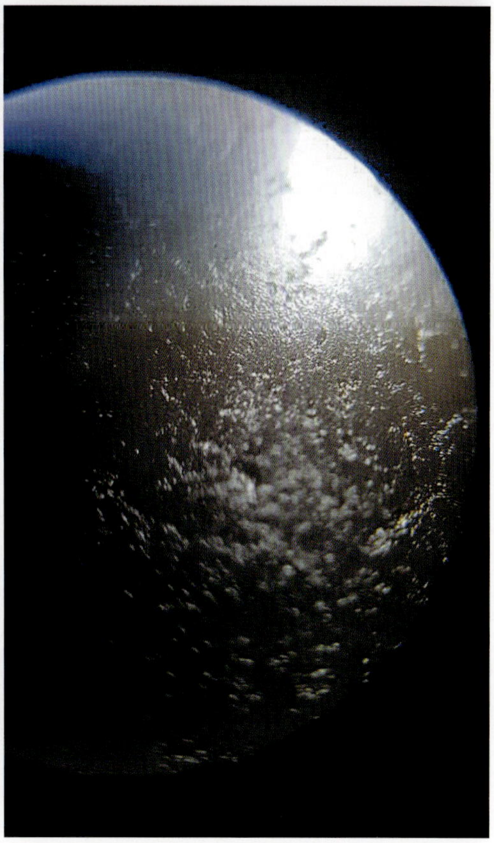

29. 仿老天珠 2

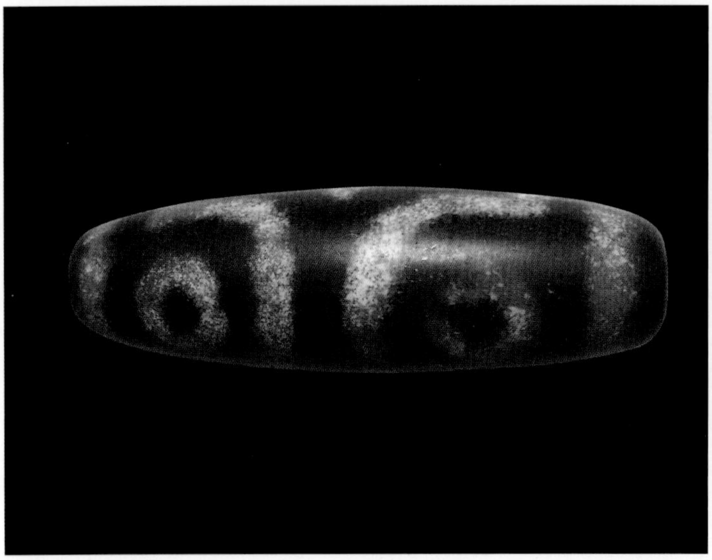
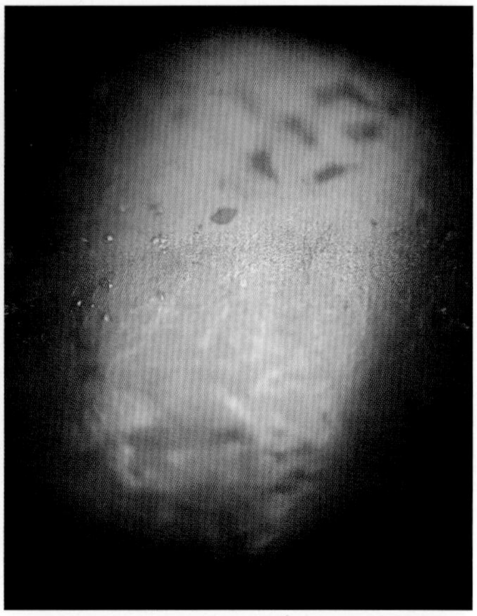

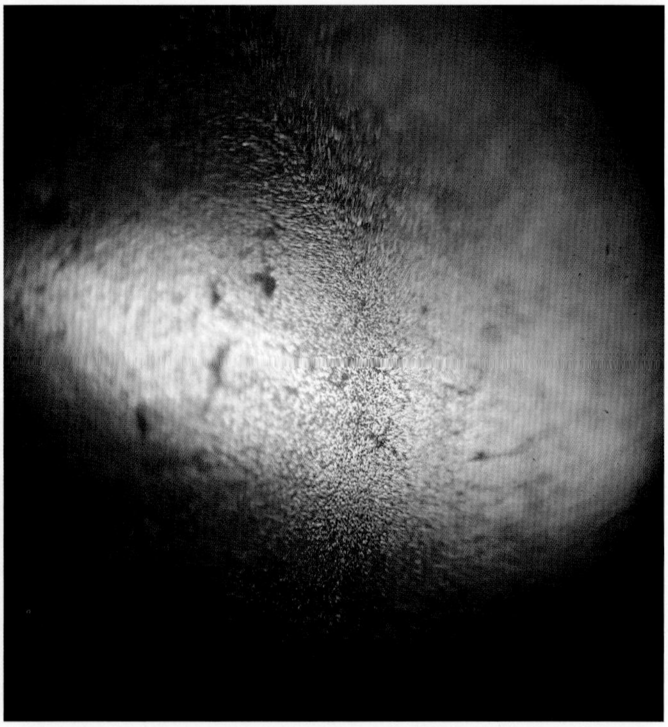

30. 仿西周玛瑙竹节管

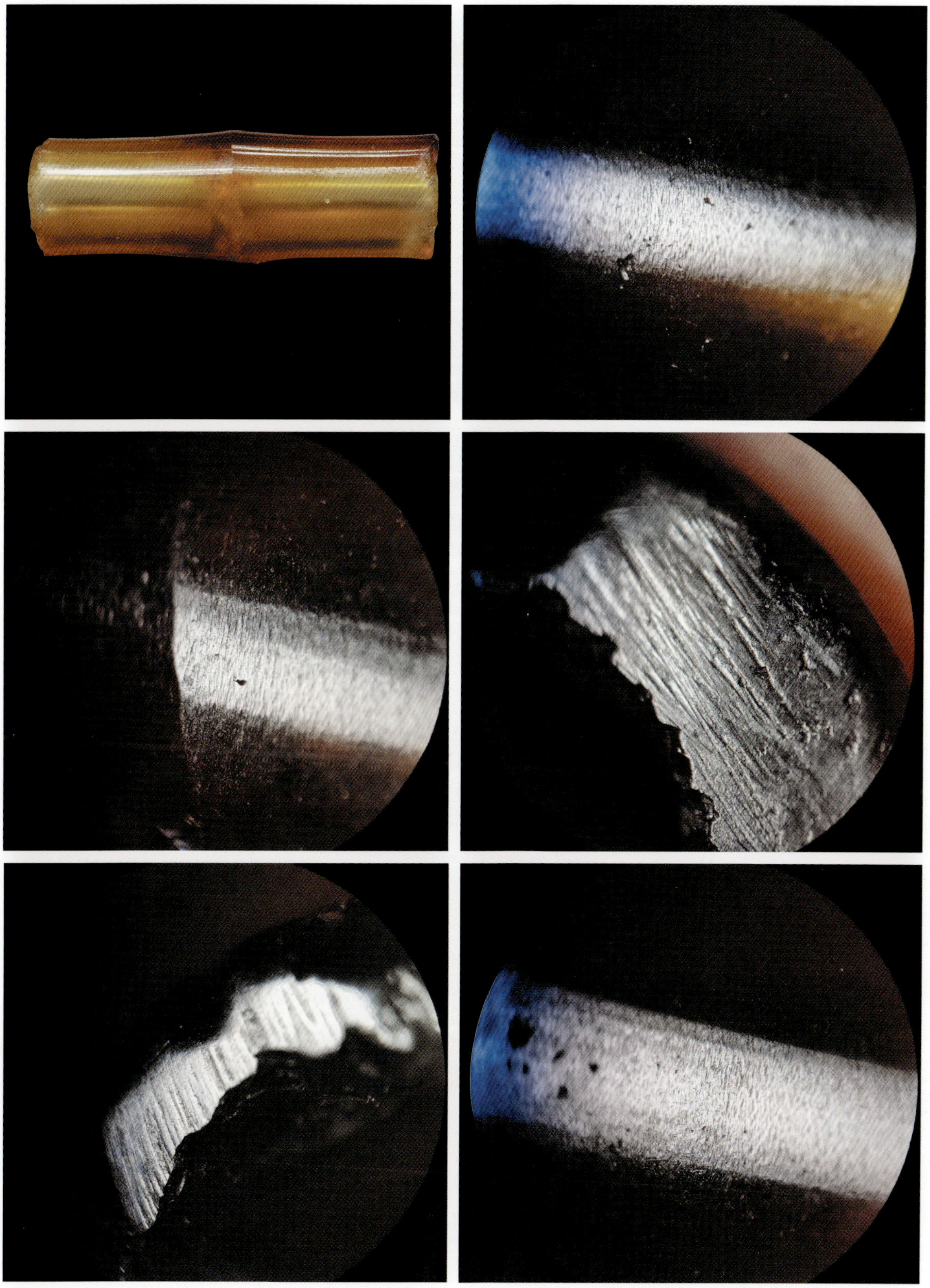

31. 白玉籽料仿西周莲瓣纹柄形器

第八章 痕迹学鉴定在其他古玩中的应用

1. 古代银器

1 | 2 3

图 1　錾刻痕迹及氧化痕迹特征

图 2　老银器氧化痕迹特征

图 3　银鎏金氧化痕迹和磨损痕迹特征

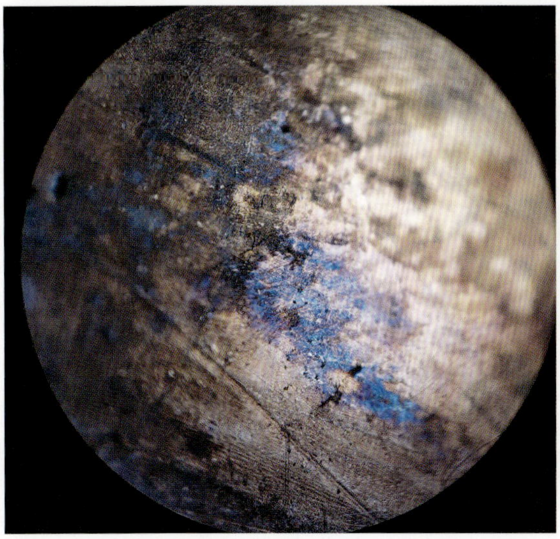

2. 藏传铜器

4 | 5 | 6

图 4　藏传老利马铜件

图 5　金属含量不同造成的氧化状态色变差别和丰富的存世磨损痕迹

图 6　老铜件的錾刻阴刻线和捶揲痕迹

3. 漆器（真品清代漆器）

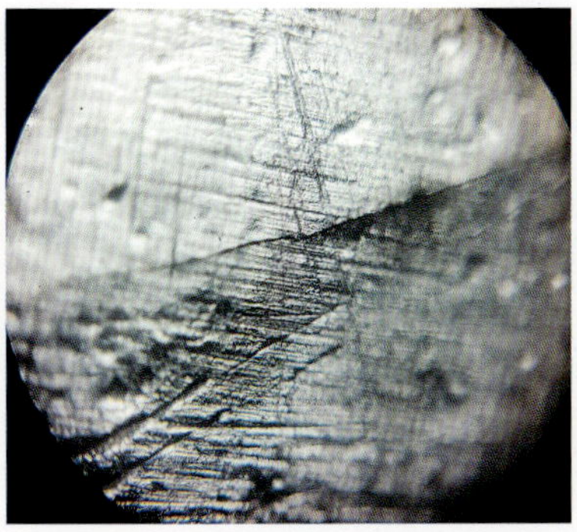

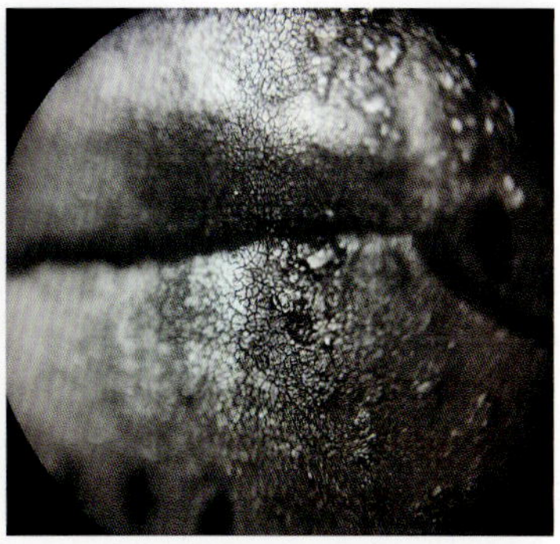

7	8	9
10	11	

图 7　老漆器的残损与包浆质感

图 8　开裂纹上翘，榆木碳打磨痕迹，氧化色泽深沉

图 9　漆面自然，鱼子纹小开裂伴随大的开裂

图 10　阴刻线内超百年沉积物特征

图 11　剔刻面呈现一道道刷漆的间隙特征

4. 漆器（仿清代剔红）

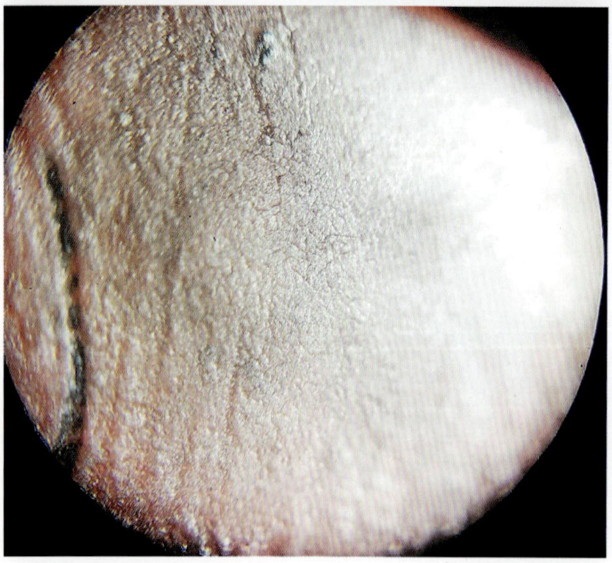

12
13
14

图 12　仿品漆器的光泽质感和包浆不够厚重，阴刻线有铸造痕迹的铸造瘤

图 13　石英砂翻模铸造留下的铸造瘤

图 14　平面部位开裂，状态不够，没有氧化色泽加深和包浆

5. 传世瓷器

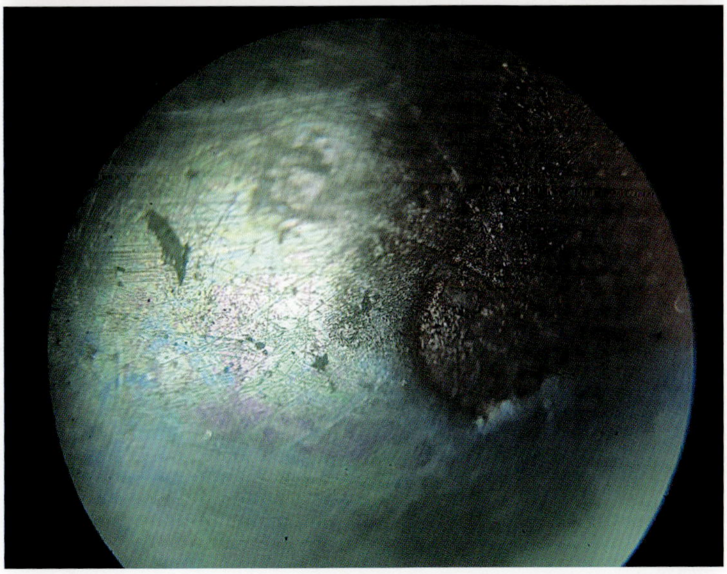

15　图 15　成化斗彩标本

16　图 16　绿釉和红釉的交界交融状态，上面残存的磨损痕迹丰富自然，真品蛤蜊光变幻绚丽，分布自然

6. 小叶紫檀金星辨伪

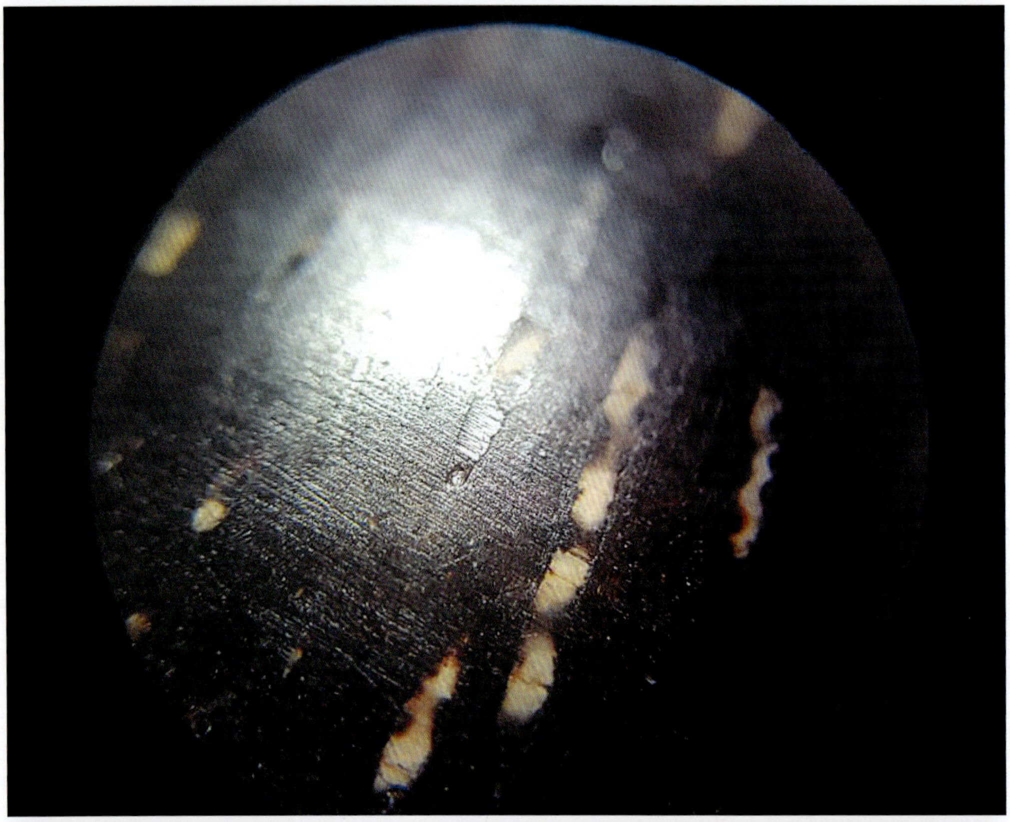

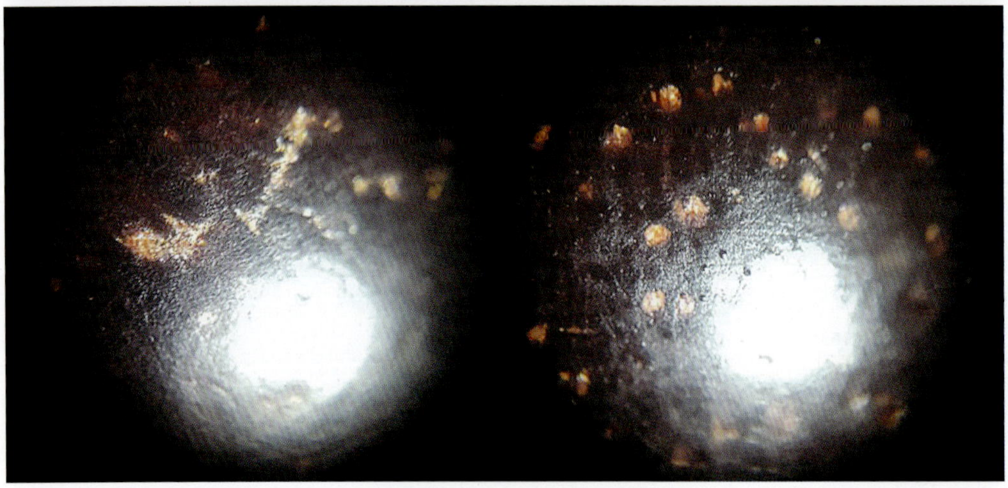

17
18

图 17 真品小叶紫檀的金星呈牙质光泽和色泽，分布断续扭曲，相对于周围木质显得平整，呈自然生成状态

图 18 仿品金星为化学金粉活胶涂抹，金粉特征明显，胶的硬度比木质低，在抛光后相对于周围木质呈凹陷状

7. 真假和田籽料鬃毛孔辨伪

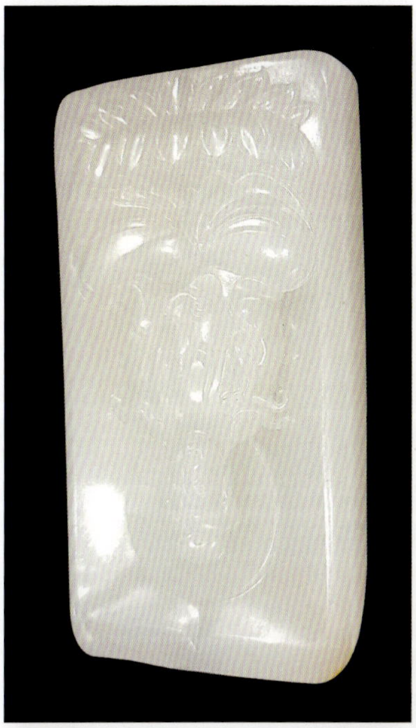

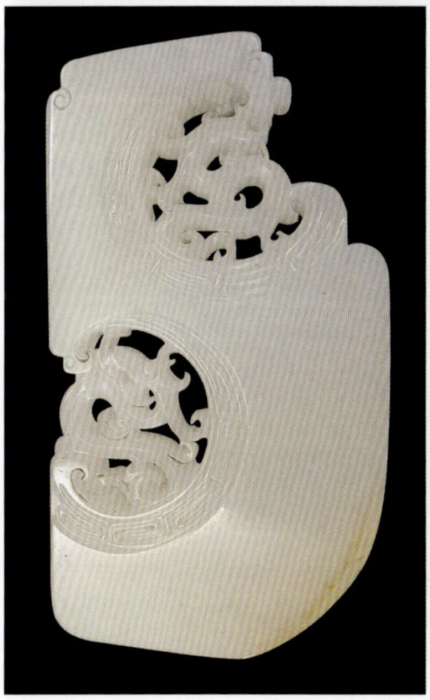

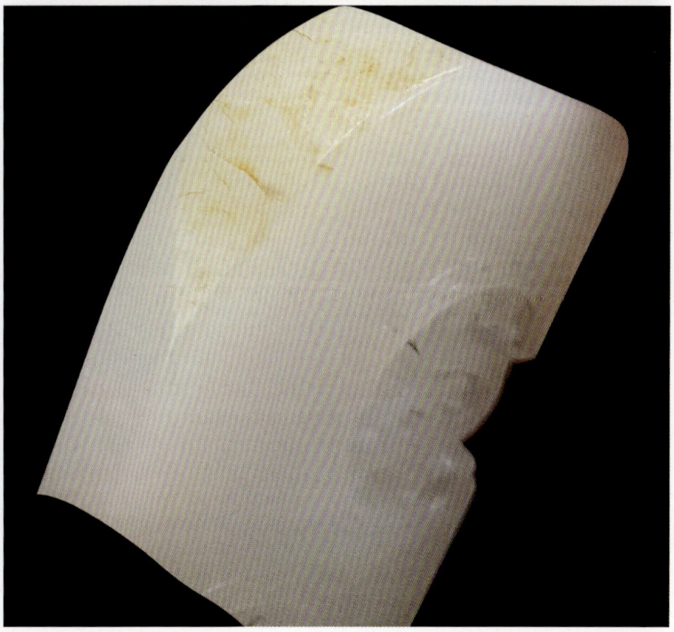

19	20
21	22

图 19　顶级俄料，羊脂白玉，油性脂份非常好

图 20　俄料仿制皮子，棕毛孔过于平整，过于统一

图 21　真品和田籽料，料子老熟，质感更硬

图 22　真品籽料皮色丝缕状态和棕毛孔

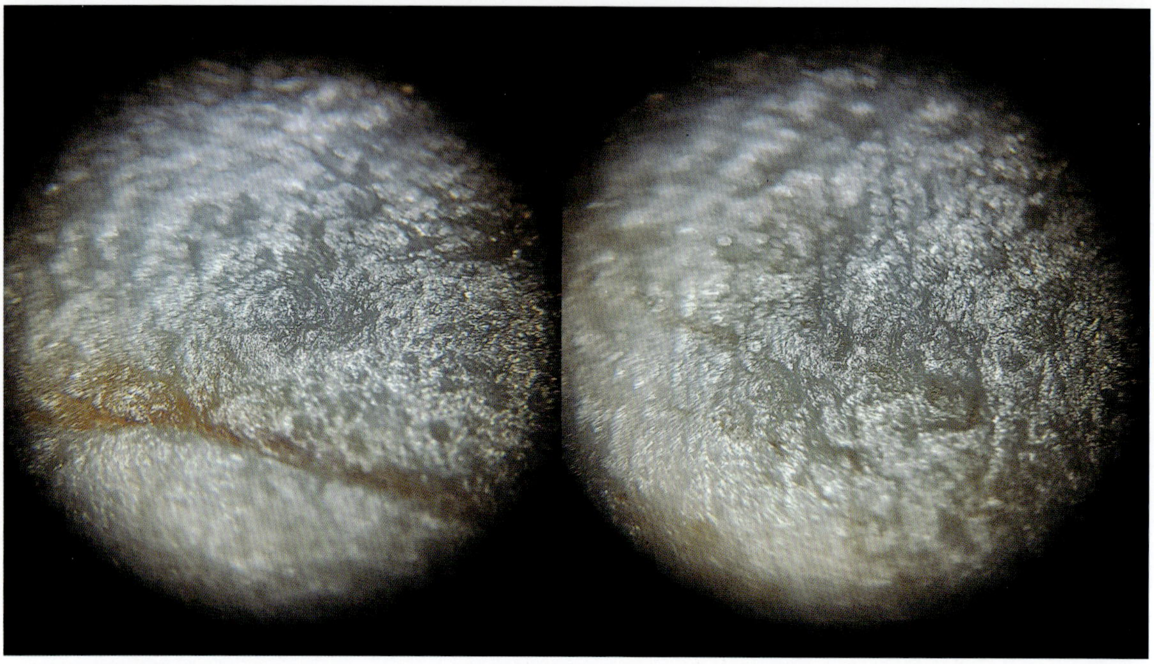

图 23　真籽料皮子鬃毛孔系自然腐蚀，脱落均呈断崖式撕裂状，轻微开裂处颜色过渡晕散自然

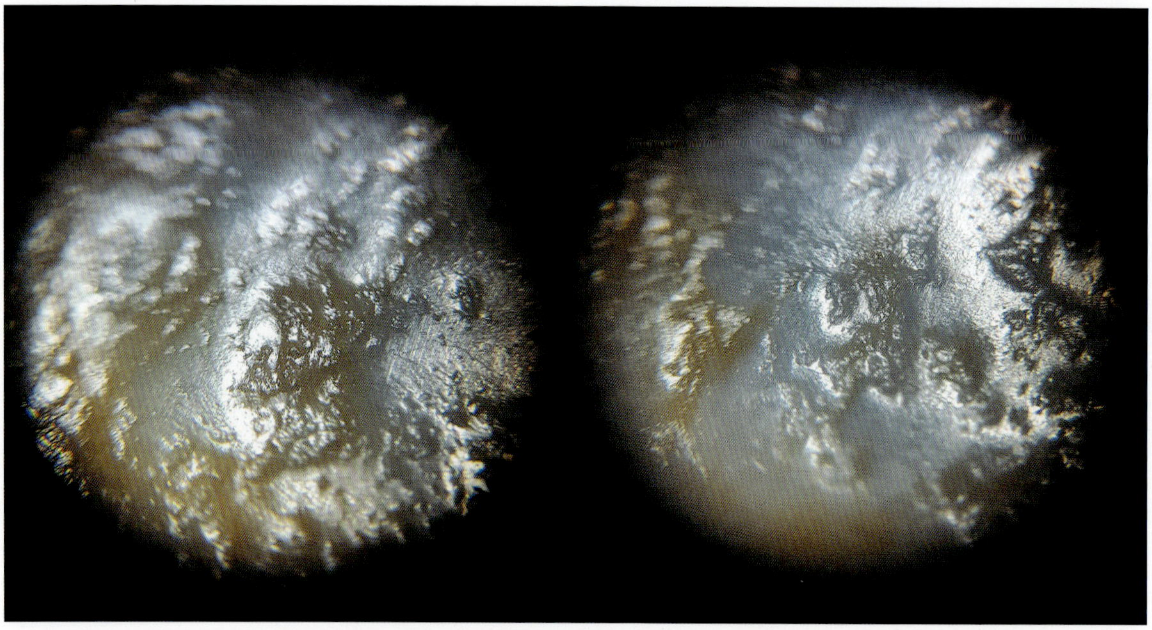

图 24　仿籽料皮子鬃毛孔人为凿击出凹坑，分布不自然，人为染色致使染料沉积在较大较深的凹坑内，晕散过渡不自然，为体现莹润的质感需要抛光处理，凹坑内过亮，边缘呈漫坡状，为软质抛光工具使然，凸起部位抛光后异常平整，无任何氧化腐蚀脱落

8. 铜锈辨伪（美丽的真锈）

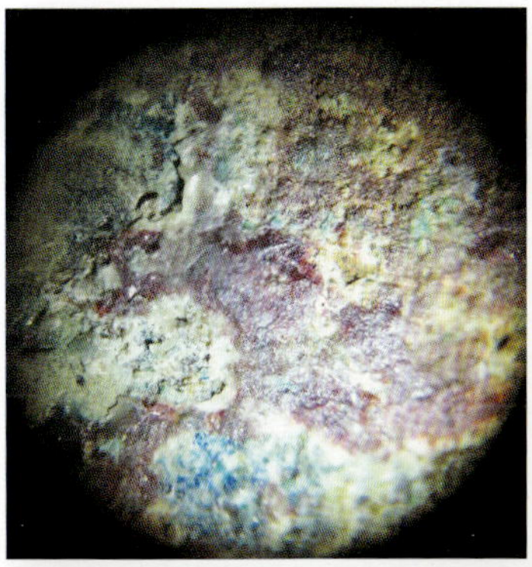

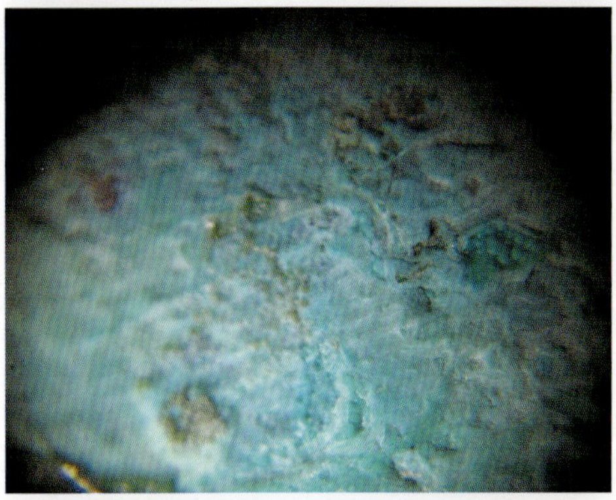

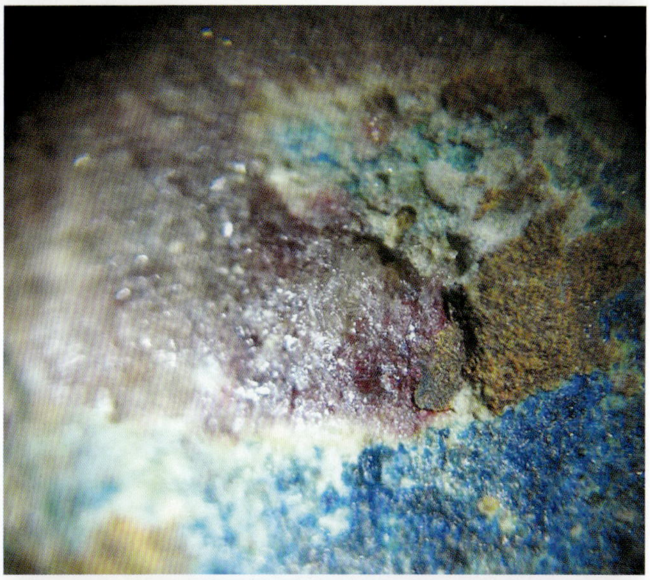

图 25～图 32　真品铜器的各种锈蚀微观图

9. 骨质器

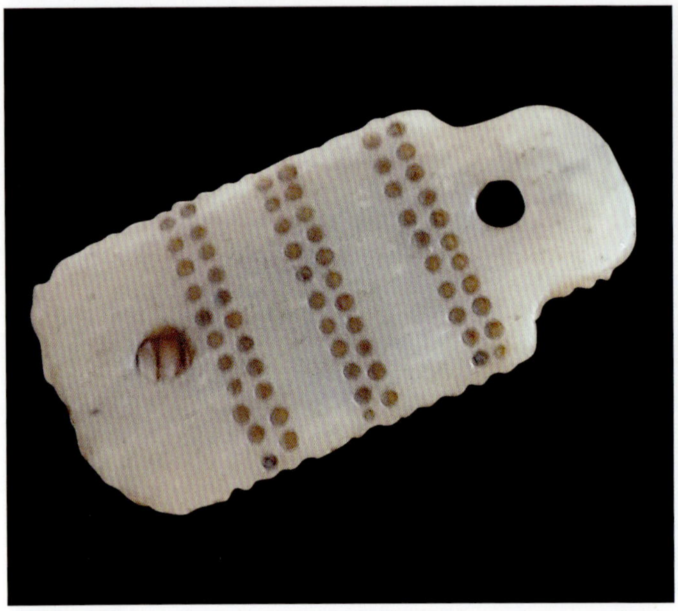

图 33 藏传老嘎巴拉点咒牌

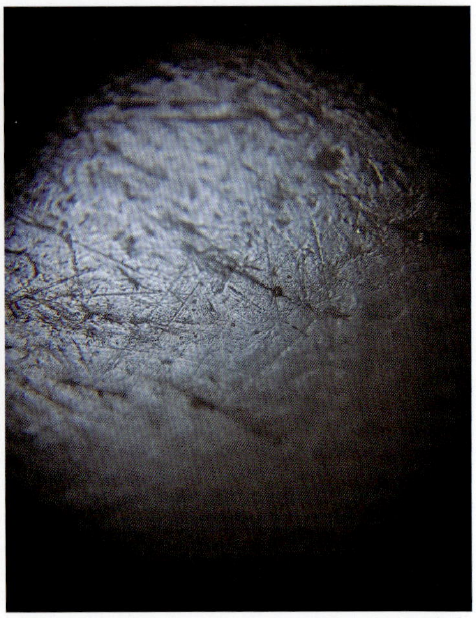

图 34 老骨质的开裂和存世磨损痕迹及其包浆

图 35 藏传老嘎巴拉骨烟袋扣

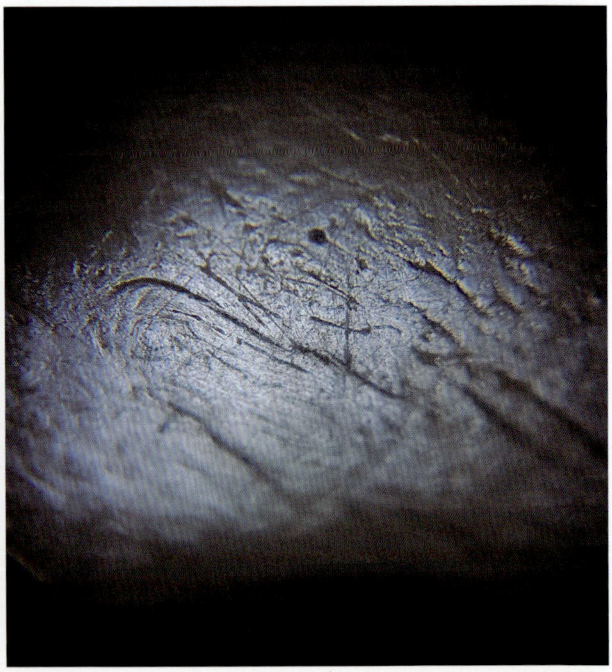

图 36 骨质开裂、包浆和存世磨损痕迹

10. 修粘痕迹查证（案例一）

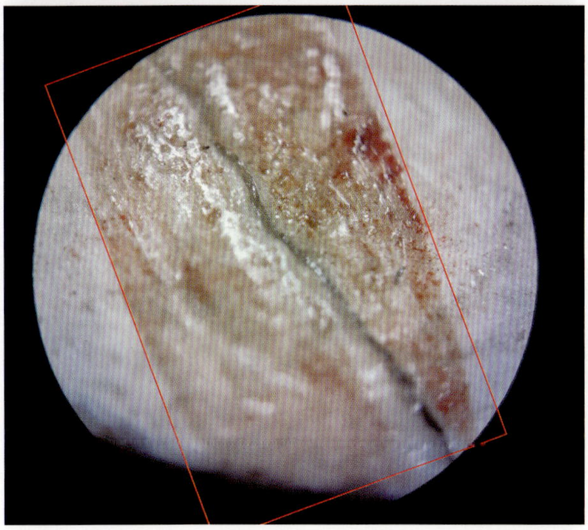

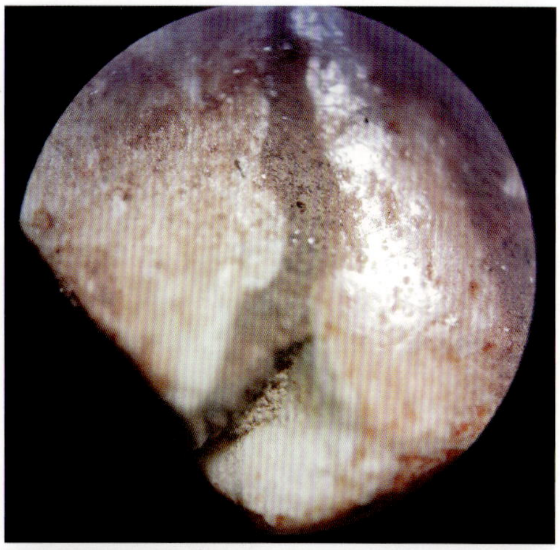

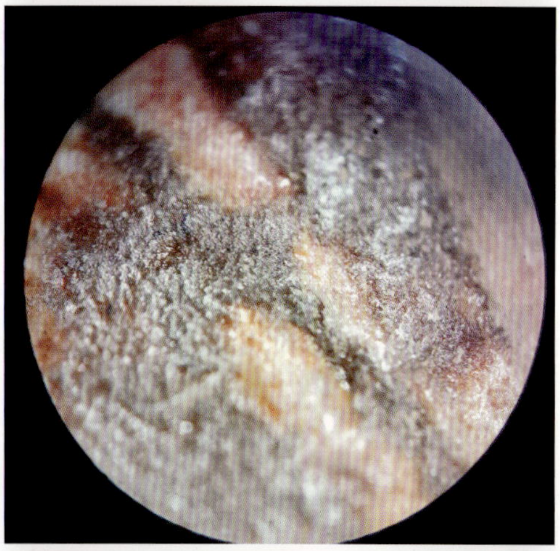

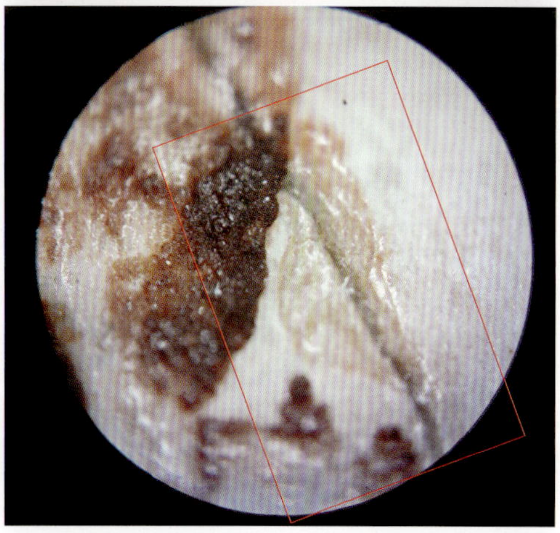

37	39
38	40
	41

图 37　春秋时期地方料，鸡骨白，鹰形佩

图 38　放大镜下胶粘部位

图 39、图 40　料子次生变化形成的开裂和附着物

图 41　放大镜下胶粘部位

修粘痕迹查证（案例二）

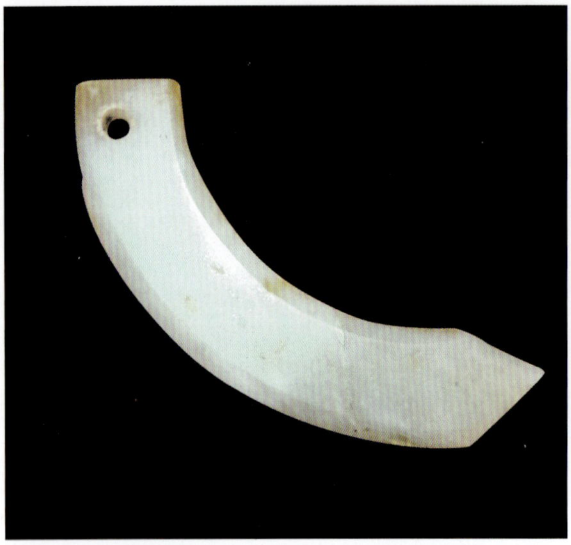

图 42　西周玉璜修型改制玉戈（老孔）

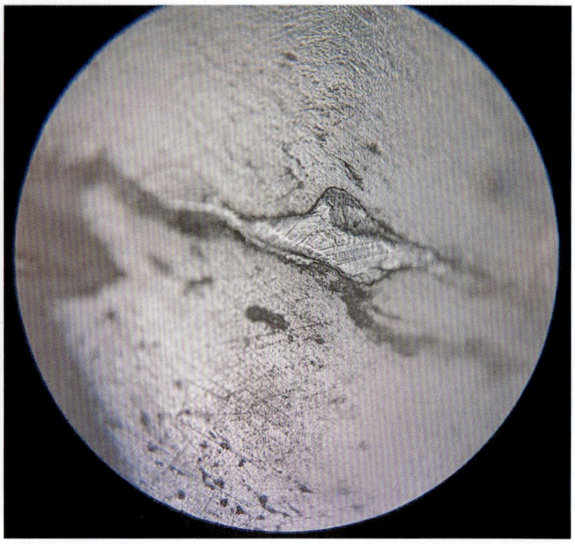

图 43　放大镜下断处胶粘痕迹

11. 琉璃器

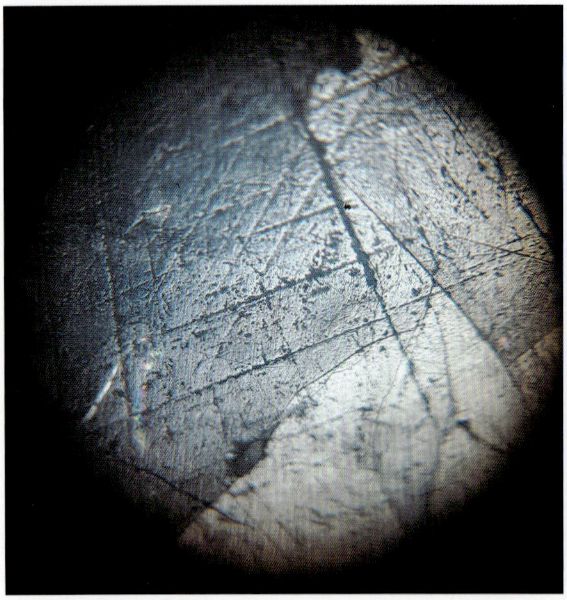

图 44　清代琉璃背云的打磨痕和存世磨损痕迹

图 45　老琉璃开裂呈自然挤压上翘状

12. 牙质器

图 46、图 47　不同位置的龟裂老化和牙纹开裂，因此部位是环的内圈，不像外圈那么容易受到磕碰磨损，所以保留了岁月带给其的氧化色泽加深的特征

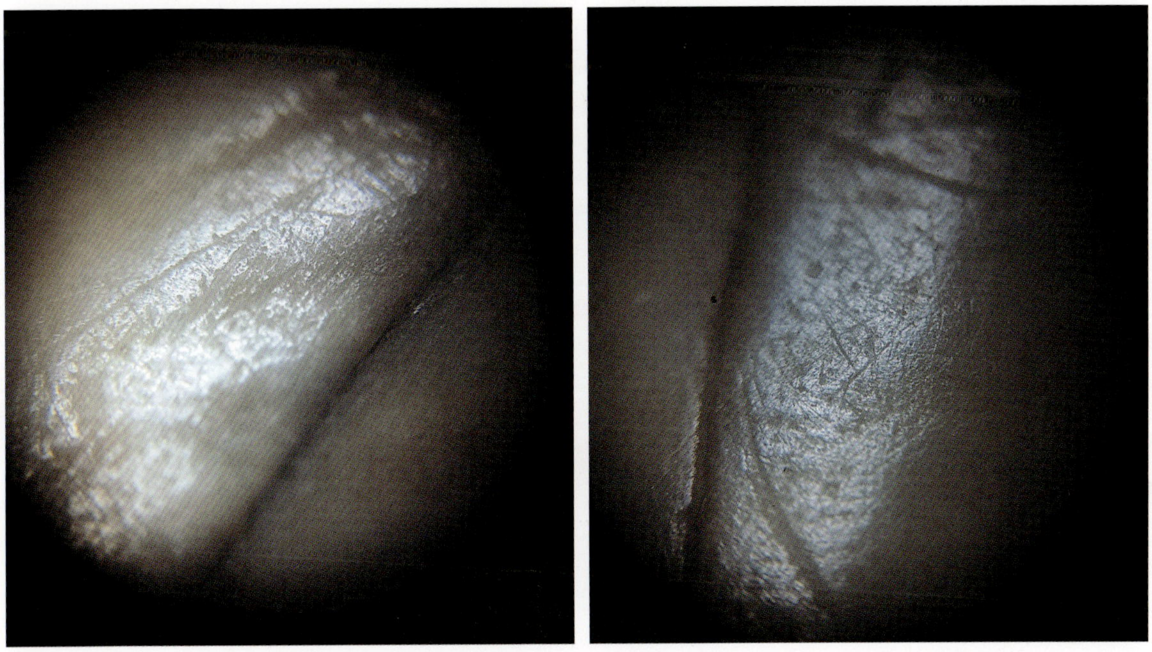

图 48、图 49　老牙的磕碰磨损、开裂状态和缝隙污垢沉积

13. 老景泰蓝的存世磨损痕迹

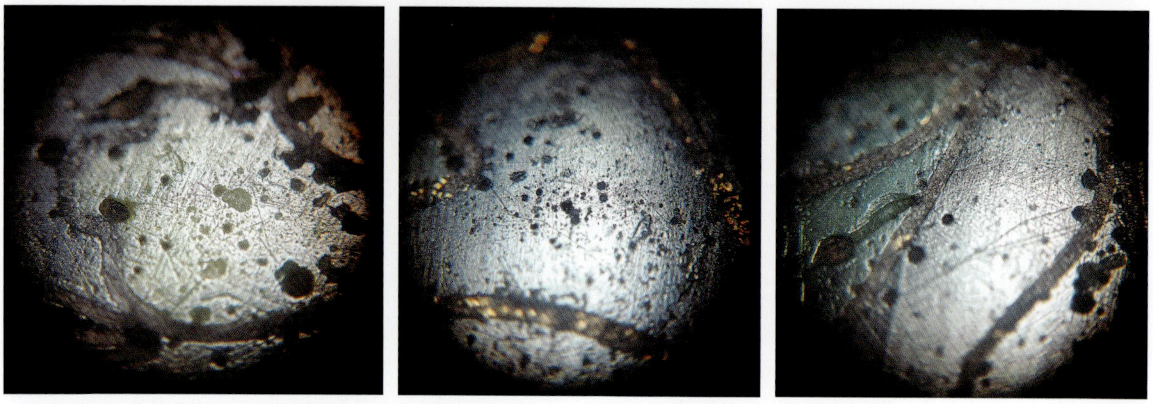

图 50～图 52　真品景泰蓝表面的氧化皮壳质感莹润厚重，景泰蓝珐琅料的气泡孔分布自然且丰富

第九章

浅谈古玉收藏市场存在的问题

一、最好的老师是手里的真品标本

宁吃仙桃一口，不吃烂杏一筐。收藏要收藏精品，这是千古不变的真理。但是对于初入行的藏友来说，这种做法是不切合实际的，而且是严重脱离初级藏友的认知范畴的。每个人的成长，每个组织的成长，乃至整个社会的成长，都是有一个阶段性的过程，是无法进行跳跃的。很多初级藏友在刚入门的时候就应该买一些普品，入门级、标本级藏品，这样的话对他的成长和学习是非常有必要的，尽管这类藏品无法像精品那样可以给藏友带来比较明显的保值增值价值，但是它所起到的作用和对藏友眼力、学识的增长，是无法估量的。所以我个人认为初入门的藏友应该多选择一些物美价廉的大开门的各种标本藏品，作为自己后续收藏精品的参照物和佐证。这种标本的价值就是我经常提到的，最好的老师不是某一个人，也不是某一本书，而是你手里的藏品标本。它具有非常强的、直观的现实比照意义，这种意义会超脱人的主观认识，显得非常地客观。

二、老师不可以乱叫，书不可以乱看

我们都清楚，刚入行的时候需要有名师指路。所以很多藏友刚入行的时候，都会寻找身边的一些所谓的行业资深高手、行家作为自己的入门指导老师，奉若神明。这种做法是必需的，也是非常有必要的，但是初级藏友往往在刚入行的时候没有基本的认知基础，无法对身边的“老师”有一个客观的认知和判断。这样的话，收藏之路就会受到这位老师的深刻影响，往往这种影响会持续相当长的时间乃至可能会在其一生的收藏中无法抹去这种认知，这是非常可怕的一件事情。如果我们选错了老师，他教给我们的东西是错误的话，我们会在经济上和思想上付出很大的代价，相当于一张白纸，上面已经画写得非常乱，很难再把这张白纸创作成为一幅漂亮的艺术品。所以藏友刚入门的时候，应该根据自己的正常逻辑思维和分析能力，选择有能力的老师作为启蒙，会少走很多弯路。同样现在关于古玉鉴赏方面的书籍非常多，你所选择的这本书对我们个人的影响是非常大的，如果选择不好的话，会走入另一个方向和歧途，这是非常悲哀的一件事情，也会让我们遭受损失，同样可以把我们领向一条不归路。所以说，鉴定东西很简单，鉴定人很难，鉴定东西有法可依，有人可以去教你，比较容易学会，但是鉴定人是我们每一个藏友，尤其是刚入行的初级藏友所必须要做出的理性的选择。这种选择特别重要，比我们的个人努力还重要。而且鉴定人没有方法可循，因为每个人不一样，没有现成的教科书和模板作为参考，广大藏友只能根据自己的分辨力、分辨心，做出相对理性的判定。

三、切忌听故事，切忌找对的地方，切忌在时间压迫性的情况下做出选择

这三个切忌非常重要。很多人都喜欢听故事，因为相信人而相信东西并选择东西，最终造成自己受损的例子比比皆是。因为自己在没有正确的认知的情况下，仅仅靠听别人的故事，做出选择，是最简单的方法，而越是简单越证明这是一种不理性的行为。还有就是很多藏友在经过了简单的学习后，在自己所掌握的专业知识和技能根本没有得到市场实践检验和历练的情况下，自以为眼力可以，水平比较高了，可以看懂东西了。这时看到一件藏品，往往会去找老师或者书上告诉我们的真品古玉的特征，而忽视了错误的地方。这是很多藏友面临的共性问题，这个问题不解决的话，依然会给我们带来非常大的损失。那么再来说说时间的压迫性。往往我们做出错误选择，是因为时间紧迫。兜售古玩的这些店家，会讲一个比较有时间压迫性的故事，让你快速做出选择，让你认为这是一个非常真实的故事，或者是一个大漏，如果你不选择，将会错失这个机会，这种情况下的选择是非常可怕的。我们的主观意识如果不够坚定，一旦被别人带入另外一种情景，就会不自觉地做出错误的选择，就会被带入别人的节奏。在这种时间紧迫的情况下，做出的选择往往是非理性的、错误的。

四、收藏切忌过于功利

“收藏”这两个字，顾名思义是收着和藏着。很多藏友在收藏的时候，往往到了一定的阶段收藏状态就会发生变化。从最开始的纯粹的热爱，变得更加利益化，这是非常不利于个人收藏的。很多人在购买藏品的时候，往往更关注的是藏品的当下价格和转手再卖有多大的利润空间。这种现世报过于利益化，过于逐利会给我们带来非常大的损失。而我们忽视了这件藏品的真正价值和未来应该具有什么样的市场价格。也就是说，眼力决定真假，眼光决定价值。你有眼力能够辨别真假，这是我们收藏的基础。但是在能够辨别真假的情况下，如何不断地提高自己的文化修养、美学修养，以此为基础，对自己的收藏做出价值判定，这才是一个藏友走向收藏家必须具备的一种思维和心态。首先一件艺术品最核心的价值体现就是它的稀缺性，是影响其价值的最主要因素。其次是它的艺术性。艺术价值的高低，往往会影响藏品未来的升值空间。再次是材料价值。同一时期，不同材质的同一类型的藏品，往往未来的升值空间和价值表现都会

有明显的不同。最后是它的工艺价值。一件古玉上面所包含的工艺价值应该重点考虑。同一时期、同一题材、同一种玉质的藏品，费时费工、工艺精细的藏品往往价值更高。还有就是它背后所承载的历史文化价值。也就是说，一件玉器能够映射出当时创作者、使用者的思想和当时的社会风气、审美取向以及社会文化价值取向等信息，这些信息越多，这件藏品往往价值越高。

五、给自己设限

在古玉收藏界分为高古收藏群体和明清收藏群体。很多人都说自己收藏明清的玉器，看不懂高古玉。有些人是收藏高古玉的，看不了明清的东西，其实这种说法是完全不正确的。稍加思考，我们就可以很好地解决这个问题。从古到今，所有玉器的制作工艺、基本方法从来没有改变过，就是他山之石，可以攻玉。所以说高古玉和明清玉，从工艺这个角度讲，没有任何区别。同时，高古玉和明清玉又有区别，在于存世环境和保存环境的不同，造成的表面包浆皮壳和氧化侵蚀状态的不同。掌握这个区别，要靠我们学习专业的次生变化痕迹特征作为理论支撑和依据，同时加以长期的实践摸索感知。熟练掌握这些特征并加以应用，那么高古玉和明清玉之间的界限问题就不存在了。

六、提倡专项系列收藏

很多藏友在入行伊始，就应该有意识地选择古玉当中的某一个题材，或某一个朝代，或某一个类项作为自己收藏的重点。将这个类项的藏品尽可能多地收入囊中。这样做的好处在收藏的后续阶段会给藏友带来非常大的收益。现实中很多藏友在收藏开始阶段，看见什么都会买，占有欲比较强烈，导致不管什么题材、什么年代的东西都喜欢收入囊中，这种做法是可以理解的，也不能说是错误，但是从长远发展的角度来看，它不会像专项收藏那样给我们带来特别高的收益。那些有意识做某一专项收藏的人，往往经过一段时间的积累，就会在这个领域成为非常受瞩目的专家。这种专项收藏，从经济收益上讲，也会给藏友带来可观的价值。

七、仿古玉对真品古玉的市场冲击

为什么有仿古玉出现？仿古玉出现的目的，就是逐利，以假乱真，仿古玉的目的从来不是为真，也不可能为真。所以仿古玉一定有仿古玉的制作逻辑思维。我们要非常了解仿古玉制作者的制作目的和制作逻辑，这对我们的辨伪有非常重要的作用。现代仿品一般分为三个等级：第一个等级是臆造品级和粗制滥造的地摊货。这类货品往往选材非常低廉，制作工艺极其粗糙拙劣，制作成本极低，市场兜售的价格也非常低。但这类仿品的市场占有率却比较高，主要对象是那些老年人或对中国古玉没有任何认知基础的人。因为购买成本极其低廉，再结合购买者的捡漏心理，在仿古玉的市场上占有比较大的比例。这一点从每一次海选和各种平台的鉴定清单中可以反映出来。这类仿品以战国秦汉时期和良渚、红山文化玉器为重灾区。第二个等级是中档仿品，一般都集中在明清。由于明清所使用的玉料偏好，所以这类仿品往往选择的玉料都相对较好，玉材成本偏高，自然对其制作工艺的精细程度要求也更高。仿古玉制作者会加大投入，使得这一类仿品的出厂、购买价格比较高。这类仿品市场上占比也是比较大的，因为这类藏品非常容易使初级藏友认为所购买的价格不亏。第三个等级是高仿，一般都选料精良，或者有意识地选择老的料子制作，精雕细琢，并且要经过漫长的手工修饰。这类仿品的整个氧化皮壳不能与真品等而视之，往往与真品相去甚远。但是从工艺痕迹这个角度看，模仿得已经非常逼真了，更容易误导藏友。由于费时费力，更容易以假乱真，致使这类藏品的出厂价格比较高。这类藏品一般都被一些资深的行家或者古玩商贩所购买，极具欺骗性。有代表性的是商周时期的高仿高等级玉器。

仿古玉对真品古玉行情的冲击是非常严重的，这也是为什么行间有一句话：老玉卖不过新玉。普通民众和收藏爱好者缺乏对古玉正确的判断认知，导致不敢买，自然催生了很多有需求的藏友望而却步，而反求材质好就行。中国人的玉文化属性和民族性特征，使得很多藏友都愿意拥有一块玉，寄托情怀。这种意愿促使很多新玉比老玉的价格还要高。另外，真品古玉的卖相往往不如仿品古玉或现代玉器，所以从审美的角度看，也使得不具有古代艺术审美基础的藏友、民众，望而却步，转而选择物美价廉、经济美观的仿古玉和现代玉器。

八、系统专业学习的重要性

很多藏友不断地买假，不断地找各种平台的专家鉴定，结果自然是五花八门，众说纷纭，导致自己内心一直处于迷茫的状态无法自拔，收藏不但没有给自己带来快乐，反而带来无穷的烦恼。这种现象长时间存在。究其原因，就是藏友根本不愿意花费时间和精力去系统地学习，或者根本不知道该如何学习，去哪里学习。笔者通过不断求教对比，经过理性分析之后，才有了鉴定方面的系统收获。所以理性的比较是我们成长的必经之路。系统学习比碎片学习更重要，向内学习比向外学习更重要，专业学习比跨界学习更重要，主动学习比被动学习更重要。

还有一部分人在学习到一定阶段后就认为自己已经学成了，成为这个行业的高手了，开始骄傲地奔赴市场论剑江湖，结果是受了一身伤，损失惨重。这是学习不够扎实的结果。

九、谨防价格陷阱和捡漏心理

就笔者这些年的经历观察，几乎所有的上当购买假货都是因为贪心！尤其是懂一点鉴赏知识、有一定收藏基础的人，买的仿古玉价格基本在真品价格的一到三折之间，这就是典型的价格陷阱。卖家的价格不会报得特别低，因为报价太低容易引起怀疑，报价太高一般人又承受不起，所以这个区间对有一定收藏经验的人来说是非常有诱惑力的，认为这是比较明显的捡漏。这种情况的上当受骗占大多数。所以我们研究真伪，在能确定为真品的情况下，要多了解拍卖市场和各地古玩城市场真品的行情，对于严重脱离市场价格的古玉仔细甄别，多一分细致观察才行。事实告诉我们，严重脱离市场行情的收藏，捡漏比例不会超过1%。笔者经常告诫自己和身边的藏友，谨防价格陷阱，不要有捡漏心理。当然这么说并不意味着我们要花高价买东西，而是在合理的区间即可，这个弹性的范围在于买卖双方的认知区间差。

十、关于收藏行业水很深的问题

收藏行业水真的很深很深，深的不是鉴定知识，深的是人心。笔者经常告诫身边的朋友，如果不是痴迷，最好不要进入这个行业，也不要搞收藏。

鉴定是一门技术，既然是技术，就一定是有法可依的。如果按照正确的方法去研修鉴定知识和眼力，再持续地锻炼正确的技能，提高自己的认知并做到熟能生巧，鉴定其实也很简单，没有那么复杂。摒除一切干扰我们判定真伪的因素，有熟练的技能和丰富的知识，看东西说话，这是一种境界。

后　记

谢谢占用你们宝贵的时间去了解本书，衷心希望能给您的收藏带来一点进益。在编写本书的过程中，我充分体会到了什么叫如临深渊、如履薄冰，什么叫诚惶诚恐。历经十年的努力，又得益于我在几年前开始的古玉鉴定技能的教学经历，因为教学相长，而人生正是一个不断获取认知，不断验证和修正认知的过程，我想知识也是如此。非常希望能够竭尽所能地把这套理论体系建立完善，非常希望能在学术方面有所突破，严谨而科学地为读者奉献有价值的指导。我们的文明从来不缺道，我们缺的是术，本书更多的也是从术的角度出发，理论与实践结合才是完美的提升。本书即将顺利出版，而这只能是一个逗号，我深知书中还有很多不足之处，希望得到有识之士指正、完善，共同将我们热爱的玉器收藏鉴赏这门技能提升到一门学科的高度。恳请更多高人参与进来，共同为我们优秀传统文化的继承与发展，贡献我们的力量。

诚挚地感谢古玉收藏行业的老师们给予我指导；还要感谢古玉收藏界的朋友们，让我从他们的经验中进一步完善我的理念和鉴定技能。最后要感谢信任我的广大藏友，他们的信任和期待让我有了写好这本书的动力。

个人渺小，文明灿烂，以小见大，必有不足。祖先给我们留下的未知的东西还有很多，愿与大家以书结缘，携手共进。

人生最伟大的思想就是利他，如果您想攀登古玉文明的更高处，我愿意携此书做您的一块垫脚石。

白海波

手法淋巴引流技术
理论、基础应用及消肿物理治疗

LYMPHATIC DRAINAGE
Theory, Basic and Applied Techniques & Decongestive Physiotherapy

[瑞士] 迪迪埃・汤姆森　编著
[德] 克里斯蒂安・舒哈特　编著
张志杰　王　季　宋　朝　主译

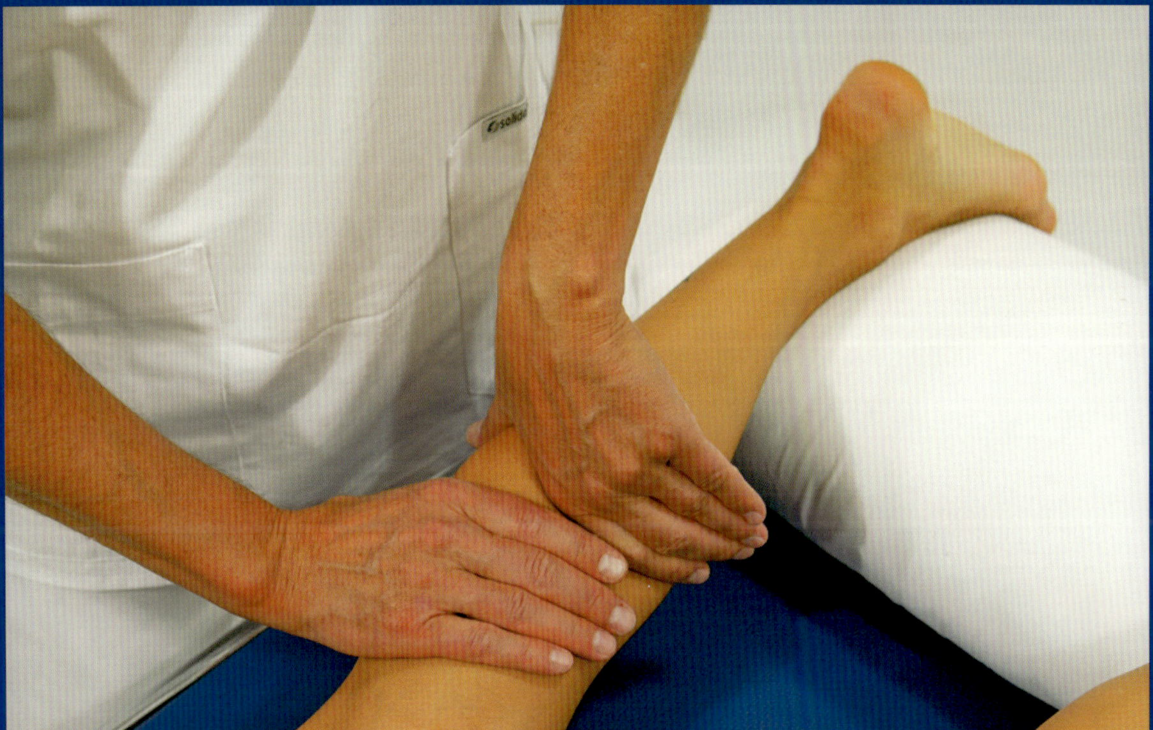

中原出版传媒集团
中原传媒股份公司
河南科学技术出版社